॥ लक्ष्मीनामा ॥

अर्थ-धर्म-काम-मोक्ष की महागाथा

॥ लक्ष्मीनामा ॥

अर्थ-धर्म-काम-मोक्ष की महागाथा

अंशुमान तिवारी

अनिन्द्य सेनगुप्त

BLOOMSBURY

NEW DELHI • LONDON • OXFORD • NEW YORK • SYDNEY

BLOOMSBURY INDIA
Bloomsbury Publishing India Pvt. Ltd
Second Floor, LSC Building No. 4, DDA Complex, Pocket C – 6 & 7,
Vasant Kunj New Delhi 110070

BLOOMSBURY, BLOOMSBURY INDIA and the Diana logo are trademarks of
Bloomsbury Publishing Plc

First published in India 2018
This edition published 2018

ISBN: TPB: 978-9-3871-4690-7

2 4 6 8 10 9 7 5 3 1

Printed and bound in India by Replika Press

समर्पण

लक्ष्मीनामा मां पिता को समर्पित है
उमा तिवारी एवं रमेश तिवारी (अंशुमान)
पिपासा सेनगुप्त एवं (स्व) निर्मल सेनगुप्त (अनिन्द्य)

आभार

विनम्र आभार

कोई पुस्तक अकेले लेखक या लेखकों की नहीं होती। इस पुस्तक के परोक्ष प्रेरक हैं गुरुवत पूर्व संपादक अच्युतानंद मिश्रा उनके निर्देश पर लिखा गया एक लेख इस पुस्तक का विचार बीज था। पुस्तकीय सहायता, प्रोत्साहन, समीक्षा, मार्गदर्शन के लिए प्रो. नयनजोत लहरी, प्रो किंशुक चटर्जी (कोलकाता यूनिवर्सिटी), आबिदा रजा, रित्विक सरकार, पवनि गुप्ता, गोविंदो भट्टाचार्य और राखी भट्टाचार्य का विशेष आभार। *इंडिया टुडे* में मोहम्मद वक़ास के अमूल्य योगदान और बालम सिंह रौतेला के सहयोग से ही यह पुस्तक आकार ले सकी है। जी बिजनेस की अपराजिता शर्मा ने शोध में सहायता की है. अतूर्वा सिन्हा हमारी पहली पाठक भी हैं और प्रेरक भी। उनके सुझावों के बिना पुस्तक संभव नहीं थी और आभार संदीप देव का भी जो पूरे आयोजन के माध्यम व निमित्त बने।

महाशिवरात्रि 2018

अनुक्रम

अहो धर्म!

गोबकेली (तुर्की)

तुर्की के दक्षिण पूर्व में सीरिया की सीमा के करीब स्थित गोबकेली (उभरे पेट वाली) पहाड़ी है जो अपने गर्भ में बीसवीं-इक्कीसवीं सदी की सबसे अद्‌भुत पुरातात्विक खोज संजोये, शांति के साथ प्राचीन शहर उरफा को निहारती रहती है। उरफा (प्राचीन ग्रीक शहर एडेसा) पैगंबर अब्राहम का शहर है। वही अब्राहम, जो दुनिया के तीन प्रमुख धर्मों—इस्लाम, यहूदी और ईसाई—के पितामह माने जाते हैं।

लगभग दो दशक पहले जर्मन पुरातत्ववेत्ता क्लॉस स्मिड्ट ने जब इस पहाड़ी पर बिखरे चूना पत्थर के टुकड़ों को उठाया था तब उन्हें यह अंदाज नहीं था कि वे दुनिया के सबसे पुराने मंदिर पर खड़े हैं।

गोबकेली टेपे (मंदिर) को 1960 में खोजा गया था लेकिन तब इसे मध्ययुगीन कब्रिस्तान मान कर छोड़ दिया गया। क्लॉस स्मिड्ट और उनकी टीम, नव प्रस्तर युग (नियोलिथिक) के अवशेषों की तलाश में यहां आई थी। जब उन्होंने मिट्टी हटानी शुरू की तो सामने आने लगीं अंग्रेजी के 'टी' आकार की विशाल प्रस्तर आकृतियां, जो प्रसिद्ध स्टोनहेंज (ब्रिटेन) की तरह वृत्ताकार ढंग से सजाई गई थीं। इनमें सबसे बड़ा स्तंभ 16 फिट ऊंचाई और सात टन वजन का है।

पत्थरों के सबसे बड़े घेरे का आकार 65 फिट है। इन पर हिंसक वन्यजीवों, गिद्ध और बिच्छू की आकृतियां भी उकेरी गई हैं। पत्थरों के ये खम्भे धातु की खोज के कई सदी पहले पत्थर के छेनी-हथौड़ों से बनाए गए थे।

पुरातात्विक पड़तालों से पता चला कि गोबकेली के पत्थर वृत्त स्टोनहेंज से भी 6,000 साल पहले बने थे।

यानी करीब 11,000 साल पुराने !

क्लॉस स्मिड्ट और उनकी टीम ने दुनिया का सबसे पुराना मंदिर खोज लिया था जिसे पूरी तरह इंसानों ने बनाया था।

अफ्रीका से इस भूमध्य सागरीय इलाके में आए प्राचीन शिकारी मानव शायद इसके निर्माता थे।

जब गोबकेली में दुनिया के पुरातत्वविदों की जुटान बढ़ रही थी तो उस दौरान स्मिड्ट और जर्मन ऑर्कियोलॉजी इंस्टीट्यूट की टीम ने पूरे इलाके का जिओमैग्नेटिक और जीपीआर (भूगर्भीय रडार) सर्वेक्षण करा लिया।

इस सर्वेक्षण के नतीजे विस्मयकारी थे।

गोबकेली के 22 एकड़ के इलाके में करीब 16 विशाल स्टोनहेंज दबे पाए गए। स्मिड्ट का यह अनुमान सच साबित हुआ कि गोबकेली एक विशाल मंदिर निर्माण परियोजना थी जो सदियों तक चलती रही। लोगों की कई पीढ़ियों ने यहां काम किया होगा। यहां एक स्टोन रिंग को बनाकर उसे मिट्टी में दबा दिया गया और फिर पास में दूसरा रिंग बनाया गया।

स्मिड्ट ने कहा कि पुरातत्वविद् अगले 50 साल तक खुदाई करें तो भी वे शायद इन मंदिरों का एक बहुत छोटा हिस्सा सामने ला सकेंगे।

गोबकेली के मंदिरों के साथ आग जलाने, बर्तन, आवास जैसे कोई प्रमाण नहीं मिले जो यहां मनुष्य के निवास की पुष्टि करते हों। यहां पशुओं की हड्डियां मिलीं, जो प्रागैतिहासिक शिकारी मानव ने, शायद, बलि के लिए इस्तेमाल की होंगी। मानव निवास के प्रमाणों की अनुपस्थिति बताती है कि यह एक सामुदायिक या धार्मिक स्थान रहा होगा, जहां पूजा या अंतिम संस्कार के लिए लोग मिलते होंगे।

गोबकेली पहाड़ी पर मिली हड्डियों की कार्बन डेटिंग कर रहे शोधकर्ताओं को याद आया कि वह गांव तो गोबकेली से केवल 20 मील दूर है जहां आनुवंशिक विज्ञानियों को गेहूं के 10,500 साल पुराने दाने मिले थे, यानी कि खेती का सबसे पुराना प्रमाण गोबकेली का निर्माण शुरू होने के बाद सिर्फ 500 साल बाद का है।

बस फिर क्या था। इतिहास की बिखरी कड़ियां जुड़ गईं और सभ्यता की एक नई सूझ उभरने लगी।

गोबकेली का आकार और विशालता बताती है कि यहां मंदिरों का निर्माण सदियों तक चला होगा। विशाल पत्थरों को लाने, काटने और लगाने में हजारों लोग काम पर लगे होंगे। इन प्रागैतिहासिक मनुष्यों के एक साथ आने पर सामाजिक ढांचा विकसित हुआ। मंदिर बनाने वाले शिकारी मानव भोजन की जरूरत के कारण अंततः खेती करने लगे।

गोबकेली की खोज से पहले तक हमें यह बताया गया था कि प्रागैतिहासिक मनुष्य ने सबसे पहले खेती करना प्रारंभ किया, उसके बाद सामाजिक ढांचा तैयार हुआ, जिसने धर्म का आविष्कार किया। लेकिन गोबकेली बता रहा है कि सभ्यता का सबसे पहला सामाजिक-सांस्कृतिक संगठन धर्म के नाम पर तैयार हुआ यानी मंदिर बनाने के लिए। उत्पादक गतिविधियां और आर्थिक विकास इसके बाद शुरू हुआ।

नई रोशनी

दक्षिण भारत के किसी विशाल मंदिर परिसर का कोई पुजारी हमें आज भी यही बतायेगा कि इस ब्रह्मदेय भूमि पर मंदिर बनने के बाद यहां लोगों ने अपने ठिकाने बनाये। बंगाल की सूफी दरगाह में चौथी पीढ़ी का कोई सज्ज़ादानशीं भी यही कहेगा कि इनामी इतका पर बनी दरगाह के सहारे इस इलाके में लोगों का आना शुरू हुआ। क्या मंदिर और दरगाहें गोबकेली की परंपरा का विस्तार हैं?

गोबकेली के रहस्यमय पत्थर मंदिर के इतिहास को नए तरह से देखने के रोमांच से भर देते हैं।

धर्म ने मनुष्य को सभ्य बनाया या सभ्य मनुष्य ने धर्म का आविष्कार किया?

पहले समाज सजा या धर्म?

पहले पूजा-पाठ शुरू हुए या खेती-बाड़ी?

क्या पूजा-पाठ, मंदिर-मठ, चर्च, मस्जिद से अलग भी धर्म का कोई स्वरूप है?

बौद्ध, ईसाई, इस्लाम, प्राचीन भारतीय धर्मों में आस्था-विश्वास और पूजा-पाठ के अलावा और कुछ भी ऐसा था जिसने मनुष्यता को सभ्य और आधुनिक बनाने में मदद की है?

इंसानी मन बला का पेचीदा है। मनुष्य के मनोजगत, आदतों और व्यवहार को पढ़ कर धर्म के रहस्य तलाशने का रोमांच बढ़ रहा है। धर्म का मनोवैचारिक विज्ञान *(कॉग्निटिव साइंस ऑफ रिलीजन)* विज्ञानों की नई पीढ़ी का प्रतिनिधि है। पच्चीस बरस का यह युवा विज्ञान नृतत्वशास्त्र, दर्शन और मनोविज्ञान से एक साथ बात कर रहा है। यह विज्ञान धार्मिक व्यवहारों, मनोवृत्तियों और विचारों को लेकर नई समझ की तलाश है।

इसके अध्येताओं के निष्कर्षों में गोबकेली के पत्थरों की ध्वनि सुनाई देती है। इक्कीसवीं सदी में दुनिया, जब धर्म के जहरीले चेहरों से मुकाबिल है तब चेतना को

पढ़ने वाले विज्ञानी हमें बताते हैं कि धर्म मनोजगत की उन्हीं गहराइयों से निकला है जहां से संवाद और भाषा विकसित हुई। दूसरों से जुड़ने की उत्सुकता मनुष्य के स्वभाव का हिस्सा है। धर्म खुद को विस्तृत करने की आदिम बेचैनी का सबसे अनोखा आविष्कार है।

भिक्षु, मठ और मदरसे

समाज बनाने के लिए शिकारी या खेतिहर मानव की बेचैनी समझ में आती है लेकिन सभ्यता का विकास केवल पूजा-पाठी धर्म के आधार पर कैसे हुआ होगा?

मनुष्यता के विकास के साथ धर्म ने कैसे कदमताल की?

कहीं ऐसा तो नहीं कि हम पूजा-पाठी धर्म और उसके खून-खच्चर वाले इतिहास में इस कदर डूब गए कि संहिता, नियम, व्यवस्था और जीवन मूल्य बनाने वाले धर्म की तरफ देखना ही भूल गए जो सदियों से मनुष्य को आधुनिक बनने में मदद करता रहा है!

धर्म के इस दूसरे स्वरूप से मिलने के लिए हमें 300-400 ईस्वी के यूनान और मिस्र की यात्रा करनी होगी, जहां के मठों यानी मॉनेस्ट्री में हमारा स्वागत ताजा गरम ब्रेड, अंगूरों से सिझाई गई वाइन और कई व्यंजनों से होगा।

ईसाई धर्म के सबसे प्राचीन मठ अनाज उत्पादन और खाद्य तकनीकों के आविष्कारक थे।

उत्तरी आयरलैंड के संकरे समुद्री तट से माहे द्वीप पर जाने वाले पर्यटक नेन्ड्रम मॉनेस्ट्री जाना नहीं भूलते। यहां दुनिया की पहली टाइड मिल है जो समुद्र ज्वार से चलती थी और धर्म साधना में लगे भिक्षुओं के लिए अनाज पीसती थी।

बारहवीं सदी के सिस्टरशियन मठ किसी फैक्ट्री जैसे होते थे। दुनिया की सबसे पुरानी ब्लास्ट फर्नेस स्विट्जरलैंड, स्वीडन और जर्मनी के इन मठों में मिली हैं। 1300 से 1700 ईस्वी तक सिस्टरशियन भिक्षु धातु विज्ञान के अगुआ थे। वे लोहा गलाने की तकनीक के चैम्पियन रहे। दूसरी तरफ यूनान में मठों में चश्मे, ऑवरग्लास जैसे आविष्कारों की धूम थी। लंदन के साइंस म्यूजियम में एक विशाल मेकेनिकल घड़ी रखी है जो वेल्स के चर्च में लगी थी और भिक्षुओं को प्रार्थना के लिए बुलाती थी। इसे घड़ियों की पूर्वज माना जाता है।

मध्य युग में पश्चिम का अधिकांश साहित्य कैथोलिक मठों में लिखा गया। सिसेरो, वर्जिल, ओविड और अरस्तू का साहित्य संरक्षण के लिए मॉनेस्ट्रीज का ऋणी है। कैथोलिक मठ संगीत, कला और रचनात्मकता के संरक्षक थे। लिओनार्दो दा विंची की प्रसिद्ध पेंटिंग

'द लास्ट सपर' मूल रूप से मठ के लिए बनी थी। कई भिक्षु स्वयं में कला में माहिर होते थे। प्रार्थनाओं के गायन के लिए उन्होंने नई धुनें (ग्रेगोरियन चैंट) बनाईं।

कैथोलिक संत वास्तुकारों को सदैव नए लक्ष्य देते रहे जिसका परिणाम भव्य यूरोपियन कैथेड्रल और मठ हैं जिन्हें यूरोपीय वास्तुकला का स्कूल माना जाता है। मानेस्ट्रीज की निर्माण योजना में लाइब्रेरी, किताबों की प्रतिलिपियों का संग्रह, जड़ी-बूटी संग्रह और खाद्य संरक्षण के मठ अनिवार्य तौर पर शामिल थे।

मध्ययुग के मठीय अस्पताल संगठित चिकित्सा व्यवस्था का अनूठा प्रयोग थे। पांचवीं से ग्यारहवीं सदी के दौरान पूरे यूरोप में ये अस्पताल चिकित्सा के तत्कालीन ज्ञान के आधार पर महामारियों के शिकार लोगों के लिए जीवन की आखिरी उम्मीद थे। यह इलाज धार्मिक विधियों के साथ होता था।

लगभग इसी तरह शिक्षा भी विकसित हुई। पूरे यूरोप में स्थापित हुए कैथेड्रल स्कूल इसके प्रारंभिक केंद्र थे जो धार्मिक के साथ तत्कालीन विज्ञान की शिक्षा भी देते थे, जिनमें कई बाद में यूनिवर्सिटी में बदल गए। उन्नीसवीं-बीसवीं सदी में विश्व में ईसाइयत के विस्तार में, चिकित्सा और शिक्षा ने केंद्रीय भूमिका निभाई।

यूरोप से निकलकर दसवीं सदी के दौरान मध्य एशिया में आने पर हमें धर्म का एक अलग नजारा दिखेगा।

धार्मिक संस्था के तौर पर आधुनिक इस्लाम पर्याप्त विकासशील नहीं लगता लेकिन 1400 साल पहले इस्लाम आध्यात्मिक, सामाजिक और कानूनी क्रांति था। दसवीं सदी का बगदाद अब्बासी खलीफा के नेतृत्व में न केवल धर्म और सैन्य अभियानों बल्कि ज्ञान और शोध का केंद्र भी था।

बौद्ध धर्म के मठ भी प्राचीन भारत और एशिया में ज्ञान, नए प्रयोगों और कारोबार के केंद्र थे। बौद्ध मठों ने भारत और चीन, दोनों जगह स्थानीय अर्थव्यवस्थाओं को विकसित किया। इन मठों से रोगों का उपचार मिलता था, कर्ज दिया जाता था, जल संरक्षण की तकनीकें मिलती थीं। यहां सामुदायिक भंडार थे। कारोबार की सूचनायें मिलती थीं और पैसे के लेनदेन के खाते (अकाउंटिंग) बनाये जाते थे।

नवीं सदी में चीन की बौद्ध मॉनेस्ट्रीज पर सम्राट वू सुंग का कहर टूट पड़ा। वह बौद्ध मठों की आर्थिक ताकत से घबरा गया था, जो उस समय चीन की करीब 40 फीसदी भूमि पर नियंत्रण करते थे। तत्कालीन चीन में अधिकांश हस्तशिल्प उत्पादन और बैंकिंग, मठों

की देखरेख में चलती थी। वू सुंग के हमले में बड़ी संख्या में भिक्षु मारे गए और मठों की संपत्ति पर सम्राट का कब्जा हो गया।

गोबकेली से ग्लोबलाइजेशन तक आने में मनुष्य की धर्म के लौकिक और भौतिक आयामों ने बड़ी मदद की है, लेकिन प्राचीन भारत का कोई ऋषि अगर आज अपनी समाधि से जाग उठे और उसे यूरोप व एशिया का यह इतिहास बताया जाए तो वह ठठाकर हंस पड़ेगा। ज्ञान से पके अपने केशों पर हाथ फेरते हुए वह कहेगा कि धर्म पर वेदव्यास की परिभाषा नहीं पढ़ी?

नमो धर्माय महते धर्मो धारयति प्रजा

यत स्यात धारणसंयुक्तं स धर्म इत्युदाहृत

उस महान धर्म को प्रणाम है जो सभी मनुष्यों को धारण करता है। सबको धारण करने वाले जो नियम हैं, वे धर्म हैं।

भारत की चेतना

समाज के आर्थिक व्यवहारों और उद्यमिता पर भविष्योन्मुख संहितायें, भारत के प्राचीन धार्मिक चिंतन का अनिवार्य हिस्सा हैं। भारत में धर्म का संस्थागत और संहितागत स्वरूप राजाओं के अधिकार सीमित करने और समाज की शक्तियों के संरक्षण को लेकर अभूतपूर्व रूप से आग्रही है। इन दो विशेषताओं के कारण भारत में व्यापार, नगरीकरण, भाषा, चिकित्सा, कला, साहित्य, संगीत, नृत्य, स्थापत्य और वास्तु का विकास धर्म की छाया में हुआ। इस प्रक्रिया में बहुआयामी निजी स्वतंत्रतायें पूरी तरह सुरक्षित रखी गईं थीं।

धर्मों का इतिहास खासे खून-खच्चर से भरा है। यूरोपीय इतिहास बताता है कि ट्रीटी ऑफ वेस्टफीलिया (1648 ईस्वी) से पहले तक, यूरोप में राजा का धर्म ही प्रजा का धर्म था। यूरोप के विपरीत, धार्मिक विश्वासों को लेकर भारतीय धार्मिक चिंतन अद्‌भुत रूप से क्रांतिकारी है। चिंतन की स्वाधीनता को कई सदियों तक धर्म माना गया। विश्वासों पर सवाल उठाना ज्ञानी होने का लक्षण था। संदेह व सवाल शिक्षा पद्धति का हिस्सा थे। दर्शन और तर्क के विशेष स्कूल बनाये गए जो स्थापित मान्यताओं को चुनौती देते हुए ज्ञान की खोज करते थे। प्रतिस्पर्धी धार्मिक विश्वासों की सामाजिक और राजनीतिक (राजसत्ता) स्वीकार्यता ने भारत को मूलभूत रूप से सहज बहुधार्मिक समाज बना दिया।

आधुनिक विश्व की पहचान पूंजीवाद से होती है। इसके कई स्वरूप हैं। चीन में एक ही राजनीतिक दल के नेतृत्व में गैरलोकतांत्रिक पूंजीवाद सक्रिय है तो यूरोप में कल्याणकारी

राज्य। अमेरिका में मुक्त प्रतिस्पर्धा और राज्य के सीमित अधिकारों वाला पूंजीवाद मिलता है। आधुनिक पूंजीवाद की कोई एक परिभाषा या व्यवस्था नहीं है। इस्लाम के आने तक भारत में धार्मिक पहचानें पूंजीवाद की तरह ही वैविध्यपूर्ण थीं। शायद यही कारण है कि धर्म के रूप में हिंदू संज्ञा का प्रयोग 15वीं सदी (विजयनगर) के बाद के साहित्य में मिलता है।

प्राचीन भारतीय चिंतकों को राजाओं के न्याय निर्णय की विफलताओं का अनुमान था। वे बहुविश्वासी समाज और बौद्धिक स्वाधीनता को इस विशाल देश की शक्ति के रूप में देखते थे। यह आधुनिक लोकतंत्र जैसा नहीं था लेकिन यह समाज को राजसत्ता से अधिक शक्ति देने का प्रयास अवश्य था, ताकि किसी व्यक्ति के लिए सफलता का अर्थ सत्ता में पहुंचना न हो बल्कि सामाजिक प्रतिष्ठा को वह जीवन का लक्ष्य स्वीकार करे और विफलता का अर्थ समाज में प्रतिष्ठा की हानि होना चाहिए।

साम्राज्य, धर्म और व्यापार वे तीन शक्तियां हैं जिन्होंने मानव सभ्यता के विकास का नेतृत्व किया है। साम्राज्यों का इतिहास हम लगातार पढ़ते-सुनते आए हैं। धर्म और व्यापार का साझा इतिहास कम रोचक नहीं है। इन दोनों ने एक साथ मिल कर राजनैतिक सीमाओं को पार किया है।

अपने संहिता वाले स्वरूप में क्या धर्म आधुनिक राज्य या सरकार का पूर्वज था? संपत्ति के मौलिक अधिकार के लिए यूरोप का संघर्ष इस संदर्भ में विचार के लायक है। धार्मिक आजादी की तरह ही, सत्रहवीं सदी तक यूरोप में आम लोगों के पास निजी संपत्ति का मौलिक अधिकार नहीं था क्योंकि सारी संपत्ति सम्राट की थी।

यूरोप में संपत्ति के अधिकार की बहस, लोकतंत्र की स्थापना की समकालीन है। सरकार या राज्य संस्था की संकल्पना, निजी संपत्ति के अधिकार को सुरक्षित रखने के लिए हुई।

भारत में निजी संपत्ति के अधिकार दूसरी-तीसरी सदी में ही स्थापित हो गए थे। ऋषियों ने समाज की संपत्ति में राजा के हिस्से को सीमित कर दिया। यह काम धर्म के प्रतिनिधियों के जरिये हुआ था इसलिए संपत्ति और समृद्धि को पवित्र घोषित किया गया।

आधुनिक सरकारों के आने तक धर्म उन अनुबंधों और विश्वास का आधार था जिन पर कारोबार चलता था। स्पष्ट व्यापारिक कानून के अभाव में धर्म ने व्यापार के नैतिक मूल्य तय किये। सदियों तक कारोबारी विवाद बौद्ध, इस्लामी या ईसाई धार्मिक विधि व्यवस्था के माध्यम से निबटाये जाते रहे।

धर्म ने जीवन मूल्यों और व्यवस्था में विश्वास को स्थापित किया इसलिए सदियों तक (आज भी) कारोबारियों ने धर्म का संरक्षण व वित्तपोषण किया है।

कारोबार की दुनिया हमेशा लौकिक-अलौकिक खतरों से भरी रही है। उद्यमी और व्यापारी हमेशा अपने धन को धर्म को समर्पित करते रहे, कभी मेडिची की तरह कर्ज देने के पाप से बचने के लिए तो कभी भारतीय कारोबारियों की तर्ज पर सामाजिक प्रतिष्ठा के लिए।

लक्ष्मीनामा तिथिबद्ध इतिहास नहीं है। यह भारतीय समाज की जीवनी शक्ति का आख्यान है, यह भारत में धर्म और उद्यमिता के संबंधों की गाथा है। यह भारत के धार्मिक और आर्थिक भूगोल का इतिहास है, यह भारत के धर्म-अर्थ-काम-मोक्ष का आख्यान है, जो मिथकों व कथाओं की छाया में लिखा गया है।

आइये, महर्षि वेदव्यास आपको बुला रहे हैं

धनाधदि धर्माद स्त्रवति शैलादपि नदी यथा

(धर्म ठीक उस तरह धन से निकलता है जैसे कि नदियां पर्वत से)

(महाभारत शांति पर्व 8.23)

समय

सभ्यता के महावाहन

काहिरा (मिस्र) 2011

मिस्र की राजधानी काहिरा से करीब 150 किमी उत्तर में 12,000 की आबादी वाला कस्बा है सान अल हज़र। इसके निवासियों को इस सचाई से इत्तफाक करने में काफी लंबा वक्त लगा कि इतने विकास के बाद भी मानव सभ्यता अभी केवल दुनिया की एक फीसदी पुरातात्विक धरोहरों को खोज पाई है।

सान अल हजर के लोग 2011 में उस समय चकित रह गए जब उन्हें पता चला कि वे प्राचीन मिस्र की राजधानी तानिस के निवासी हैं।

यूनिवर्सिटी ऑफ अलबामा (अमेरिका) की पुरातत्वविद् सारा परकाक ने सैटेलाइट की मदद से नील नदी के डेल्टा में तीन हजार साल पुराना एक शहर खोज निकाला था जो मिस्र के इतिहास से ओझल था लेकिन दंतकथाओं में हमेशा से मौजूद था।

तानिस 11वीं से 8वीं सदी ईसा पूर्व का वही मिथकीय शहर था जिसकी कल्पना हॉलीवुड की प्रसिद्ध फिल्म इंडियाना जोन्स-ग्रेटेस्ट एडवेंचर्स में की गई, जहां बाइबिल का जादुई आर्क ऑफ कॉवेनेंट छिपा है, जिसे हासिल करने वाला कभी पराजित नहीं होता।

तानिस की खोज सिर्फ इसलिए आश्चर्यजनक नहीं थी कि वह सैटेलाइट के जरिये खोजा गया इक्कीसवीं सदी का पहला शहर था बल्कि प्राचीन मिस्र की राजधानी ने ग्लोबलाइजेशन की उन ताकतों को भी प्रमाणित किया जिनके जरिये मानव सभ्यता इक्कीसवीं सदी तक पहुंची है।

तानिस की खोज से एक नई ऐतिहासिक दृष्टि उभरी। संपर्क, समृद्धि और स्वतंत्रता से भरी दुनिया मानव की बुनियादी तलाश है। दूसरे ग्रहों पर मानव जीवन की खोज लगभग उसी तरह की है जैसा कि 70,000 साल से पहले शुरू हुई थी जब होमो सैंपियंस अफ्रीका

से यूरेशिया तक फैल गए थे। तब से आज तक मनुष्य की सारी कोशिशें दुनिया के एक कोने को एक दूसरे से जोड़ने की हैं जो अब अंतरिक्ष तक जा पहुंची हैं।

तानिस विश्व को जोड़ने (ग्लोबलाइजेशन) की सतत सक्रिय शक्तियों का सबसे पुराना व ठोस प्रमाण है। पुरानी हिब्रू कहानी के मुताबिक, एक चमत्कारी शिशु नील नदी के किनारे जहां मिला था, वह तानिस का हिस्सा था। यह गोल-मटोल बच्चा और कोई नहीं बल्कि अब्राहमी (ईसाई, यहूदी, इस्लाम) धर्मों के पुरातन देवदूत मोजेज या मूसा थे। ओल्ड टेस्टामेंट में इस शहर को जोआन कहा गया है। इतिहासकार मानते हैं कि नील नदी का बहाव बदलने के कारण मोजेज वाला तानिस गर्द में दब गया।

तानिस में, मिस्र का अब तक का सबसे बड़ा मंदिर मिला है। यह मंदिर मिस्री राजाओं के सबसे बड़े देवता अमून का है, जिसके कई अन्य मंदिर भी मिस्र में मिले हैं। इतिहासकार इस देवता का संबंध यूनान के देवता ज्यूस से जोड़ते हैं।

आधुनिक दुनिया शहरों की है जो व्यापार, साम्राज्यों और धर्मों ने मिलकर तैयार किए। तानिस में मिट्टी के टीलों से पुरातत्वविदों को 17 पिरामिड, 3,000 के आसपास मकान और 1,000 मकबरे मिले हैं जो यहां एक आधुनिक आर्थिक-सामाजिक ढांचा होने के प्रमाण हैं। यहां से मिली पुरातात्विक धरोहरें तूतनखामन के मकबरे जितनी ही विशिष्ट हैं।

तानिस की समृद्ध अर्थव्यवस्था व्यापार केंद्रित थी। यह प्राचीन मिस्र के अंतरराष्ट्रीय संपर्क की राजधानी थी। तानिस की भौगोलिक स्थिति स्वेज की खाड़ी के सबसे करीब है। नील के डेल्टा के जरिये फारस की खाड़ी तक पहुंचने का यह सबसे करीबी केंद्र है। स्थलीय मार्गों के जरिये यह फेनेशियाई, मेसोपोटामियाई और बेबीलोनिया की सभ्यताओं के नगरों से जुड़ा था।

तानिस का पतन 713 ईस्वी पूर्व में हुआ जब मिस्र का साम्राज्य खत्म हो रहा था। अशूर और नीनवी (आधुनिक अल शिराकत और मोसुल, इराक) शहरों से उभरा असीरियन साम्राज्य अपने शिखर पर था। चीन में तब छपाई का आविष्कार हो चुका था और यूनान में धातु के सिक्कों का प्रचलन शुरू हो रहा था।

तानिस के पतन के समय भारत में महाजनपद अपनी सीमायें तय कर रहे थे। तक्षशिला, राजगृह (आज का राजगीर) पाटलिपुत्र (पटना), मथुरा, श्रावस्ती, अवंती, विदिशा, वाराणसी जैसे शहरों में भारत का दूसरा नगरीकरण फल-फूल रहा था। उपनिषद् और धर्मशास्त्रों में धार्मिक आर्थिक चिंतन व नियम तय हो रहे थे। इस समय तक भारत में अंतरराज्यीय व अंतरराष्ट्रीय व्यापार मार्गों के जरिए मुक्त बाजार और व्यापार फैलने लगा था। तत्कालीन साम्राज्य इस बाजार को संरक्षण दे रहे थे।

मिर्च, रबड़ और आउटसोर्सिंग

कुछ लोगों के लिए मिर्च के बिना खाना बेकार है और कुछ लोगों के लिए इसके साथ खाना बेकार है।

सभ्यताओं के संपर्क अर्थात् ग्लोबलाइजेशन से मिर्च का बड़ा दिलचस्प रिश्ता है। एडमिरल कोलंबस मिर्च को दक्षिण अमेरिका से यूरोप लाए और जो पुर्तगाल के रास्ते भारत पहुंची थी। मिर्च के लंका से कोरिया तक फैलने यानी ग्लोबलाइज होने में करीब सौ साल लग गए लेकिन 21वीं सदी में मैकडोनाल्ड्स, केवल बीस साल में अमेरिका से लेकर एशिया तक फैल गया।

मिर्च की तरह ग्लोबलाइजेशन से चिढ़ की जायज वजहें हैं। कुछ लोगों के लिए यह वरदान है और कुछ के लिए संकट।

सार्स (सीवियर एक्यूट रेस्पिरेटरी सिंड्रोम) या स्वाइन फ्लू जैसा एक वायरस अंतरराष्ट्रीय संपर्क की लहरों (यातायात, व्यापार) पर सवार होकर कुछ हफ्तों में पूरी दुनिया में फैल जाता है और सैकड़ों जिंदगियां लील जाता है। कंप्यूटर वायरस तो मिनटों में फैलते हैं। ग्लोबलाइजेशन पर सवार होकर आतंकवाद भी लोगों की जिंदगी तबाह करने आ जुटता है।

लेकिन बहुत-से लोग ऐसे हैं जो ग्लोबलाइजेशन को आधुनिक दुनिया का निर्माता मानते हैं। इसने मुक्त व्यापार के जरिये अरबों रोजगार पैदा किये हैं। इसने विचारों, सूचनाओं और मानवीय मूल्यों को पूरी दुनिया में फैलाया और संस्कृति, रीति-रिवाज, खान-पान, रिश्तों, परंपराओं को नए अर्थ दिये। ज्ञान, विज्ञान को नया आकाश भी सभ्यताओं और देशों के बीच आपसी संपर्क से ही मिला।

हम देशों और लोगों को जोड़ने के तरीकों और असर से असहमत हो सकते हैं लेकिन संयुक्त राष्ट्र संघ के पूर्व महासचिव कोफी अन्नान की इस बात से जरूर सहमत होंगे कि हम सब एक छोटी-सी नाव पर सवार हैं जिसमें हम सहयोगी यात्रियों को नजरअंदाज नहीं कर सकते। यदि वे बीमार हैं तो उनसे हमें भी इन्फेक्शन होगा और अगर वे नाराज हैं तो हम सबका नुकसान होगा।

ग्लोबलाइजेशन के मामले में मलेशिया का उदाहरण मिर्च से प्यार और इनकार की बहस से कम दिलचस्प नहीं है। व्यापार, मानवीय प्रवास, साम्राज्य और उपनिवेश ने वैश्विक संपर्कों का नेतृत्व किया है। उपनिवेश बनने से पहले हिंदू और इस्लामिक प्रभाव में रहा मलेशिया दुनिया का ऐसा अनोखा देश है जिसे ग्लोबलाइजेशन की ताकतों ने गढ़ा है।

रबड़ मलेशियाई अर्थव्यवस्था की बुनियाद है। उन्नीसवीं सदी के मध्य में जब ब्राजील में फंगस के प्रभाव से रबड़ का उत्पादन मुश्किल हो गया तो खोजी उत्पादकों के जरिये रबड़ का पौधा ब्राजील से हजारों मील की यात्रा करते हुए मलेशिया पहुंचा। रबड़ उगने लगी तो खेतों में काम करने के लिए श्रमिक भारत से आए।

अमेरिकी उद्यमी हेनरी फोर्ड मलेशियाई रबड़ को ऑटोमोबाइल में ले आए और ग्लोबलाइजेशन की ताकत ने मलेशिया का चेहरा बदल दिया। मलेशिया में जिस समय रबड़ की खेती के प्रयोग चल रहे थे। उसी दौरान अमेरिका में गृह युद्ध शुरू हो गया जो डिब्बाबंद खाद्य उत्पादों की मांग लेकर आया। मलेशिया में टिन के भंडार थे इसलिए चीन से टिन का खनन करने वाले उद्यमी आ जुटे।

आज मलेशिया में 30 फीसदी आबादी चीनी लोगों की और 10 फीसदी भारतीयों की है।

मलेशिया से तानिस तक फैले प्रमाण बताते हैं कि दुनिया से जुड़ने की मानवीय कोशिश कितनी गहरी है। तानिस से मलेशिया तक की इस यात्रा में मनुष्य ने अद्‌भुत मूल्यों का सृजन किया है। विकास की पहचान इन्हीं मूल्यों से होती है।

पहला है विश्वास—अपनी संभावनाओं में विश्वास शायद पहला बुनियादी मानवीय मूल्य था जिसने शिकारी मानव को कारोबारी मानव बना दिया। पहली टोकरी सरप्लस कृषि उपज से शुरू हुआ कारोबार बहुराष्ट्रीय कंपनियों तक आया। मनुष्य की प्रत्येक यात्रा भविष्य में गहरे विश्वास पर केंद्रित है। यह दरअसल मनुष्य का अपनी क्षमताओं पर विश्वास ही है।

व्यापार व वाणिज्य ने मनुष्य के स्वयं पर विश्वास को सृजित करने में केंद्रीय भूमिका निभाई है। इसके चलते ही हम खेती से विश्व व्यापार और कौड़ी से बिटक्वाइन तक आ गए। बैंकिंग, वित्तीय संस्थायें, बहुराष्ट्रीय उत्पादन, ग्लोबल सिटीजनशिप, लोगों की मुक्त अंतरराष्ट्रीय आवाजाही इसी विश्वास का विस्तार है।

दूसरा है व्यवस्था—व्यवस्थायें विश्वास से निकलीं। व्यवस्था वह मूर्त विश्वास है जो नियमों, संस्थाओं, सरकारों, सहमतियों-संधियों में प्रस्फुटित होता है। मनुष्य ने हमेशा ऐसी व्यवस्था गढ़ने का प्रयास किया, जिसके भीतर मौजूद लोगों पर वह विश्वास कर सके। व्यवस्थायें मनुष्य को अपने लिए एक बेहतर समाज हासिल करने में मदद देती हैं और उन अनुबंधों को निभाने का आधार बनती हैं जो एक भरोसेमंद समाज के लिए जरूरी हैं।

ये व्यवस्थाएं साम्राज्यों और धर्म ने मिलकर रचीं जो बाद में राजनीति और लोकतांत्रिक सरकारों में बदल गईं।

विश्वास और व्यवस्था को गढ़ने में वैश्विक धर्म, व्यापार और साम्राज्यों ने सबसे बड़ी भूमिका निभायी। धर्म, अर्थ और साम्राज्यों ने छोटी-छोटी असंख्य संस्कृतियों को आपस में जोड़ते हुए आधुनिक दुनिया का निर्माण किया। पिछले तीन हजार साल का मानवीय इतिहास, वस्तुतः इन्हीं का इतिहास है।

सभ्यता की शक्तियां

एक

व्यापार और बाजार

मेसोपोटामिया (2800-2500 ई.पू.)

गिल्गामेश नामक प्रतापी राजा और उसके मित्र इंकदू की कहानी दुनिया की पहली कृषि क्रांति और व्यापार की शुरुआत की गाथा है। एपिक ऑफ गिल्गामेश मानव इतिहास की पहली प्रतिष्ठित साहित्यिक कृति भी है। यह महाकाव्य जिस समय रचा जा रहा था, उस समय सुमेरियन लोग मनुष्य को समृद्ध भविष्य के सफर पर भेजने का पहला कदम उठा रहे थे। सुमेरियन ही थे जिन्होंने दजला और फरात नदियों की घाटियों में पहली बार जरूरत से ज्यादा अनाज उगाया। यह अतिरिक्त उपज समृद्ध भविष्य की उम्मीद का पहला उत्पादन था।

जरूरत से अधिक उत्पादन के साथ व्यापार शुरू हुआ और भविष्य के दरवाजे खुल गए। कृषि क्रांति से पहले तक वस्तुओं का लेन-देन होता था। विनिमय के लिए कोई मुद्रा नहीं थी। व्यापार ने रिश्तों को भरोसे के सिक्कों (मुद्रा) से जोड़ दिया।

व्यापार मनुष्य का सबसे चमत्कारिक आविष्कार इसलिए भी है क्योंकि इसके जरिये सभ्यताओं का एक अनोखा समन्वय हुआ जो बाजारों की श्रृंखला, व्यापार मार्ग और शहरों के रूप में फैला है।

एपिक ऑफ गिल्गामेश में इसी दुनिया की कल्पना की गई है। इस कविता का पहला संस्करण ईसा से करीब ढाई हजार साल पहले बना था। गिल्गामेश में विशाल सड़कों, समुद्री मार्गों, शहरों, इमारतों, दूर-दूर तक व्यापारिक संबंधों की एक अंतरराष्ट्रीय दुनिया का जिक्र है जो आज के किसी व्यापारिक शहर जैसी है।

मेसोपोटामिया के समानांतर चीन में भी अनाज का सरप्लस उत्पादन शुरू हुआ। कहते हैं, हाओजी ने चीन को खेती सिखाई, जिसे झाओ साम्राज्य का प्रवर्तक माना जाता है। यह राजवंश 1,000 साल तक चीन पर शासन करता रहा। भारत में भी कृषि, नगरीकरण और व्यापार के सबसे प्राचीन संदर्भ इसी समय के हैं।

यदि मनुष्य ने सरप्लस उत्पादन और व्यापार को नकार दिया होता तो शायद आधुनिक दुनिया ही न बनती। व्यापार मनुष्य को आधुनिक बनाने वाली सबसे बड़ी ताकत है। यह सदी दर सदी विकसित होकर बेहतर भविष्य की कोशिशों का आधार बनती गई। व्यापार मनुष्य के विकास का सबसे बड़ा प्रेरक इसलिए है क्योंकि इसने पांच ऐसी बड़ी चीजें दी हैं जिसने गुफावासी या खेतिहर बस्तियों को ग्लोबल शहरों में बदल दिया।

स्वतंत्र संगठन व व्यवस्थायें: यदि व्यापार न होता तो आज उन संगठनों-संस्थाओं की व्यवस्थाओं की कल्पना भी मुश्किल थी जिन्हें अब हम अनायास ही पा लेते हैं। व्यापार संघ दुनिया के पहले संगठन थे जो सत्ता के दखल से स्वतंत्र थे और साम्राज्य को प्रभावित करते थे। व्यापार को सुगठित रखना, हमेशा से साम्राज्यों और सरकारों का जरूरी दायित्व रहा है।

बहुलता: व्यापार दूसरे पक्ष के उत्पाद और उद्यमिता के सम्मान व सही मूल्यांकन पर चलता है। कोई एक समाज अपने लिए सब कुछ नहीं जुटा सकता इसलिए दूसरे की उद्यमिता और रचनात्मकता का आश्रय लेना व्यापार का आधारभूत मूल्य है। धार्मिक आग्रहों और राजवंशों की क्रूरता के बावजूद व्यापार इतनी बड़ी ग्लोबल ताकत इसलिए बन सका क्योंकि सिर्फ इसी मानवीय व्यवहार के अंतर्गत परस्पर विरोधी विचारों को स्थान व सम्मान मिलता था। व्यापार से एक ऐसी साझा संस्कृति विकसित हुई जो निजी आग्रहों के बावजूद स्वतंत्र थी और सामूहिकता के महत्व को अनिवार्य रूप से स्वीकार करती थी।

भविष्य: भविष्य के प्रति विश्वास आधुनिक अर्थव्यवस्था की बुनियाद है। कर्ज, मुद्रा, पूंजी व बैंकिंग से लेकर डिजिटल करेंसी तक इसी भरोसे का विस्तार है। विज्ञान में निवेश इसी विश्वास से निकला है। विज्ञान साम्राज्यों के संरक्षण में विकसित हुआ। साम्राज्यों ने विज्ञान को प्रेरित करने की समृद्धि, युद्ध व्यापार या अपने नागरिकों से जुटाई थी। राजाओं और सुल्तानों ने जो समृद्धि जीती, वह भी व्यापार से जुटाई गई थी। विज्ञान धीरे-धीरे राजवंशों के संरक्षण से निकल कर बाजार के हाथ में आ गया क्योंकि बेहतर भविष्य की उम्मीदें आर्थिक समृद्धि में केंद्रित हो गई थीं।

शहरः नगरीकरण मनुष्य के आधुनिक होने का सबसे जीवंत हस्ताक्षर है। दुनिया का पहला शहर उरुक 3,000 साल पहले गिल्गामेश की कथा भूमि से उठा था, जहां बाजार विकसित हुए और अनाज भंडार बनाये गए। भारत के महाजनपदीय शहर से लेकर आज के स्मार्ट सिटी तक प्रत्येक कालखंड में व्यापार और शहरों की स्थापना की ऐसी ही कथायें पूरी दुनिया में मिलती हैं। इतिहास के समयक्रम में धर्म, आस्थाओं, स्थापत्य, समृद्धि और विज्ञान ने भी शहरों की ही मेजबानी स्वीकार की। इन्हीं शहरों को जीतकर साम्राज्यों का विस्तार हुआ।

संपर्कः शहर बने तो उन्हें जोड़ने वाले रास्ते बनने ही थे। मनुष्य ने प्राचीन से आधुनिक दुनिया तक का सफर इन्हीं व्यापार मार्गों पर चलकर पूरा किया। गिल्गामेश की भूमि के लोग यानी सुमेरियाई लोग अपने सरप्लस का कारोबार करने के लिए तीन प्रमुख व्यापार मार्गों का प्रयोग करते थे। एक रास्ता फरात के किनारे से उत्तर व पूर्व में सीरिया व अनातोलिया को जाता था जबकि दूसरा रास्ता पूर्व में फारस (आज का ईरान) की तरफ और तीसरा दक्षिण में फारस की खाड़ी को जाता था। उस कांस्य युग में कपड़ा, रत्न, लकड़ी, अनाज और कुछ शिल्प उत्पाद इन मार्गों के जरिये बाजारों तक जाते थे। फारस की खाड़ी इस व्यापार तंत्र को शेष विश्व के समुद्री व्यापार से जोड़ देती थी।

व्यापार मार्गों से ही बुद्ध का सांस्कृतिक साम्राज्य पूर्वी एशिया तक फैला। इन्हीं मार्गों से अरब और तुर्क आक्रमणकारी भारत तक आए। व्यापार मार्गों ने सभ्यताओं को मिलाया, समृद्धि को अंतरराष्ट्रीय बनाया, संस्कृतियों के बीच रिश्ते जोड़े, विचारों, कला, विज्ञान, धर्म को प्रसारित किया और नगरों के साथ मिलकर एक ऐसी दुनिया रची जो अनूठी और गर्व करने लायक है।

दो

साम्राज्य से सरकार तक

हम साम्राज्यों से बेशक घृणा कर सकते हैं लेकिन इस तथ्य से इनकार नहीं कर सकते कि आधुनिक दुनिया गढ़ने वाली ताकतों में साम्राज्यों का कोई सानी नहीं है। चार हजार साल के इतिहास में साम्राज्यों ने दुनिया को क्रूर मगर नायाब तरीके से एक किया है। साम्राज्य पृथ्वी पर इकलौती सबसे बड़ी राजनीतिक संस्था हैं। दुनिया का कोई भी व्यक्ति शायद ऐसा नहीं होगा जिसके पूर्वज किसी न किसी राजवंश के अधीन न रहे हों।

सभ्यता के महावाहन

पूरे विश्व में क्रिकेट के दीवाने दिल्ली के जिस मैदान को फिरोजशाह कोटला स्टेडियम के नाम से जानते हैं, उस फिरोजशाह तुगलक का रिश्ता खेलों से ज्यादा सिंचाई से था। तुर्क सुल्तान भारत में नहरों की तकनीक लेकर आए। तुगलकों के पहले सुल्तान गयासुद्दीन ने नहरें खोदने के काम को प्रोत्साहित किया था। फिरोजशाह तुगलक का कार्यकाल छोटा रहा लेकिन वह नहरों का सबसे बड़ा निर्माता था। तुर्क शासन में दर्जनों खामियां थीं लेकिन सिंचाई को लेकर उनकी दूरदर्शिता से इंकार नहीं किया जा सकता।

भारत में ईस्ट इंडिया कंपनी के शोषण के असंख्य उदाहरण हैं इसके बावजूद भारत के आधुनिक जीवन पर ब्रिटिश साम्राज्य के प्रभाव को कौन नकार सकता है।

1787 ई. में भारत के पहले सबसे प्रसिद्ध ब्रिटिश गवर्नर जनरल (1773-1784 ई.) वारेन हेस्टिंग्स पर लंदन में महाभियोग का मुकदमा चल रहा था। हेस्टिंग्स, हाउस ऑफ लॉर्ड्स के सामने हाउस ऑफ कॉमंस की तरफ लगे गंभीर आरोपों से मुकाबिल थे। ब्रिटेन के मशहूर सांसद एडमंड बर्क उनके खिलाफ मुकदमे का नेतृत्व कर रहे थे। आरोप संगीन थे।

हेस्टिंग्स ने बंगाल के नवाब के कर्मचारी नंदकुमार को गलत ढंग से फांसी पर चढ़ा दिया क्योंकि उसने हेस्टिंग्स पर भ्रष्टाचार का आरोप लगाया था। उन पर बनारस के राजा से बदसलूकी और रोहिल्ला युद्ध में अनियमितताओं के आरोप भी थे।

कंपनी राज के लिए यह अनोखा मुकदमा था क्योंकि हेस्टिंग्स भारत के सबसे मशहूर प्रशासनिक अफसर थे। उन्होंने बंगाल में ब्रिटिश राज को सुगठित किया।

ब्रिटेन की सियासत, जब हेस्टिंग्स से जवाब मांग रही थी तब बनारस (वाराणसी) में अनोखा काम हुआ। बनारस के लोगों की तरफ से हेस्टिंग्स के सम्मान में चार मानपत्र तैयार हुए। पहला मानपत्र बनारस के अधिकारियों और 277 सेठों की तरफ से था। दूसरा और तीसरा मानपत्र बनारस के पंडितों ने दिया था जबकि चौथा मानपत्र बनारस के महाजनों, व्यापारियों की तरफ से था। इन सभी सम्मान लेखों में हेस्टिंग्स की ईमानदारी और कार्यकुशलता की सराहना की गई थी।

काशी के पंडितों ने यहां तक लिखा कि (1) हेस्टिंग्स ने चातुर्वर्ण के तीर्थ वाराणसी को बसाया और उसमें सुविधायें बढ़ाईं। (2) पंडितों को सम्मान दिया। (3) गंगापुत्रों (गंगा के घाट पर पूजा कराने वाले पंडित) की गुंडई खत्म की इसलिए सभी स्थानों से तीर्थयात्री बनारस आने लगे। (4) ईमानदार व कुशल अली इब्राहिम खां को बनारस का मजिस्ट्रेट

बनाया और पंडितों व मौलवियों को उनका कानूनी सहायक नियुक्त किया। अली इब्राहिम खां ने घूस पर रोक लगाई और राजा चेत सिंह व बलवंत सिंह से अच्छा शासन चलाया (5) हेस्टिंग्स ने अपनी दूसरी बनारस यात्रा में अपने भाषण से सबको प्रसन्न किया (6) विश्वेश्वर मंदिर में नौबतखाना बनवाया (7) कभी किसी की बुराई नहीं चाही।

यह मानपत्र ब्रिटिश साम्राज्य का दूसरा पक्ष लेकर सामने आए थे खासतौर पर उस वक्त जब वारेन हेस्टिंग्स पर बनारस के राजा से बदसलूकी के मामले में मुकदमा चल रहा था।

साम्राज्य बेतरह विवादित शक्ति रहे हैं। उत्पीड़न और रक्तरंजित अतीत उन्हें बुरा बनाता है लेकिन मनुष्यता के विकास में बहुत कुछ ऐसा है जो साम्राज्यों के बिना मुमकिन नहीं था। इसलिए साम्राज्यों के समर्थक और विरोधी हमेशा मौजूद रहे हैं। यहां तक कि उस वक्त भी जब राजा और सुल्तान कहर ढा रहे थे। राजवंशों की विरासतें आज भी सम्मानित हैं।

साम्राज्य केवल युद्धों या सैन्य अभियानों से ही नहीं जन्मे। प्राचीन एथेंस का एथियन साम्राज्य कुछ राज्यों के स्वयं आपस में जुड़ने से बना था। ऑस्ट्रिया के हाब्सबर्ग साम्राज्य को कुछ रिश्तेदारियों ने गढ़ा था। सभी साम्राज्य सिर्फ राजशाही से ही नहीं निकले। दुनिया का सबसे बड़ा साम्राज्य ब्रिटेन दरअसल लोकतंत्र था, ठीक इसी तरह डच, फ्रेंच, बेल्जियन साम्राज्य और पूर्व आधुनिक युग के रोम, नोवागोरॉड, एथेंस साम्राज्य भी गणतांत्रिक थे।

साम्राज्य छोटे हों या बड़े, इससे बहुत फर्क नहीं पड़ता। एथेंस का साम्राज्य अपने शिखर पर होने के वक्त आज के यूनान से भी छोटा था। भारत में भी छोटे साम्राज्यों की बहुत बड़ी श्रृंखला है। लेकिन इससे सभ्यता को उनके अच्छे-बुरे योगदान कम नहीं हो जाते।

आधुनिक दुनिया को बनाने में साम्राज्यों ने तीन प्रमुख योगदान किये:

पहला: साम्राज्य बहुआयामी, बहुसांस्कृतिक और वैविध्य से भरे समाज पर शासन करने के लिए बनते थे। साम्राज्य एक छोटी-सी जागीर से लेकर दुनिया के कई मुल्कों में फैला हो सकता था।

दो: अधिकतम विस्तार साम्राज्यों की बुनियादी प्रवृत्ति थी। इन्हें अपरिचित क्षेत्रों में व्यवस्था और समायोजन के तौर-तरीके विकसित करने पड़े।

तीन: विस्तार के लिए साम्राज्यों को व्यवस्थायें सृजित करनी पड़ीं और नए विचारों को संरक्षण देना पड़ा।

यह बहस सर्वकालिक है कि साम्राज्यों के इतिहास को नरसंहारों की रोशनी में पढ़ा

जाए या भव्य निर्माणों, नए प्रयोगों और संस्कृतियों के गठन की रोशनी में, लेकिन साम्राज्यों ने ग्लोबल दुनिया को चार बड़ी नेमतें दी हैं:

सांस्कृतिक विस्तारः रोमन, तुर्क, मुगल या ब्रिटिश ग्रीको रोमन साम्राज्यों ने इस्लामी व पश्चिमी सभ्यता प्रसारित की। यह विस्तार कहीं सहयोग के साथ तो कहीं रक्तपात के साथ हुआ। अलबत्ता साम्राज्यों के साथ नई संस्कृतियां दूर-दूर तक फैल गईं।

बहुसांस्कृतिक समायोजनः ज्यादातर साम्राज्यवादी विस्तारों का मकसद शासितों या प्रजा की धार्मिक या सांस्कृतिक मान्यताओं को बदलना नहीं था, वे तो बस शासन के विस्तार में रुचि रखते थे। इसलिए साम्राज्यों ने बड़े समाज बनाये जिनमें कई संस्कृतियां और आस्थायें एक रह सकीं।

संस्थायें व व्यवस्थाः ब्रिटिश राज बुरा था लेकिन इस बात से इनकार नहीं कि भारत का बुनियादी ढांचा, संस्थायें और कई तरह के कानून ब्रितानी साम्राज्य से मिले। ठीक उसी तरह मुगल दीवानी और खेती के प्रबंधन के तरीके लेकर आए थे।

विज्ञान और शोधः 1769 में शुक्र का सौर-मंडल में संक्रमण हो रहा था जो खगोलविदों के लिए शोध का सबसे अच्छा मौका था। इसलिए अठारहवीं सदी में पृथ्वी की सूर्य से दूरी को नापने का एक ग्लोबल अभियान शुरू हुआ।

ब्रिटेन की रॉयल सोसाइटी ने कैप्टन जेम्स कुक के दल को दक्षिण पश्चिम प्रशांत महासागर में ताहिती भेजा। खगोलीय गणनायें अपनी जगह थीं लेकिन कुक के जहाज पर स्कर्वी को लेकर बड़ा शोध हुआ। यह रोग 20 लाख से अधिक नाविकों की जान ले चुका था।

ब्रिटिश फिजीशियन डॉ. जेम्स लिंड, स्कर्वी के इलाज में विटामिन सी की कमी दूर करने के प्रयोग को आजमा रहे थे। जेम्स कुक ने रायल नेवी की इच्छा के विपरीत डॉ. लिंड की 'नॉटिकल डाइट' (समुद्री भोजन) का प्रयोग अपने जहाज पर होने दिया। इलाज के असर से एक भी नाविक की मौत नहीं हुई। इस तरह सूर्य से पृथ्वी से दूरी नापने निकला अभियान दरअसल स्कर्वी का इलाज ले आया था, जिसने न केवल कितने लोगों की जान बचाई बल्कि वह बाद के पूरी दुनिया में साम्राज्यों के समुद्री अभियानों की सबसे बड़ी जरूरत बन गया।

कैप्टन कुक के अभियान की तुलना आज के चंद्र या मंगल मिशन से की जा सकती है। ताहिती का अभियान उस दौरान सिर्फ खगोल नहीं, जीव विज्ञान, मेडिकल, नौवहन,

भूगोल आदि को लेकर इतनी सूचनायें लाया था जितनी कि भौतिकी, रसायन, धातु विज्ञान, पर्यावरण को लेकर आज के अंतरिक्ष मिशन लाते हैं।

पुराने रिमोट से लेकर इंटरनेट तक और दूरबीन से लेकर जीपीएस तक दुनिया की अधिकांश खोजें साम्राज्य विस्तार की मदद के लिए ही हुईं जो बाद में नागरिक जीवन की सुविधा बन गईं। आधुनिक विज्ञान का एक बड़ा हिस्सा यूरोप के सैन्य औद्योगिक अभियानों की देन है, जिसके पीछे साम्राज्यों की शक्ति काम कर रही थी।

भारत व चीन के साम्राज्य विस्तारवादी नहीं थे इसलिए परंपरागत संस्थायें और व्यवस्थायें तो विकसित हुईं लेकिन उनका विस्तार तत्कालीन सीमाओं में सीमित रहा। धर्म-चिंतन प्राचीन भारत की सबसे बड़ी उपलब्धि थी इसलिए बौद्ध दर्शन एक साम्राज्य की तरह भारत के पूर्व में फैला।

भारत ने करीब 2,500 साल के इतिहास में असंख्य छोटे-बड़े, देशी-विदेशी साम्राज्य देखे हैं। देशी साम्राज्यों से भारत को व्यापार, राजनीतिक, प्रशासनिक परंपरायें और संस्थायें मिलीं तो ज्ञान के नए सूत्र विदेशी साम्राज्यों के साथ भारत पहुंचे।

तीन

धर्म, संहिता और कानून

आधुनिक दुनिया को बनाने वाली ताकतों में धर्म की भूमिका विवादित भी है और उपेक्षित भी। समाज, राष्ट्र और अर्थव्यवस्था गढ़ने में धार्मिक विचारों की भूमिकाओं पर कम ही अध्ययन हुए हैं।

आर्थिक असमानता की रोशनी में जनकल्याण, नैतिक कारोबार और पर्यावरण संरक्षण के सवालों से जूझती हुई दुनिया आज पलट कर धर्म की तरफ देखती है क्योंकि धार्मिक विश्वासों ने कुछ ऐसे नियम दिये जिनका प्रत्येक समाज ने पालन किया है।

साम्राज्यों के गठन से लेकर आर्थिक तंत्र बनाने तक धर्म की विलक्षण भूमिका है।

यह कहानी चौथी ईस्वी की है जब मलय प्रायद्वीप के फेनान राज्य की रानी एक जहाज को लूटने के लिए गई थी। यह व्यापारी जहाज पश्चिम यानी भारत से आया था और इसमें काफी धन था। उस जहाज पर सवार एक भिक्षु ने रानी को अपनी राजनीतिक, रणनीतिक और आध्यात्मिक क्षमताओं से ऐसा प्रभावित किया कि रानी ने उससे विवाह कर लिया

और उस क्षेत्र की जनता ने उसे राजा मान लिया। पूर्वी एशिया में कंबोज की राजधानी भवपुरा से मिले अभिलेख एक भारतीय भिक्षु से मलय रानी के प्रेम विवाह और साम्राज्य की स्थापना की पुष्टि करते हैं।

यह भिक्षु था कौडिन्य और कंबोज भारतीय उपनिवेश कहा जा सकता है जिसे स्थापित करने वाला ब्राह्मण कौडिन्य, गौतम बुद्ध के उन पहले पांच शिष्यों में था जिन्हें अरहत की उपाधि मिली थी जिसका अर्थ होता है ज्ञानी।

बौद्ध जातक कहते हैं कि कौडिन्य उत्तर प्रदेश के मूल निवासी थे। बुद्ध की प्रेरणा से उन्होंने भारत के पूर्व में धर्म का प्रचार किया। ऐतिहासिक साक्ष्य सिद्ध करते हैं कि बौद्ध आस्था का यह साम्राज्य कौडिन्य के कंबोज से शुरू होकर सुदूर पूर्व तक फैल गया जिसमें धर्म, राजसत्ता और व्यापार एक साथ मिले हुए थे।

एक भिक्षु के राजा बनने की यह कहानी जितनी विलक्षण है, वहीं धर्म और समाज के रिश्तों का यूरोपीय इतिहास उससे कम दिलचस्प नहीं है।

महाशक्तिशाली रोम साम्राज्य के पतन के साथ 200 से 600 ईस्वी के बीच यूरोप की आबादी घटकर आधी रह गई थी। शहर सिकुड़ गए थे। व्यापार मार्ग बंद हो चुके थे। अधिकांश यूरोप अपनी जीविका के लिए खेती पर टिक गया था। नगरीय जिंदगी के खात्मे के साथ यूरोप में गरीबी और भुखमरी का दौर शुरू हो गया।

यही वह समय था जब मिस्री ईसाइयों के मशहूर संत एंथनी ने एक ऑर्गेनिक फार्म खोला जहां वे अपने अनुयायियों व अपने लिए भोजन उगाते थे। एंथनी समृद्ध संत थे। उनके पास अपनी रियासत थी लेकिन उन्होंने सब छोड़ कर नई तरह की खेती की राह खोली।

अगले सौ साल में एंथनी का मॉडल यूरोप में कई जगह आदर्श बन गया। कैथोलिक इनसाइक्लोपीडिया के मुताबिक, सेंट जॉन केसिन ने इस खेती को पश्चिम यूरोप तक पहुंचाया। आज का फ्रांसीसी शहर मर्सेई, सेंट केसिन के प्रयोगों का केंद्र था जहां मॉनेस्ट्रीज के नियंत्रण में वाणिज्यिक खेती की शुरुआत हुई।

केसिन ने मर्सेई में मॉनेस्ट्री को उद्योग बना दिया। उनके भिक्षु केवल प्रार्थना ही नहीं करते थे बल्कि फैक्ट्री की तरह खेतों, डेयरी में उत्पादन भी करते थे।

सेंट बेनडिक्ट, मर्सेइ मॉनेस्ट्री की व्यवस्था में भंडार और व्यापार के प्रयोग लेकर

आए और इस तरह मॉनेस्ट्री उत्पादन का केंद्र बन गई जो अन्य मठों के साथ सामान की खरीद-फरोख्त भी करती थी। बेनडिक्ट के दौर में अन्य उत्पादक भी मॉनेस्ट्री से जुड़े और इनके आसपास एक पूरी अर्थव्यवस्था विकसित हो गई।

दसवीं सदी तक यूरोप का अधिकांश खाद्य कारोबार सैकड़ों मॉनेस्ट्रीज के हाथ में था जो किसी बहुराष्ट्रीय निगम जैसी थीं। वे पवनचक्कियों से लेकर पशुपालन तक सभी तरह के बड़े कारोबार संभालती थीं। इन समृद्ध मॉनेस्ट्रीज के संरक्षण में बाजार, स्कूल, विश्वविद्यालय, शहर, भव्य इमारतों का निर्माण हुआ।

आज के ऑक्सफोर्ड, पेरिस और बोलोग्ना (उत्तरी इटली) जैसे शहर इस तरह विकसित हुए थे।

यूरोप में भोजन के कारोबार पर धर्म का यह एकाधिकार बारहवीं सदी के बाद टूटना शुरू हुआ जब निजी उद्यमिता ने अपनी जगह बनाई।

ईसाइयत के रूढ़िवादी युग ने धर्म को लेकर पश्चिम को कुछ ज्यादा ही सतर्क कर दिया। मॉनेस्ट्रीज की समाप्ति के बाद धर्म की भूमिका पूरी तरह निजी हो गई। अलबत्ता आधुनिक समाज जिस मध्ययुगीन यूरोप की कोख से निकला है, उसे उद्योग, संगीत, कला, शिक्षा, नियम व व्यवस्थायें देने में धर्म ने बड़ी भूमिका निभायी है।

धर्म ने आधुनिक समाज को दो बड़े आधार दिए

अदृश्य व्यवस्था में विश्वास: धर्म मनुष्य का सबसे अनोखा आविष्कार है। उत्पादन, व्यापार और शक्ति (साम्राज्य) से लैस होने के बावजूद समाज ने मानवीय क्षमताओं से परे किसी अदृश्य ताकत में भरोसा किया है। यह विश्वास दार्शनिक और रहस्यवादी था लेकिन क्रमश: जीवन की व्यवस्थाओं में शामिल हो गया। बुनियादी भरोसा यही था कि सर्वोच्च सत्ता मनुष्य की बेहतरी चाहती है।

व्यवस्थायें: धर्म की मदद से समाजों ने ऐसे मूल्य, नियम व व्यवस्थायें विकसित कीं जो समय के साथ व्यापार व राजनीति को प्रभावित करने लगीं। पीढ़ी दर पीढ़ी समाज इन मूल्यों को मानते, लागू करते और इनकी सफलता को प्रामाणिक बनाते चले गए। परवर्ती संस्थायें इन्हीं के आधार पर विकसित हुईं।

धर्म में असंगतियां तब शुरू हुईं जब साम्राज्यवादी विस्तार से उपजी भू-राजनीतिक चुनौतियां धार्मिक विश्वासों से जुड़ गईं। इस्लामी आतंकवाद दुनिया की सबसे

बड़ी वर्तमान चुनौती है, पिछले करीब 3,000 साल के इतिहास में (साम्राज्यों के विस्तार के अलावा) किसी धर्म को इस तरह ग्लोबल आतंक की वजह बनते नहीं देखा गया।

व्यवस्था और जीवन मूल्यों के स्रोत के रूप में, धर्म, आधुनिक दुनिया की एक ताकत है। इसमें वे सभी संस्थायें नियम, कानून, शास्त्र शामिल हैं, समय ने जिन्हें प्रामाणिक बनाया और क्रमश: समाजों ने उन्हें आत्मसात कर लिया।

विश्वास और व्यवस्था के मूल्य ही आधुनिक अर्थव्यवस्था और सरकारों की बुनियाद हैं। व्यापार ने हमें समृद्धि की कल्पना करने और उसे साकार करने का साहस दिया है जबकि धर्म ने सभ्यताओं को वे मूल्य दिये जो इस विश्वास को मजबूत करते हैं कि दुनिया बेहतर हो रही है। साम्राज्य आज की सरकारों में बदल गए जो इन विश्वासों को बनाये रखने की व्यवस्था करते हैं।

नए भविष्य का सूर्योदय

ऋषि, भिक्षु और पौराणिक

पहला सम्राट

सृष्टि के संस्थापक सम्राट मनु की नवीं पीढ़ी के उत्तराधिकारी थे सम्राट बेन। मनुवंश के कीर्तिवान राजाओं से बिल्कुल अलग महाबली बेन महाअत्याचारी था। वह ऋषियों के कायदे-कानून नहीं मानता था। प्रजा को उसके अत्याचारों से बचाने के लिए ऋषियों ने बेन का वध कर दिया और उसके पुत्र पृथु को राजा बनाया, जो जन्म से ही धनुष व कवच धारण किये हुए थे।

धर्मात्मा और प्रजासेवक पृथु को देखकर ऋषियों ने प्रजा से कहा कि पृथु तुम्हें जीविका प्रदान करेंगे। पृथु ने धरती से जीविका मांगी। पृथु के प्रताप से भयभीत धरती गाय का रूप बनाकर भाग खड़ी हुई, ब्रह्मलोक सहित कहीं भी उसे शरण नहीं मिली। अंततः वह पृथु की शरणागत हो गई और कहा, आप मेरा वध करेंगे तो संसार नष्ट हो जाएगा।

पृथु ने कहा कि तुम मेरी पुत्री बनकर पूरे संसार को सुखी करो। धरती ने पृथु का आदेश मान लिया और तब से धरती पृथ्वी कही गई।

उस समय तक प्रजा का आहार केवल वनों के फल-फूल थे। धरती में जगह-जगह पर्वत थे। खेती, पशुपालन व्यापार आदि नहीं होते थे। पृथु ने लाखों पर्वतों को ढहाकर कृषि के लिए भूमि बनाई। पृथ्वी से सब प्रकार के अन्न, रत्न का दोहन किया। गांव-नगर बसाये और प्रजा को सुखी किया।

पृथु पहले व्यक्ति थे जिनका राज्याभिषेक हुआ और वे गांवों व जंगलों में रहने वाले सभी लोगों के राजा बन गए।

पृथु ने राज्याभिषेक पर शपथ ली:

''मैं प्रजा को ईश्वर मान कर उसका पालन करूंगा। धर्म के मार्ग पर चलता हुआ, सबको बराबर मानता हुआ हर उस व्यक्ति को दंड दूंगा जो धर्म पर आचरण नहीं करेगा।''

महाभारत के शांति पर्व, विष्णु पुराण और हरिवंश पुराण में वर्णित है पृथु की यह कथा। पृथु का मिथक सुगठित समाज के प्रारंभ से संबंधित, भारतीय धार्मिक साहित्य की सबसे पुरानी कहानी है, जो प्रतीक, कथा और प्रभाव में यूनानी, मिस्त्री या मेसोपोटामियाई मिथकों से ज्यादा भव्य है। सृष्टि के प्रारंभ और प्राचीन राजाओं को लेकर वैदिक व पौराणिक साहित्य में कई कथा सूत्र हैं। सृष्टि के निर्माता मनु और भारत को अपना नाम देने वाले राजा भरत की कथाएं भी हैं लेकिन पृथु उनसे बिल्कुल अलग खड़े होते हैं।

यह कहना कठिन है कि पृथु को लेकर वैदिक, पौराणिक और महाकाव्यात्मक साहित्य विशेष आदर से भरा हुआ क्यों है, लेकिन यह मिथक सभ्यता के विकास के अद्भुत संकेतों को समेटे है।

पृथु के नेतृत्व में पृथ्वी का दोहन अर्थव्यवस्था के प्रारंभ का संकेत है, जिसमें खेती और नगरों के निर्माण का उल्लेख भी है।

महाभारत का शांति पर्व कहता है कि ''पृथु ह वै वैन्यो मनुष्याणाम् प्रथमो अभिषिषिचे'' अर्थात् पृथु पहले राजा थे प्रजा ने जिनका अभिषेक किया था। वैदिक ग्रंथ कहते हैं कि पृथु ने राज्यसंस्था का गठन किया।

कथा बताती है कि समाज, राजा पर नियंत्रण रखता था। पृथु के पिता और अत्याचारी राजा बेन को ऋषियों ने मृत्युदंड दिया था। ऋषि समाज के प्रतिनिधि थे। अहिंसक ऋषियों के हाथ से किसी सम्राट के वध की यह दुर्लभ कथा समाज की शक्ति की कहानी है।

पृथु के मिथक में सभ्यता की तीनों शक्तियां—धर्म, अर्थ और साम्राज्य सक्रिय हैं।

धर्म, पिछले 2,500-3,000 वर्षों में भारतीय समाज के क्रमश: कायाकल्पों की सबसे बड़ी शक्ति रहा है। नदी घाटी सभ्यताओं से लेकर 21वीं सदी तक के भारतीय इतिहास में औसतन हरेक तीन सौ वर्षों में भारतीय समाज ने एक नई करवट ली है। इन बदलावों में धर्म प्रधान कारक रहा है।

वैदिक समाज

सरस्वती से सदानीरा

सारस्वत देश के सम्राट विदेघ माथव ने नए स्थानों की खोज के लिए पूर्व की ओर यात्रा करने का निर्णय किया। उन्होंने अपने गुरु गौतम राहुगण के साथ यात्रा शुरू की। उन दिनों स्थान परिवर्तन करने पर अग्नि साथ लेकर चलने का विधान था। राजा को अग्निपुंज अपनी जीभ पर लेकर चलना होता था। राहुगण ने रास्ते में चर्चा प्रारंभ की, लेकिन आग को संभालने की वजह से माथव के लिए मुंह खोलना वर्जित था। गुरु राहुगण को राजा की समस्या का अनुभव हुआ तो उन्होंने अग्नि देवता का आह्वान किया।

राजा के मुख से अग्निदेव प्रकट हुए। अग्नि ने उन्हें पीछे आने को कहा। अग्नि पुंज समुद्र की लहरों की तरह भूमि पर आगे बढ़ने लगा। माथव और राहुगण उसके पीछे चल दिये। अग्नि की यह यात्रा गंगा के मैदान से गुजरती हुई सदानीरा (आज की गंडक) तक पहुंची और वहां पहुंचकर अग्नि अदृश्य हो गई।

पश्चिमोत्तर भारत से पूर्व की तरफ वैदिक आर्यों के प्रस्थान का संकेत देने वाला यह प्राचीन मिथक आर्यावर्त की स्थापना से जुड़ा है। प्राचीन सांस्कृतिक, भौगोलिक और ऐतिहासिक साहित्य में भारत को आर्यावर्त नाम से जाना गया है।

यह कथा शतपथ ब्राह्मण की है, जो वैदिक साहित्य का हिस्सा है।

वैदिक साहित्य की ऐतिहासिकता पर उतने ही मत हैं जितने आर्यों के प्रवास या आर्य सभ्यता को लेकर। लेकिन पश्चिम से पूर्व की ओर अग्नि की यात्रा का यह मिथक धार्मिक और सांस्कृतिक से ज्यादा भौगोलिक है और भारतीय भूगोल के इतिहास को प्रामाणिक बनाता है।

वैदिक साहित्य दुनिया के सबसे पुराने ग्रंथ हैं जो वाचिक परंपरा में पीढ़ियों तक उपलब्ध रहे। ऋग्वेद से लेकर उपनिषदों तक, वैदिक साहित्य को 600 ईसा पूर्व तक लिखा या रचा गया था।

अग्नि के नेतृत्व में विदेघ माथव की मिथकीय यात्रा में वैदिक समाज का भौगोलिक विस्तार उभरता है, जो पश्चिम से पूर्व तक सरस्वती से सदानीरा तट तक फैला था। इसी भूगोल पर अगली सदियों में सभ्यता, धर्म और व्यापार विकसित हुए।

नए भविष्य का सूर्योदय

नदियां वैदिक ऋषियों का प्रिय विषय हैं। 'ओ सरस्वती! पहाड़ को तोड़नेवाली लहरों से हमें पीड़ित मत करो' जैसी वैदिक ऋचायें सिद्ध करती हैं कि वैदिक समाज नदियों के किनारे विकसित हुआ। वैदिक साहित्य में सरस्वती के कई संदर्भ मिलते हैं जिसकी भौगोलिक स्थिति पश्चिम भारत से लेकर आज के राजस्थान और हरियाणा तक मानी जाती है। सरस्वती को लेकर हड़प्पाकालीन और पुरातात्विक संदर्भ उपलब्ध हैं लेकिन इसे मिथकीय मानने वाले भी कम नहीं हैं।

यदि हम सरस्वती को मिथकीय भी मान लें तो भी इससे आधुनिक भूगोल से वैदिक साहित्य का संबंध कमजोर नहीं होता। ऋग्वेद में 19 नदियों का संदर्भ मिलता है जिनमें सिंधु, वितस्ता (झेलम), अस्किनी (चेनाब), प्रसूनी (रावी), शतद्रु (सतलुज), बिपाशा (व्यास) मिलकर पश्चिमोत्तर भारत का भूगोल बनाती हैं। जबकि पूर्व में गंगा, यमुना, सरयू, सदानीरा और गोमती के संदर्भ मिलते हैं। इसके अलावा ऋग्वेद में गांधार, सप्तसिंधु, वरा पृथिव्या, नाभा पृथिव्या, दिवोदासी, कासी और किकाता स्थानों का उल्लेख है।

नदियों और स्थानों के संदर्भों को जोड़ने पर तत्कालीन भूगोल का अंदाजा हो जाता है। सरस्वती से पश्चिम का क्षेत्र गंधार था जो आधुनिक अफगानिस्तान है। इसका संदर्भ ऋग्वेद के 20 छंदों और 16 ऋचाओं में है। वैदिक सप्तसिंधु क्षेत्र आज का पंजाब है। वरा पृथिव्या आज का हरियाणा है। आधुनिक उत्तर भारत का संदर्भ दिवोदासी व कासी के नाम से है। वैदिक साहित्य में मध्यदेश या जो आज का मध्य भारत है।

पूर्वी भारत को किकाता कहा गया है जो परवर्ती वैदिक साहित्य में मगध हो गया था। शतपथ ब्राह्मण में पूर्वी और पश्चिमी सागरों का संदर्भ भी है। बाद के तीन वेद भारत के भूगोल को आर्यावर्त अर्थात् उत्तर भारत, मध्य देश (मध्य भारत) और दक्षिणापथ (दक्षिण भारत) में बांट कर सीमाओं को और स्पष्ट कर देते हैं।

महाजनपदों का उदय इसी भूगोल में होता है। इसी भूगोल ने वैदिक युग के बाद बड़े धार्मिक परिवर्तनों की मेजबानी की। गंगा यमुना दोआब को पश्चिम में अफगानिस्तान होते हुए मध्य एशिया से जोड़ने वाला व्यापार मार्ग नेटवर्क विदेघ माथव के मार्ग पर ही विकसित हुआ जिसे उत्तरापथ कहा जाता है।

प्रारंभिक वैदिक समाज पशुपालक था। किसी भी पशुपालक समाज की तरह, उनके देव-मंदिरों में भी पुरुष देवताओं का वर्चस्व था। हालांकि, सैद्धांतिक रूप से, देवता तीन श्रेणियों में बंटे थे, प्राथमिक तौर पर उनकी कल्पना वरुण (जल, वर्षा और आपदाओं के देव) या अग्नि जैसी प्राकृतिक शक्तियों के अवतार के रूप में की गई थी।

ऋग्वैदिक देवस्थानों को एकेश्वरवाद के स्थान के रूप में वर्णित किया गया है, जहां हर ईश्वर को स्वतंत्र रूप से पूजनीय माना जाता है। इन सभी देवी-देवताओं को प्रसन्न करने के लिए यज्ञ करने होते थे और बलि चढ़ानी होती थी। अग्नि पवित्र मानी जाती थी, और देवों को प्रिय वस्तु अग्नि द्वारा अर्पित करके आशीर्वाद प्राप्त किया जाता था।

देवों, खासकर मित्र, वरुण (असुर/अहुर मज्दा) और अश्विनी कुमारों (नसत्य) का यह देव-समूह ईरानियों और ऋग्वैदिक आर्यों के बीच साझा था। वेदों और अवेस्ता के बीच एक तुलनात्मक अध्ययन बताता है कि मित्र और वरुण ईरान में महत्वपूर्ण हैं लेकिन भारत में इंद्र की बढ़ती महत्ता उन्हें महत्वहीन बना देती है। कहना मुश्किल है कि भारतीय मिथकों में देवों और असुरों का अंतर वस्तुतः में, दो आर्य-समूहों के इस प्राचीन धार्मिक विभाजन की ओर ही संकेत करता है?

पशुपालक ऋग्वैदिक समाज अगले करीब एक हजार साल में व्यवस्थित खेतिहर समाज में बदल गया। पंजाब और उत्तर भारत की उर्वर भूमि ने इन कृषक समुदायों को अपनी आर्थिक स्थिति सुधारने में मदद की। भौतिक संपदा की वृद्धि ने यज्ञों और बलि के उत्सवों को विस्तार दिया। इसने तत्कालीन समय को बुनियादी अस्तित्ववादी चिंताओं से अधिक आध्यात्मिक चिंतन की ओर भी प्रेरित किया।

इसके साथ ही समाज में प्रकृति और मनुष्य को लेकर समझ भी बढ़ी। उपनिषद् प्रकृति चिंतन के गहरे आत्मज्ञान में उतरते हैं, जिससे गहरे दार्शनिक स्वर उभरते हैं और आस्था के विषयों पर प्रश्नोत्तर तथा बहसें जन्म लेती हैं। संगीत और चिकित्सा जैसे विषय भी पहली बार सामने आते हैं।

ज्ञान का यह विस्तार छांदोग्य उपनिषद् में दिखता है, जो यह कहता है कि छात्र को वेदों, इतिहास, ब्रह्मविद्या, व्याकरण, अंकगणित, ज्योतिष, भाषा, नैतिक शिक्षा, भूगोल और सैन्य विज्ञान में पारंगत होना चाहिए।

वैदिक धर्म और दर्शन की विरासत क्या हैं? एक स्तर पर, इसने न सिर्फ हिन्दू बल्कि सभी भारतीय धर्मों (इसमें वह धर्म शामिल हैं, जो उपमहाद्वीप में पैदा हुए, जैसे बौद्ध और जैन धर्म) को दार्शनिक आधार प्रदान किया। आज हम व्यावहारिक स्तर पर जिसे हिन्दू धर्म समझते हैं, असल में वह वैदिक धर्म से काफी दूर खड़ा है। आज का धर्म सदियों के परिवर्तनों से गुजरकर यहां तक पहुंचा है।

नए समाज का नया सनातन धर्म

गौतम बुद्ध अपने 1,250 भिक्षुओं के साथ राजगृह (राजगीर) में थे। वह सम्राट अजातशत्रु के वैद्य जीवक के आम्रवन में विहार कर रहे थे। एक रात अजातशत्रु धर्मचर्चा से जुड़ी जिज्ञासाएं लेकर जीवक के साथ बुद्ध के पास पहुंचे।

अजातशत्रु ने हिचकते हुए बुद्ध से पूछा, भन्ते ! यह जो हस्तिआरोहक (हाथी संचालक), अश्वरोहक, रथिक, धनुर्धर, चेलक (ध्वजा वाहक) जैसे भिन्न-भिन्न व्यवसाय हैं उनसे लोग इसी जीवन में प्रत्यक्ष जीविका प्राप्त करते हैं। उससे खुद को, पुत्र, स्त्री, मित्रों-अमात्यों को सुखी करते हैं और स्वर्ग की ओर ले जाने वाले दान से ब्राह्मणों को तृप्त करते हैं।

भगवन, क्या इन लोगों को मिल रहे लाभ की तरह, श्रामण्य या भिक्षु होने का फल भी इसी जन्म में बताया जा सकता है?

बुद्ध ने पूछा, हे राजन क्या आपने यही प्रश्न अन्य संतों, विचारकों से भी पूछा है? उनके क्या उत्तर थे ?

अजातशत्रु ने कहा: मैंने छह प्रतिष्ठित आजीवकों से यही पूछा। लेकिन मुझे लगा कि जैसे मैंने आम के बारे में पूछा और वह कटहल बता रहे हों।

पूर्ण काश्यप ने कहा कि सब कुछ निष्क्रिय है न कोई लाभ होता है और न हानि। मक्खलि गोशाल ने कहा, सब कुछ पूर्व-निर्धारित है नियति ही सब करती है। अजित केशकम्बल ने उत्तर दिया, मृत्यु के बाद सब कुछ समाप्त हो जाता है जबकि प्रक्रुद्ध कात्यायन ने कहा कि सब कुछ शाश्वत है, कोई परिवर्तन नहीं होता। निगंठ नाथपुत्त (वर्धमान महावीर) ने कहा कि संयम से भी सब कुछ मिलता है जबकि संजय वेलठिपुत्त ने कहा कि कुछ भी कहना मुश्किल है।

अजातशत्रु को सुनने के बाद बुद्ध ने शांति के साथ कहा कि श्रमण को उसके तपस्या के दस फल इसी जन्म में मिलते हैं। बुद्ध ने कहा कि श्रमण को एकांत का आनंद मिलता है जो दुर्लभ है। उसे श्रेष्ठ सुख मिलता है जिस पर कोई दाग नहीं है। उसे सीमित सुविधाओं में रहने का संतोष मिलता है। श्रमण को ध्यान का आनंद और जीवन का गहरा ज्ञान प्राप्त होता है। वह चेतना और मन की शक्ति समझता है, उसे पिछले जन्मों का ज्ञान प्राप्त होता है और उसे संसार से मुक्ति मिलती है।

(समानपहल सुत्त)

दिघ्घ निकाय का समानपहल सुत्त बुद्ध के उपदेशों में अनुपम व अग्रणी है। यह बुद्ध की धर्म शिक्षाओं का आधार है। कथा के अनुसार बुद्ध की देशना के बाद अजातशत्रु अपने पिता बिंबसार की हत्या का अपराध स्वीकार कर लेता है और बुद्ध का अनुगत हो जाता है।

समानपहल सुत्त भारत के उस नए समाज का प्रतिनिधि चित्र है जो वैदिक समाज के बाद विकसित हुआ था।

कृषि कार्यों से उत्पन्न पर्याप्त अनाज की बचत, लंबी दूरी के व्यापार और दस्तकारी के विकास से उत्तर भारत में शहर बनने लगे थे। समाज एक गुणात्मक परिवर्तन के लिए तैयार था। ग्रामीण अर्थव्यवस्था का धर्म इस नए समाज की अपेक्षाओं के अनुरूप नहीं था।

आडंबरपूर्ण बलि-व्यवस्था और पुरोहितों के एक छोटे वर्ग के प्रभुत्व से शहरी नागरिक सहज नहीं थे। इस नए समाज को कई साधक अपनी तरह के समाधान सुझाने की कोशिश कर रहे थे। ऐसे ही महत्वपूर्ण समूहों में से एक आजीविकों का समूह था, जो वैदिक विचारों और कर्मकांडों की सर्वोच्चता स्वीकार नहीं करते थे। प्रक्रुद्ध कात्यायन, पूर्ण काश्यप, संजय वेलठिपुत्त और अजित केसकंबल इनमें प्रमुख थे।

इनमें सबसे मशहूर विचारक थे मक्खलि गोशाल। उनके पिता मंक्ख या घुमंतू चारण थे और इसलिए उनको मंक्खलि या मक्खलि के नाम से जाना जाता था। उन्होंने घुमक्कड़ संत का जीवन अपनाया। गोशाल और वर्धमान महावीर आध्यात्मिक खोज के स्तर पर नजदीकी साथी थे। बाद में, जैन धर्म के आजीविकों ने मक्खलि के कई सिद्धांत अपना लिये थे।

आजीविकों ने इस विशाल परिवर्तन को नकारात्मक रूप में देखा था—उन्हें विश्वास था कि इस दुनिया में सब कुछ पहले से तय है और मनुष्य अपनी नियति को बदलने के लिए कुछ भी नहीं कर सकता। वे प्राकृतिक सामूहिक जीवन की ओर वापस जाना चाहते थे, जो बदकिस्मती से अब नामुमकिन था। यद्यपि, वे लोग कुछ समय तक बेहद लोकप्रिय रहे लेकिन उनकी सोच ने कभी व्यापक समाज को देर तक प्रभावित नहीं किया।

अजातशत्रु और गौतम की चर्चा में तत्कालीन समाज के तीन बड़े संदर्भ मिलते हैं जिनके सहारे हम बौद्ध धर्मकालीन समाज की प्रगतिशीलता, विचारों की प्रतिस्पर्धा और उद्यमिता को समझ सकते हैं।

पहला -तत्कालीन समाज में कई तरह के व्यवसायों की उपस्थिति थी जो आत्मनिर्भर, नगरीय और व्यापार केंद्रित सभ्यता का प्रमाण है।

दूसरा महत्वपूर्ण सूत्र यह है कि वैदिक युग समाप्त होने के बाद भारत में दार्शनिक विचारों को लेकर एक प्रखर प्रतिस्पर्धा प्रारंभ हो चुकी थी। अकेले बुद्ध ही नहीं थे जो अपने दर्शन से समाज को सहमत कर रहे थे बल्कि उनके समानांतर तीर्थंकरों की एक पूरी पीढ़ी थी जो भारत के आधुनिक नगरीय होते समाज को, वैदिक दर्शन की छाया से निकाल कर, नए तरह के चिंतन से परिचित करा रही थी। इनके नाम हमने समानपहल सुत्त में पढ़े हैं।

इन छह दार्शनिकों की सूची में वर्धमान महावीर (निर्ग्रंथ नाठपुत्त) भी आते हैं जो नए धार्मिक चिंतन को लेकर उपस्थित हुए थे। यह सुत्त बताता है कि इस नए चिंतन को समाज का समर्थन प्राप्त था। सम्राट अजातशत्रु अपनी समस्याओं के समाधान के लिए इन आजीवकों से चर्चा करते थे।

तीसरा सूत्र यह है कि बुद्ध धर्म को ऐसी अमूर्त मनोवैज्ञानिक उपलब्धियों से जोड़ते हैं जो श्रमण का जीवन जीते हुए प्राप्त की जा सकती हैं। मंत्र, कर्म कांड और वर्ण व्यवस्था केंद्रित समाज के लिए यह धर्म और आस्था की एक नई दिशा थी।

बुद्ध अपने दर्शन में बदलते समाज की अपेक्षाओं के निकट थे। उनकी देशना आराधना और यज्ञ की रूढ़िवादी परंपराओं से अलग नया चिंतन लेकर आई। उनका धर्म दुख से मुक्ति के लिए सम्यक् या संतुलित रहने की शिक्षा देता है।

बुद्ध का अष्टांगिक मार्ग दुख से मुक्ति का रास्ता है जो सम्यक दृष्टि, सम्यक् संकल्प, सम्यक् वचन, सम्यक् कर्म, सम्यक् जीविका, सम्यक् प्रयत्न, सम्यक् विचार और सम्यक् ध्यान या समाधि पर केंद्रित है। वह जीवन में संतुलन को सनातन धर्म (एस धम्मो सनंतनों) घोषित करता था।

समानपहल सुत्त जिन तीर्थंकरों का संदर्भ देता है वह उच्छेदवाद, नियतिवाद, कठोर संयम, शाश्वतवाद और अनिर्णयवाद के चिंतन को लेकर आगे बढ़ रहे थे लेकिन यह सब कुछ रूढ़ियों से मुक्ति तलाश रहे सक्रिय और आधुनिक होते समाज के बहुत काम का नहीं था।

इनकी तुलना में बुद्ध का चिंतन समाज को अनुकरणीय लगा जो कठोर तपस्या की चरम अति के बजाय सहज और संतुलित मध्यम मार्ग पर चलने की शिक्षा देता था। इसने व्यापार यात्राओं में लगे समाज को प्रभावित किया, जिसे अपनी समृद्धि के आकाश का विस्तार करने के लिए पर्याप्त उदार धर्म की जरूरत थी। एक बार जब समाज का प्रबुद्ध वर्ग बुद्ध से जुड़ा तो सम्राट भी बुद्ध के अनुयायी बने।

बौद्ध धर्म भारत का पहला संगठित धर्म था जो बुद्ध के जीवित रहते लोकप्रिय हो

गया। उरुवेला (गया) में ज्ञान प्राप्ति के बाद बुद्ध ने काशी पहुंच कर सारनाथ में उन पांच तपस्वियों से भेंट की जो उन्हें उरुवेला की तपस्या के दौरान मिले थे। इन पांच तपस्वियों को पहला उपदेश मिला।

इसके बाद बुद्ध फिर उरुवेला गए। यह स्थान उस समय याज्ञिक कर्मकांड का गढ़ था। बुद्ध ने उरुवेला में एक हजार ब्राह्मणों के नेता कश्यप को अपना अनुयायी बनाया और इसके साथ ही बुद्ध की ख्याति फैल गई।

महाजनपदों और दूसरे नगरीकरण के उस युग में बुद्ध और उनके शिष्यों की यात्रायें राजगृह, मगध, काशी, कौशल में हुईं जिससे बुद्ध का संदेश देश भर में फैल गया और मगध के कुलीन लोग बड़ी संख्या में उनके संघ में सम्मिलित हुए।

बुद्ध के निर्वाण से पहले बौद्ध धर्म का भूगोल उत्तर में हिमालय से दक्षिण में विंध्य तक और पूर्व में मगध से पश्चिम में कुरुक्षेत्र तक फैल गया था, यह संगठित धर्म का ही प्रमाण था कि बुद्ध के निधन के दो माह बाद पहली बौद्ध सभा राजगृह (राजगीर) में बैठी जहां उनके उपदेशों का संकलन किया गया। बुद्ध की मृत्यु के सौ वर्ष बाद वैशाली की सभा तक बौद्ध धर्म में 18 संप्रदाय बन गए थे।

बौद्ध धर्म की तीसरी सभा बुद्ध की मृत्यु के लगभग 150 साल बाद सम्राट अशोक के नेतृत्व में पाटलिपुत्र (250 ई.पू.) में हुई जहां धर्म के आंतरिक विवादों को सुलझाकर इसके अंतरराष्ट्रीय प्रचार का प्रारंभ किया।

नगरीय और व्यापारिक भविष्य का उदय

वासत्थ और भारद्वाज नाम के दो ब्राह्मण बुद्ध के पास आए और प्रश्न किया कोई व्यक्ति जन्म से ब्राह्मण होता है या कर्म से।

बुद्ध ने कहा जो गायें चराता है उसे हम चरवाहा कहेंगे ब्राह्मण नहीं। जो कला संबंधी कार्यों से जीविका चलाता है वह कलाजीवी है। अपने कर्मों से ही कोई किसान है, कोई व्यापारी और शिल्पी है किसी विशेष माता के पेट से जन्म लेने वाले को मैं ब्राह्मण नहीं कहूंगा। अपने कर्मों से ही मनुष्य ब्राह्मण या अब्राह्मण होता है।

वैदिक कर्मकांड और वर्णभेद की व्यवस्था से निकल कर नगरों में पहुंच रहा तत्कालीन समाज शायद इसी तरह व्यवस्था की अपेक्षा कर रहा था, जिसमें कर्म के आधार पर मूल्यांकन किया जाए। गांवों से नगर और कृषि से व्यापार की तरफ बढ़ती सभ्यता जिस

तरह की धार्मिक सामाजिक स्वाधीनता चाहती थी वह उस समय उसे बौद्ध दर्शन में मिल गई, जो कर्मकांड के बजाय आचरण पर आधारित था। इसलिए बुद्ध के प्रारंभिक अनुयायियों में सेठ, व्यापारी और सार्थवाह थे जो वस्तुतः नगरीय समाज था।

बुद्ध युग के भारत में हमें कई बड़े आर्थिक परिवर्तन दिखते हैं जो बाद की सदियों में भारतीय समाज की गति और प्रगति का आधार बने।

समानपहल सुत्त जिन 12 व्यावसायियों के नाम लेता है वह तत्कालीन समाज में पेशों की पूरी सूची नहीं है। इसमें उन्हीं पेशों का जिक्र है जो किसी राजा के ध्यान में अचानक आ जाते हैं।

अंगजीव, ललितविस्तर, मिलिंदप्रश्न जैसे बौद्ध ग्रंथों में लगभग 60 व्यवसायों का संदर्भ आता है। समाज में विविध व्यवसाय वंशानुगत हो चले थे। किशोरावस्था से बालकों को शिल्प का प्रशिक्षण मिलने लगता था। बौद्ध जातकों में सार्थवाह (कारवां व्यापारी) कुल, कुंभकारकुल (बर्तन निर्माता), सेट्ठिकुल (बैंकर्स), धान्यवणिज कुल (अनाज व्यापारी) आदि की कथायें मिलती हैं। यह पारिवारिक उद्यमों के प्रारंभ का युग था। भारत के व्यापार व उद्योग में यह परंपरा आज 21वीं सदी तक स्थायी बनी हुई है।

बौद्ध जातकों में सार्थवाहों के साथ व्यापार मार्गों पर जाने वाले व्यापारियों पापनिको (छोटे कारोबारी) के भी कई उदाहरण मिलते हैं।

बौद्ध काल से ही भारत में शिल्प समूहों (क्लस्टर) की शुरुआत होती है जो बाद में व्यापारिक केंद्रों में बदल गए। कुलीनचित जातक में बनारस के निकट वर्धकि ग्राम का उल्लेख है जिसमें 500 बढ़ई परिवार रहते थे। बनारस के निकट एक कुम्भकार ग्राम या उपनगर का उल्लेख भी आता है।

ह्वेन सांग के वर्णन पुष्टि करते हैं कि नगरों की गलियों में अलग-अलग कारोबार की वीथियां थीं। नगरों की सीमा पर शिल्प विशेष में लगे लोगों के गांव भी होते थे।

बौद्ध युग से भारत में व्यवसायियों के समूह बनने प्रारंभ होते हैं। समुद्दवणिज जातक में बताया गया है कि एक गांव में एक हजार वर्धकि परिवार थे जिनमें पांच-पांच सौ परिवारों का एक-एक जेट्ठक (मुखिया) था। श्रेणियों या गिल्ड की राजव्यवस्था में भागीदारी और कानूनी मान्यता के संदर्भ भी मिलते हैं। सूचिजातक में कम्मार (मूर्तिनिर्माता) के समृद्ध कुल के जेट्ठक की कथा आती है जिसका राजदरबार में बड़ा सम्मान था। श्रेणियों या गिल्ड की व्यवस्था गुप्त युग आते-आते सुदृढ़ हो गई।

बौद्ध युग का भूगोल लगभग नगरीय था। इस कालखंड में विकसित नगरों के स्पष्ट संदर्भ मिलने लगते हैं। अयोध्या, वाराणसी, चंपा, कांम्पिल्य, कौशाम्बी, मधुर या मथुरा, मिथिला, रोरुक, सागल, साकेत, सावट्टी, माहिष्मती, वैशाली, तक्षशिला, पाटलिपुत्र, प्रतिष्ठानपुर इनमें प्रमुख हैं। इनमें कई प्रमुख नगर व्यापारिक थे जो व्यापार मार्गों पर स्थित थे।

बौद्धकालीन नगरों के पास ही बौद्ध महाविहार विकसित हुए जिनकी छाया में तत्कालीन समाज शिक्षा के संगठित स्वरूप की तरफ बढ़ चला था। बौद्ध विहार शिक्षा के बड़े केंद्र थे। तक्षशिला का शिक्षा केंद्र विश्व प्रसिद्ध था। नालंदा राजगीर के पास विकसित हुआ। सौराष्ट्र (गुजरात) का वल्लभी महाविहार और सुदूर दक्षिण में मदुरा (मदुरै) शिक्षा के बड़े केंद्र थे।

विहारों का निर्माण बौद्ध धर्म के प्रारंभिक काल से ही शुरू हो गया था जिन्हें धनिकों से भूमि और दान मिलता था। इसके साथ ही पहली बार धर्म को समाज के संरक्षण और वित्त पोषण की प्रक्रिया प्रारंभ हो गई। बुद्ध के निर्वाण के बाद उनके भौतिक अवशेषों को संभालने के लिए स्तूप बनाये गए। यह बौद्ध तीर्थों का प्रारंभ था। बौद्ध धर्म के महायान संप्रदाय के विस्तार के विकास के साथ, गुप्त युग में बुद्ध की मूर्तियां बनाने की परंपरा आई।

समाज के धनिक वर्ग स्तूपों का निर्माण कराते थे। सार्थवाहों के संरक्षण में भिक्षु धर्म यात्रायें करते थे। राजगृह के महाधनिक अनाथपिंडिक ने बुद्ध को जेतवन दान में दे दिया। समाज की सहायता और संसाधनों से धर्म को स्थापित और संचालित करने का यह मॉडल जैन धर्म में अधिक भव्य रूप में सामने आया है। बाद में इसे पौराणिक हिंदू धर्म ने भी अपनाया जो आज तक सक्रिय है।

मौर्य युग में बौद्ध धर्म को राजकीय संरक्षण मिल गया। यह धर्म और साम्राज्य के संबंधों का प्रारंभ था। अशोक ने बौद्ध धर्म के अंतरराष्ट्रीय विस्तार का वित्त पोषण किया। अशोक के नेतृत्व में बौद्ध धर्म दक्षिण भारत तक फैला। पाल वंशीय राजाओं ने 9वीं व 12वीं सदी में विक्रमशिला (भागलपुर) और उदयंतपुर के महाविहार स्थापित किये।

शुंग और कुषाण काल में हिंदू मंदिरों की स्थापना के साथ इस धर्म और सिंहासन का संबंध और सुदृढ़ हुआ। दक्षिण भारत में चोल पांड्य राजाओं का समय आने तक धर्म को सम्राट के संरक्षण की व्यवस्था सुगठित और स्थापित हो गई थी।

धार्मिक विचारों की स्वाधीनता ने तत्कालीन समाज को लोकतंत्र के पहले प्रयोगों के लिए प्रेरित किया जो हमे वैशाली में गण व संघ के प्रारंभिक प्रयोगों में मिलते हैं।

दिग्ध निकाय के एक सुत्त में अजातशत्रु का मंत्री वस्सकार बुद्ध से यह पूछता है कि लिच्छिवि (वज्जि) को कैसे पराजित किया जा सकता है, वैशाली जिनकी राजधानी थी? बुद्ध वज्जि के सात आदर्शों (सत्त अप्रहनि धम्म) की चर्चा करते हैं। बुद्ध कहते हैं कि सामूहिक रूप से निर्णय करने की व्यवस्था, एक साथ किये जाने वाले कार्य, गण या संघ के फैसले पर सबकी सहमति, वरिष्ठ जनों का सम्मान, महिलाओं का आदर व सुरक्षा, संतों व विचारकों का आदर और उन्हें अपने विचारों को व्यक्त करने की स्वतंत्रता—लिच्छिवियों के सात गुण हैं जो राजा इनका पालन करता है उसे पराजित करना असंभव है।

मौर्य वंश के पतन और पौराणिक हिंदू धर्म के उत्थान के साथ भारतीय भूमि से बौद्ध धर्म सीमित होने लगा लेकिन सुदूर उत्तर पूर्व और पश्चिम में इस धर्म का विस्तार जारी रहा। बौद्ध धर्म की छाया में स्वाधीन व्यापारिक परिवेश और नगरीय समाज विकसित हो चुका था जो मंदिरों, नगरों और व्यापार के विकास के साथ सहज होकर आगे बढ़ने वाला था।

समृद्धि, वैभव और त्याग के तीर्थंकर

जैन धर्म भारत का पहला स्पष्ट राजधर्म है जिसके तीर्थंकरों में कई सम्राट सम्मिलित हैं। इसके विस्तार में साम्राज्यों की प्रमुख भूमिका रही। समाज के धनिकों और राजवंश के समर्थन व भागीदारी ने जैन धर्म का एक विस्तृत भूगोल तैयार किया जो पूरे भारत में फैला था और कई पुराने नगरों को अपने धार्मिक विस्तार से जोड़ता था। जैन धर्म का भूगोल इसके अनुयायियों की तुलना में अद्भुत रूप से बड़ा और भव्य है।

जैन धर्म का मिथकीय इतिहास, बौद्ध धर्म से अधिक पुराना है। इसका उद्भव हिंदू धर्म की पौराणिक गाथाओं से जुड़ता है। भारत के पहले चक्रवर्ती सम्राट ऋषभ को पहला जैन तीर्थंकर माना जाता है जो अपने पुत्र भरत को राज्य सौंप कर तीर्थंकर हो गए। भरत से प्राचीन जम्बूद्वीप को भारत का नाम मिलता है। दार्शनिक और वीतराग सम्राट के रूप में ऋषभ वैष्णव कथाओं और पुराणों (विष्णु पुराण, पद्म पुराण और भागवत पुराण) का हिस्सा हैं। जैन कथायें अपने धर्म का भूगोल अयोध्या से प्रारंभ करती हैं जहां ऋषभ का जन्म हुआ।

जैन ग्रंथ जिन चौबीस तीर्थंकरों की कथा सुनाते हैं उनमें वर्धमान महावीर, 24वें तीर्थंकर थे जो गौतम बुद्ध के समकालीन थे।

वर्धमान महावीर के समय तक जैन धर्म पूर्वी भारत में केंद्रित था। बाद में यह पूर्वी भारत से लगभग विलुप्त हो गया लेकिन राजवंशों और मुनियों के प्रचार ने तीसरी-चौथी सदी तक वृहत्तर भारत में जैन धर्म का प्रसार कर दिया था।

मौर्य वंश का संबंध केवल बौद्ध धर्म से ही नहीं है। जैन ग्रंथों की कथाओं के अनुसार सम्राट अशोक के पितामह चंद्रगुप्त मौर्य ने सिंहासन त्यागकर संन्यास ले लिया था। उत्तर भारत में भारी अकाल के कारण चंद्रगुप्त जैन मुनियों को लेकर कर्नाटक में श्रावणबेलगोला पहुंचे थे।

कर्नाटक का यह छोटा-सा कस्बा ऐतिहासिक जैन तीर्थ है जहां तीर्थंकर आदिनाथ के पुत्र गोमतेश्वर की 17.5 मीटर ऊंची प्रतिमा स्थापित है। प्रतिमा के आधार प्रस्तर पर उत्कीर्ण अभिलेख के अनुसार यह प्रतिमा राजा चामुंड राय ने दसवीं सदी में स्थापित की। श्रावणबेलगोला में 8वीं से 18वीं सदी तक लगभग 37 जैन मंदिरों का प्रमाण मिलता है।

मिथक कहते हैं कि बौद्ध धर्म के संरक्षक मौर्य सम्राट अशोक का पौत्र सम्प्रति जैन धर्म का सबसे बड़ा प्रचारक था। उसके नेतृत्व में यह धर्म आंध्र और तमिल देश तक फैला। जैन ग्रंथ परिशिष्ट पर्व और कल्प सूत्र के अनुसार, संप्रति ने सवा करोड़ जैन मंदिर बनवाये थे। जैन कथायें व जनश्रुतियां, राजस्थान और सौराष्ट्र में जैन धर्म के विस्तार का श्रेय संप्रति को देती हैं।

मौर्य वंश के पतन के बाद मगध पर पुष्यमित्र शुंग का शासन स्थापित हुआ। इसके साथ ही जैन धर्म का केंद्र पाटलिपुत्र से निकल कर उज्जैन पहुंच गया जहां पहले से ही जैन धर्म के आचार्य पहले से सक्रिय थे। जैन साधुओं ने राजाओं की मदद से पहली सदी में मथुरा व उज्जैन को अपनी गतिविधियों का केंद्र बनाया।

तीसरी सदी तक जैन धर्म श्वेतांबर और दिगंबर संप्रदायों में बंट चुका था। श्वेतांबर संप्रदाय के अनुयायियों ने पश्चिम की ओर प्रसार किया। इसलिए राजस्थान और गुजरात इस संप्रदाय के केंद्र हैं। गुजरात की नगरी वल्लभी श्वेतांबर जैन संप्रदाय का केंद्र बनी।

दिगंबर जैन संप्रदाय का प्रसार दक्षिण की ओर हुआ। दक्षिण भारत में जैन धर्म को मूलसंघ कहा जाता था जिसका उल्लेख ह्वेन सांग के वर्णनों में भी मिलता है। उत्तर भारत में शुंग, कण्व, गुप्त व सातवाहन राजा जब पौराणिक हिंदू धर्म को प्रश्रय दे रहे थे तब दक्षिण में गंग, राष्ट्रकूट, कदंब, चालुक्य, राष्ट्रकूट, होयसला और कलचुरी राजवंश जैन धर्म के संरक्षक हो गए। सम्राट खारवेल इसे लेकर उड़ीसा पहुंचे और जैन धर्म बंगाल तक फैल गया।

दसवीं-ग्यारहवीं सदी तक राजस्थान, गुजरात, बंगाल, उड़ीसा, उत्तर प्रदेश और कर्नाटक में जैन धर्म के मंदिर या चैत्य बन चुके थे। गुजरात राजस्थान में चापा, गुर्जर, परमार, सोलंकी सम्राट, जैन धर्म के संरक्षक थे।

भारत के इतिहास में यह अपनी तरह का पहला धर्म था जिसे लगभग हर सदी में राजवंशों ने हाथोहाथ लिया। राजाओं के संरक्षण में धार्मिक केंद्रों के निर्माण की जो व्यवस्था बुद्ध युग से प्रारंभ हुई, वह जैन धर्म के साथ और सुदृढ़ हो गई।

संयम और त्याग के शिखर

भीलवाड़ा, राजस्थान सन् 2010

यह मृत्यु बेहद अलग ढंग की थी। भीलवाड़ा के छोटे से कस्बे में करीब 20,000 लोग किसी की मृत्यु का शोक मनाने नहीं जुटे थे। वहां मृत्यु का उत्सव हो रहा था। 60 वर्षीया साध्वी (जैन स्त्री संत) चरण प्रज्ञा जैन परंपराओं के आधार पर 87 दिन से संथारा कर रही थीं।

संथारा का अर्थ है व्यवस्थित ढंग से अन्न-जल त्याग कर मृत्यु का वरण। साध्वी प्रज्ञा का संथारा ताजा स्मृतियों में सबसे लंबा था।

सन् 2010 में साध्वी प्रज्ञा जैन धर्म की उस चरम प्रथा का वरण कर रही थीं जो आने वाले वर्षों में बड़े कानूनी विवाद का कारण बनने वाली थी। राजस्थान की अदालत ने सन् 2015 में संथारा को आत्महत्या घोषित कर उस पर रोक लगा दी। जैन समाज ने इसका विरोध किया और अंततः सुप्रीम कोर्ट ने संथारा पर लगी रोक हटा दी।

जैन धर्म त्याग और संयम की कुछ बड़ी और अनोखी परंपरायें विकसित करता हुआ आगे बढ़ा है। इन परंपराओं ने लगभग हर युग में समाज के समृद्ध वर्गों और राजाओं को प्रभावित किया।

अन्न-जल त्याग कर मृत्यु के वरण की प्रथा जैन समाज को अन्य धर्मों की तुलना में विशिष्ट बनाती है। श्वेतांबर संप्रदाय के जैन इसे संथारा और दिगंबर इसे सल्लेखना कहते हैं। संथारा पर अदालती लड़ाई के दौरान यह तथ्य सामने आया था कि भारत में प्रति वर्ष करीब 250 जैन धर्मावलंबी संथारा या सल्लेखना के जरिये प्राण त्यागते हैं।

दार्शनिक स्तर पर जैन धर्म ईश्वर की सत्ता और भक्ति या उपासना को नकारता है और मुक्ति के लिए श्रम, संयम व त्याग के रास्तों पर चलने को प्रेरित करता है। बुद्ध की तरह यह भी व्यक्तिगत श्रम के माध्यम से मुक्ति पाने का धर्म है इसलिए बौद्ध और जैन मत श्रमण भी कहे जाते हैं।

जैन धर्म में संयम और त्याग के नियम वर्धमान महावीर के पहले से हैं। महावीर के बाद इन नियमों में कठोरता आती है। जैन ग्रंथ उत्तराध्ययन में पार्श्वनाथ और महावीर के शिष्यों केशी और गौतम का संवाद इसका प्रमाण है।

केशी कहता है कि पार्श्वनाथ ने चार महाव्रत निर्धारित किये हैं लेकिन महावीर पांच महाव्रत तय करते हैं। एक ही धर्म में यह अंतर क्यों?

गौतम का उत्तर था कि पुराने समय के भिक्षु सीधे सरल थे और धर्म के सिद्धांतों को समझते थे। आज के भिक्षुओं के लिए धर्म पालन कठिन है इसलिए पांच महाव्रतों का विधान किया गया है।

पार्श्वनाथ के समय तक अहिंसा, सत्य, अचौर्य (चोरी न करना) और अपरिग्रह (संपत्ति का संग्रह न करना) प्रमुख थे। महावीर ने इनमें ब्रह्मचर्य को जोड़ा और इस तरह जैन अनुयायियों के पंच महाव्रत निर्धारित हुए। जैन धर्म की शिक्षाओं में त्रिरत्न भी केंद्रीय हैं। बुद्ध की तरह ही सम्यक् या संतुलित जीवन जैन शिक्षाओं का भी आधार है। जैन धर्म तीन रत्न को प्राप्त करने का लक्ष्य निर्धारित करता है—सम्यक् दर्शन यानी संतुलित आस्था, सम्यक् ज्ञान अर्थात् संतुलित ज्ञान, सम्यक् चरित्र यानी संतुलित आचरण।

अहिंसा और संयम जैन शिक्षाओं का सबसे मुखर स्वर हैं। जैन सिद्धांतों में गृहस्थों और मुनियों के लिए अलग-अलग कठोर नियम तय किये गये हैं। इनमें कई नियम वाणी, प्रवास यात्रा, भोजन, विश्राम, व्यवसाय, संन्यास को लेकर भी हैं। संथारा या सल्लेखना इनमें सबसे चरम त्याग है जो योजनाबद्ध रूप से मृत्यु के वरण (आत्मोत्सर्ग) पर देह त्याग को पुण्य मानता है।

जैन धर्म के पास विस्तृत आचार्य व संत परंपरा रही है जिसने इसकी दार्शनिकता को सुदृढ़ किया और विपुल साहित्य निर्मित किया। जैन धर्म संप्रदायों का विभाजन महावीर के बाद हो गया था। इन संप्रदायों को राजसंरक्षण भी मिलने लगा था इसलिए जैन धर्म के आचार्यों ने महासभाओं के जरिये शिक्षाओं और परंपराओं को समय-समय पर संग्रहीत किया। यह सभायें बौद्ध सभाओं की तुलना में ज्यादा सुगठित और भौगोलिक तौर पर विस्तृत थीं जो जैन धर्म के विस्तार में सहायक सिद्ध हुईं।

वर्धमान महावीर के निधन के 200 वर्ष बाद, पाटलिपुत्र में जैन धर्म की पहली महासभा हुई थी, जिसका नेतृत्व आचार्य स्थूलभद्र ने किया। पहली सदी के दौरान जैन धर्म की दूसरी महासभा का उल्लेख दक्षिण भारत के वेणकटीपुर में मिलता है। चौथी सदी में एक महासभा मथुरा में भी हुई थी, जिसमें श्वेतांबर आचार्य एकत्र हुए। पांचवीं सदी में

गुजरात के वल्लभी में श्वेतांबर सभा हुई जिसके बाद जैन ग्रंथों को शिक्षाओं को संकलित करने का अभियान प्रारंभ हुआ। अहिंसा, दान और त्याग का जैन दर्शन पौराणिक हिंदू मान्यताओं में करुणा, दया, दान और संन्यास के रूप में प्रतिष्ठित हुआ।

जैन समुदाय के साथ ही धर्म प्रचार के लिए पूरे देश में घूमने वाले परिव्राजक संतों की परंपरा भी शुरू हुई जिसे बाद की सदियो में कई धर्मों व आस्थाओं ने अपनाया। शंकर, रामानंद, चैतन्य, वल्लभाचार्य, गुरुनानक की यात्रायें इसी परंपरा का विस्तार थीं।

व्यापार का धर्म

आप कैसा भी हीरा खरीद रहे हों लेकिन इस बात की शत-प्रतिशत संभावना है कि वह हीरा या तो किसी ऑर्थोडॉक्स यहूदी के हाथों से गुजरकर आया होगा और या फिर किसी पालनपुरी जैन के। दुनिया में बिकने वाले दस में से आठ हीरे बेल्जियम के शहर एंटवर्प के जरिये आते हैं और जहां हीरे के कारोबार पर ऑर्थोडॉक्स यहूदी और पालनपुरी जैन समुदाय का ही राज है। एंटवर्प के डायमंड डिस्ट्रिक्ट की 500 मीटर लंबी होविनियर्स स्ट्रीट में सालाना 16 अरब डॉलर के हीरों का कारोबार होता है। यहां आपको गुजराती और हिब्रू ही सुनने को मिलेगी।

पालनपुर, गुजरात के बनासकांठा जिले में एक कस्बा है, जहां के व्यापारी अपनी परंपराओं और सिद्धांतों के लिए अलग पहचान रखते हैं। कहते हैं कि गुजरात के नवाब ने पालनपुर के जैनों को 1930 में यहां राजाओं के लिए हीरा खरीदने भेजा था। इसके बाद यह आवाजाही नियमित हो गई।

हेसिडिक यहूदी एंटवर्प के इस कारोबार पर अर्से से काबिज थे। पालनपुरी जैनों ने 1970 में अपेक्षाकृत कमजोर क्वालिटी के कच्चे हीरों का कारोबार शुरू किया। पिछले 20 साल में एंटवर्प के हीरा कारोबार में पालनपुरी जैनों का हिस्सा 25 से 65 फीसदी हो गया जबकि यहूदी 70 से 25 फीसदी पर आ गए।

सन् 2000 में एंटवर्प के हीरा कारोबार में एक बड़ा बदलाव आया जब इस कारोबार की गवर्निंग काउंसिल में छह में से पांच सीटों पर पालनपुरी जैन काबिज हो गए।

एंटवर्प दो समुदायों के बीच प्रतिद्वंद्विता का नहीं, बल्कि गहरे विश्वास का केंद्र है, जिसने दुनिया के सबसे छोटे लेकिन सबसे मूल्यवान कारोबार को दो ऐसे समुदायों के नाम कर दिया जिनका दूर-दूर तक कोई ऐतिहासिक रिश्ता नहीं था।

पूरी दुनिया में हीरों की आपूर्ति व्यक्तिगत रूप से होती है। हीरे के कारोबार में

ईमानदारी ही सबसे बड़ा नियम है इसलिए यहूदी डायमंड कटर कामगारों को हीराजड़ित निर्धन (डायमंड स्टडेड पॉपर) कहा जाता है। पूरी दुनिया में हीरों की आपूर्ति व्यक्तिगत रूप से होती है।

एंटवर्प के यहूदियों पर अध्ययन करने वाले अर्थशास्त्री मानते हैं कि हीरा कारोबार में सख्त ईमानदारी की सदियों पुरानी परंपरा इसलिए ठहर पाई कि क्योंकि ऑर्थोडॉक्स यहूदी कारोबारी अनुबंधों को बेहद छोटे धार्मिक समाज के बीच संचालित करते हैं, जहां अनुबंध तोड़ने या चोरी करने का मतलब समाज से बाहर जाना है।

यहूदियों ने हीरा कारोबार पर अपने लंबे एकाधिकार के बाद यदि किसी दूसरे समूह को इसमें प्रवेश करने दिया तो वह पालनपुरी जैन ही थे। पालनपुरी जैन अपनी धार्मिक मान्यताओं में शायद उतने ही सुदृढ़ हैं जितने कि हेसिडिक यहूदी। इंटरनेट के जरिये चाहे जितना भी कारोबार होता हो लेकिन हेसिडिक यहूदी और पालनपुरी जैनों का छोटा-सा 'ऑनेस्टी क्लब' एंटवर्प से न्यूयॉर्क और सूरत तक हीरों के वैश्विक कारोबार को संचालित करता है।

चरम त्याग की शिक्षा देने वाले जैन धर्म का दुनिया के सबसे महंगे कारोबार से यह रिश्ता बेहद अनोखा है। अनुयायियों की संख्या में छोटे लेकिन भव्यता में विशाल जैन धर्म के व्यापार के साथ रिश्ते सबसे पुराने हैं। इस धर्म को प्रारंभिक काल में राज संरक्षण मिला और प्राचीन भारत में मध्य-युग आते-आते यह पश्चिम और दक्षिण भारत के समृद्ध व्यवसायियों का धर्म बन गया।

जैन धर्म पहला व्यापार धर्म था इसलिए प्राचीन जैन साहित्य भारत के व्यापार के तरीकों, प्रक्रियाओं और आर्थिक भूगोल के बारे में सबसे विस्तृत जानकारी देता है। जैन संतों के लिए धर्म यात्रायें करना अनिवार्य था। जैन साधुओं की समाज में गहरी प्रतिष्ठा थी। इनकी यात्राएं सार्थवाहों के संरक्षण में होती थीं। सार्थवाहों के कई महत्वपूर्ण वर्णन जैन अंगों, उपांगों, छंदों, सूत्रों और चूर्णियों में संकलित हैं।

व्यापार और समाज की सूचनाओं के संदर्भ में जैन साहित्य, बौद्ध साहित्य से कुछ अलग है। बौद्ध जातकों में जानकारी तो भरपूर है लेकिन उनमें कथातत्व अधिक है। इनकी तुलना में जैन साहित्य में सूक्ष्म भौगोलिक और व्यापारिक जानकारियां मिलती हैं, जो शायद जैन साधुओं की परंपरा के कारण हुआ। जैन साधु जहां भी जाते थे, वहां की भौगोलिक सामाजिक परिस्थिति का अध्ययन करते थे। वे स्थानीय भाषा सीखते थे ताकि उसमें उपदेश दिया जा सके।

पहली से छठी सदी के बीच के वृहत्कल्पसूत्र भाष्य, आवश्यक चूर्णि, आचारांग सूत्र, विपाक सूत्र आदि जैन ग्रंथों में बंदरगाहों, तरह तरह के सामान और कारोबारी व्यवस्थाओं का संदर्भ मिलता है। वृहत्कल्पसूत्र भाष्य बताता है कि प्राचीन भारत में बाजारों का एक सुगठित तंत्र बन चुका था।

यह बाजार तंत्र जलपत्तन (बंदरगाह), स्थलपत्तन (बैलगाड़ी से माल लाकर बेचने के लिए बने बाजार) और द्रोणमुख में बंटा था। द्रोणमुख वह बाजार थे जहां से जल और थल दोनों मार्गों से कारोबार था। इनमें ताम्रलिप्ति (आधुनिक तामलुक, पश्चिम बंगाल) और भृगुकच्छ (भरुच गुजरात) द्रोणमुख बाजार थे।

जैन साहित्य में व्यापार मार्गों के भौगोलिक संदर्भ मिलते हैं। आवश्यक निर्युक्ति और वृहत्कल्पसूत्र भाष्य में जैन संतों के यात्रा-वृत्तांत हैं जिनमें अहिच्छत्र (आधुनिक बरेली उत्तर प्रदेश), उज्जैन, पंपा, कौशाम्बी, मथुरा और ईरान के व्यापार मार्गों का उल्लेख आता है। जैन साहित्य से जानकारी मिलती है कि गुप्त काल तक ईरान के साथ भारत का व्यापार पर्याप्त विस्तृत हो चुका था।

अपनी धार्मिक मान्यताओं के कारण जैन साधु समुद्री यात्रा नहीं करते थे लेकिन सार्थवाहों को इन यात्राओं के लिए प्रेरित करते थे, इसलिए जैन साहित्य में समुद्री यात्राओं के भरपूर संदर्भ हैं। आवश्यक चूर्णि में दक्षिण के मदुरा (मदुरै) से सौराष्ट्र (गुजरात-महाराष्ट्र) और चंपा से गंभीर (ताम्रलिप्ति) होते हुए कालियद्वीप (जंजीबार) तक जहाजों की यात्रा के वर्णन हैं। सूत्रकृतांग टीका 16 प्रकार की समुद्री हवाओं की जानकारी देती है जो जैन साधुओं की गहरी सागरीय जानकारी का प्रमाण है।

भारतीय व्यापार की बहुउत्पाद विविधता के विस्तृत उल्लेख भी जैन कथाओं में हैं। ज्ञाताधर्मकथा तरह-तरह के सुगंधित तेलों, खिलौनों, संगीत उपकरणों, कम्बल, रत्नों, चीनी, सूती कपड़े, जड़ी बूटियों, गुजरात की साड़ियों, काशी और कोंकण के वस्त्रों, हाथीदांत और स्वर्ण के व्यापार की जानकारी देती है। जैन साहित्य से पता चलता है कि उत्तरापथ से घोड़ों का व्यापार भी सक्रिय हो चुका था।

जैन साहित्य में निजी कारोबारी कर्ज के प्रारंभिक संदर्भ भी मिल जाते हैं। बौद्ध युग से शुरू हुए व्यापारियों के गिल्ड, निगम या श्रेणियां जल्द ही बैंकिंग में बदल गए थे। वृहत्कल्पसूत्र भाष्य में दो तरह के निगमों का संदर्भ है। एक सांग्रहिक और दूसरा असांग्रहिक। सांग्रहिक निगम गिरवी, रेहन और ब्याज का काम करते थे जबकि असांग्रहिक बैंकिंग के अलावा वस्तुओं का व्यापार भी कर सकते थे। व्यापारी संघ की यह परंपरा गुप्त काल में विस्तृत हुई और क्रमशः भारत में कारोबार के समूह (क्लस्टर) बनते चले गए।

2015 के आंकड़ों के मुताबिक, जैन धर्म के अनुयायियों की संख्या भारत की आबादी की केवल 0.4 फीसदी है यानी किसी भी और प्रमुख भारतीय धर्म की तुलना में जैन धर्म सबसे छोटा है लेकिन प्रति व्यक्ति समृद्धि के आधार पर यह दुनिया का सबसे समृद्ध धर्म है। इस धर्म ने व्यापार और समाज के संबंधों को एक नई परिभाषा दी जो बाद में विकसित आस्था, परंपराओं और तीर्थस्थल निर्माणों में फली-फूली।

पुराण युग- समन्वय व पुनर्मूल्यांकन

एकदा नैमिषारण्ये

नैमिषारण्य आश्रम के कुलपति शौनक ने व्यास सोमाहुति से कहा:

हे महर्षि, महाभारत के द्वादशवर्षीय महासत्र के आयोजन और धर्मचक्र को पुन: प्रवर्तित करने की आज्ञा प्रदान कर आपने अपनी जिस महत्ता को उजागर किया है वह आप जैसे महात्मा के योग्य है।

हे तपोमूर्ति, इस समय की दशा पर विचार करें। अस्थिर लोकमानस को जीने के लिए आस्था का चुंबक चाहिए। वैदिक धर्म और यज्ञाचार करने के अधिकारी केवल द्विज (ब्राह्मण) हैं। उनमें भी साधारण जनसमाज मूल्यवान यज्ञों का पुण्य लाभ नहीं कर पाता। उनके द्वारा हीन मानी जाने वाली अन्य जातियों के लोग तो वेदोच्चार सुनने मात्र से ही मृत्युदंड के अधिकारी माने जाते हैं। वह धर्म कैसा जो एक के लिए जीवन और दूसरे के लिए मरण हो।

बौद्ध धर्म ने आरंभ में सर्वसाधारण के लिए आस्था के द्वार मुक्त किए थे, किंतु जब से वह विदेशी राजाओं के हाथ का खिलौना बना तब से स्वदेशवासियों के लिए घृणा और आतंक का पर्याय बन गया है। अहिंसावादी जैनों का धर्म इतना व्यक्तिपरक है कि अभी तक अपने आपको सामाजिक रूप से संगठित करने का प्रयत्न भी नहीं हो पाया है। ग्रामों, महाजनपदों और छोटे छोटे राज्यों के जनसाधारण के अनंत आस्था बिंदु युग की अनास्था के प्रखर ताप में ओस की बूंदों के समान सूखे जा रहे हैं।

ऐसे काल में एक ऐसे धर्म की आवश्यकता है जो राजा और प्रजा, धनी और निर्धन सबके लिए समान रूप से सुलभ हो, शक्ति संपन्न हो और मंगलकारी हो।

(एकदा नैमिषारण्ये—अमृतलाल नागर)

नए भविष्य का सूर्योदय

यह काल्पनिक औपन्यासिक चित्रण नैमिषारण्य में ऋषियों के उस महाविमर्श या सेमिनार का है जिस पर इतिहास कुछ नहीं कहता, लेकिन वेद-उपनिषद् युग के बाद दस-ग्यारह शताब्दियों तक हिंदू धर्म का अधिकांश साहित्य नैमिषारण्य की इसी महासंगोष्ठी की शपथ के साथ ही प्रारंभ होता है।

एक बार नैमिषारण्य में शौनक ऋषि के आश्रम में 88,000 ऋषियों ने एकत्र होकर बारह वर्ष तक लंबा विचार-सत्र आयोजित किया, जिसमें ऋषियों ने सूत अर्थात् उग्रश्रवा नामक ऋषि से संवाद किया और महाभारत और पुराणों की कथाएं सुनीं।

कहते हैं कि वेदव्यास ने महाभारत और पुराणों की रचना के बाद उन्हें अपने परमशिष्य सूत रोमहर्षण को सुनाया था। नैमिषारण्य के सेमिनार में महाभारत व पुराण कथाएं बांचने वाले सूत उग्रश्रवा इन्हीं रोमहर्षण के पुत्र थे। इस संगोष्ठी में ही महाभारत के पुनर्लेखन की व्यवस्था हुई। यहीं से अठारह महापुराणों की रचना की प्रस्तावना तैयार हुई और व्यास विरचित भागवत महापुराण का वर्तमान स्वरूप उभरा।

भारत का प्राचीन साहित्य वाचिक परंपरा पर आधारित था, जिसका बाद में लेखन किया गया। नैमिष की संगोष्ठी के संदर्भ के साथ प्रचुर साहित्य मिलता है। इनमें कई ग्रंथ बार-बार लिखे और संशोधित किये गए हैं।

यह साहित्य भारत के उत्तर वैदिक और उत्तर बौद्ध काल के धार्मिक समाज की रचना का सबसे बड़ा आधार है।

इतिहास में 200 ईस्वी पूर्व से 300 ईस्वी बहुआयामी बदलावों का समय रहा है। उस समय तक मौर्य शासकों का पराभव हो चुका था और कुषाण व सातवाहन वंश सिमटने लगे थे जबकि गुप्त साम्राज्य का उदय लगभग सौ वर्ष दूर था। बौद्ध और जैन धर्म के साथ कई तरह की स्थानीय पूजा-पद्धतियां व आस्थाएं सक्रिय थीं, जिनके बीच टकराव होते रहे होंगे।

भारशिव और वाकातक राजवंशों के दौर में सनातन हिंदू धर्म की पुनर्स्थापना के प्रयासों का उल्लेख मिलता है। भारशिव या मथुरा का नागवंश पूर्व गुप्तकाल में उत्तर भारत का एक प्रमुख राजवंश था जबकि वाकातक राज्य पश्चिम भारत में था। इन राजवंशों के युग में धार्मिक कार्यों के लिए भूमि अनुदानों का प्रचलन प्रारंभ हुआ।

पुराण संहिताओं के आधार पर पौराणिक हिंदू आस्था पद्धति का विकास होता है जो बाद में विस्तृत और व्यापक होकर भारत का सबसे बड़ा बहुसंख्यक धर्म बन गई।

महाभारत ईसा पूर्व 400 से 400 ईस्वी के बीच की रचना है। दिल्ली के पुराना किला के उत्खनन में महाभारत के पुरातात्विक साक्ष्य मिले हैं जो इस रचना की ऐतिहासिकता को प्रामाणिक बनाते हैं। महाभारत संहिता या स्मृति भी है, इतिहास भी और मिथक भी। यह रामायण के बाद की कृति है क्योंकि इसमें रामायणकालीन कथाएं सम्मिलित हैं।

दूसरा समूह है 18 पुराणों का, जिनका रचनाकाल चौथी से पांचवीं शताब्दी माना जाता है। कुछ पुराण दसवीं और चौदहवीं शताब्दी तक भी रचे गए। पुराण साहित्य मिथक, स्मृति, भूगोल, भक्ति, ईश्वरत्व, इतिहास और जीवन सूत्रों का विशाल संग्रह हैं।

पुराणों में भागवत महापुराण अपने प्रभाव की दृष्टि से विशिष्ट है। हालांकि इसका रचनाकाल काफी बाद का माना जाता है लेकिन परवर्ती भारत में भक्ति आंदोलन की प्रेरणा के रूप में इसे अलग से महत्व दिया जाता है।

एकदा नैमिषारण्ये के संदर्भ के साथ रचा गया यह समग्र साहित्य अठारह पुराणों के चार लाख और महाभारत के करीब एक लाख श्लोकों में संकलित है जो बौद्ध काल के बाद आधुनिक युग तक भारत की सांस्कृतिक, धार्मिक, सामाजिक व्यवस्थाओं की मूल प्रेरणा व आधार है।

यह साहित्य भारतीय समाज को छह बड़ी उपलब्धियों से समृद्ध करता है।

जातीय मिथकीय इतिहास

महाभारत और पुराणों में प्राचीन सूर्यवंशी, चंद्रवंशी सम्राटों और वैवस्वत मनु के वंश से लेकर हिरण्यक शिशुनाग, नंद, मौर्य, शुंग, कण्व और सातवाहन वंशों की कथायें हैं। इनमें कुछ राजवंशों के ऐतिहासिक संदर्भ मिलते हैं और कुछ केवल मिथकों में हैं। पुराणों में वर्णित राजवंशों का संदर्भ गुप्त युग पर आकर समाप्त होता है

विष्णु पुराण, वायु पुराण, भागवत पुराण, नारद पुराण और महाभारत में राजवंश और ऋषिकुलों की कथा, सृष्टि के जन्म, विकास, समाज की संकल्पना के साथ वह इतिहास मिलता है जो वेदों और उपनिषदों की दार्शनिक चर्चाओं में सामने

नहीं आता। शायद यही कारण है कि महाभारत और पुराण भारत की जातीय संस्कृति के आधारभूत ग्रंथ हैं और जो बाद में सांस्कृतिक धार्मिक मान्यताओं का आधार बने।

ऐतिहासिक भूगोल

महाभारत व पुराण में पहली बार भारत का ऐतिहासिक भूगोल स्पष्ट होता है। महाभारत मार्गो, तीर्थों का विवेचन करता है, पुराण इसे अधिक विस्तृत और कथात्मक रूप से स्पष्ट और व्याख्यायित करते हैं। यह भूगोल भारत के भौतिक भूगोल से जुड़ता है और स्थायी भौगोलिक पहचान देता है। मत्स्य पुराण, पद्म पुराण, वायु पुराण, मार्कंडेय पुराण, नारद पुराण, स्कंद पुराण इस दृष्टि से उल्लेखनीय हैं

समय गणना

पुराणों में समय की सबसे छोटी गणना निमेष (पलकों को खोलने बंद करने में लगने वाला समय) है। यह गणना काष्ठा (पंद्रह निमेष), कला (तीस काष्ठा), मुहूर्त (तीस कला), दिन-रात (तीस मुहूर्त), पक्ष (पंद्रह दिन-रात), मास (दो पक्ष) अयन (दो मास) वर्ष (दो अयन उत्तरायण और दक्षिणायन) से होते हुए युग (बारह हजार वर्ष) तक आती है। इन ग्रंथों में समय को सतयुग, त्रेता, द्वापर और कलियुग में बांटते हुए सृष्टि के निर्माण और विलय की विशाल परिकल्पना की गई है जो मिथकीय संदर्भों में अद्‌भुत है। समय का यह विभाजन इतिहास को क्रमबद्ध करता है। विष्णु पुराण और भागवत पुराण समय गणना का सबसे महत्वपूर्ण ग्रंथ हैं

समन्वय

पौराणिक युग से पहले तक भारतीय समाज में ब्राह्मण और श्रमण दो आस्था पद्धतियां प्रचलित थीं। ब्राह्मण आस्थायें वैदिक यज्ञ-पूजन पर केंद्रित थीं तो दूसरी धारा उपनिषद् आधारित सांख्य, मीमांसा, न्याय, भेद, आस्तिक नास्तिक दर्शनों की थी। इनके समानांतर बौद्ध और जैन दर्शन श्रमण संस्कृति लेकर आए जिसमें धर्म व मोक्ष की प्राप्ति श्रम से होती है। पुराणों में इन दोनों आस्था परंपराओं का मिलन होता है और पुनर्जन्म, कर्मकांड, उपासना, दर्शन, ज्ञान, तपस्या, संन्यास को मिलाकर बना एक सर्वस्वीकार्य सार्वजनिक धर्म सामने आता है जो राजा और प्रजा दोनों को एक धर्म की छत के नीचे बुलाता है,

यही समन्वय हिंदू धर्म का आधार है। पद्मपुराण, स्कंद पुराण, शिव पुराण, ब्रह्म पुराण और वायु पुराण में इसी समन्वय की असंख्य कथायें व प्रतीक मिलते हैं।

अवतारवाद

वैदिक पूजा पद्धतियां व्यापक रूप में निर्गुण थी जो प्राकृतिक देवताओं की आराधना, यज्ञ कर्मकांड पर केंद्रित थीं जबकि बौद्ध व जैन आस्थायें मूलत: ध्यान और त्याग की परंपरा का पालन करती थीं। इनके अलावा कुछ अन्य स्थानीय पूजा परंपराओं के संदर्भ मिलते हैं। पौराणिक साहित्य पहली बार सगुण ईश्वरत्व को स्थापित करता है। विष्णु, शिव, देवी भागवत, जैसे पुराण परवर्ती काल में वैष्णव, शैव और शाक्त मतों का आधार बने।

पुराण ही पहली बार भारतीय धार्मिक चिंतन में अवतारवाद की अवधारणा लेकर आते हैं जिसने परस्पर विरोधी आस्था और पूजा पद्धतियों को मिलाकर समन्वित धर्म विकसित किया। मस्त्य, वामन, नृसिंह, वाराह आदि देवी-देवताओं की संकल्पना पुराणों का हिस्सा है। विष्णु पुराण, शिव पुराण, देवी भागवत पुराण, भागवत पुराण, महाभारत में यह अवतारवाद कथाओं के रूप में सामने आता है।

जीवन के नियम

जीवनचर्या और समाज व्यवस्था के नियम तय करने वाले वेदांग और धर्मशास्त्रों की श्रृंखला पुराणों से पहले रची जा चुकी थी। जीवन के नियमों व संस्कारों का प्रारंभिक वर्णन यजुर्वेद, सामवेद और अथर्ववेद में मिलता है जबकि शेष भाग धर्मसूत्रों में। नारद, गरुड़, अग्नि, ब्रह्म भागवत पुराण और विष्णु पुराण जीवन को चार आश्रमों और सोलह संस्कारों में व्यवस्थित करते हैं। व्रतों, मुहूर्त और पूजन विधियों को भी पुराणों ने स्थापित किया। दान का महत्व पुराणों से स्थापित होता है जो भारतीय जीवन पद्धति का अविभाज्य हिस्सा है।

ज्ञान-विज्ञान और कला

पुराण प्राचीन वैदिक साहित्य में वर्णित ज्ञान, कलाओं और शास्त्रों का पुनर्संकलन, संपादन और सरलीकरण करते हैं। प्राचीन चिंतन और शास्त्र के अनुसार चार वेद, छह वेदांग, मीमांसा, न्याय और धर्मशास्त्र आयुर्वेद, धनुर्वेद (युद्धकला), गांधर्व और

अर्थशास्त्र आदि कुल अठारह विद्यायें हैं। विष्णु पुराण और भागवत पुराण में वेद, अग्नि पुराण में आयुर्वेद, नारदपुराण में ज्योतिष और संगीत, ब्रह्म, मत्स्य, वायु पुराण में दर्शन, मत्स्य पुराण व अग्नि पुराण में वास्तु और शिल्प, विष्णु पुराण में चित्र कला और अग्नि पुराण में मूर्तिकला के सिद्धांत बताए गए हैं।

पुराणों के परवर्ती अध्ययन मानते हैं कि इनकी रचना वैदिक चरणों के अंतर्गत हुई। वैदिक रचनाओं की सबसे अदभुत बात इनकी चरण परंपरा है जो ज्ञान के पुनर्मूल्यांकन, व्याख्याओं और नए संदर्भों के संयोजन पर आधारित है। चरण के प्रवर्तक ऋषि होते थे जो प्राचीन ज्ञान की समीक्षा का नेतृत्व करते थे।

ऋग्वेद का एक चरण था पाराशर्य। ऋषि पाराशर इस चरण का नेतृत्व कर रहे थे। इस चरण का उल्लेख पाणिनि ने भी किया है। पाराशर के नाम से एक संहिता भी मिलती है। पुराणों के प्राचीन सर्ग इसी पाराशर्य संहिता से निकले हैं।

ऐतिहासिकता की दृष्टि से पौराणिकों का महत्वपूर्ण उल्लेख सदी के प्राचीन साहित्य से मिलता है। बाणभट्ट ने 25 शास्त्रज्ञों में 'पौराणिकों' का भी उल्लेख किया है जो प्रभाकरवर्धन के निधन के बाद हर्ष को सांत्वना देने आए थे। राजशेखर की काव्यमीमांसा भी पौराणिकों का उल्लेख करती है।

पुराण, भारत में युगानुरूप समन्वय और वैदिक व लौकिक ज्ञान का सबसे बड़ा संग्रह हैं। पुराणों की सबसे बड़ी विशिष्टता उनका प्राचीन होना नहीं बल्कि समय के साथ उनका पुनर्मूल्यांकन और पुनर्लेखन है।

पुराणों के संस्करण चार बार हुए। पहला शुंगकाल से पहले अर्थात् लगभग 100 ईसा पूर्व के आसपास। दूसरा शुंगकाल में अर्थात् 200 से 300 ईस्वी, तीसरा गुप्त युग में 300 से 600 से ईस्वी और चौथा 10वीं शताब्दी के बाद। प्रत्येक युग की छाप इन संस्करणों पर मिलती है।

मत्स्य पुराण प्राचीन पुराणों में एक है, महादान, तीर्थाटन और उपवास को इसमें बाद में जोड़ा गया। यह गुप्तकाल की समृद्धि से प्रेरित था। जब विदेश व्यापार चरम पर था। इस दौरान बने पुराण संस्करणों में दान धर्म का सबसे बड़ा अंग बनकर उभरता है।

पुराणों में जीवन व धर्म के नियमों के पालन और उससे होने वाले लाभ के श्लोक परवर्ती काल में जोड़े गए।

वैदिक साहित्य से बाहर जो ज्ञान विकसित हुआ, पुराणों ने उसे संयोजित करने का प्रयास किया। अग्नि पुराण इसका प्रमुख संकलन है।

बौद्ध धर्म, निर्वाण को जीवन का उद्देश्य सिद्ध करता था। गुप्त युग की समृद्धि व्यापार और सामाजिक विस्तार के साथ पुराणों के माध्यम से गृहस्थ धर्म 'सर्वोपकार सक्षम' धर्म बन गया जो नया भागवत धर्म था।

बोधिसत्व—नए बुद्ध

उत्तरापथ जनपद में उत्पलावती नाम की राजधानी थी। अकाल के कारण वहां लोगों का जीवन संकट में पड़ गया। रूपावती उस नगर की सुंदर और धनवान स्त्री थी। वह नगर में भ्रमण करते हुए एक घर में पहुंची तो उसने देखा उस घर में एक स्त्री भूख से तड़प कर अपने नवजात शिशु को खाने जा रही है।

रूपावती ने कहा रुको, मैं इसे लेकर जाती हूं और तुम्हारे लिए भोजन लाती हूं। स्त्री ने कहा कि अगर खाने को नहीं मिला तो मैं कुछ क्षण भी नहीं जी पाऊंगी।

रूपावती ने सोचा कि यदि मैं शिशु को लेकर गई तो यह स्त्री प्राण दे देगी और अगर शिशु यहा रहां तो इसे यह खा जाएगी। तत्क्षण रूपावती ने अपने स्तन काटकर उसे खाने को दे दिये और कहा कि जब तक मैं भोजन न लाऊं, इस बच्चे को मत खा लेना

रूपावती उसी रक्तरंजित स्वरूप में अपने घर पहुंची और पति से कहा कि उसे भोजन देकर आओ। रूपावती के पति ने कहा कि भोजन तुम्हीं लेकर जाओगी। तुमने जिस आश्चर्यपूर्ण धर्म का पालन किया है यदि वह सत्य है तो तुम्हारा शरीर पहले जैसा हो जाएगा।

रूपावती के स्तन वापस आ गए लेकिन इंद्र भयभीत हो गया। वह भिक्षुक बन कर रूपावती के पास उसके दान की महिमा जानने आ गया। रूपावती ने कहा कि उसने इंद्रपद और साम्राज्य के लिए नहीं बल्कि करुणा से प्रेरित होकर कल्याण व संबोधि के लिए यह धर्म पालन किया है।

यह अनोखी कथा दिव्यावदान में संकलित है, जो मौर्योत्तर युग की रचना है जब बोधिसत्वों के नेतृत्व में त्याग, करुणा और समाज सापेक्ष बुद्ध धर्म उभर रहा था। ऐतिहासिक प्रमाणों के आधार पर मौर्य काल की समाप्ति और गुप्त काल के प्रारंभ

के बीच बौद्ध धर्म का क्षरण होता है। पौराणिक संदर्भों से बुद्ध बाहर हो जाते हैं। लेकिन इसी दौरान पौराणिक भागवत धर्म के समानांतर बुद्धत्व के पुनर्मूल्यांकन के प्रयास भी प्रारंभ हुए जो निर्वाण और विरक्ति के बजाय दान, करुणा और त्याग के नए मूल्यों पर आधारित थे, जो संभवतः पुराणों से प्रभावित रहे होंगे।

अशोक के समय की तीसरी बौद्ध परिषद में ही नए बुद्ध धर्म की संभावनायें बनने लगी थीं। पुराने भिक्षु थेरवाद की टेर लगा रहे थे जबकि युवा बौद्ध गृहस्थों और व्यापक समाज को जोड़कर नया स्वरूप चाहते थे। थेरवादी, हीनयान यानी छोटा मार्ग लेकर अलग हो गए जबकि युवा बौद्धों ने महायान यानी बड़े मार्ग को चुना जिस पर सबको जगह मिलती थी। यही बोधिसत्व यान भी था।

पहले जिस संघ में केवल भिक्षु आते थे अब गृहस्थ भी आ गए और यह महासंघ बन गया। अश्वघोष ने लिखा कि *प्राप्तो ग्रहस्थैरपि मोक्षमार्गा।* ग्रहस्थों को भी मोक्ष का मार्ग मिला जिसकी स्थापना पुराण कर रहे थे।

महायान के नए बुद्ध यानी बोधिसत्व थे जो अपने लिए निर्वाण या मोक्ष की कामना नहीं करता बल्कि सबके कल्याण और दुखों की समाप्ति के लिए निरंतर संघर्ष करते हैं। बोधिचर्यावतार ग्रंथ में कहा गया कि प्राणियों को दुख से मुक्त करने में जो आनंद है वह नीरस मोक्ष में कहां?

महायान के बुद्ध प्राचीन बुद्ध से अलग थे। यह बुद्धत्व छह गुणों दान, शील, क्षमा, करुणा, पराक्रम और ध्यान पर आधारित था जिसे बुद्ध धर्म में षट पारमिता कहते हैं। इनके आधार पर अनेक बोद्धिसत्व रूपों की कल्पना की गई और कथाओं व दृष्टांतों से इन्हें प्रचारित व स्थापित किया गया।

हिंदू मंदिरों के विकास के समानांतर बुद्ध या बोधिसत्व मूर्तियां नए बौद्ध धर्म का परिचय बनीं। बोधिसत्व की सुंदर मूर्तियां उड़ीसा, मथुरा और अजंता में मिलती हैं। मथुरा से मिली बोधिसत्व की प्रारंभिक मूर्ति को भारतीय मूर्तिकला की प्रतिनिधि रचना माना जाता है। इसमें मस्तक के चारों ओर प्रभामंडल और हाथ अभयमुद्रा में उठा हुआ था। इस मुद्रा का प्रयोग बाद की अधिकांश हिंदू मूर्तियों में मिलता है।

छठी सदी तक पौराणिक हिंदू धर्म आकार लेने लगा था। बौद्ध धर्म अंतरराष्ट्रीय हो चुका था लेकिन भारत से यह उसके विदा की वेला थी फिर भी बोधिसत्वों को पौराणिक हिंदुत्व से जोड़ने और समन्वय का प्रयास 11वीं सदी तक मिलता है।

महोबा से मिली अवलोकितेश्वर की मूर्ति इस समन्वय का अंतिम प्रयास दिखती है जिसमें शिव और करुणामय बोधिसत्व के गुणों का समन्वय है। एक हाथ में त्रिशूल दूसरे में पद्म, सर पर जटाजूट, हाथ में अक्षमाला और वाहन के तौर पर दहाड़ता हुआ सिंह, हिंदुत्व और बुद्धत्व को जोड़ता है, दार्शनिक तौर यह मूर्ति नाथ और सिद्ध संप्रदाय के प्रतीकों से सजी हैं जो भक्ति आधारित हिंदू धर्म के समानांतर नया दर्शन बन कर उभर रहे थे।

इस के बाद सनातन भारतीय धर्म में मूर्ति मंदिर और भक्ति का युग प्रारंभ होता है।

समन्वय की खोज

अंदाल के गीत

उसके ठुमकने से झूम उठता है सिर पर मुकुट

धूल में सन जाता है सुनहरा अंगरखा

तुम्हारी आंखें देख सकें तो इस प्यारे बाल चंद्र को देखो,

आओ, मेरे पुत्र गोविंद की लीला तो देखो

12 तमिल वैष्णव संतों में से एक थे पेरियालवार, जिन्हें अलवार के नाम से भी जाना जाता है। इस पद की रचना उन्होंने 9वीं शताब्दी में की थी। कृष्ण की लीलाओं से जुड़े उनके श्लोकों ने वल्लभाचार्य को प्रेरणा दी। यह आज भी बेहद लोकप्रिय हैं।

एक दिन उन्होंने अपने बगीचे में एक परित्यक्ता बच्ची देखी। उन्होंने उसे अपनी बेटी की तरह पाला। यह बालिका, अंदाल थी जो 12 अलवार संतों में गिनी जाती हैं, वे भी कृष्ण भक्ति में डूब गईं। उन्होंने कृष्ण-स्तुति के कुछ सबसे मीठे भजन लिखे। उनके लिखे पद आज भी दक्षिण भारत के वैष्णव विवाहों में गाए जाते हैं। उन्होंने स्वयं किसी नश्वर के साथ विवाह करने से इनकार कर दिया क्योंकि उन्होंने कृष्ण के साथ विवाह किया था, और मिथक के मुताबिक वह श्रीरंगम मंदिर में अपने प्रेमी कृष्ण की पाषाण प्रतिमा में विलीन हो गई।

छठी और नवीं शताब्दी के बीच, तमिल देश पूरी तरह भक्ति आंदोलन के रंग में रंगा था। इन आंदोलनों के इष्ट देव शिव और कृष्ण थे। पौराणिक हिन्दू धर्म ने इस आंदोलन के माध्यम से दक्षिण में अपनी जड़ें जमाईं थीं।

12 अलवार संतों के अलावा, 63 घोषित शैव संत थे, जिनको नयन्नार कहा जाता था। यह सूची चोल दरबार में ग्यारहवीं सदी के आसपास तय की गई। शायद 63 जैन संतों या नायकों की प्रतिस्पर्धा के लिए शैव संतों की संख्या 63 तय की गई थी। तीन सबसे महत्वपूर्ण संत समूहों-नयन्नार-अप्पर, समबंदर और सुंदरर के नाम से जाना जाता था। इन तीनों को सामूहिक रूप से मुवारा कहा जाता है। इन का राजपरिवार के साथ निकट संबंध था।

अप्पर संत, पल्लव सम्राट महेन्द्रवर्मन प्रथम (580-630 ईस्वी) को जैन धर्म से शैव में परिवर्तित कराने में सफल रहे। इसी तरह, समबंदर ने पांड्य राजा नेदुनमारन के धर्म परिवर्तन में महत्वपूर्ण भूमिका निभाई। दंतकथाओं में समबंदर को 800 जैन भिक्षुओं के वध का भी 'श्रेय' दिया जाता है।

मुक्ति की खोज में समबंदर का निकटतम मित्र कोई और नहीं, बल्कि चेर राजा चेरामन पेरुमल थे, जो खुद एक नयन्नार थे। तमिल भक्ति परंपरा के अन्य प्रसिद्ध व्यक्तित्वों में एक थे मणिक्कावासागर जो एक पांड्य राजदरबार में मंत्री रह चुके थे। वे एक उत्कृष्ट कवि भी थे और संभवतया भक्ति साहित्य के शिखर पर थे, हालांकि उन्हें 63 संतों की सूची में कभी नहीं शामिल किया गया। भक्त संतों में थे एकमात्र महिला नयन्नार कराईक्कल अम्माइयार थी, जिन्होंने शिव के तांडव नृत्य पर काव्य लिखा।

तमिल संगम साहित्य में, पुरुष और महिला के बीच आदर्श प्रेम (अहम्) की एक महत्वपूर्ण परंपरा थी। संगम कवि भक्तिकाल के संतों की तरह घुमक्कड़ थे, जो एक मंदिर से दूसरे मंदिर तक अपने ईश्वर के भजन गाते हुए घूमते रहते थे। इन परंपराओं ने स्थानीय आस्था को पौराणिक हिन्दू धर्म से जोड़ने में मदद की।

मायोन, एक पारंपरिक चरवाहा नायक थे जिन्हें कृष्ण के साथ जोड़ा गया था। उन्हें युद्ध और प्रेम का देवता भी माना जाता था, मायोन को स्कंद या सुब्रह्मण्य मानने का मिथक भी मिलता है। मिथकों में स्कंद या कार्तिकेय शिव के पुत्र रूप में आते हैं। इसी तरह, विजय की देवी कोर्रावई को शिव की अर्धांगिनी पार्वती के रूप में प्रस्तुत किया गया। स्थानीय कथा सूत्रों को जोड़कर और भजनों के जरिए मजबूत भावनात्मक संपर्क बनाकर इन संतों ने जैन और बौद्ध धर्म के सामने भक्ति के मंदिर खड़े कर दिए।

दक्षिण भारतीय या तमिल भक्ति आंदोलन कोई सामाजिक या धार्मिक सुधार (जैसे एकेश्वरवाद) आंदोलन नहीं था। इससे जुड़े बहुसंख्यक लोग (65 फीसदी) ऊंची जातियों के थे। इन्होंने एक तरफ राजाओं और ब्राह्मणों के बीच गठजोड़ कायम किया तो दूसरी तरफ किसानों को भी साथ जोड़ा।

नारायणार, एक (कवि नहीं) नयन्नार थे। उनकी कहानी, सामाजिक समावेशीकरण की इस कोशिश की मिसाल है। एक पैराय्यार रहे नारायणार शिव के महान भक्त थे। बहुत समय तक वह चिदंबरम के मंदिर जाकर दर्शन करना चाहते थे। एक दिन, आखिरकार, उन्हें चिदंबरम जाने का मौका मिल ही गया लेकिन वह अस्पृश्य थे, इसलिए उन्हें मंदिर के भीतर नहीं जाने दिया गया, और वह मंदिर की दीवार के बाहर रोने लग गए। तब, मंदिर के एक पुजारी के सपने में स्वयं शिव आए और उन्होंने पुजारी को निर्देश दिया कि वह नारायणार को मंदिर के अंदर आने दें। आखिरकार, उन्हें एक पवित्र अग्नि से गुजारकर मंदिर के भीतर आने दिया गया और जब वह मंदिर के गर्भगृह में प्रविष्ट हुए, तब शिव के चरणों के नीचे विलीन हो गए। एक अस्पृश्य को संतत्व तो मिला लेकिन इसके लिए उनको पवित्रीकरण की ब्राह्मणवादी परंपरा का पालन करना ही पड़ा।

पांचवीं से सातवीं शताब्दी तक हम ऐसी कई कहानियां सुनते हैं कि कैसे एक संत ने एक शक्तिशाली राजा को हिंदू धर्म में दीक्षित किया। 8वीं या 9वीं शताब्दी तक प्रायः सभी राजा अनिवार्य तौर पर हिंदू थे तब एक ही प्रश्न उठता था कि राजा शैव है या वैष्णव।

जैन धर्म और बौद्ध धर्म के पराभव के तार संभवतः 5वीं-9वीं शताब्दी की अवधि के बीच लंबी दूरी के व्यापार में आई गिरावट से जुड़ते हैं। व्यापार कम होने से जैन-बौद्ध संस्थानों को मिलने वाले आर्थिक संरक्षण में कमी हो गई।

केरल में, बौद्ध व जैन व्यापारियों के कारोबार को खत्म करने के लिए ब्राह्मणों को नवागंतुक यहूदियों के साथ तालमेल में कोई झिझक नहीं थी। राजा, ब्राह्मणों और किसानों के बीच गठबंधन उस समय में हुआ जब इस इलाके में कृषि का विस्तार हो रहा था। यह विस्तार प्रायः राज्य के सीधे संरक्षण में होता था।

भगवान (और राजा) के प्रति व्यक्तिगत निष्ठा पर जोर देने के साथ और राजाओं ने ब्राह्मणों और मंदिरों के लिए व्यापक भूमि अनुदान दिया जो दक्षिण भारत में भक्ति आंदोलन की सफलता का आधार बना।

ज्यादातर संत उस इलाके से थे, जहां नवीं सदी के मध्य तक, चोल साम्राज्य की स्थापना होने वाली थी। चोल राजशाही के नेतृत्व में शैव संप्रदाय राजाओं में देवत्वारोपण की ओर बढ़ गया। राजकीय मंदिरों के नाम तत्कालीन सम्राटों के नाम पर रखे जाने लगे जैसे राजराजेश्वर या राजेंद्रचोलेश्वर। एक बार जब साझा दुश्मन, यानी जैन और बौद्ध धर्म पराजित कर दिए गए, तो मंदिरों की व्यवस्था देखने वाले कुछ ब्राह्मण वैदिक परंपराओं की तरफ जाने की तरफ जोर देने लगे। हालांकि मंदिरों और वेल्लों में काम करने वाले लोग

अंततः तमिल शैव सिद्धांत के अनुयायी थे जो स्थानीय परंपराओं के ज्यादा निकट था और जिसमें निचले तबके के ज्यादा श्रद्धालु जुड़ने वाले थे।

शैव सिद्धांत वेदों के अस्तित्व को स्वीकार करता था लेकिन ज्ञान या कर्मकांड के बजाय भक्ति को प्रमुखता देता था। नयन्नार संत, वैदिक परंपराओं को भजनों में गाते थे।

वृहत्तर शैव लिंगायतः

दसवीं शताब्दी की शुरुआत से उत्तर भारत के ब्राह्मण चोल देश में आकर बसने लगे थे। आरंभिक प्रवासियों में ज्यादातर पाशुपत, कालमुख या कापालिक संप्रदाय के अनुयायी थे लेकिन बाद में कुछ उत्तर शैवसिद्धांत के ब्राह्मण भी तमिल देश में पहुंचने लगे इनमें राजराजा और राजेन्द्र चोल दोनों के राजगुरु भी थे। इन ब्राह्मणों के आगमन से मठ की परंपरा विकसित हुई, जहां इन पंडितों ने अपने शिष्यों के साथ निवास करना शुरू किया।

उन दिनों ब्रह्मदेय ग्रामों (ब्राह्मणों को दान में दिए गए ग्राम) की संख्या में भी वृद्धि हुई। 12वीं शताब्दी तक मठ की गतिविधियों में स्थानीय तमिल परंपराओं का प्रभाव स्थापित हो गया था। लंबे और समृद्ध चोल शासन के दौर में तमिल समाज भी भारी परिवर्तन के दौर से गुजरा जिसमें निचले तबकों के अधिकाधिक समुदाय किसान और छोटे व्यापारी के रूप में आगे आ रहे थे। इन बदलावों की छाया में तमिल शैवसिद्धांत मत विकसित हुआ, जिसका नेतृत्व वेल्लला संन्यासी, मेकंदर और शैवसिद्धांती ब्राह्मण कर रहे थे, खासकर गोलाकी संप्रदाय का इन मठों में वर्चस्व था।

12वीं शताब्दी के कर्नाटक के कलचुरी राजा बिज्जल ने अपनी कविताओं के माध्यम से शिव भक्ति का संदेश प्रसारित किया, इन कविताओं को वचन के नाम से जाना जाता है। बिज्जल के मंत्री बासव ने पुराने वीरशैववाद संप्रदाय को पुनर्जीवित किया था। अंधविश्वासों और अनुष्ठानिक धर्म के खिलाफ उठकर, उन्होंने अपने अनुयायियों को ईश्वर के साथ एकात्म महसूस करने के लिए प्रेरित किया।

वीरशैववाद ने जैन, बौद्ध और ब्राह्मणवाद को एक ही तरह से खारिज किया, बाल विवाह का विरोध किया और विधवा विवाह का प्रसार किया और कम से कम सापेक्ष रूप से लैंगिक समानता की बात की। उनके अनुयायी अपनी गरदन में एक लिंग पहना करते थे, इसलिए उनको लिंगायत के नाम से जाना गया, और ये आज भी कर्नाटक में सबसे प्रभावशाली समुदायों में गिने जाते हैं। बाद में, बासव की तत्कालीन राजा के साथ ठन गई, जो संभवतः जैन था। राजा को विषाक्त फल भेजने के बाद, बासव ने आत्महत्या कर ली।

उनकी मृत्यु के बाद, उनके अनुयायियों के खिलाफ व्यापक प्रतिशोध का भाव फैल गया था लेकिन अंततः कर्नाटक में कट्टरपंथी वीरशैववाद सबसे प्रभावी शैव परंपरा बन गया।।

आदि शंकर

शंकर या आदि शंकराचार्य का जन्म संभवतया केरल में 8वीं या नवीं शताब्दी में हुआ था (सामान्य तौर पर स्वीकृत वर्ष 788 से 820 ईस्वी है) लेकिन उन्होंने पूरे देश का व्यापक भ्रमण किया। पारंपरिक रूप से यह विश्वास किया जाता है कि अपने तीखे तर्कों और स्थापनाओं से उन्होंने बौद्ध धर्म को वैचारिक रूप से पराजित किया था।

शंकर ने उपनिषदों के समय से अविभाजित वैदिक हिंदू ज्ञान परंपरा वाले एकेश्वरवाद की स्थापना का प्रयास किया। अनुष्ठानवादी धर्म की कठोर आलोचना करते हुए, उन्होंने दृश्यमान जगत को माया बताया। उनके लिए, वह वास्तविक पथ वह अवस्था थी जहां आत्मा ब्रह्म के साथ एक हो जाती है। अद्वैत के दर्शन का यही मूल था।

पारंपरिक रूप से, यह भी विश्वास किया जाता है कि उन्होंने भारत के चार कोनों में चार मठों की स्थापना की। यह मठ के नाम से जाने जाते हैं—बद्रीनाथ, श्रृंगेरी, द्वारका और पुरी। उन्हें संन्यासियों के दशनामी संप्रदाय के संस्थापक की प्रतिष्ठा भी हासिल है।

शंकर पर लिखित सामग्री के अधिकांश हिस्से वास्तव में उनकी मृत्यु के कम से कम चार शताब्दियों के बाद तक लिखे गए थे। इन दस्तावेजों की सबसे लंबी अखंड श्रृंखला श्रृंगेरी मठ में उपलब्ध है, लेकिन यह भी 14वीं शताब्दी से शुरू होती है। बहरहाल, यह तय है कि उनकी शिक्षाओं को लेकर कुछ संगठन जरूर उभर आए थे। उनके समकालीन बौद्धिक आलोचक अक्सर उनका मजाक छद्म बौद्ध के रूप में उड़ाते थे। इसमें संदेह नहीं है कि उन्होंने मठीय संस्थान की व्यवस्था को बौद्धों से ही सीखा था।

उनके जीवनकाल या तत्काल बाद में, उनकी शिक्षाएं दक्षिण में उतना महत्व हासिल नहीं कर पाई थीं। शंकर को 12वीं शताब्दी के बाद प्रतिष्ठा मिली जब रूढ़िवादी शैववाद, तमिल देश में शैवसिद्धांतवाद और कर्नाटक में वीरशैववाद से मुकाबला कर रहा था।

14वीं शताब्दी में विजयनगर साम्राज्य की स्थापना के बाद रूढ़िवादी शैववाद को एक राजनीतिक प्रोत्साहन मिला। अधिकांश इतिहासकार, अब मानते हैं कि विजयनगर की स्थापना से जुड़ा संत विद्यारण्य व हरिहर और बुक्का का मिथक 16वीं शताब्दी की खोज थी। इस समय तक तिरूपति मंदिर को राजकीय संरक्षण हासिल हो गया। इससे श्रृंगेरी मठ के भविष्य पर गंभीर सवाल खड़े हो गए। विद्यारण्य या माधवाचार्य श्रृंगेरी के प्रमुख बने

और इस तरह राजदरबार में उनकी महत्ता बढ़ गई। यह बुक्का के शासन के संभवतया आखिरी दिनों में हुआ जो विजयनगर साम्राज्य की स्थापना के कई दशकों बाद की घटना है। लेकिन यह तय है कि एक उल्लेखनीय अवधि तक, श्रृंगेरी मठ और रूढ़िवादी शैववाद विजयनगर साम्राज्य में प्रमुखता पाता रहा था।

इसी तरह, तमिल देश में, भले ही शैव सिद्धांतवाद हावी रहा, लेकिन रूढ़िवादी शैववाद ने खुद को कांची के कामाक्षी मंदिर के आसपास संगठित किया। उनके लिए शंकराचार्य की शिक्षाएं मार्गदर्शक का काम कर रही थीं।

नमो भगवते वासुदेवाय

वैष्णव संप्रदाय

12वीं शताब्दी की शुरुआत में, रामानुज श्रीरंगम मंदिर के प्रधान बने। वे मुख्य रूप से शैव थे, लेकिन उन्होंने मूल रूप से वैष्णववाद की दिशा बदल दी। चोल राजाओं ने वैष्णव प्रतिष्ठानों को संरक्षित किया। श्रीरंगम उनमें सबसे महत्वपूर्ण था। पारंपरिक श्रुतियों के अनुसार नाथमुनियों ने 10वीं शताब्दी में श्रीवैष्णववाद की स्थापना की थी। रामानुज ने इसे लोकप्रिय भक्ति और वैदिक परंपराओं के साथ जोड़ा।

रामानुज ने तर्क दिया कि अनुष्ठानों या ज्ञान से मोक्ष या मुक्ति पाने के बजाय भगवान की कृपा अधिक महत्वपूर्ण है। हालांकि, रामानुज ने ज्ञान और अध्ययन को नकारा नहीं था। उनका दर्शन विशिष्टाद्वैत के नाम से प्रसिद्ध है। उनके बौद्धिक योगदान की तुलना में अधिक महत्वपूर्ण यह था कि उन्होंने भक्ति के मार्ग को सभी जातियों, पंथों और समुदायों के लिए समान रूप से खोलने की व्यवस्था दी।

उन्होंने सभी वर्ग के अनुयायियों को शिष्य के रूप में स्वीकार किया। यह दक्षिण में वैष्णव प्रतिष्ठानों के विस्तार का माध्यम बना। इनमें तिरुपति भी शामिल है। रामानंद ने वैष्णववाद के विचार को 15वीं सदी में उत्तर भारत में पहुंचाया।

13वीं-14वीं शताब्दी में माधवाचार्य भक्ति काल के एक और प्रमुख संत थे, जिन्होंने द्वैतवाद के दर्शन की स्थापना दी। उनके अनुयायियों का कर्नाटक में वर्चस्व हो गया। विजयनगर साम्राज्य के दिनों में, खासकर कृष्णदेव राय और अच्युतराय के शासन में वैष्णव धर्म को राजकीय संरक्षण हासिल हुआ। विजयनगर साम्राज्य के सबसे शक्तिशाली शासक

कृष्णदेवराय के लिए तिरूपति कुछ उतना ही महत्वपूर्ण हो गया जितना कि राजेन्द्र चोल के लिए बृहदेश्वर मंदिर था।

चोल शासन में एक महत्वहीन मंदिर रहा तिरुपति बड़ी संख्या में भूमि अनुदान, सोने और धन के साथ, भारत के सबसे समृद्ध मंदिर के रूप में उभरा, यह स्थिति आज भी बरकरार है। विजयनगर के राजाओं ने राजधानी हंपी के हृदय-स्थल में बने दो मंदिरों को भी संरक्षण दिया। इनमें एक है विट्ठल मंदिर जो महाराष्ट्र की वैष्णव परंपरा पर आधारित हैं और दूसरा है विरूपाक्ष या पंपापाती मंदिर यह स्थानीय देवी पंपा की परंपरा से जुड़ा है माना जाता है कि विष्णु उनके पति थे।

भक्ति का प्रसार : ज्ञानेश्वर, चैतन्य और बल्लभाचार्य

बारहवीं सदी के बाद, भक्ति आंदोलन का प्रसार दक्षिण से बाहर होने लगा। महाराष्ट्र के पंढरपुर में विट्ठल या विठोबा (बाल कृष्ण) मंदिर वैष्णव भक्ति का केंद्र बना। 13वीं सदी में संत ज्ञानेश्वर की (रचना-ज्ञानेश्वरी) की प्रेरणा से कई संतों ने संस्कृत के बदले मराठी में लिखना शुरू किया। इन लोगों ने जाति बंधनों को तोड़कर भाईचारे का संदेश देना शुरू किया लेकिन क्षेत्रीय मराठी पहचान उनकी भक्ति के केंद्र में थी।

मराठी भक्ति संतों में ज्ञानेश्वर, उनके समकालीन नामदेव, एकनाथ, तुकाराम और 17वीं सदी में रामदास (शिवाजी के आध्यात्मिक गुरु) प्रमुख थे। मराठी भक्ति पद (अभंग) और टीकाओं से मराठी भाषा का भी स्वरूप स्थापित हुआ। इन संतों के राष्ट्रीय पहचान पर जोर देने के कारण शिवाजी को एक स्वतंत्र क्षेत्रीय राज कायम करने में मदद मिली।

उड़ीसा में 12वीं सदी तक प्रमुख रूप से शैव मत की प्रधानता थी। वहां सोमवंशी राजाओं ने लिंगराज मंदिर बनवाया था। लेकिन बाद में पुरुषोत्तम (जगन्नाथ) की महत्ता ही राजवंश में प्रभावी हो गई। अनंतवर्मन चोडगंगा ने पुरी का भव्य मंदिर बनवाया। उनके उत्तराधिकारियों ने राज्य को भगवान जगन्नाथ को समर्पित कर दिया और उनके सेवक बनकर राज्य चलाते रहे। 16वीं सदी में चैतन्य महाप्रभु ने अपने जीवन के आखिरी 24 वर्ष पुरी में बिताए और ओडीशा में भक्ति आंदोलन की अलख जगा दी। जनसामान्य के अलावा गजपति राजा प्रताप रुद्रदेव भी चैतन्य के नाम संकीर्तन में हिस्सा लिया करते थे।

आज भी पुराने राज परिवार का मुखिया हर साल जगन्नाथ रथ यात्रा के पहले सड़क साफ करता है। भगवान जगन्नाथ का प्रभाव बंगाल और दूसरी जगहों पर भी है। उड़ीसा में वे जातीय या क्षेत्रीय पहचान की तरह हैं जहां आज भी हर कोई एक-दूसरे का अभिवादन 'जय जगन्नाथ' कहकर करता है।

सोलहवीं सदी के प्रारंभ में, चैतन्य महाप्रभु (1486-1534) ने बंगाल और पूर्वी भारत में कृष्ण-भक्ति की अलख जगाई। संस्कृत के विद्वान चैतन्यदेव ने सरल-सा संदेश दिया कि एकमात्र ईश्वर श्रीकृष्ण हैं और कृष्ण से एकात्म होने के लिए भक्त को पूरी तरह कृष्ण-भक्ति में लीन होना होगा। उनकी अगाध भक्ति और सभी जातियों, यहां तक कि मुसलमानों को भी अनुयायी बनाने की उनकी तत्परता, और जुलूस में नगर संकीर्तन करने जैसे सरल तरीकों से ऊंच-नीच आधारित जाति-व्यवस्था वाले समाज में सामाजिक सुधार की लहर पैदा हुई।

चैतन्य का योगदान धर्म से भी अधिक बंगाली पहचान को अस्तित्व में लाने में है। उनके अनुयायियों के लिखे गीत, उनकी जीवनी और उनकी शिक्षाओं का संकलन बंगाली साहित्य और संस्कृति के इतिहास की महत्वपूर्ण घटना है। यहां तक कि 19वीं सदी में बंगाल के पुनर्जागरण पर चैतन्य महाप्रभु का काफी असर दिखता है।

उत्तर भारत में जिस तरह रामानंद ने रामभक्ति की अलख जगाई, उसी तरह पूर्वी भारत में चैतन्य ने कृष्णभक्ति की लौ लगाई। उनके निर्देश पर छह प्रमुख शिष्य अपने लेखन और शिक्षाओं के जरिए भक्ति-योग के प्रचार में जुट गए। उन्हें वृंदावन के छह गोस्वामी कहा जाता है। उन्होंने वृंदावन में मंदिर और संस्थाएं भी बनाईं, जो उत्तर भारत में कृष्ण भक्ति का स्रोत बने।

कृष्ण भक्ति-गौड़ीय वैष्णव मत कई सदियों में बार-बार नए सिरे से सामने आता रहा है। 18वीं सदी में कलाचंद विद्यालंकार ने अस्पृश्यता निवारण के लिए अभियान चलाये। उन्होंने पूर्वी बंगाल में निचली जाति के लोगों में शिक्षा को प्रश्रय दिया और सामाजिक सद्भाव के लिए सामूहिक भोज और कीर्तन सभाओं का आयोजन किया।

20वीं सदी की शुरुआत में, भक्ति सिद्धांत सरस्वती के नेतृत्व में दूसरे समूह ने समूचे बंगाल और बाहर भी गौड़ीय मठों की स्थापना की। उनके शिष्य भक्तिवेदांत स्वामी प्रभुपाद कृष्ण भक्ति को विदेश में ले गए और इंटरनेशनल सोसायटी फॉर कृष्ण कांशसनेस या इस्कॉन की स्थापना की। यह दुनिया भर में गौड़ीय परंपरा को लोकप्रिय बनाने का प्रमुख संगठन बन गया। जॉर्ज हैरीसन समेत हिप्पियों की एक पूरी पीढ़ी हरे रामा हरे कृष्णा गाते एक अनोखा दृश्य बनाती थी। इस्कॉन की कोशिशों से दुनिया का कोई कोना ऐसा नहीं बचा है, जहां हरे कृष्ण की जादुई धुन न सुनाई देती हो।

श्रीमंत शंकरदेव (1449-1568) एक असमिया दार्शनिक संत थे, जिन्होंने वैष्णव मत के एकसरना संप्रदाय की स्थापना की। साहित्यिक कृतियों और संगीत, नृत्य तथा नाटक

के अलावा अपने समाज सुधार आंदोलन के जरिये उन्होंने असम के लोगों को अलग सामाजिक-सांस्कृतिक पहचान दी।

2001 में 40 वर्ष की उम्र में सिडनी के एक होटल के कमरे में असमय मृत्यु के पहले तक देवांग मेहता बढ़ते भारतीय सॉफ्टवेयर उद्योग के एक जाने-पहचाने चेहरा थे। मृत्यु के करीब एक दशक पहले आंखों पर काला चश्मा लगाए मेहता दुनिया भर में सॉफ्टवेयर दानदाता के रूप में मशहूर हो चुके थे। भारत में तो उन्होंने 'रोटी, कपड़ा, मकान और बैंडविथ' का नारा दिया। उनसे चार सदी पहले उनके सबसे प्रसिद्ध पुरखे नरसी या नरसिंह मेहता को गुजराती साहित्य का आदि कवि कहा जाता है। उन्होंने कई अमर पद लिखे, जिसमें गांधीजी का प्रिय भजन 'वैष्णव जन तो' भी है।

गुजरात में वल्लभाचार्य की पुष्टिमार्ग वैष्णव परंपरा का प्रचलन हुआ। आज भी गुजरात में वैष्णव परंपरा काफी मजबूत है और खान-पान तथा नैतिक मूल्यों में इसके दर्शन होते हैं। यह जैन धर्म के भी काफी निकट है, जो आज के गुजरात का दूसरा बड़ा प्रभावी धर्म है।

उत्तर भारत में भक्ति आंदोलन

दक्षिण भारत में भक्ति आंदोलन 6वीं-7वीं सदी में जनांदोलन बन गया, लेकिन उत्तर तक आने में इसे करीब 500 साल लग गए। उत्तर में बौद्ध धर्म के पराभव के बाद ब्राह्मणवादी धार्मिक प्रथाओं की बड़े पैमाने पर वापसी हुई। उस दौर में उत्तर भारतीय राजनीति में कई राजपूत राजवंशों का बोलबाला था। अपनी वैधता कायम करने के लिए वे ब्राह्मणों पर काफी आश्रित थे। बदले में ब्राह्मणों ने दान में जमीन और मंदिरों के लिए प्रश्रय हासिल किया।

इस मजबूत राजपूत (क्षत्रिय)-ब्राह्मण गठजोड़ ने किसी असहमति या नए धार्मिक आंदोलन के लिए कोई जगह ही नहीं छोड़ी थी। सामाजिक-धार्मिक रूढ़ियों को स्वीकार न कर पाने वाले लोगों ने तांत्रिक और नाथपंथ जैसी धार्मिक प्रथाओं में अपनी आजादी की तलाश की। दिल्ली में सल्तनत की स्थापना और लगातार राजपूतों के खिलाफ सफल मुगल सैन्य अभियानों से न सिर्फ राज्य के उत्पीड़न की संभावना खत्म हो गई, बल्कि रूढ़िवादी ब्राह्मणों की सामाजिक हैसियत पर असर पड़ा।

यह पूरी तरह सही नहीं है कि उत्तर भारत में भक्ति आंदोलन इस्लाम की प्रतिक्रिया में उभरा। नाथपंथ, बौद्ध और दूसरी परंपराओं से एकेश्वरवाद, ईश्वर से भक्त का मिलन,

गुरुओं की महत्ता और यौगिक क्रियाएं भारतीय सूफीवाद में पहले से शामिल थीं। वह दौर एक सामाजिक-धार्मिक मंथन का था जिसमें इस्लाम व हिंदू धर्म में भी कुछ नए साझा तत्व शामिल हुए थे।

उत्तर में भक्ति आंदोलन को कभी भी वैसा राजकीय संरक्षण हासिल नहीं हुआ जैसा कि इसे दक्षिण में मिला था। उत्तर भारतीय भक्ति चिंतन में क्षेत्रीय पहचान को जगह मिली। बंगाल और उड़ीसा में चैतन्य, अवध में सूरदास और तुलसीदास ने, राजस्थान में मीराबाई, गुजरात में नरसी मेहता ने भाषा और साहित्य में बड़ा योगदान किया। स्थानीय भाषाओं और बोलियों को अपनाने के कारण भारत को हर संत का अदभुत भक्ति साहित्य मिला। उत्तर, पश्चिम और पूर्वी भारत की भाषायें और बोलियां भक्ति संत परंपरा से अभूतपूर्व रूप से समृद्ध हुई हैं।

रामकथा का कथ्य और पूजन परंपरा इसी सामाजिक-धार्मिक मंथन से जुड़ती है। राम के संदर्भ महाभारत से पहले के हैं। महाभारत में राम की कथा का वर्णन मिलता है लेकिन विष्णु के अवतार के रूप में राम की पूजा लंबी अवधि के बाद उत्तर भारत में स्थापित होती है।

छठी सदी में वराहमिहिर अपनी वृहत्संहिता में राम की मूर्ति बनाने के नियमों का वर्णन करते हैं। देवगढ़ के मंदिरों और गुप्तकाल के कुछ अन्य पुरातात्विक संदर्भों में राम की मूर्तियों का उल्लेख मिलता है लेकिन अवतार के रूप में राम की पूजा ग्यारहवीं सदी के बाद प्रारंभ हुई।

कहते हैं कि ग्यारहवीं सदीं में संत आनंदतीर्थ बदरिकाआश्रम से राम की मूर्ति लाए थे। तेरहवीं सदी में उन्होंने नरहरितीर्थ को पुरी से राम व सीता की मूर्तियां लाने भेजा था। हेमाद्रि (13वीं सदी) ने अपने व्रत खंड में रामनवमी पूजा का उल्लेख किया है। साहित्य की दृष्टि से अध्यात्म रामायण को राम की पूजा परंपरा का आधार माना जाता है। यह चौदहवीं सदी का ग्रंथ हैं जिसे रामानंद की रचना कहा जाता है।

पंद्रहवीं सदी में वल्लभाचार्य ने ब्रज क्षेत्र में कृष्ण पूजा का प्रारंभ किया, जो बाद में उत्तर और पश्चिम भारत में विस्तृत हुई। मुगल काल में राम और कृष्ण भक्ति को तुलसी, सूर जैसे संत और कवियों की परंपरा ने संभाल लिया और वैष्णव अवतारवाद क्षेत्रीय भाषाओं के भक्ति गीतों और रचनाओं में गुंथ कर घरों में स्थापित हो गया।

उत्तर मध्यकाल में शैव-वैष्णव समन्वय की प्रक्रिया प्रारंभ होती है। दक्षिण भारत के कई बड़े मंदिरों में शिव और विष्णु एक साथ हैं। उत्तर भारत के भक्ति आंदोलन में

रचे गए काव्य शिव को विष्णु (राम या कृष्ण) का भक्त या विष्णु (राम या कृष्ण) को शिव का भक्त चित्रित करते हैं। समन्वय की इस प्रक्रिया में बाद में शक्ति पूजा भी जुड़ जाती है जो शैव व वैष्णव मतों की पौराणिक व मिथकीय मान्यताओं से गहरा संबंध रखती है।

भक्ति अपने समग्र रूप में उत्तर भारत को पहली बार उसकी धार्मिक पहचान देती है। इसलिए भागवत पुराण, गीता, रामायण या संत कवियों (तुलसीदास सूरदास) की रचनायें उत्तर भारत में भक्ति का आधार बनीं जो आधुनिक युग में भी सक्रिय है। सगुण भक्ति ने जप, मंदिर, तीर्थ दान और उत्सवों के साथ एक समग्र जीवन पद्धति की रचना की थी जो आधुनिक हिंदू आस्थाओं में रची-बसी है।

निर्गुण संत परंपरा

भक्ति द्राविड़ देश थी यहां नहीं कोई विरंचि
ऊत भूत का ध्यावना पाखंड और परपंच

18वीं सदी के संत गरीबदास का एक दोहा निर्गुण भक्ति परंपरा की जो पृष्ठभूमि बताता है जो संत रामानंद की जनश्रुत घोषणा (जात पांत पूछे नहीं कोई, हरि को भजे हरि को होई) के साथ प्रारंभ हुई। गहरे दार्शनिक संदर्भों में निर्गुण संत परंपरा, भक्ति में जनभागीदारी का आंदोलन था। नारद के नाम से प्रचलित भक्ति सूत्र किसने लिखे, यह हमें नहीं पता लेकिन इनका रचनाकाल 11वीं सदी के आसपास माना जाता है। नारद सूत्र कहता है कि भक्ति को किसी प्रमाण की आवश्यकता नहीं है।

कबीर कहते हैं—भगति नारदी मगन सरीरा/ इह बिधि भवनिधि तरै कबीरा।

(कबीर ग्रंथावली पेज 312)

निर्गुण संत परंपरा भागवत धर्म में भक्ति की पुरानी व्याख्याओं का विरोध थी। नगरीय शिल्पकारों और छोटे कारोबारियों के इस समूह में कोई भी भक्त हो सकता था। उसके लिए उपासना के ढंग, प्रतीक या स्थान आवश्यक नहीं थे। कबीर जुलाहे थे जिनमें हिंदू व मुसलमान दोनों थे। उनकी धार्मिक पहचान को लेकर मतभेद रहा। अध्येता उन्हें नाथ सिद्ध परंपरा से जुड़ा मानते हैं। रविदास मरे हुए पशुओं को साफ करते थे। सेन नाई यानी बाल काटने का काम करते थे। इसी दौरान व्यापारी समुदायों से भी कुछ संत उभरे जिन में गुरु नानक खत्री थे और दादू कपड़ा विक्रेता। संतों का यह समुदाय जातीय और धार्मिक विभाजन को अपनी भक्ति के माध्यम से चुनौती दे रहा था। महाराष्ट्र के संत नामदेव जो दर्जी (कपड़ा सिलने वाले) थे, उन्होंने लिखा :

हीन दीन मेरी जात मेरी पंडरी के राया
ऐसा तुमने नामा दरजी कायु कु बनाया
टाल बिना लेके नाम देउल में गया
पूजा करते बह्मन उन्ने बाहर ठकलाया

किंवदंती है कि नामदेव को जब ब्राह्मण पुजारी ने मंदिर से निकाल दिया तो वे घूम घूम कर भगवान को पुकारने लगे। नामदेव जिधर घूमते, मंदिर उधर ही घूम जाता था।

तेरहवीं शताब्दी में सल्तनत युग के साथ उत्तर भारतीय समाज में तीन बड़े परिवर्तन घटित हुए।

पहलाः कागज, चरखा (स्पिनिंग व्हील), पैडल लूम, डिस्टिलेशन और भवन निर्माण की तकनीकें भारत पहुंचीं जिनके लिए हस्तशिल्प और कामगारों की मांग बढ़ी। **दूसरा**- नए शहरों का विकास हुआ। चांदी के सिक्कों के प्रचलन के साथ व्यापार को बढ़ावा मिला और **तीसरा**- तुर्क पठान और मुगल सुल्तानों के आगमन के साथ उत्तर भारत में मुस्लिम आबादी बढ़ने लगी थी।

मुसलमानों के आने के साथ जाति प्रथा पर रोक के प्रमाण नहीं मिलते। मुस्लिम धर्मगुरु मुसलमानों की श्रेष्ठता के ही कायल थे अलबत्ता सेनाओं के सेवकों, गुलाम और कारीगरों की आबादी बाद में मुस्लिम धर्म अपनाकर एक नया प्रवासी समुदाय बन गई।

कामगारों, दस्तकारों और सुल्तानों के कर्मचारियों के तौर पर उभरा यह नया समाज (जिसमें धर्मांतरित मुस्लिम भी थे) अपनी आस्थाओं में शैव-वैष्णव और नाथ-सिद्ध और इस्लाम को एक साथ अपना रहा था। इनमें कवियों की बड़ी संख्या थी जो विविध मान्यताओं को स्वर दे रहे थे। यह आस्था पारंपरिक पौराणिक वैष्णव व शैव मान्यताओं के विपरीत थी।

निर्गुण संत मूर्ति पूजा, संप्रदाय और जाति व्यवस्था के विरुद्ध नामजप, गुरु पूजा, ध्यान और साधना की मान्यताओं को स्थापित करने लगे। उनकी रचनायें और साहित्य इस नए धार्मिक आंदोलन का आधार था। यह आंदोलन हिंदू और मुस्लिम दोनों के शुद्धतावादी व जातीय आग्रहों के विपरीत था। पंजाब में यह गुरु परंपरा बाद में संगठित सिख धर्म में बदल गई।

भारतीय आस्था पद्धतियों में गुरु आधारित संप्रदायों के प्रारंभिक प्रयोग भी इसी दौरान हुए जिनका विस्तार 20वीं व 21वीं सदी में मिलता है।

शक्ति पूजा

"ब्रह्म के दोषियों के संहार के लिए मैं ही रुद्र का धनुष चढ़ाती हूं। मैं ही सेनाओं को रणक्षेत्र में लाती हूं। मैं ही प्रकाश हूं और पृथ्वी पर सर्वत्र व्याप्त हूं।"

वैदिक साहित्य में प्रायः सभी देवता पुरुष हैं लेकिन ऋग्वेद के उपरोक्त सूक्त में वाग्देवी की स्तुति, दुर्गा की पूजा के प्रारंभिक स्वरूपों का संकेत है। शतपथ ब्राह्मण, अंबिका को रुद्र की बहन के रूप में वर्णित करता है, जबकि तैत्तरीय उपनिषद् पार्वती को रुद्र की पत्नी बताता है। केन उपनिषद् उमा को विद्या की देवी के रूप में हेमवती यानी हिमालय की पुत्री कहता है। मुंडकोपनिषद् काली और कराली को अग्नि का स्वरूप कहता है जबकि कृष्ण यजुर्वेद गायत्री के संदर्भ देता है।

कुषाण अखिल एशियाई देवी नाना को भारत में लेकर आए थे। वह उनके सिक्कों और अभिलेखों में उत्कीर्णित थी। नाना की पारंपरिक छवि शेर पर बैठी हुई देवी की है और यही छवि भारत में सिंहवाहिनी दुर्गा की भी है। नाना नाम भी भारत के विभिन्न हिस्सों में नैना देवी, नैनी देवी वगैरह के रूप में जीवित है। यह गौर करना भी दिलचस्प है कि मानक रूप से, दुर्गा न सिर्फ सिंह की सवारी करती नजर आती हैं बल्कि वह महिषासुरमर्दिनी के रूप में दिखती हैं, जो हमें फिर से मध्य एशिया या ईरान की याद दिलाता है। जननी के रूप में, तकरीबन हर समाज में, देवियां उपस्थित हैं।

शिव की पत्नी सती की कथा विलक्षण है। पिता के यज्ञ में आत्मदाह के बाद उनकी देह के विभिन्न हिस्से पूरे भारत में खंड-खंड होकर गिरते हैं। शक्ति पूजा के यह केंद्र मुख्यधारा के हिन्दुत्व, तंत्र और बौद्ध धर्म का समेकित केंद्र बनकर उभरते हैं।

फुटकर वैदिक संदर्भों और सिंधु सभ्यता की पुरानी मूर्तियों के बावजूद शक्ति पूजा वस्तुतः महाकाव्यों और पुराणों की देन है जो भारत के विराट धार्मिक-सामाजिक महामंथन के साथ उपजी थी। मार्कंडेय पुराण (सातवीं सदी) ने देवी महात्मय और परवर्ती ग्रंथों जैसे देवी भागवत और कालिका पुराण ने देवी पूजा को पौराणिक परंपरा से जोड़ा।

ऐतिहासिक और पौराणिक मान्यताएं शक्ति पूजा को शैव और वैष्णव मतों की उप परंपरा के रूप में स्थापित करती हैं। गौरी अंबिका के रूप में देवी शिव की पत्नी हैं जबकि श्री, मीनाक्षी, कमला और लक्ष्मी और महालक्ष्मी के रूप में देवी विष्णु पूजन परंपरा से संबद्ध हैं। दुर्गा, काली और अन्य देवी अवतारों की पौराणिक कथायें शिव और विष्णु से जुड़ती हैं या शिव और विष्णु के प्रतीकों को देवी मूर्तियों से संबद्ध करती हैं।

मातृ देवी की प्रतिमाएं विभिन्न नामों से बड़े मंदिरों का अभिन्न हिस्सा रही हैं। जैसे

एलोरा का कैलाश मंदिर या तंजौर में बृहदेश्वर मंदिर। ऐहोल का मशहूर दुर्गा मंदिर छठी-सातवीं सदी में निर्मित हुआ। मामल्लापुरम् में महिषासुरमर्दिनी की प्रसिद्ध प्रतिमा है। उज्बेकिस्तान के पंजीखेत से लेकर पल्लवों के कर्नाटक में बादामी की गुफाओं तक देवी चित्रों में उल्लेखनीय साम्यताएं हैं।

मथुरा और सोंख में मिलीं पहली सदी ईसा पूर्व की महिषासुरमर्दिनी और देवी मूर्तियां व प्लेट्स बताती हैं कि बहुआस्थाओं के दौर में देवी पूजा होती रही होगी। लेकिन इसका उत्कर्ष वैष्णव और शैव मान्यताओं के समानांतर या उप परंपरा में दिखता है जो गुप्त राजाओं और उसके बाद का समय है।

ग्वालियर, कन्नौज, ब्यासनगर, मध्य प्रदेश से मिली सप्त मातृकाओं और महिषासुरमर्दिनी की मूर्तियां देवी पूजा को स्थापित करती हैं। उड़ीसा से मिले अभिलेख प्रमाण हैं कि मध्यकाल आते-आते देवी पूजा पूर्वी भारत तक फैल गई थी। पूर्वी भारत की सप्त मातृका और दक्षिण के चोल राजवंश युगीन मंदिरों में देवी प्रतिमायें इसी काल की हैं। मध्यकाल में देवी तीर्थों का उदय होता है जो भारत के धार्मिक भूगोल का एक प्रमुख हिस्सा हैं।

वैश्विक धर्म

ख्वाजा मोइनुद्दीन ने अपने शिष्यों के साथ अजमेर की अनासागर झील के पास डेरा डाला। झील के किनारे हिंदू मंदिर बने हुए थे। पुजारियों और ब्राह्मणों ने उनका विरोध किया और ख्वाजा से शिकायत की। ख्वाजा ने अपने खादिम को सुराही लेकर झील पर पानी भरने भेजा। खादिम ने जैसे ही सुराही डुबाई, अनासागर और आसपास की झीलों का पानी सूख गया। सारे नगर में ख्वाजा के इस चमत्कार की चर्चा फैल गई।

पृथ्वीराज चौहान ने अपने प्रधानमंत्री जयपाल को ख्वाजा को काबू करने के लिए भेजा। मंत्री जयपाल ने अपनी सारी कोशिश कर डाली पर असफल रहा। राजा पृथ्वीराज चौहान सहित सभी लोग ख्वाजा से क्षमा मांगने आए। काफी लोगों ने इस्लाम कबूल किया पर पृथ्वीराज चौहान ने इस्लाम कबूल करने से इंकार कर दिया।

यह कहानी अजमेर के ख्वाजा और भारत में सूफी सिलसिले के प्रतिष्ठित फकीरों में एक मोइनुद्दीन चिश्ती के जुड़ी तमाम चमत्कारिक कहानियों में एक है। लगभग इस तरह के किस्से-कहानियां भारत में फैली उन तमाम सूफी दरगाहों से जुड़ी हैं जो भारत

में इस्लाम के प्रसार की धुरी रही हैं। मोइनुद्दीन चिश्ती की उपरोक्त कथा में सच का हिस्सा कम हो सकता है लेकिन इस किस्से में इतिहास और समाज के तथ्यों की कोई कमी नहीं है। मोइनुद्दीन चिश्ती ने अजमेर को अपना केंद्र बनाया था जो पृथ्वीराज चौहान के मातहत था और भारत में सबसे प्रतिष्ठित सूफी सिलसिले की शुरुआत की, जिसे चिश्ती सिलसिला कहा जाता है। अजमेर आज भी इस्लाम के अनुयायियों के बीच छोटे हज की तरह प्रतिष्ठित है।

इस्लाम में सूफीवाद का प्रारंभ पैगंबर मुहम्मद के समय से माना जाता है। सूफियों का पहला दौर दसवीं सदी में प्रसिद्ध इस्लामिक रहस्यवादी जुनैद अल बगदादी से जुड़ता है। तत्कालीन सूफी प्रार्थना पर केंद्रित थे, बेहद सादा जीवन जीते थे और खुद को फना कर देने की परंपरायें प्रचलित थीं।

भारत में इस्लाम लाने वाले सूफियों के सिलसिले ग्यारहवीं सदी से शुरू होते हैं जब पंजाब पर महमूद गजनवी के हमले के साथ भारत में सूफी फकीर डेरा डालने लगे थे।

इनमें सबसे मशहूर सूफी उस्मान अल हुजविरी या दातागंज बख्श थे जो 1035 में लाहौर पहुंचने वाले शुरुआती सूफी फकीरों में एक थे, पश्चिमी पंजाब पर इनका व्यापक असरा पड़ा।

अल गजाली (1111 ई.) प्रभावशाली इस्लामी विचारक और दार्शनिक थे। इस्लाम के भारत पहुंचने से पहले तक इस्लाम में शिया और सुन्नी संप्रदायों के बीच बंटवारा हो चुका था। नवीं और दसवीं सदी के बौद्धिक तबके ने सुन्नी मान्यताओं पर जोर दिया। बारहवीं सदी तक आते-आते, गजाली ने इसे नए तेवर दिये और सुन्नी रूढ़िवाद को नवीं-दसवीं सदी के दार्शनिक चिंतन से मुक्त किया।

अल गजाली की अगुआई में मुस्लिम नेताओं ने मदरसा प्रणाली प्रारंभ की जिसमें प्रशिक्षित विद्वान इस्लाम के बारे में निर्णय करते थे और नियम बनाते थे। यहां से इस्लाम में उलमा प्रक्रिया प्रारंभ होती है। कहते हैं कि अपने जीवन के अंतकाल में गजाली ने बगदाद की निजामिया अकादमी छोड़ दी और इस्लाम के रहस्यवादी आयामों की खोज में निकल पड़े। गजाली को ही पारंपरिक इस्लाम को सूफीवाद की तरफ मोड़ने का श्रेय दिया जाता है।

तेरहवीं-चौदहवीं सदी में भारत में मुस्लिम मदरसों का उदय होता है जो इस्लाम के प्रचार, मान्यताओं की स्थापना शिक्षा और प्रशिक्षण का माध्यम बने। मदरसों को सुल्तानों और समाज की आर्थिक मदद मिलती थी। उलमाओं के नेतृत्व में यहां से समाज के नियम व फतवे निर्धारित होते थे।

बारहवीं सदी तक सूफी मत कई सिलसिलों या धाराओं में बंट गया। सभी में एक पीर या नेतृत्व करने वाला फकीर होता था जिसे शेख या ख्वाजा कहते थे। वह अपने शिष्य या मुरीद चुनता था। इनकी खानकाहें पीर की सक्रियता का केंद्र होती थीं जहां शिष्य, भक्त व अनुयायी ठहरते थे। प्रारंभ में खानकाहें भक्तों की मदद से चलती रहीं लेकिन सुल्तानों पर पीरों के प्रभाव के साथ इन्हें शासन का संरक्षण भी मिला।

आज के अफगानिस्तान में चिश्ती सिलसिले की शुरुआत अबू इसहाक शामी ने की। यह जगह चिश्त कही जाती है जो हेरात से 100 किमी दूर है। यह सिलसिला ख्वाजा मोईनुद्दीन (मृत्यु 1236 ई.) के साथ भारत पहुंचा। इस सिलसिले में भौतिक वस्तुओं का त्याग अनिवार्य था, राजकाज से दूरी बनाई जाती थी, भूमि वगैरह का दान लेने की भी मनाही थी, सहिष्णुता और सबके लिए सम्मान, निजी समर्पण और समां (संगीतमय शाम) में हिस्सेदारी प्रमुख नियम थे।

मोईनुद्दीन के दो सर्वश्रेष्ठ उत्तराधिकारियों कुतुबुद्दीन बख्तियार काकी और हमीउद्दीन नागौरी के साथ, चिश्ती सिलसिला पूरे उत्तर भारत मे दूर-दूर तक फैल गया। बख्तियार काकी (मृत्यु 1235 ई.) ने दिल्ली को अपना केंद्र बनाया। उनके वारिसों फरीदुद्दीन गंजशकर (मृत्यु 1265 ई., पाकिस्तान) और उनके मुख्य शिष्य निजामुद्दीन औलिया (मृत्यु 1325 ई.) ने चिश्ती सिलसिले को भारत में सबसे महत्वपूर्ण बना दिया। निजामुद्दीन औलिया के सबसे मशहूर शिष्य नासिरुद्दीन चिराग देहलवी थे।

मुहम्मद बिन तुगलक के साथ चिश्ती सिलसिला दक्कन की ओर गया जहां चिराग देहलवी के शिष्य फकीरबंदे नवाज गेसू दराज (मृत्यु 1422 ई.) ने इसे गुलबर्गा में स्थापित किया।

तुर्किस्तान के बहाउद्दीन नक्शबंदी ने सूफियों के नक्शबंदी सिलसिले का प्रारंभ किया जो बाबर की हमलावर फौज के साथ भारत आये थे। नक्शबंदी इस्लाम की पारंपरिक व्याख्या में विश्वास करता था। दिल्ली के ख्वाजा बाकी बिल्लाह बेरंग नक्शबंदी सिलसिले के प्रमुख सूफियों में से एक थे, जिनको मुजद्दिद या इस्लाम का पुनरोद्धारक कहा जाता था।

एक अन्य महत्वपूर्ण सूफी सिलसिला सुहरावर्दी था। हालांकि, चौदहवीं सदी में मुल्तान में सुहरावर्दी सिलसिला कमजोर पड़ गया (जो बहाउद्दीन जकरिया और लाल शाहबाज कलंदर से जुड़ा है) लेकिन गुजरात, पंजाब, कश्मीर और बंगाल में इनका प्रभाव बना रहा। एक अन्य सूफी सिलसिला, जिसे दक्षिण भारत में प्रमुखता हासिल हुई वह कादिरी था।

बंगाल में इस्लाम

सृष्टि के प्रथम मानव आदम का जन्म चटगांव के तट पर संदीप द्वीप में हुआ था। वहां, फरिश्ते जिब्राइल उनके समक्ष प्रकट हुए और उन्हें मक्का जाने को कहा, जहां उन्हें काबा का निर्माण करना था। एक बार जब यह हो गया, तो आदम को एक हल, एक जुआ, दो बैल और बीज दिए गए और जिब्राइल ने उनसे खेती करने को कहा और यही इंसानों की नियति थी। आदम ने उन बीजों को बो दिया, अनाज की पैदावार की और इंसानी नस्ल आगे बढ़ी।

सैयद सुल्तान की महाकाव्यात्मक बंगाली कविता 'नबी बंसा' के मुताबिक, यही मानवों की उत्पत्ति की कहानी है। यह भी इस बात का खुलासा करता है कि कैसे इस्लाम ने सल्तनत और मुगल काल में पूर्वी बंगाल डेल्टा में कृषि और राजनीतिक सीमाओं के विस्तार के लिए सांस्कृतिक आधार प्रदान किया।

छोटी मस्जिदें, दरगाहें, उलमा और पीर ने राजनीतिक संरक्षण के जरिए पूरे समुदाय को एक सूत्र में बांधा क्योंकि वे कुदरत की ताकतों से लड़ते हुए पहली बार निचली लेकिन उर्वर भूमि में खेती कर रहे थे। धान की खेती और इस्लाम के विस्तार की ऐसी दूसरी मिसाल सिर्फ जावा में मिलती है। अरबों के बाद मुसलमानों की दूसरी सबसे बड़ी नस्लीय आबादी बंगालियों की ही है।

एक विचार पूरी तरह से गलत है कि इस्लाम का प्रसार तुर्क-अफगान शासन के दौरान उनकी सैन्य शक्ति के जोर से हुआ था। इस्लाम ने महाद्वीप के सुदूर पश्चिमोत्तर और पूर्वी इलाके में अपनी जड़ें जमाईं—दोनों ही इलाके दिल्ली से सैन्य प्रभाव और भूगोल दोनों दृष्टियों से दूर थे। इन इलाकों में मुस्लिम आबादी 60 से 70 फीसदी तक हो गई।

तटीय भारत में इस्लाम समुद्री व्यापार संपर्कों के जरिए फैला। उत्तर के विशाल मैदान में, जहां मुसलमानों की आबादी कभी भी कुल आबादी के 10-15 फीसदी से अधिक नहीं रही, वे लोग बाहर से आए थे और सूफियों ने इस्लाम के सीमित विस्तार में मदद दी।

भारत में इस्लाम के प्रसार का ऐतिहासिक ब्योरा बताता है कि यह किस तरह राजनीति का शिकार हुआ। ब्रिटिश औपनिवेशिक सत्ता ने मुस्लिम शासकों की जगह ले ली थी और उसे खुद को प्रबुद्धता के दूत के रूप में पेश करने की जरूरत महसूस हो रही थी।

बड़े पैमाने पर जबरिया धर्म परिवर्तन, बड़े मंदिरों को ध्वस्त करने जैसी बातें औपनिवेशिक इतिहासकारों की तरफ से आईं। कई पीढ़ियों के भारतीय और साथ ही विदेशी विद्वानों ने बाद में दिखाया है कि इस्लाम भारत में हिंदुओं के साथ सह-अस्तित्व में

मौजूद था। यह बात और है कि संघर्ष जरूर हुए थे, लेकिन उससे भी अधिक सच यह है कि इस सह-अस्तित्व ने बहुलवादी और समन्वयवादी समाज के विकास को तेज किया।

जबरिया धर्म-परिवर्तन भी हुए थे—खासकर राजनीतिक सैन्य प्रतिरोध के रूप में। निश्चित रूप से मंदिर भी तोड़े गए थे लेकिन यह भी सियासी ताकत के प्रतीक के रूप में किए गए थे। इतिहासकार रिचर्ड ईटन का हालिया अध्ययन ऐसे मामलों को सामने लाता है, जिसमें सिर्फ मंदिर तोड़ने की 60 घटनाएं छह शताब्दियों में दर्ज की गई हैं, हालांकि कोई इससे इनकार नहीं करेगा कि यह एक अधूरी फेहरिस्त है।

भारत में बाबरी मस्जिद विध्वंस (1992 ई.) के बाद ऐसे ऐतिहासिक रूप से तोड़े-मरोड़े विचारों से एक नई सियासी बहस प्रारंभ हुई है।

इस्लाम और हिंदुत्व को आमने-सामने रखने की कोशिशें पुरानी हैं जो ब्रिटिश उपनिवेशवाद जैसी हैं। हिंदुत्व की आंतरिक ताकत और लचीलेपन की कहानी ज्यादा सकारात्मक है कि इस्लाम के सामने सदियों तक रहने और मुस्लिम शासकों के अधीन प्रजा के रूप मे रहने पर भी ज्यादातर हिन्दू आबादी ने अपना धर्म नहीं छोड़ा।

कर बचाने के लिए या शाही फायदे या नौकरी पाने के लिए धर्म-परिवर्तन भी हुए। दूसरी तरफ, मिसालें हैं कि बड़े समुदायों ने भाषा या कुछ सांस्कृतिक खासियतें बिना धर्म-परिवर्तन के ही अपना लीं—मसलन, उत्तरी भारत के कायस्थ या सिंध के आमिल।

इस्लाम, अर्थव्यवस्था और राजनीति

12वीं से 18वीं शताब्दी तक इस्लाम और राजनीति के बीच के संबंध ने बहुत सारे विवाद उत्पन्न किए हैं। इस बात की चर्चा हमारे लिए यहां आवश्यक नहीं है, लेकिन इतना कहना पर्याप्त है कि एक बार सत्तारूढ़ इस्लामी शासकों को जब यह स्पष्ट हो गया कि महान सांस्कृतिक और धार्मिक विविधता के साथ पूरे उप-महाद्वीप को सामूहिक रूप से इस्लाम में परिवर्तित करना जरूरी नहीं था, तब ज्यादातर शासकों ने अपने साम्राज्य की स्थिरता पर ध्यान केंद्रित किया और उनका दृष्टिकोण मुख्य रूप से व्यावहारिक विचारों पर आधारित हो गया।

हमारे लिए, आर्थिक प्रश्न स्पष्टतया अधिक महत्वपूर्ण है। इस्लाम के आगमन और मध्य एशिया और ईरान से हो रही लगातार गतिविधियों ने एक बार फिर से सिंधु-आमू क्षेत्र के संपर्क गंगा-यमुना दोआब के साथ जोड़ दिए। इससे, उत्तरी भारत के राजनीतिक एकीकरण के साथ, व्यापार में नई तेजी आई। दुनिया भर में इस्लाम को शहरीकरण, हस्तशिल्प और व्यापार को प्रोत्साहित करने वाले धर्म के रूप में जाना जाता है।

विचारों का आदान-प्रदान करने के लिए सीमाएं खोलने के साथ (सबसे उल्लेखनीय रूप से कागज के परिचय, असल में कागज और कलम दोनों शब्द अरबी-फारसी से उधार लिए गए हैं) सिंचाई के लिए पर्सियन व्हील और आधुनिक करघा आदि नई तकनीकें भी आईं। जैसा कि हमने पहले ही देखा है, भारत में इस्लाम कृषि के तेज विकास के साथ ही अपने पारंपरिक आर्थिक चरित्र से दूर निकल आया था।

तटीय भारत में, साथ ही उत्तर भारत के बड़े केंद्रों में, वस्तुओं और विचारों के बड़े पैमाने पर आदान-प्रदान ने भारत को इस्लामी विश्व व्यवस्था के साथ कदमताल में खड़ा कर दिया।

सिख पंथः गुरु, व्यापारी और सूरमा

बकाला, अमृतसर, पंजाब

काठियावाड़ गुजरात का व्यापारी मखणशाह नवें गुरु को पांच सौ मुहरें अर्पित करने बकाला पहुंचा था। गुरु की अरदास से उसका माल से भरा जहाज तूफान में फंस कर बच गया था। लेकिन बकाला में तो नवें गुरु की तलाश चल रही थी। आठवें गुरु हरिकृष्ण जी ने गुरु पद परंपरा के लिए कोई नाम तय नहीं किया था। बस बाबा बकाला कह कर अंतिम सांस ले ली, जो कि एक गांव का नाम था। गुरु की पवित्र गद्दी पर कई पाखंडियों की निगाह थी लेकिन तलाश सच्चे गुरु की थी।

मखणशाह को बकाला में बाइस लोग मिले जो खुद के सच्चा गुरु होने का दावा कर रहे थे। असली गुरु का पता लगाने के लिए उसने सबके सामने दो दो मुहरें रखीं और सोचने लगा कि सच्चा गुरु तो अंतर्यामी है। वह पांच सौ मुहरों की अपनी अमानत मांग लेगा। सभी ने अपनी मुहरें उठाकर मखणशाह को आशीर्वाद दिया।

मखणशाह को गुरु नहीं मिला। उसने गांव वालों से पूछा कि क्या इनके अलावा कोई और भी है यहां। पता चला कि एक और संत जैसा पुरुष है जो तंग कोठरी में रहकर पूजा करता रहता है।

मखणशाह ने प्रणाम करते हुए उसके सामने दो मुहरें रखीं तो उस संत ने कहा कि बस यही ? तुम्हारा वादा तो पांच सौ मुहरों का था।

मखणशाह निहाल हो गया। वह छत पर चढ़ कर आवाज लगाने लगा।

गुरु लाधो रे ! सच्चा गुरु मिल गया।

यह कथा गुरु तेगबहादुर के बारे में सुनाई जाती है जो सिखों के नवें गुरु थे। सिखों के धार्मिक इतिहास में एक गुजराती व्यापारी का प्रवेश कोई अपवाद नहीं था। इस आंदोलन की अगुआई गुरुओं की एक श्रृंखला ने की, जो खत्री व्यापारी थे। गुरु नानक के बाद से ही, इस आस्था पद्धति में व्यापार को बहुत अहमियत मिली।

गुरु नानक 15वीं सदी के एक दार्शनिक संत थे जो निर्गुण भक्ति परंपरा से थे। उन्होंने एक सामाजिक सुधार आंदोलन चलाया, जो अगली तीन सदियों में कायांतरण करके धार्मिक-राजनीतिक- सैन्य संगठन में तब्दील हो गया। नौ गुरुओं के अधीन सिख सबसे योजनाबद्ध ढंग से विकसित हुआ धर्म है, निजी उद्यमिता जिसका आधार है।

गुरु नानक को इस बात का श्रेय जाता है कि उन्होंने अपने अनुयायियों के आर्थिक हितों को कभी नजरअंदाज नहीं किया। इस नए धर्म का दार्शनिक आधार संस्थापक खुद से आया था, जिन्होंने अपने शिष्यों को नाम-जाप और कीर्तन के माध्यम से व्यक्तिगत भक्ति के रास्ते पर चलने को कहा।

उनके ईश्वर न सिर्फ व्यक्तिगत थे बल्कि निर्गुण परंपरा के अनुसार सिर्फ एक और सर्वोच्च भी थे। नानक ने समाज में जाति के बंटवारे को अस्वीकार कर दिया। उन्होंने अपने अनुयायियों को नैतिक कमाई के जीवन के साथ-साथ नियमित दान देने के लिए प्रोत्साहित किया। नानक की राह पर चलने वाले गुरु वास्तव में सामाजिक, राजनीतिक और सैन्य संगठनों को लेकर अधिक सजग थे।

गुरु अंगद को नानक की जीवनी से जुड़े ब्योरे संग्रहीत करने के लिए जाना जाता है, साथ ही उन्हें गुरमुखी लिपि के विकास का श्रेय भी दिया जाता है। अगले गुरु, अमरदास प्रमुख तौर पर एक सामाजिक सुधारक थे। उन्होंने सती प्रथा और परदा प्रथा को समाप्त किया और महिलाओं को धर्म प्रचारक बनाकर सिख धर्म को हिंदू और इस्लाम दोनों से ज्यादा प्रगतिशील बना दिया।

चौथे गुरु रामदास निर्माता थे। उनेंने अमृतसर शहर की नींव रखी और सिख धर्म को उसका सबसे महत्वपूर्ण संस्थागत आधार दिया। पांचवें गुरु अर्जन देव ने रामदास की संस्था निर्माण परंपरा को आगे बढ़ाया। सिखों का प्रमुख तीर्थ हरमंदिर साहब अर्जन देव के नेतृत्व में तैयार हुआ। उन्होंने गुरु ग्रंथ साहिब का पहला संकलन (आदि ग्रंथ) व हरमिंदर साहब में स्थापित किया जो बाद में सिख धर्म का अमूर्त गुरु बनने वाला था।

सारे सिख गुरु खत्री व्यापारी समुदाय के थे लेकिन उनके अनुयायी पंजाब के ग्रामीण जाट थे। इन युद्धक जातियों का असर सिख धर्म पर गहराई से पड़ा। यह प्रभाव पांचवें

छठवें गुरुओं के साथ तेजी से बढ़ता है जब सिख धर्म मुगलों से मुकाबले के लिए युद्ध स्वरूप में सामने आता है।

गुरु अर्जनदेव के साथ ही सिखों और मुगलों में टकराव का प्रारंभ हुआ जो इस धर्म में पहला बड़ा राजनीतिक परिवर्तन था। अर्जनदेव धर्म के पहले शहीद थे। छठे गुरु हरगोबिंद के आने तक सिख धर्म का योद्धा स्वरूप विकसित होने लगा था। गुरुद्वारों का निर्माण करने वाले हरगोबिंद पराक्रमी योद्धा भी थे। उन्होंने पहली बार सिखों को सैनिक रूप में संगठित किया। गुरु हरगोबिंद ने मुगलों से चार युद्ध लड़े और राजाओं को कैद से मुक्त कराया।

सातवें गुरु हरिराय भी योद्धा थे लेकिन उन्होंने सिख धर्म में समाज सेवा के गुणों को प्रतिष्ठित किया। आठवें गुरु हरिकृष्ण बचपन में गुरु के रूप में प्रतिष्ठित हुए और समाज सेवा के कारण प्रसिद्ध हुए।

नवें गुरु तेगबहादुर के साथ सिख और मुगलों का संघर्ष नया मोड़ लेता है। औरंगजेब से टकराव और शहादत के बाद उनके पुत्र और दसवें गुरु गोबिंद सिंह ने खालसा पंथ की स्थापना की, मुगलों से युद्ध लड़े और गुरु परंपरा समाप्त करते हुए शिक्षाओं के ग्रंथ को गुरु का स्थान दिया।

धर्म का योद्धा स्वरूप आगे तक जारी रहा। औरंगजेब के पतन के बाद पंजाब में पहला खालसा सिख राज्य उभरा जिसका नेतृत्व महाराजा रणजीत सिंह ने किया। अपने सबसे प्रभावी दिनों में खालसा राज्य कश्मीर और तिब्बत से लेकर अफगानिस्तान के खैबर तक फैला था और ब्रिटिश साम्राज्य के लिए लंबे समय तक चुनौती बना रहा। उन्नीसवीं सदी के मध्य में दूसरे सिख ब्रिटिश युद्ध के बाद इस साम्राज्य का पतन हुआ।

लेकिन जो आंदोलन गुरु नानक ने 15वीं-16वीं सदी में सामाजिक विषमता और पिछड़ेपन की पृष्ठभूमि में शुरू किया था उसमें एकता के जरिए सामुदायिक विकास नानक का मूल संदेश था, जिसे समाज ने कभी नहीं बिसराया।

संत-केंद्रित भक्ति आंदोलन देश के अन्य भागों में भी प्रचलित थे, लेकिन सिख दूसरों के मुकाबले अधिक कामयाब हुए क्योंकि उनकी सांगठनिक क्षमता के साथ ही उनकी उद्यमिता भी थी।

सिख शब्द शिष्य से बना है। पारंपरिक गुरु-शिष्य परंपरा ही धर्म का आधार थी। यहां समुदाय के निर्माण का महत्व जल्दी ही महसूस कर लिया गया था। उनके कुछेक विचार मसलन, रोजाना कई दफा प्रार्थना, सामुदायिक अस्तित्व के केंद्र के रूप में गुरुद्वारे की

मान्यता, गुरुद्वारा संगठन संभवत: मुसलमानों से प्रभावित होकर अपनाये गये थे। गुरुद्वारे की इमारतों के डिजाइन में भी मस्जिद के डिजाइन की छाप दिखती है।

गुरु नानक से प्रारंभ हुआ समानता का संदेश उनके उत्तराधिकारी आगे लेकर चले—गुरु अमरदास ने विभिन्न जातियों के विलगाव को गुरुद्वारों में खत्म कर दिया और अंतर-जातीय विवाहों को प्रोत्साहित किया। सामुदायिक रसोई या लंगर के विचार ने भी सामुदायिक बंधनों को मजबूत किया। ज्यादातर अनुयायियों के खेती, व्यापार या पेशेवर सैनिक होने की वजह से, गुरुद्वारे सदियों से सिख आस्था के मुख्य केंद्र बने रहे।

सिख धर्म के आदि गुरु नानक के दौर में यह कल्पना भी मुश्किल थी कि उनका समाज सुधार आंदोलन बाद में एक सैन्य अभियान में बदल कर मुगलों के लिए बड़ी चुनौती बनेगा और भारत की पश्चिमी सीमा राजनीति को लंबे समय तक प्रभावित करेगा।

सिखों की सैन्य क्षमता खालसा के वक्त से ही सिख समुदाय की गर्वीली पहचान बनी रही है, लेकिन इस बात से भी इनकार नहीं किया जा सकता है कि शुरुआती कुछ गुरुओं के समय से ही उनकी उद्यमशीलता ने इस युवा धर्म को दो सौ साल में ही वैश्विक धर्म में बदलने में अपनी भूमिका निभाई।

आज दो करोड़ से भी अधिक अनुयायियों के साथ दुनिया के पांचवें सबसे बड़े धर्म सिख खुद को एक महत्वपूर्ण वैश्विक समुदाय में बदल चुके हैं। उल्लेखनीय है कि बौद्ध धर्म के उलट, यह कभी भी मिशनरी धर्म नहीं रहा अर्थात् यहां कभी लोगों को सिख धर्म में शामिल करने का प्रयत्न नहीं किया गया।

बाकू, अजरबैजान

एशिया और यूरोप को जोड़ने वाले पुराने व्यापार मार्गों पर केंद्रित इस प्राचीन शहर में आने वाले सैलानी सुरखानी उपनगरीय इलाके में बनी आतेशगाह (मंदिर) जाना नहीं भूलते। यह आतेशगाह 17 से 19 वीं सदी तक सिख और हिंदू मंदिर के रूप में इस्तेमाल होती थी।

यहां संस्कृत में गणेश और देवी की वंदना के अभिलेखों के साथ गुरुमुखी में सिख आदि ग्रंथ के अभिलेख भी मिले हैं। पंजाब के सिख व्यापारी बाकू होते हुए ही मध्य एशिया और ईरान तक जाते थे। ईरान और मध्य एशिया में मिलने वाले पुराने गुरुद्वारे इसका प्रमाण हैं।

मुल्तानी शिकारपुरी व्यापारी 13-14वीं सदी से पश्चिमोत्तर भारत, अफगानिस्तान और ईरान के व्यापारिक परिदृश्य में सक्रिय हुए थे। औपनिवेशिक और उत्तर-औपनिवेशिक काल से लेकर आज तक सिख और पंजाबी खत्री लोग इसी क्रम में आते हैं।

नानक के युग से लेकर परवर्ती काल तक सिख धर्म की पूरी योजना और विस्तार में व्यापार को केंद्रीय जगह मिली।

नानक, कालू मेहता के पुत्र थे जो एक बड़े खत्री व्यापारी थे। गुरु नानक की यात्रायें (उदासी) व्यापार मार्गों से ही हुईं जिनमें उनकी एक यात्रा बगदाद और कंधार की भी थी जो मुल्तानी सिख व्यापारियों की सक्रियता का मार्ग था। अमृतसर शहर की नींव रखने वाले और हरमिंदर साहब के पवित्र सरोवर के निर्माता चौथे गुरु रामदास गुरु की पदवी लेने के बाद भी चने बेचने का काम करते रहे।

सिख गुरु भूमि खरीद कर नगर बसाते थे। नगरीकरण को लेकर किसी धर्म का यह आग्रह दुनिया में अनोखा है। नए नगर भवन निर्माण के साथ रोजगार लाते थे और व्यापार के केंद्र भी बनते थे। सिख गुरुओं ने अमृतसर, आनंदपुर साहिब, करतारपुर, कीरतपुर, पोटा साहिब और तरनतारन बसाये जो प्रमुख बाजारों और व्यापार मार्गों से जुड़े थे और धर्म के साथ आर्थिक केंद्र भी बने।

गुरु की गद्दी पर विराजने के बाद चौथे गुरु रामदास गुरु के चक नामक स्थान पर आ गए जहां अमृतसर शहर की नींव पड़ी। गुरु रामदास ने देश के विभिन्न हिस्सों से 52 शिल्पकारों और हुनरमंदों को विभिन्न हिस्सों से लाकर यहां बसाया। इनमें बढई, लोहार, कुंभकार, बर्तन निर्माता आदि थे। इन्हें जिस स्थान पर बसाया गया उसे गुरु बाजार कहा गया। यह आज भी अमृतसर का प्रमुख बाजार है। भारत की आजादी से पहले तक गुरुद्वारे स्थानीय व्यापारियों के सूचना और समन्वय का केंद्र भी होते थे।

अपने व्यापारिक अतीत और अनुयायियों के कारण सिख धर्म पूंजी जुटाने, संपत्ति बनाने को प्रेरित करता है लेकिन इसके साथ कारोबार से फायदे का निश्चित हिस्सा गुरुद्वारों को देने की व्यवस्था है। इस परंपरा से सिख गुरुद्वारों के पास संसाधनों की कभी कमी नहीं हुई। गुरुओं ने अकाउंटिंग और खातों की व्यवस्था भी दी थी।

आज भी सिख गुरुद्वारों की शीर्ष प्रबंधन समिति हर साल अपना बजट जारी करती है, जिसमें शिक्षा, स्वास्थ्य और सामुदायिक विकास के लिए भारी आवंटन किया जाता है।

और अंत में . . .

जर्मनी 1648

लगभग तीस साल के युद्ध के बाद 1648 में जब यूरोप के 194 राज्यों के सैकड़ों नुमाइंदे जर्मनी के वेस्टफेलिया क्षेत्र के शहर मन्स्टर और ऑसनाबर्क में जमा हुए तो छह माह तक सिर्फ इस बात पर झगड़ा होता रहा कि वार्ता कक्ष में कौन कहां बैठेगा और कौन कमरे में पहले जाएगा ?

इसके बाद मैड्रिड, विएना, पेरिस और स्टॉकहोम के बीच हजारों चिट्ठियों की आवाजाही शुरू हुई। कहते हैं कि इसके लिए एक खास डाक सेवा बनाई गई थी।

खैर, लंबी मशक्कत के बाद संधि हुई तो उसमें केवल ऑस्ट्रिया, नीदरलैंड या जर्मन राज्यों की आजादी या संप्रभु राज्यों की व्यवस्था ही नहीं थी। इस संधि से कहीं ज्यादा बड़ी एक आजादी निकली थी। यह यूरोप में धार्मिक आजादी का प्रारंभ था। वेस्टफेलिया की संधि के बाद यूरोप के लोगों के लिए अलग अलग धर्म चुनने की छूट मिल गई थी। वह राजा का धर्म मानने की शर्त से कुछ हद तक मुक्त हो गए थे। इसके बाद धार्मिक आजादियों को लेकर फुटकर प्रयास प्रारंभ हुए। इस आजादी की नींव 1555 में ऑसबर्ग संधि में रखी गई थी और जिसे वेस्टफेलिया की संधि ने प्रमाणित किया था।

पश्चिम में धार्मिक स्वतंत्रता का इंतजार 18वीं सदी में पूरा हुआ जब अमेरिका की आजादी के अभियान में वर्जीनिया के प्रतिनिधियों ने धार्मिक आजादी का कानून पारित किया जिसे थॉमस जेफरसन ने बनाया था। इसके बाद पहली बार पश्चिम में सत्ता व धर्म अलग हुए और लोगों को अपनी रुचि के आधार पर धर्म चुनने की छूट मिली।

यूरोप के इस धार्मिक अतीत की रोशनी में भारत अनोखा लगता है। भारतीय समाज जिसमें धार्मिक आस्थायें बेहद गहरी और रोमांच की हद तक विविधतापूर्ण हैं, वहां इतिहास के किसी कालखंड में कोई ऐसा उदाहरण नहीं मिलता जब राजा ने अपना धर्म प्रजा पर थोपा हो। हालांकि अलग-अलग आस्थाओं के अनुयायी राजवंशों जैसे पल्लव, राजपूत, हर्षवर्धन, कुषाण ने कई धर्मों को पोषित किया। भारत के प्राचीन इतिहास के प्रत्येक कालखंड में धर्म और संप्रभु राज्य स्वतंत्र रूप से एक दूसरे के समानांतर विकसित हुए हैं, जिनमें राजाओं की भूमिका और समाज की स्वाधीनतायें स्पष्ट रूप से पारिभाषित है जिन्हें संस्थागत धर्म का स्वरूप दिया गया।

निरंतरता और स्वाधीनता

भारतीयों अथवा भारतीय समाज के अतीत की तलाश कई रास्तों से हुई है। सभी पिछले प्रयास भव्य, गहन और प्रणम्य हैं।

भाषाओं की उंगली पकड़ कर भारत के जटिल इतिहास के बिखरे सूत्रों को जोड़ा जा सकता है। साम्राज्यों के इतिहास को खंगाल कर भारतीय समाज की यात्रा को समझा जा सकता है। पुरातत्व, स्थापत्य, साहित्य भी भारत को समझने में काम के सूत्र देते हैं। ठीक इसी तरह धर्म भी हमें भारतीय समाज की गति और प्रगति के गहरे रहस्य दे सकता है।

यहां धार्मिक इतिहास का विवेचन करते हुए हमने जान-बूझकर उन आयामों का स्पर्श नहीं किया जो धर्म के पूजा परंपरा, आस्था पद्धति, रीति-रिवाज वाले स्वरूप से संबंधित हैं। इस धार्मिक इतिहास में हमने एक विकासशील उत्पादक समाज और धर्म के संबंधों को समझने का प्रयास किया है।

धर्म एक संस्था या नीति व्यवस्था है जिसे समाज स्वयं अपने लिए बनाता है और उसका पालन करता है। धर्म की रोशनी में, भारत की गतिशीलता, परिवर्तनशीलता और निरंतरता के तीन आयाम मिलते हैं।

एक—बौद्धिक गतिशीलता, परिवर्तनीयता या स्वतंत्रता

अचरज नहीं कि भारत में जीवन, समाज, प्रकृति, आस्था की चर्चायें गहरे बौद्धिक विमर्श से प्रारंभ होती हैं। प्राचीन भारतीय ज्ञान, वेदों से लेकर पुराण युग तक रहस्य, जिज्ञासा, प्रश्न, तर्क, बुद्धि, शोध, संवाद, सत्य जैसे मूलभूत मूल्यों पर केंद्रित रहा। यह एक ऐसा समाज था जो समय के साथ बदलने, तलाश करने, नया सीखने और आत्मसात करने को तैयार था। इसमें यज्ञ, बहुदेववाद, मूर्तिपूजा से तंत्र और निर्गुण किसी को भी चुनने या सभी को आजमाने की सुविधा थी।

ऋग्वेद का सूत्र 'रूपं रूपं प्रतिरूपो बभूव' भारतीय बौद्धिकता का आधार है। यह सूत्र संसार को बहुरूप मानता है अर्थात् यह दूसरे रूपों को स्वीकार करने और उनके भीतर छिपे मूल दर्शन की खोज की प्रेरणा है।

इस सूत्र में समन्वय, नए का स्वीकार और परिवर्तन का सम्मान करने का दर्शन निहित है इसलिए लगातार विकसित होता हुआ भारतीय समाज नस्लों, जातियों, भाषाओं को समेटकर प्रयोगधर्मी और सर्व समावेशी रहा। इस गतिशीलता के कई और उदाहरण हमें अगले अध्यायों में मिलेंगे जब हम व्यापार तीर्थों और आधुनिक युग में धर्म की चर्चा करेंगे।

दो—आर्थिक निरंतरता और स्वतंत्रता

आर्थिक गतिशीलता भारतीय समाज की विशेष शक्ति है। बौद्धिक स्वाधीनता पर आधारित समाज आर्थिक स्वाधीनता का मूलभूत समर्थक रहा है। वह निजी संपत्ति और धन को लेकर यूरोप की तरह रूढ़िवादी नहीं। व्यक्तिगत उद्यमिता समाज की प्रगति और प्रतिष्ठा का आधार थी इसलिए लोगों ने प्रत्येक आर्थिक अवसर को आगे बढ़कर प्राप्त किया, चाहे वह शिल्प कला या उद्योग हो या फिर बाजार सिक्के अथवा अंतरराष्ट्रीय व्यापार और प्रतिस्पर्धा। हमने इस विवेचन में जातियों पर चर्चा नहीं की है अलबत्ता वह भी समाज की उस लंबी आर्थिक सांस्कृतिक निरंतरता का हिस्सा हैं हालांकि उसके अपने अंधेरे पक्ष भी हैं

तीन—ज्ञान के पुनर्मूल्यांकन की निरंतरता और स्वाधीनता

भारतीय ऋषि चाहते तो इतिहास भी लिख सकते थे लेकिन उन्होंने पूर्ववर्ती ज्ञान के नए मूल्यांकन को वरीयता दी। प्राचीन ज्ञान का बार-बार विश्लेषण और नए संदर्भों का समावेश भारतीय चिंतन प्रकिया का सबसे उल्लेखनीय पक्ष है। वैदिक युग से लेकर मध्यकाल तक ग्रंथों का बार-बार लेखन, उनकी व्याख्या, समीक्षा और सुधार ज्ञान परंपरा की बुनियाद है। इस व्यवस्था ने विचार को जड़ होने से रोका और हर पीढ़ी को इसके मूल्यांकन की सुविधा दी।

भारत के धार्मिक जीवन में एक अद्‌भुत परिवतर्नशील निरंतरता रही है, जो एक विकासशील समाज की गति को ऊर्जा देती है। धर्म ने भारत को ऐसे जीवन मूल्य दिए हैं जिनके सहारे भारतीय समाज इतिहास की करवटों और सदियों तक जारी रहे राजनीतिक उथल-पुथल के क्रम के बीच अपनी सामुदायिक स्वाधीनता को बचाकर रख सका है। भारत का धार्मिक इतिहास बदलते समाज का इतिहास है, जिसमें समाज ने धर्म को अपनी ताकत बनाकर प्रयोग किया, कमजोरी नहीं।

लोकमान्य तिलक ने भारत में धर्म की एक नई परिभाषा बताई थी जो भारत की वास्तविकताओं के सबसे निकट है:

प्रामाण्यबुर्द्धिवेदेषु साधनानामनेकता

उपास्याननामनियमं एकद्धर्मस्य लक्षणम

वेदों को प्रमाण मानना, साधनों की अनेकता में विश्वास रखना और किसी एक देवता की उपासना का नियम न रखना यही धर्म के लक्षण हैं।

धन धान्य के मंत्र

श्रावस्ती (400 ईसा पूर्व)

गौतम बुद्ध श्रावस्ती में विहार कर रहे थे। वह नगरश्रेष्ठि अनाथपिंडिक के अतिथि थे। अनाथपिंडिक श्रावस्ती के जेतवन को विहार के लिए बुद्ध को समर्पित करना चाहता था। उपवन श्रावस्ती के कोशलवंशीय राज परिवार का था।

अनाथपिंडिक ने राजकुमार जेत से निवेदन किया कि मैं भगवान तथागत के विहार के लिए आपके स्वामित्व वाले जेतवन में प्रबंध करना चाहता हूं। यदि आप वह जेतवन बेचते हैं तो आपका बड़ा आभारी रहूंगा।

कुमार ने कहा, नगरश्रेष्ठि ! वह उपवन मुझे अत्यंत प्रिय है। उस भूखंड की सारी जमीन पर यदि स्वर्णमुद्रायें बिछायी जाएं तभी उसका सही मोल हो सकता है।

अनाथपिंडिक ने तत्क्षण कहा कि मैं समूचे भूखंड पर स्वर्णमुद्रायें बिछाकर उसे खरीदना चाहता हूं।

कुमार जेत दुविधा में फंस गए। उन्हें जेतवन नहीं बेचना था। वह तो केवल भूमि के मूल्यवान होने का संकेत कर रहे थे। लेकिन कोशल देश के तात्कालिक कानून के अनुसार यदि अपने स्वामित्व की किसी भी भूमि को अति मूल्यवान बताकर कोई उसका मूल्य दर्शाता है तो इसका अर्थ यही सिद्ध होता है कि वह मांगे हुए मूल्य पर भूमि बेचने को तैयार है।

कुमार जेत का इंकार अनाथपिंडिक को धर्माधिकारी के पास ले गया। तत्कालीन अदालत का निर्णय नगरश्रेष्ठि के पक्ष में गया और जेतवन अनाथपिंडिक को मिल गया।

कुमार जेत को संदेह था कि अनाथपिंडिक के पास विशाल भूखंड पर स्वर्णमुद्रायें बिछाने जितना धन न होगा। लेकिन अनाथपिंडिक ने अंसख्य ऊंट व हाथियों पर लादकर स्वर्णमुद्रायें जेतवन की ओर भेजना शुरू कर दिया। पूरा श्रावस्ती नगर यह अनोखा दृश्य

देख रहा था। शाम तक जेतवन की अधिकांश भूमि स्वर्णमुद्राओं से भर गई। केवल एक छोटा-सा भूखंड बचा था।

कुमार जेत अब सब कुछ जान चुके थे। जेतवन का शेष भूखंड उन्होंने मूल्य लिये बगैर तथागत की सेवा में समर्पित कर दिया।

अनाथपिंडिक और कुमार जेत जब गले मिल रहे थे तब तक जेतवन में अठारह करोड़ स्वर्णमुद्रायें बिछा दी गई थीं।

यही जेतवन है जहां बुद्ध ने अपनी अधिकांश शिक्षायें व उपदेश दिये थे और यहीं से बुद्ध के शिष्य बौद्ध धर्म को लेकर उत्तर पूर्व में फैल गए।

इक्कीसवीं सदी में राजनीतिक चिंतक फ्रांसिस फुकुयामा ने स्थापित किया। भारत में आर्थिक, लोकतांत्रिक और बौद्धिक रूप से समृद्ध समाज के सामने राजनीतिक सत्ता हमेशा से कमजोर रही है।

आखिर भारतीय की इस समाज शक्ति और सत्ता की कमजोरी की वजह क्या थी ?

इस सवाल के जवाब के लिए आज से करीब 2200-2500 साल से पीछे जाना होगा। जब भारतीय समाज में यह बहस हो रही थी कि धन संग्रह का उद्देश्य क्या है, कितना भोग किया जाए और कितना दान? जहां एक एक महाधनिक (अनाथापिंडिक) संत के लिए राजसत्ता से टकराया और समाज की न्याय व्यवस्था ने संत की सेवा में लगे व्यापारी को राजा पर विजयी घोषित किया।

आर्थिक असमानता, आर्थिक चिंतन की सबसे पुरानी चिंताओं में एक है। यह बीसवीं सदी जैसी हरगिज नहीं थी लेकिन व्यापार से उपजी संपत्ति को समाज में बांटने की चिंता भारत में काफी पहले प्रारंभ हो गई थी। बहस का प्रारंभ ऋग्वेद के दशम मंडल के धन्नानदान सूक्त से माना जा सकता है। जिसके रचयिता मंत्रद्रष्टा ऋषि भिक्षुरांगिरस हैं।

धन्नानदान सूक्त कहता है कि जिसका मन उदार न हो वह व्यर्थ ही अन्न पैदा करता है। संचय ही उसकी मृत्यु का कारण बनता है। जो न तो देवों को तृप्त करता है और न मित्रों को। वह वास्तव में पाप ही भोग रहा है। जो धनिक दान करता है वह सबसे आगे चलता है। इसलिए मिथ्या वैभव अभिमान छोड़कर दान करना चाहिए।

इस सूत्र को दान या चैरिटी की विशद व गहरी भारतीय परंपरा का आधार माना जा सकता है।

तीसरी-चौथी शताब्दी में भारत के समाज का वह मूल रसायन बना जिसमें सिर्फ

व्यापारिक ही नहीं, वैचारिक और दार्शनिक प्रतिस्पर्धा के संस्कार भी थे। भारत के प्रमुख कारोबारी क्लस्टर, व्यापार के केंद्र, नगर, राजमार्ग, व्यापार के तरीके, मुद्रा, अंतरराष्ट्रीय संपर्क भी इसी दौर में तैयार हुए।

ईसा के पांचवीं और छठी शताब्दी पूर्व से लेकर गुप्त काल तक करीब एक दर्जन ऐसे धार्मिक ग्रंथ लिखे गए जो सामाजिक-अर्थिक संहिता बनकर स्थापित हुए। भारत के आर्थिक-राजनीतिक चिंतन के प्राचीन सूत्र जिन ग्रंथों में मिलते हैं उनका समय 600 ईसा पूर्व से लेकर 900 ईस्वी तक का है। लेकिन इनमें सबसे महत्वपूर्ण ग्रंथ कौटिल्य का अर्थ-शास्त्र, कई प्रमुख नीति शास्त्र और धर्मसूत्र।

अनाथपिंडिक के युग का समाज आधुनिक राजनीतिक अर्थशास्त्र के लिए तैयार हो रहा था।

• तत्कालीन समाज कृषि अर्थव्यवस्था से निकल कर शिल्प आधारित नगरीय व्यवस्था की तरफ बढ़ रहा था। नए नगर कारोबार, शिक्षा और बहुआयामी विचारों के केंद्र थे। बड़े व्यापार मार्ग बन गए थे और भारत से निर्यात व आयात शुरू हो गया था।

• निजी संपत्ति के अधिकारों की सुरक्षा के साथ गणतंत्र (लोकतंत्र) बन रहे थे।

• सोलह महाजनपद भारत में सत्ता के बड़े केंद्र के तौर पर उभर चुके थे। भारत में पहला सबसे बड़ा मौर्य साम्राज्य आकार ले रहा था जो शहरी और व्यापारिक अर्थव्यवस्था को संरक्षण दे रहा था।

• जीवन पद्धति के सूत्रों यानी धर्म शास्त्र और नैतिक संहिताओं की छाया में राज्य गठित होने लगे थे।

• सिक्कों व मुद्राओं का प्रचलन शुरू हो गया था जो व्यापार के बढने के आधार थे। भारत के प्रारंभिक पंचमार्क सिक्के इसी दौर के हैं।

• मर्केंटलिस्ट दौर जैसा अंतरराष्ट्रीय मुक्त व्यापार शुरू हो चुका था।

• मुद्रा, विनिमय, टैक्स, कर्ज, विवाद निस्तारण से जुड़ी संस्थायें आकार ले रही थीं जिन्हें आगे सदियों तक भारतीय उद्यमिता का आधार बनना था।

• नगरों के विकास के साथ वैदिक हिंदू धर्म प्रासंगिकता खो रहा था। नागरिकों को नया ऊर्जावान धर्म चाहिए था। व्यापार की समृद्धि तत्कालीन नए दार्शनिक चिंतन को सहारा दे रही थी। बुद्ध व महावीर जैसे श्रमण व आजीवक नए धर्म चिंतन के साथ उभरे जिन्हें समाज का समर्थन मिला।

• भारत से विदेश को धार्मिक व व्यापारिक यात्रायें प्रारंभ हो गई थीं। संस्कृति, धर्म और विदेशी संपर्कों का आदान-प्रदान शुरू हो गया था।

समय, समाज और विचार

आर्थिक चिंतन के अति प्राचीन सूत्र

अवेस्ता, ऋग्वेद और व्यापारी

क्या ऋग्वेद ही भारत का पहला ग्लोबल संपर्क था ? क्या पारसी वैदिक भारतीयों के सबसे करीबी संबंधी हैं। क्या ऋग्वेद व ईरान के अति प्राचीन धर्म जोरेस्टेनियरिज्म के पवित्र ग्रंथ अवेस्ता समकालीन हैं। क्या ईसाइयत और मुस्लिम धर्मों के प्रारंभ से पहले के इस धर्म का भारत की ऋग्वेद कालीन सभ्यता से कोई संपर्क था? क्या ऋग्वेद के संदर्भ उन असीरियन व्यापारियों के साथ सूदूर असीरिया तक पहुंच गए थे जिनहें हत्तूस कहा जाता था ?

ऋग्वेद कब लिखा गया, इसकी तलाश इतिहासज्ञों को विश्व संपर्क के सबसे पुराने प्रमाणों तक ले आई है, जो तुर्की के शहर बोगाजकोई में मिले हैं। बोगाजकोई उत्तर-मध्य तुर्की का एक गांव है जो ईसा पूर्व दूसरी सदी में हित्तीस साम्राज्य की प्राचीन राजधानी था। बोगाजकोई में ईसा पूर्व 1380 का पुरालेख मिला है जो हित्ती और मित्तानी राजाओं के बीच एक संधि है।

इस पुरालेख में इंद्र, मित्र, वरुण और अश्विन जैसे नामों का उल्लेख है। पुरालेख प्राचीन हरीयन भाषा का है लेकिन ये नाम भारतीय आर्यदेवताओं के हैं।

इन प्रमाणों के आधार पर पुराविद् ऋग्वेद को 1500 ईसापूर्व की रचना मानते हैं। लेकिन ऋग्वेद के खगोलिकी संदर्भों के आधार पर यह ईसा पूर्व तीसरी या दूसरी सदी की रचना हो सकती है।

वेदों के समय को लेकर भले ही एक राय न हो लेकिन वेदों के साथ वेदांग यानी सहायक ग्रंथों को मिलाने पर भारतीय आर्थिक चिंतन के प्रारंभिक सूत्र यहां अनगढ़ रूप में मिल जाते हैं। वेदों को संहिता भी कहा गया है। यह शब्द नियम व्यवस्था की पुस्तकों के लिए प्रयोग होता है।

ऋग्वेद संहिता मूल है जो सबसे पुरातन है। बाद के वेद क्रमश: विकसित हुए जिनमें बदलते समाज के संदर्भ मिल सकते हैं। ऋग्वेद पद्य में है, सामवेद संहिता गीतों में, यजुर्वेद गद्य में वहीं अथर्ववेद गद्य, पद्य और गीत तीनों में रचा गया है। वेद सूक्तों में विभक्त हैं

और एक सूक्त में दो से लेकर सौ या अधिक तक तंत्र हैं। चारों संहिताओं में लगभग दो हजार सूक्त और बीस हजार मंत्र हैं।

ऋग्वेद के दस खंड (मंडल) में 1028 सूक्त हैं जो अंगिरस, कण्व, वशिष्ठ, विश्वमित्र, अत्रि, भृगु, काश्यप, गृत्समद, अगस्त्य, भरत ऋषियों या इन्हीं नामों की ऋषि परंपरा की रचनायें है। ऋग्वेद के सूक्त में प्रकृति ब्रहांड, उपासना के गहरे चिंतन एवं प्रार्थनायें संकलित हैं।

सामवेद संहिता में 1810 प्रार्थना गीत हैं जो ऋग्वेद से लिये गए हैं और छंद व संगीत के आधार पर संजोये गए हैं। यह संगीत की सबसे पुरानी रचना है।

यजुर्वेद विभिन्न तरह के कर्मकांड और संस्कारों पर केंद्रित है। अथर्ववेद सबसे नया है जिसमें जन विश्वास परंपराएं और आर्थिक संदर्भ मिलते हैं।

वेद संहिताओं के परिवार में ब्राह्मण व आरण्यक ग्रंथ हैं। विश्वासों की रहस्यवादी व दार्शनिक व्याख्या और कर्मकांड इनका मुख्य विषय है। उपनिषद् भारत के प्राचीन चिंतन को गहन दार्शनिक आधार देते हैं जो वेदों की स्तुतियों में अनुपस्थित है।

वेद का पूरा परिवार वेदांग है जिसके आधार पर वेद पुरुष की कल्पना की गई है। वेद एक व्यक्ति है, शिक्षा जिसका **पहला** अंग है जो कि वेद पुरुष की नासिका है। शिक्षा के अंतर्गत वेद पढ़ने और उच्चारण के नियम आते हैं।

दूसरा अंग है कल्प जिसे वेद पुरुष का हाथ कहते हैं। यह हिस्सा कर्मकांड, यज्ञ, हवन आदि से संबंधित है।

तीसरा हिस्सा व्याकरण है जो वेद पुरुष का मुख है। इसमें वेदों की व्याकरण मीमांसा और उनहें समझने के तरीके बताये गए हैं।

चौथा है वेद पुरुष का कान यानी निरुक्त जो वेदों के रहस्य की व्याख्या करता है।

पांचवां अंग है छंद जो वेद पुरुष का पैर है। यह मंत्रों के मीटर और उच्चारण गीत की पद्धति है।

छठा है ज्योतिष, जो वेद पुरुष की आंख है जिससे वह भविष्य, अतीत व वर्तमान देखता है। ज्योतिष खगोलीय गणनाओं को जीवन व समय से जोड़ता है और भविष्यवाणियों से संबंधित है।

वेद वेदांग भारतीय जीवन के चार लक्ष्यों या पुरुषार्थों की शुरुआती स्थापना करते हैं। जो कि चार धर्म हैं यानी विधायक संतुलित जीवन, अर्थ यानी धन समृद्धि, काम यानी उपभोग और मोक्ष यानी जीवन के आध्यात्मिक लक्ष्य ।

धर्म की यह अवधारणा बाद के साहित्य में स्पष्ट हो कर उभरी है। परवर्ती ग्रंथों में एक श्रृंखला रचनाओं की धर्म पूजा पाठ, यज्ञ, दार्शनिक और मोक्ष संबंधी चिंतन पर केंद्रित है। जबकि दूसरी श्रृंखला में आर्थिक राजनीतिक संहितायें आती हैं।

वेदों में अथर्ववेद सबसे नया है और राजनीतिक अर्थशास्त्र की दृष्टि से सबसे महत्व-पूर्ण भी। यह राजकर्म, शासन संचालन, राजा के निर्वाचन और आर्थिकी की चर्चा करता है। इसी ग्रंथ में पहली बार सार्थवाहों, व्यापार यात्राओं के संदर्भ मिलते हैं।

वेदांग में ज्योतिष सबसे महत्वपूर्ण है जो बेहतर जीवन के लिए धर्म के साथ धन को समान महत्व देता है और समृद्धि को लेकर असमंजस समाप्त करता है।

संहितायें, धर्मशास्त्र और अर्थशास्त्र

अनाचारी टैक्सखोर राजा और ऋषियों का न्याय

भारत के मिथकीय साहित्य की सबसे चर्चित प्रेमकथा एक टैक्सखोर राजा की है जिसे समाज ने ऋषियों की मदद से सत्ता से उतार फेंका। मत्स्यपुराण और महाभारत की यह कथा पुरुरवा-उर्वशी की है। स्वर्गलोक की अप्सरा उर्वशी जब अपनी शर्तें टूटने के कारण पुरुरवा को छोड़ कर चली गई तो राजा पागल हो कर अन्यायी और अत्याचारी हो गया। राजपाट चौपट हो गया और उसने जनता पर भारी टैक्स लाद दिये। राजा के अन्याय से पीड़ित प्रजा को तब मुक्ति मिली जब ऋषियों ने पुरुरवा को सत्ता से उताकर उसके बेटे आयु को राजा बनाया।

कौटिल्य ने अपने अर्थशास्त्र में कथात्मक संदर्भ कम ही दिये हैं लेकिन टैक्सखोर राजा के तौर पर पुरुरवा का उदाहरण वहां मौजूद है।

पुरुरवा, भारतीय मिथकों में यह मनु की तीसरी पीढ़ी का राजा है। वही मनु जो मनुष्यों के पहले राजा थे। स्मृतियों यानी समाज के नियम (मनुस्मृति) उनके नाम पर लिखे गए। बाद के ग्रंथों, खास तौर पर कालिदास के विक्रमोर्वशीयम् में पुरुरवा भले ही पागल प्रेमी के तौर पर आता है लेकिन संहिता साहित्य में यह महाप्रतापी मनु के वंश को लज्जित करने वाले टैक्सखोर राजा के तौर पर प्रस्तुत होता है जिसे समाज ने धर्म और संतों के माध्यम से सजा सुनाई।

धन के धर्मशास्त्र

धर्मसूत्र, धर्मशास्त्र, स्मृतियां, श्रुतशास्त्र, कौटिल्य का अर्थशास्त्र और इनकी टीका व भाष्य, समाज, राजनीति और अर्थव्यव्सथा के पहले और स्पष्ट नियम हैं।

संहिता साहित्य ईसापूर्व छठी शताब्दी से लेकर ईसा के बाद नवीं शताब्दी तक तैयार हुआ। इनमें धर्मशास्त्र और धर्मसूत्र ई.पू. 600 से 300 ईस्वी की रचनायें है जबकि स्मृतियां व नीतिशास्त्र ईसापूर्व 300 से लेकर नवीं शताब्दी के बीच के हैं। स्मृतियों में सर्वाधिक विशद मनुस्मृति का रचनाकाल 200 ईसापूर्व से 200 ईस्वी तक माना जाता है।

वृद्ध गौतम ग्रंथ में 50 धर्मशास्त्र व स्मृतिकारों के नाम बताये गए हैं। नारद स्मृति, गौतम स्मृति, कात्यायन स्मृति, कमंडक नीतिशास्त्र, याज्ञवल्क्य संहिता जैसे ग्रंथों में भी लंबी आर्थिक-राजनीतिक चर्चायें मिलती हैं। अंगिरा, अपस्तंभ, अत्रि, दक्ष्म, गौतम, हरित, कात्यायन, कौशन, मनु, पाराशर, समवर्त, बृहस्पति, व्यास, याज्ञवल्क्य, विष्णु, शतपथ, शंख, लिखित, वशिष्ठ और यम की संहितायें भी भारत के प्राचीन आर्थिक चिंतन को समृद्ध करती हैं।

संहिताओं को नए संदर्भों के साथ बार-बार लिखा गया। अलग-अलग युगों में इनकी व्याख्यायें तैयार की गईं। सभी संहिता लेखकों को भी जोड लिया जाए तो उनकी संख्या सौ तक पहुंचती है। संहिताओं ने आर्थिक दर्शन ही नहीं बल्कि प्रक्रियाएं व नियम भी निर्धारित किए हैं। इनमें भूमि के अधिग्रहण के तरीके, राजस्व की गणना, तरह-तरह के कर सम्मिलित हैं। नारद स्मृति तो दूषित संपत्ति यानी काले धन के बारे में भी चेतावनी देती है।

इस दौरान सनातन हिंदू चिंतन के समानांतर कई नए दर्शन भी उभरे। बादरायण का वेदांत, गौतम का न्याय, जैमिनी का मीमांसा, कपिल का सांख्य, पतंजलि का योग और चार्वाक का लोकायत इसी दौर के चिंतन हैं जो धार्मिक विषयों के साथ राजनीतिक और समाज के संदर्भों की चर्चा भी करते हैं।

इन संहिताओं के साथ ही भारत में खगोलिकी, आयुर्वेद, व्याकरण और योग चिंतन भी विकसित हो रहा था। पाणिनि की अष्टाध्यायी (व्याकरण), पतंजलि का महाभाष्य (योग), आर्यभट्ट की आर्यभट्टिया और वराहमिहिर की वृहत्संहिता, कामसूत्र (श्रृंगार, विलासिता और सेक्स), भरतमुनि का नाट्यशास्त्र (नाटक व कलायें), वास्तु व शिल्पशास्त्र और आयुर्वेद के ग्रंथ चरक संहिता व सुश्रुत संहिता भी इस समय की रचनायें हैं।

सबसे बड़ी संहिता

कौटिल्य ने अर्थशास्त्र को एक संहिता संग्रह कहा है। जीवन, आर्थिकी, व्यापार और

राजनीति के जो सूत्र इससे पहले लिखे गए होंगे, कौटिल्य ने उन्हें प्रासंगिकता और व्यावहारिकता के आधार पर अर्थशास्त्र में संकलित किया। कौटिल्य कई अर्थशास्त्रविदों के नामों का उल्लेख भी करते हैं जिनमें बहुदानिपुत्र, भारद्वाज, दीर्घकारण्य, घोटकमुख, कनिक, कात्यायन, कौनपदंत किंजल्क, पाराशर, पिशुन, पिशुनपुत्र, वाताध्यायी, विशालाक्ष प्रमुख हैं।

अर्थशास्त्र को ईसा के बाद दूसरी-तीसरी शताब्दी की रचना माना जाता है। यह राज्य संचालन, आर्थिक और राजनीतिक गवर्नेंस की सबसे विशद और बहुआयामी संहिता है। यह अर्थ और समृद्धि को जीवन के केंद्र में लाती है जो तब तक के समाज में स्थापित हो चुका था।

अर्थशास्त्र के अंतर्गत पंद्रह पुस्तकों या अधिकरणों में पहली पांच गवर्नेंस से संबंधित हैं जिन्हें कौटिल्य ने तंत्र कहा है। इनमें संपत्ति टैक्स, व्यापार संस्थायें, मुद्रायें व विवाद निस्तारण के नियम हैं जिन्हें एक सुगठित आर्थिक राजनीतिक गवर्नेंस के प्रारूप में प्रस्तुत किया गया है।

दूसरी आठ पुस्तकें अंतर राज्य संबंधों पर हैं जिन्हें अर्थशास्त्र में आवप कहा गया है।

शेष दो पुस्तकें फुटकर विषयों पर हैं।

पंद्रह में तेरह पुस्तकों में भारत के राजनीतिक अर्थशास्त्र की संहिता लिखी गई है ।

अर्थशास्त्र का युग, आर्थिक प्रशासन और व्यापार, समाज व धर्म के संबंधों का सबसे महत्वपूर्ण कालखंड था। इस दौरान जो नियम लिखे, रचे और बोले गए, वही बाद में भारत के क्लासिकल अर्थशास्त्र का आधार बने। परवर्ती काल में आर्थिक सिद्धांतों, नियमों, प्रक्रियाओं का संहिताकरण हुआ जो बाद में व्यवहार में बदल गया।

संहिताओं की देन

संहिताओं ने समृद्धि और संपत्ति को जीवन के परम उद्देश्यों यानी पुरुषार्थ में जगह दी। व्यापार और निजी उद्यमिता को समाज में उच्च प्रतिष्ठा इन्हीं संहिताओं से मिली। संपत्ति का संग्रह, उस पर अधिकार और प्रयोग के नियम संहिताओं से निकले। मुक्त बाजार में राजा या सत्ता की भूमिका और सीमायें तय करने और कर्ज, मुद्रा, विवाद निस्तारण सहित दर्जनों संस्थाओं को स्थापित करने में इसी साहित्य की केंद्रीय भूमिका रही है। व्यापार समूहों का गठन, व्यापार व धर्म के परस्पर सहयोगी अंतरसंबंध और परस्पर विरोधी धार्मिक दार्शनिक विचारों व नियमों के बीच संतुलन की व्यवस्था और नीतिशास्त्रों से तैयार हुई।

पुराण व महाकाव्यों का चिंतन

चोर ब्राह्मण और ईमानदार वणिक

एक अनाज व्यापारी बड़ा ईश्वर भक्त और ईमानदार था। जब भी किसी को अनाज खरीदना होता तो वणिक उसे दुकान के भंडार की चाबी दे देता और कहता कि जरूरत के मुताबिक अनाज तोल लो और मूल्य गद्‌दी पर रखकर चाबी मुझे दे दो। ग्राहक ऐसा ही करते और दुकान ठीक तरह से चल रही थी।

एक ब्राह्मण ने उसकी दुकान में चोरी की। उसने ज्यादा अनाज का वजन किया और कम की कीमत चुकाई। लेकिन ब्राह्मण जब अनाज लेकर घर आया तो उसका अनाज उसकी चुकाई कीमत से भी कम निकला। वह वापस दुकान पर गया और सेठ से कहकर दोबारा गोदाम से ज्यादा अनाज लिया और वापस आया लेकिन घर आकर फिर जब उसने नापतोल की तो अनाज उसकी चुकाई कीमत से कम निकला। उसने वणिक के पास जाकर पूरी कहानी सुनाई और पूछा कि क्या आप कोई जादू कर रहे हैं।

वणिक रोने लगा। उसने कहा, मैं तो भगवान के सहारे पूरा कारोबार करता है। भगवान ही यह जादू कर रहे हैं। आपको छल कपट नहीं करना चाहिए। ब्राह्मण को अनुभव हुआ कि यह व्यापारी भगवान का उससे बड़ा भक्त है तो वह क्षमा मांगकर भगवान की पूजा में लग गया।

वणिक यानी व्यापारी को ब्राह्मण से ज्यादा ईमानदार और ईश्वरभक्त सिद्ध करने वाली यह कथा श्रीमद्‌भागवत पुराण की है जो उन अठारह पुराणों में सबसे प्रतिष्ठित पुराण है। भारतीय सनातन या हिंदू धर्म में पुराण सबसे भव्य और रोचक रचनायें हैं। ये कथा भी हैं और संहिता भी। इनमें प्राचीन ज्ञान का पुनर्संग्रह भी मिलता है। सनातन हिंदू धर्म को सुगठित परंपरायें, पहचान और पद्धतियां भी पुराणों से मिलीं। इनका लेखन समय चौथी-पांचवीं शताब्दी के बीच का है। कुछ पुराण वेदों के समकालीन भी माने जाते हैं।

मूल पुराणों की कुल संख्या अठारह (विष्णु, नारद, भागवत, गरुड़, पद्‌म, वाराह, मत्स्य, कूर्म, लिंग, शिव, स्कंद, अग्नि, ब्रह्मानंद, ब्रह्मवैवर्त, मार्कंडेय, भविष्य, वामन, ब्रह्म) है और इनमें करीब चार लाख श्लोक संकलित हैं। इनके अलावा परवर्ती पुराण भी हैं। भागवत पुराण दसवीं और स्कंद पुराण चौदहवीं शताब्दी का माना जाता है।

पुराण भारत के उस राजनीतिक इतिहास के बारे में जानकारी देते हैं, जिनके ठोस पुरातात्विक साक्ष्य उपलब्ध नही हैं। इनमें मनु (मनुष्य जाति के मिथकीय संस्थापक),

चंद्रवंश, शिशुनाग, हारण्यक साम्राज्यों की चर्चा है। ब्रम्हानंद, ब्रह्म, विष्णु, वायु और हरिवंश पुराण प्राचीन राजवंशों की उपयोगी जानकारी देते हैं। पुराणों से भारत का पहला राजनी-तिक-धार्मिक मानच्त्रि भी बनना शुरू हेाता है।

पुराणों से पहले का साहित्य (वैदिक, उपनिषद् और धर्मशास्त्र) आमतौर पर दार्शनिक या संहितापरक है, पुराणों के साथ भारतीय जीवन में अवतारवाद, देववाद, मूर्तिपूजा, तीर्थ, मिथक, वर्ण व्यवस्था, संस्कार आदि आते हैं। धार्मिक संस्कारों को पुण्य व अच्छे परिणामों की प्राप्ति (फल श्रुति) से जोड़ने की पद्धति पुराणों से प्रारंभ हुई।

पुराण निर्गुण सनातन धर्म को सगुण हिंदू जीवनचर्या में बदलते हैं। इनके साथ रुद्र और इंद्र जैसे वैदिक देवता पुराणों के साथ गृहस्थ और लोकजीवन का हिस्सा बनते हैं।

पुराण प्राचीन भारतीय साहित्य में कथा तत्व लेकर आए। प्रकृति का जन्म, अवतार, देवताओं की विभिन्न कथायें, काल गणना (सतयुग, त्रेता, द्वापर, कलियुग), वैदिक ज्ञान विज्ञान की व्याख्यायें और नई मान्यतायें पुराणों का विषय हैं जो बाद में हिंदू संस्कारों का हिस्सा बनीं।

ज्योतिष, शिल्प, स्थापत्य, आयुर्वेद, अर्थशास्त्र, राजनीति को पुराणों में नए सिरे से सहेजा गया। आयुर्वेद (अग्नि पुराण), स्थापत्य व शिल्प (विष्णु), पशुपालन (अग्नि), युद्ध कला (विष्णु), व्याकरण और कविता छंद (नारद व अग्नि), ज्योतिष (नारद), संगीत (नारद व अग्नि), दर्शन (स्कंद, विष्णु), वास्तु (अग्नि, गरुड़ विष्णु), चित्रकला (विष्णु), आश्रम व जाति वर्ण व्यवस्था (विष्णु) पुराणों के प्रमुख विषय हैं।

पुराणों तक आते-आते भारतीय समाज में आर्थिक संहितायें स्पष्ट हो चुकी थीं। समृद्धि को पवित्र और ईश्वर की कृपा मान लिया गया था। विष्णु, नारद, स्कंद, ब्रहम, अग्नि पुराणों में धन के पवित्र अर्जन को उचित और अनिवार्य बताया गया है। इसलिए पुराणों की ज्यादातर कथायें अच्छे कारोबारियों पर ईश्वर की कृपा और बुरे को दंड जैसे संदर्भों के साथ आती हैं। मंदिरों व व्यापार के संपर्कों के कई संदर्भ पुराणों में मिलते हैं।

भारत के अर्थजीवन में कल्याण या चैरिटी प्रखर रूप से पुराणों के जरिये स्थापित हुई। कई पुराणों ने दान को धर्म का हिस्सा घोषित किया। स्कंदपुराण ने दान के स्वरूप बताये और इसे पाप-पुण्य की व्याख्याओं से जोड़ा जो कि भारतीय धार्मिक मनोविज्ञान को पुराणों की सबसे बड़ी देन है।

पुराणों के लेखन तक भारत में व्यापार पूरी तरह फैल चुका था और समाज नए अर्थशास्त्र को स्वीकार कर चुका था। पुराण कथायें नीति व धर्मसम्मत समृद्धि, कारोबार,

कर्ज व लेन-देन की सामाजिक स्वीकार्यता को प्रमाणित करती हैं एवं लोकहित में दान को अनिवार्य बताकर संतुलन स्थापित करती है।

राजधर्म के महाकाव्य

राज्यारोहण के करीब 50 दिन बाद युधिष्ठिर हस्तिनापुर से वापस कुरुक्षेत्र लौटे, जहां इतिहास का सबसे लोमहर्षक युद्ध हुआ था। महाभारत के अप्रतिम योद्धा भीष्म तीरों के बिस्तर लेटे हुए मृत्यु के लिए सूर्य की शीतकालीन संक्राति की प्रतीक्षा कर रहे थे।

भीष्म ने तीरों से शीश उठाते हुए कहा, युधिष्ठिर ! जो राजा प्रजा की आय का छठा भाग कर के तौर पर गृहण करता है लेकिन उसका प्रयोग प्रजा के हित में नहीं करता, वह राजा चोर है।

भीष्म ओर युधिष्ठिर का यह संवाद महाभारत के शांति पर्व का हिस्सा है। यह पर्व महाभारत का सबसे बड़ा भाग है जहां मृत्यु की प्रतीक्षा कर रहे भीष्म, युधिष्ठिर को राजनीति और अर्थशास्त्र का ज्ञान देते हैं।

हस्तिनापुर, पानीपत, तिलपत, बागपत, मथुरा और दिल्ली के पुराना किला की खुदाई के आधार पर महाभारत का रचनाकाल 400 ईसापूर्व से चौथी शताब्दी के बीच का माना जाता है। इसके रचनाकार के तौर पर ऋषि व्यास का नाम आता है जो ऋषियों की परंपरा का नाम भी हो सकता है।

कथाओं और मिथकों से रचा महाभारत एक विश्वकोश हैं। इसका शांति पर्व राज्य संचालन और वित्तीय अनुशासन की संहिता जैसा है। महाभारत ने बाद के साहित्य को गहराई तक प्रभावित किया।

वाल्मीकि की रामायण की रचना का काल ईसा पूर्व दूसरी शताब्दी से तीसरी सदी के बीच का है। रामायण भारत के भौगोलिक इतिहास की दृष्टि से महत्वपूर्ण है। रामायण ने न केवल भारत के ग्रामीण से नगरीय होते समाज की झलक दी बल्कि परवर्ती साहित्य की प्रेरणा भी बनी।

आर्थिक संदर्भों की दृष्टि से कालिदास (4-5 शताब्दी) का काव्य, पंचतंत्र (5-6 वीं शताब्दी), मुद्राराक्षस (7-8 वीं) के नाटक से लेकर 11 वीं सदी के कथासरित्सागर भी महत्वपूर्ण हैं।

पुराणों व महाकाव्यों में समृद्धि और संपत्ति की प्रतिष्ठा को कथाओं का आधार मिलता है. यहां से मंदिरों और तीर्थों के उदय और व्यापार मार्गों से संपर्क की सूचनायें मिलती हैं। पुराण स्पष्ट रूप से अच्छे धन और धार्मिक अधार्मिक आचरण का विवेचन करते हैं। महाभारत कौटिल्य के अर्थशास्त्र के बाद राजधर्म निरूपण का सबसे महत्वपूर्ण ग्रंथ है। दान और कल्याण की प्रतिष्ठा व महत्ता इन ग्रंथों का सबसे बड़ा योगदान है।

संगम साहित्य

रोमन साम्राज्य के शासक आगस्तस, टिबेरियस, नीरो (54-58 ईस्वी) भारतीय मसालों के इस कदर दीवाने थे कि उन्होंने भारत के दक्षिण से कारोबार पर अपनी समृद्धि न्योछावर कर दी। पेरी प्लस ऑफ द इरीथ्रियन सी (75 ईस्वी) बताता है कि दक्षिण भारत में पुहार, उरियार, वांजी, तोंडी, मदुरै, कांची जैसे शहरों और उनके निकट हस्तकलाओं का विकास विदेशी बाजारों की मांग के लिए किया गया।

यदि भारत के इतिहास में तमिलनाडु के संगम साहित्य (400 ई.पू. 300 ईस्वी) को निकाल दिया जाए तो हमें यह कभी पता नहीं चलेगा कि दक्षिण भारत ने दुनिया को कारोबारी प्रतिस्पर्धा के पहले सूत्र सिखाये थे और व्यापार के नया आयाम स्थापित किये थे।

दक्षिण का संगम साहित्य कवियों, साहित्यकारों की गोष्ठी से निकली रचनायें हैं। प्राचीन दक्षिण भारत में मदुरै में दो और कपाटपुरम में एक तमिल संगमों की जानकारी मिलती है। संगम साहित्य में आठ महाकाव्य और असंख्य छोटी कवितायें मिलती हैं, जिनमें सिलप्पादिकारम और मणिमेखलाई प्रमुख हैं।

संगम साहित्य तत्कालीन व्यापार, खासतौर पर समुद्री व्यापार, शहरों की समृद्धि, सामाजिक-आर्थिक जीवन व तत्कालीन राजनीतिक अर्थशास्त्र के ऐतिहासिक संदर्भ देता है संगम साहित्य भारत के प्राचीन समुद्री व्यापार और समृद्धि का दस्तावेजी प्रमाण है। परवर्ती काल में पांड्य चोल राजाओं के दौर में लिखा गया तमिल साहित्य भी आर्थिक संदर्भों में महत्वपूर्ण है।

बुद्ध की छाया में व्यापार

एक संन्यासी की मृत्यु के बाद एक साहूकार ने मठ से संपर्क किया और उनसे वह रकम वापस मांगी जो संन्यासी ने उससे ली थी। दूसरे संन्यासी ने कहा कि वह अपनी रकम भूल जाए क्योकि उसका देनदार मर चुका है। जब बुद्ध ने यह बात सुनी तो उन्होंने संन्यासी से कहा, पहले यह सुनिश्चित करो कि क्या संन्यासी ने ऋण अपने मां-बाप के लिए लिया था या फिर अपने लिए या फिर उसने यह कर्ज़ कहीं भिक्षु संघ के लिए तो नहीं लिया था? पता चला कि कर्ज संघ के लिए ही लिया गया था। संघ के नियमों के अनुसार संन्यासियों ने पूरा पैसा लेनदार को चुकाया।

एक अन्य घटनाक्रम के मुताबिक़ संघ के महंत मृत संन्यासी का पैसा संघ में ही रखना चाहते थे लेकिन बुद्ध ने कहा, कि पहले इस संन्यासी के कर्ज़ का पता लगाओ और सभी रकम चुका दो। उसे चुकाने के बाद जो रकम बचेगी, वही संघ के लिए उपयोग हो सकेगी।

मूलसर्वास्तिवाद की इन कहानियों से पता चलता है कि बुद्ध ने अपने अनुयायियों को किस तरह से व्यवसायिक क़ानून और व्यापार के सिद्धान्तों के बारे में बताया। अधिकांशतः बौद्ध संन्यासियों के पास पर्याप्त धन था, इस बात का पता उन अभिलेखों से चलता है जो विभिन्न स्तूपों को मिले दान के प्रमाण हैं।

बड़ी और महत्वपूर्ण गुफाओं में से एक अजन्ता की गुफा संख्या-26 का निर्माण एक संन्यासी ने ही कराया था। उस संन्यासी का नाम बुद्धभद्रा था। शिलालेखों में बुद्धभद्रा को राजा का मित्र बताया गया है। मूलसर्वास्तिवाद विनय में मौखिक और लिखित वसीयतों, लिखित ऋण अनुबंध पत्र, धर्म के लिए दान, जमाधन और हुण्डियों, साथ ही स्वास्थ्य सुरक्षा बीमा के विषयों के लिए नियम का उल्लेख है।

बौद्धों का प्रसार उत्तर भारत में ज़्यादा हुआ। वह समय शहरीकरण के विस्तार का था जो कि व्यापार के विकास के साथ-साथ राज्य के गठन दोनों में भी सहायक सिद्ध हुआ। उत्तर भारत में महाजनपद काल की समृद्धि मौर्य काल के उत्तरार्ध तक बनी रही।

व्यापारी वर्ग समाज का एक प्रमुख अंग था लेकिन ब्राह्मणों के नियंत्रण वाले समाज में इनका कोई ख़ास स्थान नहीं था। बौद्ध धर्म ने इस वर्ग के लिए एक नया रास्ता या मध्यम मार्ग तय किया जो उनकी सामाजिक प्रतिष्ठा का मार्ग भी था।

बुद्ध ने दानदाताओं को संचित धन के बेहतर उपयोग के लिए प्रोत्साहित किया। जब

बुद्ध को यह पता चला कि बहुत सारा धन जो कि चंदे के द्वारा प्राप्त किया गया है, यूं ही व्यर्थ पड़ा हुआ है तो उन्होने अपने अनुयायियों को इस धन को नियोजित करने और इस पर मिलने वाले ब्याज को संघ की समृद्धि के लिए उपयोग करने को कहा।

प्रारंभ में बुद्ध ने सिर्फ चार चीजों को ही दान के रूप में स्वीकृत करने की आज्ञा दी। उन्होने पहनने के लिए वस्त्र, खाने के लिए भोजन, आराम के लिए स्थान और स्वास्थ्य के लिए दवा को इसमें स्थान दिया।

जैसे-जैसे समाज के दूसरे लोग और शिल्पी और व्यवसायी बौद्ध संघ से जुड़े, दान की सूची में वस्तुएं बढ़ने लगी। बुद्ध के संघ की अवधारणा भी श्रेणी और निगम जैसी ही थी। गौतम बुद्ध ने दान और त्याग की मूल भावना को उस वक़्त जातियों में बंटे हिन्दू समाज और जैन समाज के साथ साझा किया।

बाद की शताब्दियों में बौद्ध धर्म और मज़बूत हुआ और बड़ी आबादी तक पहुंचा। इन सब के पीछे बौद्ध धर्म के संगठन की ताक़त एक बहुत बड़ा कारक थी। बुद्ध के जीवन काल में भिक्खु संघ की स्थापना हुई। इसने बहुत कमज़ोर शुरुआत की लेकिन जल्द ही यह मज़बूत संगठन बनकर उभरा।

बौद्ध मठों ने लंबी दूरी के व्यापार के लिए गोदाम, पूंजी, आवाजाही जैसे बुनियादी ढांचे की कमी को बहुत हद तक समाप्त किया। चीन और मध्य एशिया में बौद्ध मठों की भूमिका पर चर्चा पहले ही की जा चुकी है।

भारतीय उपमहाद्वीप में मौजूद बौद्ध मठ पुराने व्यापार मार्गों पर स्थित थे। मठ संभवत: व्यापारियों को ब्याज पर ऋण और गोदाम जैसी सहूलियतें प्रदान किया करते थे। नागार्जुनकोंडा में उपहार रखने के लिए स्थान बनाए गए थे। शुरूआती शताब्दियों में मठों के पास हर जगह ज़मीन और बड़ी मात्रा में धन था।

मध्यकाल में यूरोप की मॉनेस्ट्रीज बाद के हिंदू मंदिरों को देखें तो यह तय करना मुश्किल नहीं होगा कि मठों ने वस्तुओं की मांग और सेवाओं के बीच बहुत ही खास किरदार निभाया।

ब्राह्मी लिपि के व्यापार संदर्भ

ब्राह्मी लिपि की शुरुआत कैसे हुई, इसके विषय में विवाद है। एक संभावना के तहत भारतीय व्यापारी बेबीलोन से लिखित दस्तावेज लेकर पहुंचे जो कि उनकी मूल बोली प्राकृत से मिलती-जुलती थी और उन्होंनि ब्राह्मी की लिपि की खोज की। ब्राह्मी का स्पष्ट

व्यापारिक साक्ष्य ईसा से 4 शताब्दी पूर्व के अनुराधापुरा श्रीलंका में मिलता है। तमिल ब्राह्मी लिपि का छह शताब्दी ईसा पूर्व का एक प्रमाण पलानी (तमिलनाडु) में मिला है लेकिन अभी इसे पूर्ण स्वीकार्यता मिलना बाक़ी है।

बैक्ट्रिया (बुखारा) से पूर्वी बंगाल तक और दक्षिण में तमिलनाडु तक कई बर्तन और दूसरी कई चीजें मिली हैं। इस पर ब्राह्मी और खरोष्ठी लिपि उल्लिखित है। इन पर बौद्ध प्रतीक त्रिरत्न, श्रीवत्स और स्वास्तिक भी अंकित हैं। यह तथ्य व्यापक रूप में फैले बौद्ध धर्म और व्यापार में बौद्ध मठों की स्वीकार्यता और भूमिका को दर्शाता है।

मठ ज्ञान, व्यापारिक सूचना और कई तरह की पद्धतियों के ज्ञाता थे। मठों को लिखने और रिकार्ड रखने का भी ज्ञान था। मठों की यह कुशलता सामान्यतः व्यापारियों के लिए काफी लाभदायक थी। यही कारण था कि बौद्ध मठ भारतीय उप-महाद्वीप में कई शताब्दियों तक शिक्षा और ज्ञान के केन्द्र बने। मध्य एशिया सहित दक्षिण पूर्व एशिया में बौद्ध संन्यासियों को शिक्षक के रूप में मान्यता मिली थी। ब्राह्मी लिपि में ही लिखी गई कहानियों, अभिलेखों व अंकनों से पता चलता है कि बौद्ध मठों ने तथ्यों को लिपिबद्ध करने की दिशा में पहल की और इसे विस्तार भी दिया। भारतीय सभ्यता के शुरुआती साक्ष्य के रूप में भी कई बौद्ध मूल अभिलेखों का उल्लेख मिलता है।

ब्राह्मी लिपि के बाद उत्तर भारत में गुप्त शासन काल के दौरान सिद्ध, सारदा, देवनागरी लिपियां विकसित हुईं। दक्षिण भारत में ग्रंथा और वट्टलुत्तु, सूदूर उत्तर में तिब्बती और टोचेरियन, फिलिपींस बेबिइयन में टोचेरियन, इंडोनेशिया की जावेनिज, कंबोडिया की खमेर और बर्मा की मॉन लिपियों को ब्राह्मी लिपि से ही उत्पन्न माना जाता है।

उपचार का धर्म

बुद्ध अति गंभीर रोगी और मृत्यु शैया पर पड़े लोगों की सेवा करते थे। साथ ही उन्होंने बौद्ध भिक्षुओं को भी बीमारी से ग्रस्त लोगों की सेवा करने का आदेश दिया। विभिन्न रोगों से ग्रस्त ऐसे लोगों का भिक्षुओं से कोई व्यक्तिगत संबंध नहीं था, इसके बाद भी भिक्षु चिकित्सकीय सुविधा उपलब्ध कराते थे। कोई दूसरा तत्कालीन धर्म ऐसी सहायता लोगों तक नहीं पहुंचाता था।

अगर किसी को दुख है तो ज़रूर ही इसके पीछे कारण होगा और इस दुख की समाप्ति के लिए कोई ना कोई रास्ता ज़रूर होगा। दुख को लेकर बुद्ध का यह शाश्वत विचार कई बौद्ध चिकित्सा प्रणालियों का दार्शनिक आधार बना। बौद्धों की आरोग्य दक्षिणा अच्छे स्वास्थ्य के लिए थी।

बौद्ध भिक्षु या संन्यासी ज्ञान का भण्डार होने के साथ ही जड़ी-बूटियों के भी अच्छे जानकार थे। व्यापारियों के संरक्षण में भिक्षुओं ने अपनी यात्राओं के माध्यम से भी बौद्ध मठों की चिकित्सकीय प्रणाली को विस्तृत किया। क्रमशः औषधियां और जड़ी-बूटियां कारोबार का हिस्सा बन गईं।

हालिया शोध मानते हैं कि आयुर्वेद का जन्म प्रथम दृष्टया इन्ही बौद्ध मठों में हुआ। चिकित्सा पद्धति और औषधियां बुद्ध दर्शन के प्रमुख ग्रंथ विनय पिटक और बौद्ध मठों के नियमों का हिस्सा थीं। सभी स्थापित लोकप्रिय धारणाओं के विपरीत तत्कालीन (1700 ईसा पूर्व 800 ईसा पूर्व) चिकित्सा पद्धति सिर्फ धार्मिक मान्यताओं पर ही निर्भर थी, उसमें किसी तर्कसंगत विधि की झलक नहीं थी। उस पद्धति का अथर्ववेद से कोई लेना देना नहीं था।

बौद्ध भिक्षुओं ने जूड़ी-बूटियों का आश्चर्यजनक ज्ञान अर्जित किया। इन औषधियों के प्रयोग से आयुर्वेद प्रणाली (800 ईसा पूर्व से 100 ईसा पूर्व तक) का विकास हुआ। यह मठों के ज़रिए व्यवस्थित ढंग से स्थापित हुई। आयुर्वेद की इस पद्धति से शुरुआती दौर में बौद्ध भिक्षुओं का ही इलाज किया जाता था लेकिन तीसरी शताब्दी ईसापू. से इस आयुर्वेद प्रणाली से जनसामान्य का भी इलाज़ होने लगा।

वैशाली के पास जंगलों में बीमार व्यक्तियों के लिए अलग से एक भवन की व्यवस्था का ज़िक्र था। फाह्यान ने एक ऐसे ही अस्पताल को देखा था जो कि पाटलिपुत्र के समृद्ध लोगों द्वारा बनाया गया था। इसे बौद्ध भिक्षु ही संचालित करते थे।

ऐसा ही एक केन्द्र पटना में कुम्हरारा के पास मिला है जहां से प्राप्त मुहर पर श्री आरोग्य विहार भिक्षुकसंघ अंकित है। नागार्जुनकोंडा में भी ऐसा ही केंद्र मिला है। आयुर्वेद की औषधियां तैयार करने में इस्तेमाल होने वाले उपकरण लगभग सभी बौद्ध मठों से मिले हैं, इनमें सारनाथ और श्रीपुर प्रमुख है।

भारत में बौद्ध धर्म ऐसे बड़े कारकों में से एक था जिसने चिकित्सा पद्धति को एक क्रमबद्ध विकास दिया। चिकित्सकीय सिद्धान्तों को लिपिबद्ध करने में इन मठों का बड़ा योगदान था। भिक्षुओं को चिकित्सा के माध्यम से बौद्ध धर्म के प्रचार में बहुत मदद मिली। इसी वजह से बौद्ध मठों के पाठ्यक्रम में चिकित्सा पद्धति को स्थान दिया गया। नालन्दा जैसे बड़े विश्वविद्यालय में भी आयुर्वेद की शिक्षा दी जाती थी।

दसवीं शताब्दी से सनातन धर्म मंदिरों ने भी लोगों के लिए आश्रम और चिकित्सा की व्यवस्था करनी शुरू की। ऐसे कई अभिलेख आन्ध्र प्रदेश, बंगाल, तमिलनाडु से मिले

हैं जिनमें आरोग्यशाला, प्रसूतिशाला और चिकित्सकीय सहायकों का उल्लेख है। ऐसा ही एक शिलालेख 1493 ईस्वी का तमिलनाडु के श्रीरंगम मंदिर का भी है जिसमें एक आरोग्यशाला जो कि संभवतः ग्यारहवीं या बारहवीं शताब्दी में बनवाई गई थी, उसे पुनः स्थापित करने का ज़िक्र है।

आयुर्वेद का ज्ञान बौद्ध धर्म के प्रचार के साथ ही श्रीलंका, बर्मा और दक्षिण पूर्वी एशिया में फैला जहां बौद्ध भिक्षु लोगों को चिकित्सा उपलब्ध करवाते थे। आज भी कहीं कहीं बौद्ध मठ लोगों को चिकित्सकीय सेवा दे रहे हैं। आयुर्वेदिक चिकित्सा पद्धति तो लोकप्रिय नहीं हुई लेकिन चीन में (याशोफ़ो) और जापान में (यकुशी) भैज्यगुरु या बुद्ध की चिकित्सा पर्याप्त प्रचलित थी। तिब्बत के (लद्दाख, नेपाल, भूटान जहां तिब्बत जैसी ही परंपराओं का प्रचलन है) बौद्ध धर्म में चिकित्सा का काफी महत्व रहा है। संगेय मेलना या चिकित्सकीय बुद्ध की आराधना तिब्बती पूजा-अर्चना पद्धति का प्रमुख अनुष्ठान है।

दसवीं से ग्यारहवीं शताब्दी के बीच तिब्बत में कई संस्कृत ग्रंथों का अनुवाद हुआ। आयुर्वेद के मूल सिद्धांतों को वहां आज भी काफी हद मूल स्वरूप में सोवा रिग्पा (तिब्बती चिकित्सा पद्धति) में सहेज कर रखा गया है। भारत में सोवा रिग्पा को आयुर्वेद और यूनानी पद्धति के साथ आधिकारिक चिकित्सकीय पद्धति का दर्ज़ा प्राप्त है।

महाश्रेष्ठि बुद्ध

किसी पूर्वजन्म में भगवान बोधिसत्व (बुद्ध) त्याग, सदाचार, कुल, विनय, विद्या ज्ञान, सहजता से संपन्न एक सेठ हुए। वह दानी और अतिथि सत्कारी थे। इसलिए उन्हें अविह्यश्रेष्ठि कहा गया, जिसका अर्थ होता है कंजूसी और ईर्ष्या आदि दोषों को जीतने वाला। इस सेठ के सामने जो भी जरूरत लेकर आता वह प्रसन्नता के साथ उसे दान देता। उसके पास आने वाले लोग यह सोचकर आते थे कि केवल अविह्यश्रेष्ठि उनकी इच्छा पूरी कर सकता है।

सेठ की दानवीरता से इंद्र को आश्चर्य हुआ। इन्द्र ने सेठ की परीक्षा लेने के लिए उनकी संपत्ति छिपाना शुरू कर दिया। लेकिन जैसे जैसे सेठ का धन कम होता गया, वह कंजूस होने के बजाय और अधिक दान देने लगा। इंद्र को आशा थी कि धन खत्म होने से अविह्यश्रेष्ठि दान देना कम कर देगा। लेकिन अविह्यश्रेष्ठि ने दान और बढ़ा दिया।

इंद्र ने अंततः अविह्यश्रेष्ठि की सारी संपत्ति छिपा दी और सेठ का घर पूरी तरह खाली हो गया। सेठ के पास केवल एक हंसिया और एक रस्सी रह गई। सेठ को दुख हुआ कि

अब वह दान कैसे करेगा। उसे भिक्षा मांगने का अनुभव नहीं था लेकिन उसे पहली बार अहसास हुआ कि भीख मांगना कितना मुश्किल है। इसलिए उसने घास बेचकर दान करना शुरू कर दिया।

इंद्र प्रकट हुए और उन्होंने कहा कि आपको यह दरिद्रता किसी के प्रकोप से नहीं बल्कि अत्यधिक दान देने के कारण मिली है, यदि दान देना छोड दें तो पुन: समृद्ध हो जाएंगे क्यों कि धन संचय से ही बढ़ता है।

अविह्यश्रेष्ठि ने उत्तर दिया कि इंद्र ! अत्यंत दुर्दशा के बाद भी श्रेष्ठ व्यक्ति नीच कर्म नहीं करेगा। मुझे वह धन नहीं चाहिए जिसे पाकर मुझे कंजूस या दानशून्य बनना पड़े।

इंद्र ने कहा कि जिस व्यक्ति के पास धन हो वह दान करे तो ठीक लेकिन अब तो आपके कुछ नहीं है इसलिए आपको धन जुटाना चाहिए न कि दान करना।

इंद्र की बात व्यावहारिक थी, धनहीन व्यक्ति का दान करेगा तो क्या खायेगा?

अविह्यश्रेष्ठि ने कहा कि आप मुझ पर दबाव न बनायें क्योंकि धन एकत्र करने से उतनी खुशी नहीं मिलती जितनी कि उसे दान करने से प्राप्त होती है। जब याचक सामने हो तो संपत्ति का विचार नहीं करना चाहिए। मेरे पास धन बढ़ेगा तो और दान कर सकूंगा। आप मुझे आशीर्वाद दें कि मैं दान देने के नियम में आलस्य न करूं।

इंद्र अविह्यश्रेष्ठि से प्रसन्न हुए हौर उसका समस्त धन लौटा कर अपने लोक चले गए।

अविह्यश्रेष्ठि जातक की यह कथा उस विपुल बौद्ध साहित्य का हिस्सा है जिसने भारत के अर्थशास्त्र को समृद्ध किया है। यह व्यापार को धर्म की प्रतिष्ठा और सामाजिक स्वीकार्यता का प्रमाण है लेकिन इससे ज्यादा महत्वपूर्ण है कि यह कथा समृद्धि के लोककल्याण पक्ष को स्थापित करती है। दान की महत्ता बौद्ध चिंतन का महत्वपूर्ण हिस्सा थी जो जातक कथाओं के साथ लोकजीवन में सम्मिलित हो गईं।

भारत के राजनीतिक अर्थशास्त्र के विकास और समृद्धि व व्यापार के अतीत को समझने में बौद्ध साहित्य बेहद उपयोगी है। बौद्ध धर्म भारत की नगरीय सभयता के साथ उभरा था, जिसे नए समृद्ध शहरी वर्ग ने अपनाया और प्रसारित किया।

बौद्ध साहित्य का समग्र संग्रह त्रिपिटक है। इनमें तीन संहितायें विनय पिटक, सुत्त पिटक व अभिधम्म पिटक हैं। इनके अंतर्गत करीब पंद्रह ग्रंथ आते हैं, जिन्हें निकाय में वर्गीकृत किया गया है। सभी ग्रंथ पालि भाषा में है जो तत्कालीन पूर्वी भारत की प्रधान भाषा थी।

बुद्ध का समय ईसा पूर्व पांचवीं शताब्दी का है। यह साहित्य बुद्ध के निधन के बाद रचा गया। बौद्ध परंपरा बताती है कि बुद्ध के निधन के तत्काल बाद राजगृह में जो पहली महासभा जुटी थी उसमें विनय व सुत्त पिटक का वाचन हुआ था।

बुद्ध के निधन के लगभग सौ वर्ष बाद वैशाली में दूसरी बौद्ध महासभा जुटी जो धर्म को लेकर उठे विवादों को सुलझाने के लिए थी तब तक बुद्ध के उपदेशों का संग्रह तैयार हो चुका था। समग्र त्रिपिटक का रचनाकाल तीसरी से पांचवीं शताब्दी तक फैला है। त्रिपिटक में संकलित बुद्ध के संदेश व कथायें सुत्त या सूत्र रूप में हैं जिनमें तत्कालीन धार्मिक व ऐतिहासिक समाज का स्वरूप उभरता है।

त्रिपिटक का पहला संग्रह विनय पिटक है, सुत्त विभंग, खन्धक और परिवार इसके तीन हिस्से हैं। विनय पिटक में बौद्ध धर्म के नियमों का उल्लेख है। सुत्त विभंग भिक्षुओं और भिक्षुणी के लिए नियम निर्धारित करता है, खन्धक संघ के नियमों का संकलन है। विनय पिटक का सार परिवार में संकलित है जो प्रश्नोत्तर शैली में है। त्रिपिटक में विनय पिटक इसलिए महत्वपूर्ण है क्योंकि इससे तत्कालीन समाज की विस्तृत जानकारी मिलती है।

सुत्त पिटक, त्रिपिटक का दूसरा संग्रह है जिसकी रचना बुद्ध के निर्वाण के बाद हुई। यह गौतम के विचारों, दर्शन व कथनों का संकलन है। इसमें पांच निकाय, दीर्घ, मज्झिम, अंगुत्तर, संयुक्त और खुद्दक हैं। दीर्घनिकाय, मज्झिम और अंगुत्तर निकाय में बुद्ध के संवाद संकलित है।

खुद्दक निकाय छोटा लेकिन ऐतिहासिक तौर पर महत्वपूर्ण है। इसमें पंद्रह पुस्तकें हैं- खुद्दक पाठ, धम्मपद, उदान, इतिवृत्तक, सुत्त निपात, विमान वन्थु, थेरीगाथा, जातक, निद्देस, पहिसंमिदा, अपदान, बुद्धवंस और चरियापिटक ।खुद्दक निकाय में धम्मपद बुद्ध दर्शन का केंद्रीय ग्रंथ है।

त्रिपिटक का तीसरा पिटक अभिधम्म है जिसमें में सात ग्रंथ, धम्म संगनि, विभंग, धातु कथा, पुल पंजति, कथावत्थु, यमक और पट्ठान हैं। अभिधम्म में बुद्ध की शिक्षाओं का गहरा दार्शनिक विवेचन है। सबसे महत्वपूर्ण ग्रंथ कथावत्थु है जिसकी रचना सम्राट अशोक के गुरु मोग्गलिपुत्ततिस्स ने की थी।

समग्र त्रिपिटक में करीब 84000 धर्मपद संकलित हैं जिनमें 82000 गौतम बुद्ध के और करीब 2000 उनके शिष्य भिक्षुओं के हैं। सम्राट अशोक के समय तक बौद्ध धर्म में 18 संप्रदाय विकसित हो चुके थे जिनमें महायान, हीनयान व वज्रयान प्रमुख हैं। इनमें महायान

का अष्टसहस्त्रिका पारमिता ग्रंथ महत्वपूर्ण है। महायान के आचार्यों में अश्वघोष न केवल दार्शनिक बल्कि कवि व नाटककार भी थे। उन्होंने संस्कृत में सौदरनंद व बुद्धचरित नाम से काव्यों की रचना की।

त्रिपिटक में खुद्दक निकाय के अंतर्गत जातक कथायें तत्कालीन समाज के आर्थिक व्यवहारों को समझने का माध्यम हैं। बौद्ध भिक्षुओं ने समाज की गहरी जानकारी जुटाई थी। करीब 550 कथाओं में बुद्ध के पूर्वजन्मों की जानकारी दी गई है लेकिन असंख्य कथायें सेठों, छोटे-बड़े व्यापारियों, बाजार और सत्ता के संबंध पर हैं। कर्ज, गिल्ड , टैक्स पद्धतियों, विनिमय के नियम तब तक समाज में सवीकृत हो चुके थे। जातक कथायें उनको प्रामाणिक बनाती हैं।

जैन चिंतन के आर्थिक संदर्भ

जैन साहित्य, बौद्ध साहित्य से पहले का है लेकिन काल निर्धारण में मतभिन्नता है। वर्धमान महावीर (599-527 ईपू) का युग ईसा पूर्व 5वीं छठी सदी का था। अहिंसा, सत्य, अस्तेय, ब्रह्मचर्य और अपरिग्रह पर केंद्रित जैन दर्शन आर्थिक चिंतन को गहराई से समेटता है। जैन भी शुरूआती नगरीय धर्म था जिसके साथ समाज का समृद्ध वर्ग जुड़ा था। अपरिग्रह और अस्तेय (चोरी या बेईमानी) के नियम शायद उस दौर को देखकर ही धर्म के दार्शनिक सिद्धांतों का हिस्सा बने थे।

जैन साहित्य का रचनाकाल 5-6 ईस्वी का है। इनकी भाषा अर्ध मागधी या प्राकृत है जो तत्कालीन पूर्वी भारत में प्रचलित थी। जैन साहित्य में लगभग 84 ग्रंथ हैं जिनमें करीब 41 ग्रंथ धर्म सूत्रों पर आधारित हैं। इस समूह में ग्यारह अंग, बारह उपांग, दस प्रकीर्ण, छह छेद सूत्र , पांच मूल सूत्र और आठ विविध ग्रंथ हैं।

जैन धर्म में अर्थशास्त्र की दृष्टि से भगवती सूत्र महत्वपूर्ण ग्रंथ है जो जैन धर्म के नीतिगत ग्रंथों में सबसे मूल्यवान माना जाता है। इसमें महावीर और समकालीन जीवन की कथाओं का संकलन है। यह तत्कालीन समाज की समृद्धि, धर्म और व्यापार को संबंधों व आर्थिक नीतियों को समझने में सहायक है।

जैन ग्रंथों में एक संकलन बेहद अनोखा है। इस ग्रंथ का नाम उवासगदसाओ है जिसमें उन समृद्ध श्रावकों का वर्णन है जिन्होंने जैन धर्म स्वीकार कर मोक्ष प्राप्त किया।

जैन साहित्य भी सामाजिक जीवन में समृद्धि की प्रतिष्ठा करते हुए धर्म और व्यापार के गहरे अंतर्संबध की जानकारी देता है। धर्म के व्यापार से वित्त पोषण और राजधर्म और व्यापार के संबंध व नियम इस साहित्य से सपष्ट होते हैं। दान, त्याग और करुणा की आर्थिक जीवन में स्थापना और अंततः इस साहित्य की मूल सुगंध है।

भारत की संस्कृति तंजौर के उस अनाम पंडित की ऋणी है जो 1905 में मैसूर की गवर्नमेंट ओरिएंटल लाइब्रेरी के लाइब्रेरियन आर शामाशास्त्री को संस्कृत के हस्तलिखित पन्नों का एक पुलिंदा दे गया, जिसमें 15 पुस्तकें एक साथ थीं और पुस्तक का प्रारंभ ओइम और बृहस्पति व शुक्र की वंदना से होता था। तब की प्रतिष्ठित पत्रिका इंडियन एंटीक्विटी में इसका क्रमशः प्रकाशन शुरू हुआ और यह ग्रंथ कौटिल्य अर्थशास्त्र के नाम से सामने आया जो मौर्य काल (ईसा पूर्व 324 से 187) में लिखा गया था।

भारतीय प्राचीन अर्थशास्त्र, स्टेटक्राफ्ट और आर्थिक गवर्नेंस की जानकारी देने वाली पहली पुस्तक कौटिल्य का अर्थशास्त्र बीसवीं सदी की शुरुआत में दुनिया के सामने आई, नतीजतन पश्चिम के अर्थविदों का भारतीय आर्थिक धर्म दर्शन से परिचय न होना लाजिमी है।

थामस मन, जॉन लॉक, एडम स्मिथ, अल्फ्रेड मार्शल, जान मेनार्ड केंज, मिल्टन फ्रीडमैन और थॉमस पिकेटी जैसे अर्थशास्त्रियों को ईसा के जन्म के आसपास का भारत अचरज से भर देगा।

भारत का प्राचीन चिंतन समाज और अर्थव्यवस्था की रिश्तों की कई बड़ी उलझनें सुलझाकर न केवल समाधानों को धर्म संहिताओं में संजो चुका था बल्कि बाद की सदियों में वह समाज के व्यवहार का हिस्सा भी बन गईं थीं। इन सवालों पर यूरोप का चिंतन बहुत बाद में 17वीं सदी में शुरू हुआ।

कारवां

पद्म का साम्राज्य

व्यापारियों के स्तूप

गौतम को ज्ञान मिल गया था। तपस्सु और भल्लिका उनके साथ यात्रा कर रहे थे। दोनों सौदागर भारत के पश्चिमोत्तर हिस्से से आए थे। उन्होंने भगवान बुद्ध को जौ की रोटी और शहद भेंट किया और उनसे आशीर्वाद मांगा। उधर, बुद्ध सोच रहे थे कि यह उपहार कैसे स्वीकार किए जाएं, तब उनके चारों दिशाओं में खड़े श्रद्धालु आगे बढ़े और हरेक ने उन्हें एक भिक्षा-पात्र भेंट किया। बुद्ध ने उस दान को एक बड़े भिक्षा-पात्र में मिला दिया, उनका दान स्वीकार हो गया था। इस तरह, तपस्सु और भल्लिका बुद्ध के पहले दीक्षित शिष्य बने।

संन्यास और निर्वाण की राह तलाश रहे बुद्ध के अन्य शिष्यों के विपरीत, तपस्सु और भल्लिका अपने सामान्य जीवन को छोड़ना नहीं चाह रहे थे। उन्होंने बुद्ध से बेहतर पारिवारिक और कामकाजी जीवन के लिए मार्गदर्शन मांगा।

बुद्ध प्रारंभ से ही कारोबारियों, सौदागरों और दूसरे पेशेवरों के महत्व से परिचित थे जो बदलाव के वाहक बन सकते थे। जिस दर्शन का उपदेश उन्होंने दिया वह जीवन की नैतिक-आचारपरक संहिता पर आधारित था। यह बिना पुरोहितों के सीधे ईश्वर तक पहुंचने का रास्ता बताता था। जीवन के हर पहलू पर मध्यम मार्ग की सलाह देता था और आत्मत्याग नहीं बल्कि दान के माध्यम से पुण्य कमाने की जुगत बताता था।

उभरते व्यापारी वर्ग पर इस दर्शन का बहुत गहरा प्रभाव पड़ा था। बहुत सारी जातक कथाओं में, बोधिसत्व वैश्य के रूप में दिखाये गए हैं—यह व्यापारियों के लिए सामाजिक तौर पर एक मान्यता सरीखा था, जो कि अभी तक उन्हें हासिल नहीं थी।

पांचवीं और छठी शताब्दी ईस्वी पूर्व के उत्तर भारत में, बड़े पैमाने पर सिक्कों के चलन की शुरुआत और लंबी दूरी के व्यापार के साथ पहली बार ऐसे वर्ग का आविर्भाव हुआ था, जिनके लिए ब्राह्मणवाद के शासकीय दर्शन में स्थान नहीं था।

पहले उपदेश (धम्म-चक्र प्रवर्तन) से ही, बौद्ध शिक्षाएं, सड़कों, यात्राओं और पहियों के रूपकों से भरी हुई थीं। स्वयं बुद्ध को कई बार महा-सार्थवाह यानी कारवां के नेतृत्वकर्ता के रूप में वर्णित किया गया है। वर्षा के मौसम को छोड़कर, बुद्ध हमेशा यात्राएं करते रहते थे और उन्होंने सभी भिक्षुओं के लिए अनिवार्य कर दिया कि दूसरों के लाभ के साथ ही धर्म के प्रसार के लिए, उन्हें हमेशा यात्राओं पर रहना होगा।

बौद्ध भिक्षु विश्व के इतिहास में पहले धार्मिक मिशनरी थे। वे शताब्दियों तक प्रमुख राजमार्गों और दुर्गम वनों से होकर सफर करते रहे। प्राय: उनकी मुलाकातें उन रास्तों के नियमित राहगीरों अर्थात् सौदागरों से होती रहती थीं। बौद्ध भिक्षुओं पर भौतिक वस्तुओं के संग्रह का निषेध (अपरिग्रह) भी था, इसलिए उन्हें गृहस्थों के दान-दक्षिणा और उपहारों पर निर्भर रहना पड़ता था। यह दान अमूमन महाजन और व्यापारी अर्थात् धनाढ्य वर्ग से आता था, जिनके पास नकदी जमा रहती थी। इस पारस्परिक निर्भरता ने भिक्षुओं और व्यापारियों को एक साथ बुद्ध के सुरक्षात्मक मार्गदर्शन में ला दिया था।

तपस्सु और भल्लिका अपने देश को वापस जाना चाहते थे, बुद्ध ने उन्हें राह के खतरों से सुरक्षा के मंत्र बताए थे। वृहद बौद्ध साहित्य में ऐसी कहानियां प्रचुर मात्रा में हैं कि जब श्रेष्ठि और व्यापारी मुश्किल में पड़े तो कैसे दिव्य शक्तियों ने उन्हें बचाया। परंपरा के मुताबिक, बुद्ध ने तपस्सु और भल्लिका को अपने बालों की कुछ लटें-नाखून दिए और उनसे स्तूप बनाने को कहा।

तपस्सु और भल्लिका वापस गए और उन्होंने दो स्तूप बनवाए। भल्लिका के सम्मान में ही उसके देश का नाम भल्लिका या बल्हिका देश (बल्ख/बैक्ट्रिया) रख दिया गया। इसके साथ ही, भिक्षापात्रों और बुद्ध के अवशेषों पर स्तूप निर्माण की यह कथा उस देश में प्रसिद्ध हो गई। यह बौद्ध पुरातत्व स्थल वर्तमान अफगानिस्तान में मज़ार-ए-शरीफ के पास है।

जेम्स प्रिंसेप का यूरेका

सभी लोग मेरे बच्चे हैं। मैं अपने बच्चों के लिए क्या चाह सकता हूं, मैं अपने उन बच्चों का न सिर्फ इस लोक में, बल्कि परलोक में भी कल्याण और प्रसन्नता चाहता हूं। सभी लोगों के लिए मेरी यही कामना है।

मानव इतिहास में किसी शक्तिशाली सम्राट की तरफ से आया यह सबसे साहसी और महानतम कथन है। फिर भी, यह आवाज शताब्दियों तक अज्ञात बनी रही।

यह बात चौदहवीं शताब्दी की है जब आज के हरियाणा और मेरठ से दो अशोक स्तंभों को स्थानांतरित कराया जा रहा था। सुल्तान फिरोज तुगलक इन्हें देखकर हैरत में पड़ गया कि स्तंभों की चिकनी लाल सतह सूरज की रोशनी में चमचमा रही थी। उसे सोचना पड़ा कि क्या किसी आसमानी ताकत ने इनको बनवाया है!

तकरीबन अठारहवीं शताब्दी के अंत के वर्षो में, महान भाषाविद् और विद्वान् विलियम जोन्स ने, इन स्तंभों पर उकेरे अभिलेखों पर निगाह डाली थी और उन्हें किसी इथियोपियाई विजेता या विधि-निर्माता का काम बताया था। इन स्तंभों के अभिलेख-अब तक जो कई अन्य स्थानों पर भी मिले हैं, जिनमें सबसे मशहूर गिरनार (गुजरात) की पहाड़ियों और भुवनेश्वर के निकट धौली में हैं। यह सभी सन् 1795 में सर जोन्स के निधन के चार दशकों तक भी अपठित और गूढ़ बने रहे।

जेम्स प्रिंसेप को ब्रितानी टकसाल प्रमुख और एशियाटिक सोसायटी ऑफ बंगाल का सचिव बनाया गया। वह सर विलियम जोन्स के बौद्धिक उत्तराधिकारी थे जो भारत में परमात्मा से कामनाओं वाले ऐतिहासिक अभिलेखों की एक सी लिपियों का संग्रह तैयार कर रहे थे।

सांची का रहस्य

उन्होंने गौर किया कि एक पंक्तियों वाले सभी अभिलेख, ढाई वर्णों के एक ही शब्द से खत्म हो रहे हैं, प्रिंसेप ने अनुमान लगाया कि यह शब्द दान या दानम् है। प्रिंसेप ने बाकी के अक्षर एक ही मिनट में सही तरीके से सजा लिए। इस तरह, आखिरकार 1837 में अशोक की ब्राह्मी लिपि का तिलिस्म सुलझ गया, जिसमें प्रिंसेप और उनके पालि जानने वाले सिंहली सहायक रत्न पाल की बड़ी भूमिका थी।

जेम्स प्रिंसेप ने अभिलेखों का पहला अनुवाद प्रस्तुत किया। प्रत्येक अभिलेख की शुरुआत होती थी: "इस प्रकार राजा देवानां पियदस्सी ने कहा"—तब उन लोगों के सामने सवाल खड़ा हुआ कि आखिर यह महान सम्राट था कौन? आखिर में प्रिंसेप इस निष्कर्ष पर पहुंचा कि यह महान सम्राट कोई और नहीं बल्कि सिंहली राजा देवानांप्रिय तिस्सा है, जिसने बौद्ध धर्म स्वीकार कर लिया था और संभवतया इसी की याद में उसने पूरे भारत में अभिलेख खुदवाए होंगे।

अपने इस तुक्के को साबित करने के लिए प्रिंसेप ने ब्योरा दिया कि वह किसी ऐसे भारतीय राजा के बारे में नहीं जानता, जिसने अकबर महान से पहले पूरे उप-महाद्वीप पर शासन किया हो!

जैसे ही उसने अपने विचार व्यक्त किए, उसके तुरंत बाद श्रीलंका के प्राच्य शास्त्री जॉर्ज टर्नर ने उसमें सुधार पेश कर दिया। प्राचीन सिंहली साहित्य का उद्धरण देते हुए टर्नर ने सिद्ध कर दिया कि राजा देवानांप्रिय कोई और नहीं अशोक थे, बिन्दुसार के पुत्र और मौर्य साम्राज्य के संस्थापक चंद्रगुप्त मौर्य के पौत्र।

प्रिंसेप के अभिलेख की लिपि पढ़ने के बाद आश्चर्यों की फेहरिस्त बढ़ती गई अशोक के अभिलेख न सिर्फ पूरे भारत में पाए गए बल्कि अफगानिस्तान में कांधार और पेशावर, और पश्चिमोत्तर पाकिस्तान में तक्षशिला, हजारा और बुनेर में भी मिले।

भारतीय महाद्वीप के दूसरे हिस्से कर्नाटक में भी यह अभिलेख इतनी ही बड़ी संख्या में मिले। एक साम्राज्य ने पूरे भारतीय उप-महाद्वीप को हिन्दुकुश और कश्मीर से कर्नाटक तक और कांधार से ब्रह्मपुत्र तक जोड़े रखा। यह वास्तव में बेहद असाधारण बात थी और खास बात यह कि यह वाकया अकबर से 18 शताब्दी पहले का था।

आमू-सिंधु से गंगा यमुना

प्राचीन उत्तर भारत का इतिहास दो मुख्य भूगोलों के आसपास घूमता है—उत्तर में आमू-सिंधु नदियों की धुरी और महान उत्तरी मैदान में गंगा-यमुना दोआब की धुरी। गांधार, पुष्कलावती, कांबोज जैसे राज्यों का एक समूह आमू सिंध की धुरी के साथ विकसित हुआ था। ये राज्य तब तक बने रहे जब तक कि ईरान के हखामनी या अजमीढ़ साम्राज्य ने 519 ईसा पूर्व में इन राज्यों को खुद में नहीं मिला लिया।

तकरीबन दो शताब्दियों तक अफगानिस्तान के साथ, पश्चिमोत्तर भारत भी इस ईरानी साम्राज्य का हिस्सा बना रहा था। ईरानी साम्राज्य को जीतकर सिकंदर इसी रास्ते से भारत में दाखिल हुआ क्योंकि वह इस साम्राज्य के पूर्वी इलाके को भी जीतना चाहता था।

दूसरी तरफ, पौराणिक आख्यानों में वर्णित पहले राजा वैवस्वत मनु से पूर्व सभी सूर्यवंशी और चंद्रवंशी राजा और अन्य राजवंश गंगा-यमुना के दोआब अर्थात उत्तरी भारत के मैदान के विभिन्न इलाकों पर शासन् करते थे, जो पूर्वी राजस्थान लेकर पूर्वी बिहार तक फैले थे। ये कबीलाई राज्य सोलह महाजनपदों में कैसे बदले और उनमें सब में भी मगध कैसे सबसे बड़ा विजेता बना यह इतिहास हमें अच्छी तरह मालूम है।

प्राचीन भारतीय इतिहास में दो विभिन्न किस्म के मील के पत्थर थे, जिसने आमू-सिंधु और गंगा-यमुना के भूगोलों को आपस में जोड़ा। यह काम अशोक के दादा चंद्रगुप्त मौर्य का था। जब सिकंदर पंजाब में दाखिल हुआ, तो चंद्रगुप्त (जो संभवतया मगध का निवासी था, वहां मौजूद था) को यूनानियों के साथ घुलने-मिलने का अवसर मिला।

पद्म का साम्राज्य

युद्ध से थकी-हारी सिकंदर की सेना ने उसे वापस लौटने पर मजबूर कर दिया लेकिन चंद्रगुप्त (हम नहीं जानते कि उसे किसी किस्म की यूनानी मदद मिली या नहीं) ने मगध के राजा धनानंद को हरा दिया। उत्तर भारत में इस समय तक, नंद साम्राज्य विस्तार पूर्व की दिशा से अर्थात् मगध से हुआ था। अब पश्चिमोत्तर से हमला करके चंद्रगुप्त पंजाब और बिहार को जोड़ रहा था।

सिकंदर इसके कुछ दिनों बाद ही चल बसा, तब उसके सेनापतियों ने उसके हालिया जीते हुए इलाकों पर कब्ज़ा कर लिया। सबसे पूर्व का इलाका सेल्यूकस निकेटर के नियंत्रण में था। चंद्रगुप्त ने उसे पराजित करने में कामयाबी हासिल की और अपने साम्राज्य की सरहद को आगे बढ़ाते हुए पश्चिमोत्तर के कुदरती अवरोध यानी हिन्दुकुश तक ले गया।

साहित्यिक और अभिलेखात्मक दोनों प्रकार के साक्ष्यों से साबित होता है कि अशोक ने कलिंग जीता था अलबत्ता उसके पिता बिन्दुसार के बारे में कोई सैन्य विवरण नहीं मिलता, ऐसे में हम नहीं जानते कि किन परिस्थितियों में, दक्षिणी अफगानिस्तान, सिंध, गुजरात, महाराष्ट्र या कर्नाटक मौर्य नियंत्रण में आए, लेकिन 2,300 साल पहले स्थापित साम्राज्य निश्चित रूप से भारतीय इतिहास में विलक्षण है।

जाहिर है, इन सबको जोड़े रखने के लिए अशोक को एक नेटवर्क की जरूरत थी। संचार की बाधाओं को ध्यान में रखें तो इतिहास में यह अभूतपूर्व चुनौती थी, जहां अशोक को एक ऐसी बांधने वाली शक्ति की ज़रूरत थी जो उसकी विशाल सैन्य क्षमता से अधिक शक्तिशाली भी हो और अधिक स्वीकार्य भी।

उसके ज्यादातर अभिलेख इस तरह के हैं मानो महान सम्राट खुद प्रत्यक्ष रूप से अपने हृदय की बात कह रहा हो—बड़ी और निजी बातें। लेकिन इनमें भी सबसे अधिक महत्वपूर्ण तो वह चार पंक्तियों का लेख है, जो मध्य भारत के पानगुररिया में मिला था।

यह जगह विदिशा (मध्य प्रदेश) से बमुश्किल 45 मील दक्षिण में स्थित है। यहां का राजा खुद प्रांतीय राज्यपाल के तौर पर पदस्थापित था। उसने अपनी बात बेतरतीब भित्तिचित्र की शैली में कही है। उसके अभिलेखों में उकेरे गए अक्षर आमतौर पर साफ-सुथरे रहे थे, लेकिन यहां वर्ण बेतरतीब उकेरे गए हैं। अभिलेख कहता है कि 'वह जब राजकुमार ही थे तब उन्होंने इस जगह का दौरा किया था और यहां अपनी अविवाहित प्रेमिका के साथ रहते थे। विदिशा में, वह एक व्यापारी की पुत्री, देवी के साथ प्रेम में पड़ गए थे, उससे विवाह भी किया था।'

देवी को शाक्यकुमारी के रूप में वर्णित किया गया है। वह बुद्ध के परिवार की थी या नहीं, यह स्पष्ट नहीं है लेकिन बौद्ध धर्म में दीक्षित थी। देवी के साथ अशोक के पहली दो संतानें हुईं—महेन्द्र और संघमित्रा। जाहिर है, किसी मौर्य राजकुमार के किसी सामान्य जन से विवाह की बात बिलकुल अस्वीकार्य रही होगी। अशोक ने देवी को उसके दो बच्चों के साथ विदिशा में ही छोड़ दिया।

अशोक ने सिंहासन हासिल करके राज्य को सुरक्षित बनाया, संभवतया इस काम में काफी खून-खराबा भी हुआ था। उसके बाद अशोक ने अपना संरक्षण, दरबार में आरोपित ब्राह्मणों के बजाय बौद्धों को देने का फैसला किया। अंततोगत्वा, वह खुद भी बुद्ध का अनुयायी बन गया, यह एक ऐसी आस्था थी जो उसने कलिंग युद्ध में भयंकर रक्तपात के बाद अपनाई और जिसके लिए खुद को समर्पित कर दिया।

कलिंग युद्ध (261 ईसा पूर्व) के तकरीबन तीन दशक बाद, अशोक (मृत्यु 233 ईसा पूर्व) उस समय तक के भारतीय इतिहास का सबसे शक्तिशाली सम्राट था। उसने पूरी राजसत्ता को धर्म (धम्म) के प्रसार में लगा दिया। यह प्रसार वास्तव में एक नैतिक-सामाजिक संहिता के रूप में था जो मोटे तौर पर बौद्ध शिक्षाओं पर आधारित था। कोई शक नहीं कि यह विस्तार उसके व्यक्तिगत तौर पर दीक्षित बौद्ध होने से अलग था।

अशोक ने बहुत सारे विलक्षण कदम उठाए थे, मिसाल के तौर पर, अस्पतालों और सड़कों का निर्माण। उसने विशेष अधिकारियों की नियुक्ति की जो नैतिकता तथा कल्याण के कामों को बढ़ा सकें। सभी का कल्याण सुनिश्चित करने के लिए वह स्वयं अपने विशाल साम्राज्य की यात्रा करता रहता था।

उसने गौतम बुद्ध से संबंधित सभी पवित्र स्थानों की यात्रा की थी और उनको भविष्य के तीर्थों के रूप में चिह्नित किया था। उसने बुद्ध के अवशेषों पर आधारित मूल आठ स्तूपों में सात को तोड़कर उनके अवशेषों को संभवतया 84000 स्तूपों में सुरक्षित करवा दिया। उसने अपने धर्म-प्रचारकों को हर कोने में बौद्ध धर्म के प्रसार के लिए भेजा। महारक्षिता को योना (यूनान के पश्चिमोत्तर हिस्से) और मज्झन्तिका को कश्मीर व गांधार भेजा गया।

मुमकिन है कि आज की तरह ही कांधार तब भी बहुत शांत इलाका नहीं था। शायद यही वजह थी कि उस इलाके में अशोक स्तंभों की इतनी अधिक संख्या है! यद्यपि, उसके अधिकतर अभिलेख प्राकृत भाषा और ब्राह्मी लिपि में हैं, लेकिन पश्चिमोत्तर के इलाके में कुथ यूनानी, अरमेइक, द्विभाषी ग्रीक-अरमेइक अभिलेख भी मिले हैं जो खरोष्ठी लिपि में उत्कीर्ण हैं।

उसके शासन की शुरुआत में जो बौद्ध धर्म, मगध राज्य के विरोधी धर्मों में से एक था, सम्राट अशोक ने अपने शासन के अंत में, इसे विश्व के धर्मों के सामने ला खड़ा किया था।

सड़क की शुरुआत

प्राचीन मेसोपोटामिया और फारस जो आज के इराक़ और ईरान हैं, वह मानव सभ्यता की जन्मभूमि रहे हैं। धरती का पहला शहर ऊरूक यहीं बसाया गया। इसी जगह पर, करीब चार हज़ार साल पहले, राजा हम्मूराबी प्रथम ने पहली कानूनी संहिता को संकलित किया। वास्तव में, प्राचीन विश्व का केंद्र यही था।

छठी शताब्दी ईसा पूर्व में, हख़ोमनी साम्राज्य के तहत फारस का तेजी से विस्तार हुआ। छोटे-छोटे राज्यों को हराने के बाद इसने मिस्र को पराजित किया और आगे बढ़ता हुआ यूनान की सरहदों तक पहुंच गया था। पूर्व की तरफ, फारसियों ने मध्य एशियाई राज्यों, अफगानिस्तान और पश्चिमोत्तर भारत के कुछ हिस्सों को जीत लिया। यह एक ऐसा साम्राज्य था जो मिस्र से एजियन तक और हिमालय से लेकर पामीर तक फैला था इसका प्रशासन एक उच्च शिक्षित, प्रभावशाली और समर्पित नौकरशाही के हाथों में था।

फारसी नौकरशाही की क्षमता संभवतया एक असाधारण शाही राजमार्ग के निर्माण में दिखती है, जो स्मराइना (इज़मीर- तुर्की) से पूर्वी ईरान में पर्सिपॉलिस तक करीब 1,600 मील लंबी सड़क थी। इस शाही सड़क के जरिये कोई व्यक्ति सिर्फ एक हफ्ते के भीतर इस लंबी दूरी को तय कर सकता था। यही नहीं, फारसियों ने बेहद तेज़ गति वाली डाक-व्यवस्था का विकास भी किया था, जिसमें संदेश ले जाने का काम घुड़सवारों की एक श्रृंखला क्रमबद्ध तरीके से करती थी जिसके जरिये साम्राज्य के एक कोने से दूसरे कोने तक संदेश पहुंचते थे।

हेरोडोटस ने टिप्पणी की—"दुनिया में कोई भी ऐसी चीज़ नहीं जो इन पर्सियन संवादियों से तेज़ चले। न बर्फ, न बरसात, न गरमी और न ही रात का अंधेरा। इन संदेशवाहकों को उनकी रफ्तार से अपने गंतव्य तक जाने से कोई नहीं रोक सकता।"

इस राजमार्ग के साथ-साथ दूसरे रास्ते भी जल्दी ही खोज निकाले गए, जो ज्ञान-पिपासा और नई वस्तुओं की तलाश की वजह से पैदा हुए थे।

युवा और महत्वाकांक्षी सिकंदर विश्व-विजय के सपने देख रहा था। वह ऐसा विश्व जीतना चाहता था जहां अकूत संपदा और नफासत हो। सिकंदर ने पहले मिस्र को जीता, फिर तेज़ी से पर्शियन साम्राज्य के हृदय-स्थल की तरफ बढ़ गया।

331 ईसा पूर्व में, (आज के इराक़ी-कुर्दिश शहर इरबिल के आसपास कहीं) उसने अपने से कहीं अधिक विशाल पर्शियन सेना को धूल चटा दी। पर्शियन शाही राजमार्ग पर आगे बढ़ते हुए, सिकंदर अपने अथक सैन्य अभियान में तब तक चलता रहा, जब तक कि वह फारसी साम्राज्य के पूर्वतम बिन्दु यानी फरगना घाटी तक न पहुंच गया। तब वह घूमकर पश्चिमोत्तर भारत तक आया और वहां से स्थल मार्ग और समुद्री मार्ग से सिंध--बलूचिस्तान-मकरान तट तक गया। 323 ईसा पूर्व में बेबीलोन में जब सिकंदर ने आखिरी सांस ली, तब तक पश्चिम से पूर्व को जोड़ने वाली सड़क स्थापित हो चुकी थी।

रेशमी घोड़े

फारस के साम्राज्य के लिए अपनी उत्तरी सरहद यानी मंगोलिया में काला सागर को सुरक्षित बनाना बहुत बड़ी चिंता थी। उनकी उत्तरी सरहद स्टेपी के लुटेरे कबीलों की ज़द में थी। पूरब में, चीन भी इसी तरह की समस्या का सामना कर रहा था। चीन की प्रतिक्रिया असाधारण थी। इन बर्बर कबीलों से जूझते हुए, जिनको आम तौर पर हूण कहा जाता था, हान वंश (207 ईसा पूर्व से 220 ईसापूर्व तक) के तहत चीनियों ने सुरक्षात्मक दीवार खड़ी कर ली थी। बाद में यही सुरक्षात्मक दीवार चीन की महान दीवार के नाम से मशहूर हुई।

हान वंश ने पहले तो पूरे गांशू गलियारे को सुरक्षित किया, इस गलियारे की लंबाई करीब 600 किलोमीटर थी। यह चीन के आंतरिक इलाकों खासकर साम्राज्य की राजधानी चांगान को नख़लिस्तानी शहर दुनहुआंग से भी जोड़ता था। इसके बाद हमलावरों को पीछे धकेलते हुए चीन ने आज के झिनजियांग प्रांत पर भी कब्जा किया। किंवदंतियों के नायक और हान सेनापति बान चाओ के नेतृत्व में, चीनी सेना कैस्पियन सागर तक बढ़ती गई, और इस पूरे इलाके से हूणों की चुनौतियां खत्म हो गईं।

हाल के दिनों में इतिहासकारों ने तर्क दिए हैं कि महान दीवार सुरक्षात्मक होने के बनिस्बत आक्रामक थी। इसने चीनी किसानों को बाहर जाने से रोका और व्यापारियों पर कड़ा नियंत्रण बनाए रखा।

चीन के साम्राज्य ने शाही दूत झांग क़ियान (130 ईसा पूर्व) को हूणों के हमले से निबटने के लिए सूची कबीले की मदद हासिल करने की जिम्मेदारी सौंपी। क़ियान की सिफारिश पर सम्राट चीन से पश्चिम के लिए सड़क खोलने पर राजी हो गया। चीनी सम्राट को जिस चीज़ ने सबसे अधिक प्रभावित किया था वह था, फरगना की घाटी में पाए जाने वाली घोड़ों की शानदार नस्ल। क़ियान ने मध्य एशिया में यूनानियों की अगुआई में इन घोड़ों का इस्तेमाल देखा था।

इस तरह यह रेशम की सड़क या सिल्क रूट दुन-हुआंग से पश्चिम की तरफ खोल दी गई। वास्तव में इसकें दो रास्ते थे, जो तकलामकान रेगिस्तान के उत्तर और दक्षिण से होकर गुज़रते थे। दोनों सड़के फिर से नख़लिस्तानी शहर, काशगर में मिल जाती थीं। काशगर से मध्य एशिया और फारस के विभिन्न शहरों से होते हुए कारोबारी कारवां आखिर में आज के तुर्की और मिस्र तक पहुंच जाया करते थे, जहां से उनकी आखिरी मंज़िल रोम होती थी।

इस सड़क की परिभाषा तय करने वाली मुख्य चीज़ पहले से ही बहुत मशहूर थी। 2000 ईसा पूर्व से ही, चीनियों ने रेशम उत्पादन की कला और विज्ञान में महारत हासिल कर ली थी, लेकिन इस बात को उन्होंने बिलकुल रहस्य की तरह छिपाकर रखा था। यहां तक कि भारत और जापान को भी रेशम बनाने की इस कला को सीखने में कई शताब्दियां लग गईं।

पश्चिमी दुनिया ने इस कला को तब खोजा, जब बेजेंटाइन सम्राट जस्टिनियन ने छठी शताब्दी में दो पादरियों को चीन भेजा ताकि वे लोग इस रहस्य को चुरा कर ले आएं। चीनियों ने कभी रेशम खुद नहीं बेचा। वे अपने बहुआयामी और विस्तृत वितरण तंत्र के जरिये खानाबदोश कबीलों को रेशम के गट्ठे दे दिया करते थे।

अन्य चीज़ों के मुक़ाबले यह रेशम कबीलाई सरदारों की प्रतिष्ठा बढ़ाने के काम आता था। चीनी शाही शिष्टमंडल दूसरों के लिए रेशम को उपहार की तरह भी ले जाया करते थे। इसी से बैक्ट्रियन और दूसरे सौदागर चीन पहुंचे और रेशम के कारोबार की ओर आकर्षित हुए।

प्राचीन विश्व में भारत से लेकर तुर्की तक रेशम, विलासिता की सबसे शानदार वस्तु थी। लेकिन, रोम से अधिक इसकी मांग कहीं और नहीं थी, जो उस वक्त की उभरती हुई ताकत था। रोम में, एक के बाद एक सम्राटों ने शाही फरमानों के जरिये रेशम की कीमतें तय करने की कोशिशें की।

रोमन बौद्धिकों और धार्मिक नेताओं ने इस बात पर लंबा विमर्श किया कि क्या रेशम पहनना अश्लीलता और अनैतिकता का प्रतीक है या नहीं। ऐसा ही एक प्रसिद्ध किस्सा ऑक्टेवियस का है जो बाद में सम्राट ऑग्स्टस बने, ऑक्टेवियस ने अपने प्रतिद्वंद्वी मार्क एंथनी और मिस्र की महारानी क्लियोपेट्रा पर अनैतिकता का आरोप लगाया क्योंकि वे लोग हमेशा रेशम पहनने का पक्ष लेते थे ! लेकिन इस सबके बावजूद कुछ भी, रोमनों को रेशम पहनकर शेखी बघारने से नहीं रोक सका।

दूसरी शताब्दी ईसा पूर्व के उत्तरार्ध में दुनहुआंग से कुस्तुनतुनिया तक पूरी सड़क पहली

बार खोली गई, यह कम से कम अगली सात सदियों के लिए हुआ था। यह रास्ता दुनिया में विलासिता की वस्तुओं के व्यापार का मुख्य राजमार्ग बन गया।

शताब्दियों तक, इसी रास्ते से भौतिक भोग-विलास के उत्पाद, नए विचार, खोजें और बीमारियां भी यूरोप की सीमाओं से चीन तक आती-जाती रहीं। रेशम फिर भी इस मार्ग का सबसे प्रमुख माल था और शायद इसी वजह ने 19वीं सदी में जर्मन विद्वान फर्डिनेंड वॉन रिचोफेन (प्रथम विश्व युद्ध के जर्मन हीरो रेड बेरन पायलट रिचोफेन के चाचा) ने इस मार्ग का नामकरण रेशम (सीदेनत्रासे) मार्ग या सिल्क रूट रखा।

सम्राट मिलिंद के बीस प्रश्न

बालक के रूप में, अच्छा आचरण सीखो

एक युवा के रूप में, अपने जुनून को नियंत्रित करना सीखो

एक अधेड़ के रूप में, सरल रहो

बुढ़ापे में, अच्छी सलाह दो

तब, जब मरो, तो न पछतावा हो न पीड़ा हो।

डेल्फी के इन उपदेशों को यूनान के एक स्मारक पर (300 से 250 ईसा पूर्व के बीच) अरस्तू के शिष्य ने खुदवाया था। यह स्मारक आमू दरिया के किनारे बसे शहर सिकंदरिया में था। एशिया में सिकंदरिया शहर के एक हिस्से को किसी महान विजेता ने बसाया था। भारतीय उप-महाद्वीप के सबसे उत्तरी छोर पर बसा सिकंदरिया आमू और कोक्चा नदियों के संगम यानी अफ़ग़ान-उज़्बेक सरहद पर था, जिसे आजकल अइ-खानूम कहा जाता है।

सोवियत दखल शुरू होने से पहले, सोवियत और फ्रांसिसी पुरातत्वविदों के एक समूह ने खुदाई में वहां एक पूरे का पूरा यूनानी शहर खोज निकाला था। इस खुदाई में, प्राचीन दुनिया की स्तंभों वाली यूनानी हवेलियां, कलाकृतियां, रंगभूमि और सबसे बड़ी व्यायामशालाएं भी निकली थीं।

यह शहर 280 ईसापूर्व के आसपास बसाया गया था, और यह करीब 145 ईस्वी में नष्ट हो गया था। बल्ख के यूनानी लोग शुरुआत में तो सेल्युसिड साम्राज्य की हुकूमत के अधीन थे, लेकिन बाद में करीब 250 ईस्वी में उन्होंने अपनी आजादी की घोषणा कर दी।

अइ-खानूम और बल्ख में, यूनानी तब तक शासन करते रहे जब तक उन्हें शक और पल्लवों (पार्थियन) ने वहां से खदेड़ नहीं दिया। हिन्दूकुश के दक्षिण में (आज के मध्य

और दक्षिणी अफगानिस्तान, पाकिस्तान और पश्चिमोत्तर भारत का हिस्सा) उनका शासन् पहली सदी ईस्वी तक जारी रहा। हिन्दूकुश के दक्षिण में, उनका मुख्य केन्द्र तक्षशिला था, जहां कम से कम दो भारतीय-यूनानी बस्तियां खोजी जा चुकी हैं।

145 ईसा पूर्व के आसपास से पहली शताब्दी ईस्वी तक, शकों-पल्लवों ने भारतीय उप-महाद्वीप के पश्चिमोत्तर छोर पर विभिन्न इलाकों में शासन किया था। धीरे-धीरे दोनों ही समूह बल्ख से सिंध के बीच कारोबारी तंत्र का विस्तार करने में कामयाब रहे।

इसी एकीकरण ने कपड़े, मसालों जैसे भारतीय सामान को सिल्क रूट के कारोबार से जोड़ने में मदद की और चीनी रेशम, चमड़े के सामान को सिंधु के मुहाने तक पहुंचाया। आज आमतौर पर यह स्वीकृत है कि विक्रम संवत, जो 58/59 ईसा पूर्व में शुरू हुआ था, वास्तव में, एक शक राजा एजेस प्रथम के सिंहासनारूढ़ होने की तारीख है। जब शकों को आज के पंजाब से गुजरात और मथुरा के आसपास के इलाकों की तरफ धकेल दिया गया, तो शायद वह विक्रम संवत को अपने साथ लेते गए।

इन भारतीय-यूनानी शासकों ने भारत में खूबसूरत यूनानी शैली के सिक्कों का चलन शुरू किया। इनकी बहुत बड़ी संख्या अइ-खोनूम में मिली है, ऐसा लगता है कि वहां कोई टकसाल थी। यह सिक्के 42 भारतीय-यूनानी शासकों की फेहरिस्त में से 34 के बारे में जानकारी का एकमात्र स्रोत हैं।

इन 42 राजाओं में से एक था मिलिन्द या मिनांडर, जो संभवत: साकाल (वर्तमान स्यालकोट पाकिस्तान) से शासन करता था।

बौद्ध साहित्य में, सम्राट मिलिन्द को बौद्ध धर्म के सबसे महान संरक्षकों में से एक बताया गया है। मिनांडर या मिलिंद और एक भारतीय-यूनानी बौद्ध भिक्षु नागसेन के बीच के संवाद को मिलिन्दपन्हो (मिलिन्द के सवाल) नाम पुस्तक में संजोया गया है। यह पुस्तक, चरित्र, बुद्धिमत्ता और आत्माओं के पारगमन के प्रश्नों पर आधारित है। इसे शास्त्रीय भारत की सबसे महान पुस्तकों में शामिल किया जाता है।

यहां इस बात पर गौर करना बेहद दिलचस्प होगा कि मिलिन्द या मिनांडर के सिक्कों में, बौद्ध प्रतीक नहीं बल्कि यूनानी चिह्न ही उत्कीर्ण किए गए हैं। उनके किसी एक राजा अगास्थोक्लीज के सिक्के भी वहीं अइ-खोनूम में मिले हैं जिन पर कृष्ण और संकर्षण बलराम की छवियां उत्कीर्ण हैं।

हेलियोडोरस तक्षशिला का एक यूनानी दूत था, जो विदिशा में शुंग राजा भागभद्र के दरबार मे आया था, उस ने विदिशा में प्रसिद्ध गरुड़ स्तंभ बनवाया। यह स्तंभ वासुदेव के सम्मान में स्थापित किया गया था और इसमें हेलियोडोरस ने खुद को कृष्ण का अनुयायी बताया है।

इधर, अशोक की मृत्यु के आधी सदी के भीतर, एक ब्राह्मण सेनापति पुष्यमित्र शुंग ने शकों को परास्त कर दिया था। बदले में, एक शताब्दी से थोड़े अधिक समय तक रहे शुंग वंश के शासन को उनके ब्राह्मण मंत्री कण्व ने खत्म कर दिया। अशोककालीन विरासत को आगे बढ़ाते हुए और शायद मगध में संरक्षण की कमी की वजह से, बौद्ध संघों को अब भारतीय-यूनानियों और पूर्वोत्तर हिस्से में शको-पल्लवों का स्नेह मिला था।

भारत के पश्चिमोत्तर इलाके में भारतीय यूनानी शासकों के तीन शताब्दी तक चले प्रभुत्व के दो महत्वपूर्ण परिवर्तन हुए पहला पूरे क्षेत्र में बहुत बड़ी संख्या में स्तूपों और विहारों के निर्माण के साथ बौद्ध धर्म का प्रसार। और दूसरा, संस्कृत ने धीरे-धीरे प्राकृत की जगह ले ली (और यूनानी और अरमइक की भी) और ब्राह्मी लिपि की जगह खरोष्ठी का प्रयोग प्रारंभ हुआ।

भारतीय-यूनानियों और शकों ने पश्चिमोत्तर भारत के कारोबारी परिदृश्य को बदल दिया। उपलब्ध पुरातात्विक साक्ष्य इस बात की ओर इशारा करते हैं कि मध्य एशिया और अफगानिस्तान में अपने किलेबंदी वाली बस्तियों में यूनानी लोग शराब और जैतून के तेल का आयात किया करते थे, उन्होंने अंगूर की बड़े पैमाने पर खेती की शुरुआत की (हालांकि, पुराने इतिहासकार सिंचाई व्यवस्था को भी यूनानियों से जोड़ते हैं, लेकिन उनका यह विचार ऐतिहासिक तौर पर सही सिद्ध नहीं हुआ)। यहां उन्हें जो भी आकर्षक लगता होगा, वे लोग उसका जरूर आयात करते होंगे, हालांकि इस बारे में अभी तक हमारे पास कोई ठोस साक्ष्य नहीं हैं।

यूनानियों की मौजूदगी ने तारीम बेसिन से लेकर ईरानी सीमा तक और मध्य एशिया से लेकर मथुरा तक वाणिज्य व कला को बढ़ावा दिया होगा। ऐसे बहुतेरे साक्ष्य हैं जिनमें शक शासकों और उनके अधिकारियों द्वारा पूरे उत्तरी और पश्चिमोत्तर भारत में दान दिए जाने का जिक्र है। बाद के वर्षों में जब कुषाणों ने उन्हें काफी भीतर की तरफ धकेल दिया तो शकों की शक्ति बड़े व्यापारिक केन्द्रों-मथुरा, उज्जैन और गुजरात में सिमट गई, जहां इन लोगों ने पांचवीं सदी ईस्वी तक शासन किया और व्यापारिक मार्गों और बेरीगाज़ा (भड़ौच/बरोच) जैसे पत्तनों पर नियंत्रण के लिए सातवाहनों के साथ पीढ़ियों तक युद्ध करते रहे।

ऐसा प्रतीत होता है कि शकों ने बौद्ध धर्म को संरक्षण देकर, संस्कृत को स्वीकार करके तथा भारतीय रिवाज़ों को अपनाकर अपनी प्रजा के लिए ज्यादा स्वीकार्य होने की कोशिश की थी। उन्होंने मध्य एशिया और बल्ख के साथ व्यापार और अन्य संपर्कों को बढ़ावा देकर वस्तुतः आमू दरिया और गंगा नदी के बीच मध्यस्थ की भूमिका निभाई।

व्यापारी देवपुत्रों का साम्राज्य

पहली शताब्दी ईस्वी में, कुषाणों ने प्राचीन भारत के इतिहास में संभवतः सबसे दिलचस्प और समृद्ध साम्राज्य तैयार किया था। बैक्टीरियन यूची या युएजी, कुषाणों के पूर्वज थे। यूची घुड़सवार प्राचीन चीनियों के लिए अन्य खानाबदोशों की तरह ही थे लेकिन यूची लोग व्यापार में भी काफी आगे थे। यूची घुड़सवार तीसरी शताब्दी तक खोतान से जेड (हरिताश्म, एक कीमती पत्थर) की आपूर्ति करते थे। इसके बाद यह उच्च कोटि के घोड़े लेकर आने लगे।

वस्तुतः चीनी राजदूत झांग कुआन (तीसरी सदी) इन्ही यूचियों की खोज में गया था ताकि वह हूणों के खिलाफ ताकत जुटा सके। यूची अब तक चीनी सरहद से काफी दूर आ बसे थे, वह घोड़े देने के लिए राजी हो गए, लेकिन हूणों के खिलाफ युद्ध में उतरने से इन लोगों ने मना कर दिया।

रेशम मार्ग से चीन को घोड़ों की आपूर्ति और उसकी कीमत रेशम के रूप में हासिल करने ने यूचियों के व्यापारिक महत्व को बढ़ा दिया। बल्ख में खेतिहर समुदायों के नजदीक बसने और चीन के साथ अपने संपर्क बनाए रखने से, घुड़सवार यूची सौदागर अपनी खास लंबी टोपियों के साथ जल्दी ही रेशम मार्ग के अगुआ कारोबारी बन गए।

आधुनिक ज़िनजियांग और बल्ख (बैक्ट्रिया) के आसपास जा बसे यूची पांच राजकुलों में बंटे थे। धीरे-धीरे उनमें से एक—कुई शांग, प्रमुख समूह के रूप में उभरा और उसने अन्य समूहों को एक करके हिन्दुकुश के उत्तरी हिस्से में एक बड़ा राज्य खड़ा किया।

बीसवीं सदी की शुरुआत तक भारत में कुषाणों का इतिहास दो प्रमुख घटनाओं से पारिभाषित किया जाता था। सन् 1911 में, कनिष्क की मशहूर सिरविहीन मूर्ति की खोज जो पंडित राधा कृष्णा ने मथुरा के पास के एक गांव माट से की थी। अब तक हम यह पता कर चुके हैं कि माट कुषाणों के देवकुलों में से एक था, जहां अन्य देवताओं के साथ, कुषाण राजाओं विमा कडफिसेस, कनिष्क और हुविष्क की तस्वीरें भी लगाई जाती थीं, हमें यह मालूम नहीं है कि इन तस्वीरों की पूजा होती थी या नहीं।

लगभग इसी वक्त पेशावर में दूसरी खोज की गई थी। चीनी तीर्थयात्रियों फाहियान और हुएनसांग के ब्योरे के आधार पर, पुरातत्वविदों ने शाह-जी-की-ढेरी में एक टीले का उत्खनन किया और वहां से एक ऐसा ध्वंसावशेष खोज निकाला, जिसका चीनी तीर्थयात्रियों ने भारत के सबसे बड़े स्तूप के रूप में वर्णन किया था।

उन्हें स्तूप में रखी कनिष्क की प्रसिद्ध मंजूषा भी मिली, जो सम्राट ने नहीं बल्कि दरबार के दो उच्च अधिकारियों ने कनिष्क के शासन काल में स्तूप को भेंट में दी थी। यह मंजूषा अभी पेशावर के संग्रहालय में रखी है। वह खुदाई स्थल खो गया है। बाद में उसकी पहचान 2011 में पेशावर के बाहरी इलाके में एक मलिन बस्ती के रूप में हुई है।

पेशावर (पुरुषपुर) और मथुरा को कुषाणों के उत्तरी-पश्चिमोत्तर भारतीय साम्राज्य की राजधानी के रूप में पहचाना जाता है। बाद के पुरातात्विक शोध खासतौर पर अफगानिस्तान में हुए अन्वेषणों ने कुषाणों को लेकर मान्यताओं को पूरी तरह बदल दिया है।

इनसे सबसे अधिक नाटकीय खोज, 1993 में हुई। बागलान के गवर्नर सैय्यद जफर ने एक ब्रिटिश सहायता कर्मी टिम पोर्टर को बुलाया और उससे रबातक नाम के एक गांव में मिले मंदिर के अवशेषों की फोटो खींचने को कहा। यह मंदिर पहाड़ी के उलटी तरफ था, जहां सुर्ख कोटल में एक और कुषाण देवकुल की खोज की गई थी। इन खोजों में कनिष्क की 23 पंक्तियों का एक अभिलेख भी है, जो बैक्ट्रियन भाषा और यूनानी लिपि में लिखा गया है। यह अभिलेख इतना महत्वपूर्ण है कि इसे 'महान कुषाण विधान' कहा गया।

अभिलेख कहता है कि 'इसे सम्राट कनिष्क, जिसे महान राजा, राजाओं का राजा, और देवपुत्र के तौर पर वर्णित किया गया है, के आदेश पर एक दरबारी सफारा ने स्थापित किया था। यहां नाना और अन्य जारोस्ट्रियन (पारसी) देवताओं के साथ, कुषाण राजाओं की तस्वीरें भी लगाई गई थीं। यह शायद एक दूसरा कुषाण देवकुल था। अफसोस कि इससे पहले कि उस स्थल का ठीक से उत्खनन हो पाता, अफगान गृह युद्ध में यह बर्बाद हो गया।

इस अभिलेख में दो सबसे महत्वपूर्ण सूचनाएं थीं, पहली, कुषाण वंशावली जिसमें कनिष्क ने कुजुला कडफिसेस को अपना परदादा, विमा तक्तू को अपना दादा और विमा कडफिसेस को अपना पिता घोषित किया है।

दूसरी, कनिष्क दावा करता है कि उसका साम्राज्य उत्तर भारत में कौंड्य (महाराष्ट्र में वर्धा के तट पर कौंडिन्यपुर), साकेत, कौशाम्बी, पाटलिपुत्र और यहां तक कि श्री चंपा (भागलपुर, बिहार) तक है। वह एक अन्य अतिशयोक्तिपूर्ण दावा करता है कि पूरा भारत उसके अधीन था।

अब हमें एक अन्य खोतानी राजा का अभिलेख भी मिला है, जिसमें उसने दावा किया है कि वह साकेत सैन्य अभियान में कनिष्क के साथ था। जब बी एन मुखर्जी ने बंगाल में मिले खरोष्ठी-ब्राह्मी लिपि वाले अभिलेखों का पढ़ा, तो हमें पता चला कि कुषाण

व्यापारी बंगाल में भी मौजूद थे, हालांकि वहां पर उनके राजनीतिक अस्तित्व को लेकर कोई स्पष्टता नहीं है।

इस तरह, कुजुला कडफिसेस द्वारा ज़िनजियांग-बल्ख में स्थापित साम्राज्य धीरे-धीरे पूरे अफगानिस्तान, पश्चिमोत्तर पाकिस्तान और सिंधु घाटी में फैल गया। पारंपरिक रूप से कनिष्क के सत्तारूढ़ होने को 78 ईस्वी में नए संवत् की शुरुआत के रूप में माना जाता है जिसे आजकल शक संवत् कहा जाता है, लेकिन नए साक्ष्यों के मुताबिक, ऐसा प्रतीत होता है कि वह 127 ईस्वी में सिहासन पर बैठा था। उसके नेतृत्व में कुषाण साम्राज्य और अधिक विस्तार करता हुआ उत्तरी भारत तक पहुंच गया। कनिष्क की राजधानी न तो पेशावर में थी और न मथुरा में, वह निश्चित रूप से बल्ख में थी और संभवतया बगराम (आज का अफगानिस्तान) में गरमियों के लिए एक और राजधानी भी बनाई गई थी।

इस तरह, आमू-सिंधु की धुरी राजनीतिक और वाणिज्यिक रूप से गंगा की धुरी से जुड़ गई। यह छोटी उपलब्धि नहीं थी, क्योंकि अगली तेरह शताब्दियों तक, यानी मुगलों के शासन तक, ऐसा फिर से दोहराया जाने वाला नहीं था।

चीनी आख्यानों में स्पष्ट रूप से जिक्र है कि कुषाण लोग निचली सिंधु घाटी (शेन-तु) पर नियंत्रण की वजह से बहुत समृद्ध हो गए थे। पेरिप्लस ने लिखा है कि सिंधु नदी के मुहाने पर स्थित बारबेरिकम (वर्तमान कराची के आसपास कहीं) उस इलाके का प्रमुख पत्तन था। कुषाण लोग चीनी लोगों के साथ घोड़ों और रेशम का व्यापार करते थे, वे भारतीय कपड़े, आभूषण, लाजवर्द, और सुगंधदायक और औषधीय पौधे अफगानिस्तान से रेशम मार्ग को ले जाते, और संभवतया इस सारे माल का अपने समुद्री पत्तनों के जरिये निर्यात किया करते थे।

कुषाण लोग बंगाल/पूर्वी भारत के बंदरगाहों के जरिये घोड़ों का निर्यात वियतनाम, मलेशिया और चीन को करते थे जो उस समय के हिसाब से असाधारण किस्म का वाणिज्यक उद्यम प्रतीत होता है।

ईरान के सासानियों के साथ कुषाण सौदागर, रेशम, ऊन, कालीनों, कपड़े और विलासिता की अन्य वस्तुओं का (अमूमन रोमनों के साथ) व्यापार करते थे और बदले में सोना या चांदी के सिक्के लिया करते थे। मध्य-पूर्व और भारत के साथ स्थलीय व्यापार के बारे में एक अप्रत्यक्ष संदर्भ में, एक यूनानी इडिसोर ऑफ चारक्स की (पहली सदी ईसापूर्व से पहली सदी ईस्वी) मशहूर किताब द पार्थियन स्टेशंस (स्ताथमोई पार्थिकोई) में मिलता है। इस किताब में एंटीओक (सीरिया में) से भारत का सफरनामा लिखा है, जिसमें दो जगहों और कारवां सरायों के बीच की बिलकुल सटीक दूरियों का उल्लेख है।

230 ईस्वी के आसपास पर्शियन सासानी साम्राज्य के हमलों से कुषाणों का अंत हुआ लेकिन इससे पहले ढाई शताब्दियों से अधिक वक्त तक कुषाणों ने मध्य एशिया में, खासकर ईरान और चीन तथा अधिकतर उत्तरी भारत में व्यापार मार्गों में असाधारण स्थिरता प्रदान की। उन्हें आमू दरिया के तट पर तामरेज़ से लेकर पेशावर, तक्षशिला और मथुरा जैसे समृद्ध शहर बनाने व देखरेख करने का श्रेय भी दिया जाता है।

मध्य एशिया की उपजाऊ नदी घाटियों और उत्तरी भारत के उपजाऊ मैदानों की कृषि की अधिशेष उपज कुषाणों के ख़ज़ाने को भर रही थी, लेकिन एशिया में विभिन्न बड़े केन्द्रों के बीच व्यापार मार्गों पर उनके प्रभुत्व ने उन्हें हैरतअंगेज़ रूप से दौलतमंद बना दिया।

भारतीय उपमहाद्वीप में, सोने के सिक्के जारी करने वाला पहला राजा विमा कडफिसेस था। उसके सिक्के ऑस्टस्टस के रोमन सिक्कों की नकल थे। कनिष्क, हविष्क और दूसरे कुषाण राजाओं के सोने के सिक्के बड़ी संख्या में अफगानिस्तान, पाकिस्तान और उत्तरी भारत में मिले हैं जो इशारा करते हैं कि वह असाधारण रूप से समृद्ध कालखंड था।

आज बगराम (कपिशा) अमेरिकी एयरबेस की वजह से मशहूर है, लेकिन वास्तविक शहर तो सिकंदर ने बसाया था और तब उसका नाम अलेक्जेंड्रिया एट काकाशस (कॉकाशस पर बसा सिकंदरिया) था। इस शहर को मोटे तौर पर कुषाणों की गरमियों की राजधानी के रूप में चिह्नित किया गया था।

एक अन्य उल्लेखनीय तथ्य है कि इस जगह से एक गड़ा हुआ ख़ज़ाना भी खोद निकाला गया है। इस खजाने को कुछ लोग राजकोष या किसी बड़े व्यापारिक संघ का गोदाम या किसी तरह का कस्टम हाउस मान रहे हैं। यहां से मिली सामग्री में भारतीय हाथीदांत, सोने और चांदी की अनगिनत कलाकृतियां, विलासिता की वस्तुएं हैं जिन पर नियत यूनानी डिजाइन बने थे और साथ ही चीन में बनी वस्तुएं थीं।

सोने की चीज़ों का एक और भव्य गुप्त भंडार उत्तरी अफगानिस्तान के तिल्या टेपे में उत्खनित किया गया, जो शाही मकबरे का अहाता मालूम पड़ता है। अफगानिस्तान के तत्कालीन राष्ट्रपति नजीबुल्लाह ने इस खजाने को अफ़गान केन्द्रीय बैंक में सुरक्षित रखवा दिया था। इस तिज़ोरी की चाबी तालिबान शासन के दौरान खो गई। यह तिज़ोरी दोबारा खुल गई है और 22000 से अधिक सोने के खूबसूरत कारीगरी वाले टुकड़ों की पहचान कर ली गई है जो कुषाणों की संपत्ति का स्पष्ट प्रमाण है।

कुषाण लोग इस बहुसांस्कृतिक, बहुजातीय कॉस्मोपॉलिटन साम्राज्य को इसके फलते--फूलते व्यापार और शहरी केन्द्रों के साथ एकसूत्र में बांधने में कैसे सफल हुए?

कुषाण सामान्य तौर पर यायावर थे लेकिन उन्होंने उस युग में संस्कृति को समृद्ध किया। यह उनके भौतिक वस्तुओं के व्यापार और कलात्मक विरासत से प्रमाणित होता है। वे एक असाधारण किस्म के सहिष्णु शासक के रूप में भी उभरे थे।

ईश्वर के साथ निकट संबंध (देवपुत्र) स्थापित करने वाले कुषाण राजाओं के साथ-साथ, सिक्कों पर बहुत सारे जोरास्ट्रियन और भारतीय देवताओं की छवियां भी उत्कीर्णित थीं। बौद्ध साहित्य में कनिष्क को अशोक के बाद बौद्ध धर्म का महान संरक्षक बताया गया है, लेकिन सिक्कों के मामले में कनिष्क का कुषाण देवकुल कहीं भी बौद्ध धर्म का प्रसार करता नहीं दिखता। इस अवधि में राजाओं, शाही अधिकारियों और आम लोगों से मिली भेंट और दूसरे प्रमाण, कुषाणों के तहत तहत बौद्ध धर्म के असाधारण रूप से फूलने-फलने की ओर इंगित करते हैं।

उसके शासन काल में महान बौद्ध बैठकें कहां और कब आयोजित हुई थीं, यह सवाल उत्तर महत्वपूर्ण नहीं है, लेकिन ऐसा प्रतीत होता है कि इस समय तक बौद्ध के केन्द्र पश्चिमोत्तर की तरफ स्थानांतरित हो गए थे, जहां से यह उप-महाद्वीप से बाहर की यात्रा करने वाला था। सबसे बड़ी संभावना यह है कि तीसरी शताब्दी में यूरोप में फैली चेचक की महामारी ने भी अपनी यात्रा यहीं से शुरू की थी, रोम में इस रोग के आक्रमण की आधी सदी पहले हरिति नाम की चेचक की बौद्ध देवी की छवियां मिलने लगती हैं।

हमें यह पता है कि कनिष्क ने बौद्ध कवि और लेखक अश्वघोष को संरक्षण दिया था, जिन्होंने बुद्धचरित लिखा था। इसी दौरान बौद्ध शिक्षकों का पहला जत्था चीन के मुख्य शहरों में पहुंचने वाला था। जो अपने कुलनाम 'झी' से जाने जाते थे, और वह सभी कुषाण-यूची मूल के थे।

बुद्ध और बौद्ध शिक्षकों की तस्वीरें दूसरी शताब्दी ईस्वी में चीन के पूर्वी तट पर यांगमिंग्सान में पत्थरों पर उकेरी गई थीं, जिन पर स्पष्ट रूप से बैक्ट्रियन-यायावरों के असर दिखता है। यह व्यापार, सहिष्णुता और संरक्षण का शक्तिशाली संयोजन था, जिसने कुषाण साम्राज्य के प्रभावी धर्म की कारोबारी साझेदारी को विकसित किया। यही वह साझा विश्वास था, जिसने व्यापार और व्यापारियों को दूरस्थ इलाकों में पैर जमाने में मदद की।

तीर्थयात्री का व्यापार मार्ग

बिहार के एक गरीब खेतिहर जिले में एक हरे-भरे उद्यान के बीच में बना हुआ एक विशालकाय चीनी मंदिर बिलकुल असंगत लगता है। इस ह्वेन सांग मेमोरियल हॉल से दो किलोमीटर दूर ही, नालंदा विश्वविद्यालय के खंडहर हैं। यह विश्वविद्यालय चौथी शताब्दी

ईस्वी के उत्तरार्ध में अपनी स्थापना के बाद से कई शताब्दियों तक पूरी बौद्ध दुनिया में सर्वश्रेष्ठ माना जाता था। इसे बख़्तियार खिलजी की फौज ने 1200 ईस्वी के आसपास जलाकर नष्ट कर दिया था।

इस हमलावर फौज ने कम से कम तीन विश्वविद्यालयों, ओदंतपुरी, नालंदा और विक्रमशिला को बेहद कम अवधि के भीतर नेस्तनाबूद कर दिया था। यह ऐसे वक्त में हुआ था जब इस्लामिक विश्व में विश्वविद्यालयों का उदय हो रहा था, और उनकी देखा-देखी इटली में पहले विश्वविद्यालय की स्थापना भी होने वाली थी।

ह्वेन सांग ने दो साल तक नालंदा के कुलपति शीलभद्र के संरक्षण में अध्ययन किया। यह उस तीर्थयात्री की महागाथा और एशिया में सातवीं शताब्दी ईस्वी में उसकी जोखिम भरी यात्रा का शिखर बिन्दु था।

ह्वेन सांग ने अपनी यात्रा चीन के अंदरूनी हिस्से से 629 ईस्वी में शुरू की थी। ऐसे समय में, जब चीनी सम्राट ने विदेश यात्रा पर प्रतिबंध लगा दिया था, वह सीमा की चौकियों पर कुछ बौद्ध पहरेदारों की मदद से निकल पाने में सफल रहा, और आखिरकार, 630 ईस्वी में गोबी मरूस्थल पारकर तुर्फ़ान (आज का तुरपान) पहुंच गया।

वहां से, वह काराशार, कूचा होता हुआ पश्चिम की तरफ यात्रा करता रहा, और समरकंद पहुंचा और वहां से वह बल्ख और फिर बामियान (जहां उसने एक विशालकाय बुद्ध प्रतिमा होने का जिक्र सबसे पहले किया) होते हुए गांधार पहुंचा।

भारत में असम से आंध्र तक कई साल तक यात्रा करने के बाद, वह 645 ईस्वी में चीन लौट गया। ह्वेन सांग 600 से अधिक पांडुलिपियां, बौद्ध मूर्तियां और अवशेष अपने साथ ले गया। चीन में, उसका बहुत जोर-शोर से स्वागत हुआ। उसकी कहानी को मोगाओ गुफाओं में चित्रित किया गया।

तत्कालीन सम्राट के संरक्षण से, वह चांगान (आज का ज़ियान) में अब तक सबसे विशाल अनुवाद संस्थान खोलने में कामयाब रहा। सम्राट की आज्ञा से उसने महान तांग का पश्चिमी इलाकों पर दस्तावेज़ लिखा था। यह यात्रा-वृत्तांत उस दौर के भारत और मध्य एशिया के बारे में सबसे विस्तृत ब्योरा साबित हुआ।

वास्तव में, उसके विवरण की मदद से ही, अलेक्ज़ेंडर कनिंघम और अन्य खोजकर्ता बौद्ध केन्द्र और शहरों की खोज करने में कामयाब हो सके।

फाह्यान, ह्वेन सांग और इत्सिंग उन तीर्थयात्रियों में थे जिनके यात्रा-वृत्तांतों ने उन्हें मशहूर बना दिया। तर्क दिया जाता है कि ये लोग उन नियमित तीर्थयात्रियों की बड़ी तादाद

का एक हिस्सा भर थे, जो रेशम मार्ग पर आ जाते थे। शुरुआत में, भिक्षुओं ने उस रास्ते का चयन किया जिसकी नींव सौदागर यात्रियों ने रखी थी, लेकिन वे लोग नए रास्ते खोजने में भी सफल रहे, जिसका अनुगमन जल्दी ही व्यापारी भी करने वाले थे।

इतिहासकारों को एक ऐसा पत्र मिला है जिसे ह्वेन सांग ने चीन लौटने के बाद लिखा था। यह पत्र बोध गया के किसी प्रतिष्ठित बौद्ध शिक्षक प्रज्ञादेव के नाम था जो प्रज्ञादेव से मिली चिट्ठी का जवाब था। उसकी चिट्ठी के साथ कुछ उपहार भी थे, जिनमें कपास के दो गट्ठे भी थे। इस पत्र में ह्वेन सांग, हीनयान मानने वाले अपने शिक्षक को महायान अपना लेने का अनुरोध करता है, लेकिन सबसे अधिक दिलचस्प है कि यह पत्र चीनी में लिखा गया था और ह्वेन सांग पूरी तरह आश्वस्त था कि बोध गया में चीनी अनुवादक मौजूद होंगे।

ऊपरी सिंधु के ऊंचे पर्वतीय दर्रे पार करने के बाद या फिर खैबर दर्रे से यात्रा करते वक्त, जब फाह्यान या ह्वेन सांग जैसे तीर्थयात्री गांधार में उतरते थे, तो वह बुद्ध की धरती पर पहुंचने के अहोभाव से भर जाते थे। वास्तव में, गांधार ने ही, रेशम मार्ग के जरिये बौद्ध धर्म के प्रसार के लिए मजबूत आधार दिया था।

काबुल और स्वात नदियों से सिंचित पेशावर घाटी, गांधार का केन्द्र बिन्दु थी। पूर्व में सिंधु, पश्चिम में खैबर और दक्षिण में सफेद कोह श्रेणी इस घाटी की सीमाएं बनाते थे। उत्तर की तरफ और भी छोटी घाटियां थीं, जिनमें से सबसे अधिक महत्वपूर्ण थी: स्वात घाटी यानी प्राचीन काल का उद्याना।

यहां के प्रमुख शहरों में पुष्कलावती (आज का चारसद्दा) पुरुषपुर (पेशावर) और सिंधु के तट पर उद्भांडपुर (आज का हुंड) था। पाटलिपुत्र से तक्षशिला तक के मौर्यों के विशाल राजमार्ग उत्तरापथ का विस्तार गांधार तक था। तक्षशिला, सिंधु से कोई 30 किलोमीटर पूर्व में थी। वह इस उपमहाद्वीप का पश्चिमोत्तर मेट्रोपॉलिस था। पहाड़ियों के पार पश्चिम की तरफ, काबुल, जलालाबाद, बगराम, और बमियान—गांधार के सांस्कृतिक क्षेत्र के हिस्से थे। नदी घाटी की कृषि उपज के आधिक्य और कारोबारी कारवां के निरंतर आवागमन ये जीवंत इस क्षेत्र में बौद्ध धर्म ने अपना एक नया मुकाम पाया।

तपस्सु भल्लिका तथा भिक्षा पात्र की कहानियों के अलावा, बुद्ध के पूर्वजन्म की अनगिनत कहानियां स्थानीय संदर्भों में खोज ली गई हैं। ऐसी लोककथाओं और स्तूपों ने बौद्ध धर्म के स्थानीयकरण में सहायता की। यूनानी, शक, पार्थियन के मिलन से यहां, दूसरी सदी में समृद्ध सांस्कृतिक परंपराओं का जन्म हुआ।

पिछले दो दशकों में हुई खोजों ने इस बात के साक्ष्य दिए हैं कि एक अलग गांधारी भाषा भी अस्तित्व में थी, जो खरोष्ठी लिपि में लिखी जाती थी। अफगानिस्तान, मध्य एशिया और चीन में मिली पांडुलिपियां गांधारी भाषा में हैं। इन्हें आज भारत की सबसे पुरानी पांडुलिपियों में गिना जाता है।

अभिलेख, सिक्के और कलात्मक परंपराओं समेत गांधार की परंपरा इस बात के पुख्ता प्रमाण देती हैं कि सभ्यताओं के इस चौराहे पर, एक वैश्विक बौद्ध धर्म का उदय हुआ था। यही धर्म व्यापारियों के उस सफर में भी साथ रहा, जब वे लोग गांधार से वतन वापसी के लिए चले थे।

बौद्ध धर्म का पश्चिम की तरफ विस्तार प्रारंभ में काफी संगठित था। पूर्वी ईरान से सीरिया की ओर व्यापारिक मार्ग के साथ विहार और स्तूप मिलते हैं। फारस की खाड़ी के आसपास पहली तीन शताब्दी ईस्वी में बनी बौद्ध गुफाओं की श्रृंखला मिलती है। बौद्ध दर्शन के प्रभाव की एक शाखा सिकंदरिया, और मिस्र में सदियों तक फूली-फली जिसे थेराप्यूतेई कहा जाता है, वह अपने विश्वासों में करीब-करीब बौद्ध धर्म ही था। कुछ विद्वानों ने तो यूनान तक बौद्ध धर्म के पहुंचने के साक्ष्य तक जुटा लिए हैं।

तीसरी शताब्दी में पारसीवाद ने बौद्ध धर्म समेत अन्य धर्मों पर क्रूर हमले किए। मध्य पूर्व और फारस की खाड़ी में बौद्ध स्थानों को हिंसक ध्वंस का सामना करना पड़ा। पार्थियन भाषा में बौद्ध शब्दों की संख्या काफी ज्यादा है, धार्मिक दान की संकल्पना और कुछ दार्शनिक सूत्र अभी भी पश्चिम में बौद्ध धर्म की विरासत की तरह मौजूद हैं, लेकिन यह सब तीसरी शताब्दी ईस्वी तक खत्म हो गया।

सफेद घोड़ों का मंदिर

ह्वेन सांग वाली प्राचीन सड़क बल्ख तक पहुंचती थी और वहां से यह मर्व (तुर्कमेनिस्तान) और समरकंद की ओर जाती थी। यह सड़क पूरे मध्य एशिया में फैली थी। इतिहासकारों ने इस बात पर बहुत चर्चा की है कि क्या बौद्ध धर्म ने अफगानिस्तान से चीन की ओर यात्रा में मध्यवर्ती क्षेत्र यानी मध्य एशिया को प्रभावित नहीं किया?

आधुनिक शोध बताते हैं कि चीन में बौद्ध धर्म के पहले संकेतों और मध्य एशिया में इसके साक्ष्यों के बीच लंबा अंतराल है। मध्य एशिया में, पहला स्तूप (विहार) दक्षिणी रेशम मार्ग के साथ दिखता है। इसका समय चीन में बने विहारों से एक शताब्दी बाद का है। बौद्ध विहारों के निर्माण के ऐसे प्रमाण उत्तरी मार्गों के साथ बहुतायत में हैं, जो यह स्पष्ट रूप से स्थापित करते हैं कि कुषाण और बाद के सोग्दियाई व्यापारी इसी मार्ग को तरज़ीह देते

थे। बल्ख और दुनहुआंग के बीच के शहर जैसे काशगर, यारकंद, खोतन, कूचा और तुर्फान भी महत्वपूर्ण बौद्ध केन्द्रों के रूप में उभरे। भारतीय-शक सिक्कों, खरोष्ठी और उसके बाद ब्राह्मी लिपि के प्रसार, गांधार की पांडुलिपियों और गांधार तथा कश्मीर के बीच प्रत्यक्ष संपर्कों से स्पष्ट है कि खोतान का भारत के साथ सबसे नजदीकी संपर्क था।

इस बारे में एक लोककथा है— सम्राट मिंग (28-75 ईस्वी) ने अपने सपने में सूर्य की तरह चमकते ईश्वर को देखा। उसके सलाहकारों ने इस स्वप्न का संदर्भ बुद्ध से जोड़ा अर्थात् वह नया ईश्वर जिसका उदय भारत में हुआ था। तब उसने अपने दो राजदूतों को बौद्ध धर्म की खोज में भारत भेजा।

उसके दूत गांधार से दो बौद्ध शिक्षक, धर्मरत्न और कश्यप मातंग को लेकर लौटे, जो अपने साथ सफेद घोड़ों की पीठ पर लादकर बौद्ध ग्रंथ ले गए थे। उनका आवास शाही राजधानी ल्योयांग के ठीक बाहर बनाया गया, यह 68 ईस्वी में चीन के पहले बौद्ध मंदिर में बदल गया, और इसका नाम हुआ सफेद घोड़ों वाला मंदिर।

लोककथाओं से परे, प्रमाण बताते हैं कि चीन में बौद्ध धर्म का परिचय रेशम मार्ग के व्यापारियों ने कराया। बौद्ध धर्म तथा घोड़ों के यूची सौदागरों के बीच रिश्ते की कहानी भी लोककथाओं में संरक्षित है। चीन में बौद्ध धर्म के पहले प्रमुख अनुवादकों (संस्कृत से चीनी) और शिक्षकों में दो पार्थियन (एन शिह-काओ और एन-ह्स्यान) और एक कुषाण भिक्षु लोकक्षेम थे।

विद्वानों का तर्क है कि बौद्ध धर्म का चीन में प्रसार गांधार (भारत) के शिक्षकों द्वारा हुआ। मध्य एशिया से शिक्षक (अनुवादक) के रूप में बौद्ध भिक्षु चीन गए थे। वियतनाम जैसे दूसरे दक्षिण एशियाई देशों से भी बौद्ध शिक्षक चीन पहुंचे। शुरुआती बौद्ध शिक्षकों में सबसे अधिक सम्मानित शिक्षक और अनुवादक कुमारजीव (334—413 ईस्वी) थे। कुमारजीव कच्छ (गुजरात) के निवासी थे। उन्होंने कश्मीर में अध्ययन किया था। वह एक युद्धबंदी के रूप में चीन ले जाए गए थे लेकिन बाद में वहां उन्हें अंशावतार जैसा दर्जा हासिल हुआ।

यह कुमारजीव के प्रवाहमान अनुवाद का ही कमाल था कि चीन के बौद्ध धर्म को दर्शन की गहराई हासिल हो पाई। एक अन्य रहस्यपूर्ण शख्सियत बोधिधर्म की थी, जिन्हें कभी नीली आंखों वाला मध्य एशियाई तो कभी एक दक्षिण भारतीय (पल्लव) राजकुमार से भिक्षु बना व्यक्ति कहा जाता है। वह चान बौद्ध शाखा (जापानी ज़ेन) के लोकश्रुत संस्थापक भी थे। उनका नाम ध्यान के अभ्यास के लिए चाय के प्रयोग से भी जोड़ा जाता है।

एक गुस्सैल भिक्षु के रूप में वर्णित बोधिधर्म को शाओलिन मंदिर के संस्थापक (संरक्षक) के रूप में जाना जाता है जो अपने मार्शल आर्ट की परंपरा के लिए विख्यात है। वह संभवतया पांचवीं शती ईस्वी के पूर्वार्ध में सक्रिय थे, उनका जोर ध्यान और आंतरिक शक्ति पर था, जिसने बौद्ध परंपरा स्थापित करने में उनकी सहायता की।

सन् 385 से 581 के बीच, चीन कई छोटे रजवाड़ों में बंटा था, और हमेशा आपसी युद्धों में फंसा रहता था। 440 ईस्वी तक, उत्तरी वेई वंश ने किसी तरह उत्तरी चीन को एकीकृत करने और उनमें एकसूत्र में बांधने में कामयाबी हासिल कर ली, और इसके लिए वे बौद्ध धर्म पर पूरी तरह आश्रित थे। छठी सदी ईस्वी के अंत तक, सुई वंश के शासन में एक बार फिर पूरा देश एकीकृत हो गया, इन लोगों ने भी बौद्ध धर्म को उदार संरक्षण दिया।

बौद्ध विद्वानों पर तांग वंश के हमलों (345 ई) तक चीन में बौद्ध धर्म को असाधारण संरक्षण और लोकप्रियता हासिल रही। इस तरह, चौथी से आठवीं सदी तक, भारत, चीन और मध्य एशिया में वर्चस्व के दौरान बौद्ध धर्म सबसे महत्वपूर्ण वैश्विक धर्म था।

प्राचीन विश्व में, बिलकुल सटीक व्यापारिक संपर्क और व्यापार की मात्रा का दस्तावेजीकरण प्राय: एक असंभवप्राय काम रहा है। आम तौर पर खपत के सूत्रों के सहारे यह माना जाता है कि भारत में चीनी रेशम व्यापार के जरिये ही आया होगा। ऐसे व्यापारिक संपर्कों के लिए अप्रत्यक्ष साक्ष्यों पर निर्भर रहना होता है।

निचले सिंधु के इलाके से दुनहुआंग तक के मार्ग में पुरातात्विक प्रमाणों की कमी ने इतिहासकारों को एक सदी से अधिक वक्त तक अचरज में रखा। इसके लिए सबसे आमफहम कारण यह था कि पश्चिमी व्यापारियों ने रेशम और कपड़े जैसे माल का भुगतान सोने और चांदी के रूप में किया, हालांकि इसके कोई साक्ष्य बमुश्किल ही मिलते हैं।

एक प्रमुख इतिहासकार तो यह भी कहते हैं कि स्वयं बौद्ध धर्म ने भी दान के रूप में सात रत्नों (स्वर्ण, चांदी, लाजवर्द, शंख, गोमेद, मोती और माणिक) पर जोर दिया और इस तरह व्यापार को बढ़ावा ही दिया।

प्रत्यक्ष प्रमाणों की कमी से हमें विहारों की समृद्धि और उनकी अवस्थिति जैसे अप्रत्यक्ष साक्ष्यों पर ही भरोसा करना होता है, क्योंकि वह व्यापारियों के संरक्षण पर ही निर्भर थे। धर्म और ज्ञान का केन्द्र होने के साथ ही, यह विहार मुसाफिरों को आश्रय भी देते थे, और संभवतया वाणिज्यिक सूचनाओं के आदान-प्रदान के स्थान के रूप में भी उभरे।

हमें यह निश्चित रूप से पता है कि मर्व से जेड गेट तक के पूरे सिल्क रुट पर , हर जगह रेशम को बतौर मुद्रा स्वीकार किया जाता था। इस मामले में कम से कम एक दस्तावेज तो मौजूद है, जिसमें एक भिक्षु को जुर्माने के तौर पर रेशम के गट्ठे चुकाने को कहा जाता है। व्यापारी दुश्वार इलाकों में लंबी दूरी तय करने को तैयार थे, क्योंकि वहां पर्याप्त लाभ की संभावना थी। यात्रा की प्रकृति ने रेशम या कीमती पत्थरों जैसे कुदतरन महंगे माल के व्यापार को सीमित कर दिया था। वे लोग इस कठिन मार्ग से सफर करते थे, जो अप्रत्याशित आश्चर्यों से भरा था।

फाह्यान और ह्वेन सांग दोनों ने सिंधु नदी के ऊपर झूलते पुल या बर्फीले संकरे दर्रों का जिक्र किया है, जहां एक गलत कदम का मतलब सीधी मौत होती थी। तीर्थयात्रा के लक्ष्य ने उन्हें भावनात्मक संबल दिया।

दुनिया के कुछ सबसे ऊंचे पहाड़ों के बीच, हुंजा घाटी (आज के काराकोरम हाईवे के पास) में खड्डों और ऊंचे पर्वतीय दर्रों से गुजरते हुए, लंबी दूरी के व्यापारी सदियों तक अपनी सुरक्षित यात्रा के लिए प्रार्थना करते हुए अपने घर-परिवार की याद में भित्तिचित्र और शैलचित्र उकेरते रहे। ऐसी परिस्थितियों में साझा संस्कृति ने रेशम मार्ग के व्यापारियों के बीच बौद्ध धर्म को एक वैश्विक धर्म बना दिया।

सुनहरे बुद्ध

यह अफगानिस्तान के अब तक की सबसे बड़ी विदेशी निवेश परियोजना थी। चाइना मेटालर्जिकल ग्रूप मेस अयनाक में तांबे के खनन के लिए 3 अरब अमेरिकी डॉलर के विशालकाय निवेश समझौते पर दस्तखत कर चुका था। अलबत्ता लगातार धमकियों, बारूदी सुरंगों और यहां की विरासत को बचाने के लिए अंतरराष्ट्रीय दबाव की वजह से वह काम शुरू करने में नाकाम रहे।

सात शताब्दी पीछे यह रेशम मार्ग का हृदय-स्थल था। संभवतया तांबे की उपलब्धता (ताम्र पिघलाने के सुबूत यहां 2000 साल से हैं) ने इसे आर्थिक रूप से ज्यादा आकर्षक बना दिया। पिछले कुछेक सालों में, पुरातत्वविदों ने यहां दो किले, चार बौद्ध विहार, एक पारसी अग्नि मंदिर और एक अन्य ढांचा, खुदाई में खोज निकाला है, और यह अफगानिस्तान का सबसे बड़ा पुरातात्विक परिसर है।

कनिष्क युग के कई सिक्कों और अन्य कलाकृतियों के साथ ही, जिस चीज ने पूरी दुनिया का ध्यान अपनी तरफ खींचा वह था, सुनहरे रंग की बनी बुद्ध की खूबसूरत मूर्तियां, जिनमें से कुछ के चेहरे पर करुणा के उत्कृष्ट भाव थे।

बुद्ध के महापरिनिर्वाण के करीब सात शताब्दियों बाद उनकी पहली मूर्त्ति गांधार में बनाई गई। शायद नवदीक्षित लोगों के सामने बुद्ध की एक छवि लाना जरूरी लगा होगा। विदेशी लोगों के लगातार प्रवास के सामने अपने धर्म की महानता को स्थापित करने के लिए भी यह जरूरी था। मूर्ति कला की गांधार शैली में भारतीय कल्पनाशीलता, क़िस्सागोई और ग्रीको-रोमन शैली की तकनीक का समावेश था, जिससे सार्वकालिक रूप से सर्वाधिक आकर्षक कलात्मक परंपरा की शुरुआत हुई।

गांधार बुद्ध, यूनानी चोगे या रोमन टोगे जैसे लिबास, मजबूत देहयष्टि पर खूबसूरत चादर, घुंघराले भूमध्यसागरीय इलाके वाले बाल और सिर पर सजे जूड़े में अपोलो और जेउस जैसे दिखते हैं। इस नई कला का पहला नमूना बीमारन स्वर्ण मंजूषा है, जिसकी तारीख पहली सदी ईसापूर्व तक की आंकी जाती है।

गांधार कला शैली दूसरी से पांचवीं शताब्दी ईस्वी तक सक्रिय रही थी। कुछ स्थानों पर यह कम से कम 7वीं सदी तक प्रचलन में रही। अफगानिस्तान में इस्लाम के विस्तार ने ऐसी विरासतों को गंभीर नुकसान पहुंचाया जो हाल के वर्षों तक जारी रहा है। इसके सुबूत सन् 2001 में तालिबान द्वारा बामियान की विशालकाय बुद्ध प्रतिमाओं के ध्वंस से भी मिलते हैं।

दूसरी शताब्दी ईस्वी में गांधार में बनाई गई बुद्ध और बोधिसत्व की प्रतिमाओं की लोकप्रियता और विस्तृत स्वीकार्यता का अंदाजा इस बात से ही लगाया जा सकता है कि यह मूर्ति शैली पूरे उप-महाद्वीप में कुछ ही समय में फैल गई। लगभग इसी के समकालीन मथुरा शैली की बुद्ध की मूर्तियों में भी वही चादर, और केश-विन्यास है, बेहद बारीकी से उकेरी गई देहयष्टि, आभामंडल और वही मुद्राएं हैं लेकिन बुद्ध का चेहरा अधिक भारतीय है और उनके कपड़े भी हल्के हैं।

मथुरा से एक हज़ार किलोमीटर से भी अधिक दूरी पर आंध्र के अमरावती और नागार्जुन कोंडा या कर्नाटक में कंगनाहल्ली में, यह मूर्तिकला तीसरी ईस्वी में अपना ली गई थी। पश्चिमी भारत में, बुद्ध की ऐसी मूर्तियां पहले-पहल कन्हेरी में बनाई गईं, जिनमें संभवतया लकड़ी और अन्य नष्ट होने वाले पदार्थों का इस्तेमाल किया गया था, इसी क्रम में अजंता में पांचवी सदी में विशालकाय प्रस्तर प्रतिमाएं बनाई गईं।

यह शैली रेशम मार्ग के जरिये बाकी के एशिया में प्रसारित हुई और समुद्री मार्ग के जरिये यह दक्षिण-पूर्वी एशियाई देशों और श्रीलंका को गई, और इस तरह भौगोलिक रूप से इस मूर्तिकला ने 12वीं सदी में जापान में विशालकाय कामकुरा बुद्ध के रूप में अपनी पराकाष्ठा हासिल की।

प्रारंभिक बौद्ध परंपराओं में, अवशेषों की पूजा की जाती थी और इन अवशेषों के ऊपर स्तूप निर्मित किए जाते थे। स्तूप बनाने की परंपरा संभवतया बुद्ध से पहले से मौजूद थी। उनके बाद से खुद स्तूपों की ही पूजा होने लगी।

स्तूप परंपरा को आगे बढ़ाने वाले लोगों में सम्राट अशोक प्रमुख है। इन स्तूपों की प्रारंभिक सजावट पेड़ों, जानवरों, पहियों इत्यादि के प्रतीक से की जाती थी। बड़े शहरों के आसपास विशालकाय स्तूप-विहार परिसर अस्तित्व में आए। बड़े स्तूप मुख्य व्यापारिक मार्गों पर, जैसे मृगदाव (सारनाथ) काशी के पास, धर्मरजिका तक्षशिला के पास और सांची विदिशा के पास बनाये गए। अमरावती का स्तूप धरणीकोटा (सातवाहनों की राजधानी) के पास और नागार्जुनकोंडा का स्तूप विजयापुरी (इक्ष्वाकुओं की राजधानी) के पास निर्मित किया गया।

तीसरी सदी ईस्वी से बुद्ध की छोटी और बड़ी प्रतिमाएं उपासना-स्थलों की शोभा बढ़ाने लगीं। रेशम मार्ग के साथ बौद्ध धर्म के सफर ने छोटी प्रतिमाओं की परंपराओं का विस्तार किया। पेशावर में स्तूप-विहार परिसर (तख़्त-ए-बही) सहित, पूरे अफगानिस्तान, बल्ख, खोतान और काशगर में, हर जगह इसी परंपरा को अपनाया गया।

बौद्ध भिक्षु स्वयं भगवान बुद्ध द्वारा स्थापित परंपराओं का पालन करते हुए, वर्षाकाल में गुफाओं में शरण लेते थे। इस वजह से, सरल गुफा मंदिरों का निर्माण होने लगा। ऐसी पहली गुफाएं गया के निकट बराबर पहाड़ियों में खोजी गईं, जहां सुदामा और लोमश ऋषि गुफाएं बताई जाती हैं। यहां चट्टान की दिशा में उनके समांतर आयताकार स्थान बनाए गए, यहां बगल से छोटा प्रवेश द्वार था और अन्य कोई सजावट नहीं थी।

गुफाओं में भिक्षु एवं व्यापारी

पहली सदी ईसापूर्व और 5वीं सदी ईस्वी के बीच, पश्चिमी घाट में बहुतायत में प्रस्तर गुफाएं निर्मित की गईं। धीरे-धीरे, ये गुफाएं एक लंबे स्थान के तौर पर बनाई जाने लगीं, जिसमें प्रवेश द्वार चौड़ा होता था और दूर के कोने पर एक वृत्ताकार स्थान होता था। इसके बाद, यह स्तंभाकार हॉल में बदल गए जिसमें अंत में एक स्तूप और गोलाकार प्रदक्षिणा पथ होता था, जैसा कि भज और कार्ले में है।

अजंता की गुफाएं संभवत: पहली सदी ईस्वी में बनाई गईं। वाकातकों के काल में 450 से 480 ईस्वी में इन्हें सजाया गया। अपनी बेमिसाल मूर्त्तिकला के साथ ही अजंता, असल में, अपने शानदार भित्तिचित्रों के लिए भी मशहूर है। इसके चटख रंग, भव्य दृश्यावलियां

और नफासत भरे चित्र उनके संरक्षकों की अभिजात्य बहुदेशीय शहरी पृष्ठभूमि की जानकारी देते हैं।

मध्य भारत (उज्जयिनी, महिष्मती) और दक्कन (प्रतिष्ठान व तगर) के बीच व्यापार मार्ग अजंता के निकट है। यहां तक कि मुंबई के करीब अन्य गुफाओं को भी, उज्जयिनी और विदिशा तथा सोपारा जैसे पत्तनों के लिए आने-जाने वाले व्यापारियों का फायदा मिला होगा।

सन् 1907 में, ऑरैल स्टीन दुनहुआंग के पास मोगाओ गुफाओं तक पहुंचे, जो रेशम मार्ग पर चीन के चार किलेबंद शहरों में से एक था। जहां उन्होंने अनगिनत गुफाएं देखीं, जिनमें से ज्यादातर में चटख रंगों से बौद्ध छवियां चित्रित थीं। इन चित्रों में महत्वपूर्ण राजनीतिक घटनायें भी उकेरी गई थीं। स्टीन के वहां पहुंचने से कुछ साल पहले एक तथाकथित पुस्तकालय गुफा को आठ शताब्दियों तक जनता की निगाहों से छिपे रहने के बाद खोज निकाला गया था। माना जाता है कि इसे अरब सेना के हमले की खबरों के बाद बंद कर दिया गया था, जिन्होंने खोतान के आसपास के विहारों को भारी नुकसान पहुंचाया था।

ऑरैल स्टीन और चीनी भाषा के फ्रांसीसी विद्वान पेलियो ने यहां के स्वघोषित संरक्षक एबॉट वॉन्ग युनालू की मदद से पुस्तकालय गुफा से भाषाओं की पांडुलिपियां एकत्र कीं। इनमें डायमंड सूत्र भी है जिसे 868 ईस्वी में प्रकाशित किया गया था और जिसे दुनिया की पहली छपी हुई किताब माना जाता है।

सिर्फ पुस्तकालय गुफा में ही, 50,000 दस्तावेज़ संग्रहीत थे, जिनमें कपड़े और रेशम पर लिखे दस्तावेज भी थे। पूरे परिसर में 500 से अधिक अलंकृत गुफाएं थी—जिन्हें 366 ईस्वी से 1100 ईस्वी के बीच निर्मित किया गया था। जिनमें बौद्ध मूर्तियों को सबसे बड़ा एकल संग्रह था, इनमें 50,000 वर्ग फुट चित्रकारी और विशालकाय बौद्ध मूर्तियां थीं।

अमूमन इसी वक्त, जर्मन शोधकर्ता अल्बर्ट वॉन ली और अल्बर्ट ग्रुनवेदेल ने ज़िनजियांग में कीज़िल गुफाओं की खोज की, ये गुफाएं प्राचीन कूचा साम्राज्य का हिस्सा थीं। इसके बाद कूचा में कामतूरा और सिमसिम गुफा परिसर भी खोज निकाले गए। सिल्क रुट पर 236 गुफाओं का एक परिसर मिला, जो तीसरी और आठवीं सदी ईस्वी के बीच बनाया गया था। यह शायद चीन की प्रारंभिक बौद्ध गुफाएं थीं। कीज़िल भित्तिचित्रों का चटख मोरपंखी रंग लाजवर्द को पीसकर बनाया गया था, जो संभवतया अफगानिस्तान से लाया गया था।

मोगाओ गुफाओं को सहस्त्र बुद्ध गुफाओं के नाम से भी जाना जाता है। दुनहुआंग के कोई 700 किलोमीटर पूर्व में, एक और नखलिस्तानी शहर तुरपान (या तुर्फ़ान) के पास बेज़ेक्लिक में भी सहस्त्र बुद्ध परिसर निर्मित किया गया था। यहां 77 प्रस्तर गुफाएं बनाई गई थीं जिनमें पांचवीं और 14वीं सदी के बीच बौद्ध भित्तिचित्र बनाए गए थे।

इस वक्त तक स्थानीय लोगों ने इस्लाम कुबूल नहीं किया था। इस्लामीकरण के बाद, यहां मानवीय छवियों को नष्ट कर दिया गया और फिर इस अनोखी विरासत को भुला दिया गया।

पहाड़ियों में जो परंपरा सामान्य गुफाओं से शुरू हुई थी, वह उप-महाद्वीप के भीतर ही अजंता में अपने शिखर पर पहुंची, और वहां से अन्य देशों तक गई। ये चित्र और मूर्तियां बौद्ध भिक्षुओं के मन में दया का भाव बनाए रखने के लिए निर्मित की गई थीं। इन चित्रों ने थके-मांदे मुसाफिरों को आश्वासन दिया और पूरे बौद्ध धर्म को एक अदृश्य बंधन में बांधे रखा।

कला इतिहासकारों ने दिखाया कि किस तरह गांधार से लेकर कर्नाटक और दुनहुआंग तक कथासूत्र, रंग संयोजन और प्रतीकात्मकता एक जैसी रही हैं। प्रारंभिक मूर्तियां या चित्र गांधार शैली के प्रभाव में रहे हैं और जिनके चेहरों पर बाद में स्थानीयता का असर बढ़ता गया।

हर जगह के भित्तिचित्र अपने संरक्षकों के समृद्ध वैश्विक समाज का प्रतिबिंब हैं। निर्माण के 1500 से अधिक वर्षों के बाद भी ये भित्ति चित्र एक अनूठी विश्व-व्यवस्था की समृद्धतम विरासत हैं, जिसे रेशम मार्ग के व्यापारियों और पूरब के पहले विश्व-धर्म ने रचा था।

सोग्दियन सौदागरों की चिट्ठियां

ट्रांसोक्ज़ियाना की उर्वर नदी घाटी, काराकुम और कैज़ल कुम के भयावह रेगिस्तान के बीच स्थित है। यहां ग्रीको-रोमन और पारसी संस्कृतियों का भारतीय और चीनी तहजीबों से मिलन हुआ। रेशम मार्ग के आंतरिक इलाके के लोग की खुरासान की फारसी बोलते थे, इनकी पहचान सोग्दियन लोगों के रूप में हुई।

ईरानी (आज के उज्बेकिस्तान और ताजिकिस्तान के निवासी) बोलने वाले लोग व्यापार को चीन और मध्य एशिया के अंदरूनी हिस्सों तक ले गए। उन्होंने बौद्ध और

नेस्टोरियन ईसाइयत को बढ़ावा दिया। उन्होंने ही समरकंद और बुखारा जैसे भव्य शहरों की नींव भी डाली। सोग्दियन लोग कुषाण व्यापारियों के साथ चीनी दरबार में गए थे, इन्होंने खुद को रेशम के गट्ठों के फायदेमंद कारोबार में हिस्सा लेने के लिए राजदूतों के रूप में पेश किया था। चीनी अधिकारियों ने उपहासात्मक अंदाज़ में समझा कि ये लोग महज छुटभैये सौदागर हैं। लेकिन आखिरकार, सोग्दियन लोग किसी तरह चीनियों से सोने और चांदी के एवज़ में रेशम देने और उसे फारस और गांधार तक ढोने की इजाज़त हासिल करने में कामयाब रहे।

सन् 1907 में, ऑरेल स्टीन ने दुनहुआंग से करीब 90 किलोमीटर दूर चिट्ठियों का एक उल्लेखनीय संग्रह खोज निकाला। ये चिट्ठियां चीन में सोग्दियन सौदागरों ने सोग्दियाना के अपने वतन के दफ्तरों को लिखी थीं जिन्हें संभवतया चीन ने जब्त कर लिया था।

यह पत्र, 313 ईस्वी में लिखे गए थे। इनमें हूण आक्रमण से चीन में विध्वंस की एक दर्दनाक दास्तान दर्ज है। यह एशिया और यूरोप में हूण अभियानों से सौ बरस पहले की बात है। गांसू से समरकंद को लिखे गए पत्र में उल्लेख है कि हूण हमले के बाद यहां का आखिरी राजा साम्राज्य की राजधानी ल्युयांग से निकल भागा था, उसने अपने ही महल को आग लगा दी थी। बाकी के कई शहरों के साथ इस शहर को भी नेस्तनाबूद कर दिया गया था और पूरा व्यापारिक ढांचा नष्ट हो गया था। तकरीबन सभी भारतीय और सोग्दियन व्यापारी मारे जा चुके थे।

अगले सौ सालों के भीतर, सोग्दियन व्यापारिक संपर्क फिर से लहलहाने लगे। ऐसा लगता है कि सोग्दियन ने कुषाण सौदागरों को चीन से व्यापार में पछाड़ दिया था। तकरीबन इसी वक्त, हुंज़ा घाटी में भी सोग्दियन लोगों की बड़े पैमाने पर मौजूदगी के प्रमाण मिलते हैं, जहां यात्रा करने वाले सोग्दियन सौदागरों ने 600 से अधिक पांडुलिपियां छोड़ी हैं।

सोग्दियन सौदागरों की एक बड़ी संख्या पांचवीं और छठी शताब्दी में सार्थवाहों या सबाओ (हिन्दी सार्थवाह से सोग्दियन में सार्तापाओ और सबाओ) के रूप में चीन चली गई। कब्र की शिला-पट्टिकाएं बताती हैं कि किस तरह कई पीढ़ियों तक, इन सौदागरों ने धीरे-धीरे चीनी पहचान हासिल कर ली। वे चीन के अंदरूनी इलाकों में जाकर चीनी मुख्यधारा में रच-बस गए।

पांचवीं से आठवीं शताब्दी में, सोग्दियन व्यापारी चीन के भीतर और बाहर भौतिक विलासिता की चीज़ों के व्यापार के अगुआ बने रहे। घोड़ों और रेशम के अलावा, ये लोग दासों, फर, चांदी (ज्यादातर सोग्दियाना में ही निर्मित), पीतल, कस्तूरी, औषधीय पौधे, हल्दी, इत्र और शक्कर की गोलियों का व्यापार करते थे। ऐसा लगता है कि व्यापार की मात्रा कम थी लेकिन इसमें मुनाफा काफी अधिक था। एक अनुमान के मुताबिक, दुनहुआंग से समरकंद के बीच रेशम की कीमत दोगुनी हो जाती थी।

व्यापारिक संघ बनाने के मामले में कुछ ज्यादा पहल नहीं हुईं, लेकिन इस विशाल और कठिन भौगोलिक क्षेत्र में सोग्दियन व्यापारियों की सामूहिकता उनकी सफलता का आधार थी।

तलास की जंग

पूर्वी रोमनों और पारसियों के बीच लंबे और गहन संघर्ष ने कई लोगों के लिए जीवन कठिन बना दिया। कम से कम मक्का के कुरैश कबीले के लिए तो यह बात सौ फीसद सच थी। कुरैश कारोबारी रोमनों को चमड़े के बेल्ट और रक़ाबें बेचते थे और अपने मशहूर कारवां के जरिए सोने और चांदी भरकर सीरिया तक लाया करते।

मोहम्मद, बनू हाशिम इसी कबीले के वंश के व्यापारी थे। उन्होंने 610 ईस्वी के आसपास अपने अनुयायियों के एक छोटे से दल को उपदेश देना शुरू कर दिया। शुरुआती मुखालफत के बाद, उनके उपदेशों ने समस्याओं से घिरे उस प्रायद्वीप में बड़ी संख्या में लोगों पर असर डालना शुरू कर दिया। बनू हाशिम ने अपने लोगों को नई पहचान दी, और अलग-अलग रहे कबीलों को एकसूत्र में बांधा। पहले तो वे लोग उत्तराधिकार के लिए आपस में ही लड़े, लेकिन बाद में बनु हाशिम के अनुयायी असाधारण उत्साह के साथ विस्तार के लिए लड़ने लगे, जो उनमें उनकी नई आस्था ने भरा था।

इस बीच, लंबे समय तक चले युद्ध से अस्थिर अर्थव्यवस्था और वर्गों में बंटे समाज के कारण सासानी साम्राज्य अनोखे तरीके से ध्वस्त हो रहा था। सन् 628 से 632 के बीच, दस सासानी सम्राट और दो रानियां गद्दीनशीन हुईं। सन् 636 में कदीशिया की लड़ाई में अरब सेना ने उन्हें बुरी तरीके से हराया। उसी साल, गलीला सागर के पास अरबों ने रोमनों को भी हराया था। जीत का स्वाद चख चुकी विजयी अरब सेना हर दिशा में निकल पड़ी, और रास्ते में पड़ने वाले शहरों पर कब्जा करती गई। पूर्वी रोमन साम्राज्य अब अपने इतिहास की परछाईं भर रह गया था, और कुस्तुनतुनिया (आज का इस्तांबुल) के आसपास

के इलाके में सिमट गया। अरबों का पश्चिमी विजय अभियान प्रसिद्ध पोएटियर्स के युद्ध में सन् 732 में जाकर थमा, जो पैरिस से महज 200 किलोमीटर दूर था।

अरबों ने अपने पूर्वी विजय अभियान के तहत सासानी साम्राज्य के पूरे पूर्वी प्रांत पर कब्जा कर लिया। फिर उनका निशाना बने मध्य एशियाई छोटे रजवाड़े, अंततः तलास नदी के किनारे अरब, चीनियों के सामने आ डटे। यह जगह आज के कज़ाखस्तान और किरगिजस्तान की सरहद पर है।

इस्लामी फौज ने तलास का युद्ध (758 ईस्वी) जीत लिया, लेकिन उन्हें विस्तार की एक प्राकृतिक सरहद मिल गई। ऐसा माना जाता है कि तलास नदी पर बंदी बनाए गए चीनी क़ैदी अपने साथ काग़ज़ बनाने की तकनीक पहली बार चीन से बाहर लेकर आए। यद्यपि, इस्लाम ने रातोरात बौद्ध धर्म को निकाल बाहर नहीं किया, लेकिन धीरे-धीरे और तयशुदा तरीके से मध्य एशिया में बौद्ध धर्म ने नए धर्म को रास्ता देना शुरू कर दिया। पराजय की वजह से चीन में दीर्घावधि के आंतरिक परिवर्तन शुरू हुए, लेकिन अधिक महत्वपूर्ण बात यह थी कि भारत के बगैर किसी सीधे संपर्क के बिना चीनी बौद्ध धर्म नया आकार लेने लगा था।

छोटे समय में आए इन तेज़ बदलावों ने व्यापार को ठप कर दिया। लेकिन यह एशिया में विश्व धर्मों के विस्तार का दूसरा चरण था जो इस बार ज्यादा भव्य और गहन था। कम अवधि में ही, इस्लाम ने पारसी और बौद्ध दोनों धर्मावलंबियों का इस्लामीकरण कर दिया और यूरोप की सीमा से चीन तक के पूरे क्षेत्र को इस्लाम के परचम के तहत एकीकृत कर दिया।

अब्बासी सल्तनत के पैर जमाने के साथ, लंबी दूरी का व्यापार एक बार फिर से फलने-फूलने लगा। इस लाभकारी व्यापार से दौलतमंद हुआ बगदाद विश्व के बुद्धिजीवियों की राजधानी बन गया था जो अब्बासी सल्तनत का केंद्र था।

पंजीकेंत के राजा के आखिरी क्षण

माउंट मुग में एक पहाड़ी किले से जरफ्शां और कोम नदियों का संगम दिखाई देता है। यहां अपने सिपाहियों के छोटे-से दल के साथ अरब हमलावरों को रोकने की आखिरी तैयारी में व्यस्त राजा देवास्तिक अपनी खूबसूरत राजधानी पंजीकेंत के लिए जरूर उदास हुआ होगा।

पंजीकेंत को 50 साल से भी लंबे समय के उत्खनन के बाद रूसी पुरातत्वविद् बोरिस

मारशक और उनके साथियों ने निकाला। यह शहर करीब 5वीं शताब्दी ईस्वी में बसाया गया था। यह एक उपजाऊ घाटी में स्थित था, पंजीकेंत आज के पश्चिमी ताजिकिस्तान में है। यह प्राचीन सोग्दियाना का सबसे पूर्वी शहर था, जो समरकंद से कोई 60 किलोमीटर पूर्व की तरफ था।

यह शहर, 5वीं और 8वीं शताब्दी में उल्लेखनीय रूप से उन्नति की तरफ बढ़ा। इस शहर की सड़कें एक दूसरे को समकोण पर काटती थीं। उनका पैटर्न शतरंज की बिसात की तरह था। केन्द्रीय चौराहा दो मंदिरों के लिए रखा गया था, जो 5वीं और छठी शताब्दी के भव्यतम ढांचों में से एक थे। यहां के घर दिन-ब-दिन भव्यतम होते गए क्योंकि सोग्दियन सौदागर अपने साथ अकूत दौलत लेकर आते थे।

7वीं और 8वीं शताब्दी तक, अमीर सौदागरों की आलीशान इमारतें शहर की पहचान बन गईं। अमीर व्यापारियों की हवेलियां ही नहीं, आम जनता के घर भी यहां तक कि पंजीकेंत की हर इमारत मूर्तियों और भित्तिचित्रों से अलंकृत हुआ करती थी।

इन घरों में प्राय: ऊंची छतों और रौशनदानों वाले गलियारे हुआ करते थे और यह गलियारा शानदार रूप से अलंकृत हॉल में मिलता था, जिसमें देवताओं के चित्र लगे होते जहां ईरानी दंतकथाओं. भारतीय पंचतंत्र या महाभारत की कथाओं की चित्रकारी होती। आठवीं सदी के दौलतमंद और बहुसांस्कृतिक सोग्दियन व्यापार की विरासत वाले चटख रंगीन सजीव यह चित्र दुनिया भर के संग्रहालयों, खासकर सेंट पीटर्सबर्ग के स्टेट हर्मिटेज म्युजियम में संरक्षित है।

इन चित्रों में बौद्ध और ईसाइयत की झलक है लेकिन शिव के चित्रों की बहुतायत है, हालांकि, पंजीकेंत में पारसी धर्म का एक प्रकार का वर्चस्व था, यहां के मंदिरों और हर घर में अग्निपात्र बहुतायत में पाए गए हैं।

सन् 1930 में, माउंट मुग से कुछ महत्वपूर्ण दस्तावेज मिले। इन दस्तावेजों में देवास्तिक को पंच (पंजीकेंत) का राजकुमार, सोग्दियाना का राजा और समरकंद का शासक बताया गया है। देवास्तिक पंजीकेंत का आखिरी स्वतंत्र शासक था। 706 ईस्वी से 722 ईस्वी के बीच इसने अरब हमलावरों का सामना किया था ताकि अपने छोटे से रजवाडे की आजादी कायम रख सके।

यह एक ऐसा संघर्ष था, जिसने समरकंद और सोग्दियाना की आजादी का सवाल भी खुद में समेट रखा था। सन् 722-23 में, जब तकरीबन पूरे सोग्दिया में बगावत उठ खड़ी हुई तो खोरासान का नया अरब सूबेदार बहुत बड़े फौज-फाटे के साथ आ डटा,

देवास्तिक ने पंजीकेंत छोड़ दिया और अबगार के पहाड़ी किले, यानी आज के माउंट मुग में शरण ली। आखिर में इसी जगह पर एक छोटी झड़प के बाद उसने अरबों के सामने आत्मसमर्पण कर दिया।

कुछ समय तक बंदी बनाए रखने के बाद राजा देवास्तिक को उसके ही लोगों के सामने सूली पर चढ़ा दिया गया। उसके कटे हुए सिर को अरबों ने बगदाद भिजवा दिया। उसका भव्य अलंकृत महल, जो अंशत: जल गया था, सैन्य शिविर में तब्दील हो गया। शहर की कुछ इमारतों और एक मंदिर को भी जलाकर नष्ट कर दिया गया। ये इमारतें उन लोगों की थीं जो देवस्तिक के साथ शहर छोड़ गए।

नए प्रशासन ने करों में छूट देकर शहर के बाकी लोगों का स्वागत किया और उन्हें अपनी जीवनशैली अपनाने की छूट भी दी। इससे पूरे शहर में विस्तृत भित्ति चित्रों को बढ़ावा ही मिला। हालांकि यह बहुत दिनों तक जारी नहीं रह पाया, 750 ईस्वी तक, भित्ति चित्र, खासकर मानवीय छवियों वाले चित्र नष्ट होने लगे। अग्निपात्रों को बंद करके उन्हें सामान्य रसोई वाले चूल्हों में बदल दिया गया।

सन 770 तक, पूरा शहर खाली हो गया। अगली कई शताब्दियों तक पंजीकेंत शहर की दीवारों के बाहर खेतिहर समुदाय फलते-फूलते रहे। सोग्दियाना के आखिरी व्यापारिक कुलीन संभवतया समरकंद छोड़कर चले गए। वह अपनी अनूठी सासंकृतिक पहचान को बचा नहीं पाए थे।

बगदाद के बरमक

हमने इस अध्याय की शुरुआत बल्हिका से की थी और हम इसका समापन बल्हिका देश या बल्ख से करेंगे।

पहली सदी ईस्वी में कनिष्क की बौद्ध सभा से वापसी के बाद एक तोखारियन भिक्षु घोषक ने बल्ख में बौद्ध दर्शन के पश्चिमी वैभाषिक पंथ की स्थापना की। यह सर्वाष्टिवादिन पंथ की दार्शनिक उप-शाखा थी, जो कश्मीर में प्रचलित थी। घोषक ने जिस नव विहार की स्थापना की, वह जल्दी ही रेशम मार्ग पर बौद्ध शिक्षा का प्रमुख केन्द्र बन गया।

सन् 230 के आसपास, सासानियों ने कुषाणों को बल्ख से बाहर धकेल दिया। सासानियों के बाद बल्ख पर श्वेत हूणों और तुर्की शाहियों का शासन रहा, लेकिन बौद्ध धर्म और खासकर नव विहार फलता-फूलता रहा।

सन् 630 में, ह्वेन सांग ने लिखा कि नव विहार में हजारों की संख्या में भिक्षु हैं यह

विहार भगवान बुद्ध की खूबसूरत प्रतिमाओं के लिए विख्यात है। यह प्रतिमाएं रेशम में लिपटी थीं और दुर्लभ आभूषणों से सजी थीं।

सन् 663 में, उम्मेद सेनाओं के बल्ख पर आक्रमण के बाद स्थानीय लोगों ने इस्लाम अपना लिया। लेकिन ज्यादातर आबादी अभी भी बौद्ध बनी रही। चीनी यात्री इत्सिंग के ब्योरे के मुताबिक, नव विहार सन् 680 तक सामान्य रूप से कामकाज करता रहा।

शताब्दियों से नव विहार का मुखिया एक ही पुरोहित परिवार से हुआ करता था, जो कश्मीरी मूल के थे। इस वंशानुगत मुखिया को स्थानीय उच्चारण में बरमक कहा जाता था। नव विहार के एक मठाधिकारी ने भी इस्लाम अपना लिया था। सन् 708 में, तुर्की शाही दोबारा सत्ता में वापस आए, और उन लोगों ने इस्लाम अपनाने वाले मठाधिकारी का सिर कलम कर दिया।

परिवार के एकमात्र जीवित बचे बच्चे को उसकी मां कश्मीर ले गई थी। कश्मीर में, अगला बरमक ज्योतिष, चिकित्सा और दर्शन की पढ़ाई करता हुआ बड़ा हुआ। सन् 715 तक, उम्मेद सेनाओं ने फ़ैसलाकुन अंदाज़ में बल्ख पर कब्जा कर लिया। उन्होंने नव विहार को ध्वस्त कर दिया। बरमक, अब तक इस्लाम अपना चुका था। वह शायद अपनी और अपने परिवार की जान बचाने के लिए उम्मेद दरबार में पहुंच गया जहां, चिकित्सा के उसके ज्ञान ने उसे सुल्तान का विश्वास हासिल करने में मदद की।

ज्योतिष में उसकी कुशलता ने भी उसके परिवार को काफी फायदा पहुंचाया। लगता है कि उसने अब्बासियों की जीत (सन् 745) की भविष्यवाणी की थी।

बरमक का बेटा खालिद इब्न बरमक पहले दो अब्बासी खलीफा के दौरान महत्वपूर्ण प्रशासनिक पदों तक पहुंचा। खलीफा से उनके परिवारिक रिश्ते भी काफी गरमाहट भरे रहे। खालिद का बेटा याह्या, युवा हारून अल राशिद का शिक्षक था। बाद में वह हारून अल राशिद का वज़ीर भी बना। उसके दो बेटे, अबू-फद्ल और जफर भी महत्वपूर्ण पदों पर आसीन हुए।

अरेबियन नाइट्स के बहुत सारे किस्सों में नूमदार होने वाला वजीर, बरमक का बेटा जफ़र ही था। सन् 803 में परिवार की प्रतिष्ठा धूमिल होने तक (सभवतया हारून की बहन अब्बासा के साथ जफर रिश्तों की वजह से) बरमक परिवार, खलीफा के बाद बगदाद का सबसे महत्वपूर्ण परिवार था।

लेकिन इतिहास आधी सदी के इस बरमकी प्रभाव को कुछ दूसरी वजहों से याद करता है।

खालिद बरमक ने सिंध में मनसेरा (ब्रह्मनाबाद) शहर बसाया था, जो उस वक्त का पहला योजनाबद्ध शहर था। उसके ठीक बाद वह बगदाद में नए शहर का रचनाकार बना। संभवतया, नए बगदाद में बहुत सारे भारतीय डिजायन वाले तत्व शामिल किए गए थे। बरमकी अपने शानो-शौकत भरी जिंदगी और बतौर कला-संस्कृति के संरक्षक के चलते एक किंवदंती बन चुके थे। फारसी में शानदार दावत के लिए अभी भी बरमकी शब्द का इस्तेमाल होता है।

बगदाद में उनके आवास पर ही इस्लामिक दुनिया का पहला कागज कारखाना लगाया गया था। उन्होंने ही बगदाद में अपनी बौद्ध विरासत के मुताबिक, पहला अस्पताल बनवाया। यह्या इब्न बरमक ने ज्योतिष, दर्शन और आयुर्वेद के संस्कृत साहित्य का अनुवाद करवाया। उसने अपने लोगों को भारत के बारे में सारी सूचनाएं इकट्ठा करने भी भेजा और उसने सिंध और कश्मीर से बड़ी संख्या में आयुर्वेदिक चिकित्सकों को आमंत्रित किया। उनमें से सबसे प्रसिद्ध थे मंक या कंक। यह्या ने गुंदेशपुर के प्रसिद्ध नेस्टोरियन क्रिश्चियन चिकित्सकों के बुक्तिशु परिवार को भी संरक्षण दिया।

1528 ईस्वी में मंगोलों के हमले तक बगदाद में अनुवाद शाखा और प्रसिद्ध पुस्तकालय चलता रहा। कहा जाता है कि हजारों किताबें फेंकने से दजला का पानी काला हो गया था, संस्कृत के अनुवाद को लेकर यह्या बरमक जैसा उत्साह फिर भी नहीं दिखा। हालांकि दो सदियों बाद अलबेरूनी ने कुछ कोशिश जरूर की थी ।

ग्रीक (यूनानी) चिकित्सा पद्धति के आने के बाद आयुर्वेद को नजरअंदाज कर दिया गया, लेकिन अरब विद्वानों ने शून्य के प्रयोग समेत हिन्दू अंक पद्धति और स्थान-मूल्य पद्धति सीख ली। यह नई पद्धति पूरी दुनिया में गणित के क्षेत्र में क्रांतिकारी साबित होने वाली थी, जो तेरहवीं सदी में फेबोनैकी के जरिए यूरोप तक पहुंच गई।

मसालों का महासमुद्र

मेलुहा के मोती

अहमदाबाद-राजकोट राजमार्ग की भीड़ भरी सड़कों पर चलते हुए अगर लोथल की तरफ मुड़ें तो समुद्री व्यापार के प्राचीन मुख्य मार्ग की तरफ जाती गांव की सन्नाटे भरी सड़कें आज की दुनिया से कटी हुई मालूम पड़ती हैं।

गुजराती में लोथल का मतलब है 'मुर्दों का टीला'। सिंधी भाषा में मोहनजोदड़ो का मतलब भी यही होता है। भारतीय पुरातत्व सर्वेक्षण का नीला बोर्ड और एक जंग लगा गेट यहां से बेहद आसानी से दिखाई पड़ते हैं लेकिन ऊंची घास और बेतरतीब बाग के पीछे प्राचीन में से एक आश्चर्य छुपा है। यहां लोथल में लगभग 2000 ईसा पूर्व में भारतीय इंजीनियरों ने दुनिया के पहले मानव निर्मित बंदरगाह का निर्माण किया था।

आज समुद्र और नदी यहां से कुछ 16-18 किलोमीटर दूर हैं, लेकिन 4000 साल पहले इस जगह पर पानी के जहाज़ों के लिए एक स्थिर और सुरक्षित बंदरगाह मौजूद था। यहां पक्की ईंटों से एक जल वितरण प्रणाली बनाई गई थी और जलस्तर को नियंत्रित करने के लिए रास्तों वाली एक गहरी चतुर्भुज संरचना का निर्माण किया गया था। साथ ही इसके आगे सामान की आसान ढुलाई के लिए एक घाट भी बनाया गया था।

लोथल हड़प्पा संस्कृति की कड़ियों का एक हिस्सा है जो मकरान तट में सुतकाजेंडर से सिंध के बालाकोट और गुजरात के दूसरे बंदरगाहों तक फैली हैं। लोथल आंतरिक तटीय व्यापार के साथ-साथ मेसोपोटामिया और फारस की खाड़ी के व्यापार का हिस्सा था।

हड़प्पा संस्कृति के सभी इलाकों के बीच एक असाधारण समानता थी—एक जैसे बाट और माप, यहां तक कि ईंटों का आकार और एक जैसी टाउन प्लानिंग। अफगानिस्तान की सीमा से उत्तर प्रदेश तक व्यापक क्षेत्र में फैली इस सभ्यता से मिले साक्ष्यों को देखते हुए यह कहना मुश्किल नहीं है कि आंतरिक व्यापार शायद बाहरी व्यापार से अधिक महत्वपूर्ण था।

सिंध में सुक्कुर की लाइमस्टोन पहाड़ियों से बने ब्लेड लगभग पूरी सभ्यता में भेजे जाते थे। कच्चे माल के स्रोत को ढूंढ़ते हुए प्राचीन व्यापार के दूसरे चिन्हों को भी खोजा

जा सकता है जैसे कि राजस्थान से तांबा और कर्नाटक से सोना लाया जाता था और बदख्शां या बलूचिस्तान की चगाई पहाड़ियों से लापिस लजुली (लाजवर्द, गहरे नीले रंग का पत्थर) आता था।

भोजन और अन्य खाद्य सामग्री अवश्य ही इस व्यापार का महत्वपूर्ण हिस्सा रही होंगी लेकिन हमारे पास इसके पक्ष में साक्ष्य उपलब्ध नहीं हैं। शेल और मदर ऑफ पर्ल्स (मोती) अवश्य ही फारस के खाड़ी क्षेत्र से आयात किये जाते रहे होंगे। हड़प्पा की मुहरों के साथ-साथ, कार्नेलियन मोती और हाथी दाँत से बनी वस्तुएं बाहरी दुनिया से हड़प्पा के संबंध के महत्वपूर्ण चिन्ह हैं।

सुमेर के राजा सारगॉन (2334-2279 ईसा पूर्व) के समकालीन अभिलेखों में दिलमुन, मगन और मेलुहा से पानी के जहाज़ों के आने और राजधानी अक्कद के बंदरगाह पर लंगर डालने का ज़िक्र मिलता है।

मेलुहा को प्रयोगात्मक रूप से हड़प्पा सभ्यता के साथ ही पहचाना जाता है। अभिलेखों के अनुसार कारनिलियन, लापिस लजुली, सोना, चाँदी, तांबा, आबनूस, हाथी दाँत आदि मेलुहा के प्रमुख आयात और मछली, अन्न, ऊन और चाँदी प्रमुख निर्यात थे। हड़प्पा की मुहरें, कार्नेलियन मोती और अन्य कलाकृतियों से इन साहित्यिक साक्ष्यों को बल मिलता है, हालांकि, पश्चिम एशिया से निकली बहुत कम वस्तुएं हड़प्पा में पाई गई हैं।

हड़प्पा की वृत्ताकार मुहर की खोज के अलावा हाल के वर्षों में फारस की खाड़ी क्षेत्र में (बहरीन और ओमान) में कई साक्ष्य पाए गए हैं। एक समय इतिहासकार इस पश्चिमी व्यापार को हड़प्पा संस्कृति का एक महत्वपूर्ण हिस्सा मानते थे लेकिन अब आम सहमति यह है कि यह व्यापार उतना मज़बूत नहीं था विशेष रूप से तब जब कि हड़प्पा के लोग भोजन के मामले में आत्मनिर्भर थे और उनके पास हस्तशिल्प की विविध परंपराएं थीं।

कच्छ के रन में हड़प्पा सभ्यता के नगर धौलावीरा का नक्शा कई मायनों में अनूठा है, लेकिन यहां की सबसे बड़ी विशेषता एक गिरा हुआ साइनबोर्ड है। नगर के उत्तरी द्वार के पास पाए गए लकड़ी के बोर्ड पर जड़े हुए नौ बड़े अक्षर/ चिन्ह हैं। अब तक मानवीय इतिहास में नागरिक उद्देश्यों के लिए लेखन के उपयोग के उदाहरण का यह पहला रिकॉर्ड है। संभवत: यह बोर्ड नगर के नाम या शासक के नाम था या फिर यह शहर में नए आए लोगों को दिशा बताने के लिए भी हो सकता है। दुर्भाग्य से, हड़प्पा लिपि अंतिम शेष रहस्यमयी लिपियों में से एक है जिसे अब तक पढ़ा नहीं जा सका है।

क्या उस दौर में साक्षरता का स्तर इतना ऊंचा था कि आम लोगों के फायदे के लिए साइनबोर्ड लगाए गए थे? या फिर यह सत्तारूढ़ अभिजात्य वर्ग की भाषा थी जो शहरी केंद्रों के नष्ट होते ही बिना कोई नामो-निशान छोड़े विलुप्त हो गई।

पुरातत्वविद् अब तक लगभग 3,700 वस्तुएं खोज चुके हैं, जिनमें टेराकोटा की मुहरें, सील, मिट्टी के बर्तन, ताम्रपत्र भी हैं जिन पर उत्कीर्ण प्रत्येक संकेत एक शब्द को प्रकट करता है। 400 से 450 अलग-अलग अक्षरों की पहचान की जा चुकी है। औसतन पांच संकेतों वाले अधिकतर अभिलेख छोटे हैं। इनमें से 87 प्रतिशत मोहनजोदड़ो और हड़प्पा में पाए जा चुके हैं, जिससे इनके शहरी होने पर संदेह होता है।

विश्व भर में, लेखन की खोज व्यावसायिक सूचनाओं के लेनदेन के लिए हुई। सुमेर की कुछ मिट्टी की मुहरें वित्तीय लेनदेन के सबसे पहले लिखित रिकॉर्ड को दिखाती हैं। इसी प्रकार, यह माना जाता है कि इनमें से अधिकतर मुहरें सामान से जुड़ी हुई हैं, यह कपड़ों के कारोबार के साथ जुड़ी हो सकती हैं। हमारे पास इस बात के साक्ष्य हैं कि हड़प्पा सभ्यता से भी पहले सिंधु घाटी में कपास की खेती होती थी।

वरुण की संतानें

ऋग्वेद की प्रसिद्ध कथाओं में से एक ऋषि काक्षीवत की कहानी भी है। राजा तुगर के पुत्र भुज्य सैकड़ों जलपोतों के साथ अभियान पर निकले। तूफानी मौसम में उनका जहाज क्षतिग्रस्त हो गया। अश्विनी कुमारों ने अपनी नाव में बैठाकर उन्हें बचाया। जहाज को सुरक्षित महासागर पार कराने की प्रार्थनाओं के साथ ऋग्वेद में इस बात का भी वर्णन मिलता है कि धन की खोज में व्यापारी किसी रुकावट को नहीं देखते थे। महासागर भी उन्हें नहीं रोक सकता था।

वरुण का सागर के देवता के रूप में वर्णन किया गया है, जो समुद्र के सभी मार्गों को जानते थे। भारतीय नौसेना का आदर्श सूत्र इसी प्रार्थना से लिया गया है— शं नो वरुणः— सागर के देवता (वरुण) हमारे लिए शुभ हों ।

लेकिन क्या ऋग्वैदिक लोगों ने वास्तव में समुद्र पार किया था या यहां समुद्र का अर्थ केवल सिंधु के निचले डेल्टा से था? इतिहासकार मानते हैं कि ऋग्वैदिक काल में समुद्र यात्रा का कोई पुष्ट साक्ष्य नहीं है। वास्तव में तुगर के पुत्र भुज्य की कथा और पूर्वी और पश्चिमी सागर का वर्णन – दोनों क्रमशः पुस्तक 1 और पुस्तक 10 में मिलते हैं, जिन्हें ऋग्वेद में बाद में जोड़ा गया माना जाता है। पुस्तक 2 से 7- को मूल ऋग्वेद का हिस्सा

माना जाता है। नौका या नाव के चलने को संस्कृत में नविगतिह कहा जाता है जो लैटिन के शब्द नेविजियम से मिलता-जुलता है, जिसे वर्तमान अंग्रेज़ी में नेविगेशन और नेवी कहा जाता है।

बौद्ध जातकों में व्यापारियों के प्राय: रत्नद्वीप (श्रीलंका), सूर्यद्वीप (जावा) जाने का वर्णन मिलता है। पालि भाषा में लिखी गई इन कथाओं में ''समुद्द वाणिज्य'' (समुद्री व्यापार), ''समुद्दिकाय नाव'' (समुद्री नौकाएं) और लंगर डालने के लिए समीप की भूमि का पता लगाने के लिए जहाजों पर एक पक्षी (दिशा काक) के प्रयोग का वर्णन मिलता है।

इन कथाओं में 700 यात्रियों को ले जाने वाले जहाज का वर्णन मिलता है जैसे कि युवराज विजय का ऐसे ही एक जहाज (राजावल्लिया जातक) में यात्रा करना, या 700 यात्रियों के जहाज (जनक जातक) का दुर्घटना ग्रस्त होना। इन परिस्थितियों में सदैव बोधिसत्व अवलोकितेश्वर रक्षक के रूप में दिखाई देते हैं। बावेरु और सूर्परिक जातक हमें समुद्री व्यापार की कथाएं बताते हैं। बावेरु (इस शब्द का प्रयोग बेबीलोन के लिए होता है) जातक में मोर पक्षियों को बेबीलोन ले जाने का वर्णन मिलता है।

भारत से वापस लौटते हुए सिकंदर को निचले सिंधु डेल्टा से फारस के लिए सीधे समुद्री मार्ग के बारे में जानकारी हुई। उसने सिंधु के मुख पर पाटला में बंदरगाह का निर्माण किया और थोड़े ही समय में एक स्थानीय जनजाति—जात्री या सात्री ने यूनानी नौसेना की आवश्यकता के अनुरूप एक बेड़ा बना दिया। एडमिरल नीयरकस तूफानी मौसम और अशांत सागर में 1500 मील के रास्ते को तय कर सैनिकों को लेकर होरमूज़ पहुंचा।

हड़प्पा के साक्ष्यों में आसानी से देखा जा सकता है और यूरोप के लोगों के आगमन से पहले, मकरान तट पर नौकाओं के आवागमन होते थे और स्थानीय व्यापार सक्रिय था। सिंधु के निचले क्षेत्र का गुजरात तट और फारस के साथ तटीय व्यापार काफी बेहतर रूप से स्थापित था।

भारतीय जहाज संभवत: सोकोत्रा द्वीप और फिर अदन तक जाते थे। यहां अरब व्यापारी भारतीय व्यापारियों के साथ अपने सामान की अदला-बदली करते थे और भारतीय सामान को अलेक्जेंड्रिया ले जाते थे। एक भारतीय व्यापारी ने लाल सागर के बंदरगाह बरनीक से अलेक्जेंड्रिया जाते हुए एक मंदिर पर कुछ संक्षिप्त पंक्तियां उकेरीं, ''सोफोन (सुभान), भारतीय (सिंधु) अच्छी यात्रा के लिए पैन (पर्वतों, जंगलियों और गड़ेरियों के यूनानी देवता) को श्रद्धांजलि देता है।''

प्लिनी द एडलर के लेखों के आधार पर बहुत समय से यह माना जाता था कि एक यूनानी नाविक हिपालॉस ने 45 ईस्वी में मानसूनी हवाओं की खोज की थी। लेकिन अब

यह साफ हो चुका है कि असल में हिपालॉस इन हवाओं को दिया गया नाम था। संभवतः अरबों ने भारत तक सीधे पहुंचने के लिए सबसे पहले मानसूनी हवाओं का प्रयोग किया। उस दौर में मिस्र पर नियंत्रण रखने वाले यूनानी जल्दी ही यह तकनीक सीख गए।

स्ट्राबो हमें बताता है कि एक फंसा हुआ नाविक एलिक्जेंड्रिया पहुंचा और भारत के लिए सीधे समुद्री मार्ग की खोज कर डाली। यह घटना लगभग 130 ईसा पूर्व की है। हालांकि, इस सीधे रास्ते पर आवागमन शुरू हो चुका था लेकिन इसके प्रयोग में इजाफा मिस्र के रोमन साम्राज्य के अधीन हो जाने के बाद हुआ।

प्लिनी ने बताया है कि सिकंदर के अभियानों से यूनानियों को फारस और भारत के बीच समुद्र मार्ग की जानकारी हुई। मानसूनी हवाओं के पैटर्न की खोज होते ही, वह सीधे बर्बरिकम यानी सिंधु के मुहाने तक जाने लगे। इसके बाद उन्होंने सीधे सिजेरियस (कोंकण में जयगढ़) तक जाना शुरू कर दिया और चौथे और अंतिम चरण में, वे मसालों के व्यापार के केंद्र केरल के म्युजिरिस तक सीधे यात्रा करना सीख गए।

रोमवासियों का काला सोना

"...अगर मुजिरिस में हुए कर्ज समझौते में लिखी गई पुनर्भुगतान की तारीख पर मैं अपने नाम पर चढ़े कर्ज़ का सही-सही भुगतान नहीं करता तो आप या आपके एजेंटों या प्रबंधकों को पूरा अधिकार होना चाहिए कि वे बिना किसी अधिसूचना के आपके विवेक के अनुसार इस अनुबंध को लागू कर सकें, आप ऊपर लिखी गई ज़मानत के मालिक होंगे और इसके एक-चौथाई हिस्से पर कर चुका कर बचे हुए तीन-चौथाई हिस्से को अपनी इच्छुनसार कहीं भी ले जा सकते हैं, बेच सकते हैं, किसी अन्य व्यक्ति को स्थांतरित कर सकते हैं, जैसा भी आप चाहें और जमानत रखी गई वस्तु के संबंध में अपनी इच्छानुसार जो कदम उठाना चाहें उठाएंगे..."

— वियना पपायरस

कानूनी दस्तावेज आमतौर पर जटिल होते हैं और शायद यह हमेशा से ऐसे ही थे। लेकिन यह दस्तावेज निश्चित रूप से खास है। यह दो लोगों, संभवतः दो यूनानियों के बीच हुआ समझौता है। व्यापारियों ने दूसरी ईस्वी में केरल के मशहूर बंदरगाह म्युजिरिस या लाल सागर बंदरगाह पर इस समझौते पर हस्ताक्षर किए थे। इस समझौते का पहला और दूसरा पन्ना नहीं मिल सका और यही वजह है कि हम हस्ताक्षर करने वालों के नाम कभी नहीं जान पाएंगे।

1985 में खोजी गई लगभग दो हजार साल पहले मजबूत और परिष्कृत व्यापारिक उद्यमों की यह अनूठी गवाही अब वियना (ऑस्ट्रिया) में संग्रहालय में संरक्षित है। ऐसा लगता है कि मूल रुप से ऐसे दो दस्तावेज़ थे—एक समुद्री व्यापार कर्ज़ का ब्योरा देने वाला था और दूसरा कर्ज सुरक्षा के ब्यौरे के बारे में बताने वाला था। यह दूसरा हिस्सा है जिसे भावी पीढ़ी के लिए संरक्षित किया गया है। यह अनुबंध बहुमूल्य वस्तुओं की एक छोटी खेप के लिए हुआ था, इस कारण सभी शर्तों का विस्तृत विवरण ज़रूरी था।

यह कंसाइनमेंट (खेप) संभवतः म्युजिरिस से लाल सागर के बंदरगाह म्योस हारमोस पहुंची थी यहां से रेगिस्तान से होते हुए इसे नील नदी तक पहुंचाया गया और इसके बाद नावों से यह अलेक्जेंड्रिया पहुंची। व्यापारिक लेन-देन के विकसित तरीके के बारे में जानकारी देने के साथ ही साथ, इस दस्तावेज़ का वास्तविक महत्व भारत की असाधारण समृद्ध व्यापारिक क्षमता को दर्शाता है। वस्तुयें कीमती थीं इसलिए ऋण की आवश्यकता पड़ती थी। मूल्यवान कपड़े, गंगा की जटामासी और हाथी दांत के छह पैकेटों की कीमत मिस्र की सबसे कीमती 2500 एकड़ ज़मीन के बराबर थी! यह एक जहाज़ के माल का एक छोटा भाग होता था।

स्ट्राबो ने लिखा है कि जब वह अपने एक दोस्त और यूनान में मिस्र के एक अधिकारी एलियस गालस से मिलने पहुंचा तो 120 जहाज भारत रवाना होने के लिए तैयार खड़े थे। भारत की व्यापारिक क्षमता से यूनानी कितने प्रभावित थे, इस बात का पता प्लिनी, पोलेमी और स्ट्राबो के लेखों से मिलता है, जिन्होंने विभिन्न बंदरगाहों और यहां होने वाली चीजों के व्यापार का विवरण दिया है।

हालांकि, सूचना का सबसे कीमती स्रोत पहली ईस्वी में एक अज्ञात लेखक (संभवतः मिस्र में रहने वाले एक यूनानी) द्वारा लिखी गई गाइडबुक पेरिप्लस मारीस इरीथ्राई है। पेरिप्लस एक नियमित नाविक के अनुभव के आधार पर जलमार्ग का विवरण देता है और प्रत्येक बंदरगाह पर निर्यात और आयात की वस्तुओं का उल्लेख भी करता है।

भारत का यह यूनानी व्यापार संपर्क ब्रिटिश और यूरोपीय इतिहासकारों की एक पीढ़ी को उत्साहित करता रहा है। लेकिन उनका शुरुआती जोर भारत की खोज करने और मसालों के व्यापार में यूनान की अग्रिम भूमिका स्थापित करने पर था। इसी धारणा से प्रभावित मॉर्टिमर व्हीलर ने पांडिचेरी के निकट अरिकामेडु में 1945 के उत्खनन में सिर्फ यूनानी संपर्कों अर्थात् यूनानी मिट्टी के पात्र, यूनानी व्यापारियों के स्थायी ठिकानों के साक्ष्यों, कपड़े रंगने के लिए छापे और निर्माण के अन्य साक्ष्यों पर ही ध्यान दिया। भारत--यूनान संबंधों की इस किताबी छवि को गंभीरता से बदलने की आवश्यकता है।

भारत-यूनान व्यापार से पहले यूनान का लंबे समय तक ज़मीनी और समुद्री मार्गों से फारस से निकट व्यापारिक संपर्क था। वास्तव में, रोमवासियों को जिस यवन नाम से पुकारा जाता था, उसका उद्‌गम लोनिया या लोनियन यूनानी शब्द से हुआ है। अरिकामेडु (पांडिचेरी) में हुए उत्खनन से पता लगा कि यहां समुद्री कारोबारी गतिविधियां पर्याप्त लंबे समय तक अर्थात् लगभग सातवीं शताब्दी तक चलीं थीं। इस बंदरगाह पर आने-जाने वाले रोमवासी अकेले नहीं थे और जिन मिट्टी के बर्तनों के अवेशषों को पहले रोम का माना जाता था, वह असल में इनकी स्थानीय नकल भर थे। भारतीय प्रायद्वीप में लगभग सभी जगहों पर रोमन स्वर्ण मुद्राएं भी बड़ी मात्रा में पाई गई हैं।

इतिहासकारों ने इन सिक्कों के आधार पर एक कालक्रम तैयार किया है। जिसके मुताबिक ऑगस्टस (31 ईसा पूर्व से 14 ईस्वी) के साथ व्यापार शुरू हुआ, नीरो (54-68 ईस्वी) के अधीन चरम पर पहुंचा, कैरकाल्ला (198 -217 ईस्वी) तक इसमें गिरावट आई और फिर यह बिखर गया।

पेरिप्लस भी यह प्रमाणित करता है कि, प्लिनी द यंगर का दर्द न्यायसंगत था। रोमन एक ऐसी चीज के लिए बहुत सारा सोना देने के लिए मजबूर थे जो न तो स्वादिष्ट और न ही मीठी थी, हालांकि यूरोपीय लोगों के लिए यह अपरिहार्य थी। अगले 1700 वर्षों तक सोना खोने के लिए उनका विलाप जारी रहा। लेकिन यही वह समय था जहां से केरल में सोने की चमक फैलने लगी थी।

मुजिरिस के रत्न

युद्ध अश्व जो समुद्र से आए
काली मिर्च के थैले गाड़ियों में लादकर लाए
उत्तरी पर्वत से जवाहरात और सोना
चंदन और अकील लकड़ी पश्चिम पर्वत से
दक्षिण के मोती और पूर्वी सागर के मूंगे
गंगा घाटी और कावेरी की वादी के उत्पाद
खाने की सामग्री सिलोन से और कादरम से ऐशोआराम

पट्टिनअप्पलाई II.185-191

पेरिप्लस का मुजरिस या मुचिरी शायद चेर बंदरगाह रहा होगा—इसका वर्णन संगम कविताओं में बार-बार मिलता है जिनमें इसे एक ऐसा स्थान बताया गया है जहां यवन

जहाज़ सोना लाते थे और काली मिर्च से भरकर वापस लौटते थे। एक अन्य कविता में, मीठी यवन शराब का आनंद लिए जाने की बात कही गई है, यहां इस बात को दोहराया गया है कि यवन इस शराब को अपने सुंदर जहाज़ों में लेकर आए।

इतिहासकार और पुरातत्विद् लंबे समय तक मुचिरी/ म्युजिरिस के सटीक स्थान को खोजते रहे, कमोबेश इस जगह को अब केरल के कोडुंगल्लुर के निकट एक छोटे गांव पट्टनम के रुप में चिन्हित किया जा चुका है। सड़कों के जाल का एक रोमन नक्शा (प्युटिंगर टेबल) मुज़िरिस में संत ऑगस्टस का एक मंदिर होने का प्रमाण देता है लेकिन हमारे पास इसके लिए कोई अन्य सबूत नहीं है।

पेरिप्लस कहता है कि मुज़िरिस और क्षेत्र के अन्य बंदरगाहों में, जहाज़ मिर्च और माल्बाथ्रॉन (तेज़पात, माल्बाथ्रॉन संस्कृत के तामलपतराम से आया था) से लदे होते थे। ''वह रंगीन वस्त्रों, एंटीमनी के सल्फाइड, मूंगा, कच्चे शीशे, तांबे, टिन, सीसे, शराब के लिए एक बड़ा बाज़ार और ढेर सारा धन उपलब्ध कराते थे।... वह बेहतरीन गुणवत्ता वाले मोतियों, हाथीदांत, चीनी सिल्क कपड़े, गंगा की जटामांसी, माल्बाथ्रॉन, हर प्रकार के पारदर्शी रत्नों, हीरों, नीलम, कछुए के खोल...का निर्यात भी करते थे ....मिस्र से यहां के लिए जलयात्रा करने वालों के लिए सही समय जुलाई का महीना होता था...''

कपड़े, जिन्हें पेरिप्लस के अनाम लेखक ने मुज़िरिस से उठाया, वह शायद आंशिक रूप से स्थानीय स्तर पर निर्मित थे। हमारे पास यह विश्वास करने का कारण है कि वस्त्र भी तमिल देश में बाहर से आए थे, जैसे काली मिर्च केरल से आई थी।

कौटिल्य के अर्थशास्त्र के माध्यम से हम जानते हैं, मोती मन्नार की खाड़ी के समुद्रतल से आए। वास्तव में मोती के लिए संस्कृत का शब्द 'मुक्त' तमिल भाषा के 'मुत्तु' शब्द से आया है। दोषी पाए गए अपराधियों से गहरे समुद्र में गोता लगवाकर मोती इकट्ठा करने की प्रथा इस क्षेत्र में लंबे समय से थी।

मुज़िरिस लंबे समय तक पुरातत्वविदों के हाथ नहीं आया लेकिन कावेरीपट्टिनम के कोलापोर्ट (कावेरी नदी के मुहाने पर पंपुहार) के मामले में पुरातत्वविद् भाग्यशाली रहे। यहां उन्हें एक घाट और एक बौद्ध मठ के अवशेष मिले हैं। यह शायद तमिलनाडु में छठी सदी तक सबसे बड़ा बंदरगाह था, बाद में नागापट्टिनम के कोला बंदरगाह ने इसे पीछे छोड़ दिया। हालांकि उत्खनन से एक विशाल बंदरगाह और शहरी बाज़ार का अस्तित्व नहीं मिला। संभवतः मुख्य बंदरगाह के पानी में डूबने की स्थानीय मान्यता इसकी वजह हो सकती है।

इसमें कोई संदेह नहीं है कि यह व्यापार उस समय होता था जब दक्षिण भारतीय समाज काफी हद तक कृषि आधारित था और नियमित व्यापार से ज्यादा वस्तु विनिमय पर केंद्रित था। स्थानीय नेतृत्व अभी भी जनजातीय था और राज्य तैयार नहीं हुए थे।

विदेशियों ने शायद खुद ही बंदरगाहों पर व्यापार के प्रबंध लागू किए जिनके तहत भारतीय उत्पादकों और व्यापारियों ने बंदरगाह तक सामान की आपूर्ति की। घरेलू अर्थव्यवस्था के भीतर किसी भी संगठित विकास अनुपस्थिति के बावजूद इस बाहरी प्रोत्साहन दक्षिण में शहरीकरण की पहली लहर आई।

तो क्या तमिल व्यापारी पश्चिम की ओर यात्रा करते थे? संगम साहित्य से हमारे पास ऐसे कोई सबूत नहीं हैं, हालांकि वे तूफान में फंसे जहाज़ के अनुभव से परिचित थे और समुद्री हवाओं पर नियंत्रण की मानक स्तुतियां लिखी गईं थीं।

कम से कम एक लेखक (डीओ क्रिस्टोस्टोम) ने तो लिखा है कि भारतीय व्यापारी अलेक्जेंड्रिया में रहते थे। पहली शताब्दी में लाल सागर बंदरगाह (मिओस हार्मोस के साथ) में पाए गए बर्तनों के टुकड़े पर तमिल-ब्राह्मी लिपि में तमिल नाम—कनान, कटान, कोरान—कौसर-अल-कदीम लिखे पाए गए हैं।

भारतीय वस्त्रों, काली मिर्च, तमिल नामों वाले मिट्‌टी के बर्तनों के टुकड़े और टीक की लकड़ी ने कुछ इतिहासकारों की कल्पना को बढ़ावा दिया, लेकिन इस बात की संभावना न के बराबर है कि केरल के भारतीय व्यापारी महासागर को पार करने योग्य जहाज बनाने की स्थिति में थे और लंबी दूरी के व्यापार में शामिल होने की उनके पास कोई प्रेरणा थी।

हाल के वर्षों में, सोकोट्रा में होक गुफाओं की तलाश में लिपि विज्ञानियों को 100 से अधिक संक्षिप्त लेख मिल चुके हैं इन्हें लकड़ी का कोयला, कीचड़ या चाक का प्रयोग करके या पत्थर पर तेज औज़ार से उकेर कर लिखा गया है।

ये समस्त विवरण गुजरात तट के भारतीय व्यापारी और नाविकों के हो सकते हैं जो दूसरी और चौथी सदी के बीच लिखे गए थे। इनमें से एक ने भरुकच्छ (भरुच) का अपने घर के शहर के रूप में ज़िक्र किया है। 2006 में, भारतीय उपमहाद्वीप के उत्तर-पश्चिम में खरोष्टी में एक अभिलेख भी पाया गया था।

मसीह और मसाले

पश्चिम एशिया (फारस) के एक समृद्ध व्यापारी थॉमस काना ने 345 ईस्वी में केरल में कदम रखा। काना अपने साथ 72 परिवारों को लेकर आया था। थॉमस काना या कनाई थोम्मन के साथ आए ये 400 लोग क्रंगानोर (कोडनगल्लूर, प्राचीन म्युज़िरिस) में बस गए।

इस तरह के व्यापारियों को अपने राज्य की ओर आकर्षित करने के लिए उत्सुक स्थानीय राजा ने इन्हें विशेषाधिकार दिए, जिसमें पालकी और चप्पलों का इस्तेमाल और हाथियों की सवारी और शाही महिलाओं की ही तरह, दुलहनों को विवाह समारोहों के दौरान सीटी बजाने का अधिकार शामिल था !

विद्वान भले ही तारीख को लेकर सहमत नहीं हैं, लेकिन परंपराओं के मुताबिक यह क्रम 9वीं सदी तक चला। ईसाई व्यापारियों के प्रवास के बारे में कोई शक नहीं है। आमतौर पर ये छोटे समूहों में केरल और पश्चिमी भारत के अन्य बंदरगाहों पर आते थे।

तीसरी सदी ईस्वी से जैसे-जैसे रोमन व्यापार घटने लगा, इस कमी को भरने के लिए सासेनियन व्यापारियों का आगमन हो गया। फारस की खाड़ी में अपने मूल स्थान से, सासेनियन व्यापारियों ने पश्चिम एशिया, लाल सागर से पश्चिमी भारत, केरल, श्रीलंका और अंततः समुद्र मार्ग द्वारा चीन तक पहुंचने के लिए विशाल व्यापार नेटवर्क का निर्माण किया।

सासानी साम्राज्य के संस्थापक राजा अर्दाशीर (224 ईस्वी) ने फारस की खाड़ी के तट पर बंदरगाह शहरों की एक श्रृंखला का निर्माण भी कराया।

संभवतः सिकंदर की ही तर्ज पर इन सभी बंदरगाहों का नाम अर्दाशीर के नाम पर रखा गया—जैसे अर्दाशीर (रिषहर), अस्तारब्ध अर्दाशीर (पूर्व चरक्स), बहमन अर्दाशीर, वहाहस्त अर्दाशीर आदि। सिरफ, अर्दाशीर और खर्ग द्वीप के बंदरगाहों से फारसी नेस्टोरियन ईसाई व्यापारी अपनी व्यापारिक गतिविधियां संचालित करते थे, अक्सर यह सासानी सम्राटों के सक्रिय संरक्षण में होता था।

रोमन सम्राट कॉन्स्टेनटाइन ने 313 ईसा में ईसाइयों के लिए स्थितियां सहज बनाई। इसके लागू रहने तक फारस में ईसाई अच्छी तरह सुरक्षित थे। इसके बाद, अपने मुख्य प्रतिद्वंद्वी रोम के साथ फारस के संबंध के आधार पर सासानी राज्य ने ईसाइयों को प्रताड़ित किया। इन हालात में ईसाइयों को भारत के पश्चिमी तट और विशेष रूप से केरल ने आश्रय दिया।

फ़ारसी व्यापारियों की अगुआई में सासानी सम्राटों ने पूर्व से पश्चिम तक जमीन और समुद्र मार्ग दोनों पर अपना व्यापारिक एकाधिकार जमाया था।

इन ईसाई व्यापारियों को भारत के विभिन्न बंदरगाहों के शहरों में अस्थायी आवास लेने के लिए मजबूर होना पड़ता था और वापसी की यात्रा के लिए अनुकूल मानसूनी हवाओं का इंतजार करना पड़ता था।

छठी शताब्दी में अलेक्जेंड्रिया के व्यापारी से भिक्षु बने कोसमास ने अपनी गाइड बुक में भारत के मुख्य बंदरगाहों का वर्णन किया है। जिनमें सिंधु (सिंधु के मुख पर), ओरहोटा (सौराष्ट्र), कल्लियान (कल्याण), सिबोर (सिंदाबोर/गोवा में चंद्रपुरा) मालाबार के बाज़ार पांच मार्ट और मारॉलो के बंदरगाहों (संभवत: पूर्वी तट पर) और खाबेर (कावेरीपट्टनम) प्रमुख थे। कोसमास पहला लेखक था जिसने केरल में प्राचीन सीरियाई ईसाई समुदायों की उपस्थिति के बारे में लिखा था।

हिंद महासागर के तट पर ईसाई व्यापारियों की उपस्थिति पहलवी क्रॉस (श्रीलंका, मैलापुर, केरल और गोवा के विभिन्न स्थानों में) और शिलालेखों पर पहलवी में लिखे जाने वाले ईसाई नामों से भी साबित होती है।

ईसाई व्यापारियों का सबसे महत्वपूर्ण आर्थिक आगमन क्विलोन (कुरकेनी कोल्लम या कौलाम माले) में 823 ईस्वी में मार सापोर (जिसका मतलब है कि यीशु मेरी आशा है) और मार्च प्रॉड (पैराट या पीरुज) के नेतृत्व में हुआ था।

इन्होंने वास्तव में क्विलोन शहर की स्थापना की और वहां एक चर्च का भी निर्माण किया जिसे थारिसपल्ली कहा जाता था। यह चर्च बंदरगाह शहर का आर्थिक और आध्यात्मिक केंद्र बन गया। पारंपरिक मलयालम कैलेंडर 825 ईस्वी से शुरू होता है और कोल्लम युग के नाम से जाना जाता है, जो कि मार सापोर के नेतृत्व में कोल्लम शहर की नींव का प्रतीक है।

इस बात की पूरी संभावना है कि ईसाइयों के साथ आई बेबीलोनियन खगोलीय परंपरा ने स्थानीय ब्राह्मणों को प्रभावित किया होगा जिससे उन्होंने नए लोगों की परंपरा को अपना लिया।

आगमन के 26 साल बाद चेर राजा के एक सामंत और स्थानीय शासक ने थारिसपल्ली चर्च को कई तरह के विशेषाधिकार प्रदान किए जिनमें शहर के बांट-माप की सुरक्षा निगरानी और स्थानीय करों को इकट्ठा करने का अधिकार भी शामिल था।

उन्होंने सभी स्थानीय व्यापार संघों—अजेवन्नम (यहूदी या मुस्लिम व्यापारियों के संगठन), स्थानीय मनिग्राम और अरुणुतुतुवर से भी चर्च की रक्षा के लिए आग्रह किया। स्थानीय विवादों के निबटारे के अधिकार भी व्यापारी निकायों को दिए गए।

राजा ने इस आशा के साथ अपना अधिकार छोड़ दिया कि नए व्यापारियों के आगमन से इस क्षेत्र में वाणिज्य को काफी बढ़ावा मिलेगा। चेर-पांड्य प्रतिद्वंद्विता की पृष्ठभूमि में और विझीनजम बंदरगाह के निकट पांड्य शासकों के नियंत्रण को ध्यान में रखते हुए यह एक रणनीतिक कदम था।

केरल के समाज में, जहां परंपरागत रूप से कोई व्यापारिक जाति नहीं थी, ब्राह्मण समुदाय, ईसाइयों को नए वैश्य के रूप में स्वीकार करने के लिए उत्सुक थे क्योंकि व्यापार उनके धार्मिक विरोधियों—बौद्धों और जैनों के हाथों में था।

ब्राह्मणों को उम्मीद थी कि ईसाईयों को दिए गए प्रोत्साहन से बौद्धों और जैनियों के व्यापार पर एकाधिकार को कमजोर करने में मदद मिलेगी, जिससे बौद्ध व जैन धार्मिक संस्थानों को वित्तीय संरक्षण सीमित हो जाएगा।

इसी दौरान ब्राह्मण समुदाय केरल में सामाजिक परिवेश का पुनर्गठन कर रहा था। नए पदक्रम में, ब्राह्मण (धार्मिक व्यवस्था में और जमींदार, दोनों के रूप में) सबसे ऊपर थे दलित सबसे नीचे और किसान बीच में। ईसाई व्यापारी ब्राह्मणों और नायरों के करीब जगह पाने में कामयाब रहे।

ईसाइयों ने छुआछूत की प्रथा और धार्मिक अनुष्ठानों को अपनाना शुरू कर दिया। वे यज्ञोपवीत (जनेऊ) और गुच्छा (हालांकि गुच्छे में चांदी का क्रॉस डालकर) पहनने लगे। बदले में, निचली जाति द्वारा ग्राम मंदिर में लाए गए तेल और बर्तनों को छूकर उन्हें पवित्र करने का अधिकार भी ईसाईयों को दे दिया गया।

सीरियन चर्चों का बाहरी हिस्सा पूरी तरह स्थानीय हिंदू मंदिरों के समान था, लेकिन दोनों के बीच भिन्नता यह थी कि प्रत्येक चर्च के सामने विशाल ग्रेनाइट क्रॉस लगा होता था।

फारस और पश्चिम एशिया के ईसाई व्यापारी जो केरल में बस गए या व्यापार के लिए आए, उन्हें स्थानीय सेंट थॉमस ईसाईयों के साथ धार्मिक समानता मिली।

जैसे जैसे अधिक से अधिक ईसाई व्यापारी मसालों की तलाश में आने लगे, स्थानीय ईसाई भीतरी इलाकों में चले गए, जो काली मिर्च की खेती के लिए सबसे उपयुक्त थे। इस क्षेत्र में स्थानीय चर्चों के इतिहास से मालूम होता है कि तीसरी सदी के बाद ईसाइयों ने भीतरी इलाकों में सालों की व्यावसायिक खेती का विस्तार किया।

उन्होंने स्थानीय चर्चों के आसपास, समूहों में रहना शुरू कर दिया और बाजारों की व्यवस्था तैयार की, जिसमें आगे दुकान और पीछे व्यापारियों के रहने की जगह होती थी।

इन व्याापारियों ने जिन मसालों की आपूर्ति की, उसे सासानी साम्राज्य और पश्चिम एशिया के ईसाई व्यापारी हिंद महासागर में हर तरफ ले गए। केरल के राजाओं ने इन ईसाई व्यापारियों को मुफ्त ज़मीन और अन्य विशेषाधिकार प्रदान कर अपने संरक्षण का हमेशा विस्तार किया। थॉमस कैना (345 ईस्वी) और मार्क सापोर (894 ईस्वी) से लेकर और

11वीं सदी में चथन वडुकन और ईरावी चेतन जैसे व्यापारियों को राजा के संरक्षण तक, यह क्रम जारी रहा।

16वीं शताब्दी की शुरुआत में पहले पहल पुर्तगाली व्यापारियों ने बताया कि मसालों का पूरा व्यापार स्थानीय ईसाइयों के हाथों में था। 1502 में, जब क्विलोन की रानी वास्को डि गामा को आमंत्रित करना चाहती थी, तो उन्होंने अपने दूत के रुप में प्रमुख ईसाई व्यापारियों को चुना।

ईसाई सदियों तक महत्वपूर्ण सैन्य बल भी बने रहे, केन्द्रीय केरल में अपने स्वयं के कलारिस (स्कूल ऑफ मार्शल आर्ट्स) और ईसाई या नायर पनिकर्स के साथ उन्होंने मार्शल आर्ट विकसित की।

थॉमस कैना के वंशज दो मुख्य समूहों में विभाजित हैं—उत्तरी और दक्षिणी। इन दोनों के बीच मुख्य अंतर यह है कि उत्तरी वंश ने मूल निवासियों के साथ विवाह किया लेकिन दक्षिणी वंश (नानायस) ने ऐसा नहीं किया।

सीरियन परंपराओं और प्राचीन चर्चों पर सासानी शिलालेख बताते हैं कि उत्तर-दक्षिण का यह विभाजन नायरों में भी देखने को मिला।

सदियों तक सीरियाक उनके लिए भक्ति और उच्च विद्वता की भाषा बनी रही थी, जैसे उनके ब्राह्मण पड़ोसियों के लिए संस्कृत हुआ करती थी।

मलयाली सिरियक

'और मैंने उसे अपना अंतरंग साथी बना लिया, एक ऐसा साथी जिसके साथ मैं अपनी वस्तुएं साझा कर सकता हूं' (द हाइम्न ऑफ द सोल, सिरियक ऐक्ट ऑफ सेंट थॉमस तीसरी सदी)

आरंभिक ईसाई समुदाय में, व्यापारी अक्सर धर्मांतरण का एजेंट भी होता था। सेंट थॉमस पार्थियन और मेडिस को शिक्षा देने के बाद, उत्तरी-पश्चिमी भारत चले गए। यहां वह जलमार्ग से सोकोत्रा के लिए रवाना हो गए, जहां विभिन्न देशों के व्यापारी मिला करते थे।

52वीं सदी में वह पश्चिमी तट पर भारतीय-रोमन मसालों के व्यापार के मुख्य केंद्र मुजिरिस कस्बे के तट पर उतरे। उसके अनुयायी सीरियन क्रिश्चियन या नसरानी के रूप में जाने गए। 5वीं सदी ईस्वी तक ईसाई एंटियोक, सीरिया के चर्च से जुड़ गए।

यहां के ईसाई 5वीं शताब्दी से लेकर 16वीं शताब्दी तक सीरियाई क्रिश्चियन विदेशी बिशप और वंशानुगत आर्चडेकॉन चर्च के अधीन थे। वास्तव में यह आर्चडेकॉन ही था, जिसने सामुदायिक और राजकीय समर्थन के साथ वास्तविक शक्ति का नेतृत्व किया था। ज़मीनी स्तर पर लोकतंत्र के लिए केरल की कोशिशों की गूंज इस बात से दिखती है कि आर्चडेकॉन की शक्ति स्थानीय विधायिकाओं (पल्ली योगम) में व्यक्त विचारों से प्रभावित होती थी जिन पर स्थानीय अभिजात्य वर्ग और ज़मीन के मालिकों का प्रभुत्व था।

ईस्टर्न चर्च के कुलपति, फारस की राजधानी सीटीफेन में बैठते थे। लेकिन मेट्रोपो-लिटन ऑफ फ़ारस ने 420 ईस्वी से तब तक अपनी अलग पहचान बनाए रखी जब तक कि 1050 ईस्वी में वह सेल्जुक हमले के बाद खत्म नहीं हो गया। जैसे ही मेट्रोपॉलिटन ऑफ़ फारस ने पहलवी ग्रंथों को प्राथमिकता दी, भारत में सीरियन चर्च ने भी इसका इस्तेमाल किया। 1050 ईस्वी के बाद, जब केरल के सीरियाई बगदाद के ईसाई कुलपति के अधीन हुए तो उन्होंने सिरियक रीतियों को अपनाना शुरू कर दिया।

पुर्तगालियों के आगमन के बाद, सीरियाई ईसाई, पुर्तगाली रोमन कैथोलिक प्रचारकों के भारी दबाव में आए, जिसने एकल मालाबार चर्च को दो मुख्य भागों में बांट दिया—एक था रोमन कैथोलिक और मलान्कारा। कई दूसरे चर्च भी थे जैसे सीरो-मालाबार, सीरो-मलान्कारा, मलान्कारा रूढ़िवादी, आदि। यह सभी मलयालम बोलते हैं लेकिन फिर भी चर्च में प्रार्थना की भाषा सिरियक ही है, जो अरामी भाषा की एक बोली है। इस भाषा में यीशु मसीह बात किया करते थे।

अफीम, बेकरी और सिनेमा

2016 में, लंदन के अखबार 'संडे टाइम्स' ने डेविड और साइमन रूबेन को ब्रिटेन के सबसे अमीर व्यक्तियों का दर्जा दिया, जिनकी संपत्ति 13 बिलियन ग्रेट ब्रिटेन पाउंड से अधिक थी। यह संपत्ति लंदन के प्रॉपर्टी बाजार और रूस में एल्युमीनियम के कारोबार सहित कई व्यवसायों से पैदा की गई थी।

19वीं सदी के मध्य तक, रूबेन परिवार, कई अन्य अमीर और उद्यमी बगदादी यहूदियों की तरह बम्बई में रहते थे। जहां डेविड और साइमन का 40 के दशक में जन्म हुआ। वे 1950 के दशक में इंग्लैंड आए और धातु स्क्रैप (डेविड) और कालीन (साइमन) के साथ व्यवसाय शुरू कर दिया। उन्होंने लंदन के वाणिज्यिक बाजार में बड़े पैमाने पर प्रवेश करने के लिए पर्याप्त पैसा कमाया। बगदाद से बम्बई तक पहुंचने के लिए वे एक सुव्यवस्थित

तरीके का अनुसरण कर रहे थे, जिसे सैसून परिवार द्वारा स्थापित किया गया था, जिसे पूर्व का रॉथचाइल्ड्स कहा जाता है।

फारस के यहूदी 17वीं शताब्दी से नियमित रूप से भारत आ रहे थे, लेकिन बगदादी यहूदियों का अंतिम महत्वपूर्ण बम्बई आगमन 19वीं शताब्दी की पहली छमाही में हुआ।

डेविड सैसून (1792 -1864) व्यापारियों के एक प्रतिष्ठित परिवार से थे, बगदाद के पाशा के खजांची भी थे। बगदाद के राजनीतिक माहौल में हुए बदलाव ने उन्हें अपने बड़े परिवार के साथ बम्बई भागने के लिए मजबूर किया। लेकिन उन्होंने बहुत जल्द पूरे एशिया में एक विशाल व्यापार समूह का निर्माण कर दिया।

डेविड सैसून अपने समय के सबसे प्रमुख अफ़ीम व्यापारी थे। उन्होंने और उनके आठ बेटों ने बम्बई के बांद्रा में एशिया की पहली समुद्री गोदी सैसून डॉक्स बनाई। शंघाई में, सैसून हाउस भी उनकी पहचान था। वे अपने दान के लिए मशहूर थे और डेविड सैसून के उत्तराधिकारी अंग्रेजी राजसी परिवार के करीबी दोस्त थे, उन्होंने रॉथचाइल्ड्स परिवार में शादी कर ली और इंग्लैंड को उसके प्रथम विश्व युद्ध के अग्रणी कवियों में से एक सेगफ्रिड सैसून दिया।

इस बीच, शंघाई के अफ़ीम और अचल संपत्ति के अधिकतर कारोबार पर उनके रिश्तेदार एडवर्ड आइज़क एजरा का प्रभुत्व था। 19वीं सदी में कलकत्ता में वाणिज्यिक और सामुदायिक जीवन में एक और यहूदी डेविड जोसफ एजरा का बड़ा दबदबा था। कलकत्ता के अंतिम प्रसिद्ध बगदादी यहूदी 1971 के बांग्लादेश युद्ध के नायक जनरल जे.एफ.आर. जैकब थे।

नहौम एंड सन्स, कलकत्ता की आखिरी यहूदी बेकरी है—जो अपनी ऐतिहासिक सजावट और शानदार भोजन के लिए जानी जाती है। बम्बई के ईरानी कैफ़े के साथ इसका नज़दीकी संबंध है। दोनों देखने में लगभग एक से हैं। बम्बई के ब्रिटानिया में, नब्बे साल से ज्यादा का बोमन कोहिनूर अभी भी अपने विश्व प्रसिद्ध बेरी पलाओ और धनस्क के लिए हर मेहमान का व्यक्तिगत रूप से स्वागत करता है। दूसरी ओर, कयानी और सासानियों की पसंद खारी और ब्लूबेरी बिस्कुट, बन मस्का और मावा केक इस समुदाय और संस्कृति के परिचायक हैं।

19वीं शताब्दी में ईरान के ज़रथुस्ट्र अनुयायियों का एक समूह बम्बई आया था। 1300 साल पहले भारत आए अपने सहधर्मी पारसियों से अलग, ये ईरानी भारी कद-काठी वाले थे और दर्री भाषा बोला करते थे। कुछ पीढ़ियों के बाद इन्होंने पारसियों से विवाह किया

और कुछ प्रसिद्ध फिल्म हस्तियां दी जिनमें पहली बोलती फिल्म 'आलमआरा' के निर्देशक अर्देशिर ईरानी, अभिनेत्री अरुणा ईरानी, हनी और डेजी ईरानी प्रमुख हैं।

दूध में चीनी

समकालीन भारत के ईरानी समूहों में सबसे अच्छी तरह पहचाना जाने वाला समुदाय पारसी है। फारस में सासानी साम्राज्य का पतन पारसियों पर कहर बनकर टूटा। उनमें से कुछ खोरासान छोड़कर बंदरगाह शहर होर्मुज चले गए। जब उनके लिए वहां रहना भी असंभव हो गया, तो वे दीव चले गए और वहां 19 वर्ष बाद रहने के बाद अंततः गुजरात में बस गए।

भारत में पारसियों के शुरुआती दिनों के बारे में जानकारी के एकमात्र उपलब्ध स्रोत किस्सा-ए-संजन के अनुसार, हिंदू राजा ने तीन शर्तों के साथ उन्हें यहां बसने के लिए अनुमति दी थी—उन्हें स्थानीय भाषा को अपनाना पड़ेगा। इस तरह गुजराती उनकी मातृ भाषा बन गई। उन्हें स्थानीय पोशाक पहनने और हथियार न ले जाने की शर्त से भी बांधा गया था। यह सब कुछ शायद 8वीं शताब्दी में हुआ था। अगले 900 साल तक नवसारी (उनके मुख्य केंद्र) और गुजरात में अन्य स्थानों पर पारसी बहुत ही सामान्य आर्थिक जीवन जीते रहे।

जैसे ही 17वीं शताब्दी के बाद से यूरोपीय वाणिज्य में बढ़ोतरी हुई, अपनी मेहनत और उद्यमशीलता के लिए पहचाने जा चुके इस समुदाय का भाग्य नाटकीय ढंग से परिवर्तित हुआ। 1700 ईस्वी में सूरत के सबसे अग्रणी पारसी दलाल रुस्तमजी मानेक ने बम्बई स्थानांतरित होने का फैसला लिया। 1800 ईस्वी में वे नई वाणिज्यिक राजधानी बम्बई के आधे हिस्से के मालिक थे। अंग्रेजों के भागीदार के रूप में, उन्होंने बम्बई के आर्थिक और सामाजिक जीवन पर प्रभुत्व स्थापित कर लिया।

कहते हैं, पारसी शरण लेने के लिए गुजरात के राजा के दरबार में पहुंचे थे तो राजा ने उन्हें यह दर्शाने के लिए एक गिलास भरा दूध दिखाया, कि उनके लिए कोई जगह नहीं थी। तब एक पारसी पुजारी (दस्तूर) आगे आया और गिलास में कुछ चीनी डाल दी, जो बिना दूध को बाहर गिराए घुल गई और यकीनन दूध को मीठा भी कर दिया।

सदियों से, अल्पसंख्यक व्यापारी, जो अक्सर अपने ही देशों में सताए जाते, वे भारत में आश्रय मांगते थे। भारत उनके लिए एक ऐसी जगह थी जिसे वे मुख्य रूप से अपने व्यापारिक संपर्कों के माध्यम से जानते थे। भारत की खुलेपन की संस्कृति ने उन्हें आकर्षित

किया। इससे उन्हें यहां बसने का आश्वासन भी मिला। अक्सर पीढ़ियों तक चलने वाली उद्यमिता की उनकी भावना ने भारतीय अर्थव्यवस्था की समृद्धि में वृद्धि की। इसके बदले में वे जो विविधता लाए, उसने भारतीय समाज और संस्कृति को समृद्ध किया है।

हिंद महासागर के प्रवासी

1131-32 ईस्वी में, अब्राहम बेन यीजु नामक एक युवक भारत के व्यापार में भाग्य बनाने के लिए अदन से चला। ट्यूनीशिया के अल-महदिया का यह यहूदी युवक मालाबार तट पर आया और मैंगलोर के बंदरगाह शहर में बस गया। मैंगलोर में अपने आगमन के लगभग तुरंत ही बाद वह शायद प्यार में पड़ गया। उसने एक नायर लड़की, आशु से शादी करने का फैसला किया। यह घटना हमेशा के लिए उसके जीवन का मार्ग बदलने वाली थी।

उसने एक दस्तावेज़ में लिखा था कि उसने एक गुलाम लड़की को आज़ाद करा कर उसका यहूदी धर्म में धर्मांतरण कराया और फिर उससे शादी की। लेकिन हमारे लिए यह विश्वास करना मुश्किल है कि एक नायर लड़की गुलाम रही होगी और विशेषकर तब जब हम जानते हैं कि यीजु ने उसके माता-पिता के परिवार के साथ करीबी रिश्ते बनाए रखे।

इस दस्तावेज की सच्चाई शायद यह थी कि वह अपने समुदाय में एक गैर-यहूदी के साथ अपनी शादी का प्रचार करे और अपने बच्चों के लिए एक वंश स्थापित करे। मैंगलोर में, अदन के व्यापारियों के लिए कमीशन एजेंट के रूप में काम करने के अलावा, यीजु ने पीतल के कारखाने की स्थापना की, जहां यमन से आए यहूदी और स्थानीय कारीगरों ने काम किया।

यह पूरी तरह निर्यात आधारित इकाई थी जहां उसके विदेशी ग्राहक अपने ऑर्डर दिया करते थे और अक्सर उसे कच्चा माल भी भेजते थे। यीजु पास बामा या बोम्मा नाम का एक हिंदू दास भी था, जो बाद में उसका प्रबंधक भी बना, वह परिवार के एक सदस्य जैसा था। कर्मचारियों में से एक को अय्यर कहा जाता था और भारत में उसके व्यापारिक सहयोगियों में एक शेट्टी और एक नायर भी थे।

मिस्र में भारत से होने वाले आयात के प्रवेश बिंदु अदन में अब्राहम यीजु का मुख्य संपर्क और संरक्षक मदमून बिन बंदर था, जो अदन में व्यापारियों का मुखिया था। उसके मुख्य निर्यात में लोहा, मसाले और पान की सुपारी जैसे विशिष्ट उत्पाद शामिल थे। पीतल, तांबा आदि के अलावा आयात के मुख्य सामान में संखिया (तब इसका प्रयोग दवाओं में

होता था) और कागज (बेन यीजु एक कवि, सुलेखकार और कानूनी सलाहकार भी था) शामिल थे। भारत में कागज का अभाव यीजू के लिए गंभीर चिंता का विषय था। भारतीय तब तक आमतौर पर ताड़ के पत्तों पर लिखा करते थे।

बेन यीजु 17 साल भारत में रहा। इस अवधि के दौरान उसने शायद एक या दो बार अदन की यात्रा की लेकिन मालाबार तट के किनारे वह अक्सर यात्रा करता था। उसने आशु से शादी की और इस विवाह से तीन बच्चे हुए—दो बेटे (जिनमें से एक की जन्म के बाद ही मौत हो गई) और एक बेटी।

उसने अपने दोस्तों से आशु को काजल, आभूषण, रेशमी कालीन भेजने के लिए कहा। वह अक्सर अदन वापस जाने की योजना बनाता लेकिन इसे टालता रहता था। इस बात से अदन और मिस्त्र में उसके दोस्त को हैरान थे। इस बीच, सिसिली के नोर्मंस ने ट्यूनीशियाई तट को लूट कर उस पर कब्ज़ा कर लिया।

बेन यीजु यह नहीं जानता था कि उसके भाई और बहन कहां भाग गए थे। वह अपनी बेटी के लिए उपयुक्त पति की तलाश को लेकर भी चिंतित था। अंत में 1149 ईस्वी में, वह अपने बेटे सुरूर और बेटी सिट्टा अल दार के साथ अदन वापस चला गया। हम पक्के तौर पर नहीं कह सकते कि आशु (बदला हुआ नाम बेराखा) उन लोगों के साथ गई या नहीं। अपने धन और मदमून जैसे शक्तिशाली मित्रों के बावजूद, यीजु का जीवन काफी चुनौतीपूर्ण हो गया।

एक गैर यहूदी से शादी करने के कारण अदन में उसे अपने समुदाय के लोगों की ओर से ठंडी प्रतिक्रिया मिली। उसके बच्चों की स्थिति को लेकर संदेह जताया गया।

अपने पुत्र और उत्तराधिकारी सुरूर की 20 साल में मृत्यु होने से यीजु को गहरा झटका लगा। यमन के अंदरूनी हिस्सों में कुछ समय तक घूमने के बाद वह सिसली चला गया जहां वह अपने भाइयों से संपर्क साधने में सफल रहा। उसने मदमून के परिवार के एक लड़के से अपनी बेटी की सगाई तोड़ दी और मिस्त्र चला गया। उसने अपनी बेटी एवं संपत्ति को परिवार के भीतर बनाए रखने के लिए, सिट्टा की शादी अपने भाई के सबसे बड़े बेटे से करने का फैसला किया। जब लंबे इंतज़ार के बाद दोनों की मुलाकात हुई तो उसे लड़का पसंद नहीं आया और उसने अपने निर्णय को टाल दिया।

आखिर में 1156 ईस्वी में यीजु की मौत के दो साल बाद उन दोनों की शादी हुई। बेन यीजु इस बात को लेकर सही था। बेटी का पति व्यापार करने के लिए उपयुक्त नहीं था, लेकिन उसकी बेटी का पति एक कामयाब आदमी था। वह काहिरा में एक न्यायाधीश के पद तक पहुंचा।

सिट्टा से उसे तीन बेटे और एक बेटी हुई। जब वह सिसली के लिए वापस जाना चाहता था तो सिट्टा ने इसका जबरदस्त विरोध किया और जैसा कि एक मज़बूत नायर लड़की से अपेक्षा थी। उसने उसे न्यायालय में घसीट लिया जिसने सिट्टा के पक्ष में फैसला सुनाया।

यहूदी भगवान का नाम लिखे कागजों को आसानी से नहीं फेंका करते थे, बल्कि इन्हें यहूदी प्रार्थना स्थल के एक विशेष कक्ष जेनिज़ा में जमा कर लिया करते थे। सिट्टा ने बेन यीजु के सभी बचे हुए कागजों को फुसतात (पुराने काहिरा) के जेनिज़ा बेन एज़रा सिनगॉग में जमा किया था जहां इतिहासकारों को बेन यीजु के हाथ के लिखे कम से कम ऐसे 80 कागज मिले थे।

यहूदी बाइजेंटाइन साम्राज्य के अधीनस्थ के रूप में भारतीय व्यापार में शामिल हुए और बाद में स्वतंत्र रूप से व्यापार करने लगे। व्यापारियों के लिए प्राचीन काल से ही लंबी समुद्र यात्रा खतरों से भरी रही है। माल की ढुलाई, उसका भंडारण, ऋण की व्यवस्था और भुगतान प्राप्त करना भी प्रमुख चुनौतियां थीं। विदेशी धरती पर इन सभी बातों को सुनिश्चित करने के लिए एक-दूसरे के साथ गहन सहयोग और आपसी गहरा भरोसा होना जरूरी था।

इसलिए बड़े कारोबारी परिवारों के सदस्य और मित्र साथ-साथ यात्रा करते थे और बंदरगाहों के पास के क्षेत्रों में रहते थे, ऋण और सूचना के प्रवाह के लिए विभिन्न व्यापार बिंदुओं पर सलाह देने के लिए उनके अपने प्रतिनिधि थे। उन्होंने व्यावसायिक भागीदारियां बनाईं जिसमें अक्सर धार्मिक विभाजन बड़ी बाधा नहीं बनते थे। जब दोनों पक्ष एक ही संस्कृति और कानूनी परंपरा से संबंध रखते हों तब उनके बीच विवाद को सुलझाना आसान होता था।

मदमून बिन बंदर और अदन व मिस्र में अन्य व्यापारियों से अपने संपर्क के चलते बेन यीज़ु का व्यापार भारत में काफी फला-फूला। वह आरंभिक मध्युगीन मालाबार में प्रवासी व्यापार का जीता-जागता उदाहरण बन गया। व्यापारी दैनिक खाता (रोज़नामचा) बनाते थे और एक-दूसरे के नाम पर व्यापार करने के लिए विस्तृत ब्योरा और इसके लिए विशेष निर्देश भी उपलब्ध कराते थे। एक व्यापारी ने बेन यीजु से अपने और अपने बेटे के लिए अलग खाते रखने को कहा था, ताकि उसका जवान बेटा अपने निर्णयों के लिए अधिक जिम्मेदार बन सके।

साझेदारी के विवादों को यहूदी या इस्लामिक अदालतों द्वारा सुलझाया जाता था। क्योंकि विश्वास ही व्यापार का आधार था। बेन यीज़ु जैसे लोगों का समान नैतिक मूल्य

रखने वाले करीब से जुड़े हुए समुदाय के साथ कारोबार में निवेश करना समझ में आता है जहां सामाजिक प्रतिबंध का डर किसी तरह की धोखाधड़ी को होने से पहले ही रोक देता था।

पश्चिमी तट पर इस्लाम

ताजिकों की सूबेदारी

8वीं से 11वीं सदी का समय हिंद महासागर क्षेत्र में व्यापार और इस्लाम के एक साथ विस्तार का दौर था। ईसाइयों और यहूदियों के बाद मुसलमान नवीनतम व्यापारिक प्रवासी के रूप में उभरने लगे थे। नौवीं शताब्दी के अंत तक हिंद महासागर में प्रत्येक व्यापारिक ठिकाने पर एक मुस्लिम उपनिवेश था और जल्द ही इस्लाम एशिया के समुद्री व्यापारियों के बीच सबसे प्रमुख धर्म बन गया।

10वीं शताब्दी तक भारत में मुसलमानों के सबसे बड़े समूह सिंध और गुजरात में पाए जाते थे और उनमें से ज्यादातर फारस, अरब और कुछ हदरामौत (यमन) के व्यापारी थे।

सिंध के एक इतिहासकार चाच नामा के अनुसार 5वीं सदी के अंत तक वहां बौद्ध राय राजवंश स्थापित हो चुका था। 636-37 ईस्वी में, उमर की खिलाफत के दौरान, थाना, भरूच और देबुल की ओर पहला नौसैनिक अभियान शुरू किया गया जो बेनतीजा रहा, इसके बाद देबुल पर दूसरा हमला किया गया। बाद में अरबी इतिहास में इसका औचित्य यह बताया गया कि देबुल में एक किले में रहने वाले समुद्री डाकू फारस की खाड़ी की तरफ बढ़ने वाले जहाजों को लूटा करते थे।

711 ईस्वी में, देबुल पर तीसरा बड़ा हमला मुहम्मद बिन कासिम के नेतृत्व में हुआ जिसने अंतत: सिंध को जीत लिया। गुजरात में, 8वीं शताब्दी के उत्तरार्ध में प्रमुख बंदरगाह वल्लभी पर विनाशकारी अरब हमले की वजह से हिंदू और जैन व्यापारियों ने तुरंत अपनी व्यापारिक गतिविधियां भीतरी स्थानों में समेट लीं। खाड़ी की भौगोलिक सुरक्षा के कारण खंभात बंदरगाह ने जल्द ही वल्लभी को पीछे छोड़ दिया।

सिंध और बाद में गुजरात में शुरुआती मुस्लिम समुदायों ने अपनी अरब-केंद्रित अलग सांस्कृतिक पहचान को खो दिया जब वे पहली बार इन बंदरगाह शहरों में दिखाई दिए, तो उन पर उनके मेजबान समाज यानी हिन्दू, बौद्ध और जैन समुदाय का प्रभाव था।

दक्कन के राष्ट्रकूट (जिसे मुसलमान बल्लाहारस के रूप में जानते थे) क्षेत्र में भी

मुसलमानों का बहुत सम्मान था। काफी पहले, अरब से आए व्यापारियों ने कोंकण तट के आसपास बसना शुरू कर दिया था। लगभग 10,000 मुसलमानों की सबसे बड़ी आबादी सैमूर (बम्बई के दक्षिण में) में बस चुकी थी। कोंकण ने मुख्य रूप से टीक की लकड़ी और आयातित घोड़ों की आपूर्ति की। वहीं राष्ट्रकूटों ने मुस्लिम समुदाय के प्रमुख (हमजा) के रूप में एक व्यापारी को नियुक्त किया।

वास्तव में तटीय बस्तियों में व्यापार को बढ़ावा देने के लिए उन्होंने मुस्लिम सूबेदारों को नियुक्त किया। मधुमत या ताजिक मुहम्मद (11वीं शताब्दी तक पश्चिमी भारत में सभी मुसलमानों को ताजिक कहा जाता था) को 926 ईस्वी में संजन का राज्यपाल नियुक्त किया गया था।

समाईल की मजीगति

कदंब के राजा जयकेसी प्रथम (1095 ईस्वी) के साम्राज्य में (गोवा अभिलेख के अनुसार) गोपाकापट्टनम (गोवा) में, अलीया (अली) एक जहाज का मालिक व व्यापारी था। सोमनाथ जाते हुए कदंब के राजा गुहालदेव का जहाज क्षतिग्रस्त हो गया तो अलीया ने उन्हें बचाया था। अलीया के बेटे समाईल (इस्माईल) ने सिलाहारा से गोपाकापट्टनम छीनने में कदंबों की मदद की।

समाईल के बेटे सदान को जयकेसी प्रथम ने 1053 ईस्वी में गोवा का राज्यपाल बनाया। बंदरगाह शहर में उसकी ओर से बनवाई गई मजीगति (मस्जिद) के रखरखाव के लिए प्रत्येक जहाज से एक स्थायी राशि (टैक्स) एकत्र करने की अनुमति भी दी।

कर्नाटक के नवायत

कारवार और मंगलौर के बीच पड़ने वाला भटकल शहर आज अपने आतंकवादी संबंधों के लिए कुख्यात है। आतंकवादी समूह इंडियन मुजाहिदीन के मास्टरमाइंड्स, कई घातक आतंकवादी हमलों के लिए जिम्मेदार—यासीन भटकल और दो भाई रियाज और इकबाल भटकल कर्नाटक के इस छोटे-से उत्तर कन्नड़ जिले के ही हैं। इन्हें "भटकल" उपनाम सुरक्षा एजेंसियों ने दिया है—यासीन का असली नाम मोहम्मद अहमद सिद्दीबप्पा है और रियाज और इकबाल का उपनाम शाहबंदरी है जिसका शाब्दिक अर्थ होता है बंदरगाह पर व्यापारियों का प्रमुख।

कट्टरपंथी इस्लाम के साथ जुड़ी यह पहचान इस समुदाय के लिए दुर्भाग्यपूर्ण है, जो सदियों से स्वाभिमानी और सफल उद्यमी रहे हैं। ज़मींदारी के उन्मूलन तक, मुसलमान इस क्षेत्र में ज़मींदार हुआ करते थे। आज भी वे अपने हिंदू पड़ोसियों से ज्यादा समृद्ध हैं। इस समृद्धि की शुरुआत शताब्दियों पुराने व्यापार से हुई है, जो घोड़ों के बड़े पैमाने पर आयात पर केंद्रित था।

भटकल के मुस्लिम एक ऐसे समुदाय से संबंध रखते हैं जिसे नवायत कहा जाता है, नवायत का शाब्दिक अर्थ होता है नए लोग। इस बात पर कोई आम सहमति नहीं है कि उनके पूर्वज कहां से आए थे। इनके फारसी होने का दावा सबसे मजबूत दिखता है क्योंकि इनके अधिकतर उपनाम आज भी ईरान में मिलते हैं। कोंकणी, अरबी, फारसी, मराठी के मिश्रण से बनी नवायती भाषा फारसी लिपि में लिखी गई है।

वापस यात्रा के लिए हवा की दिशा में बदलाव की प्रतीक्षा करते हुए, मुस्लिम व्यापारी अक्सर स्थानीय महिलाओं के साथ अल्पावधि विवाह या मुताह कर लेते थे और अक्सर हर दूसरे वर्ष अपने नए परिवार में वापस आ जाते थे। वे कभी-कभी स्थायी रूप से भी यहां बस जाते थे।

इससे भारत के पश्चिमी तट पर तटीय मुस्लिम समुदायों की संख्या में बढ़ोत्तरी हुई। कर्नाटक में नवायत, मालाबार में मापिला, कोरोमंडल में इलप्पेस और मराक्कर इनमें प्रमुख हैं। ये सभी समुदाय इस्लामिक न्यायशास्त्र की शाफई की परंपरा के माध्यम से एक साथ जुड़े हुए हैं जबकि उपमहाद्वीप के बाकी हिस्सों में हनफी परंपरा का अनुसरण होता है। दिल्ली से दूर तटीय दक्षिण भारत में इन समुदायों ने अपनी परंपराओं को बेहतर तरीके से संजोकर रखा है।

दिलचस्प बात यह है कि उनमें से बहुत से समुदायों का स्थानीय परंपराओं (विशेष रूप से नवायत और मराक्कर), में उल्लेख मिलता है कि इन बंदरगाह शहरों में जैन व्यापारियों ने इस्लाम को अपनाया और अपने व्यापारिक लोकाचार को बचाए रखा।

पैगंबर से मिले थे चेरामन !

अरब हमेशा से केरल के साथ व्यापार करते आए हैं। स्वाभाविक रूप से पैगंबर मुहम्मद के समय में ही इस्लाम केरल तक पहुंच गया था। अंतिम चेरा शासक चेरामन पेरूमल अपना राज्य वस्याल राजाओं (इनमें से एक समूथिरी का राजा, ज़मोरीन था) के बीच बांटने के बाद गायब हो गए।

चेरामन पेरूमल के बारे में चर्चित मिथकों के मुताबिक, वह मक्का गये थे। पैगंबर से भेंट की और फिर इस्लाम धर्म अपना लिया। हालांकि, वह वापस नहीं लौट सके लेकिन यह माना जाता था कि उनके धन से ही अरब के प्रचारकों ने कोडुंगलौर में पहली मस्जिद बनाई थी। इसका निर्माण 629 ईस्वी में पूरा हुआ। इस समय तक पैगंबर भी जीवित थे। चेरामन जुमा मस्जिद भारत की पहली और दुनिया की दस सबसे पुरानी मस्जिदों में से एक है।

पुर्तगालियों के आगमन के समय मालाबार के वाणिज्यिक क्षेत्र में तीन प्रकार के मुसलमान दिखाई देते थे। विदेशी व्यापारी, जिनका केरल और लाल सागर बंदरगाह के बीच मसालों के व्यापार पर नियंत्रण था। इनमें करीमी व्यापारियों की अच्छी-खासी संख्या थी। इनमें से दो व्यापारियों के पास कोचीन में 50 से अधिक पानी के जहाज़ थे।

अगले थे कोरोमंडल तट के मराक्कर—वे कल्याणपट्टनम और नगापट्टिनम के बीच तटीय इलाके से थे। उन्होंने कोरोमंडल और मालाबार के बीच तटीय व्यापार किया जिसमें मालाबार में वस्त्र और चावल की आपूर्ति प्रमुख थी। तीसरे मराक्कर या कुंजलिस मराक्कर।

भारत के पूर्व राष्ट्रपति एपीजे अब्दुल कलाम भी मराक्कर समुदाय के थे, जिन्हें मापिला (महा + पिला, बड़े बच्चे) कहा जाता था। मराक्कर, वाणिज्यिक ढांचे में सबसे नीचे थे। जब भाग्य ने उन्हें मौका दिया, तो वे अपनी सामाजिक-आर्थिक प्रगति को आगे बढ़ाने के लिए पुर्तगालियों को सहयोग देने के लिए आसानी से सहमत हो गए।

इसी दौर में स्थानीय मुस्लिम समुदायों का अन्य क्षेत्रों में भी तटीय व्यापार पर दबदबा बढ़ने लगा। व्यापारिक संपत्ति की मदद से राज्य स्थापित करने का भारत में एक दुर्लभ उदाहरण जमालउद्दीन के रूप में मिलता है।

गोवा के (जलपोतों) का निर्माण करने वाले व्यापारी के बेटे जमालउद्दीन ने अपनी पारिवारिक संपत्ति से 6,000 सैनिकों को एकत्र कर और 50 जहाज़ों के बेड़े का निर्माण कर 1340 ईस्वी में होनावार सल्तनत खड़ी कर दी। बाद में उसने गोवा पर हमला कर उस पर कब्ज़ा भी कर लिया।

अफ्रीका से गुजरात

गुजरात का मामला निराला ही था, जहां शासक अरबों या तुर्कों के साथ समुद्र और जमीन पर लड़ते थे लेकिन हमेशा मुस्लिम व्यापारियों का स्वागत करते थे।

एक समकालीन मुस्लिम लेखक ने लिखा है कि, चालुक्य राजा सिद्धार्थ (13वीं

शताब्दी) खंभात में एक मस्जिद पर हुए हमले की घटना की जांच के लिए खुद एक व्यापारी के भेष में जा पहुंचे। खंभात के मुसलमानों के दावे से संतुष्ट होने के बाद उन्होंने मस्जिद के पुनर्निर्माण के लिए मुआवज़ा दिया और दोषियों को सज़ा देने का आदेश भी दिया।

हम होर्मुज़ या अदन के बंदरगाहों में भारतीय व्यापारियों की उपस्थिति की बात पढ़ते रहे हैं, शायद वहां जगदू जैसे बहुत कम व्यापारी थे, जिसने विदेश में सभी प्रमुख बंदरगाहों पर अपने एजेंट बना रखे थे। भारत के पश्चिमी हिस्से में अरब व्यापारियों का प्रभाव इतना अधिक था कि शायद गुजरात या केरल में उनका स्वागत करने के अलावा कोई विकल्प भी नहीं था।

मुख्यधारा के सुन्नी मुसलमानों के अलावा, गुजरात कई छोटे, अक्सर शिया मुस्लिम संप्रदायों का मूल घर है।

बोहरा शब्द गुजराती शब्द वेहरु से उत्पन्न हुआ है जिसका अर्थ है व्यापार।

दुनिया भर में एक लाख से अधिक दाऊदी बोहरा (मुख्य रूप से पश्चिमी भारत, कराची, पूर्वी अफ्रीका और अमेरिका और कनाडा में) गुजराती की एक बोली बोलते हैं जिसमें बड़ी संख्या में अरबी, फ़ारसी और अन्य भाषाओं से शब्द लिए गए हैं। 17वीं शताब्दी से उनका धार्मिक मुख्यालय, दावत, भारत में स्थित है।

बोहरा पुरुष हमेशा अपनी विशिष्ट सफेद पोशाक पहनते हैं, ज्यादातर बोहरा व्यापारी होते हैं और स्वाभाविक रूप से उनके मुख्यालय हमेशा एक व्यापारिक केंद्र जैसे अहमदाबाद, सूरत और अब बम्बई रहे हैं। उन्होंने शिक्षा और महिलाओं की समान भागीदारी को हमेशा उच्च प्राथमिकता पर रखा है। हाल के दिनों में, उन्होंने बम्बई में सभी बोहरा परिवारों को दिन में दो बार भोजन पहुंचाने के लिए सामुदायिक रसोई खोली है ताकि सभी बोहरा परिवार अपने घर की महिलाओं को इस दिनचर्या से मुक्त रख सकें। हालांकि, दुर्भाग्य से वे भारत का एकमात्र समुदाय हैं, जो अभी भी महिला जननांग विकृति की प्रथा को अपनाए हैं। यह उत्तर उनके अफ्रीकी मूल का एक बचा हुआ निशान है।

खोजा (फारसी ख्वाजा या सम्मानीय सज्जन) हिंदू लोहाना जाति से धर्मांतरित थे। वे हमेशा से इस्माइली शिया परंपराओं का हिस्सा रहे हैं, पर उन्होंने अपने हिंदू अतीत को भी संरक्षित किया है। उनके आरंभिक आध्यात्मिक गुरुओं ने अधिकारिक अनुयायियों को लुभाने के लिए हिंदू नाम रखे।

खोजा आस्था पद्धति वैष्णवों के मुख्य धार्मिक ग्रंथ दशावतार के साथ काफी मिलती है, जिसमें अली के साथ विष्णु के अवतारों को भी माना जाता है। हालांकि, 19वीं शताब्दी

में आगा खान (मूलतः निज़ारी इस्माइली के इमाम) के आगमन के बाद और इस्माइली पहचान पर जोर देने से ये विश्वास कमजोर पड़ रहे हैं।

बोहरा, खोजा और अन्य समुदाय के मिथक में हमेशा पश्चिम से पीरों से अपने मौजूदा समुदाय के आरंभ की बात करते आए हैं। यह सभी शुरू से शिया फातिमी खिलाफत से जुड़े हुए हैं जिसने 909 से 1171 ईस्वी में फुसतात या पुराने काहिरा से मिस्र पर शासन किया।

उस कालखंड में गुजरात से निर्यात का गंतव्य मिस्र में काहिरा या अलेक्जेंड्रिया था जहां से वेनिसवासी या जेनुआ के व्यापारी यूरोप के लिए मसाले और कपड़ा ले जाते थे। यह कारोबार अदन के रास्ते होता था।

भारत में स्थानीय धर्मांतरित इस्लामी व्यापारी (जैसे कि लोहाना) के पारंपरिक लोकाचार और उत्तराधिकार नियमों का पालन करते थे, जो पारिवारिक संपत्ति के बहुत अधिक विभाजन के पक्ष में नहीं थे। इन समुदायों में से कई अभी भी कानूनी तौर पर उत्तराधिकार के हिंदू कानूनों द्वारा ही नियंत्रित हैं।

उनके धर्मांतरण की असली वजह क्या थी, इसका जवाब देना शायद कठिन है, यह अलग अलग मामलों में अलग-अलग हो सकते हैं लेकिन इनके बीच एक स्पष्ट संबंध व्यापारिक रिश्ता था। समुद्री व्यापारी और दसवीं सदी के 'अजबुल हिंद' के लेखक बुजुर्ग बिन शहरयार ने एक गुजराती बंदरगाह पर एक हिंदू पायलट से भेंट के बारे में लिखा है, जिसने कुछ ही वक्त पहले इस्लाम को अपनाया था और पानी के जहाज़ों का चालक बन कर काफी धन इकट्ठा किया।

सोमनाथ में नुरुद्दीन फिरोज़

होर्मुज के रहने वाले एक समुद्री व्यापारी नुरुद्दीन फिरोज़ ने 1264 ई. में गुजरात के सोमनाथ में एक मस्जिद की स्थापना की। अरबी और संस्कृत के दो शिलालेख इसका प्रमाण हैं। यह 13वीं सदी के एक अमीर फारसी व्यापारी की व्यापारिक दुनिया और समाज से उसके संबंधों की अनोखी कहानी है।

फिरोज को नाखुदा कहा जाता था। नाखुदा का अर्थ नाविक व व्यापारी होता है (खुदा या जहाज का देवता, संस्कृत में नौवाहिक) इन दोनों शब्दों का ज़िक्र पहली बार 1000 ईस्वी में लाल सागर और फारस की खाड़ी से भारत के पश्चिमी तट के बीच व्यापार के संदर्भ में मिलना शुरू हुआ। आज सोमनाथ को अपनी पवित्र पहचान

के लिए जाना जाता है, लेकिन 13वीं सदी में दीव के साथ यह गुजरात के सहायक बंदरगाहों में से एक था। खंभात उस समय मुख्य बंदरगाह था।

नूरूद्दीन जो किसी काम से सोमनाथ में था (शिलालेख में इसका उल्लेख नहीं है), उसने शहर की सीमा के बाहर ज़मीन खरीदी जो व्यापारियों की बस्ती (महाजनपल्ली) थी। ज़मीन सोमनाथ मंदिर से खरीदी गई थी क्योंकि महाजनपल्ली मंदिर की संपत्ति थी। मस्जिद की नियमित आय के लिए उसने ज़मीन का एक और टुकड़ा खरीदा। जमीनों का दूसरा सौदा शहर के भीतर अन्य दो मंदिरों इनके बकुलेश्वर मंदिर से हुआ। फिरोज ने बाज़ार में कुछ दुकानें और एक तेल मिल भी खरीदी।

सारा लेनदेन सोमनाथ के प्रमुख व्यापारियों की मदद से हुआ, जिनमें सभी हिंदू थे जिनके नाम दोनों भाषाओं में शिलालेख पर लिखे पाए गए, इनमें सबसे प्रभावशाली श्री चदा थे जिनका जिक्र नुरूद्दीन के धर्मबांधव यानी सच्चे मित्र के रूप में किया गया। चालुक्य राजा के स्थानीय प्रतिनिधि की मुहर से पहले इस पूरे लेन-देन की पुष्टि शहर निकाय पंचकुल ने की जिसकी अध्यक्षता महान पाशुपत पुजारी वीरभद्र ने की।

संस्कृत शिलालेख में प्रयुक्त भाषा इस्लाम से समानता दर्शाती है। यह मिजीगिती (मस्जिद) को प्रार्थना का स्थान बताता है, जिसमें बारातीसब (शब बारात) और खतमारात्रि (पूरी रात कुरान का पाठ) का जिक्र है। दोनों ही त्योहार जहाज मालिकों और नाविकों के लिए महत्वपूर्ण माने जाते थे। सोमनाथ की जमात (मंडली) में विदेशी व्यापारी और नाविकों के अलावा चूना खदान कर्मी, ऑयलमैन आदि भी शामिल थे।

इस शिलालेख की भाषा भी हिंदू/ जैन मंदिरों में दान के बारे में लिखे गए शिलालेखों से बहुत समानता रखती है। यहां तक कि अल्लाह के लिए इस्तेमाल किए गए विशेषण (विश्वरूप और विश्वनाथ; शून्यरूप) शिव की याद दिलाते हैं।

यह कहानी भारत में व्यापार और धर्म का अनोखा रिश्ता बताती है, जहां पानी के जहाज़ों के मालिक मुस्लिम व्यापारी अपने हिंदू व्यापारी मित्रों की सहायता से एक पवित्र शैव स्थल पर एक मस्जिद का निर्माण उस ज़मीन पर करते हैं जिसे सोमनाथ के मंदिर से खरीदा गया था।

13वीं शताब्दी में भारत के पश्चिमी समुद्र तट की सहिष्णु, बहुसांस्कृतिक और महानगरीय व्यापारिक दुनिया का यह एक छोटा-सा प्रमाण है। इस पूरे कारोबार का सबसे उल्लेखनीय पक्ष यह है कि मुस्लिम व्यापारियों के लिए किसी भी द्वेष या शत्रुता

का पूर्ण अभाव था, वह भी सोमनाथ में, जिसे दो सौ साल पहले ग़ज़नी के सुल्तान महमूद ने तबाह कर दिया था। और तीस साल बाद, अलाउद्दीन खिलजी गुजरात को जीतने और कब्जा कर सोमनाथ में तबाही का एक और दौर लाने वाला था।

पूर्वी सागर में मसालों की लहरें

बंगाल के घोड़े

भारत के पूर्वी महानगर और पूर्वी औपनिवेशिक राजधानी कलकत्ता की आर्थिक नींव, वस्त्र, अफीम, चाय जैसे मजबूत निर्यातों पर रखी गई थी।

दो हज़ार वर्ष पीछे विदेशी मूल के अमीर व्यापारियों ने बंगाल से दक्षिण पूर्व एशिया तक बेहद लाभदायक व्यापारिक साम्राज्य का निर्माण किया जो ब्रिटिश व्यापारियों से बिल्कुल अलग था। उनके निर्यात का सबसे बड़ा हिस्सा थे घोड़े जिन्हें संभवतः मध्य एशिया से लाया गया था!

कलकत्ता से उत्तर की तरफ 35 किलोमीटर की दूरी पर एक प्रमुख पुरातात्विक स्थल है चंद्रकांतगढ़। विद्याधर नदी के किनारे स्थित यह शहरी केंद्र मौर्य से पाल काल तक (3 शताब्दी ईसा पूर्व से 9वीं शताब्दी ईस्वी तक) लगातार सक्रिय रहा था। यहां पाई गई एक तीसरी शताब्दी ईस्वी की मुहर में एक घोड़े और एक आदमी को जहाज पर दिखाया गया है, यह आदमी शायद एक घोड़ा व्यापारी है जिसने लंबी सका टोपी पहनी हुई है। यह जहाज ट्रिपाका है। बैरीगाजा में प्रयोग किए जाने वाले जहाज़ों या नावों को पेरीप्लस (नाविकों की किताब) में ट्रेपगा कहा गया है। यह मुहर शक्तिशाली तस्वोजदा परिवार से संबंधित हैं।

कई अन्य मुहरें चंद्रकांतगढ़ के व्यापारियों का उल्लेख करती हैं- एक शिलालेख बताता है, "यशोदा ने तीन दिशाओं की यात्रा की, जिन्होंने अनाज (निर्यात) के माध्यम से धन अर्जित किया है"। अभिलेखों में जलादिशक्र नामक एक जहाज का उल्लेख भी है। यहां पाए गए चिन्हित सिक्कों में भी जहाजों को चित्रित किया गया है।

इस व्यापार का गंतव्य क्या था? चीन में कांग ताई (249-50 ई.) ने लिखा, युह-चिह या यूची (कुषाण) व्यापारी लगातार समुद्र के रास्ते दक्षिण एशिया से फुनान को घोड़ों का निर्यात करते थे। कुषाण व्यापारी अपने व्यावसायिक कौशल और घोड़ों के व्यापार के लिए मध्य एशिया और चीन में प्रसिद्ध थे। ऐसा लगता है कि 2-3 ईस्वी में जब प्रतिद्वंद्वी कबीलों

की गतिविधियों के कारण ज़मीनी मार्ग कुछ समय तक बंद था, कुषाण व्यापारियों ने बंगाल से जहाजों के माध्यम से दक्षिण पूर्व एशिया और चीन के लिए घोड़ों के निर्यात के लंबे लेकिन सुरक्षित रास्ते को अपनाया होगा। हालांकि, हमारे पास ऐसे कोई साक्ष्य नहीं हैं जो यह दर्शाते हों कि कुषाणों का राजनैतिक अधिकार बंगाल तक फैला हुआ था।

खरोष्ठी और ब्राह्मी-खरोष्ठी मिश्रित लिपि में लिखे कुछ शिलालेख ओसियो (वियतनाम) और यू-थांग (मध्य थाईलैंड) में भी पाए गए हैं। तांबे के ड्रम में एक घोड़े के साथ लंबी साका टोपी पहने दो पुरुषों की उकेरी हुई आकृति सैंगियांग द्वीप में पाई गई है।

एक और चीनी रिकॉर्ड में इस बात का उल्लेख किया गया है कि 225 ईस्वी के कुछ समय बाद फुनान के राजा फैन चैन ने बंगाल के मुरुंदा राजा के लिए सु-वु नाम का एक दूत भेजा। अपनी वापसी के समय सु-वु के साथ मुरुंदा के राजा का एक दूत भी था और फुनान के राजा के लिए उपहार में चार इंडो-सिथियन घोड़े भी भिजवाए गए थे।

तट के साथ-साथ व्यापार बंगाल और उड़ीसा में काफी पहले शुरू हो चुका होगा। प्रारंभिक व्यापारी शायद तटीय यात्राओं के माध्यम से ही बर्मा और थाईलैंड पहुंचे।

बाद में पूर्वी तट के अधिक आत्मविश्वासी मल्लाह बंगाल की खाड़ी के पार खुली समुद्री यात्राओं के लिए निकल पड़े। पेरीप्लस ने उल्लेख किया है कि चीनी रेशम बंगाल के रास्ते से दक्षिण भारत पहुंचा था। पेरिप्लिस ने गंगा नामक बंगाल के जिस बंदरगाह का ज़िक्र किया था क्या उसे हम चंद्रकेतुगढ़ के समीप देगंगा मान सकते हैं? हालांकि, बंगाल और पूर्वी भारत के लिए मुख्य बंदरगाह ताम्रलिप्ति (मेदिनीपुर में तामलुक) का शास्त्रीय और बौद्ध स्रोतों में बार-बार उल्लेख मिलता है।

श्रीलंका की यात्रा के लिए जा रहे महेंद्र और संघमित्रा को विदा देने के लिए सम्राट अशोक यहीं आए थे। फ़ाह्यान श्रीलंका से यहीं के लिए नाव से रवाना हुआ जो वस्तुओं की उपलब्धता और चारों ओर खेतों की हरियाली पर मोहित था।

ह्वेनसांग ने भी आसपास हरेभरे खेतों और यहां पर तरह-तरह की चीजों की उपलब्धता की प्रशंसा की। हालांकि, तामलुक में अब तक पाई गईं पुरातात्विक महत्व की चीजें अधिक प्रभावशाली नहीं हैं।

मलेशिया की बुजांग घाटी (केदाह) में पाए गए पांचवीं शताब्दी के बौद्ध शिलालेख में एक सुंदर बौद्ध स्तूप को दर्शाया गया है। यह शिलालेख बताता है कि स्तूप को महानाविक बुद्धगुप्त ने अपनी सुरक्षित वापसी की प्रार्थना के लिए स्थापित किया। वह रक्तमृत्तिका रंगमती या (वर्तमान मुर्शिदाबाद) का वासी था। यह बंगाल के समुद्री संबंध की एक दुर्लभ पुरातात्विक गवाही है।

ताम्रलिप्त स्वर्ण युग 8वीं शताब्दी तक पूरा हो गया। इसका मुख्य कारण रूपनारायण नदी की धारा का सूखना था। पाल और सेन राजाओं के दौर के सिक्कों का ना पाया जाना, तत्कांलीन व्यापार में आई गिरावट की ओर इशारा करता है। हालांकि तटीय बंगाल की परिस्थितियां काफी अलग थीं। इस दौरान हरिकेल क्षेत्र (चटगांव, नोआखली, कुम्मिलेन वर्तमान बांग्लादेश) ने उच्च वाली चांदी के सिक्कों के प्रचलन की अटूट परंपरा देखी।

इस क्षेत्र में घोंघे के खोल (कपर्दक) सोने व चांदी की धूल मुद्रा का नियमित उपयोग भी किया गया था। अरब लेखकों में इब्न बतूता मालदीव से नाव से आया था। वह सुदकवान में उतरा था। यह स्थान संभवतः चटगांव के पास स्थित था।

बंगाल से निर्यात की प्रमुख वस्तुओं में चावल, चीनी (चीनी जिसे पौंड्रा के रूप में जानते थे जो उत्तर-मध्य बंगाल के प्राचीन नाम पौंड्रवर्धन से बना था) वस्त्र, काली लकड़ी और असम के गैंडों के सींग शामिल थे। आयात की जाने वाली प्रमुख वस्तुओं में मालदीव से घोंघे के खोल, मसाले और चंदन की लकड़ी और दक्षिण पूर्वी एशिया से चांदी और अन्य धातुएं रही होंगी।

चेंग ही की यात्राओं के दौरान चीनी चार बार बंगाल आए थे। वे जिन 25 वस्तुओं को बंगाल से खरीदकर ले गए उसमें सबसे कीमती चीज घोड़े थे। एक घोड़े की कीमत 1000 सोने के सिक्के तक हो सकती थी। 1404 और 1439 के बीच बंगाल ने चीन में 14 मिशन भेजे थे।

बंगाल में शासकों और राजवंशों के बदलाव के बावजूद सैय्यद मुहम्मद चीन में बंगाल के सुल्तान के दूत बने रहे। चीनी रिकॉर्ड में इसका स्पष्ट रूप से उल्लेख किया गया है कि वह बंगाली जहाजों से चीन आया और शानदार घोड़े पेश किए।

फुनान में ब्राह्मण कौंडिन्य

पूर्वी भारत के ब्राह्मण कौटिल्य को फुनान जाने का आदेश स्वप्न में मिला था। उसने अपने दिव्य धनुष की मदद से फुनान में नाग राजकुमारी को हराकर उससे शादी कर ली। दक्षिण भारत में पल्लव राजवंश के उदय के बारे में एक ऐसी ही किंवदंती है। यह इस बात का संकेत हो सकता है कि दक्षिण भारत से आया था।

तीसरी शताब्दी के चीनी इतिहासकारों के अनुसार एक मलय राजकुमारी लिन-ये ने जहाज पर हमले का नेतृत्व किया था। जहाज के यात्री इस हमले का जवाब देकर वहां

लंगर डालने में सफल रहे। जहाज के एक यात्री ब्राह्मण कौडिन्य (चीनी में हुन तिएन) से राजकुमारी लिन-ये ने शादी कर ली। लिन-ये और कौडिन्य को राज्य विरासत में मिला यह उनकी संतान फुनान को धरती पर शासन किया।

खमेर संस्कृति मिथकों में प्रीह थोंग (कौंडिनिया) और नांग नेक (सोमा) पौराणिक व्यक्ति हैं, जो शादी करते हैं। उनकी संतान को पृथ्वी विरासत में मिलती है। ज्यादातर खमेर शादियों के रिवाजों को प्रीह थाँग और नांग नेक के पौराणिक विवाह में ढूंढा जा सकता है। हालांकि इस कहानी को स्पष्ट रूप से ऐतिहासिक नहीं माना जा सकता है, लेकिन किसी भी अन्य मिथक की तरह, इस में इतिहास के कुछ महत्वपूर्ण बिंदु शामिल हैं। फुनान समुद्री व्यापार के एक समृद्ध केंद्र के रूप में उभरा क्योंकि लोग व्यापार को बढ़ावा देने के प्रति उदार थे।

मेकांग नदी के मुहाने अर्थात् वर्तमान वियतनाम में ओसि-ओ बंदरगाह के क्षेत्र में फ़नान दक्षिण पूर्व एशिया में उभरने वाला सबसे पहला राज्य था। प्रारंभिक भारतीय व्यापारियों ने प्रायद्वीप (350 ईसा पूर्व) पर जाने के बजाए अपनी समुद्री यात्राओं का समापन कराके जलडमरुमध्य पर किया और फिर थाईलैंड की खाड़ी के लिए जमीनी रास्ता लिया। इस तरह ओसी-ओ ने भारत और चीन दोनों देशों से आने वाले व्यापारियों के लिए मिलने की एक आदर्श जगह प्रदान की।

मानसून हवाओं का मौसमी प्रवाह, महीनों स्थानीय कृषि समृद्धि और सुरक्षित बंदरगाह भी इसमें मददगार साबित हुए।

दक्षिण पूर्व एशिया और भारत के विभिन्न हिस्सों के बीच संपर्क का लंबा और नियमित इतिहास है। दक्षिण पूर्व एशिया का अभिजात्य वर्ग भारतीय सभ्यता के सांस्कृतिक, धार्मिक और राज्य गठन का विचारों से प्रभावित था, उन्होंने इस तरह के विचारों को अपनी स्थितियों के हिसाब से अपनाया। शुरुआती शताब्दियों में एक मज़बूत, केंद्रीकृत और नौकरशाही राज्य व्यवस्था उत्तरी भारत में अच्छी तरह विकसित थे।

मिथकों की मानें तो कौंडिन्य जैसे ब्राह्मण ने इस तरह के व्यवस्था पर आधारित शास्त्रीय ज्ञान को दक्षिण पूर्व एशिया में प्रसारित किया।

पांचवीं शताब्दी की शुरुआत में एक और कौंडिन्य फुनान पहुंचा, चीनी रिकॉर्ड के अनुसार इसे फुनान के लोगों ने राजा के रूप में चुना। कौंडिन्य ने भारत की प्रणाली के अनुरूप सभी कानूनों को बदल दिया। यह दक्षिण पूर्व एशिया में भारतीय राज्य प्रणाली को अपनाने का सबसे स्पष्ट प्रमाण है।

दक्षिण पूर्व एशिया में संस्कृत में शिलालेखों के मिलने का क्रम पहली बार 500 ईस्वी के आसपास से प्रारंभ होता है। इन शिलालेखों पर शुरुआती शासकों की वंशावली लिखी हुई थी, जिनकी जड़ें अक्सर भारतीय शासकों और व्यापारियों तक जाती थीं।

कैम्पा (875 ईस्वी) के दांग डुंग शिलालेख में, शासकों ने महाभारत के भृगु वंश से जुड़े होने का दावा किया। वहां के सिक्कों और लेखन पर गहरा भारतीय प्रभाव था। लगभग सभी दक्षिण पूर्व एशियाई लिपियों का जन्म या तो पल्लव या नागरी लिपि से हुआ था। जावा और कैम्पा में मंदिर राजसी शक्ति का केंद्र बन गए । प्रशासन व हिसाब-किताब रखने जैसे धर्मनिरपेक्ष कामों में संस्कृत के प्रयोग के कारण मंदिर ज्ञान के केंद्र के रूप में भी उभरे। प्रसिद्धि और सम्मान के प्रलोभन ब्राह्मणों को सागर पार करने पर रोक को समाप्त करने पर विवश हुए। एक बार जब ब्राह्मण अपने गंतव्य तक पहुंचे, तो उन्हें पुजारी, शिक्षक, मंत्री और परामर्शदाता के रूप में रखा गया।

भारत की तरह ही दक्षिण पूर्व एशिया में राज-पुजारी या राज-पुरोहितों ने राजनीतिक प्रभाव का आनंद उठाया। अक्सर ऐसे पद एक ही परिवार में पीढ़ी दर पीढ़ी बने । 9वीं सदी में अंकोर में सिवासोम (मिथकों के अनुसार शंकराचार्य के आदि शिष्य) का, राजा इंद्रवर्मन प्रथम पर काफी प्रभाव था। न केवल हिंदू राज्यों बल्कि बौद्ध मूर्तिपूजा स्थलों (बर्मा) और सुखोताई (थाईलैंड) में भी राज्याभिषेक जैसे अनुष्ठानों पर ब्राह्मण पुजारियों का विशेषाधिकार था।

जावा में राजसी परिवारों द्वारा दो अनुष्ठान 5वीं शताब्दी में ही अपना लिए गए थे। यह थे अभिषेक और श्राद्ध या अंतिम संस्कार। इस तरह के अनुष्ठानों में आम तौर पर पुजारी और सभी धर्मों के महंत शामिल होते थे लेकिन नेतृत्व राज पुरोहित करता था। शासक की वैधता के लिए अक्सर एक दैवी स्वीकृति की आवश्यकता होती थी।

संस्कृत ने महाराज के रूप में राजा शैलेन्द्र के शाही दर्जे को बढ़ावा देने में मदद की। हालांकि राजा के देवत्व का प्रश्न हिंदू धर्म में जटिल है परन्तु निश्चित रूप से थेरवाद बौद्ध धर्म में किसी को भी श्रेष्ठ दर्जे का दावा करने के लिए कोई गुंजाइश नहीं थी। महायान बौद्ध में बोधिसत्व की स्थिति के लिए बढ़ रहे राजाओं के संदर्भ जरूर मिलते हैं।

कंबोडिया और कैम्पा में शैववाद का सबसे ज्यादा विस्तार था। 12वीं शताब्दी तक कंबोडिया में राज्य प्रायोजित लिंगा पंथों को बनाए रखा गया। कई राज्य स्मारकों के केंद्र में एक शिव प्रतिमा थी। कैम्पा की राजधानी मी-सोन में, चौदहवीं शताब्दी से शैव पंथ का राज्य पर प्रभुत्व था। भद्रेश्वर (राजा भद्रवर्मन से जुड़े) इसके प्रमुख थे। बाद में एक और राजा संभूवर्मन ने इसी तरह समभुभद्रेश्वरा पंथ की स्थापना की।

शैलेंद्र काल (750-850 ईस्वी) को छोड़कर दक्षिण पूर्वी एशिया के जावा में (16वीं सदी तक) शैवमत प्रमुख धर्म था। धार्मिक कलाओं में राज्य की एक लोकप्रिय मिठाई (रसगुल्ला) और शिव, दुर्गा और गणेश को कई तरह से चित्रित किया गया था। दुर्गा और गणेश की अलग से भी पूजा की जाती थी। दुर्गा अक्सर महिषासुरमर्दिनी अवतार के रूप में पूजनीय थीं। इस क्षेत्र में मजापहित के शासन युग में दौरान, शैव मत बौद्ध धर्म के साथ-साथ मौजूद था।

बर्मा में, विष्णु पूजा की राज्य अनुष्ठानों की महत्वपूर्ण भूमिका थी। अंगकोर में, कई शासकों ने विष्णु पूजा को संरक्षण दिया। अंगकोरवाट को राजा सनवर्मन द्वितीय (1113-1150 ईस्वी) का संरक्षण मिला। अंगकोरवाट वास्तव में एक केंद्रीय पिरामिड के चारों ओर कई आंगनों की एक श्रृंखला है। यह विष्णु और कृष्ण की उपासना को दर्शाता है।

अंगकोरवाट के निर्माता और संरक्षक समकालीन दक्षिण भारतीय भक्ति आंदोलन से परिचित थे। जावा के कादिरी शासन काल (1100-1222 ईस्वी) के अधिकतर राजाओं को विष्णु का अवतार माना जाता था। विष्णु की सवारी होने के अलावा गरुड वहां बेहद सम्मानित है जो इंडोनेशिया गणराज्य की सैन्य राष्ट्रीय एयरलाईन का प्रतीक चिन्ह है।

पद्म की तलाशः दक्षिण पूर्व एशिया में बौद्ध धर्म

बंगाल का एक राजकुमार विजय सिम्हा अपने 700 अनुयायियों के साथ जहाज से रत्नद्वीप (जवाहरात का द्वीप) के लिए रवाना हुआ। उसे किसी कारण से अपने राज्य से हटा दिया गया था। जब वह रत्नद्वीप या श्रीलंका पहुंचा तो उसे यक्षों के कब्जे में पाया। विजय ने उन्हें हरा दिया और कुछ मतों के अनुसार एक यक्षिणी से शादी कर श्रीलंका में पहले राजवंश की स्थापना की।

बंगाल, व ओडिशा में इस कहानी के कई संस्मरण मिलते हैं। दोनों ही राजकुमार विजय पर विरासत का दावा करते हैं। यह कहानी श्रीलंका की लोक स्मृति में संरक्षित हैं। यह श्रीलंकाई बौद्ध साहित्य का हिस्सा है, जहां यह भी उल्लेख किया जाता है कि राजकुमार विजय गौतम बुद्ध के परिनिर्वाण के दिन श्रीलंका पहुंचा। बुद्ध ने विजय से उस देश की रक्षा करने का वादा किया, जो भविष्य में उसकी पूजा करे।

यह कहानी अजंता के चित्रों में भी दर्शाई गई है। कुछ भाषा विशेषज्ञों ने बंगाली और सिंहली शब्दों में समानता दर्शाई है। सिंहल इंडो-आर्यन भाषाओं का एक हिस्सा है।

आनुवंशिक अध्ययन अभी तक निर्णायक साबित नहीं हुए हैं। उनमें से कुछ ने बंगाली और सिंहली लोगों के बीच घनिष्ठ संबंधों का दावा किया और कुछ अन्य दक्षिण भारतीयों के साथ निकटता का दावा करते रहे हैं।

मौर्य सम्राट अशोक के पुत्र व पुत्री महेंद्र और संघमित्रा के धर्म के संदेश प्रसारित करने के लिए श्रीलंका आने के साथ बौद्ध धर्म के विस्तार की शुरुआत हुई। श्रीलंका में, राजा देवानांप्रिय तिस्सा की भक्ति के कारण, (जिन्होंने अशोक को अपने आदर्श के रूप में स्वीकार किया) बौद्ध धर्म को उर्वर जमीन मिली। महेंद्र और संघमित्रा द्वारा लाए गए पवित्र अवशेष, अनुराधापुरम और कैंडी में रखे गए थे, जहां उन्होंने 16वीं सदी तक राजाओं को शासन की वैधता प्रदान करने में मदद की थी।

दक्षिण-पूर्व एशिया की मुख्य भूमि में बौद्ध धर्म अनिवार्य रूप से थेरवाद है, क्योंकि इसकी मुख्य प्रेरणा श्रीलंका से आई है। बौद्ध धर्म के अभिलेख बुद्ध की कई प्रारंभिक मूर्तियों के साथ शुरू होते हैं, जो आमतौर पर अनुराधापुरम की परंपराओं से प्रेरित होते हैं, जो बदले में, अमरावती से प्रेरित थी। दक्षिण पूर्व एशिया में नया धर्म भिक्षु और व्यापारी लाए थे जिनका समाज और अभिजात्य वर्ग पर गहरा प्रभाव था। व्यापारिक क्षेत्र के समानांतर, ही बौद्ध धर्म ने दक्षिण-पूर्व एशिया में अपने प्रभाव क्षेत्र का विकास किया।

बौद्ध धर्म के प्रचार के लिए फुनान के राजा ने चीन में एक प्रसिद्ध भिक्षु नागसेन को भेजा था। 5वी सदी की शुरुआत में फाहयान जावा के रास्ते समुद्र मार्ग से वापस लौट गया। दो शताब्दी बाद यीजिंग ने श्रीविजया को शिक्षा का एक महान केंद्र बताया। भारत आ रहे भिक्षुओं के लिए पालेमबांग को प्रारंभिक विश्राम स्थल कहा गया। सदियों तक दक्षिण-पूर्व एशिया के सभी थेरवादी भिक्षु अपनी शिक्षा पूरी करने के लिए श्रीलंका जाते रहे थे।

दक्षिण-पूर्व एशिया की मुख्य भूमि में बर्मा बौद्ध धर्म के प्रसार में सबसे आगे था, 11 वीं शताब्दी तक, बर्मा में बौद्ध प्रमुख धर्म था, अगली कुछ सदियों में यह दक्षिण-पूर्व एशिया की मुख्य भूमि में पूरी तरह फैल गया। 1170 ईस्वी में, बर्मी कुलपति उत्तरजीवा ने श्रीलंका के लिए एक प्रसिद्ध मिशन का नेतृत्व किया था। 1180 ईस्वी में मिशन की वापसी के साथ, श्रीलंका के थेरवाद बौद्ध धर्म की परंपरा की स्थापना बर्मा में हुई और धीरे-धीरे थाईलैंड और कंबोडिया तक फैल गई।

वियतनाम में बौद्ध परंपरा चीन के जीवनमार्ग और शासन के अनुकूल बनी। यहां प्रमुख दर्शन चीनी चान संप्रदाय का था, जिसे भारतीय बौद्ध बोधिधर्म (भारत में ध्यान, जापान में ज़ेन और वियतनाम में थिएन) ने प्रचारित किया था। समुद्री यात्रा के खिलाफ दोहराए जाते रहे ब्राह्मणिक निषेध का हर बार पालन नहीं किया गया था जो व्यापार के लिए उदार दृष्टिकोण को सामने लाता है।

बौद्ध धर्म ने बोधिसत्व अवलोकितेश्वर के रूप में उद्धारकर्ता की एक अवधारणा को विकसित किया था। इस तरह के एक उद्धारकर्ता की पहली उपस्थिति कुषाण काल के दौरान दर्ज की गई जो शायद बढ़े समुद्री व्यापार के संदर्भ में थी। फाहयान फिर से शायद इस बारे में लिखने वाला पहला समकालीन व्यक्ति था।

भरहुत अभिलेखों में से एक में एक विशाल समुद्री राक्षस का वर्णन किया गया है जो वसुगुप्त नामक एक व्यापारी की नाव को निगलने की धमकी दे रहा है, वसुगुप्त संकट के इस समय में बुद्ध का ध्यान करने के कारण बच गया।

8वीं से 11वीं शताब्दी तक भारत में बौद्ध धर्म का प्रभाव आम तौर पर घट रहा था लेकिन पालों के अधीन इसे संरक्षण प्राप्त हुआ। यह बंगाल था, जिसने इस समय दक्षिण-पूर्व एशिया के बौद्ध धर्म को सबसे अधिक प्रभावित किया था। तांत्रिक प्रवृत्ति, हिंदू अनुष्ठानों और स्थानीय पंथों व परंपराओं के साथ समन्वय बौद्ध धर्म के प्रभाव का तत्कालीन आधार थे।

बंगाल से बौद्ध धर्म का संबंध अतीसा दीपंकर (982-1054 ईस्वी) की जीवन यात्रा से सबसे अधिक स्पष्ट होता है, जिसने तिब्बत जाने से पहले सुवर्णभूमि में 12 साल तक गुरु धर्माकृति से शिक्षा हासिल की। दीपंकर, संभवतः द्वीपांकरा से उत्पन्न हुआ शब्द है। दीपंकर बुद्ध की छवियां पूरे दक्षिण-पूर्व एशिया में उपलब्ध थीं। 13वीं शताब्दी में, बौद्ध संस्थानों पर मुस्लिम हमलों को देखते हुए कई मठ बर्मा और यहां तक कि कंबोडिया तक चले गए थे।

खमेर (हिंदू) और मूर्तिपूजक (बौद्ध) मंदिरों ने स्थानीय अर्थव्यवस्था, स्थानीय जल प्रबंधन साक्षरता और सांस्कृतिक ज्ञान पर प्रभाव बनाए रखा। उन्होंने गांव से राजसी केंद्र तक मंदिरों का एक पूरा तंत्र बनाया।

बर्मा में किसी व्यक्ति की सामाजिक स्थिति को इस बात से परिभाषित नहीं किया जाता था कि व्यक्ति की आय कितनी है बल्कि इस बात से परिभाषित किया जाता था कि व्यक्ति बौद्ध संघ को कितना दान देता है। सर्वोच्च दर्जे वाले व्यक्ति के रूप में, राजा से अधिकतम दान की उम्मीद की जाती थी। बौद्ध संस्थानों के संरक्षण से राजा को वैधता प्राप्त होती थी।

बर्मा के राजा कियानसिट्टा (शासन 1084-1112 ईस्वी) ने बोधगया के मंदिर का पुनर्निर्माण करने के लिए सैन्य संरक्षण के तहत जवाहरात से लदे जहाज़ को बंगाल भेजा था। उसकी कृपा को भी बोधगया (1105-06 ईस्वी) में एक शिलालेख में दर्ज किया गया

था। उसने दक्षिण भारत या श्रीलंका के लिए एक और मिशन भेजा था। इससे राज्य के पूंजीवादी आर्थिक विस्तार के संकेत भी मिलते हैं।

दक्षिण-पूर्व एशिया के समुद्री क्षेत्र में, 16वीं शताब्दी में इस्लाम के आने तक पश्चिमी भाग (सुमात्रा, पश्चिमी मलेशिया और पश्चिम बोर्नियो) में महायान बौद्ध धर्म विकसित हुआ। जावा में, यह शैलेन्द्र काल के दौरान प्रभावशाली रहा और मजापहित काल के दौरान शैववाद के साथ सहअस्तित्व में रहा। अपने मूल क्षेत्र में शैलेंद्रों ने दक्षिण-पूर्व एशिया के सबसे प्रभावशाली बौद्ध स्मारकों का निर्माण किया। छतों पर स्तूपों की एक श्रृंखला, मध्य जावा के बोरोबदूर में बौद्ध धर्म के पूरे विश्वकोष को दर्शाती है। यह दुनिया में सबसे बड़ा बौद्ध मंदिर है। दक्षिण पूर्व एशिया में बोरोबदूर के अलावा इंडोनोशिया में, कैंडी सेवु और कैंडी प्लाओसान में भी दो अन्य बौद्ध परिसर थे।

गौद (बंगाल) के एक व्यापारी नें कैंडी सेवु (जावा) में एक मंजूश्री मूर्ति का अभिषेक किया और गुजरात के शिक्षकों ने प्लाओसान (जावा) में मुख्य भवन की स्थापना में हिस्सा लिया। जावा में युद्ध हारने के बाद शैलेन्द्र सुमात्रा गए और किसी तरह श्रीविजय से संधि कर ली। नालंदा के दोनों मशहूर दान इस घटनाक्रम से जुड़ते हैं। इस दान के अंतर्गत नालंदा में इंडोनेशिया के छात्रों के लिए मठ का निर्णय शामिल है जिसके लिए भूमि पाल राजा देवपाल ने दी थी। श्रीविजय ने दान के लिए शैलेंद्र के नाम को क्यों चुना, इसका कारण अज्ञात है।

प्रारंभिक समय से ही दक्षिण-पूर्व एशिया ने भारतीय धर्मों की केवल बेहतर व्यवस्थाओं को स्वीकार किया, ब्राह्मणीय अनुष्ठानों की व्यापक स्वीकृति के बावजूद वहां जाति व्यवस्था जैसी कोई चीज नहीं थी। ब्राह्मणवाद और बौद्ध धर्म इस क्षेत्र की सांस्कृतिक विरासत में घुल-मिल गए थे।

ज्ञान-आधारित बौद्ध पहचान और अनुष्ठानवादी हिंदू धर्म के संयोजन का यह उदाहरण 1970 के दशक में एक आदर्श थाई गांव में सबसे अच्छी तरह दिखता था। एक बौद्ध भिक्षु पाहम (वैदिक रूप से ब्राह्मण से), गांव में मांगलिक संस्कारों को इस तरह से संचालित करता है जो भारत के ब्राह्मण पुजारी की याद दिलाता है। वह एक गृहस्थ और गांव का बुजुर्ग था, लेकिन बौद्ध धर्म से संबद्ध था, उसने स्थानीय मठ से साक्षरता हासिल की और अभ्यास से औषधियों की जानकारी प्राप्त की।

हाल के विद्वानों ने कीर्तानगारा जैसे राजाओं को शैव-बौद्ध या संयुक्त मंदिरों का निर्माण कराने वाला बताया है। उदाहरण मतभेद की बजाय शांतिपूर्ण सह-अस्तित्व को प्रकट करते हैं। सदियों से इंडोनेशियाई समाज की धार्मिक-सांस्कृतिक पद्धतियां वास्तव

में इंडोनेशिया के राष्ट्रीय आदर्श वाक्य *भेंनेका तुंगगल ईका* एकता में विविधता का एक उदाहरण है।

बाली के क्लिंग

उड़ीसा या प्राचीन कलिंग से नाविकों ने सबसे पहले बंगाल की खाड़ी को पार कर बंगाल तट, तमिल देश या मालाबार की यात्रा की। साहसी कलिंग नाविक पुरी और चिल्का झील के आसपास कई बंदरगाहों से नियमित रूप से दक्षिण-पूर्व एशिया के लिए समुद्र यात्रा करते थे। उड़िया लोग आज भी साल कार्तिक पूर्णिमा के दिन पानी पर कागज की नाव के साथ दीपक तैराकर अपने पूर्वजों की साहसी भावना का जश्न मनाते हैं। यह पर्व ही बलि यात्रा के नाम से जाना जाता है।

ओडिशा की एक लोककथा के अनुसार बाली द्वीप का नाम प्रसिद्ध ओडिया राजा बाली के नाम पर रखा गया है। दक्षिण पूर्व एशिया के लिए, कपड़ा भारत से शुरुआती आयात का सबसे महत्वपूर्ण हिस्सा था। सबसे पहले वस्त्र आयातक संभवत: कलिंग के व्यापारी थे, इसलिए सभी भारतीय (बाद में हिंदू भारतीयों के रूप में) दक्षिण पूर्व एशिया में क्लिंग के नाम से जाने जाने लगे।

दक्षिण-पूर्वी एशिया में कीमती सामान की मांग को पहली सदी में शुरुआत में बल मिला इससे नियमित व्यापारिक संपर्क कायम हुए। भारतीयों ने कार्नेलियन मोती, कांच के मोती, तांबे के सामान, सूती कपड़े, चीनी, चावल, गेहूं, तिल का तेल, शहद आदि का निर्यात शुरू किया। ओडिशा तट ने कुषाण घोड़ों के व्यापार में भी हिस्सा लिया। कुषाण सिक्कों की एक स्थानीय नकल पुरी में पाई गई है।

भारतीय व्यापारी मुख्य रूप से चीनी रेशम की तलाश में गए लेकिन उनकी भारत वापसी ने दक्षिण-पूर्व एशिया के प्रतिष्ठित उत्पादों जैसे लाल चंदन, कपूर, लौंग, दालचीनी को भारत तक पहुंचने का रास्ता दे दिया। इसी तरह दक्षिण-पूर्व एशिया से आयात किए गए टिन का मौर्य काल के बाद सिक्कों और अन्य वस्तुओं में अक्सर इस्तेमाल किया गया।

350 ईस्वी तक भारतीय व्यापारियों ने मलक्का के जलडमरूमध्य से होकर यात्रा करनी शुरू कर दी, निश्चित रूप से इसकी वजह मसालों के बेहतर सौदों की तलाश थी। चौथी शताब्दी के अंत तक फुनान में गिरावट शुरू हो गई और छठी शताब्दी तक फुनान का वक्त पूरा हो चुका था। फाहियान ने सबसे पहले बंगाल से जावा तक के रास्ते का वर्णन किया था तब तक (शुरुआती पांचवीं सदी) यह मार्ग अनजान नहीं लगता था।

मसालों के व्यापार के अगले दौर पर सुमात्रा के श्रीविजयन समुद्री साम्राज्य का प्रभुत्व था(670- 1025 ईस्वी) था।

नागापट्टिनम का काला पगोडा

1846 में प्रकृतिवादी मुद्राविज्ञानविद् पुरातत्ववेत्ता और अमरावती मार्बल्स की खोज करने वाले ब्रिटिश नौकरशाह सर वाल्टर इलियट नाव से दक्षिण तट की ओर यात्रा कर रहे थे।

नागापट्टिनम के पास उन्हें एक चार मुंह वाली तीन मंज़िला इमारत मिली। यह "चीनी पगोडा" था, जिसे अब काला पैगोडा कहा जाता था। सदियों से,यह तमिल तट का एक बड़ा सीमा चिन्ह था। यह प्रसिद्ध चूलामणिवर्मा विहार था जिसका नाम राजा श्रीविजयन के नाम पर रखा गया था। उनके उत्तराधिकारी, मारविजयोतुंगवर्मन ने इसके निर्माण के लिए सहायता प्रदान की। दुर्भाग्य से 1867 में एक जेसुइट कॉलेज के निर्माण के लिए इसे ध्वस्त कर दिया गया था।

राजा श्रीविजयन ने नागपट्टिनम में विभिन्न मंदिरों के लिए चीनी सोना (चिनककनाकम) सहित कई बार दान दिया। नागपट्टिनम चोल राजाओं का शाही बंदरगाह था- यह निश्चित रूप से करीबी व्यावसायिक संबंधों की ओर इशारा करता है। लेकिन जल्द ही यह निष्क्रिय हो गया। हम श्रीविजया-चोल रिश्तों में इस तरह के नाटकीय बदलाव का कारण नहीं जानते। राज्य विस्तार के कारण ही ऐसा हुआ होगा।

श्रीलंका से लौटने पर घोड़ों के एक व्यापारी ने राजराजा को यह जानकारी दी कि श्रीलंका के राजा महिंद्रा दक्षिण भारतीय सैनिकों का भुगतान करने के लिए पर्याप्त पैसा नहीं जुटा पा रहे थे। आमतौर पर सरकारी मशीनरी की हालत खस्ता थी। इस सूचना ने चोल राजा को अपनी सेनाएं लंका भेजने के लिए प्रोत्साहित किया। हाल के शोध में इस चोल हमले को राज्य पर कब्जे की जगह लूट बताया गया है। लेकिन महत्वपूर्ण बात यह है कि ऐयावोल व्यापार संघ ने चोल सेना का पीछा किया जिसमें कोल परिवार के निकट सहयोगी, पुदुकोट्टई क्षेत्र के खानदानी प्रमुखों ने महत्वपूर्ण भूमिका निभाई। पुदुकोट्टई शायद तमिलनाडु में ऐयावोल व्यापार संघ का उदगम या मूल स्थान था।

श्रीलंका पर चोल सेना के छापे का मकसद चीन से आयात की गई चीजों से पुनः निर्यात में बड़ा हिस्सा पाने और मन्नार की खाड़ी में मोती उत्पादन के लिए मत्स्य पालन पर नियंत्रण करने का रहा होगा। 1025 ईस्वी में हुआ यह हमला इतिहास में किसी भी भारतीय शक्ति द्वारा विदेश में किया गया एकमात्र आक्रमण था। पहले निकोबार द्वीप समूह

पर हमला किया गया, फिर निचले बर्मा, मलय प्रायद्वीप में विभिन्न स्थानों और अंत में सुमात्रा पर।

चोल छापे ने श्रीविजयन साम्राज्य को नष्ट कर दिया। इससे दक्षिण पूर्व एशिया के इतिहास में, पूर्वी जावा में नए शक्ति केंद्रों में वृद्धि हुई और अधिक व्यापारियों विशेष रूप से चीनी व्यापारियों ने आना शुरू कर दिया। खरीदार अंततः पूर्वी जावा में मसाले के वास्तविक उत्पादन केन्द्रों में जा रहे थे। इससे क्षेत्र के आखिरी और सबसे महान हिंदू साम्राज्य का उदय हुआ जो सिंहासरी (1222-1292 ईस्वी) और मजापहित (1293-1528 ईस्वी) थे। अय्यवोल व्यापार संघ ने चोल सेना का संभवतः दक्षिण-पूर्व एशिया तक पीछा किया।

1067 में चोलों ने कदाराम (ताकुआ पा) के खिलाफ अभियान चलाया, इसके शासक को पलायन करना पड़ा। यह दूसरा हमला चोल के खिलाफ श्रीलंका के राजा विजयबाहु बर्मा की सहायता करने के कारण किया गया था। इस छापे ने ताकुआ पा की ख्याति को नष्ट कर दिया, जो जल्द ही ताकुआ पा के दक्षिणी हिस्से में उभरा अब नया केंद्र था।

सुमात्रा के कपूर उत्पादित करने वाले हिस्से के केंद्र बैरस में 1088 ईस्वी का अय्यवोल शिलालेख मिला है। 12वीं शताब्दी के बाद से, अय्यवोल के शिलालेखों से चीन और दक्षिण-पूर्व एशिया से आयात की गई वस्तुओं की संख्या में बढ़त का पता चलता है।

13वीं शताब्दी में, एक नानेडेसी व्यापारी पैगान (बर्मा) में था। उसके शिलालेख वर्मा दक्षिण भारतीयों की एक कॉलोनी और एक हिंदू मंदिर के अस्तित्व के बारे में बताते हैं। लगभग उसी समय, हमें बाली और जावा के बंदरगाहों में व्यापारी संघों का उल्लेख मिलता है जिन्हें स्थानीय राजस्व अभिलेखों में बनिग्राम (संस्कृत वनिजग्राम) कहा जाता है, जो अगर दक्षिण भारत के व्यापारिक मंडल से सीधे जुड़े नहीं भी हों तो इससे शायद प्रेरित तो हैं ही।

चोलों की इस अभूतपूर्व आक्रामकता का कारण क्या था? हाल के शोध से पता चलता है कि संभवतः श्रीविजयन ने चीनी बाजार में चोल की सीधी पहुंच को रोकने की कोशिश की थी।

कुबलई खान का शिवलिंग

दक्षिण चीन का क्वांजू आज एक हलचल भरा औद्योगिक शहर है। यह इसके प्रसिद्ध दक्षिणी समकक्ष गुआंगजू की छाया जैसा है। मध्यकालीन क्वांजू एशिया में सबसे व्यस्त

बंदरगाहों में से एक था, जहां 800 साल पहले से तमिल व्यापारी रहते थे। इस चीनी शहर में और इसके आसपास एक दर्जन से अधिक हिंदू मंदिरों के अवशेष हैं। इन मंदिरों में से कुछ में, आज भी स्थानीय लोग हिन्दू देवी की मूर्तियों की पूजा करते हैं, वे उन्हें एक महिला बोधिसत्व गौइनिन मानते हैं! यहां स्तंभों पर हिंदू देवी-देवताओं की छवियां उकेरी गई हैं यहां तक कि यहां के सबसे बड़े बौद्ध मंदिर काइयन में भी ऐसे स्तंभ पाए गए हैं।

यहां से कुछ दूर एक बांस के पेड़ों के पार्क में कई मीटर ऊँचा शिवलिंग है जो निश्चित ही मध्यकालीन क्वांजू के दो बड़े हिंदू मंदिरों में से एक से लाया गया होगा। पत्थर का शिलालेख भी एक निजी निवास से पाया गया, जो मूल रूप से इन दो मंदिरों में से एक का होना चाहिए।

यह शिलालेख बताता है कि शिव मंदिर का नाम राजा कुबलाई खान (मंगोल सुल्तान) के नाम पर तिरू-के-कन्यास्वरम रखा गया। मंदिर का निर्माण एक सामबंधापुरुमल ने किया वह एक शैव धार्मिक नेता रहा होगा।

कई मायनों में ये दोनों मंदिर वास्तव में ग्यारहवीं सदी में व्यापार के नेटवर्क और शाही संरक्षण के विस्तार की कहानी को बताते हैं। दक्षिण भारतीय व्यापारिक अभिलेखों और व्यापक भौगोलिक वितरण को देखते हुए, यह जानना आसान है कि यह अंतरराष्ट्रीय व्यापार के तेज विकास का दौर था। चीन के साथ व्यापार संतुलन संभवतः सोने के लेन-देन के कारण भारत के पक्ष में था। यह व्यापार, व्यापारियों और राजा (राजस्व के मामले में) दोनों के लिए लाभदायक था। इससे विशाल धन इकट्ठा करने में मदद मिली, जिसे धार्मिक और धर्मार्थ गतिविधियों में खर्च किया गया, साथ ही साथ शहरी बस्तियों के विस्तार में भी मदद मिली।

राजराजा के समय भेजा गया पहला चोल मिशन तीन वर्ष की यात्रा करने के बाद 1015 ईस्वी में चीन पहुंचा, इसे शायद तटीय मार्ग के रास्ते भेजा गया। इसमें 21000 औंस मोती, 60 हाथी दांत, 75 पाउंड लोहबान, और अन्य सुगंधित वस्तुएं उपहार के रूप में भेजी गई थीं। इनमें से मोती को छोड़कर शायद कुछ भी मूल रूप से कोल देश का नहीं था।

राजेन्द्र के समय भेजा गया दूसरा चोल मिशन, 1033 ईस्वी में चीन पहुंचा, जिसमें सोने की पन्नी में लिपटा एक पत्र और पहले से ज्यादा मोती और हाथीदांत थे। कुलोत्तुंग प्रथम ने एक अन्य मिशन 1077 ईस्वी में भेजा जिसमें मोती, अपारदर्शी कांच का कटोरा, गैंडे के सींग, लोहबान, गुलाब जल, पाचक हींग, लौंग और कपड़ा शामिल था।

केंटन में 1079 ईस्वी के एक शिलालेख (संदिग्ध) में एक ताओवादी मठ के लिए कुलोत्तुंग के उपहार का उल्लेख है। इसे उनके मिशन की सफलता का एक निशान माना

गया है। हालांकि, यह मिशन अनूठे नहीं थे। बंगाल के सुल्तानों के सुल्ताकन के ऐसे मिशनों की चर्चा हम पहले कर चुके हैं।

व्यापार मिशन पहले भी माबर (पंड्या देश, कोल्लम) से चीन तक भेजे गए और वहां से आते भी रहे। 1279 और 1297 ईस्वी के बीच, मिशन लगभग वार्षिक थे और फिर 1314 और 1344 ईस्वी में इन अभियानों के संदर्भ मिलते हैं ।

हिंद महासागर का ट्रेडिंग नेटवर्क

इस्लाम के उदय से हिंद महासागर में एक अभूतपूर्व ट्रेडिंग नेटवर्क का निर्माण हुआ। इस्लाम ने एक ओर मध्यपूर्व में फारस और दूसरी ओर मिस्त्र को उत्तरी अफ्रीका से जोड़ा। किलवा प्वायंट (तंजानिया) के पुरातात्विक साक्ष्य दिखाते हैं कि पूर्व अफ्रीकी तट पर एक प्रकार का मुस्लिम उपनिवेश था, जिसने मालिंदी, मोगादिशू, किलाना और जंजीबार में समृद्ध बंदरगाह शहर और राज्यों को जन्म दिया। जैसे ही अधिक से अधिक लोगों ने सालाना हज के लिए मक्का आना शुरू किया, उनके प्रवेश बिंदु के रूप में जद्दा समृद्ध होता गया और हज का बाजार पश्चिम एशिया के वार्षिक व्यापार कैलेंडर पर हावी होने लगा।

महासागर के दूसरे छोर पर, चीन में पहली मस्जिद, हुआइज़ेंग का निर्माण 627 ईस्वी में कैंटन (गुआंगज़ू) में किया गया था, जिसे पैगंबर के एक चाचा सैयद इब्न अबी वक्कास ने बनवाया था। आधुनिक इतिहासकारों को संदेह है कि वक्कास कभी चीन में रहे या नहीं, लेकिन लगभग 7वीं शताब्दी के मध्य में चीन में मुस्लिम उपस्थिति के बारे में कोई संदेह नहीं है। संभवत: फ़ारसी व्यापारी चीन तक सीधे ही पहुंचे थे, हालांकि सिराफ-कैंटन समुद्री मार्ग का पहला ब्योरा 9वीं सदी में सुलेमान के अख़बार 'अल सिन वल हिंद' (भारत और चीन) से मिलता है। मुस्लिम व्यापारियों ने चीनी बंदरगाहों में आमद जारी रखी जहां से कुछ मुस्लिम प्रतिनधि क्वागंजा, यांगज़ा और अन्य शहरों तक पहुंचे।

लाल सागर के बंदरगाहों या फारस की खाड़ी के तटों के व्यापारी ओमान, अदन में मस्कत, सुहार होते हुए खंभात (गुजरात) मालाबार में कुलाम माले तक आते थे और श्रीलंका की नोक को छूते हुए अंडमान सागर से वे कैदा (मलेशिया) पहुंचते थे। अंतत: मलक्का के जलडमरूमध्य को पार करने के बाद वे कैंटन या अन्य चीनी बंदरगाहों तक पहुंचते थे, वह रास्ते में अकसर हनोई में रुकते थे।

यह बड़ी अजीब बात है कि वे यह पूरा सफर एक ही समुद्र यात्रा में कर लेते थे। यह उनके नौवहन कौशल को दर्शाता है लेकिन व्यापार के जोखिम को भी बढ़ा देता था।

बुज़ुर्ग सिराज के प्रसिद्ध कप्तान अभारह ने चीन के लिए सात यात्राएं कीं और जिंदा वापस लौट आया। यात्रा के पीछे का लालच शायद एक पुरानी गुजराती कहावत में साफ दिखता है जो कहती है कि अगर चीन (सुवर्णद्वीप) से सकुशल लौट आए तो अगली दो पीढ़ियों तक के लिए धन लेकर आओगे।

इस्लाम ने पूरे एशिया में शहरीकरण को जबरदस्त बढ़ावा दिया। लंबे समय तक स्थायित्व और घरेलू वित्तीय प्रसार ने एक बड़े बाज़ार के निर्माण में मदद दी। इसी तरह चीन में, उत्तर से दक्षिण की ओर तट के करीब आबादी बढ़ने से एक बड़े बाजार का निर्माण हुआ।

इसका एक असर 10वीं शताब्दी के बाद से बढ़ते एशियाई व्यापार के रूप में सामने आया। इस समय तक, लंबी दूरी की समुद्री यात्राओं में प्रत्यक्ष भारतीय भागीदारी शायद (दक्षिण भारत-दक्षिण पूर्व एशिया व्यापार को छोड़कर) कम हो रही थी, लेकिन तटीय राज्यों ने विदेशी व्यापारियों का स्वागत जारी रखा ।

इस दौरान जब तटीय राज्य सक्रिय थे तो भारत की मुख्य भूमि विशेष रूप से उत्तर भारत और दक्कन व्यापार की प्रगति से दूर थे। बड़े और स्थिर साम्राज्य, शहरी केंद्रों और एक घरेलू बाजार की कमी ने इस व्यापारिक तरक्की से मुख्य भारत को दूर रखा। इसका अप्रत्यक्ष प्रमाण छठी से लेकर 11वीं सदी तक उत्तर भारत में बड़ी सार्वजनिक या धार्मिक इमारतों का आमतौर पर नहीं होना है।

गुजराती फकीर और व्यापारी

10वीं और 13वीं शताब्दी में भारतीय और चीनी व्यापार के प्रभाव ने दक्षिण पूर्वी एशिया विशेष रूप से जावा और बाली में खपत के पैटर्न को बदल दिया। अपने मजबूत व्यापार ढांचे, दक्षिण एशिया और चीन के साथ करीबी संपर्क और समुद्री दक्षिण पूर्वी एशिया के पहले मानक सिक्के के साथ यह क्षेत्र व्यापार के लिए तैयार था।

आयातित वस्तुओं की लोकप्रियता, (भारतीय कपास) ने स्थानीय उत्पादन को प्रेरित किया। 12वीं सदी के अंत तक, जावा और बाली दक्षिण भारत व चीन को काली मिर्च और सैफ्लॉवर डाई का स्रोत बन गये थे।

इस्लाम ने दक्षिण पूर्व एशिया में जड़ें जमाने में छह सौ साल का समय लिया। यद्यपि मुस्लिम व्यापारी लंबे समय से इस क्षेत्र से परिचित थे लेकिन इंडोनेशिया के सबसे पूर्वी कोने में समुद्र के पास पहला मुस्लिम राज्य 1300 ईस्वी में बंदा आचेह में सामने आया।

यह लगभग वही समय था जब इस्लामिक मकबरों की पहली श्रृंखला (11वीं शताब्दी में एक अपवाद छोड़कर) जावा में दिखी थी।

पारंपरिक जावावासी इस्लाम के विस्तार में नौ संतों के एक समूह की गतिविधियों की भूमिका बताते हैं, जिन्हें सामूहिक रूप से वली संगा कहा जाता था। हालांकि नौ की सही सही सूची विवादों से परे नहीं है।

इन संतों में पहले मलिक इब्राहिम थे। उनके परिवार का वली सूची में दबदबा है। इब्राहिम गुजरात से आए थे। वह शायद फारसी मूल के थे और ग्रेसिक में 1419 में उनकी मृत्यु हुई। सूरत के नजदीक रंदर से एक रहस्यवादी नूरुद्दीन इब्न अली अर रानीरी, आचेह के सुल्तान की अदालत में कई सालों तक रहे थे। उन्हें दक्षिण पूर्व एशिया में सबसे पुरानी इस्लामिक विद्वता के प्रसार का श्रेय जाता है।

सुमात्रा के पडंग में हर साल मार्च में एक सीराक गुलो का मधुर त्योहार मनाया जाता है जिसमें छतों से चीनी के छोटे छोटे पैकेट फेंके जाते हैं। यह आयोजन सुमात्रा में इस्लाम को लाने वाले भारतीय उपदेशक शाहुल हमीद के जन्म के दिन मनाया जाता है। इससे पहले यह माना गया था कि इस्लाम को मुख्य रूप से भारतीय (गुजराती) व्यापारियों द्वारा लाया गया था, लेकिन अब अधिकांश इतिहासकार मानते हैं कि इस्लाम कई स्रोतों के माध्यम से इंडोनेशिया में आया था। इनमें चीनी, दक्षिण भारतीय और गुजराती शामिल हैं।

दो सदियों तक एक विशाल साम्राज्य स्थापित करने और उसे नियंत्रित करने में मजापहित की सफलता असंदिग्ध थी लेकिन मसाला व्यापार की कामयाबी के बावजूद बंदरगाहों को एक बिखरे हुए साम्राज्य के भीतर बनाए रखना मुश्किल हो गया। 15वीं सदी में, जब मजापहित राज्य के खिलाफ विद्रोह हुआ तो इस्लाम ने दावेदारों के बीच एकता का एक अतिरिक्त सूत्र बनाया, हालांकि उनकी शिकायतें कभी धार्मिक नहीं थीं।

15वीं शताब्दी के मध्य तक इस्लाम मलक्का क्षेत्र में प्रमुख व्यावसायिक शक्ति के रूप में उभरा। मलक्का के राजा का धर्मांतरण पूरे क्षेत्र में इस्लाम के प्रसार के लिए महत्वपूर्ण था। 1511 ईस्वी में मलक्का पर पुर्तगाल की विजय से पहले थेरवाद बौद्ध धर्म की मुख्य भूमि पर प्रभाव बनाए हुए था जबकि फिलीपींस को छोड़कर, इस्लाम समुद्री दक्षिण पूर्व एशिया में मजबूती से स्थापित हो चुका था।

पुर्तगाली और फिर अन्य यूरोपीय लोगों के हमले ने इस्लाम के अनुयायियों को एक जुटता प्रदान की।

मलक्का का 'फ्री मार्केट'

नाखुदा शब्द का पहली बार इस्तेमाल 1000 ईस्वी में फारस-भारत व्यापार में रूप से किया गया। नाखुदा जहाज का कप्तान नहीं बल्कि मालिक होता था, और उसका निर्णय ही अंतिम होता था। वह व्यक्ति, जिसने नौवहन कौशल हासिल किया होता था और जो वास्तव में जहाज को चलाता था, उसे मुअल्लिम (शिक्षक) या पायलट कहते थे। उसके नीचे सहरंग (बाद में सरेंग) या साथी होता था।

तंदिल खलासियों का प्रभारी होता था। इस दल को लास्कर (अरबी अल अस्कर से) के नाम से जाना जाता था। विदेशी व्यापारियों के सालाना आवागमन के चलते अदन और होर्मुज से मलक्का तक लोग इन शब्दों से परिचित हो गए। कभी-कभी, इस विशाल मार्ग के कुछ कोनों में समुद्री डाकुओं का उल्लेख मिलता था, लेकिन हिंद महासागरीय व्यापार की दुनिया में, मानव की हिंसा से अधिक प्रकृति से ज्यादा बड़ा खतरा था।

एक बड़े बंदरगाह शहर के विकास के लिए, मूल रूप से चार तत्वों की आवश्यकता थी। माल के लिए एक बड़ा बाजार, एक स्पष्ट बाजार-निर्धारित कीमत की प्रवृत्ति जो व्यापारियों को आम तौर पर पता हो, एक सरल लेकिन स्वीकार्य निर्णय प्रणाली और विविध पृष्ठभूमि के लोगों के लिए सहिष्णुता का एक समग्र वातावरण।

मलक्का राज्य को 14वीं शताब्दी के आखिरी दशक में सिंहापुरा (सिंगापुर) के आखिरी राजा परमेश्वर ने स्थापित किया था, वह एक मजापहित हमले से बचकर भागे थे। राजा परमेश्वर को इस्कंदर शाह के नाम से भी जाना जाता था लेकिन हैरानी की बात है कि उसने कभी भी इस्लाम में धर्मांतरण नहीं किया था। यह एक ऐसा बंदरगाह शहर था जो कि भारत और एशिया के मुस्लिम व्यापारियों के सहयोग से बनाया गया था, यहां मशहूर अगले राजा ने इस्लाम को अपनाया।

अपने किसी भी विशिष्ट उत्पाद के बिना मलक्का सिर्फ भंडारण के लिए था, वैसे तो मलक्का आवश्यक खाद्य पदार्थों की आपूर्ति के लिए दूसरों पर निर्भर था। लेकिन कई तरह के संयोगों के कारण मलक्का खूब फला-फूला—जैसे कि अनुकूल स्थिति (आंशिक रूप से भारत और चीन के बीच, जहां मानसूनी हवा लंबी यात्रा में मदद देती हैं) महत्वपूर्ण थी, हालांकि, सबसे महत्वपूर्ण कारक यहां का बाजार के अनुकूल वातावरण था।

यहां राज्य ने कभी भी व्यापारियों के व्यवसाय में हस्तक्षेप नहीं किया, जो अपने रीति-रिवाज़ों का पालन करते थे। वे विभिन्न शाहबंदरों के अधीन थे। गुजराती लोगों के लिए शाहबंदर को सबसे महत्वपूर्ण व्यापारिक प्रतिनिधि माना जाता था। अनुभवी पुर्तगाली

लेखक, टॉम पाइर्स भी मलक्का में एशियाई व्यापारियों के आपसी विश्वास से मंत्रमुग्ध था।

वाणिज्यिक विवाद के मामले में, कस्टम जज दस प्रमुख व्यापारियों (आमतौर पर भारत से 5 और अन्य जगहों से पांच शेष) की एक जूरी को इकट्ठा करता था और उनकी सहमति से निबटारा किया जाता था। इसी तरह किसी बड़े जहाज के आने पर, स्थानीय व्यापारियों का एक समूह आगे आता था और किसी भी बदलाव के लिए समय गंवाए बिना पूरा माल खरीद लेता। मलक्का में कीमतों के उतार-चढ़ाव के बारे में व्यापारी अच्छी तरह जानते थे।

लाल सागर या फारस की खाड़ी के बंदरगाहों से चीन की यात्रा करने वाले व्यापारी, पूरे मार्ग पर मुस्लिम व्यापारियों से मुलाकात की उम्मीद कर सकते थे। 14वीं शताब्दी में इब्न बतूता ने इस्लाम के एक महाद्वीप से दूसरे तक प्रसार का विस्तृत ब्योरा दिया है।

गोवा में सदान की मस्जिद, संभवत: फारस की खाड़ी से लेकर चीन तक हिंद महासागर के तट पर स्थापित खानकाहों या धर्मशालाओं की एक श्रृंखला का हिस्सा थी। ये धर्मशालाएं समुद्र यात्रियों के संरक्षक ईरानी सूफी संत अबू इसहाक काज़ीरूनी (1035 ईस्वी) के सम्मान में बनाईं गईं थीं। ये धर्मशालाएं व्यापारियों के बीच जानकारी व आदान प्रदान का केंद्र थीं। ये अमूल्य जानकारी बांटने का मौका भी देती थीं।

ईश्वर की कृपा व्यापारियों का बीमा थी। समुद्री यात्री अपने गंतव्य पर सुरक्षित रूप से पहुंचने के बदले काजेरूनी से जुड़ी इन संस्थाओं को एक निश्चित राशि देने का वादा करते थे। इसका एक क्षेत्रीय संस्करण बंगाल तट पर भी दिखाई देता था, जहां यात्री प्राकृतिक आपदाओं और समुद्री डाकुओं से सुरक्षा के बदले पीर बद्र की मजार पर एक निश्चित राशि चढ़ाने का वादा करते थे।

19वीं शताब्दी से व्यापार के सार्वभौमिक कानून धीरे-धीरे पूरी दुनिया में लागू हुए। इस तरह के धर्मनिरपेक्ष कानूनों से पहले, इस्लाम जैसे सार्वभौमिक धर्म का बंधन लंबी दूरी के व्यापारियों के लिए सबसे गहरी सुरक्षा प्रदान करता था।

चीन में जिराफ

कोचीन में पर्यटकों की बड़ी तादाद मछली पकड़ने वाले लंबे जालों की फोटो खींचने आताी है। ऐसी तस्वीर लेने के लिए सबसे अच्छी जगह वास्को डि गामा के नाम पर है। कोच्चि के पास किसी जगह उसे समुद्र में दफनाया गया था क्योंकि किन्नरों को समुचित अंतिम संस्कार का हक नहीं दिया गया था।

केरल का तट एक और किन्नर नाविक व्यापारी से संबंध रखता है। फारसी वंश के एक मुस्लिम परिवार में पैदा हुए, चेंग हे को हमलावर मिंग सेना ने कब्जे में लेकर 10 साल की उम्र में किन्नर बना दिया था। एक शाही किन्नर के रूप में सेवा करते हुए, उन्होंने राजकुमार का विश्वास हासिल किया, जो अगले सम्राट बने। चीनी शक्ति का अभूतपूर्व प्रदर्शन करते हुए योंगले सम्राट ने चेंग हे पर भरोसा करते हुए कि उसे हिंद महासागर में एक शाही बेड़े का नेतृत्व करने का जिम्मा दिया।

1405 से 1433 के बीच उसने हिंद महासागर में सात समुद्री अभियानों का नेतृत्व किया। उसके बेड़े में 62 खजाने वाले जहाजों में 28,000 आदमी और सामान ढोने के लिए 190 छोटे जहाज थे। समकालीन विवरणों के मुताबिक ये सब लकड़ी से बनाए गए सबसे लंबे जहाज थे। नौ मस्तूल और 4 डेक वाले ये जहाज कोलंबस के सांता मारिया से 5 गुना लंबे थे।

15वीं शताब्दी के शुरुआती वर्षों के संदर्भ में देखा जाए तो यह चीन का एक शानदार ग्लोबल अभियान था, जो आधुनिक चीन द्वारा ऐसा कुछ भी करने की कोशिश की तुलना में अधिक प्रभावशाली है। अपनी यात्राओं के दौरान, चेंग हे ने हिंद महासागर में व्यापारियों के जाने-परखे मार्ग का प्रयोग किया। पूर्व से पश्चिम की ओर सफर करते हुए उसने चीनी तट से अफ्रीकी तट तक यात्रा की और अपने सफर को आज के सोमालिया और केन्या के क्रमश: मोगादिशु और मालिंदी में पूरा किया।

उसके पूरे मार्ग को पांच अलग-अलग क्षेत्रों में विभाजित किया जा सकता है—दक्षिण चीन सागर, बंगाल की खाड़ी, भारत के पश्चिमी तट, फारस की खाड़ी और पूर्वी अफ्रीका। चेंग ही के अक्सर आने-जाने वाले स्थानों में अननाम, जावा, मलक्का, आचेह, सियाम, बंगाल, कोरोमंडल, केरल (कोचीन, कालीकट और क्विलोन), केंबे, होर्मुज़ और अदन शामिल हैं।

इन यात्राओं के आधिकारिक इतिहासकार मा हुआन ने कुछ गलतियों को छोड़कर, पंद्रहवीं सदी के एशिया और विशेष रूप से भारत के बारे में सबसे प्रामाणिक जानकारी प्रदान दी है। उसका बेड़ा अक्सर पूरे क्षितिज को ढकने वाले अस्थायी शहर के रूप में नज़र आता था। ताकत के इस विशाल प्रदर्शन से मलक्का में व्यापार को निरापद करने के लिए उन्होंने श्रीलंका की राजनीति में हस्तक्षेप भी किया, लेकिन कुल मिलाकर यह एक शांतिपूर्ण अभियान था।

उन्होंने दिवंगत सम्राट के प्रति श्रद्धांजलि अर्पित करने के लिए चीजें एकत्रित कीं। हालांकि इसमें अनुष्ठान की भावना अधिक थी और दक्षिण-पूर्व एशिया में ज्यादातर शासक ऐसा किया करते थे। हिंद महासागर में चेंग हे की सात यात्राएं समुद्र में एशियाई प्रभुत्व के उच्चतम बिंदु को दिखाती हैं।

वास्को डि गामा से सिर्फ 60 साल पहले, चेंग ही ने उसी मार्ग पर यात्रा की थी जिस पर पश्चिम से पूर्व तक जाना वास्को डि गामा के भाग्य में लिखा था। यह स्थान केरल तट यानी संस्कृतियों के समागम बिंदु के पास था, जहां अंततः दि गामा 1498 ईस्वी में पहुंचा और जो हमेशा चेंग ही के लिए रुकने का आदर्श स्थान था। इस महान चीनी खोजकर्ता का 1433 ईस्वी में निधन हो गया। उसकी मृत्यु के कुछ वर्षों के भीतर ही, शाही राजधानी को उत्तर में बीजिंग में स्थानांतरित कर दिया गया।

उधर दुनिया के दूसरे आधे हिस्से में यूरोपीय ताकतें दुनिया को खोजने और अपनी राजनीति को फैलाने की तैयारियां कर रही थीं।

समृद्धि के सौदागर

दसापुरा, मंदसौर

एक गुजराती किंवदंती के अनुसर भगवान श्रीकृष्ण के बेटे सांब को कुष्ठ रोग था। उन्होंने ईरान से सूर्य के उपासक और पुजारी को भारत बुलावा भेजा ताकि वह ठीक हो सके। कर्क रेखा पर स्थित मोढेरा (मेहासाणा-गुजरात) में पुष्पावती नदी के किनारे, 11वीं सदी में एक भव्य सूर्य मंदिर बनाया गया था, जो गुजरात में पारंपरिक सूर्योपासना का प्रमाण है।

गुजरात की सूर्योपासना में ईरानी देवता मित्र या मित्रा का बिम्ब दिखाई देता है जो कि प्रकाश की शुद्धता और शुभत्व के देव माने जाते हैं। यह प्रभाव सूर्य मूर्तियों पर भी दिखता है। भारत में सूर्य की सभी मूर्तियां जूते के साथ हैं। ये पहले देवता हैं जिन्हें लम्बे जूते के साथ ही दर्शाया गया है ऐसे में ऐसा लगता है कि सूर्य की मूर्तियां बनाने की कला में कहीं न कहीं पर्शियन कला का असर रहा है।

गुजरात में सूर्यपूजा मोढेरा के मंदिर निर्माण से करीब पांच सौ साल पुरानी तो रही ही होगी। पांचवीं सदी में रेशम बुनकरों और व्यापारियों का समाज दुनिया भर में अपनी बेहतरीन वस्त्र कला के लिए विख्यात था। यह व्यापारी दक्षिणी गुजरात लता से पलायन कर मंदसौर (मध्य प्रदेश के वर्तमान दसापुरा) में आ गए थे, जहां 436 ईस्वी में इन्होंने एक विशाल और भव्य सूर्य मंदिर बनाया। इन व्यापारियों के द्वारा 36 साल बाद इस मंदिर का नवीनीकरण भी कराया गया।

संस्कृत की एक काव्य रचना में इस घटना का पर्याप्त वर्णन मिलता है, जो वत्सभट्टि ने लिखी थी। यह रचनाकार भी इस बुनकर व्यापारी समुदाय से जुड़े थे। इनकी शुरुआती रचनाएं इस व्यवसाय से संबंधित थीं। वत्सभट्टि की रचना एक शिलालेख के रूप में खुदाई में नदी किनारे मिली।

दशापुरा शिलालेख के अनुसार शिल्पकारों को अपना लता वाला ठिकाना छोड़ने को मजबूर किया गया था। इस घटना को महाकाव्य रचयिता ने बड़े ही मार्मिक ढंग से उकेरा है। उन्होंने लिखा है कि किस तरह इन लोगों को आलीशान घरों और मंदिरों

को छोड़ कर पलायन करना पड़ा। लेकिन पलायन की असली वजह क्या थी, इसका ज़िक्र नहीं है।

तत्कालीन इतिहास से अंदाज लगाया जा सकता है कि पलायन की असली वजह उस इलाक़े में लगातार हूणों का बढ़ता आक्रमण रही होगी। लता से रेशम के निर्यात में कमी आ गई थी। गुप्त साम्राज्य कारोबार के लिए सुरक्षित था इसलिए अपनी धन-सम्पदा के साथ रेशम बुनकर और व्यापिरी सुरक्षित दसापुरा में आकर बस गए। यह समुदाय नगर के संभ्रान्त लोगों में शामिल हो गया। धार्मिक गुरु, शिक्षक, इतिहासकार और ललित कलाओं के विशेषज्ञ लोगों और योद्धाओं की तरह इन्होंने पर्याप्त ख्याति अर्जित की।

इस समुदाय का ज़िक्र विज्ञापन करने वाले पहले व्यापारियों के तौर पर भी मिलता है। उस समय के शिलालेखों, अभिलेखों में बड़ी खूबसूरती से यह उल्लेख है कि किस तरह से एक खूबसरत लड़की है जिसके गले में खूबसूरत सोने का हार है। उसके होंठ फूलों की पंखुड़ियों के समान हैं और होंठों पर पान की सी गुलाबी रंगत है लेकिन इसके बावजूद वह अपने प्रेमी से मिलने नहीं जा सकती क्योंकि उसके पास रेशम के वस्त्र नहीं थे।

कारीगरों के कानून

कारीगरों के संघ पहले भारतीय गैर-सरकारी संस्थान थे जो कि भारत में राज्यों/साम्राज्यों के स्थापित होने, शहरों के निर्माण और दूसरे देशों के साथ व्यापारिक रिश्ते बनने के पहले से मौजूद थे। शिल्पकार भारत में 600 ईस्वी पूर्व अपनी उपस्थिति दर्ज करा चुके थे। भारत में इनके लिए 300 ईस्वी पूर्व से 300 ईस्वी तक का काल स्वर्णिम युग था। लेकिन यह स्वर्ण युग सिर्फ कपड़ों या वस्त्रों के कारोबार तक ही सीमित नहीं था।

इस शिल्प समुदाय में उस वक़्त 18 शिल्पी आते थे। बुनकर कुम्हार, सुनार, लुहार, बढ़ई, पान वाले, ठठेरा (बर्तन बनाने) वाले, दर्ज़ी, तेली जो कि समाज में अपने पेशे (हुनर) की बदौलत व्यापार से जुड़े थे।

इन शिल्पियों की स्थिति में छठी शताब्दी के बाद ह्रास शुरू हो गया था। गुप्त वंश के शासन काल में शिल्पी समुदाय का ज़िक्र पाटलिपुत्र से लेकर तक्षशिला तक पूरे उत्तर भारत में बड़ी मुश्किल से मिलता है।

यहां हमें दो शब्द अधिकांशतः सुनाई देते हैं। एक श्रेणी और दूसरा है नैगम या निगम। भारतीय धर्मशास्त्र में शिल्पियों के संघ के लिए ही इन शब्दों का प्रयोग किया जाता था।

व्यापारियों और कारीगरों के लिए दूसरे शब्दों जैसे पुग, गण, व्रात, संघ का भी प्रयोग मिलना है।

श्रेणी मुख्य रूप से कारीगर व्यापारियों का समूह था। यह शिल्पकारों का समूह था या जो किसी एक वस्तु व्यापार में शामिल थे।

निगम ऐसा समूह था जो श्रेणी से कहीं ऊपर था और जिसकी शक्तियां भी ज़्यादा थीं। यह ऐसा संघ था जो कि बैंकर या व्यापारियों के लिए पूंजी प्रबंधन का भी काम करता था। निगम श्रेणियों को मिलाकर बना होता था। यह एक तरह की संयुक्त सहकारी समिति थी।

सदस्य बनने के लिए व्यापारी को श्रेणी के साथ दस्तावेजों पर अनुबंध करने का विकल्प मिलता था। यह एक क़ानूनी प्रक्रिया भी थी। वह नियमों के मुताबिक़ श्रेणी सदस्यता की शपथ ग्रहण भी कर सकता था।

वैश्यों का समुदाय एक लिखित आचार संहिता के मुताबिक़ ही चलता था। क़ानून और नियम उस समुदाय के प्रमुख द्वारा या उसके मुताबिक़ ही लिखे जाते थे। श्रेणी प्रमुखों का चुनाव सदस्यों द्वारा किया जाता था या यह बता पाना मुश्किल है कि प्रमुख का पद वंशानुगत होता था या नहीं लेकिन प्रमुख की सहायता के लिए सदस्यों का एक मंडल रहता था। यह आमतौर पर अनुभवी और वरिष्ठ श्रेणी सदस्य हुआ करते थे जिन्हें कार्यचिंतक कहा जाता था और कुछ लोगों को तो वेतन भी दिया जाता था। सामूहिक हित का कोई भी फैसला आम सभा द्वारा ही तय किया जाता था। इस आम सभा में प्रत्येक सदस्य को बोलने का अधिकार था।

व्यापारी या शिल्पकारों ने अपने हितों की रक्षा के लिए ही श्रेणी या संघ का गठन किया था। उस वक़्त के शासक या राजा भी इन श्रेणियों का आदर करते थे। श्रेणी के प्रमुख आमतौर पर शासकों के साथ करों को लेकर बातचीत किया करते थे।

राजा इन व्यापारी समूहों पर एक निश्चित मात्रा में चंदा या टैक्स तय करते थे। इस चंदा या दान का उपयोग मुख्यत: धर्मार्थ या सार्वजनिक कार्यों के लिए किया जाता था। यह एकमुश्त चंदा वैश्य समुदाय पर शासकों के विश्वास और शिल्पियों की क्षमताओं पर लोगों के विश्वास को दर्शाता है।

पुराने इंद्रपुर और आधुनिक इंदौर में एक गुप्त शासक ने तेल का व्यापार करने वाले वैश्यों के पास एक बड़ी पूजी जमा की। इस धन पर मिलने वाले ब्याज को मंदिरों के लिए प्रयोग किया जाना था। इस पूंजी की व्यवस्था और इसके प्रवाह को बनाए रखने में वैश्यों ने उस वक़्त समाज में महत्वपूर्ण भूमिका निभाई। एक साधारण आदमी से लेकर शासक

तक सभी वैश्य समुदायों पर भरोसा करते थे और अपने धन को इनके पास सुरक्षित मानते थे। इसके बदले में लोगों को निश्चित समय पर ब्याज मिलता था।

दूसरी शताब्दी में शक साम्राज्य के क्षत्रप नहपान के दामाद उषादत्त ने भी ऐसे शिल्पियों के पास पूंजी निवेश किया जो कि कपड़े बुनने की कला जानते थे। यह धन बौद्ध संघ की सहायता के लिए निवेश किया गया था। प्रसिद्ध नासिक अभिलेख बताता है कि उषादत्त ने किस तरह से शिल्पियों के यहां धन जमा किया था और इसके ब्याज की दर क्या थी? साथ ही ब्याज के ये पैसे किस मद में ख़र्च किए गए। मथुरा से लेकर नागार्जुनकोंडा तक इस तरह के कई अभिलेख मिले हैं।

वैश्य समुदाय अपनी मुद्रा को चलन में लाने के लिए भी स्वतंत्र था। इस मुद्रा को निगम या व्यापार संगठन सत्यापित करता था। इलाहाबाद और कौशांबी में तांबे के सिक्के मिले हैं जिन पर मौर्य कालीन लिपि में गंधिकानाम अंकित है। संभवत: ये इत्र से जुड़े कारोबारियों से संबंधित हैं।

व्यापारी संघ के अधिनियम को क़ानून माना जाता था न्यायशास्त्र व स्मृतियां इसे प्रमाणित करती हैं। समाज के सदस्य पारंपरिक रीति-रिवाज़ों और उपयोग के हिसाब से अधिकाशत: कठिन कायदे-क़ानूनों में बंधे होते थे। हालांकि इस बात पर बराबर ज़ोर रहा कि संगठन के पेशेवर रुख को बनाए रखा जाए।

व्यापारी संघ का प्रमुख सिर्फ आन्तरिक मामलों में ही नहीं बल्कि विवादों में न्यायाधीश की तरह ही निबटारा करता था। व्यापारी संघ धार्मिक आयोजनों और निर्माणों (मंदिर) में भी लोगों का प्रतिनिधित्व करते थे। संघ कला की विशेषता हासिल करने और उसके स्थानीयकरण में भी मदद करता था।

मिताक्षरा हिंदुओं के पुराने क़ानून की एक प्रभावशाली किताब थी। इसके निमय बताते हैं कि श्रेणी ऐसे लोगों का समूह था जो एक ही व्यापार से जुड़े थे लेकिन ये लोग अलग-अलग जातियों से संबद्ध थे। मेधातिति न्याय शास्त्र और मनुस्मृति के प्रसिद्ध व्याख्याता (9वीं सदी) थे। जिनकी व्याख्याओं से स्पष्ट होता है कि तत्कालीन शहरी आबादी वस्तुओं की मांग और सेवाओं वाली विकासशील अर्थव्यवस्था का हिस्सा थी। जब राजनीतिक और सामाजिक रूप से आर्थिक क्रियाकलापों में कमी आई तो जातीय उदारवाद भी खत्म हो गया।

जाति व्यवस्था जन्मजात ही थी बावजूद इसके सभी जातियों ने व्यापारी संगठनों में समानता के साथ भागीदारी की। गुप्तकाल के बाद आर्थिक गतिविधियों में आ रही कमियों की वजह से सामाजिक पहचान में बदलाव दिखने लगे थे।

जातियों में बंटे समाज में पेशेवर लोगों को तत्कालीन रीति-रिवाज़ों और परंपराओं के मुताबिक़ ही सामाजिक दर्जे मिलने लगे थे।

शिलालेखों से पता चलता है कि ईसा से दो शताब्दी पूर्व से लेकर तीसरी शताब्दी तक अधिकतर दानदाता सांची जैसे धार्मिक स्थानों पर अपनी पहचान अपने काम और सेवाओं के माध्यम से कराते थे। दान अभिलेखों में सेठी, निगम, शिल्पकार, दंतकार, मालाकार, गंधिक के नाम आते हैं। बाद की सदियों में ऐसा कोई प्रमाण नहीं मिलता।

पांच सौ की हज़ारों दिशाएं

भारत में उद्योगपतियों और व्यापारियों के आधुनिक संघ ने 1926 में आकार लिया जिसे भारतीय वाणिज्य एवं उद्योग महासंघ (फिक्की) कहा गया। इससे पहले तकरीबन 12 सौ साल पहले ऐहोल (कर्नाटक) के 500 ब्राह्मण (स्वामी) एक मंदिर परिसर में मिले थे। ये सभी व्यापारी थे। आज उस मंदिर को ऐहोल (कर्नाटक) के लाड खान मंदिर के रूप में जाना जाता है। वैसे यह शिव मंदिर चालुक्य कालीन है। कहते हैं कि लाड खान नाम के एक राजा ने इस मंदिर परिसर को अपना आवास बना लिया था, इसलिए इसे लाड खान मंदिर का नाम मिला।

यहां जुटे 500 ब्राह्मण व्याापारियों की परंपरा उत्तर भारत के प्राचीन नगर अहिछत्र (आधुनिक बरेली, उत्तर प्रदेश) से जुड़ी थी। अहिछत्र में इनका संघ था जिसे याद करते हुए ऐहोल क्षेत्र में व्यापार को संस्थागत करने के लिए इन पांच सौ ब्राह्मणों ने एक संगठन बनाया जिसे आइवोले (अय्यावोले) नाम दिया गया।

एक अन्य समकालीन शिलालेख में उद्धृत है कि 500 चतुर्वेदियों ने मिलकर दुर्गा भगवती को अनुदान दिया जो बाद में आइवोले के प्रमुख मार्गदर्शक बनकर सामने आए। यह तथ्य बहुत ही दिलचस्प है कि आईवोले या अय्यावोले का यह संगठन बाद की शताब्दियों में भी बना रहा लेकिन सदस्यों की संख्या हर बार 500 की ही रही।

भारतीय व्यापारिक संघ न तो यूरोप के व्यापार संघ जैसे थे और न ही चीन और मिस्त्र के हेंग और करीमी संघ की तरह। अय्यावोले एक स्वैच्छिक व्यापारी संघ था, संपन्नता की जिसकी अपनी परिकल्पना थी और अपना नीतिशास्त्र था। इसी संघ का तमिल संस्करण अन्निरूरवर था। यह संघ स्वयं को सम्यम कहा करते थे। वे अपने बनाजू (व्यापार) धर्म की नीतियों के साथ बंधे थे।

नानादेसी भी प्रवासी या भ्रमणकारी व्यापारियों का प्रमुख संगठन था। इसे अय्यावोले

के समरूप ही माना जाता है लेकिन साक्ष्य बताते हैं कि यह एक अलग संघ था। अंजुवनम ने केरल में यहूदी व्यापारी संघ के रूप में काम करना शुरू किया लेकिन बाद में दूसरे विदेशी व्यापारी जैसे मुस्लिम और ईसाई भी इसमें शामिल हो गए।

मणिग्रामम एक महत्वपूर्ण व शक्तिशाली व्यापारी संघ था। स्तनुरावी या थरिसापल्ली ताम्र अभिलेख में इसका पहला उल्लेख मिता है। यह अभिलेख तमिल में था और इस पर अरबी, पहलवी, हिब्रू सहित तीन लिपियों में हस्ताक्षर मिले। छह सौ सदस्यों वाले इस संघ में स्थानीय ईसाई शामिल थे। मणिग्रामम के सदस्य अपनी शक्ति के अनुरूप चर्च की मदद और क्षेत्र के कल्याण के लिए कई काम किया करते थे।

मणिग्रामम, मूलतः स्थानीय हिंदू व्यापारियों का संघ था जो दक्षिण भारत के कई क्षेत्रों में फैला था। मणिग्राममकार नाम से दलितों का भी संघ था जिसने केरल के सीरियाई चर्च के सहयोग से 20वीं शताब्दी की शुरुआत में नायरों जैसी प्रतिष्ठा हासिल की।

मणिग्रामम संभवतः पुराना संगठन होगा क्योंकि सदी के शुरू में एक और संघ मणिग्रामम नाम से ही कावेरीपट्टनम के कोल बंदरगाह के आस-पास सक्रिय था।

तमिलनाडु और केरल में मिले 12वीं और 13वीं शताब्दी के अभिलेखों के अनुसार मणिग्रामम छोटे व्यापारियों का संघ था लेकिन इसे भ्रमणकारी या प्रवासी व्यापारियों का भी संघ माना जाता है। मणिग्रामम से संबंधित सभी अभिलेख या तो बंदरगाहों के तटों पर मिले हैं या दूसरे देशों में।

वीर राघव के कोट्टयम का पुरालेख (13वीं शताब्दी) के अनुसार कोडिंगल्लुर बंदरगाह पर मणिग्रामम को टैक्स वसूलने के अधिकार दिए गए थे। मणिग्रामम के प्रमुख रविकोरम की शहर में बड़ी प्रतिष्ठा थी। कुछ सामानों के कारोबार पर उसका एकाधिकार था और निर्यात पर उसे कमीशन मिलता था।

मणिग्रामम की प्रतिष्ठा और प्रभाव के संदर्भ में थाईलैंड के ताकुआ पा में मिला 9वीं शताब्दी का अभिलेख भी महत्वपूर्ण है। यह पुरालेख थाईलैंड की खाड़ी के पूर्व में क्रॉ जलडमरू मध्य से मिला था जो चीन और भारत के व्यापारिक रास्ते के बीच आता है। इस रास्ते से टिन और इत्र का व्यापार होता था।

अंतरराष्ट्रीय अय्यावोले

आठवीं शताब्दी में कर्नाटक में अय्यावोले पहली बार एक मज़बूत व्यापारी संघ के रूप में सामने आए। इसका केन्द्र महा-अग्रहार था। ब्राह्मणों को दान में मिले गांव को अग्रहार

कहते थे जिस पर टैक्स नहीं लगता था। मध्य काल में कर्नाटक में ब्राह्मणों के अलावा शिल्पकार और दूसरी सेवाएं देने वाले लोग भी अग्रहार में रहते थे।

जैन धर्म और बौद्ध मठों को सहयोग देना अग्रहार के लिए सामान्य बात थी। ऐहोल में खुद अग्रहार ने जैन मंदिर बनाने में सहयोग किया था। अग्रहार में पहले ब्राह्मणों का वर्चस्व था लेकिन बाद में इसमें दूसरी जातियां और धर्म के लोग भी शामिल हुए। सभी जातियां व्यापार के लिए एक साथ थीं और ये नानादेसी के रूप में जाने जाते थे।

पांच सौ सदस्यों का अय्यावोले हज़ारों दिशा-निर्देशों वाला था और कई देशों में प्रभावी था। अभिलेखों के मुताबिक़ अय्यावोले संघ 8वीं शताब्दी से 14वीं शताब्दी के बीच सबसे ज़्यादा सक्रिय रहा। ऐसे अभिलेख पूरे दक्षिण भारत सहित श्रीलंका और दक्षिण पूर्वी एशियाई देशों में भी मिले हैं।

ऐहोले के बाद 500 लोगों के संघ का जो दूसरा अभिलेख मिला है वह तमिलनाडु के पुडुकोट्टई क्षेत्र में 870 ईस्वी का है। यूं तो पुडुकोट्टई (रामनाथमपुरम) हमेशा से ही व्यापार का केन्द्र रहा है लेकिन कर्नाटक के अय्यावोले व्यापारी संघ का यहां पहुंचना थोड़ा रहस्यमय-सा है। जैन व्यापारियों ने पुडुकोट्टई में कर्नाटक से आकर व्यापार शुरू किया था। हो सकता है कि उनके पैतृक स्थान के साथ व्यापारिक संबंध बरकरार रहे हों जिससे अय्यावोले यहां सक्रिय हुआ ।

कारण जो भी रहे हों लेकिन पहली बार 500 ने अपने संबंध चोल के साथ मज़बूत किए। वह संघ चोल की बढ़ती ताकत के साथ-साथ तमिलनाडु, आन्ध्र प्रदेश, कर्नाटक और श्रीलंका तक फैल गया। कुलोत्तुंग चोल (1070 ईस्वी से 1122 ईस्वी) के शासन काल में 500 का प्रभाव आन्ध्र के तटीय भागों के साथ ये ओडिशा के गंजाम तक पहुंच गया।

ग्यारहवीं शताब्दी की शुरुआत के साथ ही अय्यावोले को लेकर कर्नाटक में अभिलेखों, शिलालेखों में प्रशस्ति या प्रशंसा मिलती है। इसी तरह के और भी प्रशस्ति पत्र दूसरी भाषाओं में भी अन्य जगहों पर मिले। इसके साथ देवी अम्पोलिल, परमेश्वरी और अय्यापोलिया नचियार के उल्लेख भी मिलते हैं जो कि कर्नाटक के अय्यावोले के आराध्य देवी-देवता थे।

अय्यावोले संघ के व्यापारी अपने आपको वीर वलंजियार कहा करते थे। वीर वलंजियार का अर्थ है बहादुर व्यापारी। उनके व्यापारिक हितों की सुरक्षा के लिए सेना भी थी और इस सैन्य बेड़े में घुड़सवार और हाथी सवार सैनिक भी थे। उस वक़्त राजा की आज्ञा से उन्होंने सुरक्षित बाज़ार वाले छोटे शहर भी बनाए जिन्हां एरवीरपट्टिनम कहा जाता था।

इन खास बाजारों में सभी तरह के लेनदेन और व्यापार हुआ करता था बाज़ारों पर सैनिकों की निगहबानी रहती थी। नट्टूकोट्टाई या कोट्टाई शब्द का मतलब ही है किला। चेट्टियार परंपरा के मुताबिक़ उन्हें हमेशा ऐसे ही बाज़ार वाले शहरों का निर्माण करने को कहा जाता था। यह संघ अपने सदस्यों को सुरक्षा के साथ-साथ बैंकिंग सुविधाएं भी उउपलब्ध कराता था।

12वीं से 13वीं शताब्दी में हमें ऐसे कई प्रसंग मिलते हैं जहां अग्रहार को अय्यावोले या दक्षिणी अय्यावोले घोषित किया गया। बाज़ार वाले शहर बनाने में टैक्स रियायत मिलती रही होगी। नागग्रामम दक्षिणी अय्यावोले के समान ही तमिल थे जो राजनीतिक शक्तियों और स्थानीय व्यापारियों की सहमति से व्यापारियों के लिए गोदाम जैसी सुविधाएं उपलब्ध करवाते थे।

नागग्रामम के पास शहर की सीमाओं के अंदर ही अपनी ज़मीनें थीं और कहीं-कहीं कर वसूलने का अधिकार भी था। कर्नाटक में सभी अधिकार अय्यावोले के पास थे लेकिन तमिल राज्य में नागग्रामम एक स्वतंत्र इकाई थी जो सभी स्थानीय व्यापारियों और वहां के उत्पादकों का प्रतिनिधित्व करती थी। ऐसे संगठन, व्यापारियों और संघों को बाद में नगरत्तामर के रूप में जाना जाने लगा।

12 वीं शताब्दी के अंत में नागग्रामम किसानों का संघ चित्तिरामेल्लि पेरियानाडु भी अनिरूरवर (अय्यावोले का तमिल संस्किरण) के साथ मज़बूती के साथ जुड़ा। कर्नाटक में इसी के जैसा एक संगठन था जो ओक्कालू के नाम से जाना जाता था। हालांकि वह चित्तिरामेल्लि जितना महत्वपूर्ण नहीं था।

अपने चरम पर 500 ने कर्नाटक, आन्ध्र और तमिलकम के व्यापार में अपना वर्चस्व दिखाया। अलबत्ता बड़े शहरों जैसे नागापिट्टनम, तंजौर, कुंभकोणम और कांचीपुरम में अनिरूरवर की उपस्थिति नगण्य थी। वहां पर नागग्रामम के संरक्षण में सारा व्यापार हुआ करता था। श्रीलंका, दक्षिणी थाईलैंड, बर्मा, सुमात्रा में मिले अभिलेख भी नागग्रामम की उपस्थिति की पुष्टि करते हैं।

बरूस के प्रसिद्ध शिलालेख के मुताबिक़ सुमात्रा में 500 ने स्थानीय व्यापारियों को सोने के सिक्के दिए और इसके बदले उन्होने बंदरगाहों पर नियंत्रण प्राप्त किया।

12वीं शताब्दी में चोल साम्राज्य के पतन के साथ पाण्ड्य साम्राज्य का उदय हुआ लेकिन उस वक़्त भी इन व्यापारी संघों की शक्तियों में लगातार वृद्धि होती गई। चित्तिरामेल्लि और नागग्रामम ने साथ मिलकर मंदिरों को भरपूर दान दिया। इन संघों ने संयुक्त रूप से

या अलग-अलग कई मंदिरों की देखभाल की, शहरों का प्रशासन संभाला और लेखाकारों की मदद से कर भी वसूला।

व्यापारिक संघ ने शिल्पकारों के साथ घनिष्ठ संबंध बनाए और कभी-कभी जाति व्यवस्था के मुताबिक़ व्यवहार किया। शिकारपुर (शिमोगा, कर्नाटक) शिलालेख अय्यावोले के प्रभाव की जानकारी देते हैं। इस व्यापारी संघ ने स्थल मार्ग और जल मार्ग से छह महादेशों की यात्राओं के जरिये हाथियों, नीलमणि, हीरे, चांदी यानी आभूषण और रत्नों का व्यापार किया। व्यापार के कारण राजकीय खजाने में वृद्धि हुई और खजाने में काफी सोना जमा हो गया।

शाही परिवारों ने व्यापार को काफी बढ़ावा दिया। राज परिवार महंगी और विलासी वस्तुओं के बड़े खरीदार थे। सुख-सुविधा वाली वस्तुओं के दूसरे बड़े खरीदार मंदिर और बौद्ध मठ थे। पिनरामल्लाई (रामनाथपुरम तमिलनाडु) के अभिलेख से आयातित वस्तुओं का पता चलता है। उसके मुताबिक़ चंदन की लकड़ी व रेशम संभवत: चीन से आता था जबकि पश्चिम एशिया से गुलाबजल और सुमात्रा (इंडोनिशया) से कपूर का तेल आता था। बरूस अभिलेख के अनुसार, सुमात्रा में कपूर का खूब उत्पादन होता था। बर्मा से सुगंधित सामान और हाथी जबकि घोड़ों का आयात अरब से होता था।

अय्यावोले के तीन अभिलेखों से घोड़ों के कारोबार का पता चलता है। कुदराई चेट्टी घोड़ों का व्यापार किया करते थे। कृषि उत्पाद के बदले ही दूसरी ज़रूरत की वस्तुओं का लेन-देन होता था। लेकिन सुख-सुविधा या विलासिता वाली वस्तुओं का भुगतान सोने के ज़रिए किया जाता था। 13वीं शताब्दी के दो अभिलेखों पिनरामल्लाई और चिंतापल्ली (आन्ध्र प्रदेश) से पता चलता है कि अय्यावोले और मणिग्रामम् ने कृषि उत्पादों जैसे धान, दाल, पान, बादाम, नमक, कपास और कपड़े, मसाले का निर्यात किया। 11वीं शताब्दी के बाद पिघला कर बनाये गए इस्पात की मांग बढ़ने से, इसके निर्यात में तेज़ी आई।

अय्यावोले की क्या कोई केन्द्रीय इकाई भी थी, इसका अंदाजा लगा पाना थोड़ा मुश्किल सा लगता है। क्या एक ही संघ या केंद्रीय संघ द्वारा ही सभी अय्यवोले का संचालन होता था। कर्नाटक और तमिलनाडु में अलग-अलग साम्राज्य और राजनीतिक ताकतों के साथ तालमेल करने के लिए अय्यावोले अनिरूवर के दो धड़े बनने के कुछ प्रमाण मिलते हैं। ज़्यादा संभावना इस बात की है कि बढ़ते व्यापार का ठीक ढंग से संचालन करने और राजनीतिक ताकतों के साथ तालमेल बैठाने के लिए संघ ने अपने प्रशासनिक अधिकारियों को अधिकार दिए होंगे।

अग्रहार से अय्यावोले संगठन की स्थापना के सदियों बाद भी अहिछत्र और ऐहोले के 500 अय्यावोले स्वामियों का ज़िक्र बरकरार रहा। दूसरी जातियों के व्यापारी भी संघ में थे लेकिन शायद ब्राह्मण ही इस संघ में वर्चस्व रखते थे। अभिलेखों जैसे अनिरूरवा भट्टन और अनिरूरवन देवनचेट्टी जैसे ब्राह्मण व्यापारियों (ब्राह्म सेट्टी) का ज़िक्र बार-बार मिलता है। 17वीं शताब्दी के अभिलेखों से पृथ्वीसेट्टी रेयनममंत्री भास्करन के बारे में पता चलता है जो कि एक ब्राह्मण मंत्री, व्यापारी और अय्यावोले का प्रमुख था।

कर्नाटक और तमिलकम दोनों में ही शासक वर्ग के साथ व्यापारियों के घनिष्ठ संबंध थे। व्यापारियों के प्रमुख का चोल शासकों के साथ सीधा घरेलू संबंध था। कर्नाटक में अय्यावोले का उद्गम केंद्र राष्ट्रकूट की राजधानी मानेकहेड़ा के पास ही था। अय्यावोले चालुक्यों और आगे 12वीं सदी के अंत में दक्षिणी कर्नाटक में होयसलों के शासन में सक्रिय रहे।

चालुक्यों के शासन काल में धारवाड़, शिमोगा और बीजापुर क्षेत्र में उनकी गतिविधियां पर्याप्त व्यापक थीं। उत्तरी कर्नाटक और आन्ध्र प्रदेश में चालुक्यों के साम्राज्य के बाद यादवों और काकतीय का शासन रहा। 1310 ईस्वी में जब मलिक कफूर ने दक्षिण फतह किया तो उसने संधि में उपहार स्वरूप बहुत से आयातित घोड़े, रत्न और आभूषण बदले में लिए। ये वस्तुएं मुख्य रूप से व्यापारियों और मंदिरों से ही एकत्र की गईं थीं।

14वीं सदी के अंत तक तमिलनाडु में अनिरूरवर और मणिग्रामम के ख़त्म होने की क्या वजहें रहीं, यह बहुत स्पष्ट नहीं है। विजयनगर साम्राज्य में काफी मुद्रीकरण हुआ और व्यापारी शासक के रूप में उभरे। (कुछ उन्हें चक्रवर्ती सम्राट कहते थे) इस शासन काल में कुशल शिल्पकारों का आगाज तो हुआ लेकिन यात्राएं करने वाले व्यापारियों का पतन भी हुआ।

विजयनगर साम्राज्य में अय्यावोले का ज़िक्र तो है लेकिन संगठन और मूल अय्यावोले से इनमें काफी भिन्नताएं हैं। ऐसा लगता है कि या तो एकदम नया संगठन उसी नाम से तैयार किया गया था या फिर पुराने संगठन में आमूलचूल परिवर्तन किया गया था। वस्त्र उत्पादन वाले क्षेत्र आन्ध्र प्रदेश में अय्यावोले का संगठन जारी रहा और इसका आख़िरी प्रमाण 1680 ईस्वी में लेपाक्षी (अनंतपुर आंध्र प्रदेश) में मिलता है।

शिल्पी संघ से व्यापारी जाति तक

अय्यावोले का धर्म क्या था? शिकारपुर के तीन अभिलेख अय्यावोले का संबंध शैव कालामुख पंथ से स्थापित करते हैं। अय्यावोले मंदिर में बैठक किया करते थे। कालामुख

का पुजारी इन बैठकों को बुलाता था। शिकारपुर के मुख्य अभिलेख के मुताबिक़ कालामुख मंदिर और मठों को शहर के व्यापारियों विशेष तौर पर पट्टनस्वामी, मैची सेट्टी और कीर्ति सेट्टी का संरक्षण प्राप्त था ।

इन सभी अभिलेखों के मद्देनज़र यह कहना मुश्किल नहीं है कि अय्यावोले व्यापारी शैव थे और नट्टूकोट्टई चेट्टी से संबंध रखते थे जो उस इलाक़े में प्रमुख व्यापारी थे। आज भी इन्होंने अपनी शैव आस्था को सक्रिय रखा है। उन्होने देश के बाहर भी शिव मंदिर स्थापित किए हैं।

धर्म एक बहुत ही महत्वपूर्ण सूत्र है जिससे दक्षिण भारत में सदियों तक हुए व्यापार की जानकारी मिलती है। 12वीं सदी की शुरुआत के तमिल अभिलेख के जरिये अनिरूवर में जैन भागीदारी का पता चलता है। तमिल ब्राह्मी अभिलेख का संबंध भी जैनियों से है जो कि पुडुकोट्टई में मिला।

कर्नाटक में कई शिलालेख जैनों की उपस्थिति की पुष्टि करते हैं। अय्यावोले के कई अभिलेख तो जैन मूर्तियों के ज़रिए ही मिले। देवी पद्मावती 23वें तीर्थंकर पाश्र्वनाथ से जुड़ी थीं। कुछ शोध पद्मावती को परमेश्वरी या अमपोली परमेश्वरी या फिर अय्यापोली नचियार के समकक्ष मानते हैं, जिनकी पूजा अनिरूरवर करते थे। नट्टूकोट्टई चेट्टियार आज भी इन देवियों की उपासना करते हैं।

13वीं शताब्दी के प्रसिद्ध पिरन्नममलाई अभिलेख में यह दर्ज़ है कि जब नगरत्तर के 11 समूह मिले तो उन्होंने सभा के फैसलों में सुधार किया। इन 11 वर्गों में एक वर्ग मट्टूर या मात्तूर गांव का भी था जो कि उसी इलाक़े में मौजूद था। आज नट्टूकोट्टई चेट्टियार नौ वर्गों में विभाजित हैं। वे एक गोत्रीय परंपरा में आगे बढ़े। इनमें सगोत्रीय विवाह वर्जित हैं। नौ चेट्टियारों में से एक का मंदिर मात्तूर में है जहां अय्यावोले शिल्पी संघ की देवी अनिरूसवर की पूजा की जाती है। कुछ किंवदंतियों के अनुसार नगरत्तर चेट्टियार के पूर्वज माने जाते हैं।

पुराने व्यापरियों में से एक चेट्टियार के पूर्वजों का संबंध चोल साम्राज्य के केन्द्र कावेरीपट्टिनम से था। किंवदंती के मुताबिक़ पांड्य शासकों ने चोल शासकों की अनुमति से चेट्टियारों को कावेरीपट्टिनम में बुलाया था ताकि व्यापार को बढ़ावा मिल सके। पांड्य शासकों का ग्रामीण भाग पर शासन होने के कारण चेट्टियारों ने किसानों से संगठन चित्तरामेल्लि से संबंध स्थापित किए।

समुदाय की किंवदंती के मुताबिक़ पांड्य शासकों के साम्राज्य में जाने के बाद चेट्टियारों को वेल्लार महिलाओं से शादी करने के लिए बाध्य होना पड़ा क्योंकि चेट्टियार महिलाओं की कमी थी।

चोल वंश के पतन के बाद व्यापारी कुशलता का इतिहास क्रमबद्ध रूप से नहीं मिला हैं। लेकिन हम जानते हैं कि राजनीतिक हलचल और उथलपुथल के बीच नट्टूकोट्ई चेट्टीयार दक्षिण में अपने व्यापार को चलाते रहे। ब्रिटिश काल का आगाज होने के साथ ही उन्होंने अपने व्यापार को श्रीलंका और दक्षिणी पूर्वी एशिया में फैला दिया।

उनकी सफलताओं की कहानी को हम अगले अध्याय में विस्तार से जानेंगे।

1970 ईस्वी में इतिहासकार मीरा अब्राहम ने देखा कि नागग्रामम चेट्टियारों के बीच एक सभा जैसी थी। इसकी सदस्यता परिवार के सबसे बड़े आदमी या मुखिया को दी जाती थी। वह मंदिर में मिला करते थे और वहां पर आपसी वाद-विवादों को सुलझाया जाता था और धर्म के कामों के लिए चंदा भी दिया जाता था। परंपराओं के तहत वे अब भी नागग्रामम के सदस्यों को नगरत्तर ही कहते हैं।

यह अनुमान लगाना मुश्किल नहीं है कि कुछ दौर ऐसे रहे होंगे जब सामान्य प्रशासन एकदम ख़त्म हो चुका था। धनी व्यापारी सुरक्षा के लिए अपने ही समुदाय पर निर्भर थे। ऐसे में विवाह के ज़रिए एक दूसरे से संबंध बनाना ही सुरक्षा का भरोसा बना। नगुकोट्टई जाति एक ऐसी ही व्यवस्था की परिचायक है। ये नगरत्तर का हिस्सा थे और कभी अनिरूरवर के भी सदस्य भी थे।

उत्तर भारत में छठी शताब्दी के आस-पास श्रेणियों के संदर्भ मिलते है ंजो एक ही व्यवसाय से जुड़े लोगों का संघ था लेकिन बाद में शिल्पकार छोटे-छोटे वर्गों में विभाजित हो गए और ख़ास परिवारों से जुड़ गए।

बैंकर के रूप में शिल्पकारों की भूमिका लगभग ख़त्म हो गई। पैसा लेने या जमा करने का काम रसूखदार परिवार या पेशेवर लोग करने लगे थे। इसी चलन ने बाद में बड़े व्यापारियों को एक बैंकर के रूप में उभरने में मदद की।

17 वीं शताब्दी में अहमदाबाद का एक आभूषणों का व्यापारी प्रमुख कैसे एक बैंकर बना, इसकी चर्चा हम आगे करेंगे।

राजस्थान में वैश्यों के पांच प्रमुख वर्ग हैं। ओसवाल, माहेश्वरी, जायसवाल, अग्रवाल और खंडेलवाल- इन पांचों ने ही पूरे उपमहाद्वीप में लगभग एक ही साथ व्यापार क्षेत्र में वर्चस्व कायम किया। यह व्यापारिक समुदाय पहले लगभग 1000 ईस्वी में पनपे।

जैन परंपरा के मुताबिक़ 723 ईस्वी में जैन धर्म अपनाने से पहले ओसवाल व्यापारी मुख्य रूप से सोलंकी राजपूत थे। दूसरी परंपराओं के मुताबिक कुछ राजपूत क्षत्रियों ने सल्तनत काल में अत्याचारों से बचने के लिए जैन धर्म अपना लिया और व्यापार करने लगे। उल्लेखनीय है कि 10वीं शताब्दी से 13वीं शताब्दी के बीच राजस्थान और गुजरात में ऐसे व्यापारी अपने धर्म या फिर अपने पेशे की वजह से जाने जाते थे न कि किसी जाति की वजह से।

समकालीन जैन परंपरा से पता चलता है कि अपने मूलस्थान की वजह से व्यापारी समुदाय, प्रगवता, श्रीमाला, मोढा, नागर, पालीवाल के नाम से जाने जाते थे। इतिहास इस बात को प्रमाणित कर चुका है कि पश्चिमी भारत में शक, हूण, कुषाण के साथ स्थानीय लोगों के संबंधों की वजह से जातिगत संरचना बदली थी। 8वीं शताब्दी में हिन्दू से जैन में परिवर्तन की संभावना ज्यादा है क्योंकि बौद्ध धर्म को पहले से व्यापारियों के धर्म के रूप में जाना जाता था।

व्यापारियों ने तब हिन्दू धर्म को चुनने की बजाए जैन धर्म को इसलिए चुना होगा क्योंकि जैन विश्वासों में हिन्दू धर्म की तरह खाने-पीने और यात्राएं करने की मनाही नहीं थी। जैन समुदाय में व्यापार की जानकारी रखने वालों की बड़ी संख्या थी। हालांकि जैन धर्म में भी पाबंदियां कम नहीं थीं लेकिन व्यापार को लेकर यह धर्म काफी उदार था।

13वीं शताब्दी से 17वीं शताब्दी के बीच व्यापारियों का एक वर्ग जो अहिलवाड़ा, (बाद में अहमदाबाद) में रहता था उसे प्रगवता के नाम से जाना जाता था। बाद में उन्हें जाति (हिन्दू धर्म) और ख़ास गच्छ (जैन धर्म के समूह) के तौर पर एक शिल्पी संघ का हिस्सा माना जाने लगा जिसे महाजन कहा जाता था। यह प्राचीन व्यापार संघों से अलग व्यापारियों का एक संगठन था।

भारतीय व्यापार के शुरुआती दौर में उद्यमियों की श्रेणी या शिल्पकार के रूप में पहचान थी। उत्तर भारत में गुप्त काल के अंत में व्यापार में कमी और शहरी केन्द्रों में व्यापार के केंद्रित होने के बाद सभी जगह उनकी पहचान वणिकों के रूप में हुई। पश्चिमी भारत में शिल्पकार और शिल्पी सहकारी संघों ने काफी लंबे समय तक व्यापारी समुदाय को मज़बूती दी।

भारत से बाहर मज़बूत व्यापारिक गतिविधियों और देश में बेहतर व्यापारी संगठनों के कारण दक्षिण भारत में 14वीं शताब्दी तक शिल्पी संघों का वर्चस्व कायम रहा। उसके बाद विदेशी व्यापारी व शासक आने लगे। अपने अद्वितीय बदलाव के सफ़र में इन पारंपरिक

व्यापारिक समुदायों ने अपनी उद्यमिता को समय के साथ कैसे बरकरार रखा। यह कहानी अगले अध्यायों में होगी।

राजश्रेष्ठि से नगरश्रेष्ठि

बाइबल के न्यू टेस्टामेंट की प्रसिद्ध दंतकथा है एक्ट ऑफ थॉमस। इस कथा के सीरियाई नाट्य संस्करण में शासक गोंडफेंलनेंस राज्या के प्रमुख व्यापारी हॉवेन को दूसरे देश से लकड़ी का अच्छा कारीगर लाने के लिए भेजता है। हॉवेन को वहां सेंट थॉमस मिल जाते हैं जिन्हें वह राजा के पास ले आया। गोंडफेंलनेंस ने संत थॉमस से एक महल बनाने के लिए कहा और बदले में एक बड़ी अग्रिम राशि का भुगतान भी किया। थॉमस ने वह रकम दान में दे ख़र्च कर दी। जब राजा ने इसके बारे में सुना तो थॉमस से महल दिखाने के लिए कहा। थॉमस ने कहा कि महल तो आप मृत्यु के बाद ही स्वर्ग जाकर देख पाएंगे। क्रोधित राजा ने थॉमस और हॉवेन दोनों को ही मारने के आदेश दे दिए।

पश्चिम के प्राचीन साहित्य में यह पहला ऐसा वाक़या है जो राजश्रेष्ठि या राजसी व्यापारी का ज़िक्र करता है। हॉवेन एक राजसी व्यापारी था। ऐसे व्यापारी या तो राजा द्वारा नियुक्त किए जाते थे या फिर ये व्यापारी राजा के घनिष्ठों के साथ व्यापार करते थे।

इससे काफी पहले बौद्ध धर्म की जातक कथाओं में ऐसे श्रेष्ठि आते हैं जो अपार धन के मालिक थे। इन कहानियों से पता चलता है कि इन समृद्ध व्यापारियों के राजाओं के साथ काफी करीबी संबंध थे या ये राजाओं के सलाहकार भी थे लेकिन ये कभी राजकर्मचारी के तौर पर नहीं माने गए।

राजश्रेष्ठि और नगरश्रेष्ठि (संभवत: शहर का सबसे बड़ा व्यापारी) दोनों की ही मुहर सबसे पहले वैशाली में मिली। रामायण में भी जिक्र आता है कि श्रीराम के राजतिलक के समय जब वे वनवास से लौटे थे, तब उनके साथ शिल्पकारों के प्रमुख नैगम मौजूद थे।

भारत के पूरे इतिहास में राजा और प्रमुख व्यापारियों के गहरे संबंधों के कई प्रमाण हैं। इसमें एकमात्र अपवाद केवल अर्थशास्त्र है जिसमें नगरश्रेष्ठि के बारे में कुछ स्पष्ट नहीं है। उसमें प्रथमश्रेष्ठि (व्यापारी प्रमुख) महासेठी का जिक्र अवश्य आता है "जो व्यवसायिक व्यापारी संघों के प्रमुख थे और उनके नेतृत्व में कई अनुसेठी भी मौजूद थे।"

बंगाल के कई ताम्र अभिलेखों (पांचवीं-छठी ईस्वी) के मुताबिक़ नगरसेठ, व्यापारियों, शिल्पकार सार्थवाह और नगर दण्डाधिकारी के साथ मिलकर एक ज़िला सलाहकार समिति का गठन करता था। नेपाल का अभिलेख (7-8वीं ईस्वी), नेपाल और तिब्बत के

बीच व्यापार करने के लिए राजसी व्यापारियों की नियुक्ति की पुष्टि करता है। महाराष्ट्र के कोल्हापुर का अभिलेख (940 से 1200 ईस्वी) भी शिलहार शासकों के अंतर्गत राजसी व्यापारियों की नियुक्ति का साक्ष्य देता है।

कर्नाटक के व्यापारिक नगरों में नगरश्रेष्ठि को पट्टनस्वामी (11वीं ईस्वी) कहा जाता था जो शहर के व्यापारी संघों और नगर के स्थानीय समूहों की बैठक बुलाते थे और उनके ज़रिए साप्ताहिक हाट बाज़ार आयोजित करते थे। होयसल शासन (1026-1326 ईस्वी) के दौरान अय्योवोले संघ की ताकत में वृद्धि हुई। वे न्याय व्यवस्था को भी अपने पक्ष में करने की स्थिति में पहुंच गए।

कृष्णराजपेट अभिलेख (1125 ईस्वी) के एक अभिलेख के मुताबिक नोलाबी सेट्टी दुरासमुद्र के पट्टनस्वामी थे और वीर-बालनजुधर्म के प्रवर्तक थे, होयसल शासक विष्णुवर्धन के शासन काल में (1110-52 ईस्वी) दो राज व्यापारियों होयसल सेट्टी और नेमी सेट्टी की जानकारी मिलती है। गोविंदा के पुत्र दामोदर सेट्टी का नाम नरसिंम्भा काल के (1220-38 ईस्वी) दो अभिलेखों में सामने आता है।

1198 ईस्वी के कोलार के एक तमिल अभिलेख में आदि-वणिक के बारे में कहा गया है जो कि एक बड़े शानदार शहर में लोगों को बसाता है। उसके पुत्र को भी त्रिलोकपट्टनस्वामी (तीनों लोकों के स्वामी) के रूप में वर्णित किया गया है। पश्चिमी चालुक्य साम्राज्य में राज व्यापारी सोये सेट्टी राजा जगदेकमल के साथ रत्नों का व्यापार किया करते थे।

शांतिदास बनाम औरंगजेब और मराठे

शान्तिदास झावेरी ने अहमदाबाद में 1622 ईस्वी में चिंतामणि जैन मंदिर का निर्माण करना शुरू किया। मारवाड़ के ओसवाल जैन के बेटे शान्तिदास (1580-1649), माणिक्य, सोने-चांदी के व्यापारी और अहमदाबाद के बड़े साहूकार थे। उस वक़्त का एक बड़ा व्यापारी होने और मुगल राज में आभूषणों को अत्यधिक महत्व दिए जाने की वजह से उन्हें अच्छी ख़्याति मिली।

शांति दास केवल एक धर्मपरायण जैन ही नहीं थे बल्कि वे जैन धर्म की आन्तरिक राजनीतिक गतिविधियों में भी रुचि रखते थे और अपने गच्छ (जैन संघ) की उन्नति का प्रयास भी करते थे। सन् 1638 में मंदिर तैयार हो गया। 1645 ईस्वी में युवा और सख्त औरंगजेब गुजरात का सूबेदार बना और उसने मंदिर को अपवित्र किया।

शांति दास ने बादशाह शाहजहां से इसकी गुहार लगाई और शाही फरमान के ज़रिए मंदिर शांति दास को वापस कर दिया गया।

जब सत्ता संघर्ष के बाद औरंगजेब खुद शासक बना तो उसने न सिर्फ शांतिदास को वह रकम लौटाई जो कि मुराद (शाहजहां के उत्तराधिकारियों में से एक और सत्ता संघर्ष में औरंगजेब से पराजित) ने शांति दास से ली थी बल्कि उसने शांति दास से व्यापारी समुदाय में सल्तनत की साख बढ़ाने के लिए भी कहा।

अंदाजा लगाया जा सकता है कि शांति दास का अहमदाबाद के लोगों पर कैसा अनोखा प्रभाव रहा होगा।

15वीं शताब्दी की शुरुआत में स्थापित अहमदाबाद, मुगल शासन काल में व्यवसायिक गतिविधियों के प्रमुख केन्द्र के रूप में उभरा। यह मुख्य रूप से कपड़े के व्यापार और नील का केंद्र था जो कि पास के शहर सरखेज से आता था। बाद में यह सोने-चांदी और रत्नों के कारोबार का भी बड़ा केन्द्र बना।

अहमदाबाद के व्यवसायिक परिदृश्य में कला सम्पन्न शिल्पियों की एक बड़ी हिस्सेदारी थी। गुजरात के दूसरे शहरों में भी कमोबेश यही स्थिति थी। 17वीं सदी के अंत और 18वीं सदी की शुरुआत के दौरान यही वह शहर था जहां नगरसेठ की परंपरा के बीज पड़े।

17वीं शताब्दी की शुरुआत में ही शांति दास ने अहमदाबाद को व्यापार की दुनिया में एक असाधारण मुकाम तक पहुंचा दिया था। क्या उन्हें आधिकारिक रूप से कभी नगरसेठ के तौर पर जाना गया, इसके स्पष्ट प्रमाण नहीं मिलते।

1724 ईस्वी में अराजकता और आपसी कलह के बीच अहमदाबाद मराठा उपद्रव का शिकार बना। रत्न व्यापार संघ के प्रमुख और शांति दास के पोते कौशलचंद ने आगे आकर पहल की और मराठों को वापस जाने के लिए अपने पास से बहुत बड़ी रकम लाकर दी।

इसके बाद कृतज्ञ शहर ख़ास तौर पर व्यापारिक समुदाय ने कौशलचंद का अभिवादन किया और यह फैसला किया कि शहर से हरेक व्यवसायिक लेन देन में से कौशलचंद और उनके परिवार का एक हिस्सा ज़रूर होगा। शांति दास के बाद अहमदाबाद में स्थानीय नेतृत्व संभालने के लिए कई दावेदार थे लेकिन कौशलचंद की दयालुता से यह राजनीति हमेशा के लिए खत्म हो गई।

कौशलचंद ने अपने पूरे जीवनकाल में अनेक त्याग किए। उसे कई शहरों की यात्राएं करनी पड़ीं बल्कि कई बार छोटी कैद भी काटनी पड़ी। लेकिन यह सभी कुछ नैतिक व्यापार और अच्छे प्रशासन के लिए ही था इसलिए कौशलचंद के परिवार ने पीढ़ियों तक व्यापारियों का नेतृत्व किया।

कौशलचंद की मृत्यु (1748 ईस्वी) के बाद उनके बेटे नाथ्थूशा (1720-1793 ईस्वी) फिर नाथ्थूशा के छोटे भाई वखतचंद (1740-1814ईस्वी) और वखतचंद के बेटे हेमाभाई (1785-1858 ईस्वी) और प्रेमभाई (1815-1887 ईस्वी) ने अहमदाबाद का नेतृत्व किया।

नगरसेठ की यह लम्बी कड़ी 1977 ईस्वी में जाकर टूटी जब इस परिवार का आख़िरी पुरुष सदस्य बिना वारिस के ही चल बसा। इस परिवार की ही एक शाखा से दलपतभाई, भग्गूभाई और लालभाई हैं जो आज के अरविन्द मिल्स के प्रवर्तक हैं। यह कंपनी दुनिया में डेनिम (जींस) की सबसे बड़ी निर्माता है।

अहमदाबाद में नगरसेठ व्यापारिक सहकारी संघ का अध्यक्ष नहीं होता था। वह अपने ही शिल्पी या व्यापारिक समुदाय का प्रमुख और नगर का संरक्षक होता था। शासक और अहमदाबाद के प्रभावी व्यक्तियों के बीच एक सेतु की भूमिका में उसे शिल्पी समुदाय के कई मामलों में न्याय भी देना होता था। नगरसेठ रस्मी तौर पर नगर प्रमुख थे इसलिए सामाजिक और धार्मिक उत्सवों में समाज का प्रतिनिधित्व करते थे।

पश्चिमी भारत के दूसरे शहरों में भी अहमदाबाद की ही तरह नगरसेठ की परंपरा थी। लालदास विट्ठलदास पारेख सूरत शहर के प्रसिद्ध नगरसेठ थे। 1732 ईस्वी में जब व्यापारियों नें मुगल बादशाह के ख़िलाफ़ सेना तैयार की तो लालदास ही उनके प्रमुख सलाहकार थे। उन्होंने अंग्रेजों को भी वित्तीय सहायता दी थी।

18वीं शताब्दी के आख़िरी दौर में पुणे भी इसमें शामिल हुआ जब गुजरात से पलायन कर कई व्यापारी इस शहर में पहुंचे। भारत में सत्तारूढ़ भारतीय जनता पार्टी के अध्यक्ष अमित शाह के दादा राज शाह मनसा (गांधीनगर, गुजरात) के नगरसेठ थे।

दुनिया के साहूकार

12वीं शताब्दी के मध्य में राजकुमार चेट्टी सेट्टी ने होयसल साम्राज्य की सभी वित्तीय गतिविधियों को अपने नियंत्रण में ले लिया था। उस दौर में राजा मुख्य तौर पर ज़मीन से मिलने वाले वार्षिक करों पर ही निर्भर थे, ऐसे में आय का एकमात्र ज़रिया व्यापारी ही थे। राज्य को लगातार कई बड़े खर्च करने पड़ते थे और कई बार अचानक युद्ध की स्थिति भी पैदा हो जाती थी—इन सभी के लिए नकद की जरूरत होती थी।

बौद्ध कथाओं के मुताबिक़ मगध और कोसल के युद्ध में कोसल नरेश को श्रेष्ठि ने युद्ध के लिए एक बहुत बड़ी रकम दी थी। अरसीकरे (हासन कर्नाटक) में मिला 1187 ईस्वी का एक अभिलेख, ब्राह्मण व्यापारी चेट्टी सेट्टी के संबंध में काफी जानकारी देता है।

यह अभिलेख होयसलों के साथ चेट्टियों के शानदार संबंध के साथ शुरू होता है। उसके बाद प्रसिद्ध चेट्टी परिवार, उनके भाइयों और उनकी पत्नियों के बारे में बताया गया है। फिर उसमें चेट्टी की व्यवसायिक गतिविधियों को अंकित किया गया है। अभिलेख का मुख्य भाग उसका भाव और अभिप्राय है जो चेट्टी के प्रभाव को रेखांकित करता है।

चेट्टी बहुमूल्य रत्न और इत्र दूर देशों से मंगाते थे और राजा को बेच दिया करते थे। अभिलेख बताता है कि किस तरह से चेट्टी सेट्टी ने राजकीय टकसाल का नियंत्रण ले रखा था। संभवत: साम्राज्य में सिक्कों की ढलाई के अधिकार चेट्टी के पास ही थे। अभिलेख में परोपकार के कार्यों जैसे तालाबों, कुएं और मंदिरों और सिंचाई खर्च का उल्लेख भी है।

बौद्ध जातक कथाओं और पाणिनि के व्याकरण में पूंजी के लेन-देन और ब्याज पर लाभ कमाने का पर्याप्त ज़िक्र है लेकिन इस बाबत नियम या कायदे-क़ानून का सविस्तार ज़िक्र पहली बार 5वीं-छठी शताब्दी की नारद, गौतम और कात्यायन की स्मृतियों में आता है। पहले पूंजी के लेन-देन संबंधी सेवाएं जैसे धन जमा करना, व्यापार के लिए पैसे ऋण पर देना, व्यक्तिगत ऋण देना—सभी कार्य बौद्ध मठों, शिल्पी संघों के ज़रिए या फिर मंदिरों के द्वारा ही होते थे। लेकिन 300 ईस्वी के बाद शिल्पियों की भूमिका कम होती चली गई और इस तरह की सभी सेवाओं का केन्द्र धनी व्यापारी (श्रेष्ठि) बनते चले गए। इनमें अलग-अलग शिल्पी संघों के सदस्य (महातरस) भी थे। ऐसे परिवार धीरे-धीरे बैंकर के रूप में उभरे।

बाद की सदियों के अभिलेखों से,चीजों को गिरवी रखने और ब्याज व्यवस्था की तस्दीक होती है। पश्चिमी भारत के वर्णनों में पूंजी के लिए ज़मीन, घर, पशु को गिरवी रखने की प्रवृत्ति आर्थिक गतिविधियों के बढ़ने की परिचायक है। स्मृति ग्रंथों के सामान्य सिद्धान्त के अनुसार भोग्य या रेहन रखी ऐसी वस्तुओं के लिए वस्तुओं के बदले ब्याज नहीं लिया जाता था और लेनदार ऐसी वस्तुओं जैसे पशु, खेती की ज़मीन और बगीचों का अपनी मर्ज़ी से पूरा उपयोग कर सकता था।

भोग्य वस्तुओं के रेहन के साथ-साथ लेखापद्धति ऐसे दस्तावेजों का भी ज़िक्र करती है जिसमें पूंजी देने के बदले ब्याज वसूला जाता था। एक व्यापारी ने 2 फीसदी के ब्याज पर मकान गिरवी रखने के बदले 200 धुरमुस का कर्ज़ लिया। ऐसे में लेनदार के पास मकान को अपने क़ब्जे में लेने का अधिकार नहीं था लेकिन अगर देनदार समय से कर्ज़ नहीं लौटा पाता तब ऐसी स्थिति में लेनदार गिरवी रखी संपत्ति पर दावा कर सकता था।

स्मृतियां ऋण वसूलने के विभिन्न क़ानूनी तरीक़ों का उल्लेख करती हैं। उनमें इसका भी उल्लेख है कि किस तरह से ऋण वसूली सिर्फ व्यक्तिगत रूप से लेनदारों पर ही निर्भर करती थी। राज्य किसी ख़ास मामलों में ही हस्तक्षेप किया करता था। अभिलेख बताते हैं कि चेट्टी सेट्टी ने देनदारों की संपत्तियों को जब्त करते हुए काफी मात्रा में धन एकत्रित किया था।

हुंडियों वाले हीरानंद

हुंडिका या हुंडी या विनिमय बिल का संभवतः शासन के ज़रिए दिए गए आदेश से ही ईज़ाद हुआ होगा जिसमें नगर सेठ (पूंजी व्यवस्थापकों) को पूंजी उपलब्ध कराने को कहा जाता था और इस पूंजी की वापसी ब्याज सहित और ब्याज रहित दोनों तरीकों से होती थी।

कल्हण की 'राजतरंगिणी' के मुताबिक़ ऐसी ही राज हुंडिका सेना को भुगतान करने के लिए इस्तेमाल की गई। लेखापद्धति में दो राज हुंडिका (745 ईस्वी और 1231 ईस्वी) का उल्लेख है। 10वीं शताब्दी के बाद बढ़ते व्यापार के परिदृश्य में पश्चिमी भारत के व्यापारियों ने इसे बड़े पैमाने पर अपनाया जिसका वर्णन मेधातिथि की मनुस्मृति टीका और लेखापद्धति दोनों में ही मिलता है।

आमतौर पर माना जाता है कि विनिमय बिल का जन्म चीन में थांग राजवंश (608-906 ईस्वी) के शासनकाल में हुआ था लेकिन इसके जरिए नक़द का काम और वस्तुओं का लेनदेन सोंग राजवंश (10-13वीं ईस्वी) के शासन काल में प्रारंभ हुआ। मध्य एशिया में भी 8वीं शताब्दी में विनिमय बिल का उल्लेख मिलता है। साक्ष्य बताते हैं कि भारतीयों ने भी लगभग इसी समय के आस-पास से हुंडियों का उपयोग करना शुरू कर दिया।

पश्चिम भारत के व्यापारियों ने मुगलकाल और ब्रिटिशकाल में खास तौर पर हुंडिका का शानदार उपयोग किया।

हीरानंद साहू नामक मारवाड़ी जैन थे। उन्होंने 17वीं सदी के अंत में पटना में अपने व्यापारिक जीवन की शुरुआत की और हुंडी के प्रयोग को एक नए मुकाम पर पहुंचाया। पटना उस वक़्त एक बहुत ही महत्वपूर्ण प्रशासनिक केन्द्र होने के साथ उत्तरी भारत और बंगाल के बीच नदी जल मार्ग से व्यापार का भी केन्द्र था।

राजपूत राजकुमारों ने मुगलों की सेवा स्वीकार कर ली थी। वह अन्य स्थानों पर सेना के सेनापति और सूबेदारों के बतौर तैनात थे, ऐसे में उनके बैंकर भी उनके साथ ही थे। बैंकर का शुरुआती काम सेना को धन उपलब्ध करवाना था। धीरे-धीरे उन्होने व्यापार के

नए लाभदायक मौकों (जैसे रत्नों और अनाज का व्यवसाय) का फायदा उठाया और पूंजी व्यवस्थापक के रूप में पैर जमा लिए।

आगरा और इसके आस-पास के इलाक़ों में कारोबार के बाद, हीरानंद पूर्वी उत्तर प्रदेश की तरफ गए और इसके बाद बिहार जा पहुंचे। उनका व्यापार और पूंजी उपलब्ध करवाने का व्यवसाय औरंगजेब की मृत्यु (1707) तक काफी फैल चुका था।

अब हीरानंद पटना के एक बड़े पूंजीपति बन गए थे। हीरानंद के सात बेटों में से एक माणिकचंद ढाका में जाकर बस गए और जहां तत्कालीन मुगल राज्यपाल के साथ उनके घनिष्ठ संबंध बने और वे मुर्शिद क़ुली ख़ान के वित्तीय कर्ताधर्ता बन गए। क़ुली ख़ान ने जब अपनी राजधानी मुर्शिदाबाद (1703 ईस्वी) में बनाई तो माणिकचंद भी मुर्शिदाबाद आ बसे।

माणिकचंद के परिवार के लिए यह वास्तविक बदलाव का समय था। उन्हें सूबे में सिक्कों की ढलाई के सभी अधिकार दे दिए गए। मुगल साम्राज्य के सबसे संपन्न सूबे में पैसे की आपूर्ति और ब्याज दरों पर उनका एकाधिकार था।

पूरे सूबे को जमींदारों में बांटा जा चुका था। कर वसूली की सारी ज़िम्मेदारी जमींदारों के कंधों पर ही थी। जमींदारों को एक निश्चित तिथि पर यह रकम खजाने में जमा करानी होती थी लेकिन यह काम उनके लिए असंभव जैसा ही था। माणिकचंद उनके लिए यह काम करने को तैयार थे जो 10 फीसदी कमीशन पर ज़मींदारों को धन उपलब्ध करवा देते थे। बाद में जमींदार उन्हें यह रकम लौटा देते थे। इससे उनकी आमदनी में 10 लाख सालाना की वृद्धि हुई।

मुर्शिद ख़ान दिल्ली के ख़जाने में धन जमा कराने के लिए स्वयं भी माणिकचंद पर ही निर्भर थे। सारा राजस्व बंगाल से लेकर दिल्ली तक हुंडियों के ज़रिए ही चलने लगा। माणिकचंद की गद्दियां पटना, दिल्ली, मुर्शिदाबाद, ढाका में थीं। ऐसे में जल्द ही मुगल सम्राट ने उन्हें सेठ की उपाधि दे दी और दिल्ली से लेकर ढाका तक मुद्रा की आपूर्ति और ब्याज दरों पर माणिकचंद का पूरा नियंत्रण हो गया।

माणिकचंद के गोद लिए हुए बेटे फतेह चंद को मुगल बादशाह फर्रुखसियर ने जगतसेठ की उपाधि के साथ-साथ बंगाल के खजाने की चाभी सौंप दी।

एक अनुमान के मुताबिक़, जगत सेठ फतेह चंद समकालीन लोगों में सबसे अमीर व्यक्ति थे। उन्होंने तय किया कि वे 1 लाख से कम की कोई हुंडी जारी नहीं करेंगे। उनकी कोठी को मराठों ने दो बार लूटा और उन्हें धन का काफी नुकसान भी हुआ। बावजूद

इसके उन्होंने बंगाल शासन के लिए एक करोड़ की दर्शनी हुंडी जारी की, जिसे जगत सेठ की किसी भी शाखा पर दिखाने मात्र से कभी भी धारक को एक करोड़ नकद रुपया मिल सकता था।

1739 ईस्वी में नादिर शाह ने जब दिल्ली को लूटा तब उसने जगत सेठ के प्रतिनिधि को सर्वोच्च सम्मान दिया क्योंकि वह जानता था कि यह अकेला ही मुगल सरदारों की जमानत देने के लिए पर्याप्त है।

जगत सेठ फतेह चंद और उसके उत्तराधिकारी मेहताब राय और स्वरूपचंद ने बंगाल की राजनीति में भी दखल दिया। मुर्शिद क़ुली ख़ान के उत्तराधिकारी दिल्ली खजाने में टैक्स जमा कराने और अपनी गद्दी बचाए रखने के लिए पूरी तरह से उन्हीं पर निर्भर थे। जब जगत सेठ को सरफराज ख़ान रास नहीं आया तो उसकी जगह अलीवर्दी ख़ान को बंगाल का नवाब नियुक्त किया गया। सिराजुद्दौला (अलीवर्दी ख़ान का उत्तराधिकारी) जब जगतसेठ से नाराज़ हुआ (लगभग सभी संभ्रान्त और पूंजीपति लोगों से) तो उसने जगत सेठ को कैद में डाल दिया, हालांकि इसके साथ ही सिराजुद्दौला की किस्मत का भी फैसला हो गया।

नवाब के ख़िलाफ़ षड्यंत्र रचने में सबसे पहला हाथ जगत सेठ का ही था, सिराजुद्दौला को (प्लासी के युद्ध में 1757 ईस्वी में) बाहर भेज मीर जाफ़र को नवाब बना दिया गया। जगत सेठ ने तुरंत ही मीर जाफ़र से दोस्ती गांठ ली लेकिन उनका पतन शुरू हो गया था। मीर कासिम ने मीर जाफ़र की जगह ली थी और अपनी स्वतंत्रता कायम रखने की कोशिश की। वह चाहता था कि जगत सेठ अंग्रेजों के ख़िलाफ़ उसकी मदद करे लेकिन जैसे ही जगत सेठ ने विरोध किया तो मीर कासिम ने मेहताब राय और स्वरूप चंद को अपनी नई राजधानी मुंगेर में मरवा दिया। उन्हें जानवरों के सामने डाल दिया गया था। इसके बाद से जगत सेठ के परिवार का भाग्य लगातार गिरता चला गया।

हुंडियों वाले साहूकारों के कामकाज आज भी इंदौर, जोधपुर, बीकानेर, जैसलमेर और हैदराबाद में मौजूद हैं। हैदराबाद में पिट्टी और गणनीवाल का वर्चस्व है। राजशाही वाले राज्यों राजस्थान और मध्य भारत में बपन्ना, लोढ़ा और दूसरे मारवाड़ी (ख़ासतौर पर जैन) परिवारों का वर्चस्व बदस्तूर कायम है। लखनऊ में कश्मीरी और बनारस में गोपालदास मोहनदास हुंडियों के बड़े नाम थे।

सूरत के साहूकारों में अरूणजी नाथजी तावड़े ने भी अंग्रेजों को बॉम्बे में धन मुहैया कराया था। इन संस्थाओं में से बीकानेर की डगास और जबलपुर के मालपानी लंबे समय तक प्रतिष्ठित रहे।

जगदूचरित

गुजरात में राजनीति और व्यापारियों के बीच के घनिष्ठ संबंधों को जानने के लिए हमें एक हज़ार साल पीछे जाना होगा जब व्यापारियों ने लगभग सभी प्रशासनिक कार्यों पर अपना नियंत्रण स्थापित किया और 11वीं से 13 शताब्दी के बीच चालुक्य साम्राज्य की आधारशिला बने। ऐसा तेज़ी से बढ़ते व्यापार (देशी व विदेशी), नए शहरों और शिल्पकारों के विकास की बदौलत हुआ।

बघेलों के प्रमुख लवणप्रसाद अपने राज्य को पुनर्जीवित करना चाहते थे तो उन्होंने अपने साथी राजा भीम द्वितीय से मदद मांगी। वह ऐसा मंत्री चाहते थे जो कि राज्य के खजाने में बढ़ोतरी करे और युद्ध जीतने में भी मदद करे।

भीम द्वितीय ने दो भाइयों वस्तुपाल और तेजपाल को उनकी सहायता को भेजा। सैन्य शक्ति और खजाने में वृद्धि करने और धर्म व साहित्य का संरक्षण करने की बदौलत वे दोनों जल्द ही अपने राजनीतिक संरक्षकों लवणप्रसाद और वीरधवल की छाया से बाहर आ गए।

तेरहवीं सदी के पहले भाग में इन दोनों भाइयों ने राज्य के विकास और सांस्कृतिक विरासत की उन्नति के लिए कई काम किये। इनके योगदान को लेकर कई प्रबंध काव्य और नाटकों की रचना हुई।

जगदू नाम का एक बहुत ही बड़ा व्यापारी उनका समकालीन था। उसका पश्चिम के लगभग सभी बंदरगाहों यहां तक कि होर्मुज और फारस की ख़ाड़ी में भी दखल था। उनकी जीवनी जगदूचरित में उनके सभी कामों का वर्णन मिलता है। एक बार जब फसल नहीं हो पाई थी तब उन्होने अपने गोदाम गरीबों के लिए खोल दिए थे। उन्होंने कई पुराने मंदिरों का जीर्णोद्धार कराया और मुसलमानों के लिए मस्जिदें भी बनवाईं।

वस्तुपाल खंभात के सूबेदार थे। उन्होने समुद्री दस्युओं पर काफी हद तक अंकुश लगाने में सफलता पाई और इसके परिणामस्वरूप बंदरगाहों के ज़रिए व्यापार में बढ़ोतरी और कर वसूली में वृद्धि हुई। उन्होंने दक्षिण गुजरात के शासक को परास्त किया। इसके फलस्वरूप उन्हे प्रधानमंत्री नियुक्त किया गया और वे ताउम्र इस पद पर बने रहे। उन्होंने गोधरा के सामंत को हराकर राज्य की पूर्वी सीमा को विस्तार दिया और व्यापार के लिए एक नया रास्ता भी खोला।

वस्तुपाल की मृत्यु (1238 या 1241 ईस्वी) के बाद तेजपाल प्रधानमंत्री बना और मृत्यु (1247 या 1251 ईस्वी) तक इसी पद पर रहा। यह उनके विवेकपूर्ण निर्णय और प्रबंध ही था कि उस वक़्त गुजरात देश के धनी राज्यों में से एक था और जिसने देश के अंदर और

बाहर दोनों जगह व्यापार में नई ऊंचाइयों को छुआ। हालांकि उनकी व्यक्तिगत संपन्नता के बारे में ज्यादा जानकारी नहीं मिलती। राजघराने के प्रति वफादारी और लम्बी सेवाओं के बदले तेजपाल की संपत्ति बढ़ी होगी लेकिन यहां तेजपाल के बारे में एक बहुत ही दिलचस्प वाकया पेश है। राजा ने तेजपाल को मंत्री बनाए जाने का प्रस्ताव दिया तो तेजपाल ने यह शर्त रखी कि जितना धन अभी मेरे पास है, इतना ही उस वक़्त भी होना चाहिए, जब मेरी सेवायें समाप्त की जाएं।

वस्तुपाल और तेजपाल का जन्म अन्हिवाड़ा के एक कुलीन व्यापारी के घर में हुआ था। इनके पूर्वजों ने भी मंत्री के रूप में अपनी सेवाएं दी थीं। वस्तुपाल और तेजपाल के नाना पर्वता भी व्यापारी थे। वे सूबेदार भी रहे थे। 8वीं शताब्दी में चावड़ा साम्राज्य के संस्थापक वनराज को सिंहासन तक पहुंचने में व्यापारियों से काफी मदद मिली। वनराज ने एक व्यापारी की बहन श्रीदेवी से अपना राजतिलक कराया था। उन्होने जम्बा श्रेष्ठि (सेठ) को अपना प्रधानमंत्री नियुक्त किया।

वनराज ने व्यापारियों के राजकुमार नान्या को राजधानी अन्हिवाड़ा में आमंत्रित किया। नान्या उनकी मंत्रिपरिषद में शामिल हो गए और लगभग तीन सदियों तक उनके परिवार का कोई ना कोई सदस्य या तो मंत्री रहा या फिर शासन में किसी उच्च पद पर रहा।

जयसिंह सिद्धराज (1093-1143 ईस्वी) के शासन काल के दौरान कई जैन व्यापारी मंत्री बने। सज्जन (जम्बा परिवार से) उद्यन, संतू, मुंजल, ने सैन्य और वित्तीय मुद्दों में महत्वपूर्ण भूमिका निभाई।

राजा कुमारपाल (1143-1172 ईस्वी) भी व्यापारी उद्यन की अहम भूमिका की वजह से ही सिंहासन तक पहुंचे थे। व्यापारी कुमारपाल को लगातार सैन्य अभियानों को वित्तीय मदद देते रहे। हालांकि वे हिन्दू थे और उन्होंने जैन मन्दिरों और धर्मोपदेशकों के प्रति श्रद्धा और सम्मान को बराबर बनाए रखा क्योंकि जैन व्यापारी उनके मुख्य मददगार थे।

इन व्यापारियों ने प्रशासन में ऊंचे ओहदे पाए और उन्हें समाज में एक अलग स्थान मिला। इससे शायद उन्हें व्यापार को बढ़ाने में भी मदद मिली। उनके वित्तीय और प्रबंधकीय कौशल का राज्य को भी फायदा मिला।

दसवीं ईस्वी के बाद गुजराती व्यापारियों की बदौलत राज्य को असाधारण व्यावसायिक कामयाबी मिली। उन्होंने यह विरासत अगली पीढ़ी को सौंपी। बहुत से जैन व्यापारियों ने अध्यापकों के ज़रिए अपने घरों में ही शिक्षा प्रारंभ की। इस दौरान स्कूल (विद्यामठ) और जैन मठों में प्रारंभिक शिक्षा प्रारंभ हुई।

लेखापद्धति के व्यवसायिक साक्ष्य बताते हैं कि उस वक़्त भी पेशेवर लिपिकों की व्यवस्था थी जो ऋण प्रक्रिया और विनिमय बिल के मसौदे तैयार किया करते थे। जैन अध्यापक जनेश्वर सूरि और हेमचन्द्र ने हमेशा व्यापार में आदर्श आचरण और धोखा न देने की हिदायत दी थी। उन्होंने शासकों के साथ हमेशा मधुर संबंध बनाए रखने की भी सलाह दी और यह भी कहा कि जनता में शासक की साख बनी रहनी चाहिए क्योंकि व्यापार की उन्नति के लिए शासक का सहयोग ज़रूरी होता है।

कहना मुश्किल है कि हर व्यापारी ने सभी आदर्श और सैद्धान्तिक व्यवसायिक नियमों का पालन किया होगा क्योंकि लालची और अनुचित तरीक़े से धन, व्यापार और उद्यम बढ़ाने का ज़िक्र कई ग्रंथों में दर्ज़ है।

वस्तुपाल के लगभग आधी सदी बाद मार्को पोलो ने गुजराती व्यापारियों को बेहतर व्यवसायी करार दिया था। तब गुजरात एक अपवाद के रूप में था जहां व्यापारी वर्ग के साथ-साथ कविता और कला भी विकसित हुए।

हेमचंद अपने समय में गुजरात के महान विद्वानों में से एक थे। हेमचंद एक मोढा व्यापारी के पुत्र थे। उन्होंने नया व्याकरण, तर्कशास्त्र, मापन प्रणाली और जैन मुनियों की जीवनियां लिखीं। वस्तुपाल और तेजपाल साहित्य और ज्ञान के मुख्य संरक्षक थे। वस्तुपाल खुद एक कवि थे और कई ग्रंथ उनकी ही प्रेरणा से रचे गए। उन्होंने खंभात, भरूच और अन्हिवाड़ा में तीन पुस्तकालयों का निर्माण करवाया। उनके परिवार के सदस्य भी साहित्य और कला में माहिर थे। उनके भाई तेजपाल की पत्नी अनुपमा अपनी बुद्धिमानी के लिए प्रसिद्ध थीं और उन्होंने स्वंय एक प्रसिद्ध रचना 'कनक काव्य' रचा जो ख़ासतौर पर महिलाओं के लिए था।

कई लेखक, कवि, नाटककार ऐसे थे जो स्वयं व्यवसायिक परिवार से आते थे लेकिन उन्होंने ज्योतिष से लेकर व्यवसायिक विषयों पर संस्कृत और प्राकृत में लिखा। इनमें दुर्लभराज जैसे कवि मंत्री भी थे जो राजनीति और कविता दोनों में ही दिलचस्पी रखते थे। त्यौहारों के मौक़ों पर मन्दिरों में नाटकों का मंचन होता था। वस्तुपाल ने नाटकों के मंचन के लिए प्रेक्षागृह भी बनाए थे। उस वक़्त के मंदिरों में चित्रकारी के कई नमूने मिलते हैं जो धनी व्यापारियों के संरक्षण में बनवाए गए थे। यह चित्रावली उस वक़्त की भारतीय चित्रकारी का नायाब उदाहरण है।

व्यापारियों ने अपने जीवन का बहुत-सा समय मंदिर, तालाब और लोगों के परोपकार के लिए दूसरे निर्माण कार्यों में दिया। माउंट आबू, पालिटाना और गिरनार उनकी उदारशीलता की गवाही देते हैं। विमल शाह (नन्या व्यापारी परिवार से) ने माउंट आबू में ऋषभदेव का

मन्दिर (1031 ईस्वी) बनवाया था। वस्तुपाल और तेजपाल ने कम से कम 50 मंदिरों का जीर्णोद्धार करवाया होगा। उन्होंने गिरनार मल्लिनाथ मंदिर में और माउंट आबू में नेमिनाथ का मंदिर बनवाया। कुएं, बावड़ी, तालाब विश्राम गृह और ध्यान के लिए शालाएं भी व्यापारियों के प्रमुख सामाजिक उपक्रमों का हिस्सा थीं।

व्यापारी शासक सज्जन, सौराष्ट्र के शासक सिद्धराज का सूबेदार था। उसने गिरनार में एक मंदिर बनवाने के लिए तीन साल का राजस्व ख़र्च कर दिया। जब राजा ने राजस्व जमा कराने को कहा तो वहां के व्यापारियों ने मिलकर राजस्व एकत्र कर लिया लेकिन बाद में राजा ने धर्म की क़ीमत पर राजस्व लेने से इनकार कर दिया।

सोलहवीं सदी में जब यूरोपियन भारत आए तब तक भारतीय उत्पाद प्रसिद्धि पा चुके थे। यह भारत के तटीय क्षेत्रों गुजरात, मालाबार और बंगाल के इलाक़ों के लिए एक नए अध्याय की शुरुआत थी। इसी के साथ सूरत, हुगली और मूसलीपट्टनम जैसे केंद्रों से व्यापार के उत्कर्ष का प्रारंभ होता है।

क्या यह पूंजीवाद और औद्योगिक क्रान्ति के बीच भारतीय व्यवसायिक इतिहास का महत्वपूर्ण मोड़ था—क्या ब्रिटिश उपनिवेशिक काल में इसे कोई ख़तरा हुआ? इसकी चर्चा हम अगले अध्यायों में करेंगे।

विचार

चर्च से बिटक्वाइन

लंदन 2014

2008 के वित्तीय संकट और बैंकों की तबाही की धुंध अभी पूरी तरह बैठी नहीं थी। दुनिया की सबसे विकसित अर्थव्यवस्थायें अपनी दिशा तलाश रही थीं तभी आर्थिक चिंतन की दुनिया में एक नया नजारा देखने को मिला। सिर्फ 45 साल की उम्र का एक फ्रेंच अर्थशास्त्री रातोरात अर्थशास्त्र का सितारा बन गया।

पेरिस स्कूल ऑफ इकोनॉमिक्स और स्कूल ऑफ एडवांस स्टडीज एंड सोशल साइंसेज के प्रोफेसर तोमा पिकेटी अपनी किताब के प्रकाशन के साथ ही दुनिया में सबसे ज्यादा पढ़े जाने वाले अर्थशास्त्री बन गए।

किताबों की दुनिया में अर्थशास्त्र के लेखक, आमतौर पर, बेस्ट सेलर नहीं होते। लेकिन पिकेटी की 700 पेज की आंकड़ों से लबरेज किताब *कैपिटिलिज्म इन ट्वंटी फर्स्ट सेंचुरी* बेस्ट सेलर बन गई। इसे दैनिक सफर में पढ़े जाने वाले साहित्य जैसा लोकप्रिय बताया जाने लगा।

पिकेटी के सुपर स्टार इकोनॉमिस्ट बनने की वजहें थीं। उनकी किताब आर्थिक संकट के ऐसे दौर में आई जब दुनिया में फैली आर्थिक असमानता आक्रामक हो चली थी। इस असमानता को मापने के लिए नए आंकड़ों की जरूरत थी, जो पिकेटी लेकर आए थे।

पिकेटी ने (इमैनुएल सेज के साथ) 1990 से, आर्थिक असमानता के आंकड़ों को जुटाना शुरू किया था तब वे मैसाचुसेट्स इंस्टीट्यूट (अमेरिका) के साथ काम करते थे। 2007 तक उनका आंकड़ा संग्रह पूरा हो चुका था जो यह प्रमाणित कर रहा था कि यह आर्थिक असामनता आकस्मिक नहीं है। यह वर्तमान पूंजीवादी व्यवस्था की देन है। नई अर्थव्यवस्था में अचल संपत्ति और शेयर बाजारों में निवेश पर आय में बढ़ोतरी की गति सामान्य से ज्यादा होती है। उनका मानना है कि इस असमानता को दूर करने के लिए सरकार का हस्तक्षेप जरूरी है।

इंटरनेट पर सवार होकर तोमा पिकेटी का सिद्धांत इतनी तेजी से दुनिया में फैला कि उनके आंकड़ों के आधार पर पूंजीवाद की श्रद्धांजलियां लिखी जाने लगीं। सिएटल के नगर

प्रशासन ने अपने यहां न्यूनतम वेतन बढ़ाने के लिए पिकेटी का हवाला दिया। पूरी दुनिया में अमीरों पर टैक्स बढ़ाने की मांगों को ताकत मिलने लगी।

ग्लोबल एनजीओ ऑक्सफैम ने 2018 में बताया कि 2017 के दौरान दुनिया में बढ़ी 82 फीसदी संपत्ति एक फीसदी लोगों के पास पहुंच गई।

यह रिपोर्ट पिकेटी के निष्कर्षों को सही साबित करती थी।

विलियम पेटी से तोमा पिकेटी

क्या यह पूंजीवाद के तहत आर्थिक असमानता को लेकर पहली बहस थी ?

शायद नहीं।

थॉमस पिकेटी के सिद्धांत उन्हें सर विलियम पेटी से जोड़ते हैं जिन्हें 17वीं सदी में राजनीतिक अर्थशास्त्र का सूत्रधार माना जाता है।

राजनीतिक अर्थशास्त्री सर पेटी 17वीं-18वीं सदी के उन ब्रितानी-फ्रेंच बुद्धिजीवियों में थे जो एक साथ कई विधायें संभाल सकते थे। सर पेटी ऑक्सफोर्ड में मेडिसिन के प्रोफेसर थे। संगीत भी पढ़ाते थे। वे आविष्कारक, सर्वेयर, आयरलैंड के समृद्ध जमींदार और सांसद थे। वह ब्रिटेन में वैज्ञानिक शोध के प्रवर्तक और रॉयल सोसाइटी के संस्थापकों में थे।

सर विलियम पेटी (1623-1687 ईस्वी) वे पहले आर्थिक चिंतक थे जिन्होंने राजनीतिक अर्थशास्त्र का प्रारूप तय किया। *एसेज ऑन पॉलिटिकल अर्थमेटिक और ट्रीटीज और टैक्सेज एंड कांट्रीब्यूशंस* के जरिये पेटी ने ऐसे विचार दिये जो बाद के अर्थशास्त्रीय चिंतन का आधार बने।

सत्रहवीं सदी में जब न्यूटन, गैलीलियो और डेकाडट्र्स के दर्शन व विज्ञान के बीच यूरोप में नई सोच आकार ले रही थी, तब सर विलियम पेटी पहली लेबर थ्योरी ऑफ वैल्यू लेकर आए जो यह प्रतिपादित करती थी कि किसी उत्पादन की आर्थिक लागत उसे बनाने में लगे श्रम से निर्धारित होती है, न कि उसके उपभोग से मिलने वाले सुख से।

यह विचार स्मिथ, रिकार्डों और कार्ल मार्क्स के आर्थिक चिंतन और थॉमस पिकेटी की पुस्तक *कैपिटिलिज्म इन ट्वंटी फर्स्ट सेंचुरी* की पृष्ठभूमि में दिखता है।

ब्रितानी अर्थशास्त्री जॉन मेनॉर्ड केंज उन्नीसवीं सदी में अर्थव्यवस्था में रोजगार और मांग बढ़ाने के लिए सरकारी हस्तक्षेप का सिद्धांत लेकर आए जो आज तक प्रभावी है। अर्थशास्त्र के व्याख्याकार केंज के इस दर्शन की जड़ें भी सर विलियम पेटी के चिंतन में मानते हैं।

पेटी ने पहली बार सबके लिए रोजगार का सिद्धांत दिया था और जिसमें सरकार की बड़ी भूमिका का सुझाव निहित था।

आज जब कई देशों (भारत भी) में सरकारी बजट से जनता को एक न्यूनतम आय (बेसिक मिनिमम इनकम) देने के प्रयोग पर चर्चा चल रही है, तो सबके लिए रोजगार सिद्धांत प्रासंगिक नजर आता है।

अरस्तू और चर्च के पार

सर विलियम पेटी दिलचस्प प्रयोगवादी थे। उन्होंने मनी सप्लाई यानी मुद्रा की आपूर्ति पर न्यूटोनियन फिजिक्स को आजमाने की कोशिश की थी जो अर्थशास्त्रियों के बीच बीसवीं सदी तक चर्चा में रही। विलियम पेटी चिंतकों व विचारकों की उस जमात से आते थे जिनकी सोच आइजक न्यूटन, रेने डेकार्टस और फ्रांसिस बेकन से प्रभावित थी।

सोलहवीं-सत्रहवीं सदी दुनिया के इतिहास में विज्ञान और खोज की सदी थी। भौतिकी और खगोलिकी तब सबसे ताकतवर विज्ञान थे इसलिए ज्ञान व शोध की अन्य धारायें इनके चिंतकों के दर्शन से प्रभावित हुईं।

सन् 1500 से पहले की दुनिया में सिर्फ दो विचार थे एक अरस्तू और दूसरा चर्च। उस दौर का पूरा वैज्ञानिक चिंतन आस्था व धार्मिक विश्वास पर आधारित था।

किंग्स जेम्स प्रथम के अटार्नी जनरल और ब्रिटिश विचारक फ्रांसिस बेकन ने वैज्ञानिक खोज का उद्देश्य बदल दिया। सोलहवीं सदी से पहले तक प्रकृति को ज्ञान का स्रोत माना जाता था। प्राकृतिक नियमों में आस्था चिंतन का आधार थी। बेकन की चेतना प्रकृति पर नियंत्रण का सूत्र लेकर आई जो आधुनिक विज्ञान व तकनीकी दर्शन का आधार है।

गणितज्ञ रेने दकार्त ने अपने चिंतन को ईश्वर की कृपा भले ही कहा हो लेकिन दरअसल वह खुद ऐसे सिद्धांतों के प्रतिपादक थे जिनसे यूरोप की सोच बदल गई। दकार्त 'हर चीज को परख कर समझने' की सोच पहली बार दुनिया के सामने लाए जो बाद में शोध व खोज विज्ञान की पहचान बन गई।

कार्टेजियन दर्शन ने सोच ही नहीं, भाषा भी बदली क्योंकि वह तर्क विश्लेषण और चीजों को अलग बांटकर देखने की सूझ को रोप रहे थे। इसी क्रम में गणितज्ञ और प्रातिभ वैज्ञानिक आइजक न्यूटन की मेकेनिक्स ने विज्ञान खगोलिकी के संदर्भ को ही परिवर्तित नहीं किया बल्कि भविष्य की विचार पद्धति का तरीका बदल दिया।

न्यूटन ने ब्रिटेन में 1711 के साउथ सी बबल नाम के मशहूर शेयर घोटाले में नुक्सान उठाया था जिसमें लोगों ने फर्जी कंपनियों के शेयर एक दूसरे को बेच दिये थे। न्यूटन शेयर बाजार को नहीं समझ पाए। उन्होंने कहा था कि वह ग्रहों की चाल की गणना कर सकते हैं लेकिन आदमी के पागलपन की नहीं।

न्यूटन और दकार्त ने दर्शन, विज्ञान के साथ-साथ दूसरी ज्ञानधाराओं की बुनियादी सोच में जो बदलाव किये। उन्होंने भौतिकी, खगोलिकी, गणित व जीवविज्ञान को प्रभावित किया। मनुष्य के विकास को लेकर डार्विन के सिद्धांत इसी चिंतन पद्धति से प्रेरित थे।

निकोलस कोपरनिकस ने पृथ्वी केंद्रित ब्रह्मांड वाली उस थ्योरी को रद्दी का टोकरा दिखा दिया था जो टॉलेमी और बाइबिल के चिंतन पर आधारित थी। लेकिन कोपरनिकस चर्च से इतना भयभीत थे कि अपनी थ्योरी को संकल्पना से आगे नहीं ले जा सके। अलबत्तां जोहांस केपलर और गैलीलियो के बाद किसी ने पलटकर यह नहीं सोचा कि कुछ सदियों पहले तक यही दुनिया पृथ्वी को पूरे ब्रह्मांड का केंद्र मानती थी।

न्यूटोनियन दौर की शुरुआत से पहले तक विज्ञान का मतलब प्रकृति के रहस्य को जानना, कारण समझना और समायोजित करना था। न्यूटन दकार्त का दौर प्रकृति पर नियंत्रण और भविष्यवाणी के अधिकार के साथ आया। इसके बाद चिंतकों की निगाह में, प्रकृति जैविक, आध्यात्मिक सत्ता न रहकर एक मशीन हो गई।

घड़ी वाली दुनिया

मशीन यकीनन नई दुनिया का सबसे बड़ा रूपक थी। घड़ी इस युग की सबसे प्रभावी प्रतीकात्मक मशीन थी जो दांतेदार पहियों, सिस्टम और समय की तत्कालीन जटिल लेकिन तार्किक गणना पर केंद्रित थी। इक्कीसवीं सदी में इसकी जगह कंप्यूटर ने ले ली जो इलेक्ट्रानिक्स, स्पीड, जटिल गणित और रचनात्मकता का प्रतीक है।

बेकन, न्यूटन और दकार्त युग की सोच शोध, प्रयोग, खोज, तर्क और विश्लेषण और गणनाओं पर आधारित थी। सोलहवीं सदी से उन्नीसवीं सदी तक पश्चिम में चिंतकों की एक पूरी श्रृंखला दिखाई देती है जिसने दुनिया को देखने, सोचने और प्रस्तुत करने की विधा और दर्शन को ही बदल दिया। इस सोच ने बीसवीं व इक्कीसवीं सदी को विज्ञान व तकनीक की सदी बनाया और ग्लोबलाइजेशन की बुनियाद रखी।

अर्थशास्त्र की भोर

अन्य विज्ञानों की तुलना में अर्थशास्त्र अपेक्षाकृत तेजी से विकसित होने वाला और बदलने वाला शास्त्र है। हालांकि तथ्य यह भी है कि पश्चिम के चिंतन का एक बड़ा समय समाज, अर्थशास्त्र और राजनीति को अलग-अलग खांचों में बांटने में बीता है जिससे अर्थशास्त्र हमेशा व्यावहारिक सिद्धांतों बनाम गणितीय आंकड़ों एवं गणनाओं के बीच विभाजित रहा।

अर्थशास्त्र में चाहे जितनी गणितीयता हो या चाहे जो संकल्पनायें हों, लेकिन आधुनिक इतिहास के अधिकतम अर्थशास्त्र को दरअसल, सामाजिक चिंतकों और दार्शनिकों ने तैयार किया है। जटिल गणितीय अर्थशास्त्र तो इक्कीसवीं सदी की देन है।

आर्थिक चिंतन की शुरुआत से लेकर आज तक का व्यावहारिक अर्थशास्त्र मूलत: राजनीतिक अर्थशास्त्र रहा है क्योंकि आर्थिक नीतियां स्वाभाविक तौर पर सरकारों या समाज की गवर्नेंस का हिस्सा हैं।

इक्कीसवीं सदी में ग्लोबल गवर्नेंस, ग्लोबल इकोनॉमी, ग्लोबल प्रोडक्शन और ग्लोबल ट्रेड मिलाकर हम एक ग्लोबल राजनीतिक अर्थशास्त्र को बनाते दिख रहे हैं, जिसमें समग्रता की कुछ कोशिशें नजर आती हैं।

राजनीतिक अर्थशास्त्र के पहले प्रणेता सर विलियम पेटी जिस न्यूटन- कार्टेजियन विचार पद्धति को अर्थशास्त्र में लाए थे, उसके अंतरराष्ट्रीय राजनीतिक अर्थशास्त्र तक पहुंचने के सफर में छह बड़े पड़ाव आते हैं।

मर्केंटलिज्म वाया ईस्ट इंडिया कंपनी

लंदन

दुनिया में पहली संगठित आर्थिक- राजनीतिक चर्चाओं की शुरुआत भारत के बहाने हुई थी। मर्केंटलिज्म या अंतरराष्ट्रीय व्यापार आधारित अर्थशास्त्र, आधुनिक पॉलिटिकल इकोनॉमी की पहली सीढ़ी है। दिलचस्प है कि भारत इस पश्चिमी आर्थिक मॉडल के केंद्र में रहा है।

सत्रहवीं सदी शुरु ही हुई थी कि ब्रिटेन को चर्च युग के बाद पहली मंदी ने जकड़ लिया। आरोप लगे ईस्ट इंडिया कंपनी पर जो भारत और एशिया से जिंसों का आयात करती थी और जहाज के हर फेरे पर करीब-करीब 30000 ब्रिटिश पाउंड मूल्य का सोना

चांदी देश से बाहर मुख्यत: भारत-चीन जाता था। ब्रिटेन में बहुत से यह लोग यह बात मानते थे कि ईस्ट इंडिया कंपनी ब्रिटेन को कंगाल कर रही है।

थॉमस मॉन (1571-1641 ईस्वी) एक ब्रितानी आर्थिक लेखक थे। वे ईस्ट इंडिया कंपनी के साथ जुडे थे। मॉन अंतरराष्ट्रीय व्यापार को लेकर कुछ दूसरे ही विचार रखते थे। उन्होंने *अ डिस्कोर्स ऑफ ट्रेड, फ्रॉम इंग्लैंड अनटु द ईस्ट इंडीज,* 1621 ईस्वी में समझाया कि जब तक ब्रिटेन का कुल निर्यात उसके आयात से ज्यादा है, ईस्ट इंडिया कंपनी के लिए सोना देकर चाय, इंडिगो (नील), मसाले, सूती कपड़ा आदि लाना कतई नुकसानदेह नहीं है। थॉमस मॉन मानते थे कि ब्रिटेन ईस्ट इंडिया कंपनी के जरिये जो आयात करता है, उसका शेष यूरोप को निर्यात, उस आयात से ज्यादा है इसलिए कोई नुक्सान नहीं है।

थॉमस मन का यह तर्क ईस्ट इंडिया कंपनी के हक में था क्योंकि वह उसके लिए काम करते थे लेकिन यह सरकार, बाजार और व्यापार के रिश्ते को पारिभाषित करने की पहली कोशिश थी।

एडम स्मिथ ने अठारहवीं सदी में पहली बार मर्केंटिलिज्म शब्द का इस्तेमाल किया था लेकिन मर्केंटिलिज्म के प्रतिपादकों में थॉमस मॉन अकेले नहीं थे। इस त्रिमूर्ति में फ्रांस के राजनेता ज्यां बैपिटिस्ट कोबार्ट (1619-1683 ईस्वी) और इटली के अर्थशास्त्री एंतोनियो सेरा (1568 ईस्वी) भी शामिल थे।

तीनों चिंतकों की जिंदगी में बहुत अंतर था। मॉन ईस्ट इंडिया कंपनी के मुलाजिम से तरक्की करते हुए ब्रिटेन के स्टैंडिंग कमीशन ऑफ ट्रेड तक पहुंचे। जबकि कोबार्ट फ्रांस के सम्राट लुईस सोलहवें के कंट्रोलर जनरल ऑफ फाइनेंस और सेक्रेटरी ऑफ स्टेट फॉर नेवी थे। सत्रहवीं शताब्दी में फ्रांस को दुनिया की ताकत बनाने में ज्यां बैपटिस्ट कोबार्ट के आर्थिक चिंतन का बड़ा हाथ था जो बाद में सरकारी नियंत्रण वाली अर्थव्यवस्था के सिद्धांतों का आधार बना।

इनकी तुलना में एंतोनिया सेरा शायद सबसे ज्यादा प्रखर चिंतक थे। लेकिन नेपल्स (इटली) के कैलेब्रिया के निवासी सेरा बदकिस्मत थे। कहते हैं कि उनका शुरुआती समय धोखाधड़ी के एक मामले के कारण जेल में बीता। जहां उन्होंने अपनी किताब *अ ब्रीफ ट्रीटाइज ऑन द कॉजेज डैट कैन मेक गोल्ड एंड सिल्वर प्लेंटीफुल इन किंगडम्स व्हेयर देयर आर नो माइन्स, विद एप्लिकेशन टु द किंगडम ऑम नेपल्स* लिखी। इस किताब के बावजूद उन्हें जेल से आजादी नहीं मिली।

सेरा का सिद्धांत अठारहवीं सदी में सामने आ सका। सेरा ने न केवल बैलेंस ऑफ ट्रेड के नियम तय किये बल्कि विश्लेषण के फार्मूले (एनालिटिकल टूल्स) भी विकसित किये।

मर्केंटलिज्म कई आर्थिक सिद्धांतों का समूह है। यह आयात-निर्यात में संतुलन की बात करता है जो व्यापार संतुलन (आधुनिक बैलेंस ऑफ ट्रेड - आयात निर्यात में फायदा नुकसान) है। सोना-चांदी के भंडारों को राज्यों की आर्थिक ताकत मानने का सिद्धांत यहीं से शुरू हुआ। मर्केंटलिस्ट विचारक मानते थे कि सरकारों को निर्यात बढ़ाने चाहिए ताकि अधिक से अधिक सोना जुटाया जा सके। ध्यान रहे कि यह दौर डॉलर जैसी किसी अंत-रराष्ट्रीय मुद्रा का नहीं था। तब लेन-देन सोने और चांदी में होता था लैटिन अमेरिका पर स्पेनिश हमलों के बाद सोना और चांदी दुनिया की आर्थिक ताकत के आधार बन चुके थे।

मर्केंटलिस्ट विचारकों का मानना था कि जिन देशों के पास सोना-चांदी की खदानें नहीं हैं वे केवल दूसरे देशों को माल बेचकर यानी निर्यात के जरिये ही इन धातुओं को हासिल कर सकते हैं।

मर्केंटलिस्ट विचारकों ने आधुनिक राजनीतिक अर्थशास्त्र की बुनियाद तय की। जिस के तहत किसी मजबूत राष्ट्र के पास बड़ी आबादी होनी चाहिए ताकि श्रमिकों और सिपाहियों की कमी न हो। राष्ट्र के पास सोने-चांदी के भंडार हों जिसके लिए आयात--निर्यात का बाजार होना चाहिए। जनता की आवश्यकतायें सीमित रहें ताकि बचत हो और सोना-चांदी के भंडार कम न हों। उस दौरान ऐसे कानून बनाये गए जो भोजन, विलासिता की खपत को नियंत्रित करते थे। इस दौर तक निजी संपत्ति की चर्चाएं बेहद सीमित तौर पर शुरू हो सकी थीं लेकिन कारोबार से मुनाफे का सिद्धांत आ गया था। इससे पूंजीवाद की बुनियाद तैयार होने लगी थी।

मर्केंटलिस्ट उपनिवेशवाद की दूरबीन से दुनिया को देख रहे थे। व्यापार को समृद्धि का एकमात्र रास्ता मानने वाली यह अवधारणा लंबे समय तक चल नहीं सकी। सत्ता के नियंत्रण के मर्केंटलिस्ट सिद्धांत को आलोचनाओं का सामना करना पड़ा।

विलियम पेटी भी मर्केंटलिस्ट ही थे लेकिन उन तक आते आते न्यूटोनियन-कार्टेजियन विचार पद्धति आ चुकी थी और राजनीतिक अर्थशात्र में नए सिद्धांत जुड़ रहे थे। मर्केंटलिस्ट चिंतन के अन्य पहलू तो इतिहास में गुम हो गए लेकिन बैलेंस आफ ट्रेड, सोना-चांदी का मौद्रिक महत्व, पूंजीवाद और बाजार के रिश्ते, अर्थव्यवस्था पर सरकार का नियंत्रण और श्रम के मूल्य सिद्धांत परवर्ती राजनीतिक अर्थशास्त्र में बार-बार आजमाये गए।

निजी संपत्ति और लोकतंत्र
कैलिको, कंपीटीशन और कैरोलाइना

लंदन- 17वीं सदी

यदि किसी को टाइम मशीन में बैठकर इतिहास से गुजरने का मौका मिले तो उसे अपनी यात्रा के लिए सत्रहवीं सदी के अंत से लेकर अठारहवीं सदी के मध्य तक के यूरोप व अमेरिका को चुनना चाहिए। क्योंकि इस दौर में जो देखने को मिलेगा वह शायद इतिहास के किसी भी इतने छोटे कालखंड में नहीं हुआ होगा।

यदि आप लंदन से होकर गुजरेंगे तो आपको न्यू ईस्ट इंडिया कंपनी आकार लेती दिखेगी तब तक ब्रिटेन के निजी उद्यमी उत्पादन व व्यापार पर सरकारी एकाधिकार के विरुद्ध खड़े होने लगे थे।

इसी दौरान पूरी दुनिया के राजनीतिक चिंतन को नई दिशा देने वाले ब्रिटिश दार्शनिक जॉन लॉक मिल जाएंगे जिन्होंने चुनी हुई सरकारों और लोकतंत्र की आधारशिला रखी। लॉक ने संपत्ति के अधिकार की बहस शुरू की। लॉक मानते थे कि किसी भी व्यक्ति को निर्धारित कानूनों के तहत अपनी संपत्ति का पूरा हक होना चाहिए। सरकार उस व्यक्ति की सहमति के बिना उसकी संपत्ति नहीं ले सकती।

अगर आप जॉन लॉक के साथ लंदन में घूमना चाहें तो आपकी मुलाकात शैफ्ट्सबरी के अर्ल एंथनी एशले कूपर से भी हो सकती है जो नागरिक अधिकारों के पहले प्रवक्ता थे। जॉन लॉक ने कूपर के संरक्षण में अमेरिका में कैरोलाइना का संविधान (1669 ईस्वी) लिखा जो संपत्ति के अधिकार को जनप्रतिनिधित्व से जोड़ते हुए लोकतंत्र की आधारशिला रख रहा था।

1700 ईस्वी के आसपास ब्रिटेन में पूंजीपतियों के दबाव पर ईस्टलैंड कंपनी ने बाल्टिक सागर के विदेश व्यापार पर एकाधिकार गंवा दिया। इसके साथ ही एक साथ कई उद्योग उभरे जिनमें खनन, नमक, तांबा, पीतल आदि प्रमुख थे। इन्हें ब्रिटेन के शुरुआती पूंजीपति चला रहे थे। यह औद्योगिक क्रांति की शुरुआत थी जो अठारहवीं सदी के मध्य तक पूरे शबाब पर आ गई।

सत्रहवीं सदी के अंतिम दशकों में राजनीति और अर्थशास्त्र में वह परिवर्तन शुरू हुआ जिसने पश्चिमी सभ्यता को तेज छलांगें लगाने का मौका दिया। इस दौर में नए राजनीतिक चिंतक सक्रिय हुए। यह शुरुआत विलियम पेटी से ही होती है जो मर्केंटलिस्ट ही थे। इसी

दौर में जॉन लॉक, सर डुडले नॉर्थ, जॉन लॉ, डेविड ह्यूम ने भी अपने सिद्धांत दिये जो राजनीति या गवर्नेंस और बाजार के रिश्तों की पारिभाषित करते हुए राजनीतिक अर्थशास्त्र की नींव रख रहे थे।

निजी संपत्ति का अधिकार इस दौर की सबसे बड़ी देन है। इतिहासकार इसे लोकतंत्र की शुरुआत मानते हैं। निजी संपत्ति का अधिकार पश्चिमी दर्शन में पहले से चर्चा में था। प्लेटो ने इसे खारिज किया, अरस्तू ने कुछ जगह समर्थन दिया लेकिन मर्केंटलिस्ट दौर में आम लोगों को अपनी संपत्ति रखने का अधिकार देने की बात न राजाओं के गले उतरी और न विद्वानों के।

जॉन लॉक इसके पहले मुखर समर्थक थे। न्यूटन-डेकार्टस दर्शन से प्रभावित लॉक ने पहली बार दुनिया को सिखाया कि सरकार लोगों के प्रतिनिधित्व से बननी चाहिए और सरकार को लोगों की संपत्ति की रक्षा करनी चाहिए। सरकारें इसमें असफल रहें तो लोगों के पास सरकार बदलने का अधिकार होना चाहिए। इस सिद्धांत ने यूरोप से अमेरिका तक नागरिक अधिकारों और व्यक्तिगत स्वाधीनता की बहसें शुरू कीं जो समाज से उठकर सत्ता तक गईं और चुनी हुई सरकारों का रास्ता खुला।

यूरोप में साम्राज्यवादी कंपनियों का एकाधिकार खत्म हो रहा था एवं निजी उद्यम उभरने लगे थे। औद्योगिक तकनीकों की शुरुआत हो चुकी थी, मशीनें खड़खड़ाने लगीं थीं। उस दौरान जॉन लॉक और डुडले नॉर्थ ने मूल्य, मनी, रेंट और ब्याज की पुरानी मान्यताओं को नए तर्कों पर कसना शुरु किया। विलियम पेटी के युग तक यह मान्यता कायम थी कि किसी उत्पाद का मूल्य उसमें लगे श्रम से निर्धारित होता है लेकिन जॉन लॉक ने कहा कि मांग व आपूर्ति भी मूल्य तय करती है। आगे चलकर मांग व आपूर्ति का नियम बाजार अर्थव्यवस्था की बुनियाद बन गया।

सर डुडले नॉर्थ पूर्वी भूमध्य सागर में व्यापार से काफी पैसा कमाकर 1680 में ब्रिटेन लौटे थे। चार्ल्स द्वितीय के शासनकाल में उन्हें लंदन का शेरिफ बनाया गया। नाइटहुड मिलने के बाद उन्हें कस्टम कमिशनर नियुक्त किया गया। नॉर्थ की किताब *डिस्कोर्सेज अपॉन ट्रेड: प्रिंसिपली डायरेक्टेड टु द केस ऑफ इंटरेस्ट, कोएनेज, क्लिपिंग, इनक्रीज ऑफ मनी* पॉलिटिकल इकोनॉमी की बुनियादी किताबों में एक है। नॉर्थ ने पहली बार पूंजी का विचार स्पष्ट किया और उसे स्टॉक का नाम दिया जो आज तक शेयर बाजारों के मूल सिद्धांत का आधार है।

स्कॉटिश जॉन ला ने हॉलैंड में बैकिंग का अध्ययन किया और अपनी किताब *मनी एंड ट्रेड कंसिडर्ड, विद अ प्रपोजल फॉर सप्लाइंग द नेशन विद मनी* (1705) के जरिये

स्पष्ट किया कि निर्यात-आयात से कमाई के बजाय कागज की मुद्रा चलाई जानी चाहिए। पर उनके इस प्लान को स्कॉटिश संसद से मंजूरी नहीं मिली। अलबत्ता कर्ज से दबे फ्रांस के सम्राट लुई 16वें ने उन्हें अमेरिका की मिसीसिपी घाटी के उपनिवेश में करेंसी चलाने की छूट दी।

लॉ ने एक बैंक बनाया, कागज के नोट छापे और सोने-चांदी के बदले उन्हें चलाया। यह काम शुरुआत में ठीक चला लेकिन बाद में राजनीतिक कारणों और सटोरिया दबावों में ढह गया। लॉ वहां से भागकर फ्रांस आ गए। इस अनोखे बैंकर ने अंततः वेनिस में तंगहाली के बीच अंतिम सांस ली।

डेविड ह्यूम यूं तो दार्शनिक थे लेकिन उनके आर्थिक विचार कीमती थी। वह वस्तुओं मूल्य व ब्याज के रिश्तों पर नई सोच लेकर आए थे। ह्यूम और एडम स्मिथ गहरे मित्र थे इसलिए हूयूम के सिद्धांतों को स्मिथ के *वेल्थ ऑफ नेशंस* की बुनियाद में देखा जाता है।

रिचर्ड कैंटलिन और सर जेम्स स्टुअर्ट ने राजनीतिक अर्थशास्त्र की मौजूदा धारणाओं को संग्रहीत व व्याख्यायित किया और फ्रेंच फिजियोक्रेट्स अर्थविदों ने श्रम के मूल्यांकन को लेकर नए सिद्धांत दिये जो आगे चलकर काफी प्रभावी साबित हुए।

प्री क्लासिकल या प्री कैपिटिलिस्ट इकोनॉमी के इस दौर ने भविष्य के राजनीतिक अर्थशास्त्र को सबसे अधिक समृद्ध किया। यहीं से निजी संपत्ति का अधिकार, लोकतंत्र व चुनी हुई सरकारों का विचार प्रारंभ हुआ। मांग व आपूर्ति के सिद्धांत , मुद्रा करेंसी, मनी की मात्रा के सिद्धांत, पूंजी की अवधारणा, श्रम का मूल्यांकन और उद्यमिता में सरकारों की सीमित भूमिका पर पहले स्पष्ट चिंतन लॉक, नार्थ और ह्यूम के दौर से निकले थे।

शास्त्रीय राजनीतिक अर्थशास्त्र

भाप का इंजन पूंजीवाद की रेल

तूलूस, फ्रांस 18वीं शताब्दी

ब्रिटिश चांसलर ऑफ एक्सचेकर, जेम्स टाउन्सहेंड की नई-नई शादी हुई थी। उन्हें अपने सौतेले पुत्र और ड्यूक ऑफ बुसेली के लिए एक शिक्षक की जरूरत थी।

जेम्स टाउन्सहेंड को इतिहास में कुछ अजीब वजहों से जगह मिली है। उन्होंने ब्रिटेन के अमेरिकी उपनिवेशों पर इतने टैक्स लगाये कि तेरह उपनिवेशों में क्रांति हो गई। इन

उपनिवेशों ने खुद को ब्रिटेन से आजाद घोषित कर दिया। टाउन्सहेंड भले ही एक असफल टैक्स प्रशासक थे लेकिन राजनीतिक अर्थशास्त्र की बुनियाद रखने में उनकी परोक्ष भूमिका बेहद मूल्यवान है।

टाउन्सहेंड ने अपने बेटे को पढा़ने के लिए ग्लासगो के युवा प्रोफेसर एडम स्मिथ (1723-1790 ईस्वी) को चुना जो अपनी पहली पुस्तक द *थ्योरी ऑफ मारेल सेंटीमेंट्स* के कारण लंदन में चर्चित थे। स्मिथ को बाद की पीढ़ियों ने क्लासिकल पॉलिटिकल इकोनॉमी सिद्धांत के प्रणेता के तौर पर माना हो लेकिन द *थ्योरी ऑफ मारेल सेंटीमेंट्स* मनोविज्ञान, समाजशास्त्र और नैतिकता की पुस्तक थी।

उनका पहला सिद्धांत नैतिकतावादी था। स्मिथ मानते थे कि हर व्यक्ति के भीतर एक निष्पक्ष चेतना है जो अच्छे-बुरे व्यवहार या कार्यों से अलग रहती है। स्मिथ ने इसे 'इनर मैन' कहा था।

300 पाउंड सालाना वेतन, यात्रा भत्ते और 300 पाउंड पेंशन के आधार पर, एडम स्मिथ ब्रितानी टैक्स प्रशासक टाउन्सहेंड के सौतेले बेटे के टीचर बन गए। स्मिथ ने ग्लासगो छोड़ दिया और 1763 में तुलूस (फ्रांस) चले गए। उन्होंने तुलूस में ही पहली बार *वेल्थ ऑफ नेशंस* पर काम शुरू किया।

वे टाउन्सहेंड के संरक्षण में जेनेवा में वाल्तेयर से मिले। बाद में लंदन में जब टाउन्सहेंड व स्मिथ रॉयल सोसाइटी से जुड़े तो उनका संपर्क मनोवैज्ञानिक अर्थशास्त्री एडमंड बर्क, सैमुअल जॉनसन, एडवर्ड गिबॉन और बेंजामिन फ्रैंकलिन जैसी शख्सियतों से संपर्क हुआ।

टाउन्सहेंड, स्मिथ के लिए लगभग उतने ही अनिवार्य थे जैसे कि जेम्स वॉट के लिए मैथ्यू बोल्टन। स्टीम इंजन के आविष्कारक जेम्स वाट के आविष्कार को प्रयोगशाला से उद्योग तक लाने में मैथ्यू बोल्टन की भूमिका सबसे बड़ी थी। बोल्टन ने स्टीम इंजन के पहले पेटेंट को खरीद कर वाट पर लदे कर्ज को चुकाया और वाट से अपनी फैक्ट्री के लिए एक डबल रोटेटिंग इंजन का निर्माण भी कराया।

यहां जेम्स वॉट का जिक्र इसलिए किया गया है क्योंकि एडम स्मिथ और जेम्स गहरे मित्र थे।

दोनों ही यूरोपीय इतिहास के उस कालखंड में आते हैं जहां विचार और विज्ञान का मिलन हो रहा था। स्मिथ ने जब *वेल्थ आफ नेशंस* लिखी उसी दौरान औद्योगिक क्रांति ब्रिटेन के चेहरे को बदल रही थी। स्टीम इंजन पर आधारित मशीनें बड़ी फैक्टरियों और

उद्योगों को जन्म दे रही थीं। जमीन पर आधारित सामंती व्यवस्था को छोड़ कर एक नया ब्रिटेन आकार ले रहा था जिसमें निजी पूंजी और उद्यमिता आगे आ रही थी। यहीं उस पूंजीवाद की शुरुआत थी, जिसे स्मिथ राजनीतिक अर्थशास्त्र का आधार दे रहे थे।

एडम स्मिथ आर्थिक विशेषज्ञ नहीं थे। वह अपने समकालीन विद्वानों जैसे बहुआयामी चिंतक थे जिनके पास नई सूझ थी। उनकी पुस्तक *ऐन इनक्वायरी इनटु न नेचर एंड कॉजेज ऑफ द वेल्थ ऑफ नेशंस* (1776 ईस्वी) आधुनिक अर्थशास्त्र की बुनियाद है। इस पुस्तक से पहली बार राजनीतिक अर्थशास्त्र शुद्ध व परिष्कृत रूप में सामने आता है। स्मिथ ने वेल्थ ऑफ नेशंस में पूंजी, उत्पादन, श्रम, बाजार, निर्यात ग्रोथ, उत्पादकता मशीनें, एकाधिकार, लाभ आदि सभी पहलुओं को व्यवस्थित रूप से सामने रखा जो आज के अर्थशास्त्र का आधार हैं।

स्मिथ ने आयात-निर्यात आधारित मर्केंटलिस्ट धारणा को खारिज करते हुए इस विचार को स्थापित किया कि देशों को उत्पादन की जरुरत है। उत्पादन ही आर्थिक समृद्धि का आधार है जो मानवीय श्रम व प्राकृतिक संसाधानों पर आधारित है। जिस देश की जितनी बड़ी आबादी उत्पादन में लगी होगी वह उतना ही समृद्ध होगा। उन्होंने मानवीय श्रम को मशीनों की जरूरत से जोड़ा। उनके पहले के चिंतक उत्पादन में मशीनों की भूमिका को बड़ा स्थान नहीं देते थे।

स्मिथ के साथ मुक्त बाजार की अवधारणा जन्म लेती है। वे उत्पाद के मूल्य के साथ में श्रम के मूल्यांकन के समर्थक थे लेकिन उन्होंने मांग और आपूर्ति के विचार को मजबूती दी और *थ्योरी ऑफ इनविजिबल हैंड ऑफ* मार्केट का प्रतिपादन किया जो बाजार की अदृश्य ताकत को स्थापित करती थी। यह बाजार में प्रतिस्पर्धा जरूरत का सैद्धांतिक स्वीकार था। वह, विदेश व्यापार में विभिन्न देशों के तुलनात्मक फायदों को जरूरी मानते थे और किसी भी देश के लिए आर्थिक ग्रोथ को अनिवार्य बताते थे।

स्मिथ ने कारोबार से होने वाले मुनाफे को जरूरी माना ताकि उसे फिर से उत्पादन में लगाया जा सके। यह पूंजीवाद की वह बुनियादी अवधारणा है जिसे बाद में 19वीं सदी में मैक्स वेबर ने दार्शनिक आधार देने की कोशिश की थी।

स्टॉक ब्रोकर और अर्थशास्त्री डेविड रिकार्डो (1772-1823 ईस्वी) और जनसंख्याविद् थॉमस रॉबर्ट माल्थस (1766-1834 ईस्वी) के जिक्र के बिना राजनीतिक अर्थशास्त्र का क्लासिकल दौर अधूरा लगता है। रिकार्डो ने स्मिथ के चिंतन को आगे बढ़ाते हुए कुछ नए सूक्ष्म नियमों को प्रस्तुत किया जिसमें मूल्य वितरण और व्यापार के सिद्धांत थे। इन

नियमों ने स्मिथ के सिद्धांतों को गणनाओं और आर्थिक नियमों में बदल दिया। रिकार्डो ने पहली बार अपने चिंतन में समाजवादी संदर्भों को सम्मिलित किया और श्रमिकों की भागीदारी की बात की।

रॉबर्ट माल्थस हरफोर्टशायर के ईस्ट इंडिया कंपनी के कॉलेज में इतिहास और अर्थ-शास्त्र के प्रोफेसर थे। उनके पिता दार्शनिक डेविड ह्यूम के मित्र थे जिन्होंने एडम स्मिथ को गहराई तक प्रभावित किया। माल्थस मानते थे कि जनसंख्या में बढ़ोतरी आर्थिक विकास पर भारी पड़ती है। आबादी में होने वाली बढ़ोतरी, खाद्य उत्पादन से तेज रहेगी। रिकार्डो ने माल्थस के सिद्धांत को अर्थशास्त्रीय आधार देने में महत्वपूर्ण भूमिका निभाई।

स्मिथ, रिकार्डो और माल्थस के विचारों ने राजनीतिक अर्थशास्त्र का एक सुगठित ढांचा बनाने में मदद की। यह पूंजीवाद की स्थापना और उसे सैद्धांतिक व व्यावहारिक आधार देने का दौर था। इस युग में सरकार और अर्थव्यवस्था को चलाने वाले नियमों का निर्धारण हुआ और मुक्त बाजार की अवधारणा व प्रतिस्पर्धा को स्वीकार किया गया। मशीनों की छाया में उत्पादन के साथ आर्थिक प्रगति के नए आयाम सामने आए जिसके अपने सामाजिक व जनसांख्यिक असर थे। समाजवादी या साम्यवादी आर्थिक चिंतन बस आने ही वाला था।

रबाईयों का अर्थचिंतन

ब्रसेल्स 19 वीं सदी

जर्मन पत्रकार और चिंतक मोजेज हेज इतिहास में सिर्फ इसलिए दर्ज नहीं हुए क्योंकि वे यहूदी राष्ट्रवाद के शुरुआती क्रांतिकारियों में से थे और यहूदियों के लिए एक अलग देश बनाने के संघर्ष में लगे थे। उनका बड़ा योगदान यह है कि वे उन दो प्रमुख लोगों में थे जिन्होंने कार्ल मार्क्स को गढ़ा। कार्ल मार्क्स पर प्रभाव डालने वाले पहले चिंतक थे मोजेज, जिन्हें कम्युनिस्ट रबाई कहते थे। दूसरे थे फ्रेडरिक एंगल्स जिन्होंने मार्क्स के साथ मिलकर ब्रसेल्स में समाजवादी चिंतन की बुनियाद रखी जिसने दुनिया की राजनीतिक अर्थव्यवस्था को बीसवीं सदी में तूफान की तरह प्रभावित किया।

मार्क्स का व्यक्तित्व वाकई दिलचस्प है। उन्हें अपने नास्तिक विचारों और पूंजीवाद विरोधी चिंतन के लिए ख्याति मिली, लेकिन उनके विचारों को प्रभावित करने वाले मोजेज धार्मिक आंदोलन से जुड़े थे जबकि एंगल्स के पिता लंदन के मानचेस्टर में एक टेक्सटाइल फर्म के मालिक थे।

प्रसिद्ध लेखक फ्रिट्जोफ काप्रा ने ठीक ही लिखा है कि मार्क्सवाद अगर कोई धर्म होता तो कार्ल मार्क्स को लोग ईसा या मोहम्मद की तरह पूजते। मार्क्स ने एडम स्मिथ के क्लासिकल और पूंजीवादी चिंतन के विपरीत एक नये अर्थशास्त्र को पेश किया। वैसे समाजवादी चिंतन के बीज रिकार्डो के साथ पड़ चुके थे लेकिन मार्क्स से पहले किसी ने यह नहीं सोचा था कि अर्थशास्त्र आगे चल कर राजनीतिक क्रांति का हथियार बन जाएगा।

दास कैपिटल का समाजवादी चिंतन पूंजीवादी अवधारणा की आलोचना के रूप में उपजा जो श्रम मूल्यों के आधार पर आर्थिक न्याय की जरूरत पर बल देता था। मार्क्स ने स्वीकार किया कि पूंजी और तकनीक के सहारे उत्पादन बढ़ता है लेकिन इससे समाज का संतुलन बिगड़ जाएगा क्योंकि कुछ लोगों के पास उत्पादन की ताकत होगी।

कार्ल मार्क्स, सरप्लस उत्पादन को पूंजीपतियों के हाथ में केंद्रित ऐसी ताकत मानते थे जो श्रमिकों के शोषण की वजह बनती है। उनका यह विचार श्रम आंदोलनों व पूंजीपतियों से संघर्ष का आधार बना। मार्क्स परोक्ष रूप से सत्ता के हस्तक्षेप से मूल्य और उत्पादन में संतुलन की बात करते थे जिसे सरकार केंद्रित इकोनॉमी और कल्याणकारी राज्य की अवधारणाओं की बुनियाद के रूप में देखा जाता है।

कार्ल मार्क्स की अवधारणायें समय के साथ आर्थिक जगत में सबसे बड़ी बहस बन गईं और आज तक हैं। आधुनिक ग्लोबलाज्ड अर्थव्यवस्था में मार्क्स को पढ़ने-समझने की जरूरत शायद उनकी रूढ़िवादी समाजवादी अवधारणाओं के लिए नहीं है बल्कि वे इसलिए अनिवार्य हैं कि पहली बार मार्क्स ने यह स्थापित किया कि बाजार अर्थव्यवस्थाओं में तेजी व मंदी (बूम व बस्ट) नियमित समय पर आएंगे और बेकारी मुक्त बाजार की एक बड़ी चुनौती होगी। मार्क्स का यह सिद्धांत आज तक गलत साबित नहीं हुआ।

मार्क्स के साथ आर्थिक चिंतन क्लासिकल युग से बाहर निकला और परस्पर विरोधी अवधारणाओं पर काम शुरू हुआ। उन्नीसवीं सदी के मध्य तक यूटोपियन, मार्क्सवादी और क्लासिकल अर्थशास्त्रियों की नई पीढ़ियां पुराने सिद्धांतों को पुन: जांचने लगी थीं।

इसी दौर में अर्थशास्त्र का गणितीय स्वरुप विकसित हुआ जिसमें बाजार, मूल्य, उत्पादन, आय और वितरण के सिद्धांतों को संख्यात्मक आधार मिला।

दो विश्व युद्धों के दौरान दुनिया का अर्थशास्त्र एक ऐसे संतुलन की तलाश में जुट गया था जिसमें सभी अपेक्षाओं का समन्वय हो सके। इस दौर में दुनिया को जॉन स्टुअर्ट मिल का प्रसिद्ध सिद्धांत मिला जो पूंजीवादी अर्थव्यवस्था की जगह लोकतांत्रिक अर्थव्यवस्था के प्रतिपादक थे। मिल के सिद्धांतों ने बाद के अर्थशास्त्रियों की कई पीढ़ियों को प्रभावित किया।

मार्क्स से लेकर जॉन मेनार्ड केंज तक आते हुए राजनीतिक अर्थशास्त्र को प्रतिरोध, बहस और विपरीत सिद्धांतों से न केवल ताकत मिली बल्कि इस क्षेत्र में नए प्रयोग भी शुरू हुए बल्कि यहां पूंजीवादी अवाधारणाओं को चुनौती के साथ अर्थशास्त्र की राजनीति प्रारंभ हुई। यह मार्क्स का ही असर था कि श्रम के मूल्य का सही निर्धारण और आर्थिक संतुलन में सरकार की भूमिका भविष्य के अर्थशास्त्र का केंद्रीय विषय बन गया।

ब्लूम्सबरी के समलैंगिक

लंदन

जॉन मेनार्ड केंज (1883-1946 ईस्वी) कैम्ब्रिज में लेखकों-कलाकारों के आभिजात्य ब्लूम्सबरी ग्रुप के सदस्य थे। यह यूरोप के उस समाज का प्रतिनिधित्व करता था जिसका आधुनिक अर्थशास्त्र, कला और राजनीति में बड़ा योगदान है। ब्लूम्सबरी ग्रुप के कई सदस्यों में कुछ समलैंगिक थे शायद केंज खुद भी। केंज ने खुद पर हमेशा इस ग्रुप के असर को स्वीकार किया और इसे सम्मान देते रहे।

एडम स्मिथ के बाद जॉन मेनार्ड केंज दूसरे ऐसे अर्थशास्त्री हैं जिसका राजनीतिक अर्थशास्त्र पर सबसे गहरा असर पड़ा। स्मिथ व मार्क्स अब इतिहास हैं लेकिन केंजियन अर्थशास्त्र आज भी सक्रिय है। आज भी जब मंदी आती है, सरकारें केंज के सिद्धांत को मानते हुए खर्च करने में जुट जाती हैं ताकि अर्थव्यवस्था में मांग को वापस लाया जा सके।

जॉन मेनार्ड मेंज को समझने के लिए हमें उन्नीसवीं सदी से बीसवीं सदी के मध्य के यूरोप-अमेरिका की यात्रा करनी होगी। यह न्यूटन-डेकार्टस के दौर के बाद दूसरा दौर था जब यूरोप में इतना तेज परिवर्तन नजर आया। फ्रांस की क्रांति, इस दौर की सबसे बड़ी घटना थी। इस कालखंड का समापन 1914 में पहले विश्व युद्ध के साथ हुआ था।

तत्कालीन यूरोप, औद्योगिक क्रांति और फ्रेंच क्रांति से निकला एक तनाव भरा समाज था, जिसमें औद्योगिक ढांचे पर केंद्रित अर्थव्यवस्था स्थापित हो चुकी थी। अमेरिका तब एक बड़ी औद्योगिक ताकत बन गया था। यूरोप में पहली बार जर्मनी का औद्योगिक उत्पादन ब्रिटेन को पार कर रहा था। इस औद्योगिक क्रांति का विस्तार रूस तक हो गया था जो बाद में वहां श्रमिक क्रांति का आधार बनी। यह दूसरी औद्योगिक क्रांति थी जब बड़ी कंपनियों का गठन शुरू हुआ।

राजनीतिक समाज भी बड़े बदलाव से मुखातिब था। इटली, जर्मनी और ब्रिटेन में रूढ़िवादी (कंजर्वेटिव) राजनीति के बीच फ्रांस में नेपोलियन तृतीय का साम्राज्य ढहने के बाद नई लिबरल राजनीतिक विचारधारायें उभरीं। अभिव्यक्ति की आजादी, नए चिंतन और आधुनिक विचारों के साथ यूरोपीय समाज एक नए युग की दलहीज पर था।

नई विचारधाराओं व परंपराओं के इस दौर में अल्फ्रेड मार्शल (1842-1924 ईस्वी) आधुनिक अर्थशास्त्र लिख रहे थे। कैम्ब्रिज के प्रोफेसर मार्शल की किताब *प्रिंसिपल ऑफ इकोनॉमिक्स* आधुनिक अर्थशास्त्र का आधार है जो यह स्थापित करती है कि अर्थशास्त्र के लिए दार्शनिक व सामाजिक मान्यताओं के बजाय गणितीय व वैज्ञानिक आधार की जरूरत है।

अल्फ्रेड मार्शल, जॉन मेनार्ड केंज के गुरु थे। केंज इसलिए इतने प्रसिद्ध और प्रभावी हुए क्योंकि उन्होंने बीसवीं सदी को मुक्त बाजार की नई समझ दी और श्रम के मूल्य का नया सिद्धांत दिया।

केंज मानते थे कि बाजार में जितनी मांग होगी, रोजगार उतना ही ज्यादा होगा। उनकी *द जनरल थियोरी ऑफ एम्प्लायमेंट, इंटरेस्ट एंड मनी* का सबसे प्रभावी सिद्धांत यह था कि सरकारें अर्थव्यवस्था को प्रभावित करती हैं। मंदी व कम मांग के दौर में खर्च बढ़ाकर वे रोजगार बढ़ा सकती हैं और खपत को नई ऊर्जा देकर इकोनॉमी को पटरी पर ला सकती हैं।

1930 की महामंदी को समझने और उससे निबटने में केंज के सिद्धांत बहुत प्रभावी सिद्ध हुए क्योंकि उन्होंने पहली बार ग्रोथ और उसमें गिरावट के तरीकों को आधुनिक मुक्त बाजार के नजरिये से सामने रखा और समाधान भी दिया।

इसी दौर में नार्वे मूल के अमेरिकी अर्थविद् थॉर्स्टेन वेबलन (1857-1929) ने यह तलाशने की कोशिश की कि राजनीति, गरीबी और धर्म का आर्थिक उत्पादकता पर क्या असर पड़ता है। अमेरिकी अर्थशास्त्री जोसेफ शूम्पटर (1883-1950) ने उत्पादन में बढ़त और कमी के चक्र को सपष्ट किया और पहली बार उद्यमिता के सिद्धांत को प्रस्तुत किया।

केंज के बाद आधुनिक अर्थशास्त्र ने पीछे मुड़कर नहीं देखा क्योंकि उसे मुक्त बाजार और श्रम के संतुलन का रास्ता मिल गया था। मंदी और ग्रोथ की गणनाओं के फार्मूले विकसित हो गए थे। पूंजी, ब्याज दर, मुद्राओं के सिद्धांत निर्धारित होने से बैंकिंग की बुनियाद रख दी गई थी। और इसके साथ अर्थव्यवस्था में सरकार की भूमिका भी स्पष्ट होकर सामने आ गई थी। इस दौर के अर्थशास्त्र की सबसे बड़ी देन यह है कि उत्पादन और आर्थिक प्रगति के जरिये अधिक से अधिक रोजगार बढ़ाने की अवधारणा आर्थिक गवर्नेंस का मूल उद्देश्य बनने लगी थी।

ग्लोबल मुक्त बाजार का जन्म

पॉल क्रुगमैन ने ठीक ही लिखा है कि बीसवीं सदी के अर्थशास्त्र का इतिहास सोलहवीं सदी में क्रिश्चियनिटी के इतिहास जैसा है। जब तक नए विचार सामने नहीं आए, पुराने विचारों का दबदबा टूट नहीं सका। बीसवीं सदी के मध्य में केंज के पदार्पण से पहले तक यूरोप व अमेरिका में अर्थशास्त्र एडम स्मिथ की क्लासिकल इकोनॉमी पर जाकर खत्म हो जाता था जो वस्तुतः बाजार और पूंजीवाद का तत्कालीन सबसे आधुनिक दर्शन था।

केंज के आने के बाद मुक्त बाजार की अवधारणा कहीं खो गई। हालांकि केंज मुक्त बाजार विरोधी नहीं थे। वे तो पूंजीवाद को सुधारना और पूर्ण रोजगार से जोड़ना चाहते थे लेकिन केंज के बाद मुक्त बाजार की वापसी तभी हो सकी जब उसे मिल्टन फ्रीडमैन (1912-2006 ईस्वी) का साथ मिला।

फ्रीडमैन हमारी सदी के सबसे प्रभावी विचारक इसलिए हैं कि उन्होंने ही उस ग्लोबलाइज्ड इकोनॉमी की बुनियाद तय की जिसमें शायद राजनीतिक अर्थशास्त्र के सभी अवयव शामिल हैं लेकिन मुक्त बाजार के साथ।

मुक्त बाजार और प्रतिस्पर्धा का अर्थशास्त्र समझाने के लिए फ्रीडमैन ने डॉक्टरों की फीस का सहारा लिया। उन्होंने सिमोन कुजनेत्स के साथ मिलकर *इनकम फ्रॉम इंडिपेंडेंट प्रोफेशनल प्रेक्टिस* के माध्यम से यह सिद्धांत पेश किया कि अगर सरकार लाइसेंसिंग के जरिये डॉक्टरों की संख्या सीमित न करे तो प्रतिस्पर्धा बढ़ेगी जिसका फायदा उपभोक्ताओं को कम फीस के तौर पर मिलेगा।

फ्रीडमैन (मुक्त व्यापार) के प्रबल प्रवक्ता थे। उन्होंने अपनी पुस्तक *अ थियोरी ऑफ कनजम्प्शन फंक्शन* के साथ मुक्त बाजार की अवधारणा को स्थापित किया।

केंज के सिद्धांतों को खारिज करते हुए वह मौद्रिक प्रसार (मॉनेटरिज्म) सामने लाए जो यह साबित करता था कि बाजार में पूंजी की आपूर्ति से कीमतों पर असर पड़ता है। यह सिद्धांत केंद्रीय बैंकों के लिए मुद्रास्फीति पर नियंत्रण और ब्याज दरें तय करने का आधार बना। फ्रीडमैन के सिद्धांत के अनुसार सीमित अवधि में बाजार में मनी सप्लाई बढ़ाकर उत्पादन व रोजगार को बढ़ाया जा सकता है लेकिन लंबे समय में इससे कीमतें बढ़ने का डर होता है।

जॉन केनेथ गालब्रेथ (1908-2006) फ्रीडमैन के समकालीन थे। उन्होंने मुक्त बाजार की अमेरिकी अवधारणा में बहुराष्ट्रीय निगमों को जोड़ा। गालब्रेथ ने *अमेरिकन कैपिटलिज्मः*

द *कंसेप्ट ऑफ काउंटरवेलिंग पावर* में अमेरिकी अर्थव्यवस्था में बड़ी कंपनियों की भूमिका का अध्ययन किया और मुक्त बाजार पर उनके असर को स्थापित किया।

फ्रीडमैन व गालब्रेथ तक आते-आते राजनीतिक अर्थशास्त्र का नया चेहरा बन गया था जिसमें सरकार बाजार, श्रमिक सभी कुछ शामिल था। यह ग्लोबल मुक्त बाजार की शुरुआत थी जिसमें बैंकिंग और मुद्रा आपूर्ति की बड़ी भूमिका होने वाली थी। ज्यादा पूंजी से ज्यादा उत्पादन और अतिरिक्त रोजगार का रिश्ता बनने लगा था। बहुराष्ट्रीय कंपनियां मुक्त प्रतिस्पर्धा को लेकर पूरी दुनिया में फैल गईं और सरकारें सीमित लेकिन प्रभावी भूमिका में आ गईं। जिनमें लोकल्याणकारी राज्य की अवधारणा केंद्रीय थी जो समृद्धि में सबकी भागीदारी, उद्यमिता को प्रोत्साहन और सामाजिक सेवाओं (शिक्षा, स्वास्थ्य) के विकास पर केंद्रित थी।

सुख का अर्थशास्त्र

चांगलीमथांग स्टेडियम भूटान

ज्यां बैपिटिस्ट कोबार्ट, थॉमस मन, एंतोनियो सेरा, विलियम पेटी, जॉन लॉक, एडम स्मिथ, डेविड रिकार्डो, कार्ल मार्क्स, अल्फ्रेड मार्शल, जॉन मेनार्ड केंज, मिल्टन फ्रीडमैन, जॉन केनेथ गालब्रेथ को एक साथ आज की दुनिया की यात्रा कराई जाए तो उन्हें शायद भूटान के चांगलीमथांग स्टेडियम में हर साल 11 नवंबर को होने वाले उत्सव में सिद्धांतों की सामूहिक गूंज सुनाई देगी।

भारत के उत्तर-पूर्व में स्थित यह छोटा-सा हिमालयी राज्य भूटान 11 नवंबर को कुछ अलग ढंग से गुलजार होता है। भूटान 11 नवंबर को सकल राष्ट्रीय प्रसन्नता दिवस मानता है।

1970 में भूटान के सम्राट और चौथे ड्रुक ग्यापलो जिग्मे सिंगे वांगचुक ने अपने नागरिकों की खुशी का स्तर नापने की तैयारी शुरू की। भूटान स्टडीज सेंटर के मुखिया करमा उरा उनके साथ थे। यह उत्पादन, वितरण, उपभोग, कमाई, खर्च, बचत की पारंपरिक आर्थिक गणनाओं से आगे बढ़कर किसी देश या व्यवस्था में लोगों की समग्र संतुष्टि को नापने की बेहद महत्वाकांक्षी कोशिश थी जो इक्कीसवीं सदी आते-आते एक ग्लोबल जरूरत में बदल जानी थी।

वांगचुक सम्राट होने के साथ दूरदर्शी राजनेता थे जो अपने नागरिकों के लिए भौतिक जीवन के चरम लक्ष्य की उपलब्धि को राजनीतिक-आर्थिक तौर पर प्रमाणित करना चाहते थे जिसकी तलाश करते हुए मनुष्य 3,500 साल में गुफाओं से बाहर निकल अंतरिक्ष तक पहुंच गया है। आर्थिक, राजनीतिक और दार्शनिक सभी पैमानों पर निरंतर प्रसन्नता हासिल करना मनुष्य का सबसे बड़ा लक्ष्य है।

2012 से यूनाइटेड नेशंस के सस्टेनेबल डेवलपमेंट सॉल्यूशंस इनिशिएटिव ने भी लोगों की प्रसन्नता को नापना शुरू कर दिया। अप्रैल 2015 में आई एक यूएन रिपोर्ट तब की दुनिया के विभिन्न देशों में उनकी आबादी की प्रसन्नता के आधार पर रैंकिंग करती है। खुशी नापने का ग्लोबल प्रयास यह सिद्ध करता है कि युद्ध रक्तपात और विभीषकाओं, तानाशाही, हथियारों और आतंक के खतरों के बावजूद दुनिया प्रसन्न रहना चाहती है और उसके लिए मिलकर काम करने को तैयार है।

यह उपक्रम एक ऐसी अर्थव्यवस्था तैयार करने का है जिसमें मर्केंटलिज्म से लेकर मुक्त बाजार तक और श्रम मूल्यों के संरक्षण से लेकर सरकार नियंत्रित सार्वजनिक उपक्रमों तक वह सब कुछ मिलाया जा सके जिसे राजनीतिक अर्थशास्त्र के पिछले चार सौ साल के इतिहास में अलग अलग-समय पर प्रतिपादित किया गया था। यही शायद आधुनिक पूंजीवाद है।

इक्कीसवीं सदी में हालिया वर्षों तक दुनिया में इस बात की समझ बढ़ी है कि आखिरकार हम ग्लोबल गांव में रहते हैं सो हमारे खतरे और फायदे भी साझे हैं। इसलिए युद्ध, हथियारों, शत्रुताओं, विवादों, वैर के बावजूद दुनिया को बदलने की कवायद जारी है।

आधुनिक राजनीतिक अर्थशास्त्र अलग-अलग देशों की परिस्थितियों के बीच पांच अनोखी समानतायें रखता है। इसे आधुनिक पूंजीवाद कह सकते हैं।

निजी संपत्ति और निजी उद्यमिता आधुनिक अर्थव्यवस्था का यह बुनियादी मूल्य है। अब लगभग प्रत्येक देश निजी संपत्ति के अधिकार को संरक्षित करता है। व्यक्तिगत तौर पर पूंजी का निर्माण, आवाजाही और निवेश सबको चाहिए। समृद्धि अब अभिशाप नहीं है बल्कि जरूरत है। स्टीम इंजन से लेकर बिटक्वाइन तक फैली पूरी दुनिया निजी उद्यमिताओं का गुलदस्ता है।

लोकतंत्र आज की दुनिया की धुरी है। दुनिया के 192 देशों में से करीब 123 में लोकतंत्र है जहां लोगों को सरकारें चुनने का अधिकार है। इस मामले में अपवाद जरूर हैं लेकिन जिन देशों में राजनीतिक लोकतंत्र नहीं हैं, वे भी विश्व के सदस्य के तौर पर उन संस्थाओं का हिस्सा हैं जो लोकतांत्रिक मूल्यों से बनी हैं।

घरेलू बाजार से लेकर ग्लोबल बाजार तक मुक्त प्रतिस्पर्धा आधुनिक अर्थव्यवस्था की एक और बुनियाद है। यह तकनीक, पूंजी और उद्यमिता की अंतरराष्ट्रीय आवाजाही का दौर है जिसमें प्रतिस्पर्धा बढ़ाने और संरक्षित करने के लिए ग्लोबल संधियां और नियम बने हैं।

बैंकिंग, वित्तीय बाजार, पूंजी निवेश, मुद्रायें, वित्तीय उपकरण के बिना इस दौर की कल्पना नामुमकिन है। कभी कर्ज देने को पाप मानने वाली पश्चिमी दुनिया अब काफी आगे निकल आई है। बैंकिंग व कर्ज ग्लोबल वित्तीय तंत्र की धुरी है जिसके आधार पर आर्थिक प्रगति के आयाम तय होते हैं।

आधुनिक अर्थव्यवस्था में राज्य अर्थात् सरकारें मुक्त बाजार की संरक्षक भी हैं और अर्थव्यवस्था की नियामक भी। टैक्स, मुद्रा विनिमय, व्यापार और ग्लोबल संधियों के जरिये बाजारों को सुगठित किया जाता है। अर्थव्यवस्था में हस्तक्षेप से सरकारें ग्रोथ व रोजगार बढ़ाती है।

कल्याणकारी राज्य के साथ कल्याणकारी कारोबारी गवर्नेंस के सिद्धांत स्थापित हो रहे हैं। साफ-सुथरा कारोबार, पर्यावरण के लिए सुरक्षित उत्पादन, पारदर्शिता और कंपनियों की सामाजिक जिम्मेदारियां मुक्त बाजार के नए मूल्य हैं जो आर्थिक असमानता को हटाने की बहस का आधार है, जो विलियम पेटी से थॉमस पिकेटी तक आती है।

पश्चिम की इस यात्रा के बाद अब बारी है भारत के प्राचीन आर्थिक दर्शन की आधुनिकता से भेंट करने की...

समृद्धि का दर्शन

अहमदाबाद 2015

भारत के लोगों ने इससे भव्य संन्यास शायद पहले कभी नहीं देखा था। अहमदाबाद में करीब 1.25 लाख लोग इस संन्यास के साक्षी बनने के लिए दस लाख वर्ग फुट के एक पंडाल में जुटे थे जो एक विशाल जहाज का आकार लिये हुए था। इस पंडाल के निर्माण पर करीब 100 करोड़ रुपये खर्च हुए थे।

दिल्ली के अरबपति प्लास्टिक कारोबारी और 600 करोड़ रुपये के कारोबार वाले ट्रेडिंग हाउस डी आर इंटरनेशनल के मालिक भंवरलाल रघुनाथ दोषी अपनी सारी संपत्ति छोड़ कर जैन परंपरा के तहत संन्यासी होने जा रहे थे। अहमदाबाद और गांधीनगर के होटलों के 500 कमरे और एक बड़ा आवासीय कॉम्प्लेक्स बुक था जिसमें संत होने जा रहे सेठ के करीब 7,000 खास मेहमान टिके थे।

तीन दिन के भव्य आयोजन के बाद वह क्षण आया जब सेठ भंवरलाल दोषी सौ से अधिक संगीत कलाकारों के धर्म गायन, 1000 जैन साधुओं और साध्वियों के मंत्रोच्चार और कई बड़े उद्योगपतियों की मौजूदगी में अपनी सारी संपत्ति छोड़ कर संत बन गए। वह अब संत भव्यरत्न विजय महाराज थे।

भंवरलाल दोषी के शानदार संन्यास की कथा इक्कीसवीं सदी में भारत में धर्म और अर्थ के गहरे रिश्तों की अनूठी कहानी है लेकिन भंवरलाल दोषी के उद्यमी बनने की कहानी के बिना यह दास्तान अधूरी है।

बीसवीं सदी के सातवें दशक तक आविष्कारों के दुनिया में फैलने की गति तेज होने लगी थी, 1940-50 के दशक में यूरोप में खोजा गया पॉलीप्रॉपेलीन प्लास्टिक बनकर दुनिया में फैल रहा था और भारत में नगरीकरण और निजी उद्यमिता के नए दौर के जरिये देश के उपभोक्ता प्लास्टिक से परिचित हो रहे थे।

राजस्थान के कपड़ा व्यापारी के बेटे भंवरलाल दोषी की कहानी ठीक इसी समय शुरू होती है। 1970 के दशक में दोषी ने अपने पिता से 30,000 रुपये लेकर प्लास्टिक का कारोबार शुरू किया जो दो दशकों की मेहनत के बाद एक बड़ी पॉलीमर ट्रेडिंग कंपनी

में बदल गया और प्लास्टिक का इस्तेमाल करने वाली देश की ज्यादातर प्रमुख कंपनियां इसकी ग्राहक बन गईं।

2015 में सेठ दोषी से संत भव्यरत्न बनने तक उनका पॉलीमर कारोबार 600 करोड़ रुपये (100 मिलियन डॉलर) पर पहुंच गया था।

भंवरलाल दोषी का कारोबारी सफर स्वतंत्र उद्यमिता की देन था जिसने पिछली कई सदियों में भारत के आर्थिक परिदृश्य को निर्मित किया है।

यदि भारत के धर्मशास्त्रीय अर्थशास्त्र को संग्रहीत किया जाए तो यह शायद पश्चिम में लिखे गए राजनीतिक अर्थशास्त्र का दस फीसदी भी नहीं होगा। आर्थिक संदर्भों वाले नीतिशास्त्र लेखन के आखिरी प्रमाण पांचवीं-छठी शताब्दी तक मिलते हैं। इसके बाद 1,600 वर्षों का समय भारत के सामाजिक, प्रायोगिक, व्यावहारिक अर्थशास्त्र का है जो 1839 में अंग्रेजों का क्वाइनेज एक्ट (सरकारी मुद्रा के प्रचलन) आने तक पूरी तरह मुक्त बाजार पर केंद्रित था।

सदी दर सदी जब साम्राज्य विस्तार के संघर्ष चल रहे थे, उस समय भारत का समाज, मुक्त बाजार का अर्थशास्त्र गढ़ रहा था और ऐसी संस्थायें विकसित कर रहा था जिन पर राजाओं की आवाजाही का कोई फर्क नहीं पड़ने वाला था।

इक्कीसवीं सदी से लेकर चौथी सदी तक फैले भारत के आर्थिक इतिहास में भारत की अर्थ व्यापार संस्कृति के चार प्रमुख आधार दिखते हैं जो इतिहास की करवटों के बावजूद स्थायी, चिरंतन, गतिमान और प्रभावी रहे हैं। निजी उद्यमिता और मुक्त बाजार का विशुद्ध भारतीय संस्करण इन्ही पर टिका है।

संपत्ति और समृद्धि

धन के नक्षत्र

ऋषि असित कालदेवल ने नवजात शिशु सिद्धार्थ को गोद में उठाया, उसके शरीर के लक्षण देखे और सिसकियां भर कर रोने लगे। सिद्धार्थ के पिता महाराजा शुद्धोदन आशंकित हो उठे।

"सब ठीक तो है न" ! राजा ने ऋषि से पूछा।

असित कालदेवल ने कहा कि 32 ज्योतिषीय लक्षणों और 80 उपलक्षणों से युक्त यह शिशु या तो चक्रवर्ती नरेश होगा या फिर परम तपस्वी लेकिन मैं इसका उत्कर्ष देखने के लिए जीवित नहीं रह पाऊंगा।

असित काल देवल सिद्धार्थ के गौतम बनने की ज्योतिषीय भविष्यवाणी करने तक नहीं रुके, उन्होंने अपनी बहन के बेटे नालक को तुरंत संत बन जाने का आदेश दिया ताकि वह पैंतीस वर्ष बाद बुद्ध का शिष्य बन सके।

यह ज्योतिषीय कथा बुद्ध की है। उन्होंने अपने भिक्षुओं को जन्म कुंडली पढ़ने, सपनों की व्याख्या करने और शादी विवाह के मुहूर्त निकालने से रोका था। यह बात उनके उपदेशों (सम्मानपहल सुत्त और महामंगल सुत्त) में दर्ज है। लेकिन बुद्ध के जन्म से जुड़ी ज्योतिषीय कथा बौद्ध साहित्य से कभी नहीं हटी। क्योंकि बुद्ध जिस नए नगरीय समाज से मुखातिब थे, वहां समृद्धि की साधना चल रही थी और ज्योतिष इस समृद्धि और संपन्नता को धार्मिक व दैवी मान्यता देने वाला पहला वैदिक ज्ञान था।

प्रकृति में आकाश को लेकर मनुष्य की उत्सुकता चिरंतन है। गुफाओं में मिले प्रागैतिहासिक भित्तिचित्रों में आकाशीय चिह्नों को खगोल में मनुष्य की रुचि की शुरुआत माना जाता है।

इंडोयूरोपीय परंपराओं में ज्योतिष की शुरुआत 3000 ईसा पूर्व से मानी जाती है जब कैलेंडर प्रणालियां जन्मी और अंतरिक्ष में बदलावों की जीवन (मौसम और खेती) के संदर्भ में व्याख्या प्रारंभ हुई। खगोलिकी के अध्ययन का प्रारंभ 1,700 ईसा पूर्व बेबीलोन के वीनस टेबलेट (शुक्र की खगोलीय गणना) और भारत के वैदिक साहित्य से होता है जो आधुनिक विज्ञान शोधकर्ताओं गैलीलियो, केपलर, न्यूटन और आइंस्टीन तक आता है।

सत्रहवीं सदी में एस्ट्रोफिजिक्स का अध्ययन शुरू होने तक ज्योतिष और खगोलशास्त्र का अध्ययन एक साथ किया जाता था।

बीसवीं सदी के आते-आते खगोलिकी एक स्वतंत्र विज्ञान हो गई जबकि ज्योतिष लोकप्रियता के बावजूद विज्ञान बनाम अंधविश्वास की बहस में झूल रहा है।

ज्योतिष में विश्वास या अविश्वास की चिरंतन बहस से ज्यादा महत्वपूर्ण यह है कि भारत में ज्योतिष वह पहला वैदिक ज्ञान है जिसने समृद्धि के प्रयास को धार्मिक मान्यता दी और संपत्ति रखने की नैतिक बहस को पैदा होने से पहले ही खत्म कर दिया। समृद्धि को ग्रहों का प्रभाव, ईश्वरीय कृपा या नियति सिद्ध करने से एक अनोखा सामूहिक मनोविज्ञान तैयार हुआ जो समाज को टकराव से बचाता था। पश्चिम में संपत्ति की नैतिकता को लेकर बहस लंबे समय तक चली लेकिन दुनिया में सबसे गहरी आर्थिक असमानता वाले भारतीय समाज के लोग संपत्ति को नियति या भाग्य से जोड़कर संतोष करते रहे।

ज्योतिष वैदिक साहित्य का हिस्सा है। इसे वेदांग कहा जाता है, यानी जो वेदों से निकला है। प्राचीन साहित्य बताता है कि चारों वेदों का अलग-अलग ज्योतिष था। इसमें सामवेद का ज्योतिष उपलब्ध नहीं है।

बृहत्पाराशरहोराशास्त्र और भास्कराचार्य की सिद्धांतशिरोमणि जैसे ग्रंथ ज्योतिष की वैदिक श्रृंखला से जुड़ते हैं। ज्योतिष पर ग्रंथ आज तक लिखे जा रहे हैं क्यों कि आयुर्वेद की तरह इसमें भी अनुभवजन्य ज्ञान शामिल होता गया है।

ज्योतिष में पूरे राशिचक्र को बारह भागों में विभाजित किया गया है जिसमें प्रथम भाव से प्रारम्भ यानी जन्म है। उसके बाद का दूसरा भाव धन का रखा गया है। जीवन के प्रारम्भ होते ही दूसरे भाव को कोश का भाव कहा गया है। इस कोश भाव में प्रत्येक प्रकार के कोश लिए गये, जिसमें धन के कोश की बात कही गई है। ऋषियों ने धन को समृद्धि से जोड़ते हुए जन्म के बाद की प्रथम वरीयता दी।

ज्योतिष जन्मांक में कोश स्थान और लाभ स्थान को अलग-अलग प्रमुखता दी गई है। व्यक्ति इस जन्म में जो धनोपार्जन करेगा, उसको अलग स्थान दिया गया जो कि जन्मांक में जन्म स्थान से ग्यारहवां भाव होता है जिसे लाभ भाव भी कहा गया। 11वीं राशि का आधिपत्य कुंभ के आधीन है और कुंभ यानी कलश पुनः समृद्धि को इंगित करता है। राशिचक्र में कुंभ राशि एवं 11वें भाव को उपलब्धि कारक बताया गया।

वैदिक ज्योतिष यह मानता है कि प्राण यानी जीवन के बाद सबसे महत्वपूर्ण है धन का स्थान। पूरे राशिचक्र में केवल संपत्ति यानी वेल्थ ही है जिसका संबंध दो भावों से होता है। जन्मांक (होरोस्कोप) में दो भावों को संपत्ति से जोड़ना यह स्पष्ट करता है कि प्राचीन चिंतन की दृष्टि में, प्राण यानी जीवन के बाद समृद्धि सबसे महत्वपूर्ण थी।

वैदिक ज्योतिष में धन के भावों से बनने वालों योगों का भी ऋषियों ने निर्माण किया जिसमें धनकुबेर योग, महालक्ष्मी योग, धनाधन योग, धन योग जैसे कई योग हैं।

अथाऽतः सम्प्रवक्ष्यामि धनयोगं विशेषतः।
यस्मिन् योगे समुत्पन्नो निश्चितो धनवान् भवेत।।
केंद्रे मूलत्रिकोणस्थे भाग्येशे वा स्वभोच्चगे।
लग्नाधिपे बलाढ्ये च लक्ष्मीयोगः प्रकीर्त्यते।।
सुरुपो गुणवान् भूपो बहुपुत्रधनान्वितः।
यशस्वी धर्मसम्पन्नो लक्ष्मीयोगे जनो भवेत्।।

(बृहत्पाराशरहोराशास्त्रम्)

ज्योतिषीय गणनायें कितनी सटीक हैं, इस पर बहस हो सकती है लेकिन संपत्ति, समृद्धि, लाभ, कर्ज, बचत, गरीबी, संकट आदि आर्थिक-सामाजिक व्यवहारों को लेकर अधिकांश भारतीय समाज का मनोविज्ञान गढ़ने में ज्योतिष की गहरी भूमिका है।

समृद्धि और निजी संपत्ति को जीवन को सबसे महत्वपूर्ण उद्देश्य बताने का सिद्धांत वेदों से निकला, जो दरिद्रता को परम दुख मानता था और प्रत्येक मनुष्य को धनी होने के लिए प्रेरित करता था।

भारतीय दर्शन में समृद्धि को विस्तृत करें तो स्पष्ट होता है कि यह जीवन के सभी आयामों की सम्पन्नता है। ज्योतिष ने इस विचार को जीवन के संस्कारों में शामिल कर दिया। साथ ही यह विचार भी कि अभाव और गरीबी की कमी सितारों का खेल है।

निजी संपत्ति का अधिकार

संपत्ति के बिना संपत्ति प्राप्त करना असंभव है चाहे जितना प्रयास कर लिया जाए। जैसे हाथी पकड़ने के लिए हाथी की जरूरत होती है ठीक उसी तरह संपत्ति अर्जित करने के लिए संपत्ति चाहिए। (9.4.27)

कौटिल्य के अर्थशास्त्र का यह सूत्र पूंजीवाद का चरम हो सकता है। यूरोप में निजी संपत्ति की चर्चाओं के शुरू होने से करीब 1000 साल पहले भारत में निजी संपत्ति (भूमि व धन), उसके विभिन्न स्वरूपों, और विनिमय के नियम स्थापित और सर्वमान्य हो चुके थे और भारत के अर्थगुरु पैसे से पैसा बनाने का संदेश दे रहे थे।

भारत का प्राचीन आर्थिक चिंतन समृद्धि या धन को मनुष्य की आधारभूत जरूरतों में सम्मिलित करता है। मनुस्मृति और कौटिल्य इसे वृत्ति की संज्ञा देते हैं। वृत्ति की व्याख्यायें निजी संपत्ति के संदर्भ में ही मिलती हैं।

पश्चिमी अर्थचिंतन में संपत्ति को लेकर कई तरह की अवधारणायें मिलती हैं। मार्क्स श्रम के उत्पादन (कमोडिटी) को संपत्ति मानते हैं। मर्केंटलिस्ट अर्थविदों (थॉमस मन, एंतोनियो सेरा) ने सोने-चांदी को संपत्ति का आधार माना है। एडम स्मिथ ने अन्य कारकों के साथ भूमि को संपत्ति का दर्जा दिया।

अठरहवीं सदी के प्रसिद्ध फ्रेंच अर्थविद् फ्रांस्वा क्युस्ने ने सरप्लस उत्पादन को संपत्ति के तौर पर स्थापित किया तो जॉन स्टुअर्ट मिल ने विनिमय हो सकने वाली सभी चीजों की संपत्ति के तौर पर गणना की।

आधुनिक अर्थशास्त्र उपरोक्त सभी तत्वों को संपत्ति में गिनता है। ठीक उसी तरह जैसे कि प्राचीन भारतीय अर्थशास्त्र इन सभी को संपत्ति के अंतर्गत रखता है।

अमरकोश (चौथी शताब्दी का प्रसिद्ध शब्दकोश) ग्रंथ संपत्ति को सात वर्गों को बांटता है।

1. द्रव्य - धातु मुद्रा- भारत में सिक्कों का प्रचलन 600 से 300 ईसा पूर्व प्रारंभ हो गया था जो विनिमय का आधार थे

2. हिरण्य (सोना- मर्केंटलिस्ट संपत्ति सिद्धांत)

3. वित्त (अर्जित संपत्ति- लेबर थ्योरी)

4. व्यवहार्यम (विनिमय- क्युएंसे-मिल)

5. श्री या विभव (साख या गुडविल)

6. स्वापत्य (अचल संपत्ति भूमि एडम स्मिथ)

7. भोग (मनोरंजन या उपभोग कर संपत्ति)

प्राचीन भारतीय आर्थिक सिद्धांतों के तहत संपत्ति अपने विभिन्न स्वरूपों में मूलतः व्यक्तिगत ही थी जिसे कृषक जीवन से ही मान्यता मिल गई थी। साम्राज्यों के विस्तार के बीच, समाज की सबसे बड़ी चिंता निजी संपत्ति को लेकर आम लोगों के अधिकारों को संरक्षित करना था ताकि उनकी आर्थिक स्वाधीनता सुरक्षित रहे।

भारत के नीति साहित्य में संपत्ति पर अधिकार, और वितरण पर लंबी चर्चा के प्रमाण मिलते हैं। स्मृतियां निर्धारित करती हैं कि संपत्ति पर निजी अधिकार के मामले में राजा या सत्ता की क्या भूमिका होनी चाहिए? ये बहसें धर्मशास्त्रों के नियमों के रूप में सामने आईं जो भविष्य की कसौटियों पर भी खरे थे।

अर्थशास्त्र, स्मृतियों, पुराणों व महाभारत ने सम्राट या राज्य के लिए ऐसे नियम तय किये जो व्यक्तिगत स्वतंत्रता पर आधारित थे और निजी संपत्ति में राजा की भूमिका को सीमित करते थे।

अर्थशास्त्र ने व्यवस्था दी कि लोग जितना अनाज पैदा करेंगे उसका केवल छठा हिस्सा राजा को जाएगा जबकि अन्य जिंसों और धन-संपत्ति में राजा का हिस्सा दसवां (1/10) होगा। इस व्यवस्था ने ही उत्पादन में सरप्लस और उसके व्यापार का रास्ता खोला। धर्मशास्त्र के नियमों के अंतर्गत निजी संपत्ति की रक्षा करना राजा का दायित्व भी हो गया।

अर्थशास्त्र ने व्यवस्था दी कि राजा खोयी हुई संपत्ति का पता चलाने के लिए एक विभाग बनायेगा और अगर किसी की चोरी गई संपत्ति नहीं मिलती है तो उसे राजकोष से संपत्ति का मूल्य मिलेगा।

धर्मशास्त्र व स्मृतियां बताती हैं कि संपत्ति को जुटाने के न्यायसंगत तरीके क्या होने चाहिए। मनुस्मृति और गौतम धर्मसूत्र सात तरीकों से धन जुटाने को उचित और न्यायसंगत मानता है। ये सात तरीके हैं—विरासत, दान, खरीदना, युद्ध में विजय, ब्याज पर लेना,

बंटवारे में मिलना, किसी काम के लिए हासिल करना (कारोबार), और भेंट या उपहार। बृहस्पति स्मृति इन तरीकों के अलावा विवाह मे संपत्ति मिलने को भी उचित ठहराती है।

मनु, नारद और बृहस्पति स्मृतियों ने संपत्ति पर नियंत्रण के नियम भी तय किये।

बृहस्पति स्मृति ने निर्धारित किया कि यदि कोई संपत्ति किसी व्यक्ति के नियंत्रण में निरंतर 30 साल से है तो वह उसकी होगी। लेकिन यह नियम मित्र, रिश्तेदार, या किसी वास्तविक मालिक की संपत्ति को संभालने पर लागू नहीं होगा। यहां तक राजा, ब्राह्मण या कोई मंत्री भी लंबे समय तक नियंत्रण की वजह से किसी भी संपत्ति का स्वामी नहीं हो सकता। नारद और बृहस्पति स्मृतियों ने इसके आगे जाकर यह भी निर्धारित किया कि केवल कब्जे से संपत्ति का अधिकार तय नहीं होता, उसे विधान (कानून) के अंतर्गत प्रामाणिक भी बनाया जाना चाहिए।

नीतिशास्त्रों में भूमि संपत्ति के बंटवारे और विरासत के नियमों पर विशद चर्चाओं का प्रमाण मिलता है। धर्मशास्त्र ने सामुदायिक संपत्ति के अधिकारों पर चर्चा की है। अर्थशास्त्र ने लिखा कि विरासत की संपत्ति का बंटवारा, समाज, राज्य, जाति, आधार संघ (गिल्ड) या गांव के नियमों के आधार पर होगा। स्पष्ट है कि संपत्ति के अधिकार को लेकर स्थानीय परंपराओं को भी बराबर का महत्व मिलता था।

कौटिल्य को अर्थशास्त्र के आने तक संपत्ति खासतौर पर भू-संपत्ति को अर्जित करने, बेचने, रखने हस्तांतरित करने, विरासत और विवाद निस्तारण के नियम तय हो चुके थे। इसके साथ ही राजा व सत्ता की सीमायें भी तय हो गईं। चौथी शताब्दी तक ये नियम समाज व्यवस्था का हिस्सा बन चुके थे तभी तो अनाथपिंडक ने जेतवन यानी राज्य संपत्ति को न्याय व्यवस्था के तहत राजा से जीतकर बुद्ध को भेंट कर दिया।

निजी संपत्ति का अधिकार यूरोप के समाज, राजनीति व अर्थशास्त्र में सत्रहवीं शताब्दी में जगह पा सका। यूरोप में पंद्रहवीं-सोलहवीं सदी के विचारक अगर ईसापूर्व भारत के चिंतन को जान पाए होते तो शायद सिविल लिबर्टी की बहसों और नीतियों के निर्धारण का श्रेय भारत को मिलता।

विश्वास के सिक्के

राज्य में एक विशेष सिक्का परीक्षक होगा जो सिक्कों के संचालन का नियंत्रण करेगा। सरकारी खजाने में नकली सिक्का लाने या प्रचलन में डालने पर 1000 पण्य का जुर्माना अथवा मौत की सजा मिलेगी।

— *अर्थशास्त्र (2.5.10-12 और 4.1.48)*

कौटिल्य का अर्थशास्त्र (मौर्य युग 324 ईस्वी से 187 ईसा पूर्व) जब लिखा जा रहा था, तब भारत में सिक्के ही नहीं बल्कि नकली सिक्कों का प्रचलन भी शुरू हो चुका था। इसलिए शायद कौटिल्य को नकली मुद्रा पर मौत की सजा का प्रावधान करना पड़ा।

ढले हुए निर्मित सिक्कों की शुरुआत भारत, इजमिर(आज का तुर्की) और चीन में एक साथ हुई। समय रहा होगा करीब 700 से 500 ईसापूर्व का। यूरोप में सबसे पुराना सिक्का तुर्की के पास अर्तेमिस के मंदिर में मिला जो ईसा पूर्व 600 का माना जाता है।

भारत में हिरण्य, पिंड, निष्क और ग्रीव जैसे प्राचीन शब्द सिक्कों के संदर्भ में प्रयोग होते थे। भौतिक रूप से सबसे पुराने पंच मार्क सिक्के (मुख्यत: चांदी कुछ तांबा भी) महाजनपद युग के हैं जो 600 से 300 ईसा पूर्व का था।

ग्लोबल इतिहास में भौतिक मुद्रा या सिक्कों का प्रचलन कसौटी यानी टचस्टोन के प्रचलन के साथ शुरू होता है जिसके जरिये पहली बार सोने-चांदी जैसी धातुओं की शुद्धता परखने की प्रक्रिया शुरू हुई। कसौटी के जरिये किसी धातु, सोने या चांदी का अंश जाना जा सकता था और उसके जरिये मूल्य और गणना हो सकती थी। टचस्टोन का प्रयोग बढ़ते ही सोने व चांदी का मुद्रा के रुप में प्रयोग एशिया माइनर से शुरू हो कर पूरी दुनिया में फैल गया। भारत में मिले सबसे पुराने रोमन सिक्के 31 ईसा पूर्व के हैं।

मध्ययुगीन यूरोप में गोल्ड क्वाइनेज की शुरुआत तेरहवीं शताब्दी से होती है जब फ्रेडरिक द सेकंड ने सोने के सिक्कों को ढालना शुरू किया। यह जेरुसलम पर कब्जे के लिए रोमन कैथोलिक चर्च के अभियानों का दौर था। चौदहवीं शताब्दी में यूरोप में सिक्कों में चांदी का इस्तेमाल शुरू हुआ और विएना इसका प्रमुख केंद्र बना।

आधुनिक अर्थसंस्कृति में सिक्के या मुद्रा सबसे महत्वपूर्ण संस्था हैं। सिक्कों या मुद्रा के साथ मनुष्य खेतिहर समुदाय से नगर की तरफ बढ़ा और वस्तु विनिमय के स्थान पर मुद्रा विनिमय प्रारंभ हुआ।

आधुनिक दुनिया का सबसे बड़ा आधार आपसी विश्वास है जिस पर कारोबार चलता है। मुद्रा या मनी एक किस्म का विश्वास है जो भारतीय अर्थव्यवस्था के सबसे शुरुआती समय में ही स्थापित हो गया था। सिक्कों के प्रचलन को व्यापार की समृद्धि का प्रमाण माना जाता है जिस समाज में मुद्रा की आपूर्ति (मनी सप्लाई) जितनी ज्यादा होगी, वहां आर्थिक गतिविधियां उतनी ही व्यापक व गहन रहेंगी।

सिक्के आर्थिक के साथ किसी भी समाज के राजनीतिक इतिहास को भी प्रमाणित करते हैं क्योंकि राजा या सत्ता समाज को नियंत्रित व संचालित करती है।

भारत में सिक्कों का दूसरा स्वर्ण युग ईसा पूर्व दूसरी व पहली सदी में आता है जब भारत में ग्रीक सिक्कों का प्रचलन शुरू हुआ जो भारत के यूरोप के साथ विशाल व्यापार का प्रमाण थे। 200 ई, पूर्व से 400 ईस्वी के बीच शक और पल्लव राजाओं के सिक्के चलने लगे थे जो केवल भारत में ही नहीं बल्कि दक्षिण एशिया के देशों से भी व्यापार में इस्तेमाल होते थे। पहली से चौथी सदी के बीच भारत में टकसालें बन गई जब कुषाण शासकों ने सिक्के ढालना शुरू किया। इस समय सोना-चांदी और तांबे के सिक्के प्रचलन में आ गए थे जो मुद्रा विनिमय के विभिन्न मूल्यों का प्रमाण हैं।

कुषाण काल के दौरान शायद शहरों के अपने सिक्के चलने लगे थे। पुरातत्वविदों को सिक्कों पर वाराणसी, तक्षशिला, माध्यमिका, विदिशा, माहिष्मती के नाम मिले हैं। इसी के समानांतर दक्षिण भारत में सातवाहन पूर्व युग के सिक्के प्रचलन में थे जबकि पश्चिम भारत में नासिक के आसपास चांदी के सिक्के प्रचलित हुए। दक्षिण भारत में चोल, चेदि और पांड्य युगों में सिक्कों का नया उत्कर्ष देखने को मिलता है। गुप्त काल के आते-आते सिक्के ढालने की कला काफी निखर गई थी। इन पर देवी-देवताओं के अलावा राजाओं के चित्र भी ढलने लगे थे।

पांचवीं से सातवीं सदी के दौरान जब दक्षिण भारत में शालिवाहन, त्रिकूट राजवंशों के सिक्के मिलते हैं, तब महाराष्ट्र मे कलचुरी राजाओं के सिक्के प्रचलन में आ रहे थे। नवीं से चौदहवी सदी के बीच मध्य व पश्चिम भारत में राजपूत व मराठा शासकों ने सिक्कों के विश्वास को गति दी।

मुगलों ने इस संस्था को अपनी तरह से समृद्ध किया, हालांकि उत्तर मुगल युग में मुद्रा व्यवस्था को सुधारने का बड़ा श्रेय शेरशाह सूरी को जाता है जिसने भारत में करेंसी प्रणाली को बेहतर किया था।

सिक्कों के तेज और उत्तरोत्तर विकास ने तत्कालीन भारतीय बाजार को आधुनिक बना दिया था। सिक्कों का प्रचलन एक सुगठित संस्थागत प्रणाली का प्रमाण था जिसके तहत वस्तुओं के बदले सिक्कों में मूल्य तय करने, एक राज्य के सिक्कों को दूसरे राज्य से विनिमय और खजाने में टैक्स जमा करने के नियम निर्धारित थे।

प्राचीन युग से ही रोमन ग्रीक सिक्के भारत आने लगे थे और वस्तुओं के बदले उनके विनिमय की प्रणाली भी विकसित हो चली थी।। इसने विदेश व्यापार और मुद्रा विनियम यानी मनी एक्सचेंज को प्रारंभ से ही संस्थागत रूप दे दिया।

भारतीय बाजार में मनी सप्लाई बेहतर होने का ही नतीजा था कि प्राचीन काल से कर्ज या जमा पर ब्याज, वस्तु-मुद्रा विनिमय के व्यवहार सक्रिय हो गए जिन्हें बाजार व

आर्थिक प्रशासन का हिस्सा मान लिया गया। कौटिल्य के अर्थशास्त्र में मौद्रिक दंड के व्यापक प्रावधान हैं और मुद्रा के जरिये टैक्स भुगतान की व्यवस्था के नियम बताये गए हैं।

मराठा शासन में पेशवाओं ने आधुनिक मिंट यानी टकसाल स्थापित कीं। बाजीराव पेशवा ने पुणे शहर के प्रमुख साहूकार और दुलाभ शेठ, सेठ गोविंद जी और गोविंद पांडुरंग को टकसाल स्थापित करने का काम सौंपा था जिसके लिए उन्हें सरकारी खजाने से अनुदान भी मिला।

सिक्के व मुद्राओं पर हम नगरों के संदर्भ में आगे पुनः चर्चा करेंगे।

कर्ज में क्या हर्ज ?

जीसस के हाथ में एक कांटेदार चाबुक है। उनके सामने भगदड़ मची है। वह नंगे पीठ, नंगे शरीर वाले कुछ हृष्ट-पुष्ट लोगों को पीटते दिख रहे हैं। लोग किसी मंदिरनुमा भवन की सीढ़ियां पर गिरते-पड़ते भाग रहे हैं। जीसस के सामने कुछ महिलायें भी सीढ़ियों पर पड़ी हैं लेकिन यीशु क्रोध में चाबुक फटकार रहे हैं।

करुणामय जीसस की यह क्रोधभरी दुर्लभ छवि वाशिंगटन की नेशनल आर्ट गैलरी में लगी पेंटिंग में चित्रित है। स्पेनिश रेनेसां दौर के मशहूर चित्रकार ऐल ग्रेको की यह पेंटिंग *न्यू टेस्टामेंट* की मशहूर कहानी *क्लीनजिंग ऑफ टेम्पल* पर आधारित है। कहानी के अनुसार जीसस हेरोड्स टेम्पल पहुंचे। मंदिर का दालान सूदखोरों, पशु कारोबारियों और पशुओं से भरा हुआ था। जीसस ने तारों का एक चाबुक बनाया और सूदखोरों को उस चाबुक से पीट-पीट कर उनके पशुओं समेत मंदिर से भगा दिया। जीसस ने मनी चेंजर्स का धन बिखेर दिया, उनकी मेज पलट दीं और कहा कि *यहां से चले जाओ, भगवान के घर को कारोबार का घर मत बनाओ।*

यदि कोई यह पूछे कि बाईबल, हम्मूराबी, प्लैटो, अरस्तू, चार्ल्स द ग्रेट, दांते, थॉमस एक्विनस, कार्ल मार्क्स, शेक्सपियर, दोस्तोवस्की, चार्ल्स डिकेंस, एडम स्मिथ, जॉन मेनार्ड केंज में क्या समानता है ? अथवा यूरोप में राजनीतिक अर्थशास्त्र की सबसे आक्रामक बहस कौन सी थी ?

तो जवाब एक ही होगा इन सभी विचारकों, कवियों और लेखकों ने अलग-अलग मौकों पर कर्ज को बुराई माना है। कर्ज और ब्याज को जायज या नाजायज मानने की बहस पश्चिमी अर्थशास्त्र की सबसे प्राचीन बहस है।

समृद्धि का दर्शन

कर्ज मध्ययुगीन इतिहास की सबसे विवादित वित्तीय प्रणाली है जो इक्कीसवीं सदी की अर्थव्यवस्था में सबसे जरुरी प्रणाली बन गई। आज बैंकिंग, मुद्रा, विनिमय, निवेश इसी संस्था का विस्तार हैं।

विश्व व्यापार का पहला दौर न आया होता तो समग्र यूरोप शायद इटैलियन कवि दांते की इस धारणा में विश्वास कर रहा होता कि *कर्ज देने वाले सबसे कठोर सातवें नरक में सड़ेंगे, जहां उनकी गर्दन में पैसों का बड़ा सा थैला लटका दिया जाएगा।*

कर्ज को लेकर अपराधबोध इस्लाम और क्रिश्चियनिटी दोनों में दिखता है। इस्लामी शरीया धारणाओं में कर्ज का लेन-देन बुरा है इसलिए इस्लामी बैंकिंग कर्ज पर ब्याज नहीं लेती। यूरोप में भी इस्लामी बैंकिंग इजारा, मरबहा और मुश्रका प्रणालियों पर चलती है। इजारा के तहत बैंक किसी ग्राहक के लिए संपत्ति खरीदकर उसे किराये पर देते हैं जबकि मरबहा के अंतर्गत बैंक निर्धारित फीस या मार्जिन पर उत्पाद व सेवायें उपलब्ध कराते हैं। मुश्रका के तहत बैंक व उपभोक्ता मिलकर कारोबार करते हैं ओर लाभ व हानि में भागीदार होते हैं। इन सभी व्यवस्थाओं में ब्याज और कर्ज की प्रक्रिया प्रतिबंधित है।

चर्च के प्रभाव के चलते कर्ज और ब्याज को लेकर मध्ययुगीन यूरोप का नजरिया इतना संकीर्ण था कि इससे पश्चिमी समाज में लंबे समय तक यहूदी-ईसाई तनाव रहा। यहूदी परंपराओं में कर्ज का लेन देन बुरा नहीं था जबकि पारंपरिक चर्च इसे पाप मानता था। 1290 में किंग एडवर्ड ने यहूदियों को इंग्लैंड से निकाल दिया जिनकी वापसी 17वीं सदी में ही हो सकी।

16वीं सदी में यूरोपीय पुनर्जागरण के बाद कर्ज को लेकर धारणायें बदलीं क्योंकि समुद्री व्यापारिक अभियानों के लिए वित्त पोषण की जरूरत थी। दरअसल मर्केंटलिज्म के दबाव ने कर्ज को लेकर ईसाई मान्यताओं को परिवर्तित किया। इटली, हॉलैंड और इंग्लैंड के नए कारोबारियों को विश्व यात्राओं के लिए कर्ज मिला जो यूरोप से दक्षिण में स्पेनिश और उत्तर में डच व ब्रितानी कारोबारी विस्तार का जरिया बना। इसी दौर में विएना और फ्लोरेंस जैसे शहरों में बैंकिंग व कर्ज की शुरुआत हुई, जो व्यापार की जरूरत थी, अलबत्ता समाज ने इसे स्वीकार नहीं किया। इसलिए कर्ज देने वाले यूरोपीय साहित्य में कभी सम्मान नहीं पा सके। शेक्सपियर का प्रसिद्ध नाटक मर्चेंट ऑफ वेनिस इसका उदाहरण है।

कर्ज को लेकर कैथोलिक चर्च का नजरिया 19वीं सदी तक नहीं बदला लेकिन यूरोपीय और अमेरिकी समाज में कर्ज को लेकर हिचक खत्म होने लगी थी। इससे नई बैंकिंग प्रणाली उभरी जिसने बीसवीं-इक्कीसवीं सदी में दुनिया में पूंजी की आवाजाही का नेतृत्व किया।

कर्ज के बिना कारोबार कहां !

क्रमादर्थ रक्षयेदवा स्वाषतौ नृप एषुवे

राजा को भी अपना धन निक्षेप (डिपॉजिट) करना चाहिए।

- शुक्र संहिता

शुक्र संहिता की यह सलाह प्राचीन भारत में बैंकिंग अर्थात् ब्याज और कर्ज की प्रतिष्ठा का प्रमाण है। न्याय संहिताओं की रचना के साथ ही भारतीय समाज में बैंकिंग व कर्ज की प्रणालियां उभरने लगी थीं। निजी व्यापारी, महाजन और स्वर्णकार व इनके संगठन कर्ज, जमा व ब्याज की अर्थव्यवस्था को संचालित करते थे। उत्तर और पश्चिम भारत में श्रेष्ठि जबकि दक्षिण में निगम और पुग बैंकर का काम करते थे।

व्यापार समृद्ध था और व्यापारी समूह विश्वसनीय थे। भारत की प्राचीन बैंकिंग में राजा की सीधी भूमिका नगण्य थी।

राजा भी किसी श्रेष्ठि अर्थात् सेठ को अपना बैंकर बनाते थे। जातक कथायें तीन तरह के बैंकरों का संदर्भ देती हैं। इनमें एक राजश्रेष्ठि है, दूसरा महाश्रेष्ठि यानी निजी बैंकर और तीसरे उत्तर श्रेष्ठि अर्थात छोटे बैंकर। मथुरा, नासिक और दक्षिण भारत के कई अभिलेखों में बुनकरों, तैलविक्रेताओं, पुष्पविक्रेताओं के पास धन जमा करने, ब्याज लेने व कर्ज देने के उल्लेख हैं।

कर्ज और बैंकिंग की यह व्यवस्था निजी संपत्ति की श्रेष्ठता की अवधारणा का हिस्सा है। प्राचीन भारत की चिंता कर्ज को पश्चिम की तरह पाप या अपराध मानने की नहीं थी। यहां तो बहस कर्ज के अलग-अलग प्रकार तय करने और उस पर ब्याज की दरों को लेकर थी।

ऋग्वेद में कर्जदारों का उल्लेख मिलता है जो कर्ज नहीं चुकाते हैं। वैदिक साहित्य में कर्ज वापस न करने को पाप मानने के कई संदर्भ यह बताते हैं कि कर्ज की प्रक्रिया प्रचलन में रही होगी। हालांकि यह संदर्भ मुद्राओं के प्रचलन से पहले का है फिर भी वैदिक साहित्य में ब्याज को लेकर पर्याप्त और स्पष्ट संदर्भ नहीं है।

उपनिषद् और संहिता काल के दौरान नगरीय भारत के विकास के साथ कर्ज की व्यवस्था संस्थागत होने लगी थी। मुद्राओं का प्रचलन प्रारंभ होने के कारण कर्ज एक वित्तीय व्यवहार के तौर पर स्थापित हो चला था।

ब्राह्मण ग्रंथों और संहिता साहित्य में कुषीद और वार्धुष शब्दों का प्रयोग मिलता है। दोनों ही शब्द कर्ज देने से जुड़े हैं।

कुषीद का अर्थ है कर्ज देने वाला या मनी लेंडर एवं वार्धुष का अर्थ है ज्यादा ब्याज पर कर्ज देना शायद अनैतिक सूदखोरी।

प्राचीन संहिताओं में कुषीद और वार्धुष से जुड़े कई संदर्भ मिलते है जिनमें वार्धुष को यानी सूदखोरी के करीब माना गया है जबकि कुषीद के तहत कर्ज देने की प्रक्रिया को उपयुक्त माना गया है। तैत्तरीय संहिता और शतपथ ब्राह्मण में इन दोनों प्रणालियों का उल्लेख है।

नारद, मनु, याज्ञवल्क्य, बौधायन की संहिताओं में धन के बजाय अनाज के कर्ज का भी उल्लेख है जो संभवत: कुषीद प्रणाली के तहत आते थे।

कुषीद और वार्धुष पर चिंतन शायद लंबे समय तक चला। बाद में मनु और याज्ञवल्क्य संहिताओं पर कुलक और विजनेश्वर की टीकाओं में यह स्पष्ट किया गया कि कुषीद प्रणाली के तहत लिया गया ब्याज उचित है। *वृद्धयार्थ द्रव्यप्रयोग:* यानी कि कुषीद के जरिये उचित ब्याज दर पर धन बढ़ाने को न्यायसंगत घोषित किया गया जबकि वार्धुष को *निषिद्ध वृद्धयुपजीवनम* कहा गया यानी वार्धुष के तहत लिया गया ऊंचा ब्याज वर्जित है।

नीतिशास्त्रों के रचनाकाल तक करीब 15 फीसदी प्रति वर्ष का ब्याज मान्य हो चला था।

बैंकिंग की दूसरी संस्था यानी निक्षेप भी इसके साथ ही स्थापित हो गई थी जो कर्ज की प्रणालियों का आधार थी। निक्षेप अर्थात् डिपॉजिट को लेकर प्राचीन संहिता साहित्य में असंख्य संदर्भ मिलते हैं। नारद संहिता *(निक्षैपं गणितं बिदुः पूर्वमुवपच यापेक्ष्या परहस्तं दत्तमृणं निक्षैपे:)* कहती है कि जमाकर्ता के सामने गिनकर जमा किया गया संचालन निक्षेप था।

डिपॉजिट या निक्षेप कई प्रकार के होते थे। आधुनिक करेंट, फिक्स्ड और सेविंग्स अकाउंट की तरह इन पर अलग-अलग ब्याज दरें निर्धारित थीं। शुक्र संहिता ने 12,16 और 30 साल के निक्षेप को निक, मध्यमा और उत्तमा बताया है अर्थात् लंबे समय का जमा सबसे उपयुक्त है। निक्षेप मूलत: सिक्कों या सोने-चांदी के जमा से संचालित होते थे।

सरस्वतीविलास, अमरकोश, याज्ञवल्क्य, नारद और बृहस्पति संहिताएं दो तरह के लॉकर सिस्टम का प्रमाण देती है। इनमें पहला है या यशिता या न्यास जिसमें आभूषण को सुरक्षित रखने की व्यवस्था है जबकि दूसरा है उपनिधि जिसमें सील्ड डिपॉजिट की व्यवस्था है।

चौथी-पांचवीं सदी आने तक भारतीय समाज सामान्य कर्ज नहीं बल्कि इससे बहुत आगे आधुनिक ऋण पद्धतियों को आजमाने लगा था।

सातवीं-आठवीं शताब्दी के मध्य तक भारत में एक सक्षम मौद्रिक व्यवस्था लागू हो गई जिसमें कर्ज, मुद्रा विनिमय और व गिरवी रखकर कर्ज की प्रणालियां शामिल थीं। अर्थव्यवस्था व बाजार में कर्ज को गहरी धार्मिक व सामाजिक स्वीकार्यता हासिल थी। दक्षिण भारत के मंदिर धन संपत्ति को प्लेज करने या गिरवी रखने या संगठित करने का कारोबार करते थे।

मंदिरों से कर्ज के लेनदेन की यह व्यवस्था दुनिया के किसी भी धार्मिक समाज में सबसे अनूठी है। चेन्नई के उत्तरी उपनगरीय इलाके में स्थित दसवीं शताब्दी के मंदिर थिरुवारयूर में एक अभिलेख मिला है जिसमें सोने के बदले पंद्रह फीसदी ब्याज पर कर्ज देने की प्रक्रिया का उल्लेख है। इसमें यह भी दर्ज है कि मंदिर ने कर्ज व ब्याज की वसूली के लिए कर्मचारी रखे थे जिन्हें दो वक्त का भोजन दिया जाता था।

मुगल काल आने तक भारतीय बाजार मर्केंटाइल क्रेडिट व डिपॉजिट बैंकिंग की तरफ बढ़ गया था जिसमें बैंक जमा को एकत्र कर उस पर ब्याज देते थे। इसके साथ ही बिल ऑफ एक्सचेंज की प्रणालियां स्थापित हो गईं थीं जो वस्तुतः हुंडियां थीं जिनके जरिए कर्ज व धन देने की व्यवस्था थी।

उन्नीसवीं सदी के पहले दशक में बैंक ऑफ कोलकाता की स्थापना के साथ भारत में आधुनिक बैंकिंग की शुरुआत हुई। 19वीं सदी में मद्रास व मुंबई की रियासतों ने अपने बैंक शुरू किए। बीसवीं सदी के शुरुआती वर्षों में ब्रिटिश राज के तहत भारत में क्वाइनेज एक्ट के साथ एकल मुद्रा स्थापित होने के साथ आधुनिक बैंकिंग को गति मिली।

साख के सरताज

मुद्राओं का प्रचलन शुरू होने के कुछ ही समय बाद बिल ऑफ एक्सचेंज प्रचलन में आ गए। सामान्य रुप से हुंडी या हुंडिका कहे जाने बिल ऑफ एक्सचेंज का बड़े पैमाने पर पैसे के आदान-प्रदान के बदले प्रयोग किया जाता था।

बिल आफ एक्सचेंज केवल मौद्रिक विनिमय का विकल्प ही नहीं था बल्कि एक पूरी संस्था थी जो व्यापार में साख को स्थापित करती थी। क्योंकि इनके बदले व्यापारी एक-दूसरे के बीच सामान का आदान- प्रदान करते थे और इन पर कर्ज लेने की सुविधा भी थी। हुंडिका उन मौद्रिक विनिमयों का हिस्सा है जिनके नियम स्मृतिकारों और नीतिशास्त्रों ने तय किये। नीतिशास्त्रों में धान्य हुंडिका (अनाज), गोधूम हुंडिका (पशु विनिमय), घोटिकानाम (घोड़े) हुंडिका का संदर्भ मिलता है।

सातवीं सदी के प्रारंभ से हुंडिका आधारित व्यापार बडे पैमाने पर स्थापित होने लगा था। राजपूत युग के दौरान पश्चिम व दक्षिण भारत में हुंडिका व्यापार सौदों का बड़ा हिस्सा बन गई थी।

मुगल काल आते-आते हुंडियां ट्रेड फाइनेंस का बडा आधार हो गईं। इनके साथ माध्यमिक संस्थाओं का एक पूरा समूह विकसित हुआ जो मुद्रा रहित व्यापार, कर्ज और बिल एक्सचेंज को संभालता था। यही वह दौर था जब भारत में मनी लेंडर्स, बैंकर्स, मनी चेंजर्स का नेटवर्क तैयार हुआ जो बिल ऑफ एक्सचेंज जारी करते थे और उनका नकदीकरण करते थे।

हुंडिका प्रणाली के साथ-साथ ट्रेड इंश्योरेंस के शुरुआती प्रमाण भी मिलते हैं जिसमें ऊंचे ब्याज पर जोखिम को कवरेज दिया जाता था। हुंडिका उस दौरान व्यापार कर्ज का बड़ा जरिया थी। व्यापारी, सोना-चांदी विक्रेता और मनी चेंजर इनके बदले कर्ज देते थे जिस पर औसत 7.5 फीसदी ब्याज लगता था। हुंडिका उस दौर में मनी सप्लाई का हिस्सा हो गई थी।

हिसाब-किताब पक्का

मानव सभ्यता के इतिहास में अगर खगोलशास्त्र और ज्योतिष की सबसे करीबी दूसरी विधा तलाशना हो तो वह अकाउंटिंग होगी। गणित इन दोनों को जोड़ता है लेकिन अकाउंटिंग वाला गणित सामान्य गणनाओं से आगे निकल कर प्रशासन व बाजार से जुड़ जाता है।

बेबीलोन में हम्मूराबी (1772 ईसा पूर्व) की कानूनी संहिता में अकाउंटिंग के प्रारंभिक नियम शामिल किये गए। अंग्रेजी का अकाउंटबिलिटी शब्द जो विश्वास और उत्तरदायित्व का अर्थबोध देता है, अकाउंटिंग से निकला है। इसलिए जैसे-जैसे सत्ता और राज्य बढ़े— अकाउंटिंग और ऑडिट राजनीतिक प्रशासन की जरूरत बन गया। प्राचीन एथेंस में अकाउंटिंग को पॉलीटिकल अकाउंटबिलिटी से जोड़ा गया। शुरुआत बुक कीपिंग से हुई जो बाद में ऑडिट तक आई।

खाता बनाने यानी आधुनिक बुककीपिंग की शुरुआत भले ही 1340 में सिटी ऑफ जेनेवा से हुई हो जहां सेंट्रल गवर्नेंस के ऑफिस एक बडे रजिस्टर में डबल बुककीपिंग की जाती थी लेकिन दुनिया के अलग हिस्सों में अकाउंटिंग ईसा पूर्व की सदी से ही मौजूद थी। दरअसल सिक्कों और मुद्राओं की तरह अकाउंटिग का प्रारंभिक इतिहास भारत, यूनान, रोम, चीन और बेबीलोन में एक साथ शुरू होता है। यह समय ईसा पूर्व 600 का था।

अकाउंटिंग के बिना सिक्कों, व्यापार, कर्ज और बैंकिंग की कल्पना बेमानी है। अकाउंटिंग के प्राचीन संदर्भ बौद्ध स्तूपों और मंदिरों में मिलते हैं जहां दान की गणना के लिए खाते बनाए जाते थे। सिल्क रूट के जरिये व्यापार के साथ चीन पहुंचा बौद्ध धर्म वहां लेखा या खाते बनाने की पद्धतियां लेकर गया।

हिंदू व्यापारियों ने निगेटिव नंबर प्रणाली का आविष्कार किया जो शून्य के पीछे की गणना करती थी। यह प्रणाली व्यापारिक कर्ज की गणना के लिए विकसित हुई थी।

मा हुआन हो प्रसिद्ध चीनी समुद्री अभियानकर्ता चेंग हे की समुद्री यात्राओं के दौरान उनका अनुवादक था। उसने लिखा है, कालीकट में व्यापारी उंगलियों पर बड़ी-बड़ी गणनायें कर लेते थे।

भारत में अकाउंटिंग व ऑडिट (लेखा परीक्षा) के सबसे सुगठित नियम स्वाभाविक तौर पर अर्थशास्त्र में मिलते हैं लेकिन यह प्रणाली इसे पहले से प्रचलित थी जिसे कौटिल्य ने नियमों का आधार दिया। अर्थशास्त्र ने ऑडिट के नियम तय किये हैं। कौटिल्य ने मुख्य लेखा नियंत्रक व परीक्षक (चीफ कंट्रोलर एंड ऑडिटर) की स्थापना की व्यवस्था दी है जो साप्ताहिक, पाक्षिक, मासिक, चतुर्मासिक और सालाना आधार पर खातों की जांच करेगा।

कौटिल्य का अर्थशास्त्र ऑडिट की पूरी प्रणाली निर्धारित करता है जिसमें आमद व खर्च के मद, आय-व्यय की गणना, प्राप्ति रसीद, और पाने या जमा करने वाले के ब्योरे का हिसाब के नियम शामिल हैं। अर्थशास्त्र यह भी कहता है कि खाते बंद करने और बैलेंस तय होने के बाद लेखा नियंत्रक को भौतिक रूप से सत्यापन करना जरूरी है।

कौटिल्य ने ऑडिटर के अधिकार, उसके काम के तरीके और राजा को रिपोर्ट की पद्धति भी निर्धारित की है। लेखा परीक्षा एक सरकारी नियम था। कर प्रणाली व राजस्व इस पर आधारित थे। इसलिए व्यापारियों को भी खाते व हिसाब-किताब चाक-चौबंद रखना होता था।

वित्तीय संचालन इतने विस्तृत हो चुके थे कि आकाउंटिंग पहले एक पेशा बना और फिर विशेष जातियों में बदल गया। उत्तर और पूर्वी भारत में कायस्थों ने अपनी लिपि विकसित की जिसे *कायथी* कहा जाता है। पश्चिम भारत में अकाउंटेंट अपनी लिपि में काम करते थे जिसे *मोढ़ी* कहा जाता था। महाराष्ट्र में कुलकर्णी ब्राह्मण गांव के राजस्व की अकाउंटिंग संभालते थे। प्रसिद्ध मराठी संत ज्ञानेश्वर के पिता कुलकर्णी ब्राह्मण थे।

दक्षिण भारत में व्यापारियों के संगठन नगर अपने व्यापारिक संचालनों के विशेष अकाउंटेंट रखते थे जिन्हें नगरकक्करनकु कहा जाता था। प्रत्येक मंदिर का अपना खाता या लेखा होता था जिसके विस्तृत प्रमाण तंजावूर, कांची और कर्नाटक के मंदिरों में मिलते हैं।

गुजरात का ग्रंथ लेखापद्धति नवीं शताब्दी से पंद्रहवी सदी के बीच दैनिक अकाउंटिंग दस्तावेजों का संग्रह है। यह संग्रह किसने तैयार किया, इसका पता नहीं है लेकिन इसमें कर्ज, प्रशासनिक वित्तीय व्यवस्था बैकिंग, मार्टगेज, ट्रेन बिल, लैंड ग्रांट्स, धानिका और व्यावहारिक कर्ज प्रणालियों के दस्तावेज मिलते हैं। लेखापद्धति से जुड़े कई दस्तावेज सामाजिक ढांचे की जानकारी भी देते हैं।

मुगल काल में अकाउंटिंग और खातों की व्यवस्था और सुगठित होकर सरकारी और निजी कारोबार का हिस्सा हो गई। वह दौर निजी कर्जदाताओं और महाजनों का था जिनके खातों को सल्तनती अदालतों में मान्यता मिलती थी।

मुगलों ने नए राजस्व सिस्टम की शुरुआत की। टोडरमल के नेतृत्व में प्रारंभ हुआ यह राजस्व सुधार ऑडिट, बुक कीपिंग व अकाउंटिंग पर आधारित था। तब अकाउंटिंग भारतीय आर्थिक जनजीवन और सल्तन का अविभाज्य अंग बन चुकी थी।

ऑडिटर जनरल का कार्यालय अंग्रेजी राज के साथ शुरू होने वाले पहले भारतीय कार्यालयों में एक था। ब्रिटेन के सिंहासन ने 1858 में ईस्ट इंडिया कंपनी से भारत का अधिकार ले लिया और उसी वर्ष से ऑडिटर जनरल ने काम करना शुरू किया।

आजादी के बाद संविधान सभा की बहस में डॉ. भीमराव अंबेडकर ने कहा था कि ऑडिटर जनरल भारत के संविधान का सबसे अहम अधिकारी है। इसका दायित्व न्यायपालिका से ज्यादा बड़ा है इसलिए उसे अदालतों की तरह स्वतंत्र होना चाहिए। 2010 से 2014 के बीच भारत में भ्रष्टाचार के विरुद्ध जो जनमत तैयार हुआ, उसमें भारत के कंट्रोलर एवं ऑडिटर जनरल की रिपोर्ट की प्रमुख भूमिका थी।

स्वायत्त नियामक

नियामकों के पूर्वज

आर्थिक प्रशासन में स्वायत्त नियामक संस्थाओं का प्रारंभ अमेरिका से होता है जब 1887 में इंटरस्टेट कॉमर्स कमीशन का गठन हुआ जो अमेरिका के रेल रोड के नियमन के लिए बना। बाद में वाटरवेज और तेल कंपनियों को इसके अधिकार में लाया गया।

आधुनिक युग में स्वतंत्र नियामक सत्ता के दखल से बाहर रहकर अपने-अपने क्षेत्रों में आर्थिक नियमन करते हैं। स्वतंत्र रेगुलेटर तब प्रचलन में आए जब सरकारें और निजी

क्षेत्र एक ही कारोबार में सक्रिय हुए और दोनों के बीच कारोबार के समान अवसारों की बहस शुरू हुई।

रेगुलेटर्स का गठन विधायिकाओं से पारित कानूनों के तहत होता है। नियामक संस्थाओं को सरकार अपने अधिकार सौंपती है और नियमन व विवाद निस्तारण की ताकत से लैस करती है। यह एक तरह से सरकार का विकेंद्रीकरण है जिसमें राजनीतिक नेतृत्व अपनी ताकत प्रोफेशनल अधिकारियों को सौंपता है।

बीसवीं सदी से पूरी दुनिया में स्वायत्त और ताकतवर नियामक काम करने लगे हैं। अमेरिकन फेडरल कम्युनिकेशंस कमीशन (एफसीसी), फेडरल ट्रेड कमीशन (एफसीसी), सिक्योरिटीज एंड एक्सचेंजस कमीशन (एसईसी) भारत में सिक्यूरटी एंड एक्सचेंज बोर्ड ऑफ इंडिया (सेबी) या टेलीकॉम रेगुलेटरी अर्थारिटी (टीआरएआई) इसके उदाहरण हैं।

प्राचीन इतिहास में स्वायत्त नियामक संस्थाओं की शुरुआत ईसा पूर्व 400 यानी महाजनपद युग से ही हो गई जिन्होंने प्राचीन भारत में स्वतंत्र मुक्त बाजार तैयार बनाने और उसकी ग्लोबल साख स्थापित करने में महत्वपूर्ण भूमिका निभायी।

कौटिल्य का अर्थशास्त्र इस बात का प्रमाण है कि मौर्य युग आने तक भारतीय बाजार में दो तरह के नियामक सक्रिय हो चले थे। पहला वर्ग राजप्रशासन का था जिसके तहत मंत्रिपरिषद, सेनाधिकारी, दंडाधिकारी, प्रशासक, भंडार अधिकारी, किलाधिपति, श्रम अधिकारी, महल अधिकारी, नगराधिकारी जैसी संस्थायें आती थीं, जो आधुनिक संदर्भों में सरकार को संभालते थे ।

दूसरा वर्ग स्वतंत्र नियामक संस्थाओं का था जो आर्थिक गतिविधियों और बाजार का नियमन करती थीं। दूसरी-तीसरी शताब्दी तक भारतीय बाजार की अधिकांश प्रमुख आर्थिक गतिविधियां निजी हाथों में थीं। उत्पादन, वितरण और विपणन की बाजार शक्तियों को निजी व्यापारी संभालते थे। उन्हें संभालने के लिए नियामकों की एक पूरी श्रृंखला खड़ी की गई जो खनन, उत्पादन, मुद्रा, टैक्स व राजस्व, व्यापार आदि का नियमन व विवाद निस्तारण करते थे। अर्थशास्त्र इनके संचालन के विस्तृत नियम निर्धारित करता है।

नियामकों का यह विशद तंत्र भारत के उत्तर व दक्षिणी हिस्सों में अलग नामों व संस्थाओं के तहत आठवीं-नवीं सदी तक सक्रिय रहा। व्यापार मार्गों के विकास और अंतरराष्ट्रीय व्यापार संबंधों के साथ नियामकों की भूमिका महत्वपूर्ण होती गई। मुगल काल की शुरुआत के साथ नियामकों की व्यवस्था बदली और गिल्ड व व्यापार समूह कई जगह नियामक व्यवस्था में आ गए जबकि कई गतिविधियों का नियंत्रण सीधे सल्तनत के हाथ में आ गया।

खरी नाप-तौल

बांट और माप का इतिहास, भारत और दुनिया की सभ्यताओं में लगभग एक साथ शुरू होता है। मिस्र और मेसोपोटामिया के मंदिरों में छड़ों से मापन के प्रमाण मिले हैं। दूसरी तरफ भारत में हड़प्पा युगीन अवशेष यह सिद्ध करते हैं कि भारत की प्राचीन सभ्यतायें बांट व मापन की तकनीकें साध चुकी थीं।

मोहनजोदड़ो, हड़प्पा और चहूंदड़ो की खुदाई में करीब घनाकार के 500 वेट्स या बांट मिले हैं। दूसरी तरफ लोथल, सुरकोटडा, कालीबंगन, धोलावीरा, हड़प्पा और मोहनजोदड़ों में निकले ग्रिड पैटर्न शहरी आकार व लंबाई-चौड़ाई माप की प्रणालियों को स्थापित करते हैं।

गांधार और अमरावती के पुरातात्विक उत्खनन में पहली बार लोहे की तुला यानी बैलेंस मिले। 400 ईसा पूर्व की यह सामग्री न केवल बांट व मापन की पद्धतियों बल्कि तराजू जैसे उपकरणों के प्रचलन का प्रमाण है। मौर्य युग (322 से 185 ईसा पूर्व) में एक जटिल लेकिन सफल बांट व मापन प्रणाली स्थापित हो चुकी थी। कौटिल्य का अर्थशास्त्र प्राचीन भारत में बांट व मापन की अद्‌भुत, जटिल व सूक्ष्म प्रणाली का विशद विवेचन करता है।

बांट व मापन की यह प्रक्रिया मौर्य युग से लेकर ग्यारहवीं सदी तक चलती रही । दूसरा बड़ा परिवर्तन मुगल युग में आया जब अकबर के लिए टोडरमल ने नया बांट व मापन सिस्टम लागू किया। गज व बीघा के जरिए भूमि मापन शुरू हुआ जो बाद में भू राजस्व का आधार बना। ईस्ट इंडिया कंपनी ब्रितानी पद्धति लेकर आई जो अंततः भारत में मीट्रिक प्रणाली के आधिकारिक प्रचलन का आधार बनी, जिसे स्वतंत्र भारत की नई सरकार ने भी स्वीकार किया।

भीष्म के राजमंत्र

जैसे एक चतुर मनुष्य गाय को रोज दूहता है, ठीक उसी तरह राजा को कर संग्रह करना चाहिए। मधुमक्खी पुष्प और पेड़ को हानि पहुंचाये बिना मधु संग्रह करती है, ठीक उसी तरह राजा को राजस्व जुटाना चाहिए।

(भीष्म युधिष्ठिर संवाद महाभारत शांति पर्व राजधर्मानुशसान पर्व)

टैक्स के सबसे प्राचीन संदर्भ ईसा से करीब 1500 साल पहले मिस्र के फराओ सम्राटों के शासन काल के हैं। तब टैक्स को स्क्राइब कहा जाता था। दस्तावेजी तौर पर टैक्सेशन के

सबसे सुगठित प्रमाण चीन में हैं जहां 3000 साल के रिकार्ड उपलब्ध हैं। यूनान व रोमन साम्राज्यों में भी राजस्व का प्रमुख स्रोत टैक्स ही था जहां निर्यात व आयात पर पोर्टोरिया नाम का कर लगता था।

रोमन साम्राज्य में सीजर आगस्टस को चतुर टैक्स प्रशासक माना जाता था। ब्रिटेन में पहले टैक्स रोमन साम्राज्य के नियंत्रण के दौरान ही लागू हुए। शुरुआती टैक्स अमीरों, सरकारी अफसरों और चर्च के धनी पादरियों पर लगते थे। व्यापारियों को चल संपत्ति यानी सोना आदि पर कर देना होता था। आधुनिक इनकम टैक्स की शुरुआत यूरोप में 1800 में होती है जब नेपोलियन के साथ हुए युद्ध का खर्च निकालने के लिए टैक्स लगाये गए।

भारत में टैक्सेशन की प्रणाली चौथी सदी के बाद सुगठित होने लगी था।

मनु स्मृति निर्धारित करती है कि व्यापारियों और शिल्पकारों को अपने लाभ का पांचवां हिस्सा सोने या चांदी के रूप में टैक्स के तौर पर देना होगा। जबकि किसान फसल की स्थिति के आधार पर छठा, आठवां या दसवां हिस्सा देंगे। स्मृतियां इसका प्रमाण हैं कि प्राचीन भारत में सिर्फ लाभ, व्यापार पर ही नहीं, सेवाओं पर भी टैक्स लगता था। मनुस्मृति और अर्थशास्त्र ने मनोरंजन करने वाले कलाकारों पर टैक्स लगाने का प्रस्ताव किया है।

यह टैक्स प्रणाली उत्पादक और व्यापक आधार वाली थी जिसमें प्रत्यक्ष और अप्रत्यक्ष टैक्स का उचित मिश्रण था, लेकिन ज्यादा जोर प्रत्यक्ष टैक्स पर था और यह सभी उपयुक्त लोगों को कर के दायरे में लाता था। उस दौर में करों की संख्या अधिक थी जो इस बात का प्रमाण हो सकती है कि प्राचीन अर्थव्यवस्था में बहुआयामी आर्थिक गतिविधियां मौजूद थीं।

कौटिल्य का अर्थशास्त्र करारोपण को प्रशासन की नीति के तौर पर स्थापित करता है। अर्थशास्त्र के लेखन के समय तक कर प्रणाली, कर दरें और प्रशासनिक नियम व्यवस्थित हो चुके थे। कौटिल्य ने कर लगाने के साथ कर से छूट के नियम भी निर्धारित किये जो कर रियायत का सबसे पुराना प्रमाण है।

भारत में इनकम टैक्स एक्ट 1922 में आया। शराब, नमक व कई अन्य उत्पादों पर टैक्स् मौर्य युग से लगना प्रारंभ हुआ था जो मुगल काल तक चलता रहा। उत्पाद शुल्कों (एक्साइज) का आधुनिक स्वरूप 1894 में पहली बार सामने आया जब सूती धागे पर टैक्स लगाया गया। कस्टम्स ड्यूटी यानी आयात-निर्यात पर शुल्क का इतिहास भी मौर्य युग से शुरू होता है और मुगल काल से होते हुए 1786 में आकर आधुनिक स्वरूप लेता है जब कोलकाता में ब्रिटिश शासन ने नया रेवेन्यू बोर्ड बनाया। 1808 में ट्रेड बोर्ड ने कस्टम ढांचे को आधुनिक बनाना शुरू किया और 1894 में कस्टम्स ड्यूटी एक्ट बना जिसने पुराने टैरिफ एक्ट की जगह ली।

कारोबारियों के कानून

ईसा पूर्व तीसरी सदी से पहली ईस्वी के बीच तंजावूर, पुहार, कोच्चि, मथुरा, वाराणसी, कौशांबी या विदिशा में बाजारों में ऐसी मुद्रायें और सिक्के आने लगे थे जो राजा नहीं बल्कि व्यापारियों के समूहों या संघ (गिल्ड) ने जारी किये थे।

धनी व्यापारियों के संगठनों का संदर्भ निगम, नगरम, श्रेणी, पुग, वार्ता संघ और नगरश्रेष्ठि, सार्थवाह के तौर पर मिलता है। यह प्राचीन भारत में बाजार के नियमन का एक और स्तर था जहां खुद व्यापारी ही व्यापार के नियामक थे। वे कारोबार को बुनियादी ढांचा, सुरक्षा और सुविधायें उपलब्ध कराते थे, अपनी मुद्रायें व मुद्रा विनिमय निर्धारित करते थे और विवाद निस्तारण करते थे।

कौशाम्बी (उत्तर प्रदेश) में दूसरी शताब्दी के ताम्र सिक्के मिले हैं जिन पर गंधिकानाम अंकित है, जो शायद सुगंध के व्यापारियों ने जारी किये थे। इसी तरह तक्षशिला में मिले कुछ सिक्कों पर हिरण्यस्वामी व पंचेमेकम अंकित है। जो व्यापारी समूहों के निजी मुद्रा प्रसारक की तरफ से जारी किये गए माने जाते हैं। दूसरी शताब्दी के कुछ और सिक्के भी संग्रहालयों में उपलब्ध हैं जिन पर शहरों के नाम जैसे वाराणसी, कौशांबी, विदिशा, उज्जयिनी, माहिष्मती अंकित हैं। इनमें से कई सिक्के व्यापारी संघ ने जारी किये थे।

राजघाट, बैठा, झूंसी, हरगोन और अहिच्छत्रा से मिली तरह-तरह की मुद्राओं (सील व सीलिंग्स) पर 'निगम' 'निगमस्य' जैसे शब्द अंकित हैं जो गिल्ड की रेगुलेटरी क्षमता को प्रमाणित करते हैं। ये मुद्राएं या सील ईसा पूर्व तीसरी सदी से पहली ईस्वी के बीच की मानी जाती हैं। राजघाट से मिली एक सील पर स्वास्तिक का चिन्ह है और ब्राह्मी लिपि में गैवायक अंकित है जो दूध व्यापारियों के गिल्ड को प्रमाणित करता है। ठीक इसी तरह बैठा और अहिच्छत्रा की सीलिंग्स तीर बनाने वाले और बर्तन बनाने वाले व्येपार संघ से संबंधित हैं ।

बाजार के स्वविनियमन की यह प्रणाली धार्मिक स्मृतियों और नीति ग्रंथो से निकली थी जो तत्कालीन मुक्त बाजार को अपने नियम तय करने की छूट देती हैं। यही वजह थी कि भारतीय बाजार में राजसत्ता के समानांतर एक समृद्ध व निजी विनियिमन विकसित हुआ।

गौतम धर्मसूत्र व्यापारियों को कारोबार के नियम तय करने की छूट देता है जिसमें कर्ज व ब्याज की व्यवस्थायें भी शामिल हैं। मथुरा, नासिक और जुन्नार के पुरालेख व जातक कथाओं में कई संदर्भ हैं जो व्यापार संघ के स्वतत्र नियामक व बैंकर होने के प्रमाण हैं।

बाजार की नियम व्यवस्था में व्यापार संघ तीन तरह से योगदान करते थे।

निगम या नगरमः मुद्राओं का संचालन करते थे। उनकी मुद्रायें या सील जो अलग-अलग बाजारों में कर्ज या सेवायें हासिल करने में इस्तेमाल होती थीं, विभिन्न व्यापार समूहों के बीच संबंध व लेनदेन, पण्य बाजारों का संचालन, विवाद निस्तारण, राजसत्ता से व्यापार के रिश्तों का संरक्षण इनका प्रमुख दायित्व था।

सार्थवाहः व्यापार यात्राओं का नेतृत्व और संचालन, व्यापार मार्गों की निगरानी, व्यापार यात्राओं के दौरान वित्तीय व अन्य, सेवायें, व्यापार काफिलों से विनियम के नियम व विवाद निस्तारण।

नगर श्रेष्ठिः बैंकर, कर्ज, मुद्रा विनियम, भंडारण और बाजारों का संचालन, राजा को धन की सहायता, राजस्व में कमी पर योगदान

निजी संपत्ति की श्रेष्ठता को धार्मिक-सामाजिक मान्यता और कर्ज व पूंजी को व्यापार की जरूरत के तौर पर स्वीकार किये जाने से भारतीय आर्थिक समाज को लोकतांत्रिक और स्वावलम्बी बना दिया जो सत्ता से निरपेक्ष था और अपने फैसले खुद ले सकता था। यह पारदर्शी व्यवस्था, विदेशी कारोबारियों में भारत की साख का आधार थी। जिसकी वजह से अंतरराष्ट्रीय प्रतिस्पर्धा के प्रत्येक चरण पर भारत एक प्रमुख बाजार रहा।

मुक्त प्रतिस्पर्धा के संस्कार

अगर प्राचीन भारत के पुहार, कावेरीपट्टनम, तक्षशिला, वाराणसी, श्रावस्ती, मथुरा, विदिशा जैसे नगरों की ताकत को समझना हो तो हमें इकोनॉमिक ज्योग्राफी की मदद लेनी होगी। यह विज्ञान आज के बोस्टन, लंदन, यिवू (चीन की कमोडिटी सिटी पूर्वी तट पर चेकियांग राज्य का शहर जो दुनिया के सबसे बड़े बहुउत्पाद बाजार का केंद्र है), इटली के चमड़ा फैशन या जर्मनी के इंजीनियरिंग क्लस्टर की ताकत को समझने में हमारी मदद करता है।

इकोनॉमिक ज्योग्राफी, अपेक्षाकृत एक नया विज्ञान है जो बाजारों के अंतरराष्ट्रीय एकीकरण के बाद विकसित हुआ। इस विज्ञान के जरिये आधुनिक अर्थशास्त्र यह जानने की कोशिश करता है कि आखिर क्यों दुनिया भर की कंपनियां चीन में उत्पादन आधार बनाती हैं और क्यों दक्षिण जर्मनी आटो कंपनियों का गढ है? सूचना तकनीक कंपनियां कैलिफोर्निया स्थित सिलिकॉन वैली का ही रुख क्यों करती हैं? अथवा कोई फाइनेंशियल सर्विसेज कंपनी के लिए कारोबार बोस्टन या लंदन को ही क्यों चुनती हैं ?

आर्थिक भूगोल प्रतिस्पर्धा का विज्ञान है। यह उन कारकों का अध्ययन करता है जिनके जरिये दुनिया के कुछ हिस्से निवेश और व्यापार की होड़ में दुनिया के अन्य देशों से आगे निकल जाते हैं। प्रतिस्पर्धा बहुआयामी है। उत्पाद व सेवा की आपूर्ति की। एक बड़ी श्रृंखला के जरिये कंपनियां अपनी लागत व प्रतिस्पर्धा को संतुलित करती हैं। इसके बावजूद कारोबारी प्रतिस्पर्धा में भौगोलिक स्थिति का महत्व कम नहीं हुआ है।

कारोबारी प्रतिस्पर्धा के दर्शन में शायद सदियों से निरंतरता रही है। यह आज जिन कारकों पर निर्भर है ठीक वही कारण दूसरी शताब्दी में रहे थे जिनके चलते भारत दुनिया में मुक्त बाजार प्रतिस्पर्धा का आयातक और निर्यातक हो गया। शुरुआती सदियों में भारत के शहर उस दौर के सबसे बड़े व्यापारिक क्लस्टर थे जो व्यापार प्रतिस्पर्धा को अपनी तरफ खींचते थे।

भारत तीन की प्रतिस्पर्धाओं की प्रयोग भूमि था।

बाजार की प्रतिस्पर्धा

वस्तुओं और सेवाओं की आपूर्ति के आधार पर कोई भौगोलिक क्षेत्र प्रतिस्पर्धा को आकर्षित करता है। ईसा पूर्व पहली सदी से लेकर आधुनिक युग तक भारत के पास हमेशा ऐसा कुछ रहा है जिसने दुनिया के व्यापारियों को उसकी तरफ आकर्षित किया।

प्राचीन युग में भारत के शहर दुनिया के सबसे बड़े कमोडिटी बाजारों में एक थे जो स्थानीय व बहुराष्ट्रीय ट्रेड का केंद्र थे। भारत से निर्यात-आयात और यहां से गुजरने वाले सामानों की सूची इतनी लंबी थी कि अचरज होता है। काली मिर्च, दर्जनों मसाले, कपड़ा, सुगंधियां, भारत के प्रमुख निर्यात में शामिल थीं। इनके अलावा पशु पक्षी, घोड़े, रत्न, चंदन, शालें, लकड़ी, जड़ी-बूटियां भी शामिल थीं। अपनी रणनीतिक भौगोलिक स्थिति के कारण भारत फारस और उत्तर पूर्व के बाजारों के बीच ट्रांजिट मार्केट था, ठीक आज के यूरोप की तरह।

भारत के भीतरी शहर अंतरदेशीय, क्षेत्रीय और स्थानीय कारोबारी प्रतिस्पर्धा का केंद्र थे जो बंदरगाहों से जुड़े थे। शहरों में शिल्प व उद्योग के क्लस्टर (संगठित केंद्र) भी थे जो बहुआयामी व्यापार के साथ विकसित हुए। वाराणसी, नासिक, गुजरात और कावेरी घाटी में ऐसे कई ऐतिहासिक कपड़ा क्लस्टर आज तक सक्रिय हैं।

प्रतिस्पर्धा को आकर्षित करने के लिए बाजार व्यवस्था में भरोसा जरूरी है। भारत में सिक्के, बांट-माप शहरीकरण की शुरुआत के साथ ही आ चुके थे एवं कर्ज की व्यवस्था भी

स्थापित हो चुकी थी। नियामक सक्रिय थे और व्यापार को समाज व धर्म का पूरा संरक्षण था इसलिए भारत तत्कालीन अर्थव्यवस्था का आकर्षण था।

साम्राज्यों की प्रतिस्पर्धा

इतिहास के सभी चरणों में भारत ने प्रतिस्पर्धा को आमंत्रित और वितरित किया। लेकिन यह प्रतिस्पर्धा हमेशा व्यापारिक ही नहीं थी। व्यापार से उपजी समृद्धि ने एक नए तरह की होड़ को जन्म दिया। वह भारत की समृद्धि को लेने या भारत को अपने साम्राज्य में शामिल करने की होड़ थी। पहले अध्याय में हम जान चुके हैं कि आधुनिक दुनिया बनाने वाली ताकतों में साम्राज्यवाद एक महत्वपूर्ण कारक है।

आठवीं शताब्दी तक भारत में व्यापार प्रतिस्पर्धा का पहला चरण इतनी समृद्धि ला चुका था कि इससे आकर्षित होकर तुर्क, अफगान, मंगोल और मुगल भारत आए। बाद में डच, पुर्तगाली और ब्रितानी भी।

इस प्रतिस्पर्धा ने भारतीय समृद्धि की यात्रा को खंडित किया और प्रगति को रोका, लेकिन साम्राज्यवादी प्रतिस्पर्धा नई संस्कृतियों, विचारों, व्यवस्थाओं और शासन पद्धतियों को लेकर भी आई ।

व्यापारियों की प्रतिस्पर्धा

यदि कोई सत्रहवीं सदी के शुरुआती वर्षों का एम्सटर्डम नए सिरे से गढ़ना चाहे तो वह एक ऐसे इतिहास को रचे बिना नहीं रह सकेगा जिसने आने वाली सदियों में दुनिया के निजी कारोबार का पूरा ढांचा ही बदल दिया।

सत्रहवीं सदी के शुरुआती वर्षों में एम्सटर्डम (नीदरलैंड) में दुनिया की पहली ज्वाइंट स्टॉक कंपनी (कई लोगों और निवेशकों की हिस्सेदारी) बनाई गई और इसके शेयरों की ट्रेडिंग के लिए दुनिया का पहला स्टॉक एक्सचेंज तैयार हुआ। यह सब भारत की वजह से हुआ जो उस समय पूरी दुनिया को सिर्फ मसाले या कपड़े नहीं बल्कि प्रतिस्पर्धा का भी निर्यात कर रहा था।

काली मिर्च, जायफल, जावित्री, दालचीनी, लौंग जैसे मसाले, 16वीं सदी के मध्य तक यूरोपीय स्वाद में और खाद्य अर्थव्यवस्था का हिस्सा बन चुके थे। मध्ययुगीन यूरोप में भारतीय मसालों की मांग में इजाफा होता जा रहा था। यूरोप में खाने के लिए ही नहीं बल्कि खाने को सुरक्षित रखने के लिए भी इनका इस्तेमाल होता था।

मर्केंटलिज्म का दौर शुरू होने से पहले तक ये मसाले शताब्दियों पुराने स्थलीय स्पाइस मार्ग से यूरोप पहुंचते थे। लेकिन जब पुर्तगालियों ने केप ऑफ गुड होप होते हुए भारत तक जाने का समुद्री मार्ग खोज लिया तो मसालों के कारोबार की सूरत ही बदल गई।

पुर्तगाल, स्पेन, डच व ब्रितानी भारत से मसालों के कारोबार पर कब्जे की जुगत में लगे थे। इस होड़ में डच व्यापारियों को ऐसी वित्तीय व्यवस्था की तलाश थी जिसके जरिये भारत जाने वाले समुद्री बेड़ों की संख्या को बढ़ाया जा सके और समुद्री यात्रा में जोखिमों के बड़े समूह के बीच बांटा जा सके। जहाजों के डूबने से व्यापारियों को बड़ा नुकसान होता था। यह जरूरत ही दुनिया में पहली बार ज्वाइंट स्टॉक कंपनियों और स्टॉक एक्सचेंज के आविष्कार की वजह बनी।

हुआ यूं कि 1600 में डच बंदरगाहों से करीब छह ईस्ट इंडिया कंपनियां काम कर रही थीं जो मसालों व भारतीय उत्पादों के आयात में लगी थीं। कंपनियां अस्थायी थीं और केवल समुद्री यात्रा तक काम करती थीं। व्यापारी प्रत्येक समुद्री यात्रा के लिए पूंजी जुटा कर कंपनी बनाते थे, जो जहाजों का बेड़ा लेकर यात्रा पर जाती थी। यात्रा से लौटने के बाद निवेशकों को पूंजी लौटा दी जाती थी।

यह व्यवस्था तत्कालीन पुर्तगाल और स्पेन के व्यापार अभियानों की तुलना में अस्थायी और गैर-प्रतिस्पर्धात्मक थी। डच व्यापारियों के मुकाबले पुर्तगाल और स्पेनिश व्यापारिक अभियान बड़े और स्थायी थे जिन्हें तत्कालीन साम्राज्य की मदद हासिल थी।

इन हालात में मर्केंटलिस्ट प्रतिस्पर्धा में आगे रहने के लिए डच संसद और स्टेट्स जनरल ने वह काम किया जो आने वाले समय के लिए एक नजीर बन गया। 1602 में डच संसद के आदेश पर ईस्ट इंडिया कंपनियों को एक में मिलाकर यूनाइटेड डच चार्टर्ड ईस्ट इंडिया कंपनी (वीओसी) बनाई गई जो विश्व इतिहास की पहली ज्वाइंट स्टॉक कंपनी थी, जिसके शेयरों को हासिल करने के लिए व्यापारियों, दस्तकारों यहां तक कर्मचारियों में होड़ मची थी क्योंकि भारतीय मसालों का कारोबार उस समय का सबसे फायदे वाला धंधा था। इस कंपनी में 1143 शेयर धारक थे। वीओसी ने 64.5 करोड़ गिल्डर्स की पूंजी जुटाई।

डच ईस्ट इंडिया कंपनी यानी वीओसी, ब्रिटिश ईस्ट इंडिया कंपनी के मुकाबले काफी बड़ी थी। ब्रिटिश ईस्ट इंडिया कंपनी वीओसी से दो साल पहले बनी जिसका पूंजी आधार केवल 8,20,000 गिल्डर था और उसके शेयरों धारकों की संख्या केवल 219 थी।

वीओसी सरकार प्रायोजित कंपनी थी इसलिए हालैंड के राज्यों के बीच उठने वाले विवाद इसके गठन में बाधा नहीं बने और यह एक मेगा कॉर्पोरेशन बन गई। वीओसी ने पुर्तगालियों की तुलना में शुरुआती सफलता अर्जित की। 1603 से 1607 के बीच 22 जहाज एशिया भेजे गए। इस कंपनी ने बंगाल की खाड़ी के तट पर मछलीपट्टनम में ठिकाना भी बनाया।

कंपनी बनने और शेयरधारकों के बीच उत्साह के कारण इसके शेयरों का सेकेंडरी मार्केट बनते देर नहीं लगी। कंपनी के खाते जल्दी-जल्दी खोले जाते थे ओर शेयरों का हस्तांतरण होता था इसलिए वीओसी के शेयरों का फारवर्ड मार्केट तैयार हो गया। पहले यह ट्रेडिंग खुले में होती थी लेकिन बाद में एम्सटर्डम टाउन हॉल के पास एक बाजार तैयार किया गया जो दुनिया का पहला स्टॉक एक्सचेंज था।

ऑक्सफोर्ड कॉलेज जैसी इस इमारत में भारत से कारोबार करने वाले दुनिया के पहले मेगा कॉर्पोरेशन के शेयरों की ट्रेडिंग होती थी। यह बाजार बनते ही एक डच बैंकर ने वीओसी के शेयरों के बदले कर्ज देना भी शुरू कर दिया। और इस तरह कंपनी, शेयर बाजार और बैंकों की तिकड़ी अस्तित्व में आई जो आधुनिक कॉर्पोरेट इकोनॉमी का आधार है।

समृद्धि से कल्याण

कौरवों पर विजय के बाद युधिष्ठिर ने तीन अश्वमेध यज्ञ किये। दान की नदी बह निकली। ख्याति इतनी हुई कि पांडव अपनी दानवीरता के गर्व से भर गए। तीसरा अश्वमेध यज्ञ पूरा ही हुआ था और लोग यज्ञ स्थल जा रहे थे कि एक अद्‌भुत नेवला वहां आया। उसका आधा शरीर स्वर्ण का था। वह यज्ञ स्थल पर लोट पोट होने लगा।

कुछ देर बाद उसने गर्जना करते हुए कहा कि पांडवों इस यज्ञ का पुण्य एक निर्धन ब्राह्मण के मुटठी भर सत्तू के दान के समान नहीं है।

युधिष्ठिर अचरज में भर गए। उन्होंने नेवले से प्रश्न किया कि इस यज्ञ की निंदा क्यों ?

नेवले ने कहा कि कुरुक्षेत्र में एक ब्राह्मण, खेतों में गिरे हुए अन्न के संग्रह से अपने परिवार की जीविका चलाते थे। एक बार अकाल पड़ा। कई दिनों तक भूखे रहने के बाद उन्हें थोड़े से जौ मिल सके जिससे ब्राह्मण परिवार ने सत्तू बना लिया।

पूजा पाठ के बाद परिवार चार हिस्सों में बंटे उस सत्तू को खाने बैठा ही था कि एक

भूखे ब्राह्मण आ गए। निर्धन ब्राह्मण ने उन्हें बैठाया और अपना हिस्सा दे दिया। अतिथि तृप्त नहीं हुए तो पत्नी का हिस्सा आ गया और फिर क्रमशः पूरे परिवार का सत्तू ब्राह्मण ने खा लिया।

इस उदारता से प्रसन्न अतिथि ने कहा कि मैं धर्म हूं और आपके पूरे परिवार को सशरीर स्वर्ग भेजता हूं।

नेवले ने कहा कि उस स्थान पर सत्तू के कुछ कण पड़े थे जिनमें लोटकर मेरा आधा शरीर स्वर्ण का हो गया। इसके बाद किसी भी यज्ञ में मुझे ऐसा परिणाम नहीं मिला।

महाभारत की यह कथा अश्वमेध पर्व की है। समृद्धि से दान और ऐसा न करने पर होने वाले नुकसानों की चेतावनियां भारतीय धार्मिक लेखन व सामाजिक परंपराओं का हिस्सा हैं। बौद्ध जातकों ने दान की इस परंपरा को और समृद्ध किया।

दान सबसे बड़ी आर्थिक गतिविधि है जिसे भारत के प्राचीनतम धार्मिक साहित्य से लेकर लगभग हर युग के धार्मिक व सांस्कृतिक साहित्य में जगह मिली है। यह शायद संपत्ति को शुभ, समृद्धि को ईश्वर की कृपा, कर्ज को जरूरत और व्यापार को धर्म मानने वाले भारतीय समाज की संतुलन की कोशिश थी जिसमें दान धार्मिक आचरण और जीवन पद्धति का हिस्सा बन कर भारतीय समाज की रीतियों, परंपराओं, पूजा, कथाओं में गहरे तक उतर गया और हिंदू परंपराओं व पर्वों का हिस्सा बन गया।

कॉर्पोरेट सोशल रिस्पांसबिलिटी के आधुनिक मानक समाज सेवा के क्षेत्र में बड़े कॉर्पोरेशनों की भूमिका को निर्धारित करते हैं। भारतीय धर्म चिंतन धारा से दान की अवधारणा निकली जो केवल समृद्धों या व्यापारियों के लिए ही नहीं, दान को सभी के लिए अनिवार्य करती थी।

दान के नियम धन-संपत्ति के नियमों के साथ ही निर्धारित हुए । दान की महत्ता वैदिक साहित्य, औपनिषिदिक साहित्य, पुराणों, मिथकों-महाकाव्यों और बौद्ध व जैन साहित्य में एक समान रूप से मिलती है।

भारतीय परंपरा धन की तीन गतियां मानती है जिसमें पहली है दान, दूसरा है उसका उपभोग और तीसरा नाश। धन की पहली गति यानी दान को कई माध्यमों से स्थापित किया और धन के साथ लोभ के जोखिम को संभालने का प्रयास किया। हिंदू व्यापार परंपरा में दान या चैरिटी का सिद्धांत धन को समाज के साथ बांटने, समय आने पर धन का त्याग करने और लोभ से बचने को प्रेरित करता है।

प्राचीन भारतीय साहित्य में दान का दर्शन तीन तरह से विवेचित है। वेद, उपनिषद् दान को पुण्य मानते हुए उसका दार्शनिक आधार निर्धारित करते हैं। स्मृतियां, अर्थशास्त्र और पुराण इसे नियम में बदलते हैं यानी कि दान कब, किसे, कितना किया जाए, यह निर्धारित करते हैं। और महाकाव्य, मिथक और बौद्ध-जैन साहित्य दानी और कृपणों की कथाओं के माध्यम से दान की महत्ता को लोकजीवन में स्थापित करते हैं।

ऋग्वेद की एक ऋचा कहती है कि 'जो व्यक्ति केवल स्वयं के लिए भोजन अर्जित करता है उसका जीवन मृत्यु के समान है। जो दूसरे को भोजन नहीं देता वह पाप करता है' (दशम 117.4) उपनिषद् दान को यज्ञ संस्कार का हिस्सा बनाते हैं और इसे अनिवार्य त्याग से जोड़ते हैं।

ईशावास्योपनिषद् कहता है कि 'पूरा विश्व परमात्मा का विस्तार है। इसे त्याग भाव से उपभोग करो और किसी धन के लिए लालच मत करो'। वृहदारण्यक उपनिषद् कहता है कि ' बादलों से निकलने वाली द द द ध्वनि से सीखो। इस ध्वनि का अर्थ है दम (संयम) दान (चैरिटी) और दया (करुणा)।

स्मृतियों और पुराणों की रचना तक भारत में व्यापार प्रतिष्ठित हो चुका था। राजवंश सक्रिय थे इसलिए दान को लेकर स्पष्ट नियमों की जरूरत थी।

स्मृतियां व अर्थशास्त्र निर्धारित करते हैं कि हर व्यक्ति को अपनी आय चार हिस्सों में बांटनी चाहिए जिसमें 25 फीसदी टैक्स, 25 फीसदी बचत, 25 फीसदी उपभोग और 25 फीसदी दान के लिए निर्धारित हो।

दान पुराणों का प्रिय विषय है। पुराणों ने दान व्यवस्था को परिमार्जित किया और इसे पूजा पद्धतियों व कथाओं से जोड़ा। पुराणों ने दान के कई स्वरूप, पात्रों यानी लेने वाले, दान करने के तरीकों के विशद नियम तय किये। स्कंद पुराण ने कहा कि

न्यायोपार्जितवित्तस्य दशमांशेन धीमत:

कर्तव्यों विनियोगश्च ईश्वरप्रीत्यर्थमेव च

बुद्धिमान मनुष्य को न्यायपूर्वक अर्जित धन का दशमांश (दसवां हिस्सा) ईश्वर की प्रसन्नता के लिए दान करना चाहिए।

विष्णु, ब्रह्म और नारद पुराण सहित कई पुराणों में दान को गहराई से स्पष्ट किया गया है। पुराण दान के चार स्वरूप बताते हैं। एक दैनिक पूजा के बाद किया जाने वाला दान, दूसरा पर्व व अवसरों पर जैसे मकर संक्राति जो कि दान का ही पर्व है या सूर्य

चंद्रग्रहण के बाद होने वाले दान। तीसरे कामनाओं की पूर्ति के लिए तुलादान, गोदान, भूदान, स्वर्णदान आदि और चौथे बहुजनहिताय दान यानी कि कुएं, बावड़ी सड़कों आवासों, विद्यालयों, औषधालयों का निर्माण आदि।

पुराणों ने दान के छह कारण तय किए हैं और यह कारण हैं धर्म, अर्थ, काम, लज्जा, हर्ष और भय। इन कारणों से ही कोई दान को प्रेरित होता है। दान के छह अंग (दाता, दान लेने वाला, शुद्धि, देय वस्तु, देश और काल यानी समय) है। दान देकर पछताने, गलत व्यक्ति को दान देने और श्रद्धा के बिना दान करने से पुण्य के नाश का सिद्धांत भी है।

पुराणों में करीब 45 प्रकार के दान की चर्चा है जिसमें सोलह विशिष्ट दान हैं कन्यादान, विद्यादान, सन्तान दान, जीविका दान इनमें शामिल हैं। जबकि 19 महादान में सोना-चांदी अन्न, वस्त्र, घी आदि लगभग सभी जरूरी वस्तुयें आ जाती हैं। दान की इस विशद व्यवस्था ने दरअसल जीवन के सभी हिस्सों को समेटते हुए चैरिटी को एक तरह से अनिवार्य कर दिया।

श्रीमद्भगवदगीता अच्छे, मध्यम और बुरे दान के अंतर को स्पष्ट करती है और घोषणा करती है कि

दात्वयमिति यद्दानं दीयतेनुपकारणे। देशे काले च पात्रे च तद्दानं सात्विक स्मृतम।।

(गीता 17.20)

दान देना ही कर्तव्य है। देश काल और पात्र (लेने वाला) के अनुरुप और उपकार की भावना से रहित दान ही सात्विक है।

भारतीय चिंतन ने अलग-अलग युगों में ऐसे चरित्रों (दधीचि, शिवि, कर्ण, बलि) की कल्पना की जो दान में अपना जीवन भी दे देते थे। भारत का साहित्य ऐसे राजाओं, व व्यापारियों की कथाओं से भरापूरा है जो चैरिटी को भारतीय अर्थसंस्कृति का बुनियादी कारक स्थापित करते हैं।

छठी शताब्दी में पूरे उत्तर भारत पर राज्य करने वाले कन्नौज के सम्राट हर्षवर्धन प्रति छह और बारह वर्ष में प्रयाग में होने वाले कुंभ में अपनी पूरी निजी संपत्ति दान कर देते थे और खाली हाथ वापस लौटते थे। इलाहाबाद में संगम तट पर इस स्थान को आज भी देखा जा सकता है।

अंततः .....

कुछ बडे काम अपने आप ही हो जाते हैं जैसा कि 2016 में भारत में हुआ। भारत दुनिया का पहला देश है जिसने कंपनियों के लिए दान को कानूनी तौर पर अनिवार्य कर दिया। भारत की संसद ने कंपनी कानून में संशोधन किया और यह निर्धारित किया जो भी कंपनी 10 अरब रुपये (1.3 मिलियन अमेरिकी डॉलर) से ज्यादा का कारोबार करती है वह अपने मुनाफे का दो फीसदी हिस्सा जन कल्याण पर खर्च करेगी।

हालांकि यूरोप, अमेरिका में कॉर्पोरेट दानदाताओं की सूची काफी बड़ी है, वहां कानूनी तौर पर ऐसा करना अनिवार्य नहीं है।

दिलचस्प है कि जनकल्याण के लिए कारोबारी कानून में बदलाव का काम बगैर किसी आंदोलन या बड़ी बहस के हुआ। शायद दान, कल्याण और चैरिटी जो कि भारत के प्राचीन आर्थिक दर्शन का आधार है, उसने अपने आप इस बदलाव को प्रेरित किया और आधुनिक अर्थव्यवस्था में भी दान को संस्थागत रूप देने में भारतीय समाज पश्चिम से आगे खड़ा हो गया।

भूगोल

मुक्ति का व्यापार मार्ग

दो भूगोलों का इतिहास

एतो गच्छति बहवः पन्थानो दक्षिणापथम

अवन्तीमृक्षवन्तं च समतिक्रम्य पर्वतम

एष विन्ध्योमहाशैलः पयोष्णी व समुद्रगाआश्रमश्च महर्षीणाम बहुमूल फलान्विता

एषपन्था विदर्भाणामसौ गच्छति कोसलानअतः परंदेशोयंम दक्षिणेदक्षिणापथः

नलोपाख्यान पर्व 21,22,23 महाभारत

यहां से बहुत से मार्ग हैं जो दक्षिण दिशा की तरफ जाते हैं। यह मार्ग ऋक्षवान पर्वत के पार अवंतिका (उज्जियनी) को जाता है। यह विन्ध्य महापर्वत है जहां महान ऋषियों के आश्रम हैं। देखो, वह पन्थ विदर्भ को जाता है और वह दूसरा वाला कोसल को। दक्षिण दिशा में इसके बाद का मार्ग दक्षिणापथ है।

नल और युधिष्ठिर

महाराज नल जुए में सर्वस्व हार कर अपनी परम रूपसी पत्नी दमयंती के साथ जंगल में भटक रहे थे। आधुनिक मध्य प्रदेश में चंबल व बेतवा के बीच कहीं खड़े होकर नल ने दमयंती को दक्षिण का यह रास्ता दिखाया होगा, जो दक्षिणापथ अर्थात् दक्षिण को जाने वाला व्यापार मार्ग था।

भारत में प्रमुख व्यापार मार्गों को लेकर यह संभवतः सबसे प्राचीन संदर्भ है जो महाभारत में नल व दमयंती की त्रासद कथा के बीच में उभरता है।

महाभारत में इस संवाद के बाद, दमयंती नल से बिछड़ जाती है। जंगल में विलाप करती दमयंती को व्यापारियों का एक बड़ा दल मिलता है जिसे महाभारत में सार्थ कहा

गया है। व्यापारी दल के सार्थ और नेतृत्व करने वाले के लिए सार्थवाह शब्द का प्रयोग बौद्ध, जैन व संस्कृत साहित्य में बहुतायत में मिलता है।

हाथी-घोड़ों और रथों से लैस व्यापारियों का यह विशाल दल बेतवा नदी को पार करता है और दमयंती को चेदिराज राजधानी में पहुंचाता है।

चेदि भारत के प्राचीन राज्यों अर्थात् महाजनपदों में एक था। दमयंती को आश्रय देने वाली यह राजधानी बेतवा के किनारे आजा के मध्यप्रदेश के बुंदेलखंड क्षेत्र में रही होगी।

चम्बल के घने जंगलों से दमयंती को लेकर चेदि की राजधानी पहुंचे व्यापारी दरअसल भारत के प्राचीन **व्यापारिक भूगोल** पर यात्रा कर रहे थे। इस भूगोल को बड़े व छोटे व्यापार मार्गों के तंत्र ने बनाया था।

महाभारत में ही भारत का दूसरा यानी **सांस्कृतिक भूगोल** भी मिलता है। इसे संबंधित राजा भी जुए में सब कुछ हारकर जंगल में भटक रहा होता है। यह राजा हैं धर्मराज युधिष्ठिर।

महाभारत के वन पर्व में कथा आती है कि ऋषि नारद, जुए में हारे और राज्य से निकाले गए पांडवों से मिलने काम्यक वन में पहुंचते हैं। निराश पांडुपुत्रों को नारद विभिन्न कथायें सुनाते हैं और तीर्थ यात्रा के लिए प्रेरित करते हैं। इसके बाद ऋषियों का समाज भी काम्यक वन में आ जुटता है जिनकी प्रेरणा से पांडवों की तीर्थ यात्रा प्रारंभ होती है।

महाभारत में इस तीर्थ यात्रा का वर्णन भारत के सांस्कृतिक भूगोल का पहला विस्तृत मानचित्रण है जिसमें तीर्थ व मंदिरों की भौगोलिक पहचान बताई गई है। यह भूगोल आज के भारत के काफी निकट है। कुषाण काल के बाद 1,200 ईस्वी तक विकसित हुए प्रमुख नगर भी इसी भूगोल का हिस्सा हैं।

महाभारत रचना का युग (ईसा पूर्व 400 से 400 ईस्वी) भारतीय समाज में सबसे बड़े बदलावों का युग था। महाभारत स्मृति भी है इतिहास भी, मिथक भी। यह रामायण के बाद की कृति है। इसमें रामायणकालीन अनेक कथायें सम्मिलित हैं। महाभारत प्राचीन महाकाव्यों में अकेली ऐसी रचना है जो समाज, इतिहास, मिथक और पुरातत्व को जोड़ती है। दिल्ली के पुराना किला में हुई खोजों से महाभारत के पुरातात्विक साक्ष्य मिले हैं जो इस रचना की ऐतिहासिकता को प्रामाणिक बनाते हैं।

महाभारत की कथाएं और चरित्र काल्पनिक हो सकते हैं लेकिन इसका नलोपाख्यान पर्व व्यापार मार्गों के प्राथमिक भौगोलिक प्रमाण देता है, जबकि तीर्थयात्रा पर्व पहला धार्मिक-सांस्कृतिक भूगोल बनाता है।

इतिहास व पुरातत्व के प्रमाणों के अनुसार व्यापार मार्गों का विकास और प्रयोग हड़प्पा काल (2600 -1900 ईसा पूर्व) से प्रारंभ हो गया था। यह मार्ग भारत के अंतरदेशीय व अंतरराष्ट्रीय व्यापार का हिस्सा थे जो महाभारत के लेखन का काल तक विकसित व विस्तृत हो गए।

व्यापार मार्ग और तीर्थ मार्ग भारत के प्राचीन भूगोल की निरंतर सक्रियता का प्रमाण हैं। इनके बीच गहरा अंतरसंबंध भी है। इनकी पृष्ठभूमि में अधिकांश प्रमुख नगर उभरे जो धर्म और व्यापार के संयुक्त केंद्र थे।

व्यापार मार्गों की समृद्धि यात्रा

ये तो पन्थानो बहवो जनायना रथस्य वर्तमानसश्च यातवे
यैः सन्वरन्त्युभये भद्रपापास्तं पन्थानं जयेमानमित्रमतस्करम
यच्छिवं तेन नो मृड्

— अथर्ववेद 12/1 /147

इस भूमि पर पंथ या मार्गों की संख्या अनेक है। ये मार्ग जनायन अर्थात् मानवों के यातायात के प्रमुख साधन हैं। रथ और माल ढोने वाले शकट इन्हीं मार्गों से जाते हैं। इन पर भले-बुरे सभी को समान रूप से चलने का अधिकार है। इन पथों का सुरक्षित होना आवश्यक है। जो सब प्रकार से कल्याणकारी और सुरक्षित पथ हैं, वे पृथ्वी की प्रसन्नता के सूचक हैं।

वैदिक संहिताओं के रचना क्रम में अथर्ववेद सबसे आधुनिक रचना (100 से 500 ईसा पूर्व) है। यह श्लोक व्यापार मार्गों की पहली वैदिक सूचना है। ये व्यापार मार्ग परवर्ती वैदिक संहिताओं के रचना क्रम के दौरान विकसित हो चुके थे। हड़प्पा सभ्यता अथर्ववेद की पूर्वज थी। हड़प्पा व मेसोपोटामिया के व्यापार संबंधों के प्रमाण अब हमें मिल चुके हैं। मेसोपोटामिया के सम्राट सरगोन से जुड़े अभिलेख सिंधु घाटी से व्यापार के गवाह हैं।

भारत से अंतरराष्ट्रीय व्यापार का उद्घाटन जिन मार्गों पर हुआ था वह हड़प्पा के नगरीय केंद्रों को पश्चिम एशिया से जोड़ते थे।

हड़प्पा को पश्चिम एशिया से जोड़ने वाले दो रास्ते थे। एक उत्तरी रास्ता उत्तरी अफगानिस्तान, उत्तरी ईरान, जो तुर्कमेनिस्तान से होते हुए मेसोपोटामिया जाता था। सिंधु

घाटी युग का प्रमुख व्यापार केंद्र शोर्तोगुई (वर्तमान में उत्तरी अफगानिस्तान) इसी रास्ते पर था जहां नीले रंग के मूल्यवान पत्थर लापिस लाजुली का व्यापार केंद्र था। मेसोपोटामिया सभ्यता का प्राचीन नगर किश (आधुनिक बगदाद से दक्षिण पूर्व) और तेपे ग्वारि (आधुनिक मोसुल उत्तर पश्चिम इराक) इसी रास्ते पर आते हैं जहां से हड़प्पा- मेसोपोटामिया युग के महत्वपूर्ण पुरातात्विक अवशेष मिले हैं। दूसरा दक्षिणी रास्ता तेपे, जलालाबाद, निसार, कालेह, सुसा होते हुए मेसोपोटामिया के महत्वपूर्ण शहर उर (आधुनिक दक्षिणी इराक) को जाता था।

एक समुद्री रास्ता भी था जो लोथल (कैम्बे खाड़ी), कुंतासी (मोर्वी गुजरात) और धोलावीरा (कच्छ गुजरात) को मेसोपोटामिया से जोड़ता था। हड़प्पा कालीन नगरों को बलूचिस्तान, सिंध, राजस्थान, पंजाब और गुजरात से जोड़ने वाले उप व्यापार मार्ग भी थे। यही रास्ते बाद में उत्तरापथ और पश्चिम उत्तर के व्यापार मार्गों का हिस्सा बन गए।

महाजनपदों के विकास के साथ ही भारत के व्यापार मार्गों के दो प्रमुख नेटवर्क विकसित हो गए थे जिन्हें उत्तरापथ और दक्षिणापथ कहा गया।

एक पश्चिम या आमू सिंध के दोआब को एशिया को गंगा-यमुना दोआब से जोड़ता था, जबकि दूसरा उत्तर और मध्य भारत को दक्षिण भारत से जोड़ता था।

इन दोनों व्यापार मार्ग नेटवर्कों के आसपास ही असंख्य नगर, बाजार और धर्मिक केंद्र विकसित हुए।

व्यापार मार्गों के पर्याप्त साहत्यिक और पुरातात्विक संदर्भ व प्रमाण उपलब्ध हैं। महाभारत के 'तीर्थयात्रा' और 'दिग्विजय' पर्व में व्यापार मार्गों के वर्णन आते हैं। पाणिनि की अष्टाध्यायी में उत्तरपथेनार्थम का उल्लेख मिलता है। पौराणिक साहित्य में आयावर्त को चार हिस्सों (मध्य, अपरांत या पश्च अर्थात् पश्चिम, प्राच्य या पूर्व और उदीच्य या उत्तर) में बांटा गया है जिसमें उत्तर भारत का संदर्भ उत्तरापथ से मिलता है।

मेगास्थनीज और प्लिनी द एडलर के वर्णनों में भी उत्तर का विस्तृत व्यापार मार्ग उभरता है। कन्नौज के सम्राट हर्षवर्धन (600 से 647 ईस्वी) को *सकल उत्तरापथनाथ* (पूरे उत्तरी रास्ते का राजा) की उपाधि मिली, जो समग्र उत्तर भारत में हर्ष के राज्य का प्रमाण माना जाता है।

नालंदा में नवीं सदी का एक अभिलेख मिला था जो नगरहार (जलालाबाद, अफगानिस्तान) के बुद्ध भिक्षु की यात्रा का वर्णन करता है। यह भिक्षु कनिष्क के प्रसिद्ध परुषपुर (पेशावर) बौद्ध विहार से होते हुए पूर्वी भारत में नालंदा तक आया था।

दक्षिणापथ का उल्लेख महाभारत के अलावा कौटिल्य के अर्थशास्त्र में भी है। अर्थशास्त्र इस मार्ग से मूल्यवान वस्तुओं के आवागमन की सूचना देता है।

बौद्ध ग्रंथ सुत्त निपात में कोसल के बौद्ध आचार्य बावरी की कथा है जो दक्षिणापथ के जरिये गोदावरी के तट तक गया था और वहां उसने एक विहार का निर्माण किया। कन्नौज के सम्राट सकल उत्तरापथनाथ हर्ष वर्धन की तरह सातवाहन राजाओं को दक्षिणापथ के सम्राट कहा जाता था।

हुरी का बेटा

हुरी के पुत्रों में ह्वेनसांग सबसे छोटा था। वह राजवंश की नौकरी करने के बजाय यात्रा और अध्ययन की तरफ मुड़ गया। वह बारह वर्ष की आयु में एक बौद्ध विहार के संपर्क में बौद्ध धर्म का अनुयायी हो गया। ह्वेनसांग ने 629 ईस्वी में अपनी यात्रा प्रारंभ की और भारत व उपमहाद्वीप के आसपास तेरह वर्षों की लंबी यात्रा की। ह्वेनसांग कई सारे संदर्भ, पांडुलिपियां लेकर चीन पहुंचा और सू यू की नाम से अपना यात्रा वर्णन लिखा।

ह्वेनसांग चीन में चांगान से चलकर मध्य एशिया होते हुए ताशंकद पहुंचा था। वहां उसने समरकंद, बुखारा, काबुल, बामियान, पेशावर होते हुए तक्षशिला में दस्तक दी। उसने पुंछ (कश्मीर) होते हुए पंजाब के जरिये भारत के मैदानी क्षेत्र में प्रवेश किया और गंगा-यमुना का दोआब पार करते हुए बिहार के रास्ते गुवाहाटी तक पहुंचा ।

ह्वेनसांग ने उत्तर पूर्व से लौट कर ताम्रलिप्ति होते हुए पूर्वी तट के रास्ते दक्षिण भारत मे प्रवेश किया। वह कांचीपुरम तक गया और वापसी में नाशिक (महाराष्ट्र), भरुच, गिरनार (गुजरात) और उज्जयिनी (मध्य प्रदेश) से वापस राजस्थान के रास्ते मुल्तान (आधुनिक पाकिस्तान) पहुंचा। उसने वापसी के लिए तक्षशिला से बल्ख तक उसी रास्ते का प्रयोग किया जिससे वह आया था। लेकिन बल्ख से उसने काशगर का रास्ता पकड़ा और मध्य एशिया के निचले हिस्से से होते हुए वापस चीन पहुंचा।

ह्वेनसांग ने चीन से भारत की यात्रा में न केवल सिल्क रूट का प्रयोग किया था बल्कि भारत के दोनों व्यापार मार्गों (उत्तरापथ और दक्षिणापथ) और कई उपमार्गों का भी इस्तेमाल किया जो छठी शताब्दी तक व्यापार, धर्म और नगरीय सभ्यता के विकास पथ बन चुके थे।

संस्कृतियों का महामार्ग

उत्तरापथ—बाकू, बल्ख और बंगाल

बुखारा 1558

''भारतीय यहां शानदार सफेद लिनेन लाते थे जिसे तातार अपने सिर पर बांधते थे। वे सोना-चांदी, महंगे पत्थरों और मसालों का कारोबार करते थे। वे बुखारा से सिल्क, घोड़े, गुलाम और खालें ले जाते थे। मैंने बंगाल और गंगा के किनारों से आये व्यापारियों को ऊन बेचने की कोशिश की लेकिन उन्होंने कोई दिलचस्पी नहीं दिखाई।''

—एंथोनी जेनकिंसन, चांसलर मस्कोवी कंपनी

ब्रिटेन की मस्कोवी कंपनी के चांसलर जेनकिंसन ने जब रूस और मध्य एशिया की यात्रा प्रारंभ की तो उसके दो मकसद थे। पहला, मस्कोवी के ऊन कारोबार को रूस होते हुए एशिया तक फैलाना और दूसरा भारत को जाने वाला एक मार्ग तलाशना जो समुद्री रास्ते का विकल्प बन सके ताकि हिंद महासागर से भारत के तटों पर आने वाले माल को यूरोप के बाजारों तक लाया जा सके।

वह मर्केंटलिज्म का दौर था। मस्कोवी एक ज्वाइंट स्टॉक कंपनी थी जिसकी व्यापार योजनायें काफी आक्रामक थीं। जेनकिंसन ने अपनी यात्राओं में रूस के जार जान इवान चौथे (द टेरिबल, 1547-84) से भेंट की थी।

जेनकिंसन की यात्रायें कारोबारी लिहाज से असफल रहीं क्योंकि उसे मध्य एशिया के बाजारों और व्यापार की पर्याप्त जानकारी नहीं थी। मध्य एशिया में उससे अच्छा ऊन उपलब्ध था। उसे अपनी कंपनी के लिए निवेशक तो नहीं मिले अलबत्ता जेनकिंसन को बुखारा में भारतीय व्यापारियों का जलवा जरूर देखने को मिला था।

इक्कीसवीं सदी में भी यदि कोई चटगांव (बांग्लादेश) से उत्तर पश्चिम की यात्रा प्रारंभ करे तो वह हावड़ा के जरिये गंगा-यमुना दोआब में प्रवेश करेगा और वहां से अमृतसर के रास्ते पेशावर पहुंच जाएगा। जहां से उसे काबुल होते हुए बल्ख और अंततः बुखारा पहुंचाने वाले साधन मिल जाएंगे, जहां मस्कोवी के जेनकिंसन को भारतीय व्यापारियों का दबदबा देखने को मिला था।

यह रास्ता आगे कैस्पियन सागर के किनारे से होते हुए बाकू (अजरबैजान) तक जाता है जहां सोलहवीं सदी में मुल्तानी और शिकारपुरी व्यापारी, आरमीनियाई सौदागरों से सौदे करते थे और बाकू की प्रसिद्ध आतेशगाह (मंदिर) में आदिग्रंथ (गुरुग्रंथ साहब) का पाठ करते थे या गणेश व देवी की पूजा-अर्चना करते थे।

आज भी यह यात्रा उत्तरापथ से ही होगी जिसने युगों तक संस्कृतियों के सबसे बड़े महामिलन की मेजबानी की है। उत्तरापथ भारत का सबसे सक्रिय रोड नेटवर्क था जो इतिहास के हर दौर में साम्राज्य विस्तार की रणनीतियों का प्रमुख मार्ग था। इसी पर विदेशी आक्रांताओं के अभियानों और व्यापार की समृद्धि ने यात्रा की। भारत के नगरीकरण में इसकी भूमिका सबसे महत्वपूर्ण रही।

उत्तरापथ कई छोटे और बडे मार्गों का विशाल नेटवर्क था जो बंगाल की खाड़ी से लेकर सुदूर मध्य एशिया में बल्ख से लेकर बुखारा तक फैले थे।

काबुल से बल्ख और बुखारा (आधुनिक अफगानिस्तान) जाने वाले रास्ते उत्तरापथ के उत्तर-पश्चिमी छोर थे जो भारतीय व्यापारियों के कारवां को मध्य एशिया, यूरोप और सिल्क रुट से जोड़ देते थे। अफगानिस्तान के उत्तर-पश्चिम में स्थित बल्ख (आधुनिक वजीराबाद, मजार-ए-शरीफ) मध्य युग तक इतिहास का बड़ा केंद्र रहा। यहां चार महाजातियां भारतीय, ईरानी, शक और चीनी मिलते थे। बल्ख से घोड़े और रत्न भारत आते थे जबकि भारत से सुंगध, कपड़े और मसाले वहां पहुंचते थे।

बल्ख से एक रास्ता कशगर (आधुनिक शिनजियांग पश्चिमी चीन) होते हुए चीन के भीतरी हिस्से तक जाता था। ह्वेनसांग ने अपनी वापसी यात्रा इसी रास्ते से की थी। बल्ख से दक्षिण की ओर जाने वाला मार्ग पुष्कलावती (प्राचीन गांधार की राजधानी) होते हुए तक्षशिला पहुंचता था। सिकंदर ने भारत पहुंचने के लिए इसी रास्ते का इस्तेमाल किया था।

कौटिल्य ने इसी मार्ग को हैमवत पथ कहा है। सांची स्तूप का एक अभिलेख बताता है कि भिक्षु कापसगोत ने यहां बौद्ध धर्म का प्रचार किया। आज के अफगानिसतान व पाकिस्तान में कंधार को मुल्तान व कराची से जोड़ने वाले और बामियान से काबुल पेशावर के रास्ते भी इस विशाल नेटवर्क का हिस्सा हैं।

गंगा-यमुना दोआब से लेकर बल्ख तक विस्तृत इस विशाल उत्तर-पश्चिम ट्रेड रूट नेटवर्क के तीन हिस्से हैं।

एक अफगानिस्तान का हिस्सा।

दूसरा हिंदूकुश का

तीसरा है भारतीय खंड।

भारतीय संदर्भों में उत्तरापथ नेटवर्क का विस्तार काबुल से चटगांव तक माना जाता है। बौद्ध ग्रंथ *अंगुत्तर निकाय* और *चुल्ल निद्देस* के अनुसार सोलह महाजनपद उत्तरापथ का हिस्सा थे, जिसकी दक्षिणी सीमा विंध्य प्रदेश और उत्तरी सीमा हिमालय से लगती थी। पूर्व में बंगाल और पश्चिम में काबुल इसकी सीमा बनाता था जिनमें फैले तमाम उपमार्ग इस विशाल मार्ग तंत्र का हिस्सा थे।

आधुनिक मानचित्र पर अफगानिस्तान, पाकिस्तान, कश्मीर, राजस्थान, गुजरात, उत्तर प्रदेश, बिहार, बंगाल और मध्य प्रदेश का आधा हिस्सा उत्तरापथ व्यापार नेटवर्क का प्रभाव क्षेत्र था।

राजवंशों के उत्थान पतन और सीमायें बदलने के साथ उत्तरापथ के विस्तार में परिवर्तन हुए। ब्रिटिश युग में भारतीय मानचित्र में स्थिरता आने तक उत्तरापथ के इतिहास के चार हिस्से मिलते हैं:

(1) प्राचीन उत्तरापथ

यह इस महामार्ग का पहला चरण है जो ईसा पूर्व में महाजनपद और मौर्य युग से लेकर हर्षवर्धन और राजपूत युग (15वीं सदी) तक सक्रिय रहा। इस कालखंड में इसे उत्तरापथ कहा गया था। उस समय यह मार्ग नेटवर्क बल्ख से बंगाल में ताम्रलिप्ति (तामलुक) तक फैला था।

(2) शाह राह-ए-आजम

भारत पर पश्तून सुल्तानों के हमले और सुर साम्राज्य (16वीं सदी) के दौरान इसे सड़के—आजम या शाह राह-ए-आजम कहा गया। इस दौरान आगरा (उत्तर प्रदेश) से बिहार के बीच संपर्कों का विकास हुआ।

(3) बादशाही सड़क

इस रोड नेटवर्क के इतिहास का तीसरा चरण इसे बादशाही सड़क का नाम देता है। मुगल साम्राज्य (16 से 19वीं सदी) के दौरान यह नेटवर्क काबुल को बांग्लादेश से जोड़ता था।

(4) ग्रांड ट्रंक रोड

चौथे चरण में इसे ग्रांड ट्रंक रोड कहा गया जिसे ब्रिटिश काल में तैयार किया गया और भारत के विभाजन से पहले तक यह चटगांव से पेशावर होते हुए काबुल तक जाता था।

उत्तरापथ पर सार्थ, संत और सम्राट

प्राचीन उत्तरापथ के पुरातात्विक संदर्भ व प्रमाण महाजनपद और मौर्य युग से प्रारंभ होते हैं। इस मार्ग पर व्यापारियों की आवाजाही पहले से थी। मौर्य सम्राट अशोक के प्रोत्साहन से इस पर बौद्ध भिक्षु भी आने-जाने लगे। अशोक के अभिलेखों में इस मार्ग का स्पष्ट उल्लेख नहीं है लेकिन ईसा पूर्व तीसरी सदी तक मौर्य काल में व्यापार मार्गों की प्रशासनिक व्यवस्था के पर्याप्त प्रमाण मिलते हैं।

मेगास्थनीज के वर्णनों के अनुसार परुशपुर अर्थात् पेशावर से ताम्रलिप्ति (बंगाल) तक फैले इस मार्ग को आठ चरणों में बनाया गया था।

इस महामार्ग नेटवर्क का विशाल स्वरूप कुषाण सम्राट कनिष्क (1207 ईस्वी) के साम्राज्य के साथ उभरता है जिसने मध्य एशिया से लेकर गंगा-यमुना तक अविभाजित राज्य स्थापित किया। गुप्त काल तक इस महानेटवर्क के आसपास कई छोटे व्यापार मार्ग नेटवर्क बन चुके थे जो व्यापारिक, धार्मिक और सैन्य अभियानों के प्रयोग में आते थे।

पूर्व मध्यकाल में यह नेटवर्क और विस्तृत हुआ जिसके सबसे ठोस संदर्भ ह्वेनसांग ने दिये हैं। अफगानों के आने तक उत्तर भारत के प्राचीन उत्तरापथ के चार हिस्से थे। आधुनिक भारत के रेल व सड़क मार्ग इनके काफी निकट हैं।

बौद्ध पथ

यह उत्तरापथ का उत्तरी मार्ग है जो तक्षशिला से जम्मू होते हुए हिमालय की तराई से हस्तिनापुर (दिल्ली) की ओर मुड़ जाता है और अहिच्छत्रा (बरेली, रुहेलखंड) श्रावस्ती, वैशाली होते मगध की प्राचीन राजधानी राजगृह (राजगीर) तक जाता था। यही रास्ता आगे बढ़कर चंपा (भागलपुर) होते हुए बंगाल के डेल्टा में ताम्रिलिप्ति बंदरगाह से जुड़ जाता है, इसकी एक शाखा गुवाहाटी तक जाती थी।

इसमें राजगीर प्रमुख जंक्शन था जहां से छोटा नागपुर होते हुए महाराष्ट्र में पैठण और गोदावरी के रास्ते निकलते थे जबकि ताम्रलिप्ति से भारत के पूर्वी तट का मार्ग खुलता था जिसका प्रयोग ह्वेनसांग ने उड़ीसा होते हुए महाराष्ट्र और वहां से कांचीपुरम जाने के लिए किया था। इसी मार्ग से एक रास्ता गुवाहाटी के लिए निकल जाता था।

बंगाल के व्यापारी इसी मार्ग से पेशावर और काबुल तक पहुंचते थे। बौद्ध धर्म के विस्तार में यही मार्ग सबसे ज्यादा उपयोग में आया। हस्तिनापुर, अहिच्छत्रा, श्रावस्ती, चंपा, राजगीर, ताम्रलिप्ति प्रमुख नगर थे जो बाजार और धर्म दोनों के केंद्र थे। इनके आसपास

कई तीर्थ और उपनगर व बाजार विकसित हुए। श्रावस्ती न केवल बौद्ध धर्म का केंद्र था बल्कि मौर्य काल में पूर्वोत्तर भारत का सबसे समृद्ध नगर भी था। यहां के नगर सेठ अनाथपिंडक की कथा का हम पहले उल्लेख कर चुके हैं।

कुषाण व जैन पथ

पंजाब से दोआब को आने वाला एक दूसरा मार्ग उत्तरापथ को पश्चिम से जोड़ता था। यह मार्ग तक्षशिला से हस्तिनापुर वाले रास्ते का हिस्सा था लेकिन संगहोल (हड़प्पाकालीन केंद्र पंजाब) से यह दक्षिण-पश्चिम की ओर झुकता हुआ मथुरा को आता था।

कुषाण काल में व्यापार और धर्म के विस्तार के लिए इसका इस्तेमाल हुआ। तक्षशिला के निकट रावलपिंडी का स्तूप और मथुरा के बौद्ध केंद्र इसका प्रमाण हैं।

इस मार्ग का हिस्सा बैराट (विराट नगर, जयपुर बौद्ध स्तूप) होते हुए मंदसौर पहुंचता था जहां से यह सौराष्ट्र में वल्लभी और जूनागढ़ तक चला जाता था। इसकी एक शाखा भरुच (बैरीगाजा) को जाती थी जो प्राचीन काल से भारत के पश्चिमी तट का प्रमुख बंदरगाह है।

पूर्व में विदिशा और दक्षिण में मालवा से आ रहे मार्ग मंदसौर के पास इसमें मिल जाते थे। इस मार्ग के जरिये ही गुजरात, महाराष्ट्र और दक्षिण के व्यापारी मथुरा होते हुए उत्तरापथ के मुख्य मार्गों से जुड़कर पूर्व व पश्चिम की तरफ निकल जाते थे।

मथुरा इस मार्ग का सबसे बड़ा केंद्र था जहां व्यापार के कई युगों और अलग-अलग युगों में लगभग सभी धर्मों की सक्रियता के प्रमाण मिलते हैं।

मंदसौर, विराटनगर, और गुजरात के संजेली, वल्लभी जैसे नगर इसी राजमार्ग के साथ विकसित हुए। मंदसौर में गुजरात के व्यापारियों ने एक सूर्य मंदिर बनवाया था। वल्लभी जैन धर्म का प्रमुख केंद्र था जहां तीर्थंकर महावीर के निधन के करीब 983 साल बाद जैन धर्म की महासभा जुटी थी। इसके पास विकसित हुआ भावनगर जहाज निर्माण व शिप ब्रेकिंग (अलंग) का प्रमुख केंद्र है बल्कि डायमंड कटिंग, केमिकल उद्योगों के साथ गुजरात का प्रमुख औद्योगिक नगर है।

व्यापार संगम पथ

प्राचीन उत्तरापथ की तीसरी शाखा तक्षशिला-मथुरा मार्ग को राजगृह और कोशांबी से जोड़ती थी। यह उत्तर भारत के मार्गों को पश्चिम, पूर्व और दक्षिण के मार्गों से जोड़ता था। भारत के अंतरदेशीय व्यापार में इस मार्ग का सर्वाधिक प्रयोग हुआ।

गंगा-यमुना दोआब का यह रास्ता मथुरा से निकलकर संकिसा, कन्नौज, कौशांबी, प्रयाग होते हुए वाराणसी पहुंचता था। इसी मार्ग पर वेरंजा में बुद्ध ने उपदेश दिये थे जिनका वर्णन अंगुत्तर निकाय की कथाओं में मिलता है।

वाराणसी से आगे एक मार्ग पाटलिपुत्र पहुंच कर वैशाली से आ रहे मार्ग में मिल जाता था। जहां इसकी शाखा राजगृह (राजगीर) की तरफ जाती थी। वहां उससे दक्षिण के मार्ग मिलते थे जबकि दूसरी शाखा चंपा ताम्रलिप्ति मार्ग में मिल जाती थी।

इस मार्ग पर वाराणसी बड़ा केंद्र है जो एक तरफ पाटलिपुत्र, दूसरी तरफ राजगृह और तीसरी ओर कौशाम्बी से जुड़ता है। वाराणसी इतिहास के प्रत्येक युग में धर्म और व्यापार का बड़ा केंद्र रहा है।

उत्तरापथ के सभी प्रमुख सार्थ यानी व्यापारी समूह वाराणसी आते थे जहां से उन्हें कोशांबी के रास्ते बुंदेलखंड-उज्जैन से आने वाले व्यापारी मिलते थे।

प्राचीन इतिहास में कोशांबी, सार्थों और व्यापारियों के बड़े केंद्र के तौर पर आता है। प्रयाग यानी इलाहाबाद के पास स्थित यह नगर मध्य, दक्षिण और पूर्वी भारत का प्रवेश द्वार था। उत्तरापथ का चौथा प्रमुख मार्ग तक्षशिला को मथुरा होते हुए कोशांबी से जोड़ता था। यह मार्ग यमुना के साथ चलते हुए कोशांबी तक पहुंचता था। कोशांबी से वाराणसी होते हुए पटना राजगृह के जरिये पूर्व और उत्तर पूर्व के रास्ते निकल जाते थे।

कोशांबी में ही दक्षिणापथ की एक शाखा मिलती थी जो उज्जयिनी होते हुए एक तरफ मध्य प्रदेश में नर्मदा तट माहिष्मती (महेश्वर खरगोन मध्य प्रदेश) महाराष्ट्र में पैठण और दूसरी ओर गुजरात के तट पर स्थित भरुच चली जाती थी। जबकि दूसरी शाखा विदर्भ में भोजकाता से होते हुए आंध्र प्रदेश की तरफ चली जाती थी।

उत्तरापथ पर अफगान, मुगल और ब्रिटिश

मध्य युग और मुगल काल में प्राचीन उत्तरापथ का स्वरूप अधिक नहीं बदला। अफगान पश्तून सम्राट शेरशाह सूरी ने लगभग पूरे उत्तर भारत और मध्य भारत के कुछ हिस्सों पर राज्य किया।

सिंध-मुल्तान शेरशाह सूरी के साम्राज्य की पश्चिमी सीमा बनाते थे। चटगांव सुर साम्राज्य की पूर्वी सीमा पर था। उसके राज्य की दक्षिणी सीमा मालवा और उत्तरी सीमा कश्मीर व हिमालय की तराई में बनती थी। 16वीं सदी में उसने उत्तरापथ के एक बड़े मार्ग को विकसित किया जो आगरा से बिहार में सासाराम को जाता था। यहां शेरशाह का मकबरा भी है।

मुक्ति का व्यापार मार्ग

शेरशाह का साम्राज्य सीमित समय के लिए रहा। उसके बाद मुगलों ने प्राचीन उत्तरापथ का विसतार किया और इसे पश्चिम में खैबर दर्रे तक व पूर्व में चटगांव तक फैलाया। शेरशाह ने इस मार्ग पर कोस मीनारें (माइलस्टोन) बनवाये थे जिनकी संख्या मुगल सम्राट जहांगीर के दौर में और ज्यादा बढ़ाई गई।

राय छत्तर मल कायथ की किताब 'चहारगुलशन' मुगल काल का ऐतिहासिक दस्तावेज है जिसमें प्राचीन उत्तरापथ के हिस्सों के रूप में 24 रास्तों का जिक्र आता है।

मुगलकाल में यह महापथ काबुल से प्रारंभ होकर बगराम, जलालाबाद (अफगानिस्तान) होकर पेशावर (पाकिस्तान) पहुंचता था। यहां से यह अटक के रास्ते हसन अब्दाल होते हुए रावलपिंडी और रोहतास के रास्ते लाहौर तक आता था। जहांगीर ने खुसरो की बगावत से निबटने के लिए काबुल से लाहौर तक इसी रास्ते से यात्रा की थी। लाहौर, कश्मीर और दिल्ली के रास्ते इसी नेटवर्क का हिस्सा थे।

दिल्ली से एक रास्ता आगरा के लिए और दूसरा मुरादाबाद होते हुए वाराणसी, गाजीपुर, बक्सर और पटना के लिए निकलता था, जबकि आगरा वाली सड़क, फिरोजाबाद, इटावा होते हुए इलाहाबाद व बनारस पहुंचती थी।

ब्रिटिश काल में मुगलों के इस मार्ग को संरक्षित किया गया और उपमार्ग जोड़े गए।

उत्तरापथ का नेटवर्क पिछले 2500 वर्षों से सक्रिय है। इसमें हर शताब्दी में नए मार्ग जुड़े, जो नए शहरों को जाते थे। भारत के वर्तमान हाइवे नेटवर्क में एनएच 2 और उससे जुड़ी उत्तर व पश्चिम भारत के लगभग 100 सड़कें प्राचीन उत्तरापथ का विस्तार हैं। उत्तर भारत के प्रमुख धार्मिक केंद्र और व्यापारिक नगर इस नेटवर्क से जुड़े हैं।

दक्षिणापथ- समृद्धि के मील पत्थर

कुरनूल के हीरे और सोना

दक्षिणापथ पर शंख, हीरे, माणिक, मोती और सोने की भरमार है। सस्ते सामान के कारोबार के बजाय दक्षिण के वणिक पथ से कारोबार पर खर्च करना समझदारी है क्योंकि वहां बहुत-सी खदानें हैं, महंगी सामग्री है और आवागमन सुरक्षित है।

—कौटिल्य, अर्थशास्त्र

कौटिल्य सौ फीसदी सही थे। दक्षिणापथ स्वर्ण और रत्न का पथ रहा होगा। आज भी मानसून की पहली तेज बौछारों के बाद आंध्र प्रदेश के कुरनूल जिले के जोन्नागिरि तुग्गाली, मद्दीकेरा, पागीदेरायी, पेरावाली आदि गांव गुलजार हो उठते हैं। यहां हीरे और सोना तलाशने वाले उत्साही लोगों का मजमा लगता है जो सुबह से शाम तक हीरों की तलाश में खाक छानते हैं। अगर किस्सों पर भरोसा किया जाए तो यहां हर साल लगभग सौ लोगों को हीरे मिल भी जाते हैं।

2013 में यहां जोन्नागिरि गोल्ड प्रोजेक्ट प्रारंभ हुआ था जब सरकार ने ऑस्ट्रेलियाई और भारतीय कंपनी के साझा उपक्रम को सोना निकालने का पट्टा दिया था और इस तरह भारत की पहली निजी सोना खदान अस्तित्व में आई।

प्राचीन दक्षिणापथ से जोन्नागिरि की दूरी बहुत ज्यादा नहीं है। येरागुड्डी भी यहां से कुछ ही किलोमीटर दूर है जहां अशोक का प्रमुख प्रस्तर अभिलेख मिला है। सन्नाटी, सुवर्णगिरि और येरागुड्डी को मिलाकर मौर्य सम्राट अशोक के प्रमुख अभिलेखों की एक श्रृंखला बनती है।

मौर्य काल की आधुनिक और बड़ी पुरातात्विक खोज कंगनहल्ली में हुई है जो सन्नाटी के पास है। सुवर्णगिरि से येरागुड्डी पुराने कोलार क्षेत्र का हिस्सा हैं जहां कभी सोना निकाला जाता था। ऐतिहासिक साक्ष्य इस तथ्य की पुष्टि करते हैं कि सुवर्णगिरि, खनन की समृद्धि के कारण, मौर्य साम्राज्य के पांच प्रमुख राजनीतिक केंद्रों में रहा होगा।

सुवर्णगिरि, प्राचीन दक्षिणापथ का मध्य दक्षिणी छोर है, जो उत्तर से मध्य भारत होते हुए दक्षिण तक आने वाले एक लंबे रास्ते के जरिये कोशाम्बी से जुड़ता था। सुवर्णगिरि से सुदूर दक्षिण में कांचीपुरम और आज के चेन्नई तक आने का रास्ता मिलता है।

21वीं सदी में यदि उत्तरापथ की तलाश करनी हो तो सड़क की यात्रा मुफीद रहेगी लेकिन अगर खोज दक्षिणापथ की है तो उत्तर भारत से दक्षिण की तरफ रेल यात्रा बेहतर होगी जो पुराने दक्षिणापथ के कुछ मार्गों के समानांतर है।

कहना मुश्किल है कि यह संयोग था या सुविचारित योजना लेकिन ब्रिटिश शासकों ने उन्नीसवीं सदी में जब पहले रेलमार्ग बनाये तो उत्तर से दक्षिण को जोड़ने वाले एक से अधिक रेल मार्ग लगभग उन्हीं सड़कों के समानांतर थे, जिनसे मौर्य, कुषाण, गुप्त युग और उसके बाद की सदियों में व्यापारी दक्षिण-पश्चिम और पूर्व के बंदरगाहों तक पहुंचते थे।

दिल्ली-आगरा-मुंबई, इलाहाबाद, मुंबई और मद्रास-मुंबई के रेल मार्ग ब्रिटिश काल के शुरूआती रेल नेटवर्क का हिस्सा थे। ये रेलमार्ग लगभग पुराने महापथों के समानांतर हैं ।

दक्षिणापथ के प्राचीन साहित्यिक संदर्भ महाभारत और अर्थशास्त्र में मिलते हैं जिनका हम पहले जिक्र कर चुके हैं। कालिदास के काव्य मेघदूतम् में भी दक्षिणापथ की यात्रा का संदर्भ है। उत्तर के व्यापार मार्गों की तरह दक्षिणापथ भी कई छोटे-बड़े व्यापार मार्गों का समूह था जिनके आसपास मौर्य युग से ही व्यापारिक और धार्मिक केंद्र (बौद्ध स्तूप) स्थापित होने लगे थे। इन मार्गों पर नियंत्रण करने वाले राजवंशों और इनका प्रयोग करने वाले व्यापारी इन धार्मिक केंद्रों का संरक्षण करते थे।

दक्षिणापथ पर भिक्षु, सार्थवाह और सैनिक

उत्तर से दक्षिण तक मौर्य साम्राज्य के विस्तार के साथ सार्थवाहों में बंदरगाहों तक पहुंचने की होड़ शुरू हो गई थी। दक्षिण को जाने वाले इन व्यापार मार्गों के तीन बड़े समूह थे।

एक हिस्सा दक्षिण को उत्तर भारत को पश्चिम में गुजरात-महाराष्ट्र के तटों से जोड़ता था।

दूसरा हिस्सा मध्य दक्षिण भारत से पूर्वी भारत को बंगाल व आंध्र के पूर्वी तटों से जोड़ता था।

तीसरा हिस्सा मध्य भारत होते हुए सुदूर दक्षिण की ओर निकल जाता था।

विंध्य-सतपुड़ा पार करते ही व्यापार मार्ग बंदरगाहों की तरफ मुड़ जाते थे। इसलिए मध्य दक्षिण से लेकर सूदूर दक्षिण में पूर्वी व पश्चिमी, दोनों तटों के सभी व्यापार मार्ग पत्तन शहर की ओर जाने वाले प्रमुख मार्गों से जुड़ते हैं।

दक्षिणपथ के उपमार्ग

घोड़ों, कपड़ों और रेशम का मार्ग

कच्छ के रन और रेगिस्तान के कारण गुजरात से पंजाब व सिंध को जाने वाला मार्ग काफी कठिन था, इसलिए व्यापारी गुजरात से समुद्री रास्ता पकड़ते थे या फिर मालवा होते हुए पंजाब जाते थे। दूसरी तरफ उत्तर से पश्चिम को जाने के लिए दिल्ली-जयपुर और मध्य राजस्थान में अजमेर होते हुए अहमदाबाद का मार्ग था जो प्राचीन काल में राजस्थान और दक्षिण के बीच का सबसे प्रमुख संपर्क मार्ग रहा था। यह मार्ग भरुच को जाने वाले मुख्य दक्षिणापथ से भी जुड़ता था और आगे महाराष्ट्र के तट पर शूर्पारक (आधुनिक सोपारा) तक जाता था। इसकी एक शाखा पश्चिम में वल्लभी और द्वारका चली जाती थी जहां से सिंध को जाने का एक दूसरा रास्ता निकलता था।

यह मार्ग घोड़े, कपड़ा, खाद्य तेल और सिल्क के व्यापारियों को गंगा-यमुना दोआब तक लाता था, जबकि तक्षशिला से आने वाले व्यापारियों के कारवां इसी के जरिये गुजरात और महाराष्ट्र के तटों तक जाते थे। राजस्थान, गुजरात और मालवा के कुछ भागों में जैन धर्म का विस्तार इसी मार्ग के माध्यम से हुआ है, जिसमें सिंध, मारवाड़ और राजस्थान के समृद्ध व्यापारियों की बड़ी भूमिका है।

मुगलों और राजपूतों ने मध्य युग में अपने सैन्य अभियानों के लिए इस मार्ग का उपयोग किया। गुजरात के प्रमुख औद्योगिक केंद्र अहमदाबाद, राजकोट और वडोदरा इसी मार्ग और इसी की शाखाओं के आसपास विकसित हुए।

धर्म और व्यापार का राजपथ

यह दक्षिणापथ का सबसे प्रमुख मार्ग था जो उत्तर और पूर्व से गंगा-यमुना के दोआब में आने वाले व्यापारियों को दक्षिण की तरफ ले जाता था। इसकी एक शाखा भरुच बंदरगाह को जाती थी जहां से समुद्री रास्ते भी मिलते थे और गुजरात के तट से होते हुए सिंध को जाने वाला स्थलीय रास्ता भी। उज्जैन से यह माहिष्मती (माहेश्वर) होते हुए विदर्भ में पैठण को जाते थे जहां कर्नाटक और आंध्र व तमिलनाडु के रास्ते मिल जाते हैं।

इस मार्ग पर विदिशा प्रमुख केंद्र है जो गंगा बेसिन के बाहर प्राचीन काल का सबसे प्रमुख नगर रहा है। विदिशा में व्यापार की समृद्धि थी। यह बहुधार्मिक मान्यताओं का केंद्र रहा है। विदिशा से होकर जाने वाले मार्ग पर नियंत्रण रखना तत्कालीन राजवंशों के लिए

आवश्यक था। मौर्य, सातवाहन शक और गुप्त राजाओं के नियंत्रण में इस मार्ग पर व्यापार खूब फला-फूला।

सोनारी, सांची, सतधारा, भोजन और अंधेर जैसे बौद्ध स्थल बताते हैं कि दक्षिण में बौद्ध धर्म का विस्तार विदिशा के रास्ते हुआ। शायद यही कारण था कि मौर्य युग के बाद शक राजाओं के नेतृत्व में वैष्णव धर्म के प्रारंभिक प्रयोग यहीं हुए। हेलिओदोरस का गरुड स्तंभ इसका प्रमाण है। इसी क्षेत्र में नाग व यक्ष पूजा के प्राचीन प्रमाण भी मिलते हैं जो बहुधार्मिक मान्यताओं और समृद्ध समाज के अंतरसंबंधों का उदाहरण हैं।

पश्चिमी तट व मध्य महाराष्ट्र में अजंता, नासिक, भाजा, कार्ले, कन्हेरी, कोल्हापुर के बौद्ध विहार व चैत्य के प्रमुख बौद्ध केंद्र इसी मार्ग पर स्थित हैं जो इसी मार्ग से चलने वाले व्यापारियों या इस पर राज्य करने वाले सातवाहन, क्षत्रप राजाओं के वित्त पोषण से विकसित हुए थे। इस क्षेत्र से मिले कई अभिलेख इसका प्रमाण हैं।

प्रतिष्ठानपुर (पैठण) इस मार्ग का एक प्रमुख केंद्र था जो पश्चिमी व पूर्वी घाट के व्यापार मार्गों को जोड़ता था। पांचवीं सदी में यह सातवाहन राजाओं की राजधानी थी। यहां से एक रास्ता प्रयाग से जबलपुर और विदर्भ होते हुए कोरोमंडल तट को जाने वाले दक्षिणापथ महामार्ग में मिलता है।

मध्य युग के बाद यह मार्ग खनिजों के परिवहन के लिए प्रमुख रूप से प्रयोग होने लगा। मध्य मालवा के बाद यह मार्ग दक्षिण के खनिज इलाकों की तरफ जाता था और फिर पूर्वी तट की तरफ मुड़ते हुए आंध्र और तमिलनाडु को जोड़ने वाले रास्तों से मिल जाता था। अशोक के प्रमुख अभिलेख इसी मार्ग के आसपास मिले हैं। बंदरगाहों के संपर्क के कारण और रेल मार्गों के विकास के बाद गुजरात और महाराष्ट्र के तटीय व भीतरी औद्योगिक केंद्रों के विकास की पृष्ठभूमि में यही मार्ग है।

अवंतिका पथ

उत्तरापथ को दक्षिण से जोड़ने वाला एक दूसरा प्रमुख रास्ता मथुरा से प्रारंभ होता था। यहां से तक्षशिला, दिल्ली, राजस्थान और दोआब से आने वाले सार्थ व भिक्षु दक्षिण की यात्रा प्रारंभ करते थे। यह रास्ता चंबल नदी की घाटी के ऊपर से होते हुए उज्जैन पहुंचता था जहां से खंडवा के पास नर्मदा पार करते हुए माहिष्मती में पैठण और सुदूर दक्षिण जाने वाले रास्ते से मिल जाता था।

उज्जैन प्राचीन महाजनपद अवंती की राजधानी थी। मौर्य युग से गुप्त काल तक यह नगर ट्रांजिट व्यापार का प्रमुख केंद्र था। यहां से गुजरात में सूरत, भरुच और महाराष्ट्र के तट पर शूर्पारक जाने वाले मार्ग मिलते थे। कोशाम्बी से आने वाला मार्ग भी यहीं से आगे दक्षिण के लिए निकलता था। यहीं से एक मार्ग पूर्व में नागपुर और गोदावरी की घाटी को जबकि एक दूसरा रास्ता जबलपुर से छत्तीसगढ़ को जाता है।

अन्न मार्ग

दक्षिणापथ का तीसरा महामार्ग बुंदेलखंड से होते हुए निकलता था जो अनाज के व्यापार का प्रमुख मार्ग था। प्रयाग से यह रास्ता भरहुत (सतना) होते हुए जबलपुर जाता था जहां से इसे छत्तीसगढ़ और पूर्वी तट का रास्ता मिलता था जो उड़ीसा और ताम्रलिप्ति की दिशा में बढ़ता था। जबकि पश्चिम की ओर यह नागपुर होते हुए विदर्भ में भोजकाता को जाता था जिसे महाभारत युग में भोज-यादव राजाओं से जुड़ा माना जाता है।

यह मार्ग आगे पोटाली (आंध्र प्रदेश) से जुड़ता था जो अश्मक महाजनपद (महाराष्ट्र, आंध्र, तेलंगाना) का प्रमुख नगर था। यहां से यह रास्ता कोरोमंडल तट (पूर्वी तट) पर कृष्ण-गोदावरी के डेल्टा में स्थित मछलीपट्टनम से जुड़ जाता था।

इस मार्ग पर भरहुत एक प्राचीन नगर था जो रीवा-पन्ना पठार पर स्थित था। यहां गंगा-यमुना दोआब में कौशाम्बी और वाराणसी तथा पूर्व की तरफ मार्ग निकलते थे जो उत्तरापथ व दक्षिणापथ नेटवर्क का हिस्सा थे। यहां अनेक गुफा पुरालेख मिले हैं जो मंदिरों व बौद्ध विहारों को व्यापारियों के वित्त पोषण की सूचना देते हैं। इसी क्षेत्र में स्थित रूपनाथ में अशोक का प्रस्तर लेख इसके सक्रिय व्यापार मार्ग होने का प्रमाण है।

पूर्वी तट का पथ

उत्तरापथ के पूर्वी केंद्र राजगीर को दक्षिण से जोड़ने वाला यह मार्ग वस्तुतः पूर्वी तट के समानांतर चलता था। ताम्रलिप्ति के बाद यह आज के भुवनेश्वर से होते हुए कोरोमंडल तट पर विदर्भ से आने वाले रास्ते से मिल जाता था जहां से पैठण होते हुए सूरत और मुंबई जाया जा सकता था। जबकि दूसरी तरफ यह मार्ग कांचीपुरम जा रहे रास्ते से भी जुड़ता था। ह्वेनसांग ने राजगीर से कांचीपुरम होते हुए नासिक की अपनी यात्रा इसी मार्ग से पूरी की थी।

नदी तटों के पथ

भारत के दोनों तटों पर स्थित पत्तनों को जोड़ने वाले मार्गों को दक्षिणपथ नेटवर्क का प्रमुख हिस्सा माना जाता है। इनके जरिये व्यापारी भीतरी बाजारों से जुड़ते थे। दक्षिण भारत के कई प्रमुख व्यापार मार्ग नदियों के किनारे चलते हैं। नासिक-मनमाड से दक्षिणपूर्व कोरोमंडल तट को जाने वाला एक मार्ग इसमें प्रमुख है।

एक रास्ता पूना से कांजीवरम जाता है जबकि दूसरा रास्ता गोआ से तंजावूर और कालीकट से रामेश्वरम को जाता है। मनमाड से एक रास्ता औरंगाबाद-जालना होते वारंगल के रास्ते पूर्वी तट को जाता था जिस पर बौद्ध भिक्षुओं की आवाजाही के प्रमाण मिलते हैं।

दक्षिणापथ पर मुगल और ब्रिटिश

अल बेरूनी की भारत यात्रा तक पश्चिम और दक्षिण भारत के व्यापार मार्ग व्यवस्थित हो चुके थे। बंदरगाहों के संपर्क के कारण उत्तरापथ के व्यापारी दलों का दक्षिण तक जाना अनिवार्य हो गया था। दसवी सदी तक भारत के अंतरराष्ट्रीय व्यापार में देश के भीतरी हिस्सों से होने वाली आपूर्ति का हिस्सा बढ़ने लगा था। साथ ही घरेलू व्यापार विस्तार ले रहा था।

अल बेरूनी के वर्णन बताते हैं कि भरतपुर से मारवाड़ (राजस्थाान) के रेगिस्तान होते हुए एक सड़क लहरी बंदर यानी कराची जाती थी जिस पर व्यापारियों की आवाजाही थी क्योंकि यह सड़क आगरा-मथुरा को सीधे सिंध से जोड़ती थी। कन्नौज से आगरा (उत्तर प्रदेश) होते हुए बयाना के रास्ते एक मार्ग दिल्ली-अजमेर-अहमदाबाद के रास्ते में मिलता था। भरतपुर-नागदा (राजस्थान) होते हुए उज्जैन के रास्ते का भी जिक्र मिलता है। दिल्ली से अजमेर-अहमदाबाद के लिए तीन सड़कें विकसित हो चुकी थीं जो राजस्थान के अलग-अलग हिस्सों से होकर गुजरती थीं।

16वीं सदी के प्रारंभ में भारत के पश्चिमी तट पर पुर्तगालियों की सक्रियता के साथ ही सूरत एक प्रमुख बंदरगाह के रूप में उभरने लगा था। 1570 में गुजरात पर मुगल सल्तनत के कब्जे के बाद गुजरात के बंदरगाह शहर सूरत की चमक बढ़नी शुरू हुई।

सत्रहवीं सदी की शुरुआत तक सूरत मुगल साम्राज्य की आंतरिक अर्थव्यस्था का सबसे मजबूत हिस्सा बन गया था। भारत से अरब सागर, कोंकण और उत्तर पूर्व को जाने वाले ज्यादातर जहाज सूरत होकर जाते थे।

मुगल नेतृत्व में समुद्री व्यापार में वृद्धि का दौर शुरू होने तक यह शहर प्राचीन दक्षिणापथ के मार्गों से जुड़ चुका था जो गोलकुंडा होते हुए दक्षिण पूर्वी तट पर मुसलीपट्टनम और दक्षिण में मद्रास को जाते थे।

सत्रहवीं सदी में बुरहानपुर और सिरोंज (मध्य प्रदेश) होकर आगरा-सूरत को जोड़ने वाली सड़क प्रमुख व्यापार मार्ग बन गई। इसके रास्ते उत्तर भारत का बहुत सामान सूरत बंदरगाह पर उतरता था। बुरहानपुर कपडे के कारोबार का बड़ा केंद्र था। टेक्सटाइल का यह क्लस्टर सिहोर और सिरोंज तक फैला था।

सूरत से बड़ौदा, अहमदाबाद और राजस्थान में जालौर-भरतपुर होकर आगरा पहुंचने का एक रास्ता भी था। सूरत से गोलकुंडा (कर्नाटक) और सूरत से गोवा होते हुए मालाबार तट को जाने के रास्ते भी विकसित हो गए थे जिनका ब्रिटिश युग में बड़ा इस्तेमाल हुआ।

भाग दो

सांस्कृतिक भूगोल की तीर्थयात्रा

यज्ञ से बड़ा तीर्थ

ऋषीणाम परमं गुह्यमिदं भरतसत्तम/ तीर्थाभिगमनं
पुण्यं यज्ञैरपि विशिष्यते
अग्निष्टोमादिभिर्यज्ञैरिष्ट्वा विपुल दक्षिणैः/ न तत फलमवाप्नोति तीर्थाभिगमनेन यत

— महाभारत वन पर्व तीर्थ यात्रा पर्व 17 व 19

(हे भरतश्रेष्ठ (युधिष्ठिर) यह ऋषियों का परम गोपनीय रहस्य है। तीर्थयात्रा बड़ा पवित्र सत्कर्म है। वह यज्ञों से भी बढ़कर है। मनुष्य तीर्थयात्रा से जिस फल को पाता है उसे प्रचुर दक्षिणा वाले अग्निष्टोम आदि यज्ञों द्वारा भी नहीं पाया जा सकता।)

युधिष्ठिर कौरवों से जुए में हारकर राज्य से निकाले जा चुके थे। वे अपने भाइयों यानी पांडवों के साथ काम्यक वन पहुंचे, जहां उन्हें बारह वर्ष रहना था। अर्जुन शस्त्र विद्या सीखने के लिए इंद्रलोक चले गए थे। नारद ने काम्यक वन पहुंचकर और पराजित व निराश पांडवों को तीर्थ यात्रा की प्रेरणा दी।

महाभारत का उपरोक्त श्लोक भारतीय धार्मिक दर्शन और सामाजिक मान्यताओं की दृष्टि से बड़े परिवर्तन की घोषणा है। यहां से भारतीय समाज वैदिक परंपराओं और धार्मिक पद्धतियों से मुक्त होकर सगुण भक्ति के नए मार्ग की यात्रा पर निकलता है।

वैदिक और उपनिषद् पद्धतियों में यज्ञ सर्वोच्च विधान थे जो आमतौर पर सूर्य चंद्र, इंद्र, वरुण जैसे प्राकृतिक देवताओं की पूजा के लिए किये जाते थे। महाभारत का यह श्लोक कहता है कि तीर्थयात्रा करना यज्ञों से ज्यादा पुण्य का कार्य है।

यह घोषणा गंभीर और दूरगामी है जो वैदिक परंपराओं की स्वीकार्यता को सीमित कर देती है और तत्कालीन समाज को वैदिक दर्शन से आगे जाकर मूर्ति, मंदिर जैसे सगुण प्रतीकों से जुड़ने के लिए प्रेरित करती है।

महाभारत में पुलस्त्य, धौम्य, लोमश जैसे ऋषि पांडवों की तीर्थयात्रा का मार्गदर्शन और नेतृत्व करते हैं। जो ऋषि परंपरा वैदिक संहिताओं में यज्ञ और प्राकृतिक देवताओं की आराधना के गीत गाते हुए मिलती है। वही ऋषि महाभारत और पुराणों के माध्यम से मंदिर और तीर्थ को यज्ञ से बड़ा पुण्य सिद्ध करते हैं।

महाभारत की कथा के अनुसार नारद की प्रेरणा के बाद पांडवों का दल भारत की चारों दिशाओं, पूर्व-पश्चिम, उत्तर व दक्षिण में यात्रा पर निकल गया।

महाभारत के तीर्थयात्रा पर्व और शल्यपर्व के लगभग 3900 श्लोकों में, पांडवों की महातीर्थ यात्रा का वर्णन मिलता है जिनमें मंदिर, नदी, पर्वत, गुफायें, नगर, और संत आश्रम आदि शामिल हैं। इन से एक विशाल तीर्थ संसार उभरता है जो दुनिया के किसी भी धर्म से बड़ा और विस्तृत है।

तीर्थ दुनिया के सभी धर्मों में आस्थाओं के स्थूल प्रतीक हैं। दिलचस्प है कि निर्गुण और सगुण, ईश्वरवादी और अनीश्वरवादी, मूर्तिपूजक और मूर्तिविरोधी आग्रहों के बावजूद तीर्थों के संदर्भ में दुनिया का लगभग हर समाज एक जैसा है। मक्का, येरुशलम, वेटिकन, चीन के प्राचीन बौद्ध मंदिर और दुनिया भर में फैले तमाम प्राचीन चर्च, स्तूप, मंदिर, मस्जिदें, सदियों से सक्रिय और जीवंत हैं। यहां आस्थायें, इतिहास और पुरातत्व एकाकार हो जाते हैं।

भारत में बौद्ध विहारों व स्तूपों का विकास पौराणिक हिंदुत्व से पहले हो गया था लेकिन बाद में हिंदू तीर्थ परंपरा और मंदिर निर्माण अभियानों ने बौद्ध, जैन जैसे अनीश्वरवादी धर्मों को भी नए तीर्थ और स्थूल प्रतीक बनाने व संजोने को प्रेरित किया।

भारत में तीर्थों की स्थापना का सबसे सक्रिय समय 300 से 1200 ईस्वी के बीच

का है। इस समय बने अधिकांश तीर्थ आधुनिक युग तक सक्रिय हैं। धार्मिक इतिहास की दृष्टि से लगभग 900 वर्ष का यह समय पौराणिक हिंदुत्व के प्रारंभ और विस्तार का है। इस नए धार्मिक उद्‌भव की सामाजिक पृष्ठभूमि की चर्चा हम पिछले अध्यायों में कर चुके हैं।

पुराणों, महाभारत और रामायण के पुनर्संकलन और लेखन का प्रारंभ तीसरी सदी से होता है जो गुप्त काल तक स्थापित व प्रचलित हो जाते हैं। यही साहित्य उन मिथकों का आधार है जिनके माध्यम से तीर्थ, मंदिर, उत्सव, कथायें और भौगोलिक प्रतीक बने जो भारत के सांस्कृतिक जीवन का अभिन्न अंग हैं।

तीर्थ वस्तुत: मंदिर ही हैं जो नदियों के किनारे, पर्वतों की तलहटी या नगरों-कस्बों में स्थापित किये गए। इनमें प्राकृतिक गुफा मंदिरों से लेकर विशाल भव्य मंदिर तक शामिल हैं जिनके आसपास परंपरायें, समाज, बाजार और अर्थव्यवस्था विकसित हुई।

तीर्थ पुराण

मंदिरों की स्थापना के सबसे पुराने पुरातात्विक प्रमाण दूसरी सदी से मिलने प्रारंभ होते हैं। हेलिओदोरस का बेसनगर (विदिशा मध्य प्रदेश) के स्तंभ का एक अभिलेख विष्णु मंदिर से जुड़ा है, तो दूसरी सदी का नागरी अभिलेख वासुदेव के मंदिर का प्रमाण है। अतरंजीखेड़ा का लक्ष्मी मंदिर, गुडीमालम (चित्तूर, आंध्र प्रदेश) का शिव मंदिर, सोंख (मथुरा) का सप्त मातृका मंदिर, नागार्जुनकोंडा (गुंटूर आंध्र प्रदेश) के विष्णु शिव मंदिर इसी कालावधि के हैं।

इसी अवधि में दक्षिण में चालुक्य, राष्ट्रकूट, पल्लव, चोल सम्राटों ने मंदिरों का निर्माण कराया। उत्तर भारत की नागर और दक्षिण की द्रविड़ मंदिर शैलियां इसी दौरान विकसित हुईं। सातवीं सदी से प्रारंभ हुए भक्ति आंदोलन का आधार यही मंदिर है जो 14 सदी तक पूरे देश में फैल गया था।

तीर्थों की रचना में मिथकों की भूमिका महत्वपूर्ण है। बौद्ध-जैन तीर्थ, हिंदू मंदिर और सूफी दरगाहें मिथकों से गहरा संबंध रखती हैं। अधिकांश प्राचीन और मध्ययुगीन हिंदू तीर्थों के संदर्भ पौराणिक और महाकाव्य साहित्य में उपलब्ध हैं।

वाल्मीकि रामायण में गोकर्ण, पुष्कर, चित्रकूट, प्रयाग, ऋष्यमूक आदि तीर्थों का वर्णन आता है। वाल्मीकि रामायण मे अयोध्या का बड़े तीर्थ के तौर पर वर्णन नहीं है लेकिन बाद में राम के अवतार और उनसे जुड़े मिथक की स्थापना के साथ अयोध्या सहित कई स्थान

तीर्थ के रूप में उभरे जिनमें पंचवटी (नासिक), जनकपुर (मिथिला, बिहार) और किष्किंधा (हंपी कर्नाटक) प्रमुख हैं।

महाभारत में चारों दिशाओं के सभी प्रमुख प्राकृतिक स्थलों और बड़े तीर्थों का वर्णन है जिनमें कुरुक्षेत्र, गया, प्रयाग, द्वारका, केदारनाथ, अर्बुद (माउंट आबू राजस्थान), पुष्कर, प्रभास, कन्याकुमारी, मथुरा के अलावा असंख्य छोटे तीर्थ नगर और आस्था केंद्र भी हैं।

विष्णुस्मृति में वाराणसी, गया, प्रयाग, अयोध्या, विदिशा, शूर्पारक (सोपारा) का वर्णन मिलता है जो तीर्थों का सबसे पुराना संदर्भ है।

तीर्थों के महत्व को स्थापित करने और उन्हें अवतारों/मिथकों से जोड़ने में पुराण बेजोड़ हैं। इनकी रचना कुषाण काल के बाद से लेकर पूर्व मध्य युग तक हुई है। लगभग सभी प्रमुख पुराणों में प्रमुख तीर्थों का वर्णन है जो तीर्थ व्यवस्था और उसके साथ दान और अन्य परंपराओं को बार-बार स्थापित करता है और तीर्थों को क्रमशः हिंदू आस्था पद्धति का आधार बना देता है।

वायुपुराण जो सबसे प्राचीन पुराणों में एक है, वह बिहार में गया का वाराणसी, कलिंजर, कुरुक्षेत्र, पुष्कर और प्रभास तीर्थों का महत्व बताता है। विष्णुपुराण में विष्णु के कृष्णावतार से जुड़े तीर्थो जैसे गोकुल, ब्रज, वृंदावन, मथुरा का वर्णन है और कृष्ण द्वारा काशी को नष्ट किये जाने की कथा भी आती है।

मत्स्यपुराण प्रारंभिक वैष्णव पुराणों में है। इसमें तीर्थों की एक लंबी सूची है। इस दौरान यह तीर्थों पर स्नान और दान की महत्ता को वर्णित करता है जो क्रमशः तीर्थ संस्कारों में सबसे प्रमुख तौर पर स्थापित हुआ है और मंदिरों एवं तीर्थों की अर्थव्यवस्था व आधार बना।

पुराणों के परिवार में कूर्मपुराण मध्ययुगीन है। इसके दो अध्यायों में कई तीर्थों और वहां जाने पर मिलने वाले पुण्य का वर्णन है। वराहपुराण कलिंजर और पौंड्रवर्धन जैसे कुछ तीर्थों का संदर्भ देता है गुप्त काल के बाद जिनका महत्व कम हो गया। वामनपुराण में तीर्थों से जुड़े 88 श्लोक हैं। नारद पुराण में तीर्थ वर्णन के साथ मंदिर बनाने की पद्धति बताई गई है तो पद्मपुराण दान के महत्व को पुनः बखानता है। अपेक्षाकृत नए स्कंदपुराण में प्रभास व काशी के धार्मिक महत्व का वर्णन है तो ब्रह्म पुराण वैष्णव तीर्थों की स्थापना करता है। वराह और ब्रह्मपुराणों में तीर्थों के सबसे विस्तृत वर्णन हैं।

भारत में प्रमुख पर्वत भी तीर्थ के तौर पर स्थापित हैं। इसी तरह गंगा, यमुना, प्राचीन सरस्वती, नर्मदा, गोदावरी, सरयू, गोमती, वागमती, क्षिप्रा, पयोष्णी, इक्षुमती, सिंधु, गंडकी,

तमसा, कावेरी, कृतमाला, साबरमती, चंद्रभागा आदि नदियां भी तीर्थ हैं, जिनके किनारे मंदिर या संत आश्रम हैं।

भारत के लगभग 142 प्रमुख हिंदू तीर्थों पर केंद्रित एक अध्ययन बताता है कि इनमें लगभग 60 फीसदी तीर्थ नदी तट, नदी उद्‌गमों या नदियों के संगम पर स्थित हैं। इसलिए हिंदू मान्यताओं के सबसे बड़े आयोजन कुंभ नदियों के किनारे होते हैं और लगभग हर तीर्थ के साथ वहां पर स्नान का विधान संबद्ध है, जबकि 8 फीसदी तीर्थ समुद्र तटों और करीब 15 फीसदी तीर्थ पर्वतों पर स्थित हैं।1

हालांकि बौद्ध स्तूपों के बारे में ऐसा भौगोलिक अध्ययन उपलब्ध नहीं है लेकिन अधिकांश बौद्ध तीर्थ व्यापार मार्गों, पर्वतों (गुफा मंदिर) और नगरों के बाहर हैं तो जैन तीर्थ अपेक्षाकृत नगरीय इलाकों में हैं।

हिंदू तीर्थ नगरों को सात मोक्षदायी पुरियां कहा जाता है। ये सात पवित्र नगर अयोध्या, मथुरा, माया अर्थात् हरिद्वार, काशी या वाराणसी, कांचीपुरम, अवंतिका या उज्जैन और द्वारका हैं। इनके अलावा पंच सरोवर (प्राचीन कुंड या तालाब), ऋषियों के तपस्या केंद्र रहे सप्त क्षेत्र और बारह अरण्य या वन भी हैं। ये सभी भौगोलिक या नगरीय स्थल वस्तुतः शैव, वैष्णव या शाक्त आस्थाओं के केंद्र हैं या ऋषि परंपरा के स्थान रहे हैं।

तीर्थों में बौद्ध स्तूप भी हैं। इनका निर्माण पहले बुद्ध की स्मृतियों के साथ हुआ है जो भिक्षुओं की यात्राओं और विहारों की स्थापना के साथ पूरे भारत व एशिया में फैल जाते हैं। पौराणिक हिंदू आस्थायें मंदिरों का युग लेकर आती हैं जो महायान बौद्ध परंपरा में मूर्तिपूजा की स्वीकार्यता का आधार बनता है। यहां से बुद्ध के मंदिरों, चित्रों, गुफा चित्रों व मूर्तियों की विशाल श्रृंखला तैयार होती है जो पश्चिम एशिया से पूर्वी एशिया तक फैली है। जैन तीर्थों की परंपरा हिंदू मंदिरों के समानांतर चली है।

हिंदू मंदिर और बौद्ध केंद्र स्थानीय धार्मिक, सामाजिक, राजनीतिक और आर्थिक परिस्थितियों की देन थे जो अलग-अलग समय पर बने और सक्रिय हुए। लेकिन वास्तविक परिवर्तन तब घटित हुआ जब इन स्वतंत्र धार्मिक केंद्रों को तीर्थ का स्वरूप मिला। इनकी यात्रा हिंदू, बौद्ध और जैन मान्यताओं में धार्मिक आस्थाओं का आधार बन गई। यह बदलाव मिथकों के प्रभाव से हुआ।

इन स्थानों पर पहुंचना आसान था क्योंकि चारों दिशाओं को जोड़ने वाले व्यापार मार्ग सक्रिय थे जिन पर सार्थवाहों के दल आते-जाते थे।

तीर्थों का पुरातत्व

तीर्थ यात्राओं के पुरातात्विक संदर्भ पहली-दूसरी सदी से मिलने लगते हैं। पुणे में लोनावाला से करीब आठ किलोमीटर दूर सह्याद्रि की पहाड़ियों में स्थित कार्ला गुफायें पर्यटकों के बीच अजंता और ऐलोरा जितनी चर्चित न हों लेकिन इनकी भव्यता अद्भुत है और ऐतिहासिकता भी।

कार्ला की गुफाओं में तीर्थों के माध्यम से भारत की एकजुटता का बड़ा सूत्र उपलब्ध है। यहां से मिला दूसरी सदी का एक पुरालेख प्रभास (गुजरात) तीर्थ का उल्लेख करता है। भव्य केंद्रीय मंडप और द्वार पर अशोक स्तंभ वाला यह बौद्ध गुफा मंदिर चैत्यों और विहारों से घिरा है जहां सबसे पुरानी गुफा करीब 2,000 साल पुरानी है जबकि बाद की गुफायें दूसरी शताब्दी तक बनीं।

लोनावाला से लगभग 221 किलोमीटर दूर है नासिक, जहां शहर से आठ किमी दूर तिरस्मी पहाड़ी, सह्याद्रि की त्र्यंबक-अंजानेरी पर्वत श्रेणी का अंतिम छोर है। इस पहाड़ी पर ईसा पूर्व पहली सदी से पहली ईस्वी के बीच बने बौद्ध गुफा मंदिरों, चैत्य और विहारों की एक पूर्ण श्रृंखला है। हालांकि इसका संबंध महाभारत से नहीं है फिर भी इन गुफाओं को पांडुलेणी कहा जाता है। यहां भी एक पुरालेख मिला है जो नासिक से लगभग 900 किमी दूर जयपुर के पास स्थित पुष्कर तीर्थ का उल्लेख करता है।

लोनावाला और नासिक, दोनों ही प्राचीन व्यापार मार्गों पर स्थित हैं। मध्य भारत से आने वाला व्यापार मार्ग लोनौली होते हुए अरब सागर के तट पर जाता था जबकि नासिक एक तरफ भरुच जाने वाले रास्ते से जुड़ता था तो दूसरी ओर दक्षिणापथ से जुड़ जाता था। मौर्य युग के बाद यह क्षेत्र सातवाहन सम्राटों के अधिकार में आया, जिन्हें दक्षिणापथ का सम्राट कहा जाता था।

पौराणिक पवित्र नदी गोदावरी के तट पर स्थित नासिक बाद में शैव दर्शन का बड़ा केंद्र बना। नासिक उन चार शीर्ष तीर्थों में है जहां कुंभ का आयोजन होता है जो हिंदू आस्था का सबसे बड़ा सम्मेलन है।

ठीक इसी तरह के सूत्र छत्तीसगढ़ के गुंजी पुरालेख में मिलते हैं जो रसभ तीर्थ का उल्लेख करता है। महाभारत के अनुसार यह तीर्थ अयोध्या के पास था।

पटना के पास मिला एक पुरालेख फल्गु नदी के किनारे गया तीर्थ की पवित्रता बताता है तो महाराष्ट्र में रामटेक के पास नागपुर जिले में नगरधन का पुरालेख (छठी शताब्दी) 633 किमी दूर प्रयाग तीर्थ की महिमा पर केंद्रित है। इस तरह के पुरालेख (नवीं से बारहवीं

सदी) सिरुर (कर्नाटक), मिरज (गोवा) और कांचीपुरम से मिले जो प्रयाग, वाराणसी और कुरुक्षेत्र पर केंद्रित हैं।

ये पुरालेख उन तीर्थों को ऐतिहासिक बनाते हैं जिनका वर्णन महाभारत और पुराणों के मिथकीय साहित्य में मिलता है।

प्राचीन पथ प्रदर्शक

यदि प्राचीन भारत में सांस्कृतिक एकजुटता की कड़ियों को जोड़ना हो तो इतिहास से चार पथप्रदर्शक चुने जा सकते हैं। इनमें पहले होंगे पांडव, दूसरा होगा चीनी यात्री फाह्यान, तीसरा गाइड भी एक चीनी यात्री होगा जो कि ह्वेनसांग है।

मध्य युग में एक यात्रा अल बेरूनी और दूसरी अबुल फजल की 'आइने अकबरी' के नेतृत्व में भी हो सकती है।

इन चारों के नेतृत्व में होने वाली यात्रायें उन सभी तीर्थों का दर्शन करा देंगी जो भारत का सांस्कृतिक भूगोल बनाते हैं।

महाभारत के तीर्थयात्रा पर्व में वर्णित पांडवों की तीर्थ यात्रा इतिहास से सिद्ध नहीं होती लेकिन भूगोल इसे सिद्ध करता है। पांडवों की यात्रा का पहला चरण पुष्कर (राजस्थान) से प्रारंभ होकर नर्मदा तट (मध्य प्रदेश) होते द्वारका (गुजरात तट) तक जाता है। गुजरात तट से पांडव वितस्ता यानी जम्मू-कश्मीर के लिए गए थे, वहां से वाडवा (ज्वालामुखी) हिमाचल होते हुए कुरुक्षेत्र आए। इसके बाद पांडवों ने कुरुक्षेत्र से नैमिषारण्य, गया-वैशाली होते हुए उत्तर में हिमालय का रास्ता पकड़ा और वापस मैदान में उतर कर गंगासागर (पश्चिम बंगाल) होते हुए पूर्वी तट महेंद्र गिरि (उड़ीसा), श्री शैल (आंध्र प्रदेश), कावेरी, कन्याकुमारी पहुंचे। इसके बाद गोकर्ण (कर्नाटक, पश्चिमी तट) दंडकारण्य होते प्रयाग में उनकी यात्रा समाप्त हुई।

दूसरी यात्रा फाह्यान (चौथी शताब्दी) के नेतृत्व में होगी जो ऐतिहासिक रूप से प्रामाणिक है। यह यात्रा तक्षशिला से प्रारंभ होकर मथुरा संकिसा, कपिलवस्तु, लुंबिनी, वैशाली, राजगीर, गया, सारनाथ, पटना और बंगाल के ताम्रलिप्ति में समाप्त होगी जहां से फाह्यान श्रीलंका चला गया था।

ह्वेनसांग (सातवीं सदी) तक्षशिला से पंजाब और गंगा-यमुना दोआब से पूर्वी भारत होते हुए बंगाल में ताम्रलिप्ति के रास्ते पूर्वी तट पर पहुंचा था। वहां महाराष्ट्र के अंदर से होते हुए उसने कांचीपुरम की यात्रा की और कर्नाटक से नासिक, अजंता, भरुच, गिरनार, मालवा, सिंध होते हुए वापस तक्षशिला के रास्ते चीन लौटा था।

अल बेरूनी (ग्यारहवीं सदी) और 'आइने अकबरी' (17वीं सदी) में इन्हीं तीर्थों का वर्णन मिलता है।

इन प्रमुख यात्राओं के मार्ग भारत के चारों कोनों को जोड़ते हैं। इनमें वर्णित स्थानों में एक स्पष्ट भौगोलिक निरंतरता है। इनके दायरे में वे सभी तीर्थ आ जाते हैं जिनका वर्णन हमें पुराणों और मिथकों में मिलता है और इनमें से अधिकांश आज भी सक्रिय हैं।

इस बात का कोई प्रमाण नहीं मिलता कि भारत में तीर्थों का विकास किसी योजना के साथ हुआ था लेकिन पुरालेख, मिथक, साहित्य और यात्राओं के वर्णन तीर्थों को भावनात्मक और सांस्कृतिक एकजुटता के प्रमुख माध्यम के रूप में सामने लाते हैं।

तीर्थों का इंटरनेट

भारत सभी धर्मों के असंख्य तीर्थों का इंटरनेट है। पुराण, महाभारत, इंपीरियल गजेटियर ऑफ इंडिया, निजी अध्ययनों के अलावा भारत में तीर्थों संदर्भों का एक सुगठित संग्रह कल्याण पत्रिका के 'तीर्थांक' में है जो गोरखपुर के गीताप्रेस से प्रकाशित होने वाली नियमित पत्रिका है जो हिंदू धर्म का सबसे पुराना प्रकाशन है। तीर्थांक का पहला अंक 1957 में छपा था।

कल्यााण के तीर्थांक में पूरे देश में विस्तृत 1,821 तीर्थों की सूची है। इनमें पुराण-महाभारत में वर्णित तीर्थ शामिल हैं। यह तीर्थांक प्राचीन तीर्थों की आधुनिक स्थिति को विशेषता, देवता और इतिहास के संदर्भ के साथ विवेचित करता है।

तीर्थांक की सूची में उत्तर में 527, पूर्व में 222, मध्य भारत में 517, दक्षिण में 273 और पश्चिम में 282 तीर्थ शामिल हैं।

इनके अलावा चारों धाम, इक्यावन देवी शक्तिपीठ, 108 विष्णु तीर्थ, बारह शिव ज्योतिर्लिंग, 274 पवित्र शिव स्थल, इक्कीस गणपति, सप्त पुण्य नदियां, सात प्राचीन नगर या पुरी, पांच केदार (शिव), सप्त बदरी (विष्णु), पंच नाथ (विष्णु), पंचकाशी, सप्त सरस्वती, सप्त गंगा, सप्त अरण्य पर्वत, नौ अरण्य, पंच सरोवर, चतुर्दश प्रयाग, संतों से जुड़े तीर्थ भी इस सूची में सम्मिलित हैं।

बौद्ध, जैन, सिख और सूफी दरगाहों को सम्मिलित करने और बाद के भारत में सभी धर्मों के प्रमुख तीर्थो की संख्या 2,500 से ऊपर हो जाती है। जाहिर है कि इनमें सबसे बड़ी संख्या हिंदू तीर्थों की है।

बाद के अध्ययनों में सक्रिय और प्रमुख हिंदू तीर्थों के दो समूह मिलते हैं। एक समूह 142 मंदिर तीर्थों का है। इस सूची को और छोटा करने के बाद कुल 84 सबसे बड़े और प्रमुख हिंदू तीर्थ मिलते हैं जो आधुनिक भारत के प्रमुख तीर्थ हैं।

आराध्य, तीर्थ और व्यापार मार्ग

विराट वैष्णव सर्किटः रंगनाथ, श्री नाथ, और जगन्नाथ

यदि सबसे प्राचीन विष्णु मंदिरों की यात्रा करनी हो तो भारत के तीन अलग-अलग हिस्सों में जाना होगा। यह यात्रा मानचित्र पर एक त्रिभुज बनायेगी क्योंकि इसका एक छोर राजस्थान में होगा, दूसरा मध्य प्रदेश में और तीसरा तमिलनाडु में।

इन वैष्णव तीर्थों की यात्रा का प्रारंभ एक ऐसे शहर से हो सकता है जो अब इतिहास बन चुका है।

यह शहर है माध्यमिका जिसके अवशेष राजस्थान में चित्तौड़गढ़ के पास नागरी से मिले हैं। यहां पहली सदी ईसा पूर्व का एक अभिलेख मिला है जो यहां एक विष्णु मंदिर होने का प्रमाण देता है। इस मंदिर के कुछ अवशेष भी मिले हैं। यह सबसे पुराना विष्णु मंदिर है।

इस यात्रा के अगले पड़ाव पर जब हम मध्य प्रदेश के प्राचीन शहर विदिशा पहुंचते हैं तो इन वैष्णव चिन्हों की पहचान और स्पष्ट जाती है जहां ग्रीक सेनापति हेलिआदोरस का गरुड़ स्तंभ और विष्णु मंदिर खंडहर बन गए हैं।

विदिशा से हमें तिरुचिरापल्ली (तमिलनाडु) पहुंचना होगा जहां हमें श्रीरंगनाथस्वामी के दर्शन होंगे जो इस विशाल मंदिर शहर के आराध्य हैं। रंगनाथ मंदिर विष्णु तीर्थों में सबसे प्रतिष्ठित है। तमिल वैष्णव परंपरा का प्रारंभ यहीं से हुआ जो बाद में पूरे देश में फैली।

इस मंदिर के सबसे पुरातन संदर्भ पहली सदी ईसा पूर्व के हैं जो तमिल इतिहास के संगम युग (तीसरी सदी ईसा पूर्व से 4 ईस्वी) के समकालीन हैं। रंगनाथ मंदिर कई वैष्णव आलावार संतों की सक्रियता का केंद्र था। संत मुनिवाहन के मूर्ति में विलीन होने और महिला संत अंदाल के विष्णु मूर्ति (रंगनाथ) से विवाह के मिथक इसी मंदिर से संबद्ध हैं।

भारत में विष्णु पूजा के प्रमाण पहली सदी से मिलने लगते हैं। पौराणिक हिंदू आस्थाओं के प्रसार के साथ भारत में विष्णु के अवतारों की पूजा प्रारंभ हुई जिनमें कृष्ण और राम से

जुड़े मिथकों के आधार पर तीर्थों की स्थापना हुई। मध्य युग तक भारत में विष्णु के साथ उनके अवतारों की तीर्थ श्रृंखलायें बन चुकी थीं जो भारत के चारों कोनों में फैली थीं।

तमिलनाडु के आलावार संत वैष्णव आस्था के प्रणेता और प्रचारक थे जिनके माध्यम से पांचवीं से आठवीं सदी के बीच वृहत्तर भारत में विष्णु पूजा का प्रचलन हुआ।

विष्णु मंदिरों का वर्णन तमिलनाडु के 12 कवि अलावार संतों की रचनाओं में मिलता है। दिव्य देशम इनकी रचनाओं का संग्रह है जो भारत में विष्णु मंदिरों की गणना का आधिकारिक ग्रंथ भी है। इस ग्रंथ में सभी संतों ने मिलकर 108 विष्णु तीर्थों का वर्णन किया है जिनमें 105 भारत में, एक नेपाल में और दो मिथकीय (वैकुंठ और क्षीरसागर) हैं। यह सभी मंदिर सक्रिय पूजा के केंद्र हैं।

विष्णु तीर्थों की यह सूची अलावार संतों ने क्रमश: अलग-अलग समय पर तैयार की होगी। इनमें उत्तराखंड का बदरीनाथ मंदिर भी है जिसे नवीं सदी में शंकराचार्य ने स्थापित किया और अयोध्या व मथुरा के मंदिर भी हैं जो बाद में अस्तित्व में आए। दिव्य देशम भारत को ही नहीं, नेपाल को भी सम्मिलित करती है। भौगोलिक संदर्भों में विष्णु सर्किट संगठित रूप से भारत को जोड़ने के प्रयास का हिस्सा लगता है।

दिव्य देशम विष्णु सर्किट में सबसे बड़ी संख्या तमिलनाडु में स्थित मंदिरों की है। तमिलनाडु के विष्णु तीर्थों में चेन्नई के दो, महाबलीपुर के तीन, कांचीपुरम के 17, त्रिची के सात, कुंभकोणम के ग्यारह, तंजावूर का एक, मायावरम के चार, नागपट्टिनम के तीन, चिदंबरम का एक, सीरगाजी के 16, तिरुन्नवेलि के दस, विरुदनगर के दो, मदुरै के तीन, रामनाथपुरम का एक और पुदुकोट्टि का एक मंदिर शामिल है।

तमिल राज्य से बाहर केरल में विष्णु के 13 बड़े मंदिर हैं जबकि आंध्र और उत्तर प्रदेश दो-दो और नेपाल का एक मंदिर है। इस सूची में उत्तराखंड के छह मंदिर हैं।

कृष्णम वंदे जगद्गुरुम

अधरं मधुरं वदनं मधुरं नयनं मधुरं हसितं मधुरम्।
हृदयं मधुरं गमनं मधुरं मधुराधिपतेरखिलं मधुरम्॥१॥

ये पंक्तियां कृष्ण पूजा की सबसे मधुर प्रार्थनाओं में एक हैं, जिन्हें दक्षिण भारत के तैलंग ब्राह्मण वल्लभाचार्य ने रचा था। वल्लभाचार्य (15वीं सदी) न केवल उत्तर भारत में कृष्ण भक्ति के प्रारंभिक प्रचारकों में थे बलिक उन्होंने इस भक्ति परंपरा का विस्तार व प्रचार भी किया जो आगे चलकर कृष्ण तीर्थों की स्थापना का आधार बना।

किंवदंती है कि वल्लभाचार्य को कृष्ण ने स्वप्न में दर्शन दिये। वह वैदिक और रुद्रसंप्रदाय में दीक्षा प्राप्त थे लेकिन स्वप्न से प्रेरित होकर वल्लभाचार्य पंद्रहवीं सदी में मथुरा के निकट गोवर्धन पहुंचे। गोवर्धन की पहाड़ियों में उन्होंने कृष्ण की मूर्ति की खोज की। गुजरात के व्यापारी पूरनमल खत्री ने उन्हें आर्थिक मदद की और इस तरह गोवर्धन पर एक मंदिर का निर्माण किया जिसे श्रीनाथ जी का मंदिर कहा गया। पुष्टि मार्ग के दर्शन के संस्थापक महाप्रभु वल्लभाचार्य के बाद उनके पुत्रों गोपीनाथ और विट्ठलनाथ ने इस मंदिर को संभाला।

औरंगजेब के अत्याचारों से बचने के लिए सत्रहवीं सदी के मध्य में श्रीनाथ की मूर्ति को उदयपुर के निकट नाथद्वारा ले जाया गया जहां आज श्रीनाथ जी का भव्य मंदिर है और यह कृष्ण पूजा का बड़ा केंद्र है।

श्रीमद्‌भागवत पुराण के साथ कृष्ण पूजा ने आकार लेना प्रारंभ कर दिया था। पुराणों की श्रृंखला में यह सबसे नया पुराण है जिसकी पुनर्रचना का समय आठवीं सदी से दसवीं सदी के बीच का है। इस ग्रंथ की प्रेरणा से जिन कृष्णभक्त संतों ने विष्णु के अवतार के रूप में कृष्ण की पूजा को स्थापित व प्रचारित किया उन्हें वल्लभाचार्य प्रमुख थे।

वल्लभाचार्य और उनके पुष्टिमार्गीय दर्शन ने कृष्ण पूजा को संगीत और कथाओं से जोड़ा। उनके पुत्र विट्ठलनाथ ने उनके कवि भक्त शिष्यों का एक समूह बनाया जिन्हें अष्टछाप के कवि कहते हैं। सूरदास इनमें एक थे जो कृष्ण भक्ति के सबसे प्रसिद्ध कवि हैं। इन कवियों का कृष्ण भक्ति को जनमानस तक पहुंचाने में सबसे बड़ा योगदान है।

महाप्रभु वल्लभाचार्य ने कृष्ण भक्ति के प्रचार के लिए पूरे देश मे चौरासी जगहों पर भागवत व कृष्ण कथा का गायन किया। इनमें कृष्ण व विष्णु से जुड़े पौराणिक केंद्र शामिल हैं। इन्हें महाप्रभु की चौरासी बैठकें कहते हैं जो कृष्ण भक्ति के राष्ट्रीय प्रसार का माध्यम बनीं और इनके आधार पर तीर्थ निर्मित हुए।

वल्लभाचार्य की लगभग 23 बैठकें ब्रज क्षेत्र में मथुरा, वृंदावन और क्षेत्रों में हुईं। ब्रज क्षेत्र के अधिकांश कृष्ण तीर्थ इन बैठकों से संबद्ध हैं। वल्लभाचार्य ने ब्रज से निकल कर नैमिषारण्य, अयोध्या, चित्रकूट, वाराणसी में कृष्ण कथा का वाचन किया। वल्लभाचार्य बिहार में वैशाली होते हुए बंगाल में गंगासागर गए।

उन्होंने मध्य प्रदेश, छत्तीसगढ़ के रायपुर में बैठकों के बाद जगन्नाथ पुरी की यात्रा की। वह पंढरपुर भी गए और नासिक व विजयवाड़ा होते हुए तिरुपति पहुंचे। तिरुपति के बाद उन्होंने तिरुचिरापल्ली में श्रीरंग, कांचीपुरम, रामेश्वरम, तिरुवनंतपुरम, पंपा सरोवर डासपेट (आंध्र प्रदेश), पणजी, कृष्णा नदी के तट पर कर्नाटक में भी कृष्ण कथा सुनाई।

मुक्ति का व्यापार मार्ग

वल्लभाचार्य ने ब्रज क्षेत्र के बाद सर्वाधिक समय गुजरात में व्यतीत किया। मोरवी, कच्छ, भरुच, जामनगर, सूरत, जूनागढ़, अहमदाबाद, द्वारका, मेहसाणा में उनकी बैठकें हुईं जो गुजरात में कृष्ण भक्ति के प्रचार का आधार बनीं। वल्लभाचार्य ने उज्जैन, कुरुक्षेत्र (हरियाणा), बद्रीनाथ, केदारनाथ होते प्रयाग की यात्रा की। उनकी अंतिम बैठक मिर्जापुर, उत्तर प्रदेश में हुई थी।

कृष्ण सर्किट का प्रमुखतम केंद्र दिल्ली के निकट यमुना के तट पर मथुरा में है, जहां मथुरा, वृदावन और गोवर्धन अर्थात् ब्रज क्षेत्र में कृष्ण तीर्थों और प्राचीन व नए मंदिरों की पूरी श्रृंखला है। बृज क्षेत्र से एक शाखा राजस्थान होते हुए गुजरात के लिए चली जाती है। औरंगजेब के हमले के समय इसी मार्ग से श्रीनाथ जी की मूर्ति को वृंदावन से नाथद्वारा पहुंचाया गया था। इसी मार्ग पर उदयपुर के निकट नाथद्वारा, मथुरा के बाद कृष्ण भक्ति का सबसे बड़ा तीर्थ है।

डाकोर कृष्ण सर्किट का बड़ा तीर्थ है जहां रणछोड़दास का मंदिर है। डाकोर के बाद कृष्ण सर्किट गुजरात के तट पर सोमनाथ में प्राचीन प्रभास तीर्थ होते से हुए द्वारका में समाप्त होता है।

द्वारका कृष्ण भक्ति के दक्षिण विस्तार का स्रोत मानी जाती है। आठवीं सदी के कई संतों ने द्वारका की यात्रा की और कृष्ण भक्ति की परंपरा को दार्शनिक आयाम दिये। इसी क्रम में महाराष्ट्र के पंढरपुर में कृष्ण विट्ठल के नाम से पूजे जाते है। लातूर जिले में भीमा नदी के किनारे विट्ठलनाथ या विठोबा का मंदिर महाराष्ट्र में कृष्ण पूजा के प्रसार का प्राचीन केंद है। महाराष्ट्र के प्रसिद्ध भक्त संत नामदेव ने यहां से कृष्ण भक्ति का प्रसार किया था।

कृष्ण के तीर्थों की दक्षिण यात्रा में कर्नाटक में उडुपी में प्रमुख केंद है जहां मध्वाचार्य ने कृष्ण मठ की स्थापना की थी। उडुपी होते हुए कृष्ण भक्त केरल में गुरुवायूर जाते हैं। इस तीर्थ का उल्लेख महाभारत व पौराणिक कथाओं में मिलता है हालांकि मंदिर पंद्रहवीं शताब्दी का है। केरल, कर्नाटक और तमिलनाडु में विष्णु और कृष्ण की पूजा परंपरायें लगभग एक-सी हैं।

कृष्ण सर्किट की दूसरी शाखा मथुरा से पूर्व बंगाल के नादिया जिले में नबद्वीप पहुंचती है जहां बंगाल में कृष्ण भक्ति के प्रसारक चैतन्य महाप्रभु का जन्म हुआ था जबकि दूसरी शाखा पूर्वी तट पर उड़ीसा के जगन्नाथ पुरी में समाप्त होती है। यह मंदिर नवीं शताब्दी में शंकराचार्य की पुरी यात्रा के बाद अस्तित्व में आया। जगन्नाथ मंदिर कृष्ण परिवार की पूजा का केंद्र है। यहां कृष्ण के अतिरिक्त बलराम और सुभद्रा का पूजन होता है। यह लकड़ी की विशाल मूर्तियों का एकमात्र मंदिर है।

चरण रामतीरथ चलि जाहीं

प्राप्त राज्यस्य रामस्य वाल्मीकिभगवान ऋषि:
चकारं चरित कृत्स्नं विचित्रपदमर्थवान
चतुर्विंशति सहस्त्रानाम श्लोकानामुत्तमान ऋषि:
तथा सर्गशतान पंच षट कांडानि तथोत्तरम

(जब राम को राज्य वापस मिल गया तब भगवान वाल्मीकि ऋषि ने विलक्षण शब्दार्थ वाला यह पूरा रामचरित लिखा। वाल्मीकि ने पहले छह कांड और फिर उत्तरकांड लिखकर लगभग पांच सौ सर्गों में चौबीस हजार श्लोकों की रचना की।)

—वाल्मीकि रामायण चौथा सर्ग पहला व दूसरा श्लोक

वाल्मीकि रामायण के पहले चार सर्ग बताते हैं कि वाल्मीकि संभवत: राम के समकालीन रहे होंगे ! इस ग्रंथ के प्रारंभिक चार सर्ग वाल्मीकि के शिष्य भारद्वाज ने कहे हैं जिनके अनुसार इस ग्रंथ की रचना दो हिस्सों में हुई। पहले राम के जन्म से रावणवध तक और दूसरा उत्तरकांड जहां राम के परिवार, सीता के निष्कासन और उनके पुत्रों लव-कुश की कथा है।

वैदिक और उपनिषद् युग के बाद वाल्मीकि रामायण भारत का सबसे पुराना मिथकीय महाकाव्य है वाल्मीकि रामायण महाभारत और पुराणों से पुराना ग्रंथ है जिसकी रचना ईसा पूर्व पांचवीं व चौथी से पहली शताब्दी के दौरान मानी जाती है। रामायण की कथा महाभारत का हिस्सा है और बाद में रचे गए पुराणों का भी।

वाल्मीकि का काव्य राम कथा के असंख्य परवर्ती संस्करणों और कथ्य का आधार बना। इनमें बौद्ध कथा दशरथ जातक, ब्रहमानंद पुराण में संकलित अध्यात्म रामायण, योग वशिष्ठ, कंबन की तमिल रामायण, बांग्ला की कृत्तिवास रामायण, कालिदास का रघुवंश और तुलसी का जनप्रिय रामचरितमानस प्रमुख हैं।

राम कथा और वाल्मीकि की यह रचना जितनी पुरानी है, राम सर्किट के सबसे प्रमुख तीर्थ अयोध्या के संदर्भ भी उतने ही प्राचीन हैं। पुरातात्विक और ऐतिहासिक प्रमाणों के मुताबिक अयोध्या प्राचीन कोशल महाजनपद की राजधानी थी, जिसके ऐतिहासिक प्रमाण ईसा से 1,000 साल पहले तक के हैं। यह नगर बौद्ध व जैन आस्थाओं से भी जुड़ा रहा।

विष्णु स्मृति, मत्स्यपुराण, पद्मपुराण से अयोध्या के पौराणिक आधार और इसके दूसरे नाम साकेत की पुष्टि होती हैं। इलाहाबाद के पास श्रृंगवेरपुर और कौशाम्बी का उत्खनन

अयोध्या के प्राचीन होने के प्रमाण देता है और इसके गंगा-यमुना के दोआब क्षेत्र में व्यापार मार्गों से संबंध के संकेत देता है। यह मार्ग नदियों के समानांतर विकसित हुए और भीतरी उत्तर भारत को उत्तरापथ से जोड़ते थे।

अयोध्या की प्रतिष्ठा पौराणिक है लेकिन वैष्णव तीर्थ के रूप में इस नगर की प्रतिष्ठा का पहला प्रमुख प्रमाण ग्यारहवीं सदी के एक ताम्र अभिलेख से मिलता है। गहड़वाल वंश में यशोविग्रह चंद्रादित्य देव के पौत्र चंद्रदेव का यह अभिलेख अयोध्या को विष्णु के अवतार राम के स्थान के रूप में प्रतिष्ठित करता है।

रामतीर्थों की संख्या उतनी अधिक नहीं है जितना विस्तार रामकथा और राम के मिथक का है। वस्तुत: राम की वनयात्रा ही बाद में राम से जुड़े तीर्थों का आधार बनी। यह यात्रा उत्तर से दक्षिण की ओर थी।

राम सर्किट का एक हिस्सा अयोध्या से प्रारंभ होता है और दूसरा बिहार में जनकपुर से जो सीता के पिता विदेहराज जनक का नगर है और प्राचीन मिथिला राज्य का हिस्सा था। जनकपुर से यह यात्रा सीतामढ़ी आती है जहां सीता का जन्म हुआ। इसके बाद दरभंगा, बक्सर जैसे अन्य केंद्र आते हैं जो राम के विभिन्न मिथकों से जुड़े है। वाराणसी, मिर्जापुर, प्रयाग होते हुए चित्रकूट से यह मार्ग अयोध्या जाता है।

राम तीर्थों का दक्षिण सर्किट प्रयाग से प्रारंभ होता है। महाराष्ट्र के नासिक में पंचवटी इसका दूसरा बड़ा केंद्र हैं जहा राम का ऐतिहासिक मंदिर है। मिथक के अनुसार रावण यहीं से सीता का अपहरण करता है। पौराणिक किष्किंधा हंपी में है जहां राम वानरों की सेना बनाते हैं और अंत में है समुद्र तट पर रामेश्वरम जहां से राम लंका जाते हैं और रावण को पराजित करते हैं।

शिवत्व की यात्रा

यदि भारत के सबसे प्राचीन और ऐतिहासिक शिव केंद्रों की यात्रा करनी हो तो मध्य भारत में उज्जैन से करीब 35 किमी दूर एक गांव दंगावाड़ा जाना पड़ेगा जहां ईसा पूर्व तीसरी सदी की एक मुद्रा मिली है जो यहां शिव मंदिर होने का प्रमाण है। उज्जैन एक प्रमुख शिव तीर्थ है जो इस क्षेत्र में प्राचीन शैव परंपरा का प्रमाण है।

इस यात्रा का दूसरा चरण आंध्र प्रदेश के एक छोटे-से गांव गुडीमालम ले जाएगा। चित्तूर जिले के इस गांव में ईसा पूर्व दूसरी सदी का एक शिवलिंग है जिसमें शिव की मूर्ति भी है। इस मंदिर का ढांचा ईसा पूर्व पहली सदी का है।

प्राचीन शिव तीर्थों की यह यात्रा प्राचीन आंध्र प्रदेश के ही विजयपुरी जाए बिना पूरी

नहीं होगी जो कि इक्ष्वाकु राजाओं (225-325 ईस्वी) की राजधानी थी। आंध्र के गुंटूर जिले में नागार्जुनकोंडा एक प्राचीन सर्वदेव मंदिर समूह था यानी सभी देवों के मंदिरों का केंद्र। इस कॉम्प्लेक्स का बड़ा हिस्सा नागार्जुन सागर बांध ने निगल लिया लेकिन यहां शिव मंदिर के पुराने अवशेष हैं। यहां कार्तिकेय का मंदिर भी है जो शिव परिवार के पूजन के पहले पुरातात्विक प्रमाणों में एक है। नागार्जुनकोंडा में प्राचीन बौद्ध केंद्र होने के प्रमाण भी उपलब्ध हैं।

शिव पौराणिक हिंदुत्व के सबसे प्रतिनिधि देवता हैं। प्राचीन वैदिक तेजोमय रुद्र से घर-घर में पूजे जाने वाले शिव की यह यात्रा पुराणों के माध्यम से होती है। लिंग पूजा और मूर्ति पूजा, दोनों में उपस्थित शिव सगुण और निर्गुण आस्था-परंपराओं का समन्वय करते हैं।

शिव भारतीय परिवार संस्था के आराध्य भी हैं। उनका पूजन उनकी पत्नी गौरी या पार्वती और पुत्रों गणेश व कार्तिकेय के साथ भी होता है। शिव परिवार गौरी के साथ शक्ति परंपरा से जुड़ता है जबकि गणेश और कार्तिकेय के तीर्थ अलग से विकसित हुए हैं। राम और कृष्ण (विष्णु के अवतार) के आराध्यों के रूप में शिव समन्वय के प्रतीक बन जाते हैं जो पुराणों के माध्यम से स्थापित हुआ।

कितने शिव 12, 108 या 274?

भारत में शिव तीर्थों की संख्या सबसे अधिक है। इनके तीन अलग-अलग वर्ग हैं, जिनमें सबसे पहले ज्योतिर्लिंग हैं जो शिव मंदिरों का सबसे प्रतिष्ठित नेटवर्क है और शिव पुराण (अध्याय 38) में वर्णित बारह प्रमुख शिव मंदिर हैं।

इन मंदिरों के दायरे में भारत का पूरा भौगोलिक विस्तार आ जाता है। सोमनाथ भारत के पश्चिम तट पर है जो गुजरात में है जबकि मल्लिकार्जुन पूर्वी तट पर आंध्र प्रदेश में है। उज्जैन और ओंकारेश्वर मध्य प्रदेश में हैं। केदार के दर्शन के लिए उत्तर में हिमालय पर जाना होगा। भीमशंकर का दर्शन मध्य महाराष्ट्र में पुणे के पास होगा जबकि उत्तर प्रदेश में गंगा तट वाराणसी में विश्वनाथ मिलेंगे। महाराष्ट्र के नासिक में गोदावरी तट पर त्र्यंबक, पूर्वी भारत के झारखंड में वैद्यनाथ और गुजरात के जामनगर में नागेश्वर तीर्थ है। राजस्थान के सवाई माधोपुर में घुष्मेश्वर के दर्शन के बाद यह यात्रा सुदूर दक्षिण में समुद्र रामेश्वर में समाप्त होगी।

शिव के बारह ज्योतिर्लिंग प्रधान शिव तीर्थ हैं। जो भारत के पर्वत मैदान और समुद्र तटों को आपस में जोड़ते हैं। अधिकांश ज्योतिर्लिंग नदियों (गंगा, क्षिप्रा, नर्मदा, गोदावरी, कृष्णा, भीम) या सागर तट (सोमनाथ, रामेश्वरम) पर हैं।

अमरनाथ (जम्मू-कश्मीर) ज्योतिर्लिंग में नहीं गिना जाता लेकिन कश्मीर शैव दर्शन का प्राचीन केंद्र होने के कारण प्राचीन शिव मंदिरों का केंद्र है। नेपाल में पशुपतिनाथ, कर्नाटक में गोकर्ण, तमिलनाडु में चिदंबरम, जंबुकेश्वर (त्रिची), कांची और उड़ीसा में भुवनेश्वर में लिंगराज मंदिर प्रमुख शिव तीर्थ हैं जो ज्योतिर्लिंग सर्किट से बाहर हैं लेकिन प्रधान शिव तीर्थ हैं। कैलाश मानसरोवर (चीन) भी शिव से जुड़ता है।

शिव तीर्थों के एक दूसरे समूह में 108 मंदिर हैं जिनका वर्णन शैव ग्रंथों में मिलता है। इस गणना में क्षेत्रीय महत्व के कई शिव मंदिर आ जाते है। इसके बाद एक और सर्किट है जो तमिल पेरियारपुराण पर आधारित है। इसमें दक्षिण भारत के 274 शिव मंदिरों की गिनती होती है जो दक्षिण भारत में शैव पूजा के विस्तार और गहनता का प्रमाण है।

गणपति-कार्तिकेय तीर्थ

शिव परिवार के सदस्य और शिव के पुत्र के तौर पर गणेश की पूजा भी पौराणिक कथाओं के प्रभाव से प्रारंभ होती है। मिथकीय आख्यानों में पहले पूजन के लिए निर्धारित देवता के तौर पर गणेश पूरे देश में पूजे जाते हैं। शिव, विष्णु व शाक्त मंदिरों के प्राचीन व आधुनिक समूहों में गणपति मंदिर स्थापित हैं।

महाराष्ट्र के गणपति को प्रधान देवता के रूप में स्वीकार किया। महाराष्ट्र का प्रधान गणपति सर्किट अष्ट विनायक है जिसमें पुणे और मुंबई के बीच में आठ गणेश मंदिर आते हैं। पौराणिक साहित्य 21 गणपति तीर्थों की एक और सूची भी देता है जिसमें महाराष्ट्र से बाहर, उत्तर प्रदेश, मध्य प्रदेश और तमिलनाडु के प्रमुख गणेश मंदिर हैं।

गणेश की तरह ही कार्तिकेय हैं। तमिलनाडु कार्तिकेय के छह प्रधान मंदिरों का नेटवर्क है। शिव पुत्र कार्तिकेय मुरुगन के नाम से प्रतिष्ठित हैं। ये छह मुरुगन मंदिर, मदुरै (दो), तूतीकोरिन, डिंडीगुल, कुंभकोणम और थिरुथानी में हैं।

शक्ति रूपेण संस्थिता

अहं राष्ट्री संगमनी वसूनां चिकितुषी प्रथम यज्ञियानाम

तां मा देवा व्यदधुः पुरुत्रा भूरिस्थात्रां भूर्यविशयन्तीम ऋग्वेद दशम मंडल 124 सूक्त

(मैं ही राष्ट्र अर्थात् समस्त जगत की ईश्वरी हूं। मैं ही उपासकों को धन प्राप्ति कराती हूं। ब्रह्म मेरा अभिन्न रूप है। यज्ञ मेरे लिए होते हैं। पूजनीय देवताओं में मैं प्रधान हूं।

मैं प्रपंच या माया बनकर अनेक भावों में स्थित हूं। संपूर्ण भूत प्राणियों में मेरा प्रवेश है। अनेक स्थानों पर रहने वाले देवता, व्यक्ति, वस्तु देश या काल में जो भी किया जा रहा है, वह सब मेरे लिये ही है।)

अम्भृण ऋषि की पुत्री वाक् ब्रह्मज्ञानी थीं। वैदिक कथा है कि उन्होंने प्रकृति के देवी स्वरूप को प्राप्त कर लिया था। उनके मुख से ईश्वर की वाणी उपरोक्त सूक्त के रूप में प्रकट हुई। वैदिक संहिता में वाक्सूक्त के नाम से उल्लिखित आठ मंत्रों का यह समूह देवी सूक्त के नाम से प्रसिद्ध हुआ। यह शक्ति पूजा के सबसे प्रारंभिक संदर्भों में है जो पुराण काल में शक्ति या देवी पूजा का आधार माना जाता है और देवी पूजा के चंडी पाठ के साथ आज भी गाया जाता है।

देवी के पूजा के उत्तर वैदिक संदर्भ ऐतरेय ब्राह्मण, शतपथ ब्राह्मण, गोपथ ब्राह्मण आदि ग्रंथों में मिलते हैं। महाभारत के विराट पर्व और भीष्म पर्व में युधिष्ठिर और अर्जुन ने देवी की आराधना की है। देवी आराधना का आधुनिक स्वरूप पौराणिक युग में ही उभरता है। देवी से जुड़े तीर्थों का विकास मत्स्य, कूर्म, पद्म, भागवत, नारद, ब्रह्मानंद पुराणों की कथाओं की छाया में होता है।

मार्कंडेय पुराण का देवी महात्मय इसका प्रमुख आधार है जो सातवीं सदी की रचना मानी जाती है। यही समय तंत्र साहित्य की रचना का भी है जो शक्ति आराधना को रहस्य और सिद्धियों से जोड़ता है। शिव और वैष्णव पूजन में तंत्र का स्थान नहीं है। पौराणिक व तंत्र रचनायें देवी पूजा और मिथकों को स्वतंत्र रूप से स्थापित करतीं हैं।

पुराणों ने एक ओर देवी को स्वतंत्र पूजनीय बनाया तो दूसरी ओर गौरी- दुर्गा- काली के रूप में शिव से और मीनाक्षी-लक्ष्मी-कमला के रूप में विष्णु से जोड़ दिया। इसलिए अधिकांश देवी तीर्थों से शैव व वैष्णव मिथक जुड़ते हैं या मंदिरों में तीनों की एक साथ पूजा होती है।

देवी तीर्थों के विकास की कथा इसी समन्वय का सबसे महत्वपूर्ण प्रमाण है। ब्रह्मा ने प्रकृति की रचना के बाद दक्ष को प्रजा का रक्षक नियुक्त किया था। शिव की पत्नी सती दक्ष की कन्या थीं। दक्ष ने अपने यज्ञ में शिव के अलावा सभी देवताओं को निमंत्रित किया। शिव की इच्छा के विरुद्ध सती वहां पहुंची और शिव का अपमान देखकर उन्होंने यज्ञ कुंड में कूद कर शरीर त्याग दिया।

सती की मृत्यु से उन्मत शिव उनका शव लेकर तीनों लोकों में घूमने लगे। यह देखकर विष्णु ने अपने चक्र से सती के शरीर के खंड-खंड कर दिये। शरीर के ये भाग और आभूषण जिन स्थानों पर गिरे वही 51 शक्ति पीठ हैं।

तंत्र चूडामणि, देवी भागवत और पुराणों की यह कथा शक्ति पीठों का मिथकीय आधार है लेकिन अगर शक्ति पूजा का इतिहास तलाशना हो तो उसके लिए मथुरा जाना होगा।

मथुरा के पास सोंख में ईसा पूर्व पहली-दूसरी सदी के देवी मंदिरों के प्रमाण मिले हैं। यहां से महिषासुरमर्दिनी की मूर्ति प्राप्त हुई है जो देवी पूजा का प्राचीनतम प्रमाण है। प्राचीन देवी पूजा का दूसरा केंद्र कर्नाटक के बगलाकोट जिले में मिलेगा जहां आईहोल गांव में आठवीं सदी का भव्य दुर्गा मंदिर है जिसे चालुक्य सम्राट विजयादित्य ने बनावाया था। इस मंदिर में बौद्ध और जैन आराधना पद्धतियों और सूर्य पूजा के प्रमाण भी मिलते हैं। उत्तर व पूर्वी भारत के कई स्थानों से मिली सप्त मातृका और महिषासुर मर्दिनी की प्रतिमायें भी ऐतिहासिकता को प्रमाणित करती हैं।

शक्ति पीठों, देवी विग्रहों और प्रमुख लक्ष्मी मंदिरों को मिलाने पर जो सर्किट बनता है वह शिव और विष्णु तीर्थों जितना व्यापक भी है और बहुआयामी भी। 51 शक्ति पीठों या सती के शरीर के हिस्सों पर आधारित तीर्थों का प्रारंभ पश्चिम पाकिस्तान (बलोचिस्तान) से होता है। इनमें कुछ तीर्थ पाकिस्तान में और लद्दाख में हैं। शेष शक्ति पीठ दक्षिण में मदुरै से लेकर पश्चिम में कोल्हापुर, मुंबई, गुजरात में गिरनार, उत्तर में कश्मीर और पूर्व में गुवाहाटी तक फैले हैं। कई शक्ति पीठ मध्य व उत्तर भारत में भी हैं।

इनके अलावा भारत में देवी के 12 प्रधान मंदिर हैं जो कांची, कन्याकुमारी, गुजरात, महाराष्ट्र, उज्जैन, प्रयाग, विंध्याचल, वाराणसी, गया, बंगाल और नेपाल में स्थित हैं। विष्णु और शिव परंपरा के आधार पर देवी के भी 108 तीर्थ बताये गए हैं जिनमें प्रमुख क्षेत्री देवी तीर्थ सम्मिलित हैं।

संत ऋषि स्मृतियां

कश्यपातु इमा: प्रजा :

सृष्टि के विस्तार की वैदिक कथा ऋषि मरीच से प्रारंभ होती है। कश्यप उनके पुत्र थे जो दक्ष प्रजापति की छह कन्याओं के पति थे जिनसे देव, मानव, दानव, पशु पक्षी आदि प्रकृति की सृष्टि हुई। समग्र वैदिक साहित्य को ऋषियों ने देखा और तपस्या से प्राप्त किया। वैदिक ऋषियों के दो समूह हैं। वेद प्रकटीकरण में अकेले काम करने वाले 88 ऋषि हैं, जबकि सात ऋषि परिवारों ने अलग-अलग पीढ़ियों में वेद को प्रकट किया। यह ऋषि परिवार गौतम, भारद्वाज, विश्वामित्र, जमदग्नि, कश्यप, वशिष्ठ और अत्रि हैं।

भारतीय देव तीर्थों के समानांतर संत तीर्थ भी विकसित हुए। वैदिक ऋषियों के तीर्थ मिथकीय हैं लेकिन आठवीं सदी के बाद की संतों के केंद्र आज भी सक्रिय है।

इनमें सबसे पहले हैं, जगद्गुरु शंकराचार्य के पांच पीठ जो उत्तराखंड, जोशीमठ (ज्योतिषपीठ), पुरी, उड़ीसा में गोवर्धनपीठ, द्वारका गुजरात में शारदापीठ, कर्नाटक चिकमंगलूर में श्रृंगेरी पीठ, और कांची तमिलनाडु में कामकोटि पीठ है।

तमिलनाडु का श्रीरंग मंदिर वैष्णवभक्ति के प्रणेता रामानुज का केंद्र था। कहते हैं, इस मंदिर में सात सौ संन्यासी और 72 पीठाधीश्वर थे। इस संप्रदाय के तीन प्रमुख मठ थे एक अहोबिल (आंध्र प्रदेश) दूसरा परकारल मैसूर (कर्नाटक), तीसरा व चौथा तोताद्रि एवं तिरन्नवेलि (तमिलनाडु) हैं। उत्तर प्रदेश के ब्रज और राजस्थान में फैले निम्बार्क संप्रदाय के 19 तीर्थ हैं। वल्लभाचार्य के 84 भागवत कथा केंद्रों की चर्चा हम पहले कर चुके हैं। इनके अलावा गौड़ चैतन्य और नाथ संप्रदाय के तीर्थ सर्किट भी हैं। आधुनिक संत तीर्थों में शिरडी में साईं, महाराष्ट्र के प्रमुख हैं।

जैन बौद्ध तीर्थ

पूरे भारत में फैले लगभग 38 दिगंबर जैन तीर्थ विशाल जैन सर्किट का हिस्सा हैं। इनमें पूर्व में अयोध्या से कोशाम्बी, वाराणसी, गोरखपुर, कम्पिल, मथुरा और अहिछत्र बरेली तक फैली एक शाखा है जो उत्तर प्रदेश में है। दूसरी शाखा में बिहार का सम्मेदशिखर, पावापुर, राजगीर और उड़ीसा के तीर्थ आते हैं। एक सर्किट राजस्थान गुजरात, महाराष्ट्र कर्नाटक में है जहां केशरिया जी उदयपुर, गिरनार, श्रावणबेलगोला, मांगी तुंगी है जबकि दूसरी शाखा मध्य प्रदेश में बड़वानी, थूवनजी, देवगढ़ सोनागिरि में तीर्थ आते हैं।

श्वेतांबर जैन तीर्थ मालवा और राजस्थान में हैं, जिनमें पाटण (गुजरात), मालवा (मध्य प्रदेश), माउंट आबू (राजस्थान) प्रमुख तीर्थ हैं।

प्राचीन बुद्ध मान्यताओं के आधार पर भारत में लुंबिनी (गोरखपुर), बोधगया (बिहार) सारनाथ (उत्तर प्रदेश) और कुशीनगर (उत्तर प्रदेश) हैं। तथागत के निर्वाण के बाद दस स्तूप बने जो कुशीनगर, पावागढ़, वैशाली, कपिलवस्तु, रामग्राम, अल्लकल्प, राजगृह और बेट द्वीप (द्वारका गुजरात) में हैं। पिप्पलीवन में भी एक स्तूप का संदर्भ आता है हालांकि रामग्राम, अल्लकल्प और पिप्पलीवन के अवशेष नहीं मिलते। इनके अलावा कौशाम्बी, सांची और पेशावर तीन अन्य प्रमुख तीर्थ हैं।

दरगाहें और पीर

632 ईस्वी में मोहम्मद ने काबा की अपनी एकमात्र धार्मिक यात्रा की थी, और तब उनके साथ उनके हजारों अनुयायी थे, (हालांकि, दो साल पहले उन्होंने तत्कालीन अरब में पूजे जाने वाले देवी-देवताओं की प्रतिमाओं को वहां से हटाने के लिए अपने अनुयायियों के जत्थे की अगुआई की थी)। इसके बाद से, एक आस्थावान मुसलमान के लिए जिंदगी में कम से कम एक बार हज करना या काबा की यात्रा करना इस्लाम के पांच स्तंभों में (कलमा, नमाज, जकात और रोजे) से एक बन गया।

12वीं-13वीं सदी तक हमें इराक, सीरिया और मिस्त्र से जद्दा को जाने वाले सालाना बड़े कारवां के बारे में मालूम है। इन कारवां में बहुत कम ही भारतीय शामिल हो पाते थे।

दूसरी तरफ, इस सालाना हज के दौरान जद्दा के आसपास जैसे-जैसे बाजार विकसित होते गए, तो गुजराती कारोबारी वहां सर्वत्र दिखने लगे। जल्दी ही, अरबी कॉफी के साथ भारतीय कपड़े और मसाले हज बाजार के अभिन्न अंग हो गए। बाद में, हज यात्रियों के लिए एक और नियमित समुद्री मार्ग खुल गया जब इंडोनेशिया से श्रीलंका के रास्ते धार्मिक मुसलमान समुद्री मार्ग से जद्दा जाने लगे। चूंकि वे लोग केरल या दूसरे पश्चिम भारतीय बंदरगाहों से होकर गुजरते थे, इन जगहों के मुसलमान भी हज करने जाने लगे।

हाल के दशकों में, सस्ती और सीधी उड़ानें शुरू होने और सऊदी अरब में बेहतर बुनियादी सुविधाओं के विकास से भारत समेत दुनिया भर से आने वाले हज यात्रियों की संख्या में कई गुना बढ़ोतरी हुई है। भारत से हर साल बड़ी संख्या में हज यात्री नई दिल्ली, हैदराबाद, कोलकाता, मुंबई और लखनऊ हवाई अड्डों से उड़ान भरते हैं।

दुनिया भर में फैले मुस्लिम समुदाय के लिए, हज एक सादगीपूर्ण तजुर्बा है, जहां जन्म और समृद्धि की असमानता के बावजूद अल्लाह के सामने सभी बंदे एक समान हैं।

सदियों तक, कम से कम दो ऐसी जगहें भारतीय उपमहाद्वीप में उभरीं, जहां तीर्थयात्री नमाज पढ़ने के लिए लंबी दूरी तय किया करते हैं (दोनों ही जगहें मुसलमानों और गैर-मुसलमानों के लिए समान रूप से महत्वपूर्ण हैं)।

चिश्ती सूफी राज्य के संरक्षण से दूर रहते थे। लेकिन अकबर को विश्वास था कि उसको ख्वाजा सलीम चिश्ती की दुआ से बेटा हुआ है, इसलिए वह हर साल अपनी पत्नी के साथ नंगे पैर आगरा से सीकरी तक दुआ मांगने आता था। दूसरी ओर, ख्वाजा मोईनुद्दीन चिश्ती की वजह से मशहूर अजमेर शरीफ में कुछ भव्य इमारतें राजवंशों ने बनवाई हैं। इनमें एक है अकबरी मस्जिद, जिसे शाहजहां ने बनवाया था और दूसरा है

मुख्य दरवाजा जिसे हैदराबाद के निजाम ने बनवाया। रोज औसतन एक लाख लोग गरीब नवाज की दरगाह पर आते हैं, जिसे भारत सरकार अधिनियम (दरगाह ख्वाजा साहेब अधिनियम 1955) के तहत चलाया जाता है।

2011 की बॉलीवुड फिल्म 'रॉकस्टार' में नायक जॉर्डन (रनबीर कपूर) नई दिल्ली के निजामुद्दीन दरगाह पर एक मर्मस्पर्शी कव्वाली गाता है—*कुन फाया कुन।* इस फिल्म में, वह मशहूर कव्वालों की संगत में गाते दिखते हैं, निजामी ब्रदर्स, जिनका खानदान सदियों से दरगाह का मुख्य कव्वाल रहा है। चिश्ती सूफी ख्वाजा निजामुद्दीन औलिया की दरगाह, सदियों से दिल्ली के नागरिक और सांस्कृतिक जीवन का महत्वपूर्ण केंद्र रही है।

उत्तरी भारत की शास्त्रीय संगीत परंपरा का बड़ा हिस्सा यहीं से शुरू हुआ है, जिसमें पहला नाम कवि और संगीतकार अमीर खुसरो का है जिनकी कब्र आध्यात्मिक गुरु निजामुद्दीन औलिया के साथ है। गायकों, शायरों और शाही खानदान के लोगों की पीढ़ियां ख्वाजा के आसपास दफनाई गई हैं। उपमहाद्वीप के हर इलाके से लोग अजमेर जाने से पहले इस दरगाह में जियारत करने आते हैं।

देश के तकरीबन हर हिस्से में, श्रद्धा के स्थानीय केंद्र हैं, कई बार यह सिर्फ मुसलमानों के हैं लेकिन प्राय: मुस्लिम और गैर-मुस्लिम दोनों की श्रद्धा उनमें होती है क्योंकि ज्यादातर वह सूफियों की मजारें हैं, जो ईश्वर के प्रति निजी समर्पण के उपदेश दिया करते थे, और उन्हें गैर-मुस्लिम भी उतना ही सम्मान देते थे।

कश्मीर में, हजरतबल सबसे महत्वपूर्ण दरगाह है, जहां पैगंबर साहब के पवित्र बाल सुरक्षित हैं। अन्य महत्वपूर्ण दरगाहें अमूमन सूफी सिलसलों से जुड़ी हैं, जिनमें चरार-ए-शरीफ भी शामिल है, जहां शेख नूरूद्दीन, आलमदार-ए-कश्मीर दफन हैं। पंजाब के ज्यादातर बड़ी सूफी मजार जिनमें दाता गंज बख्श, गंज-ए-सकर, बुल्ले शाह और मियां मीर हैं, आज के पाकिस्तान में हैं।

दिल्ली और इसके आसपास का इलाका मशहूर चिश्ती सूफियों की मजारों से आबाद है। जिनमें बाबा फरीद पंजाब में, कुतुबुद्दीन बख्तियार काकी और नासिरुद्दीन चिराग दिल्ली में और सलीम चिश्ती आगरा में हैं।

गुजरात में कुछ आलीशान इस्लामिक स्मारक हैं जो अपनी भव्यता और वास्तुशिल्प की निपुणता के लिए मशहूर हैं, लेकिन लोगों के आकर्षण का केंद्र है सरखेज रौजा। अब यह तकरीबन अहमदाबाद का ही हिस्सा है, और इसकी तुलना ला कार्बूजिए के एक्रोपोलिस (गढ़ी) से की जाती है। वहीं पर, शेख अहमद गंज बख्श की मजार है।

दिल्ली से लेकर पटना तक उत्तर भारत के मैदानों के ज्यादातर पुराने बड़े शहरों में, जिनमें जौनपुर जैसे भूले-बिसरे पुराने शहर भी शामिल हैं, स्तंभित कर देने वाली खूबसूरती वाले इस्लामिक स्मारक हैं, और इन्हीं में लखनऊ का शिया इमामबाड़ा भी है।

सबसे साधारण श्रद्धालु भी स्थानीय रूप से ख्यात सूफी संतों की मजारों पर, खासकर सालाना उर्स के वक्त हाथ बांधकर खड़े होते हैं। इन जगहों में बिहार के मनेर शरीफ और फुलवारी शरीफ, बंगाल में फुरफुरा, घुटियारी और पांडुआ शरीफ शामिल हैं। सूफी संतों की मजारें महाराष्ट्र और आंध्र दक्कन में लोकप्रिय हैं, लेकिन जियारत की सबसे लोकप्रिय दरगाह हाजी अली की दरगाह है, जो मुंबई के वर्ली में समुद्र तट से ठीक सटी हुई है।

कर्नाटक में, बीजापुर या हुबली में स्थानीय तौर पर लोकप्रिय सूफी मजारें हैं, लेकिन सबसे अधिक मशहूर बाबाबुंदनगीरी दरगाह है। यह ऐसी जगह है जो पुराने सूफी दादा हयात और बाद में संत बाबा बूंदन से जुड़ी है, जिनको भारत में कॉफी के बीज लाने का श्रेय दिया जाता है। यह दरगाह हिन्दुओं में भी काफी पवित्र मानी जाती है, जो इस जगह को दत्तात्रेय से जोड़ते हैं जो शिव के अवतार हैं। सदियों से, गुलबर्गा में संत गेसू दराज़ की दरगाह महत्वपूर्ण रही है, यही सूफी चिश्ती सिलसिले को दक्षिण भारत तक ले गए थे।

हर गुरुवार की शाम निजामुद्दीन का दृश्य कुछ अलग होता है जहां हर किस्म का सामान बेचने वाले व्यापारी देश के हर हिस्से से आए आगंतुकों के साथ जगह के लिए ठेलमठेल मचाते हैं, और यह दृश्य इस बात की याद दिलाता है कि आधुनिक काल से पहले इन जगहों का मिजाज कैसा रहा होगा। इनमें से कुछ सूफियों का चीनी, कॉफी या नील जैसे व्यावसायिक रूप से कीमती उत्पादों के साथ जुड़ाव और इन दरगाहों की अहमियत (सरखेज और बयाना नील के सबसे बड़े और मशहूर उत्पादन केंद्र रहे हैं) इस तथ्य की ओर इशारा करते हैं कि इन तीर्थस्थलों का आर्थिक महत्व क्या था।

व्यापार मार्ग और तीर्थ मार्गों का नेटवर्क लगभग एक साथ विकसित हुआ। इतिहास के हर चरण पर इन दोनों भूगोलों के आपसी संवादों ने भारत के सांस्कृतिक और व्यापारिक मानचित्र का निर्माण किया। भारत का राजनीतिक मानचित्र भले ही बदलता रहा हो लेकिन यह धार्मिक-व्यापारिक मानचित्र स्थायी और निरंतर रहा।

भारत के नगर धर्म और व्यापार के संबंधों का समृद्ध संग्रहालय हैं जिन पर हम अगले अध्याय में चर्चा करेंगे।

धन और धर्म के महानगर

उरुवेला

वैशाख का सूर्य तप रहा था। ग्रीष्म चरम पर थी। नीराजना नदी के किनारे बसे उरुवेला में जीवन स्वाभाविक रूप गति से चल रहा था। ग्रामीणों को पता नहीं था कि उनके गांव के बाहर वृक्ष के नीचे बैठा एक तपस्वी क्या प्राप्त कर चुका है। वह सिद्धार्थ थे जो अब बुद्ध हो गए थे।

ज्ञान प्राप्ति के बाद बुद्ध कुछ तलाश रहे थे। शायद उन्हें किसी की प्रतीक्षा थी जो उनकी चेतना का आलोक ग्रहण कर सके। उरुवेला का ग्रामीण परिवेश संभवत: इसके लिए पर्याप्त नहीं था। गौतम लगभग छह-सात सप्ताह तक उरुवेला में ध्यानरत रहे।

उन्हें एक सुबह अपने उन पांच साथियों की याद आई जो उनके कठिन तप से क्षुब्ध होकर इसिपत्तन चले गए थे। इसिपत्तन तत्कालीन समृद्ध नगर वाराणसी के निकट था और उरुवेला से लगभग अठारह योजन दूर था।

बुद्ध ने इसिपत्तन की ओर पैदल यात्रा प्रारंभ कर दी। आजीवक उपक उन्हें बीच में मिला था जिसे गौतम के बुद्धत्व का भान हो गया था लेकिन बुद्ध को तो इसिपत्तन पहुंचना था।

बुद्ध के वाराणसी आने तक आषाढ़ आ घिरा था। गंगा के तट पर वर्षा प्रारंभ हो चुकी थी।

वह आषाढ़ी पूर्णिमा थी जब इसिपत्तन के मृगदाव (हिरन वन) में बुद्ध को वह पांच भिक्खु मिल गए, जो उन्हें बीच में छोड़कर चले गए थे। इन भिक्खुओं के आगे बुद्ध ने धर्मचक्र का प्रवर्तन किया। यह एक नए धर्म व दर्शन का प्रारंभ था जो विश्व को नया समाज-आस्थायें और दर्शन देने वाला था।

धन और धर्म के महानगर

उरुवेला यानी गया से इसिपत्तन अर्थात् सारनाथ की दूरी लगभग 258 किमी है। ज्ञान प्राप्ति के बाद किसी संन्यासी का एकांत छोड़कर नगर के कोलाहल में लौटना आश्चर्यजनक है खासतौर पर तब जबकि वह संयासी सिद्धार्थ हों जो महल और नगर को छोड़कर विरक्त हो गए थे।

बुद्धत्व की प्राप्ति के बाद गौतम, उरुवेला (गया) से राजगीर जा सकते थे जो गंगा के दक्षिण में स्थित मगध के राजा बिंबसार की तत्कालीन राजधानी थी। लेकिन बुद्ध ने वाराणसी को चुना, जो उस युग के सबसे प्रमुख व्यापार मार्ग उत्तरापथ और दक्षिणापथ के बीच में स्थित था। वाराणसी उस समय का सबसे सक्रिय नगर था।

बुद्ध की काशी यात्रा अप्रत्याशित नहीं थी। यह धर्म को नगर से जोड़ने के सुविचारित अभियान का प्रारंभ था ।

महाजनपद युग से पहले का भारतीय नगरीकरण भविष्यहीन था। हड़प्पा युगीन नगर (राखीगढ़ी, मोहनजोदड़ो, कालीबंगम, लोथल, हड़प्पा) अपनी चमक बिखेर कर इतिहास में लुप्त हो गए। बाद की सदियों में इनका कोई अस्तित्व नहीं मिलता। दुनिया के सबसे पुराने नगरों का निर्माण इसके बाद आरंभ हुआ जो 700 ईसा पूर्व से 300 ईस्वी तक का समय था।

बुद्ध की सक्रियता से पहले तक गंगा-यमुना दोआब में उत्तरापथ और उससे जुड़े व्यापार मार्गों व नदियों की घाटी में कुछ नगरों का विकास हो चुका था, जहां अतिरिक्त उत्पादन और व्यापार ने नए समृद्ध नगरीय समाज की रचना की थी।

बुद्ध की इसपित्तन यात्रा के बाद हमें जो भारत मिलता है उसमें नगर या शहर धर्म और व्यापार के संबंधों में सबसे बड़ी प्रयोगशाला बनकर उभरे। बुद्ध की भांति वर्धमान महावीर और नए दर्शन के प्रतिपादक, अन्य श्रमण-आजीवक भी नगरों की ओर गए। पौराणिक हिंदू आस्थायें भी नगरों के आसपास फली-फूलीं।

दुनिया के कुछ सबसे पुराने नगर भारत में आज तक जीवंत और सक्रिय हैं। इक्कीसवीं सदी के नगरीय भारत में 2,500 साल पुराने नगरों की कई पीढ़ियां मौजूद हैं। जिन्हें धर्म और व्यापार ने मिलकर गढ़ा था। इन नगरों में धर्म, पूजा पद्धतियों, राजनीति, मुद्रा, ज्ञान, शोध, वास्तु, निर्माण, कला, संगीत आदि का आविष्कार हुआ।

नगरों के निर्माता

व्यापार की छाया में धर्म

बुद्ध के धर्मचक्र प्रवर्तन को कुछ ही समय बीता था। सारनाथ में गौतम अपने नियमित विहार पर थे। अचानक वाराणसी के सबसे बड़े धनिक का पुत्र यश उनके सामने आ खड़ा हुआ।

यश के पास वैभव की कमी नहीं थी। सभी ॠतुओं के योग्य महल थे। रात भर नाच-रंग चलता रहता था। उस रात यश की नींद खुली तो उसने अपने परिजनों की अस्त-व्यस्त हालत देखी। समृद्धि से उसका मन ऊब गया। वह सीधे मृगदाव वन पहुंचा।

बुद्ध ने यश की बेचैनी समझ ली थी। उन्होंने यश को अपने पास बिठाकर ज्ञान, प्रव्रज्या (संन्यास) और शिष्यत्व प्रदान किया।

यश के भिक्खु बनने की खबर वाराणसी में जंगल की आग की तरह फैल गई। यश के चार धनिक मित्र विमल, सुबाहु, पूर्णजीत और गवांपति भी इसिपत्तन पहुंच कर भिक्खु बन गए। इन नए भिक्षुओं के आने के साथ बुद्ध के भिक्षु संघ का विस्तार प्रारंभ हो गया जो धर्मचक्र प्रवर्तन के बाद केवल पांच भिक्षुओं तक सीमित था।

यश के माता-पिता यानी काशी के सेठ का परिवार भी बुद्ध का शिष्य बन गया। प्रतिष्ठित लोगों के बुद्ध की शरण में जाने के बाद काशी में प्रव्रज्या लेने की होड़ लग गई। इनमें समृद्ध सेठों और समाज के नेतृत्व करने वाले वर्गों से लेकर काशी की प्रसिद्ध धनी वेश्या अड्ढकाशी भी थी जो बुद्ध से ज्ञान प्राप्त कर मुक्त हुई।

वाराणसी के समृद्ध समाज में प्रतिष्ठित होने और संघ में 55 भिक्खुओं के सम्मिलित होने के बाद बुद्ध ने कहा-

चरथ भिक्खवे चारिकं बहुजनहिताय, बहुजनसुखाय, लोकानुकंपाय, अत्थाय, हिताय सुखाय देवनुस्मानम। चरथ भिक्ख्वे धम्मम आदि कल्याणं, मज्झे कल्याणं, परिसयोन कल्याणं, सात्थं सर्वजनेन केवल, परिपुण्णं परिशुद्धं ब्रह्चरिय पकासेथ

यह बुद्ध की अमर देशना है जो भिक्षुओं को लोककल्याण, करुणा और दया के लिए धर्म के विस्तार की ओर प्रेरित करती है।

यही उपदेश बुद्ध के मध्यम मार्ग का आरंभ भी है जिसकी घोषणा सारनाथ (वाराणसी)

में हुई। इस के बाद बुद्ध ने संघ बनाने के नियम तय किये। उनके संदेश को लेकर भिक्खुओं की टोलियां नदी, पर्वत पार करते हुए अफगानिस्तान तक फैल गईं।

यह अप्रत्याशित नहीं है कि बुद्ध के संघ का पहला विस्तार वाराणसी के धनिकों के माध्यम से हुआ। बुद्ध, महावीर और अन्य आजीवक प्राचीन वैदिक परंपरा, यज्ञ व ब्राह्मणों के वर्चस्व से ऊब रहे नए समाज के लिए नया धर्म लेकर आए थे जो कर्म कांड की बाध्यताओं से मुक्त करते हुए श्रम, करुणा, दुख से मुक्ति, अहिंसा पर केंद्रित था।

तत्कालीन सामाजिक ताने-बाने में, नगर स्वयं में एक क्रांतिकारी प्रयोग थे। आवश्यकता से अधिक उत्पादन, मुद्रा (सिक्के) विनिमय नए समाजों से संपर्क, नया निर्माण और कला विकसित हो रही थी।

भारत में हड़प्पा युग के बाद अगले 1,000 साल तक नगरीकरण के प्रमाण नहीं मिलते। पकी हुईं ईंटें भी नहीं। लगभग 700 ईसा पूर्व नगरीकरण का सूर्य फिर उदय होता है। हड़प्पा सभ्यता से मौर्य युग के बीच का समाज और साहित्य (वैदिक और आरण्यक और ग्रंथ) नगरों के संदर्भ में सीमित सूचनायें देता है।

नगर शब्द का पहला प्रयोग उत्तर वैदिक ग्रंथ तैत्तरीय आरण्यक में मिलता है। वैदिक व आरण्यक ग्रंथ नगरों की प्रतिष्ठा को लेकर बहुत उत्साही नहीं हैं। बौधायन धर्मसूत्र तो नगरों की यात्रा को वर्जित करता है जो संभवत: वैदिक ब्राह्मण परंपराओं के अनुरूप थी।

इंद्र और वृत्र के बीच युद्ध का मिथक नगरों और ग्रामीण अर्थव्यवस्था के संघर्ष की गाथा लगता है। वृत्र नाम के असुर ने प्रकृति का पूरा पानी चुरा लिया। प्रजा कृषि व पेयजल के लिए त्राहि त्राहि कर उठी। वृत्र के पास कई किले थे और वह नगर में रहता था। वैदिक मिथकों में दासों का निवास नगर में बताया गया है। वृत्र इन्हीं का नेता था। इस ब्राह्मण का एक निकट संबंधी था त्वष्टा। उसने इंद्र के लिए विशेष अस्त्र बनाया जिसे वज्र कहा गया। इस अस्त्र से इंद्र ने वृज ब्राह्मण को मार डाला।

ऋग्वेद में इंद्र को कई स्थानों पर पुरंदर कहा गया है जिसका अर्थ है नगरों को तोड़ने वाला।

वैदिक ग्रंथों की तुलना में प्राचीन बौद्ध ग्रंथों और पालि साहित्य में कई नगरों का उल्लेख आता है। पालि ग्रंथों में लगभग 1009 स्थानों के नाम आए हैं जिनमें 83 स्थान श्रावस्ती, राजगृह, कौशाम्बी, वैशाली और कपिलवस्तु से जुड़ते हैं।

भारतीय इतिहास में नगर, मौर्य युग के लेकर 600 ईस्वी तक सबसे अद्‌भुत रचना के तौर पर उभरते हैं जो कृषि और व्यापार की समृद्धि पर आधारित थे। लगभग यही समय

भारत में पहली धार्मिक क्रांति का था, जो बौद्ध और जैन जैसे नगरीय धर्मों के साथ प्रारंभ होती है इसलिए यह समय भारत में धर्म और नगरों के अद्‌भुत मिलन का है जहां भविष्य के समाज और राजनीति की आधारशिला रखी गई।

धार्मिक क्रांति की नगरीय प्रयोगशाला

ईसा पूर्व 600 से 300 ईस्वी के बीच का समय भारत की पहली आर्थिक क्रांति का समय भी है। पालि ग्रंथ और धर्मसूत्र हस्तकलाओं, शिल्प, नगरीय पेशों, मुद्राओं (मनी) और व्यापारी संगठनों के प्रारंभ की घोषणा करते हैं। गौतम धर्मसूत्र इस संदर्भ में मार्के की रचना है जो कृषि व पशुपालन के साथ धन को ब्याज पर कर्ज देने का उल्लेख करती है।

पालि ग्रंथों में नगरों के भीतर तीन तरह की आर्थिक गतिविधियों के स्पष्ट संदर्भ हैं।

- सेवायें जो समाज से जुड़ी थीं। इनमें कपड़ा धोने, बाल बनाने, रसोइये, दर्जी, पेंटर, मूर्तिकार, वैद्य, अकाउंटेंट, महाजन, कलाकार और मरम्मत करने वाले लोग थे।
- सेवायें जो राजा या सेना पर आधरित थीं, जिनमें विभिन्न तरह के सैनिक (युद्धजीवक), अधिकारी (राजपोरिस), मंत्री (महामंत्री), गवर्नर (रथिक), संपत्ति प्रबंधक (पेटनिक), पशु प्रशिक्षक (हत्तिरोह), पुलिस (राज भट्ट), जेलर (बंधनगारिक) और कर्मचारी (कम्मकार) प्रमुख थे।
- शिल्पी, निर्माता और उत्पादक जैसे यंत्रकार (वाहन निर्माता), दंतकार (हाथी दांत पर काम करने वाले) कम्मार (धातु कर्मी), सुवर्णकार (आभूषण निर्माता), कोशिकार (रेशम बुनकर), पलांगड (लकड़ी कर्मी), मालाकार, सूचिकार, कुंभकार।

परवर्ती जातक कथायें इन शिल्पियों के गांवों और बसावटों के बारे में भी जानकारी देती हैं।

इतिहास के इसी काल खंड में धर्मसूत्र, पालि ग्रंथ और पाणिनि की अष्टाध्यायी में पहली बार मुद्राओं के प्रचलन का संदर्भ मिलते हैं। इसी के समानांतर श्रेणि, निगम, संघ, पुग, व्रत आदि व्यापारिक संगठन बड़े पैमाने पर बनने प्रारंभ होते हैं जो व्यापारियों के संगठित समूह थे। ईसा पूर्व दूसरी सदी से तीसरी शताब्दी तक गिल्ड बड़े और सक्रिय हो चले थे।

गिल्ड अपनी मुद्रायें चलाते थे और तत्कालीन मौद्रिक अर्थव्यवस्था का आधार थे उनकी आय का एक हिस्सा दान के रूप में धार्मिक संगठनों को मिलता था। महावस्तु में बड़े कारोबारों के गिल्ड के अलावा दूध, आटा, दही, गुड़, पुआ, तेल, सत्तू, फल, शराब

बेचने वाले वणिक गिल्ड का उल्लेख भी है। दूध बेचने वाले गिल्ड की कुछ मुद्रायें वाराणसी के पास राजघाट से मिली हैं।

पूर्वोत्तर मध्य भारत और दक्षिण भारत में सिक्कों, गिल्ड और व्यापारियों के दान के अभिलेखों के अधिकांश संदर्भ लगभग दो दर्जन नगरों से संबंधित हैं—यह नगर हैं:

उत्तर भारत में वाराणसी, कौशाम्बी, मथुरा, राजगृह

मध्य भारत में विदिशा, उज्जयिनी, एरण (सागर, मध्य प्रदेश), माहिष्मती, नासिक।

पश्चिम में तक्षशिला, विदर्भ, गुजरात में भरुच, वल्लभी

मध्य दक्षिण में आंध्र में नागार्जुनकोंडा, अमरावती, कर्नाटक में इसिला ब्रह्मगिरि।

पूर्व में चंपा (आधुनिक मुंगेर बिहार) उड़ीसा कलिंग व बंगाल में चंद्रकेतुगढ़ व ताम्रलिप्ति।

प्राचीन नगरों का विकास प्रमुख व्यापार मार्गों अर्थात् उत्तरापथ और दक्षिणापथ आसपास हुआ था। नए धर्म इन नगरों की तरफ आए ताकि यहां से प्रचार के मार्ग मिल सकें। मौर्य युग के बाद आठवीं सदी तक तक्षशिला से लेकर ताम्रलिप्ति तक उत्तरापथ के सभी प्रमुख नगरों में प्रत्येक दो सौ साल बाद किसी नई आस्था पद्धति के प्रभाव के पुरातात्विक और ऐतिहासिक प्रमाण मिल जाते हैं।

600 ईसा पूर्व से छठी-सातवीं शताब्दी तक नगरों से जुड़ने वाले धार्मिक इतिहास में पहला वर्ग प्रारंभिक बौद्ध व जैन श्रमणों और भिक्षुओं का है जिनका नगरों की ओर आगमन होता है।

दूसरा वर्ग स्वतंत्र और क्रांतिकारी आजीवक जैसे मक्खलि गोशल, प्रकुद्ध कायत्यायन कात्यायन, संजय वेलठिपुत्त का है और तीसरी धारा पौराणिक हिंदू धर्म की बहुआयामी आस्थाओं की है. परवर्ती काल में इस्लाम भी इन्हीं नगरों के आसपास सक्रिय हुआ।

नगर, अनुयायी और विस्तार

हे पूर्ण ! श्रोणोपरांत या सुदान (वर्तमान म्यांमार) के लोग क्रूर हैं। तुम्हें वहां धर्म प्रचार के लिए नहीं जाना चाहिए।

गौतम ने चिंतित होते हुए कहा

पूर्ण ने उत्तर दिया, हे परम स्नेही गौतम आपने अपना परम प्रेम दिया है जिसका ऋण मैं धर्म के प्रचार के माध्यम से चुकाना चाहता हूं। श्रोणोपरांत के लोग क्रूर हैं क्योंकि उन्हें किसी भिक्षु ने उपदेश नहीं दिया इसलिए मैं वहां जाना चाहता हूं।

बुद्ध ने पूछा, यदि वहां के लोग तुम्हारी शिक्षायें न सुनें और तुम्हें वहां से भगा दें!

पूर्ण ने कहा, कोई बात नहीं, मुझे लगता है कि वह ऐसा अज्ञानतावश करेंगे।

और यदि वह तुम्हें छड़ी-पत्थरों से मारें ? बुद्ध ने पूछा,

मैं फिर भी मानूंगा कि उन्होंने मुझे चाकू नहीं मारे, पूर्ण ने जवाब दिया।

और यदि चाकू मारें तो ? बुद्ध का प्रश्न था।

पूर्ण ने कहा कि फिर भी इतने उदार तो होंगे कि मेरे प्राण नहीं लेंगे।

बुद्ध ने कहा कि यदि वे तुम्हारे प्राण ले लें ?

पूर्ण ने हर्षित होते हुए कहा कि तो इससे श्रेष्ठ निर्वाण क्या होगा।

बौद्ध भिक्षु पूर्ण की यह कथा बौद्ध ग्रंथ दिव्यावदान (दूसरी सदी) में आती है जो बुद्ध मौलिक दर्शन मूलसर्वास्तिवाद विनय का हिस्सा है। पूर्ण की कथा का चित्रण अजंता की दूसरे नंबर की गुफा में भी मिलता है।

पूर्ण पश्चिमी तट पर स्थित नगर शूर्परक (सोपारा) के एक धनी व्यापारी का पुत्र था। इस व्यापारी की तीन पत्नियां और तीन पुत्र थे। आयु बढ़ने पर व्यापारी को परिवार ने सम्मान नहीं दिया। व्यापारी ने एक दासी से विवाह कर लिया। पूर्ण इसी दासी का पुत्र था। पूर्ण दूर-दूर तक जाकर व्यापार करना चाहता था लेकिन पिता ने अनुमति नहीं दी और घर के व्यवसाय में लगा दिया।

पिता की मृत्यु के बाद पूर्ण ने दूर-दूर तक व्यापार करना प्रारंभ किया और कुछ ही समय में एक व्यापार संघ (गिल्ड) का प्रमुख हो गया। वह अपनी यात्रा पर साथ चलने वालों का टैक्स भरने की जिम्मेदारी खुद लेता था।

छह लंबी यात्राओं के बाद पूर्ण ने सातवीं समुद्री यात्रा श्रावस्ती के व्यापारियों के साथ की जो उत्तर पूर्व से सामान लेकर पश्चिमी तट तक आते थे। इस यात्रा के दौरान व्यापारियों ने उसे बुद्ध और उनकी देशना के बारे में बताया। इधर सोपारा में पूर्ण के विवाह की तैयारियां चल रहीं थीं लेकिन वह तो यात्रा से लौटते हुए भिक्षु बनने का संकल्प ले चुका था।

पूर्ण सीधे श्रावस्ती पहुंचा और वहां से सबसे बड़े सेठ अनाथपिंडक से संपर्क किया जो बुद्ध का शिष्य था। अनाथपिंडिक ने समझा कि पूर्ण किसी सौदे के लिए आया है लेकिन जब पता चला कि पूर्ण तो भिक्षु बनने वाला है तो अनाथपिंडक ने उसे बुद्ध के पास भेज दिया।

एक व्यापारी और फिर एक भिक्षु के रूप में पूर्ण की ख्याति इतनी अधिक थी कि उसे लोग समुद्र का संत मानने लगे थे, जिसके स्मरण से तूफान शांत हो जाते हैं, पूर्ण के भाई की यात्रा की कथा कहती है जो रक्त चंदन लेने मलय देश (मलेशिया) गया था और तूफान में फंस गया। पूर्ण के स्मरण से उसके प्राण की रक्षा हुई।

पूर्ण 'अरहत' था। यानी सभी भिक्षुओं में सर्वश्रेष्ठ। वह बुद्ध धर्म के अंतरराष्ट्रीय प्रचार का प्रवर्तक भी था। कहते हैं कि पूर्ण की उपदेश शैली बुद्ध से भी ज्यादा प्रभावी थी। इसलिए वह बौद्ध संघ के प्रचार का प्रवर्तक बना और उसे स्वयं गौतम ने धर्मप्रभास बुद्ध का नाम दिया था।

पूर्ण की कथा धनिकों और व्यापारियों के माध्यम से धर्म के प्रचार के कहानी भी है जिसका अंकन भित्ति चित्रों में हुआ। धर्म का नगरों की ओर पहला आगमन संसाधन और संरक्षण के लिए ही हुआ था लेकिन यहीं से उनकी दूसरी आवश्यकता भी पूरी होनी थी। वह आवश्यकता थी प्रचार और विस्तार।

धर्म का वित्त पोषण

गृहपति, सेट्ठि, लेखक (एकाउंटेंट), वणिक (व्यापारी), कार्मिक (शिल्पकार), आवेसनी (शिल्पकारों के सहायक), दंतकार (हाथीदांत पर काम करने वाले), वाधकी (भवन निर्माता), पवारिका (वस्त्र निर्माता), सोतिका (बुनकर)... यह लंबी सूची उन पेशेवरों की है जिन्होंने सांची और भरहुत के स्तूपों के निर्माण व संचालन के लिए दान दिया था।

300 से 600 ईस्वी के बीच व्यापारियों के गिल्ड पूरे देश में फैल गए थे। उन्होंने अलग-अलग स्थानों पर व्यापारिक गतिविधियों का विस्तार किया।

नगरों और धर्म के संबंधों का सबसे ठोस प्रमाण हैं वे असंख्य दान अभिलेख जो पूरे भारत में नगरों के चतुर्दिक या व्यापार मार्गों पर मिलते हैं। मध्य प्रदेश में सांची इसका सबसे बड़ा संग्रह है जहां ईसा पूर्व दूसरी सदी से लेकर दूसरी शताब्दी तक करीब 800 दान अभिलेख हैं जौ मौर्य, शुंग, सातवाहन, कुषाण और गुप्त युग से संबंधित हैं। यहां मिले अभिलेखों में राजस्थान, महाराष्ट्र और उत्तर भारत के व्यापारियों व उनके गिल्ड से बौद्ध धर्म को मिले संसाधनों का वर्णन है।

मध्य भारत में सतना के पास भरहुत दूसरा ऐसा केंद्र है जहां मिले करीब 136 अभिलेख विदिशा, नासिक, कौशाम्बी, भोजकाता (महाराष्ट्र) के व्यापारियों के हैं। मौर्य शुंग काल में भरहुत भी सांची की तरह ही एक बड़े बौद्ध स्तूप का मेजबान था।

सांची और भरहुत के प्राचीन बौद्ध केंद्रों की भौगोलिक स्थिति उन्हें ज्यादा विशिष्ट बनाती है। सांची विदिशा के पास है जो कौशाम्बी से विदिशा होते हुए उज्जियनी, भरुच, माहिष्मती, पैठण और तमिलनाडु जाने वाले मार्ग पर है जबकि भरहुत (मध्य प्रदेश में रीवा के पास) प्रयाग और कौशाम्बी को जबलपुर, नागपुर होते हुए उड़ीसा व आंध्र से जोड़ने वाले व्यापार मार्ग पर स्थित है।

भरहुत में लगभग 222 और सांची में 800 ऐसे पुरालेख (2 ईसा पूर्व से 2 ईस्वी) मिले हैं। इनमें इस क्षेत्र की धार्मिक गतिविधियों में व्यापारियों और उद्यमियों के संबंधों की कई आयाम मिलते हैं।

मथुरा में बहुधार्मिक दान अभिलेखों की पूरी श्रृंखला मिली है। इनमें कुषाण कालीन एवं जैन अभिलेख हैं जो बैंकरों, व्यापारियों व गिल्ड के दान की जानकारी देते हैं। मथुरा दुनिया के प्राचीनतम सक्रिय नगरों में एक है जहां धर्म, समाज और व्यापार के रिश्तों की कई परतें मिलती हैं।

मध्य भारत में नासिक के पांडवलेणी गुफा अभिलेख भी इसी क्रम में आते हैं। रीवा के पास बांधवगढ़ के अति प्रसिद्ध दान अभिलेख और तमिलनाडु व केरल में प्राचीन ब्राह्मी दान अभिलेख नगरों के माध्यम से धर्म प्रसार के प्रमाण हैं।

मथुरा में व्यापारियों और स्वर्णकारों की पत्नियों की ओर से जैन मंदिर को मूर्तियां भेंट किये जाने के पुरालेख मिले हैं। गुप्त काल आने तक व्यापारियों के संघ उत्तर-पश्चिम और मध्य भारत में मंदिरों व धार्मिक प्रतिष्ठानों का संरक्षण करने लगे थे। इन्हीं प्रतिष्ठानों का विकास तीर्थों के रूप में हुआ।

दक्षिण भारत में मंदिरों को व्यापारियों के दान की प्रक्रिया चौथी सदी से प्रारंभ होकर 12वीं सदी तक चलती है। तमिलनाडु में व्यापारियों के संगठन नगरम मंदिरों के सबसे बड़े संरक्षक थे, केरल में मणिग्रामम यही भूमिका निभाते थे।

व्यापारियों की ओर से मंदिरों को पूजा, तेल घी, प्रसाद और निर्माण में सहायता मिलती थी। नगरम मंदिरों के संसाधनों को संभालते थे और उन पर ब्याज देकर मंदिरों के दैनिक खर्चों को संचालित करते थे। तंजावूर, तिरुचिरापल्ली और दक्षिण अर्काट के पुरालेख नगरों व धर्म के वित्तीय संबंधों का प्रमाण हैं।

नगरों से जुड़ने के बाद ही धर्मों को नए संसाधन मिले, नगरीय अनुयायियों के कारण राजकीय संरक्षण का मार्ग प्रशस्त हुआ। व्यापारिक संगठन अर्थात् गिल्ड तत्कालीन नगरीय

समाज का नेतृत्व कर रहा था। यह न केवल नई अर्थव्यवस्था, जीविका और आय का केंद्र था बल्कि इसे संरक्षण देना राजाओं का दायित्व भी था ताकि उन्हें समाज का समर्थन और राजस्व मिल सके।

नगरों के साथ धर्मों का संबंध उन्हें राजाओं तक ले गया। मुगापक्क जातक बताता है कि करीब 18 बडे व्यापार संघ या गिल्ड के प्रमुख सम्राट के आधिकारिक दल का हिस्सा थे। उग्र और निग्रोध जातक राज प्रशासन से व्यापार के संबंधों और अर्थशास्त्र इन संबंधों की संस्थागत व्याख्या करता है।

भारत में नगरीकरण की इस पहली धारा ने धर्म और व्यापार को संयुक्त रूप से समाज की शक्ति बना दिया। समाज का सबसे धनी और सशक्त वर्ग नए धार्मिक विचारों का संरक्षक हो गया। सिक्कों या मुद्राओं का विकास भी इसी समय से प्रारंभ हुआ जो व्यापार के साथ धर्मों के बहुत काम आया। मुद्रायें दान का आधार बनी। इनके बिना धर्मो की अर्थव्यवस्था मुश्किल थी।

भारत के अधिकांश धर्म स्थापत्य संगीत, नृत्य और साहित्य के कारण पहचाने जाते हैं। तत्कालीन नगर, शिल्प और कलाओं का केंद्र थे जो स्तूप, मंदिर, गुफा मंदिरों और कला व संगीत में मुखर होकर सामने आए। बौद्ध और जैन धर्म शहरों को केंद्र बनाकर विस्तृत हुए। व्यापार मार्गों और नगरों के माध्यय से शैव व वैष्णव भक्ति परंपरायें, दक्षिण से उत्तर भारत तक आईं।

नगरीकरण के निर्माता

धर्म की छाया में व्यापार

प्रलय को निकट देखते हुए ब्रह्मा ने जीवन देने वाली वस्तुओं और अमृत को एक कुंभ यानी घड़े में सुमेरु पर्वत पर स्थापित कर दिया। लेकिन प्रलय का जल उस पर्वत तक पहुंच गया। जब कुंभ बहते हुए दक्षिण तट तक आ गया तो शिव ने अपने तीर से उस कुंभ को फोड़ दिया। घड़े से निकले अमृत से दो विशाल (महामहा कुलम और पोत्रामराई कुलम) सरोवर तैयार हुए और कुंभ के टुकड़ों से शिवलिंग बन गया। दो सरोवरों में एक के किनारे शिव और दूसरे के तट पर विष्णु मंदिर हैं।

तमिलनाडु में लगभग 180 मंदिरों के केंद्र कुंभकोणम में भक्तों को यह कथा अक्सर

सुनाई जाती है। कुंभकोणम उत्तर भारत के महाकुंभ जैसे मेले के लिए विख्यात है और साथ प्रसिद्ध है अपने मंदिर कॉम्प्लेक्स के लिए। कुंभकोणम तंजावूर धार्मिक क्षेत्र का हिस्सा है जहां शैव व वैष्णव आस्थाओं का मिलन होता है। इस भूमि से उठे भक्ति आंदोलन ने दक्षिण से उत्तर तक हिंदू आस्थाओं को बदल दिया।

प्राचीन तमिल साहित्य में कुडामुक्कू या कुडनडाई के नाम से उल्लिखित कुंभकोणम का विकास कुडामुक्कू-तिरुवलामकुली क्षेत्र में हुआ जहां भूमि का एक बड़ा हिस्सा ब्राह्मणों को दान में दे दिया गया। तमिलनाडु के इस भाग में अच्छी कृषि होती थी। कुडामुक्कू का नागेश्वर मंदिर सबसे पहले स्थापित हुआ जिसे स्थानीय कपड़ा व्यापारियों की सहायता मिलती थी।

मंदिर इतना प्रतिष्ठित हुआ कि केरल के मालाबार तट के व्यापारी भी इसे सहायता देने लगे। बाद में चोल राजाओं और समृद्ध व्यापारियों के साझा संरक्षण में कुंभकोणम का पूरा मंदिर कॉम्प्लेक्स विकसित हुआ जो तंजावूर (40 किमी) के साथ मिलकर धर्म व्यापार और प्रशासन का केंद्र बन गया।

ब्राह्मणों व पुजारियों को दान में मिली भूमि मंदिरों के निर्माण व तीर्थों के विकास का आधार रही है। इस दान परपंरा ने भारत में नगरीकरण की दूसरी धारा का प्रारंभ किया।

ब्राह्मणों (पुजारियों) को समाज के निर्णयों में एक विशिष्ट भूमिका पहले से मिली हुई थी। राजाओं से भूमि मिलने, नई बस्तियां बसाने का अधिकार प्राप्त होने और धार्मिक प्रतिष्ठान बनाने की सुविधा ने उन्हें तत्कालीन समाज के बीच और अधिक प्रतिष्ठित कर दिया।

स्वतंत्र व्यापार तब समाज की एक बड़ी शक्ति था जो राजनीतिक गतिविधियों को प्रभावित कर रहा था और धार्मिक आंदोलनों के विकास में महत्वपूर्ण भूमिका निभा रहा था। ब्रह्मदेय केंद्रों पर बनी धार्मिक संस्थाओं को समृद्ध व्यापारियों के दान और संरक्षण मिलने से तीर्थ व मंदिर बने, जो पुजारियों और व्यापारियों की संयुक्त शक्ति का केंद्र हो गए।

कुषाण युग के बाद बारहवीं सदी तक भारत में मंदिरों की एक स्वतंत्र सत्ता स्थापित हुई जिन्हें नकार कर राजवंश, प्रजा का समर्थन प्राप्त नहीं कर सकते थे।

मंदिरों से बने नगर

ब्राह्मणों व पुरोहितों को राजाओं से भूमि दान के साहित्यिक संदर्भ मौर्य काल से ही मिलने लगते हैं। कौटिल्य का अर्थशास्त्र, विभिन्न धर्मशास्त्र और बृहस्पति स्मृति ब्राह्मणों को

राजा से मिले उपहारों पर टैक्स से छूट की व्यवस्था देते हैं। महाभारत के अनुशासन पर्व में भीष्मपितामह, युधिष्ठिर को ब्राह्मणों को स्वर्ण, पशु और भूमिदान के लिए प्रेरित करते हैं।

धर्म के लिए के भू दान तीन प्रकार के होते थे -

एक ब्रह्मदेय भूमि, जो ब्राह्मणों को दी गई

दो देवदान मंदिरों को दी गई अचल संपत्ति

तीन अग्रहार पुजारियों को दी गई भूमि

तीनों ही तरह की भूमि स्थानीय स्तर पर आर्थिक गतिविधियों के प्रारंभ का आधार बनी जिसका अधिक सुगठित स्वरूप दक्षिण भारत में मिलता है।

ब्राह्मणों को राजकीय भूमि दान से जुड़े अभिलेख चौथी शताब्दी से प्रारंभ होते हैं। इन अभिलेखों का विस्तार पूरे देश में है। विभिन्न राजवंशों के भूमि दान के अभिलेख बताते हैं कि यह परंपरा 12वीं सदी तक जारी रही। नासिक, नानेघाट (महाराष्ट्र), भिटारी (गाजीपुर, उत्तर प्रदेश), गया व नालंदा, यवतमाल (महाराष्ट्र), मायदावलू और हीरेहदगल्ली (कर्नाटक), दामोदरपुर (पश्चिम बंगाल) के अभिलेखों में ब्राह्मणों को भूमिदान के विस्तृत वर्णन हैं।

भिटारी (गाजीपुर, उत्तर प्रदेश) में स्कंदगुप्त का प्रस्तर स्तंभ विष्णु मंदिर को भूमि दान (देवदान) की घोषणा है। समुद्रगुप्त का नालंदा ताम्रलेख दो गांवों के अग्रहार (पुजारी को) दान की जानकारी देता है। गया के ताम्रलेख और बिहार में बुद्धगुप्त और कुमारगुप्त के अभिलेखों को भी इस क्रम में रखा जाता है।

मध्य प्रदेश के बघेलखंड क्षेत्र में भी ब्रह्मदेय के ऐतिहासिक प्रमाण मिलते हैं। उत्तर और मध्य भारत में तक्षशिला, मथुरा, विदिशा-सांची, राजगृह, वाराणसी–प्रयाग जैसे प्राचीन व्यापारिक नगरों के विकास के अगले चरण वस्तुत: ब्रह्मदेय भूमि व मंदिर-तीर्थों पर केंद्रित थे।

ब्रह्मदेय भूमि पर केंद्रित नगरीय आर्थिक गतिविधियों का विकास मध्य भारत और दक्षिण में ज्यादा सुगठित है। महाराष्ट्र में वाकातक सम्राट पार्श्वसेन –द्वितीय के लगभग 35 अभिलेख विशेष रूप से उल्लेखनीय हैं। इनमें चामक प्लेट सबसे दिलचस्प है जो 1,000 ब्राह्मणों को भूमि दान का उल्लेख करते हुए कहती है कि *यह भूमि तब तक ब्राह्मणों के पास रहेगी जब तक वह राजद्रोह, किसी ब्राह्मण की हत्या, चोरी, व्यभिचार, ग्रामीणों पर अत्याचार या विद्रोह नहीं करते। ऐसा होने पर राजा उनकी यह भूमि वापस ले लेगा।*

ब्रह्मदेय भूमि के संचालकों ने चौथी शताब्दी के मंदिर और धार्मिक प्रतिष्ठान विकसित

करने प्रारंभ कर दिये थे जिन्हें स्थानीय समाज से दान मिलने लगा। बौद्ध धर्म दान को पुण्य के तौर पर स्थापित कर चुका था। हिंदू ग्रंथ दान को और महत्वपूर्ण स्थान दे रहे थे।

आधुनिक तमिलनाडु, केरल, आंध्र और कर्नाटक में ब्रह्मदेय भूमि पर कई गांव बसाये गए। तमिलनाडु में संगम युग के बाद तीसरी शताब्दी में ब्राह्मणों को भूमि देकर नई जगह बसाने और कृषि के विस्तार के प्रयोग प्रारंभ हुए। पल्लव, पांड्य और चोल राजा इसमें अग्रणी थे।

मंदिर, कृषि और कारोबार

छठी से तेरहवीं सदी तक दक्षिण भारतीय नगरों का विकास कृषि, धर्म, व्यापार और राजवंशों के अनोखे समन्वय की देन है। कावेरी डेल्टा में ब्रह्मदेय भूमि पर बसे मंदिरों और उनके आसपास उभरे नगरों का इतिहास भारत के नगरीकरण का एक महत्वपूर्ण अध्याय है। ब्रह्मदेय जमीन के संचालक ब्राह्मण या पुजारी एक तरफ मंदिर भी चलाते थे तो आर्थिक गतिविधियां भी संचालित करते थे।

दक्षिण के मंदिर कृषि के आधुनिकीकरण का नेतृत्व कर रहे थे ठीक उसी तरह जैसे शुरुआती सदियों में यूरोप में क्रिश्चियन मॉनेस्ट्री खेती का नेतृत्व कर रहे थे।

दक्षिण भारत में पुजारियों के नेतृत्व में होने वाली खेती के कारण दिलचस्प थे। पुरालेख बताते हैं कि ब्राह्मण पंडितों का खगोल ज्ञान नई खेती का आधार था। वह मौसम की भविष्यवाणी करने में सक्षम थे इसलिए वे ऋतु के हिसाब से बीज बोने और फसलों का क्रम तय करते थे जिससे उपज अच्छी होती थी। इसी ज्ञान के जरिये उन्होंने जल संसाधनों के प्रबंधन की तकनीकें विकसित कीं। मंदिरों के नेतृत्व में सिंचाई तालाब व नहरें बनी जो नई खेती का आधार थीं।

लगभग सभी पुराने मंदिर जो ब्रह्मदेय भूमि पर बने थे वे कृषि अर्थव्यवस्था का केंद्र थे। उनके पास नहरें या तालाब थे, जिनका निर्माण मंदिर के संसाधनों से हुआ था। बाद में राजाओं ने भी सिंचाई के साधनों का निर्माण किया है। इन जल स्रोतों का संचालन स्थानीय मंदिरों की समितियों के पास था। जो एक तरह की नियामक संस्था होती थीं। मौसम की सटीक ज्योतिषीय भविष्यवाणियों और सिंचाई ने कावेरी डेल्टा में बडे पैमाने पर कृषि को समृद्ध किया।

कुडामुक्कू (कुंभकोणम), ताम्रपर्णी घाटना घाटी और तिरिमूर क्षेत्र, ब्रह्मदेय भूमि पर आधारित आर्थिक नवजागरण केंद्र थे। यहां निजी संपत्ति के अधिकार स्थापित हो चुके थे।

मंदिरों के नेतृत्व में अलग-अलग फसल के लिए भूमि की पहचान की पद्धतियां विकसित हुईं और आर्थिक प्रगति के कारण कावेरी डेल्टा के यह इलाके बढ़ती जनसंख्या का केंद्र बन गए।

पल्लव, पांड्य शासन के दौरान कांचीपुरम और मदुरै जैसे पुराने शहरों के पास व्यापार मौजूद था। इन नगरों के शासकों और व्यापारियों को विस्तार के लिए नए केंद्रों की आवश्यकता थी जो उन्हें कावेरी डेल्टा के भीतरी हिस्से में उभरती मंदिर अर्थव्यवस्थाओं में दिख रहे थे।

तमिलनाडु, केरल और कर्नाटक में नगरम यानी व्यापारियों के संघ (गिल्ड) और मंदिरों का संबंध इसी मॉडल पर विकसित हुआ। ये गिल्ड मुख्य तौर पर कपड़े, रेशम, तेल और अनाज के व्यापारियों के थे। बाद में धन को कर्ज पर देने वाले महाजनों के गिल्ड भी इसमें जुड गए।

नई उत्पादक अर्थव्यवस्था और नगरम (व्यापार संघ) का यह समन्वय आर्थिक-सामाजिक सत्ता का एक नया केंद्र बना जिससे जुड़ना चोल राजाओं के लिए अपरिहार्य था। चोल साम्राज्य के केंद्र तंजावूर का विकास इसी मॉडल पर हुआ। तंजावूर से कुंभकोणम तक फैला यह क्षेत्र कई मंदिरों, ब्रह्मदेय कॉम्प्लेक्स और व्यापारियों के समृद्ध नगरम (गिल्ड) का केंद्र था।

आठवीं सदी के बाद, चोल राजवंश पुराने पल्लव, पांड्य और चेर केंद्रों को जोड़ कर नया सांस्कृतिक साम्राज्य स्थापित कर रहे थे। नवीं शताब्दी के बाद चोल राजाओं ने भक्ति परंपरा को अपनी राजनीति का आधार बनाया तंजावूर जिसका केंद्र था। इसमें एक ओर कुंभकोणम था और दूसरी तरफ श्री रंगम। चोल राजाओं ने चिदंबरम और तिरुपति जैसे पुराने धार्मिक केंद्रों को भी संरक्षण दिया।

भक्ति को राजसत्ता का संरक्षण मिलने के साथ बड़े मंदिरों का निर्माण प्रारंभ हुआ। जहां भव्य वास्तुकला, संत परंपरा, संगीत को प्रणय व प्रोत्साहन मिला। चोल सम्राटों राजराजा व राजेंद्र के नेतृत्व में तंजावूर भक्ति आंदोलन और उत्सवों के केद्र के तौर पर प्रतिष्ठित हुआ।

व्यापार और राजसत्ता के संरक्षण के कारण मंदिर सामुदायिक संस्कृति का केंद्र बन गए। प्रसिद्ध तमिल कवि कंबन (13वीं शताब्दी) की रामायण का औपचारिक लोकार्पण श्रीरंगनाथ स्वामी मंदिर में हुआ था। शैव संत सेक्किलार की प्रसिद्ध पुस्तक पेरियापूर्णनाम की रचना चिदंबरम मंदिर में हुई। सेक्किलार की यह रचना शैव नयनार संतों की जीवनी है और शैव दर्शन का आधार मानी जाती है।

मंदिर अर्थव्यवस्थायें— पब्लिक- प्राइवेट पार्टनरशिप

सैन्य अधिकारी, कामगार, मलयालम देश से आए हुए लोग, व्यापारी, दलित और उनके नेता, आदिवासी सहित नत्तार (सामुदायिक संस्था) के सभी सदस्य वर्तमान राजाओं को स्वीकार नहीं करते क्योंकि वे लालची हैं और जनता का धन हड़पते हैं। हम केवल राजा की वैध पत्नी को ही शासक के रूप में स्वीकार करेंगे।

तमिलनाडु के दक्षिण अर्काट जिले के एक मंदिर का उपरोक्त पुरालेख इस बात का प्रमाण है कि अत्याचारी शासन के विरुद्ध मंदिर समाज की ताकत भी बनते थे।

पांचवीं शताब्दी के बाद दक्षिण भारत में तीर्थ व मंदिर स्वतंत्र सामाजिक और राजनीतिक शक्ति बनकर उभरे।

मंदिर स्वयं में एक बड़ी अर्थव्यवस्था का नेतृत्व कर रहे थे। इनके पास बड़े पैमाने पर संसाधन थे। नगरम यानी व्यापारियों के गिल्ड के अलावा राजकर्मचारी, विदेशी व्यपारी, शिल्पी और स्थानीय लोगों के दान के कारण इनकी समृद्धि बढ़ती रही। केरल का पद्मनाभस्वामी मंदिर इसका वर्तमान उदाहरण है, जिसके पास अकूत संपत्ति है जो हाल में ही सामने आई है जब अदालत के निर्देश पर इसकी तिजोरियां खोली गईं।

विशाल मंदिरों का निर्माण एक बड़ी सार्वजनिक गतिविधि था, लगभग आज के किसी पब्लिक सेक्टर प्रोजेक्ट की तरह।

इनके लंबे चलने वाले निर्माणों ने नियमित रोजगार तो दिये ही, साथ ही कई तरह की कलाओं को विकसित किया। तंजावूर और कुंभकोणम के आसपास पीतल और कांस्य की मूर्तियां बनाने की कला आज तक सक्रिय है।

तंजावूर मंदिर में ग्यारहवीं सदी का एक दान अभिलेख घोषित करता है कि इस दान से मिलने वाली राशि का प्रयोग मंदिर को इलायची और चंपक पुष्प की कलियों की आपूर्ति में किया जाएगा। मंदिरों में पूजन सामग्री, घी तेल, पुष्प अनाज की मांग की खपत ने एक समृद्ध स्थानीय अर्थव्यवस्था तैयार की। कुंभकोणम और चिदंबरम नगरों में मंदिर कॉम्प्लेक्स के विस्तार और नए मंदिरों के बनने से यह अर्थव्यवस्था बढ़ती चली गई।

आधुनिक युग के शिरडी, तिरुपति, गोवर्धन, पंढरपुर, नासिक (त्र्यंबकेश्वर), वृंदावन, श्रावणबेलगोला, खाटू श्याम, मेंहदीपुर बाला जी, सालासर, वैद्यनाथ, उज्जैन जैसे मंदिर नगर इन अर्थव्यवस्थाओं के नए संस्करण हैं।

व्यापार गिल्ड और मंदिरों के संबंधों ने आर्थिक संपत्ति के वितरण के नए मॉडल विकसित किये और मंदिर केंद्रित बैंकिंग का प्रारंभ हुआ। तंजावूर के राजराजेश्वरम मंदिर

को दान में मिले पशुओं को स्थानीय चरवाहों को दे दिया जाता था जो मंदिर अर्थव्यवस्था का हिस्सा थे। दान में मिले धन को ग्रामीण कर्ज पर लेते थे। तंजावूर के अभिलेख बताते हैं कि व्यापारी भी मंदिर से कर्ज लेते थे।

चेन्नई के पास तिरुवायोर मंदिर का अभिलेख (10वीं ई.) बताता है कि मंदिर ने गांव में पंद्रह फीसदी कर्ज पर पैसा दिया था। ग्यारहवीं सदी का एक और अभिलेख मंदिरों के संरक्षण में सक्रिय बैंकिंग के प्रमाण देता है।

दक्षिण का भक्ति आंदोलन मंदिर अर्थव्यवस्थाओं की छाया में विकसित हुआ था। भक्ति परंपरा के विस्तार के साथ संगठित रूप से मंदिरों का निर्माण प्रारंभ हुआ। दक्षिण से उत्तर की तरफ यात्रा करने वाले भक्ति संत रामानुज और वल्लभाचार्य भक्ति की धारा लेकर आए थे। उत्तर भारत में तीर्थों की स्थापना पहले हो चुकी थी अलबत्ता उनमें अधिकांश भौगोलिक और पौराणिक तीर्थ थे जो नदियों या पर्वतों के आसपास थे। भक्ति परंपरा के विकास ने स्वतंत्र मंदिरों के निर्माण को प्रेरित किया।

उत्तर भारत के मंदिर उतने भव्य और मंदिर अर्थव्यवस्थायें उतनी समृद्ध नहीं थी क्योंकि ज्यादातर मंदिर पुराने समृद्ध नगरों के पास निर्मित हुए। लेकिन मंदिर निर्माण की नागर, द्रविड़ और वेसारा स्थापत्य शैलियां मध्य भारत होते हुए उत्तर भारत तक पहुंच गई थीं और राजाओं व व्यापार के संरक्षण में नए मंदिरों के निर्माण (दसवीं सदी) में प्रयुक्त होने लगी थीं। उड़ीसा, खजुराहो और ऐलोरा के मंदिर इसके उदाहरण हैं।

नगरीय समृद्धि के महाकोष

तिरुवनंतपुरम 2011

केरल के इस विष्णु मंदिर में एक लाख करोड़ रुपये से अधिक का खजाना मिलने की खबर पूरी दुनिया में फैल चुकी थी। भारत के किसी धार्मिक प्रतिष्ठान में इतनी अधिक संपत्ति मिलने का यह अपनी तरह का पहला उदाहरण था लेकिन ज्यादा चौंकाने वाली सूचना इस खजाने के भीतर छिपी थी।

इस खजाने में रोमन राजाओं की स्वर्ण मुद्रा का विशाल भंडार था। इसमें ग्रीक ड्राच्मा भी थे और चौदहवीं सदी के वेनेशियन गोल्ड डुकाट भी। यह उस समय के सिक्के थे जब वेनिस और ग्रीस दुनिया के समुद्री कारोबार पर राज करते थे।

विष्णु मंदिर के खजाने में सोलहवीं सदी के पुर्तगाली स्वर्ण सिक्के, डच ईस्ट इंडिया कंपनी की स्वर्ण मुद्रायें, ब्रिटिश ईस्ट इंडिया कंपनी की मुद्रायें और उन्नीसवीं सदी की शुरुआत में जारी हुए नेपोलियन के सोने के सिक्के भी शामिल थे।

पद्मनाभस्वामी मंदिर का यह महाकोष भारतीय इतिहास में समृद्धि की सबसे बड़ी झांकी था। इस खजाने को देखकर किसी को भी पहली शताब्दी के दौरान रोमन दरबारों की वह चर्चा याद आना लाजिमी था जिसमें रोम के मंत्री यह कहते हुए पाए जाते थे कि रोमन लोग भारतीय मसालों के इस कदर दीवाने हैं कि वे अपना अधिकांश सोना भारत भेजकर रोम को कंगाल कर रहे हैं।

रोम के इतिहासकार और लेखक प्लिनी द एल्डर (77 ईस्वी) ने अलेक्जेंड्रिया से मुजरिस (कोचीन) की यात्रा के बाद अपनी पुस्तक *नेचुरलिस हिस्टोरिया* में लिखा कि भारत दुनिया की कीमतों धातुओं का भंडार बन गया है। प्लिनी और रोमन शासकों की शिकायत वाजिब थी। रोमन अपनी समृद्धि के कारण उत्पादन से ज्यादा खपत करते थे और विलासिता पर जमकर खर्च करते थे, इसलिए भारत के पश्चिमी और दक्षिणी तट पर रोमन जहाज हमेशा लंगर डाले रहते थे। मुंबई से लेकर कोचीन तक रोमन सिक्कों के बडे संग्रह मिलने की यही वजह है।

भारत पहुंच रही रोमन समृद्धि ने रोम के समाज को इतना चिंतित किया कि नीरो के निधन के बाद सम्राट वेस्पेसियन ने रोमन समाज की विलासिता को रोकने के लिए कानून बनाये और भारत से महंगे आयात पर पाबंदी लगा दी। इसके बाद रोम को भारत का निर्यात केवल काली मिर्च और कपड़े जैसे सस्ते सामान तक सीमित हो गया लेकिन यह निर्यात भी इतना अधिक था कि भारत में रोमन सिक्कों की आमद जारी रही।

रोमन स्वर्ण मुद्रायें भारतीय बाजारों में प्रतिष्ठित थीं और तत्कालीन कारोबार में केंद्रीय करेंसी के तौर पर इस्तेमाल होती थीं। तब पंजाब सहित भारत के पश्चिमी सीमांत पर कनिष्क का शासन था जिसने रोम के सिक्के गलाकर अपने सिक्के ढाल दिये। इतिहास बताता है कि रोमन स्वर्ण की भारत में इस आमद से बुरी तरह परेशान सम्राट सेप्टिमस सेवरस ने दूसरी-तीसरी सदी में रोमन सिक्कों में सोने की मात्रा को घटा दिया।

यह शायद दुनिया के इतिहास का पहला करेंसी डिबेसमेंट (अवमूल्यन) था। यही वजह है कि भारत में सेप्टिमस के बाद के रोमन सिक्के बहुत कम संख्या में मिलते हैं।

दिलचस्प है कि पंद्रहवीं सदी में यूरोपियन व्यापारियों ने जब पुनः भारत से संपर्क स्थापित किया तो वे कारोबार के लिए सोना और चांदी लेकर आए जिसे उन्होंने दक्षिण

अमेरिका से जुटाया। पुर्तगाली दरबारियों को इस पर ऐतराज भी था कि एक बार फिर यूरोप की संपत्ति भारत जाने लगी है लेकिन भारत से कारोबार के लिए सोना-चांदी लाना उनकी मजबूरी थी।

वास्को डि गामा ने अपनी भारत यात्रा के बाद पुर्तगाल के सम्राट को बताया कि उसने भारत के बड़े-बड़े नगर भवन व नदियां देखी हैं लेकिन भारतीय सोने-चांदी के अलावा यूरोपीय कपड़ों या अन्य वस्तुओं में दिलचस्पी नहीं रखते।

फ्रेंच फिजीशियन फ्रांस्वा बर्नियर ने मुगल सम्राट औरंगजेब से मुलाकात के अपने यात्रा संस्मरण में लिखा कि सोना-चांदी पूरी दुनिया में घूमने के बाद अंततः हिंदुस्तान में आ जाता है। बर्नियर के समकालीन यानी बैरोन डी मांटेस्क्यू ने तो खुलकर यह लिख दिया कि दुनिया के जिस भी देश ने भारत से कारोबार किया है वह सोना-चांदी देकर सामान लाया है। ...भारतीय केवल सोना चाहते हैं और कुछ नहीं।

नगरीकरण और सिक्के

जोगलाथेंबी, महाराष्ट्र 1906

यह स्थान वर्तमान में नासिक नगर के बाहर है जहां ब्रिटिश इतिहासकारों के हाथ एक दुर्लभ खजाना लगा। यह करीब 13,000 सिक्कों का एक भंडार था जो सिक्कों के इतिहास की दृष्टि से अनूठा था। इस भंडार के अचरज थे वे 9,000 सिक्के जिन्हें पहले ढले हुए सिक्कों पर दोबारा ढाला गया था। जिन्हें काउंटरस्ट्रक क्वाइन कहा जाता है सिक्का अध्ययन में दोबारा ढले या सिक्कों पर छपे नए सिक्के बेहद महत्वपूर्ण माने जाते हैं। जोगलाथेंबी का 'खजाना' सिक्के भारत में भारतीय अध्येताओं के लिए अनोखी उपलब्धि थे।

पुराने ढले हुए सिक्कों पर दूसरी छाप हमेशा यह बताती है कि बने हुए सिक्के पर अपनी छाप लगाने वाला शासन या व्यक्ति पहले सिक्के के संचालक के समकालीन होगा या फिर उसके बाद आया होगा। यह सिक्के शक शासक नापन्हा के थे। शक सम्राट मूलतः उत्तर पश्चिमी एशिया के थे जिनका मध्य भारत (पहली-दूसरी शताब्दी) पर शासन था। शकों के सिक्कों पर जिस सम्राट की छाप मिली, वह था प्रतापी सातवाहन सम्राट गोतमपुता सिरी शतकर्णी।

सातवाहन, महाराष्ट्र से लेकर आंध्र प्रदेश तक शासन करते थे, शकों के साथ उनके संघर्ष के पर्याप्त ऐतिहासिक प्रमाण हैं।

सिक्के और मुद्रायें इतिहास को जानने का प्रमुख माध्यम हैं। हड़प्पा युग के बाद नगरीकरण के अगले चरणों को ऐतिहासिक प्रतिष्ठा देने में सिक्कों की बड़ी भूमिका है। ईसा पूर्व छठी शताब्दी के बाद शुरू हुए नगरीकरण में हड़प्पा काल की तरह बड़े निर्माण तो नहीं मिलते लेकिन लगभग पूरे देश के विभिन्न हिस्सों में अलग-अलग काल खंड के सिक्के अवश्य हैं जो नगरीकरण और सक्षम अर्थव्यवस्था की सूचना देते हैं।

भारत दुनिया के उन पहले प्राचीन समाजों में है जिसने वस्तु विनिमय आधारित व्यवस्था को सीमित करते हुए सबसे पहले मुद्राओं को अंगीकार किया। यह संभवत: आवश्यकता से अधिक (सरप्लस) उत्पादन और व्यापार को लेकर भारत के समाज का उदार नजरिया ही था कि उसने सदियों तक समानांतर मुद्रा संचालनों को सफलता पूर्वक संचालित किया।

ईसा पूर्व छठी और पांचवीं सदी के पंचमार्क सबसे पुराने सिक्के हैं जो तत्कालीन व्यापार के प्रमुख केंद्रों जैसे तक्षशिला, अवंती, कोशल और मगध से जुड़ते हैं। इसके बाद इंडो-ग्रीक सिक्कों का क्रम आता है जो सांचे में ढले हुए शुरुआती सिक्के थे। पहली से चौथी शताब्दी के बीच कुषाण काल तक सिक्के ढालने की कला विकसित हो चुकी थी यानी कि टकसालें बन चुकी थीं।

चौथी शताब्दी के बाद राजाओं के अलावा स्थानीय सम्राटों और गिल्ड के सिक्के चलन में आए। इनमें तांबे और चांदी के सिक्के भी हैं। मध्य दक्षिण में सातवाहन युग से पहले चांदी के सिक्के मिले हैं। गुप्त काल तक खूबसूरत ढंग से ढले सोने के सिक्के प्रचलन में आ चुके थे।

सिक्के, भारत के राजनीतिक इतिहास के पन्ने भी खोलते हैं। इनसे हमें अधिकांश इंडो-ग्रीक राजाओं के नामों का पता चलता है। प्रतिहार, शक, क्षत्रप, कुषाण और सातवाहन राजाओं के नाम भी उनके सिक्कों से ही पता चले हैं। गुप्त साम्राज्य में राजाओं का क्रम निर्धारित करने में भी सिक्कों ने ही सहायता की है।

भारत में नगरीकरण के इतिहास को सिक्कों के जरिये पढ़ा जा सकता है जो व्यापार की समृद्धि पर आधारित है। गंगा-यमुना दोआब, पश्चिमी भारत और मध्य भारत में दूसरे नगरीकरण का प्रारंभ और सिक्कों का प्रचलन एक साथ शुरू होता है जो कि वस्तु विनिमय आधारित अर्थव्यवस्था के समापन का उद्घोष था। इसके साथ ही मुद्रा विनिमय, और कर्ज के व्यवहार भी शुरू हुए। सिक्कों की चमक में भारत की नगरीय और व्यापारिक समृद्धि खिल उठती है।

ईसा पूर्व 200 से 300 का समय शायद भारत में सिक्कों का स्वर्ण युग था। ताजा

अध्ययनों और गणनाओं में पाया गया है कि इस युग के करीब 1.25 लाख सिक्के भारत के विभिन्न संग्रहालयों में हैं जिनमें 50,000 सिक्के सातवाहन शासकों के हैं। छोटे राजाओं के भी अपने सिक्के थे। राजगृह, श्रावस्ती, वैशाली, चिरांद, कौशांबी, अतरंजीखेड़ा, खैरडीह में मिले सिक्के, मध्य, पश्चिम और दक्षिण भारत की तरह नगर और व्यापार के संबंध को स्थापित करते हैं।

800 से 1200 ईस्वी के दौरान भी भारत में सिक्कों की बड़ी मात्रा में प्राप्ति ने इस तथ्य को स्थापित करने में मदद की कि भारत में व्यापार और नगरों का पराभव कभी नहीं हुआ। नवीं-दसवीं सदी के दौरान गुर्जर प्रतिहार, गांधार और कश्मीर राजवंशों के सिक्के तत्कालीन व्यापार और नगरीकरण का प्रमाण हैं । 11-12वीं सदी में मालवा, कोंकण के शासकों और पश्चिम में राजपूत व शाही शासकों के सिक्के प्रचलित थे।

सिक्के, धर्म और प्रतीक

अफगानिस्तान 1978

फ्रांस के पुरातत्वविदों का एक दल अल खानूम में विशाल ग्रीको बैक्टीरियन शहर के अवशेष निकाल रहा था। यह शहर ईसा से 280 वर्ष पूर्व रहा होगा। 145 ईसा पूर्व आक्रांताओं के हमले में विनाश से पहले इस शहर ने 150 वर्ष तक समृद्धि का दौर देखा होगा। पुरातत्वविदों को यहां से लगभग 1000 सिक्के (ड्राच्मा) मिले जिसे ग्रीक सम्राट एगेथोक्लीज ने जारी किया था। इनमें मिले छह सिक्के आश्चर्यजनक थे। इन पर इन कृष्ण और बलराम की छवियां अंकित थीं और ब्राह्मी लिपि में अगाथूक्लेस्या लिखा था।

ये सिक्के न केवल वैष्णव धर्म और कृष्ण पूजा की परंपराओं में सबसे बड़ी ऐतिहासिक कड़ी हैं बल्कि भारतीय और ग्रीक संपर्कों और धर्म व धन के संबंधों को प्रामाणिक बनाते हैं।

धर्म और व्यापार के गहरे संबंधों के बावजूद इतिहास से मिलने वाला यह तथ्य भी कम रोचक नहीं है कि सभी आराध्य और धार्मिक प्रतीक सिक्कों पर जगह नहीं पाते। गैर हिंदू आराध्यों में जैन तीर्थंकरों वाले प्राचीन सिक्के नहीं मिलते, लेकिन कुषाण राजाओं के शासन में सिक्कों पर बुद्ध का अंकन प्रारंभ हो गया था।

छठी और पांचवीं सदी ईसा पूर्व की रचनाओं से कार्षापण, निष्क, शतमान, पद, विमशतिका, त्रिंशतिका शब्दों का संदर्भ मिलने लगता है जो मुद्रा या सिक्कों के पर्यायवाची हैं। नगरीकरण के साथ सिक्कों का प्रचलन प्रारंभ होने से धर्म और व्यापार के संबंध सुगठित होने लगे थे। बौद्ध, जैन और पौराणिक हिंदू मान्यताओं में दान का महत्व स्थापित था, सिक्कों के प्रचलन ने उसे संस्थागत स्वरूप दिया।

मुद्रा के प्रचलन ने धर्म के विस्तार में मदद की क्योंकि व्यापार मार्गों के जरिये भ्रमण करने वाले यात्री किसी भी स्थान पर धार्मिक कार्यों के लिए दान कर सकते थे। अचरज नहीं कि मुद्राओं के अधिकांश उल्लेख दान-अभिलेखों में मिलते हैं जो मंदिरों व स्तूपों से संबंधित हैं। मुद्राओं ने धर्म को फैलाने में सबसे बड़ी सहायता की। बौद्ध धर्म के प्रारंभिक निर्माण इसी वजह से पूरे भारत में मिलते हैं। अगली सदियों में हिंदू मंदिर भी व्यापारियों की समृद्धि से समृद्ध होने लगे।

मुद्राओं के आराध्य

समृद्धि में विष्णु मंदिरों का कोई सानी नहीं लेकिन सिक्कों पर भूतभावन बैरागी शिव ही विराजमान हैं। शिव भारतीय सिक्कों पर पाये जाने वाले प्रमुख आराध्य हैं। सिक्कों पर सर्वाधिक अंकन शिव की छवियों का है। ईसा पूर्व तीसरी सदी से लेकर चौथी-पांचवीं शताब्दी तक जारी पंचमार्क, चौकोर सिक्कों पर शिव से जुड़े चिह्न व प्रतीक मिलते हैं। दूसरी सदी के आर्जुनेय समुदाय के सिक्कों पर शिव लिंग का चित्रण है। मानवीय स्वरूप में शिव पहली बार उज्जैन से मिले सिक्कों पर दिखते हैं जो ईसा पूर्व पहली शताब्दी के हैं।

शक सम्राट माउस के चौकोर ताम्र सिक्के पर शिव का अंकन मिलता है। तक्षशिला से मिले शक शासकों के सिक्कों (पहली सदी) पर भी शिव के अंकन के साथ ब्राह्मी में शिव रक्षिता भी लिखा हुआ है।

भारतीय सिक्कों पर देवी-देवताओं के अंकन के संदर्भ में सम्राट कनिष्क के सिक्के सबसे मूल्यवान हैं जिनमें शिव विभिन्न स्वरूपों में अपने वाहनों और श्रृंगार के साथ अंकित हैं। गुप्त कालीन सिक्कों पर भी शिव मिलते हैं। यह परंपरा सातवीं सदी में बंगाल के गौड़ शासक शशांक तक आती है।

कहना मुश्किल है कि भारतीय सिक्कों पर देवी-देवताओं की छवियां अंकित करना, तत्कालीन शासन के धार्मिक विश्वास का प्रतीक था या फिर ऐसा पूरे देश में एक जैसे

सिक्कों के प्रचलन के लिए किया गया लेकिन भारत में सिक्कों पर देव प्रतीकों की परंपरा ग्रीक परंपरा जैसी ही नजर आती है।

ग्रीक सिक्कों में ओइशो या हरक्लीज प्रमुख देवता के रूप में अंकित है। परवर्ती भारतीय सिक्कों पर ओइशो और शिव से मिला-जुला एक स्वरूप मिलता है जो बाद के सिक्कों में क्रमश: शिव के स्पष्ट रूप में आ जाता है। माना जाता है कि ग्रीक देवी ताइची (रोमन फार्च्यूना) की छवि से प्रेरित होकर सिक्कों पर लक्ष्मी की छवि अंकित की गई।

भारत में सिक्कों पर देवी-देवताओं की छवियों का अंकन ईसा पूर्व दूसरी सदी से प्रारंभ हुआ। यह समय भारत में बहुआयामी आस्थाओं का था। बौद्ध धर्म सिमट रहा था, हिंदू आस्थायें सक्रिय हो रही थीं और वैष्णव, शैव प्रतीक उभर रहे थे। इनके अलावा समाज में अलग-अलग पूजा पद्धतियां सक्रिय थीं, जिन्हें शासकों और समाज का संरक्षण मिल रहा था। यही युग नगरीकरण के प्रारंभ और व्यापार का विस्तार का भी है इसलिए सिक्कों के इतिहास की रोशनी में धार्मिक आस्थाओं के इतिहास को पढ़ा जा सकता है।

और अंत में ...

भारत में नगरीय निरंतरता का रहस्य

भारत का प्राचीन मानचित्र बनाने की कई विधियां हो सकती हैं। एक मानचित्र हड़प्पायुगीन व्यापार मार्गों से बन सकता है जो मध्य और पश्चिम भारत को ईरान और बगदाद से जोड़ते थे। महाजनपदों की सीमायें और राजधानियों के आधार पर एक और आयाम जोड़कर दूसरा मानचित्र बनाया जा सकता है।

यदि प्राचीन भारत के विभिन्न हिस्सों में मिले सम्राट अशोक के अभिलेखों को जोड़ने वाली रेखा खींची जाए तो वह पश्चिम में कंधार, उत्तर में मनशेरा (कश्मीर), उत्तर-पूर्व में रामपुरवा, पूर्वी तट पर धौली (उड़ीसा), पश्चिम तट पर सोपारा और दक्षिण में इरागुड़ी को जोड़ते हुए भारत का एक ऐसा मानचित्र बना देगी जो राजनीतिक तौर पर वर्तमान भारत के काफी करीब होगा।

प्राचीन व्यापार मार्गों अर्थात् उत्तरापथ और दक्षिणापथ के सहारे भी भारत का मानचित्र बनाया जा सकता है। प्राचीन और मध्ययुगीन धार्मिक केंद्रों और तीर्थों के माध्यम से इस मानचित्र को और स्पष्ट किया जा सकता है। हुएनसांग व फाह्यान के यात्रा मार्गों को इस में सम्मिलित करने पर यह मानचित्र पूरा हो जाएगा।

इन सभी मानचित्रों में जो एक तथ्य समान रूप से मिलेगा वह होंगे नगर। ये वही नगर होंगे जो मौर्य युग से लेकर आज तक हमारे साथ मौजूद हैं।

यदि सभ्यताओं का इतिहास नगरों का इतिहास है तो भारतीय नगर उस इतिहास की सबसे कीमती पुस्तकें हैं। आजादी के बाद भारत की राजनीति में भले ही ग्रामीण आग्रह प्रमुख हो गए हों लेकिन महाजनपद युग (600 ईपू) के बाद का अधिकांश भारतीय इतिहास वस्तुतः नगरीय है। यूरोप में नगरीकरण का सबसे बड़ा और प्रभावी दौर अठारहवीं सदी में औद्योगिक क्रांति और उपनिवेशों के साथ प्रारंभ होता है लेकिन भारत इससे पहले बड़े पैमाने पर नगरीय हो चुका था।

भारत का नगरीकरण कई मायनों में पश्चिम की तुलना में अनोखा है। यह निरंतर, स्थायी और विकासशील रहा है। इसलिए भारत दुनिया के उन गिने-चुने देशों में है जहां ईसा पूर्व शुरू हुआ नगरीकरण आज तक सक्रिय है और तीन हजार साल पुराने नगर आज भी फल-फूल रहे हैं।

200 ईसा पूर्व के भारत से लेकर ब्रिटिश युग तक शायद कोई सदी ऐसी नहीं है जब भारत के अलग-अलग क्षेत्रों में बड़े नगरीय केंद्र और तटों पर बंदरगाह न मौजूद रहे हों। इनमें अधिकांश केंद्र अनिवार्य रूप से धार्मिक थे और अलग-अलग संस्कृतियों को सहेज रहे थे।

भौगोलिक निरंतरता

कुषाण युग के बाद भारत के सभी भौगोलिक क्षेत्र नगरीय निरंतरता का केंद्र रहे हैं। उत्तर-पश्चिम और सिंध व पंजाब में हिंदुकुश, साल्ट रेंज और सिंधु का प्रवाह क्षेत्र नगरों की सबसे पुरानी प्रयोगशाला है। ग्रीको-रोमन वर्णनों में संदर्भित पुष्कलावती और पुरातात्विक उत्खननों में मिले चारसद्दा, तक्षशिला, प्राचीन पुरुषपरा या (आधुनिक पेशावर) सियालकोट का पूर्वज सकला (सिरुकुष या सिर्कप) इस क्षेत्र में नगरों की अलग-अलग पीढ़ियों के प्रतिनिधि हैं। पश्चिम समुद्र तट पर प्राचीन बंदरगाह लोथल से लेकर कश्मीर-पंजाब में प्रारंभिक नगरीकरण की इस श्रृंखला का हिस्सा है।

ऊपरी गंगा घाटी में आधुनिक लुधियाना का पूर्वज नगर सुनेत और हड़प्पाकालीन संगहोल सबसे पुराने नगरों के प्रमाण हैं। सुनेत में यौधेय काल के सिक्के बनाने के उपकरण मिले हैं तो संगहोल का स्तूप मथुरा शैली की मूर्तियों से समृद्ध है। अग्रोहा (हिसार, हरियाणा), हस्तिनापुर (मेरठ), थानेश्वर, रंगमहल, इंद्रप्रस्थ (पुराना किला, दिल्ली के पुरातात्विक प्रमाण) से लेकर मथुरा और अतरंजीखेड़ा (एटा) तक फैला यह क्षेत्र लगभग

हर युग में नगरों से समृद्ध रहा। आगरा, दिल्ली, पानीपत जैसे नगर बाद में इसी क्षेत्र में आते हैं।

ऊपरी गंगा घाटी में कंपिल, संकिसा, कन्नौज, अहिच्छत्रा, चकरनगर (इटावा), साकेत (अयोध्या), श्रृंगवेरपुर (इलाहाबाद) , कौशाम्बी, (भीटा, हुलसाखेड़ा) प्राचीन नगर थे जो आज भी सक्रिय हैं। इन नगरों में हुए पुरातात्विक उत्खनन में सिक्कों, स्तूपों, मंदिरों और मूर्तियों की बहुतायत है।

मध्य और निचली गंगा घाटी में सहेठ-महेठ (श्रावस्ती), राजघाट (वाराणसी), खैरडीह (बलिया), बसरा (प्राचीन वैशाली), पटना, राजगीर, बिहार के चंपारण पुराने नगरीय केंद्र थे। पहली सदी ईसा पूर्व के स्तूप से समृद्ध लौरिया-नंदनगढ़, भागलपुर और प्राचीन चंपा क्षेत्र में नगरीकरण आज भी फल-फूल रहा है।

निचली गंगा घाटी या बंगाल में बानगढ़ (दक्षिण दिनाजपुर), तामलुक (प्राचीन ताम्रलिप्ति), चंद्रकेतुगढ़ और बारी भाटेश्वर को इसी क्रम में गिना जा सकता है।

मध्य और पश्चिम भारत में नगरीकरण का प्रारंभ 200 ईसा पूर्व से 500 ईस्वी के बीच होता है। मध्य प्रदेश में प्राचीन ब्यासनगर, (आज का विदिशा-सांची), उज्जयनी- राजस्थान में प्राचीन बैराट यानी प्राचीन विराटनगर, और रैरा- गुजरात में भरुच व वल्लभी लंबे समय तक सक्रिय रहे धार्मिक और व्यापारिक केंद्र थे।

मध्य दक्षिण में बड़े नगरीय केंद्र कम मिलते हैं लेकिन पश्चिम तट पर मुंबई से कोंकण तक बंदरगाह नगरों की एक पूरी श्रृंखला रही है। मध्य दक्षिण की सबसे बड़ी विशेषता यहां सिक्कों का मिलना है जो इस क्षेत्र में व्यापार की सक्रियता का मूलभूत प्रमाण है। कार्ला, कन्हेरी, नासिक, अजंता, एलोरा, भोकरदन, नागार्जुनकोंडा और अमरावती के गुफा मंदिर, स्तूप और हिंदू मंदिर धर्म व धन के संयोग से ही बने थे।

दक्षिण के दोनों तट अर्थात् केरल और तमिलनाडु सबसे पुराने और निरंतर सक्रिय नगरों की भूमि हैं। 300 ईसा पूर्व से प्रारंभ हुआ नगरीकरण संगम साहित्य के संदर्भों के साथ सामने आता है। चेर वंश के केंद्र वांजी या कुरुवूर या करुर, मदुरै, कांचीपुरम, उरियूर (आधुनिक तिरुचिरापल्ली), पुहार या कावेरीपट्टनम और कांची पुराने नगर थे जिनमें कई आज भी सक्रिय हैं।

गुप्त युग के बाद भारत में नगरों के क्षरण की संकल्पना भारतीय इतिहास के अध्येताओं के बीच सबसे विवादित बहस है लेकिन मुगलों के पतन और अंग्रेजों के आगमन (18वीं सदी के अंत से 19वीं सदी की शुरुआत) के दौरान भारत में नगरों की बड़ी संख्याा विस्मित करती है। 1857 में भी अधिकांश भारत में हमें वही नगर सक्रिय मिलते हैं जिनकी नींव

मौर्य, कुषाण, गुप्त या प्राचीन चोल-पांड्य राजवंशों के दौरान रखी गई थी। इनमें से अधिकांश नगर 21वीं सदी के मेट्रो और महानगर हैं।

वास्तविकता यह है कि बर्तानवी हुकूमत की शुरुआत तक भारत में बहुनगरीय कॉम्प्लेक्स विकसित हो चुके थे यानी कि पुराने नगरों की छाया में नए उपनगर आकार ले चुके थे जो अलग-अलग आर्थिक गतिविधियों के केंद्र थे।

मथुरा-आगरा-फिरोजाबाद-खुर्जा, पटना-राजगीर-नालंदा या उज्जैन-विदिशा-सांची एक तरह से ऐतिहासिक नगर समूह हैं जो इतिहास के अलग-अलग मोड़ पर पुराने नगरों की छाया में विकसित हुए।

अकबर के दौर में भारत में करीब 120 शहर और 3,200 कस्बे थे। सोलहवीं सदी के भारत में नगरों की संख्या और नगरीय आबादी ने यूरोपीय यात्रियों को अचरज में डाल दिया था जब करीब एक करोड़ लोग नगरों में रहते थे।

ताजा अध्ययनों के अनुसार, सत्रहवीं सदी के अंतिम दशकों का भारत, 19वीं सदी के यूरोप से ज्यादा नगरीय था। 1770 से 1800 के बीच भारत में करीब 60 बड़े शहर और 180 छोटे शहर या कस्बे थे। तत्कालीन भारत की करीब लगभग 15 फीसदी आबादी शहरों में रहती थी।

धार्मिक निरंतरता

दुनिया के प्राचीनतम धार्मिक केंद्रों या नगरों की यदि कोई सूची बनाई जाए तो हमें कुछ अनोखे निष्कर्ष हाथ लगेंगे। मिस्र और मेसोपोटामिया की सभ्यता से लेकर ग्रीको-रोमन और क्रिश्चियन-मुस्लिम युग—किसी एक क्षेत्र में सर्वाधिक धार्मिक नगरों की उपस्थिति सिर्फ भारत में मिलेगी। प्राचीन मिस्त्र का लक्सर और तानिस, मेसोपोटामिया का उर (इराक), ग्रीस का डेल्फी, टिओथिकन (मेक्सिको), येरूशलम, रोम (वेटिकन), से बगदाद, मक्का, बोरोबदूर धार्मिक नगर रहे हैं लेकिन इन सभी के समानांतर युगों में भारत में धर्म और आस्था के केंद्र रही नगरीय बस्तियों की संख्या सर्वाधिक थी।

अचरज नहीं कि भारत के सभी प्राचीन नगर किसी न किसी तरह के धार्मिक केंद्र थे। बहुत कम खोजें ऐसी हैं जहां नगर की सीमा के भीतर किसी तरह का प्राचीन मंदिर, स्तूप या मठ न मिला हो। बौद्ध और जैन धर्म पूरी तरह नगरीय थे और पौराणिक हिंदू धर्म के केंद्र भी पुराने नगरों के आसपास उभरे।

बुद्ध के बाद से वाराणसी प्रत्येक युग में धार्मिक गतिविधियों का केंद्र रही। वाराणसी

का पूर्वज राजघाट और सहायक नगर सारनाथ इसे धार्मिक व्यापारिक नगरों-उपनगरों का समूह बनाते हैं। बुद्ध के बाद काशी कोशल का हिस्सा हो गई। अजातशत्रु के युग में काशी, कोशल और मगध साम्राज्य का हिस्सा थी तो शुंग से गुप्त युग तक इसका संबंध पाटलिपुत्र से रहा। मध्य युग में गहड़वाल शासकों ने इसे राजधानी बनाया।

अल बेरूनी, के अनुसार 11वीं सदी में वाराणसी, कश्मीर और पंजाब से आए पंडितों का केंद्र थी। काशी तुर्क आक्रांताओं का निशाना बनी लेकिन इसका तीर्थ स्वरूप बरकरार रहा। ब्रिटिश काल में महाराजा चेत सिंह और वारेन हेस्टिंग्स का विवाद चर्चा में रहा था।

इन सारे बदलावों के बीच वाराणसी बौद्ध, यक्ष - नागपूजा और शैव धर्म का केंद्र बनी। धर्म और संस्कृति से अनवरत संवाद के कारण वाराणसी संस्कृत साहित्य, शोध और शिक्षा का निरंतर केंद्र रही है।

धार्मिक निरंतरता का यही क्रम विदिशा-उज्जयिनी-सांची, या दिल्ली-मथुरा-आगरा, पटना-राजगीर, मदुरै, कावेरीपट्टनम में भी मिलता है।

इस्लाम के आगमन के बाद भारत के नगरों का धर्म से संबंध और गहरा हो गया। कई पुराने नगर हिंदू, मुस्लिम और सिख (पाटलिपुत्र-पटना, दिल्ली, वाराणसी, आगरा-मथुरा, नासिक, अहमदाबाद) धर्मों के केंद्र बन कर विकसित हुए।

गंगा-यमुना दोआब में मथुरा, राजघाट (वाराणसी), श्रावस्ती, पाटलिपुत्र प्रारंभिक नगर थे। मध्य भारत में उज्जयिनी, ब्यासनगर (विदिशा), पूर्व में भुवनेश्वर के निकट तोशाली, शिशुपालगढ़, बंगाल में तामलुक और चंद्रकेतुगढ़, गुजरात में प्रभास पाटन, बरोच (भरुच), आंध्र में नागार्जुनकोंडा और दक्षिण में अरिकमेडु, कांचीपुरम कावेरीपट्टनम, मदुरै इसी क्रम में हैं।

उपरोक्तर सभी नगर धार्मिक गतिविधियों का केंद्र थे। इनके इतिहास और पुरातत्व में धार्मिक बदलावों की परतें देखी जा सकती हैं। गुप्त काल के बाद छठी सदी से लेकर तुर्कों के आगमन तक क्षेत्रीय राजवंशों के नेतृत्व में हुए अधिकांश नगरीकरण से इन केंद्रों को और अधिक प्रतिष्ठा मिली।

ईरानी तुर्क शासकों के आने के बाद पुराने शहर नए धार्मिक और प्रशासनिक निर्माणों का स्वागत करने लगे। कुतुबुद्दीन एबक ने दिल्ली और अजमेर के पास दो बड़ी मस्जिदें बनवाईं। इसके साथ दिल्ली के पास एक नए उपनगर की नींव पड़ी जहां बाद में इल्तुतमिश ने कुतुबमीनार बनवाई जो मूलतः अजान के लिए बनाई गई थी लेकिन बाद में जीत के स्तंभ के तौर पर प्रतिष्ठित हुई। इसी दौरान बदायूं में जामी मस्जिद और नागौर (जोधपुर) में अतरकिन का दरवाजा बनाया गया था।

गयासुद्दीन बलबन और अलाउद्दीन खिलजी के राजकीय और धार्मिक निर्माण पुराने केंद्रों के आसपास हुए। खिलजी ने दिल्ली के पास सीरी नाम से नया शहर बसाया तो गयासुद्दीन तुगलक ने कुतुब मीनार के पास तुगलकाबाद शहर की तामीर रखी। मुहम्मद बिन तुगलक का जहांपनाह नगर, फिरोज तुगलक का फिरोजाबाद और कोटला फिरोजशाह दिल्ली के आसपास नगरों की निरंतरता का प्रमाण हैं।

सल्तनत युग के दौरान दिल्ली के साथ ही मुल्तान, बंगाल, मालवा, जौनपुर (उत्तर प्रदेश), और गुजरात के पुराने शहरों के आसपास बड़ी मस्जिदों और मकबरों का निर्माण हुआ। दक्षिण भारत में कर्नाटक में पुराने नगरों के निकट बहमनी शासकों ने बड़ी मस्जिदें (बीदर और गुलबर्गा) व गोलगुंबद का निर्माण कराया।

मशहूर सूफी संत दातागंज बख्श के साथ सूफी सिलसिला 11वीं सदी से भारत पहुंचने लगा था। बाद के सूफी संत पुराने व्यापार मार्गों या सैन्य मार्गों के जरिये भारत के भीतरी हिस्सों तक पहुंचे और जगह-जगह अपनी खानकाहें बनाई। भारत और वर्तमान पाकिस्तान की अधिकांश पुरानी सूफी दरगाहें प्राचीन नगरों के आसपास या व्यापार मार्गों पर (मुल्तान, लाहौर, अजमेर, अहमदाबाद, दिल्ली, पानीपत जौनपुर, गुलबर्गा, मदुरै, गौर-बंगाल) पर स्थित हैं।

सल्तनत युग के दौरान कर्नाटक में विजयनगर और राजस्थान में हिंदू शासक राज कर रहे थे। हंपी का विट्ठल मंदिर (कृष्णदेव राय) कर्नाटक में तुंगभद्रा के तटीय नगरीकरण की छाया में विकसित हुआ। हंपी की सक्रियता के प्रमाण मौर्य युग से मिलने प्रारंभ हो जाते हैं। राजस्थान में राजपूत राजाओं (राणा कुंभा, कुंभलगढ़) के मंदिरों और किलों के निर्माण इसी समय हुए। जैन धर्म राजस्थान और गुजरात में सक्रिय था जिसके धार्मिक निर्माणों को राजपूतों का संरक्षण प्राप्त था।

बाबर ने खुद लिखा है कि उसे मस्जिदें बनवाने और बाग लगवाने का शौक था। उसने दिल्ली के पास पानीपत और संभल (उत्तर प्रदेश) में मस्जिदें बनवाईं थीं। उसने आगरा के लोदी किले में भी एक मस्जिद बनवाई, अलबत्ता वह उसे बहुत पसंद नहीं थी। हुमायूं के निर्माण स्थलों को शेरशाह सूरी ने ध्वस्त कर दिया। इसलिए मुगल निर्माणों का वास्तविक दौर अकबर के समय से प्रारंभ होता है जो शाहजहां, जहांगीर और औरंगजेब तक जारी रहा।

मुगल कालीन निर्माण के तहत अधिकांश मस्जिदें, किले, मकबरे और बाग हैं। इस समय मुगल कालीन निर्माण और नए शहरों का विकास, पुराने नगरों जैसे दिल्ली, आगरा, लाहौर, अहमदाबाद के निकट हुआ। मुगल मनसबदारों और जागीरदारों ने इन शहरों में नई इमारतें बनवाईं।

सांस्कृतिक निरंतरता

प्राचीन नगरों से जुड़ी सभी पुरातात्विक खोजों में एक तथ्य समान रूप से उभरता है और वह है बड़े पैमाने पर कलात्मक वस्तुओं का मिलना। नगरीय बस्तियों के निकट मिले दान अभिलेख इस बात की पुष्टि करते ही हैं कि प्राचीन नगर बड़े पैमाने पर कला के विकास व संरक्षण के केंद्र थे। सबसे पुरानी नगरीय कलात्मक वस्तुयें मौर्यकालीन हैं। नगरों की यह विशेषता बाद की सदियों में और मुखर होती गई।

सांस्कृतिक निरंतरता ने भारतीय नगरों को यूरोप के शहरों की तुलना में कहीं ज्यादा विविधतापूर्ण बना दिया। प्राचीन यूरोपीय नगरों के स्थापत्य में आमतौर पर एकरूपता है। जबकि भारत के प्राचीन नगरों में स्थापत्य की कई पीढ़ियां मिलती हैं जो उन्हें भवन निर्माण और मूर्ति कला का स्कूल जैसा बना देती हैं। प्राचीन से मध्य काल और मुगल युग तक भारतीय नगरों में कला संरक्षण एक महत्वूपर्ण गतिविधि थी इसलिए राजवंशों के परिवर्तन के साथ नगरों के आसपास नए स्थापत्य उभरते गए और प्राचीन नगर कई तरह की निर्माण शैलियों की प्रदर्शनी बन गए।

भारत में प्राचीन विश्वविद्यालय, नगरीकरण की सांस्कृतिक निरंतरता का आधार थे। किसी आधुनिक नगर की तरह मौर्ययुगीन तक्षशिला धर्म, व्यापार, निर्माण और शिक्षा का समग्र केंद्र था। नालंदा विश्वविद्यालय, पाटलिपुत्र-राजगीर-नालंदा कॉम्प्लेक्स का हिस्सा था जहां व्यापार, शासन, धर्म (स्तूप) और शिक्षा मुख्य गतिविधियां थीं।

पाटलिपुत्र को तामलिप्ति से जोड़ने वाला बौद्धकालीन नगर चंपा (भागलपुर, बिहार) मौर्य युग और उसके बाद तक उत्तरापथ का प्रमुख व्यापार केंद्र था। आठवीं सदी में पाल वंश ने यहां विक्रमशिला विश्वविद्यालय स्थापित किया जो तंत्र विद्या के अध्ययन का प्रमुख केंद्र था।

पांचवीं से आठवीं सदी के बीच गुजरात के तट के निकट स्थित वल्लभी, एक व्यापारिक केंद्र था जहां जैन व बौद्ध धर्म भी फले-फूले। गुजरात के तट को कांबोज (अफगानिस्तान) से जोड़ने वाले व्यापार मार्ग पर स्थित यह शहर भी शिक्षा, व्यापार और धर्म का केंद्र था। बांग्लादेश में सोमापुरा और उड़ीसा में भुवनेश्वर के पास लागुड़ी पुष्पगिरि विश्वद्यालय प्राचीन नगरों की सांस्कृतिक निरंतरता का विशिष्ट उदाहरण हैं।

भारत में संगीत (ख्याल गायकी) के दस प्रमुख घराने -आगरा, बनारस, भिंडी बाजार-इंदौर, दिल्ली, ग्वालियर, जयपुर, किराना, मेवाती, पटियाला, रामपुर-सहसवान - नगरों की पहचान बन कर संरक्षित और स्थापित हुए। गुप्त युग से लेकर मुगल काल तक कला की विभिन्न शैलियां नगरों की पहचान का प्रमुख हिस्सा रहीं।

आर्थिक निरंतरता

इतिहास, पुरातत्व, धर्म और साहित्य जिस एक बिंदु पर आकर मिलते हैं वह है भारत के नगर और उनकी आर्थिक निरंतरता। अधिकांश पुराने नगरों के उद्योग व्यापार संपर्कों का प्रमाण साहित्य और यात्रा वर्णनों में मौजूद है, पुरातात्विक खोजें इसे पुष्ट करती हैं। धार्मिक केंद्रों से आर्थिक केंद्रों के संपर्क को प्रमाणित करने वाले पुरा अभिलेख इसे स्थापित करते हैं।

इस निरंतरता के प्रमाण की शुरुआत तक्षशिला की खोज से होती है। 1913 में जॉन मार्शल, भड़ (पाकिस्तान) के टीले से पुराने तक्षशिला नगर को बाहर ला रहे थे। वहां उन्हें हस्तशिल्पकारों की दुकानों के प्रमाण मिले थे। ईसा पूर्व तीसरी और दूसरी सदी में गंगा और ब्रह्मपुत्र की घाटी, उड़ीसा, पंजाब, कश्मीर और दक्षिण भारत में अधिकांश नगरों का विकास शिल्प, उद्योगों, व्यापार या गिल्ड के साथ हुआ।

उज्जयिनी के उत्खनन में कांच के मोती बनाने के उद्योग के प्राचीन प्रमाण मिलते हैं तो नागार्जुनकोंडा में स्वर्णकारों की उपस्थिति के। अरिकमेडु में कपड़ा रंगने का उद्योग था तो इलाहाबाद (उत्तर प्रदेश) के पास मौर्ययुगीन पुरातात्विक स्थल भीटा में व्यापार गिल्ड की एक मुहर मिली है।

मथुरा भारत के सबसे प्राचीन सक्रिय नगरों में एक है जहां बैंकिंग, लौह कर्म, कपड़ों की रंगाई, सुगंध, धातु, कलाकारों की उपस्थिति के अभिलेख मिले हैं। सांची और भरहुत के पुरालेख कपड़ा बुनाई, शस्त्र निर्माण, मूर्तिकारों, व्यापारियों, हाथीदांत शिल्पकारों की सक्रियता को उजागर करते हैं। जोगीमारा (अंबिकापुर, छत्तीसगढ़) की गुफायें वाराणसी के व्यापारियों का और सोहागुरा का ताम्रलेख श्रावस्ती के व्यापार अधिकारियों का वर्णन करता है।

पश्चिम भारत में प्राचीन नगरों का प्रमाण देने वाले कन्हेरी अभिलेख में कल्याण और सोपारा के व्यापारियों, आभूषण निर्माताओं और स्वर्णकारों का वर्णन मिलता है। भज, कार्ले, अमरावती और पौनी में भी इसी तरह के अभिलेख मिले हैं।

छठी से बारहवीं सदी के बीच नई आर्थिक गतिविधियां बढ़ने लगी थीं, नए तरह के शिल्पों के आविष्कार के साथ सरप्लस उत्पादन, खपत व व्यापार बढ़ने से प्राचीन नगरों के आसपास नए कस्बे व नगर विकसित होने लगे जो बढ़ती आबादी को जगह दे रहे थे।

यही वह समय था जब ब्रह्मदेय भूमि और राजाओं के भू अनुदान प्रारंभ हुए, जो नए नगरों का आधार थे।

धन और धर्म के महानगर

गुप्त काल और बाद के युगों में व्यापार और आर्थिक गतिविधियों के विकास के साथ नगरीकरण की दो धारायें बन गईं। पहली थी नए नगरों और व्यापार केंद्रों का विकास और दूसरी थी पुराने नगरों के आसपास उपनगरों का निर्माण।

नए उपनगर कौटिल्य के अर्थशास्त्र में दी गई नगरों की संकल्पना के काफी निकट थे। अर्थशास्त्र नगरों की सीमाओं पर शिल्प और औद्योगिक केंद्रों को बनाने का सुझाव देता है।

गुप्त काल के बाद नगरों के पराभव की संकल्पना सिक्कों के प्रचलन से पुष्ट नहीं होती। सिक्कों के अध्ययन बताते हैं कि 1,000 ईस्वी के बाद प्रचलित सिक्कों की संख्या में कोई कमी नहीं आई। इस दौरान पश्चिम भारत के गुजरात में व्यापारिक केंद्र उभरने लगे जबकि मध्य भारत में कपडे, बर्तनों, अनाज, सुगंध आदि का व्यापार तेजी से बढ़ रहा था जबकि पूर्वी तटीय हिस्सों और दक्षिण में व्यापार केंद्रित शहर के निर्माण का इतिहास है।

गुप्त काल के बाद कौशाम्बी, वैशाली, श्रावस्ती और कपिलवस्तु की जगह मथुरा, वाराणसी, कन्नौज, चंद्रकेतुगढ़, सांची, विदिशा, भरुच, मदुरै सक्रिय दिखते हैं।

भारत के छोटे व्यापारिक कस्बों और बाजारों का प्रारंभ इसी दौरान होता है। गुजरात में मंडपिका और बंगाल, मालाबार और तटीय तमिलनाडु में व्यापारिक कस्बों की नई पीढ़ी इसी युग में तैयार हुई।

सल्तनत युग और मुगल कालीन नगरीकरण के नए दौर में नगरों की निरंतरता कमोबेश बनी रही। मध्ययुगीन भारत इस नजरिये से भी महत्वपूर्ण है क्योंकि इसी दौरान भारत में बडे पैमाने पर कस्बों, छोटे व्यापार केंद्रों, बाजार केंद्रों और हस्तशिल्प केंद्रों का विकास होता है जो नगरीय और ग्रामीण अर्थव्यवस्था को जोड़ रहे थे। सल्तनत व मुगल काल में घरेलू स्थलीय व्यापार को नई समृद्धि मिली इसलिए अधिकांश कस्बे और शहर उप व्यापार मार्गों के आसपास विकसित हुए।

12वीं से 18वीं सदी के बीच भारत में कई पेशे जातियों में तब्दील हो चुके थे। बुनकर, स्वर्णकार, काष्ठशिल्प, रंगरेज, बर्तन निर्माता, चमड़ा उत्पाद, लौह उत्पाद, खाद्य प्रसंस्करण और दुग्ध उत्पादन सहित कई उद्यमितायें पूरे भारत में सक्रिय थीं, उनके उत्पादन केंद्र नए कस्बों के रूप में तैयार हो गए थे। सिंध कपड़ा, रेशम लकड़ी और हाथीदांत का केंद्र था तो कश्मीर सिल्क, ऊन, जड़ी-बूटी उत्पादन का। ईरान का वर्टिकल करघा इसी दौरान कश्मीर पहुंचा जिससे कालीनों के निर्माण को गति मिली। यह करघा बाद में पंजाब और पूर्वी उत्तर प्रदेश में बुनाई उद्योग का आधार बना।

गुजरात अपनी तटीय समृद्धि के साथ आभूषण, सिल्क, बुनाई, फर्नीचर, हथियार, दवाओं का केंद्र था तो पंजाब कागज, ऊन और बुनाई का केंद्र। उत्तर प्रदेश में आगरा व पॉटरी, कांच और जौनपुर कपड़ा व लकड़ी के केंद्र थे। बिहार और बंगाल में लकड़ी, सिल्क, कांच का उत्पादन हो रहा था।

मुगल काल और ब्रिटिश हुकूमत तक प्राचीन इंद्रप्रस्थ के आसपास आधा दर्जन नए शहर विकसित हुए जिनकी चर्चा हम ऊपर कर चुके हैं। राजकीय, धार्मिक और व्यापारिक उद्देश्यों से विकसित इन नगरों ने दिल्ली को नगरीय उपनगरों के विशाल समूह में बदल दिया।

मथुरा को केंद्र बनाकर विकसित हुए आगरा, खुर्जा, फिरोजाबाद, फतेहपुर सीकरी भी विकास की इस प्रक्रिया का नतीजा थे। वाराणसी और प्रयाग के आसपास बुनाई के केंद्र विकसित हुए जो बाद में स्वतंत्र नगर बन गए। दक्षिण भारत के कोची-एर्नाकुलम, भुवनेश्वर-कटक, हुबली-धारवाड़, पुणे-पिंपरी चिंचवाड़, कोलकाता-हावड़ा को इसी क्रम में गिना जा सकता है।

अठारहवीं सदी के अंत में मुगलों के पतन और ईस्ट इंडिया कंपनी की सक्रियता तक लगभग दस हजार की आबादी वाली बसावटों की संख्या 60 का आंकड़ा पार कर चुकी थी जिन्हें तत्कालीन पैमानों पर नगर कहा जा सकता था।

इनकी तीन श्रेणियां थीं—**पहली** खुदरा व्यापार केंद्र जो पंद्रह से बीस मील के इलाके में होने वाले उत्पादन की बिक्री का केंद्र थे और सड़कों के जरिये ट्रांजिट केंद्रों से जुड़े थे।

दूसरे थे मझोले ट्रांजिट नगर जिन्हें उत्तर भारत में गंज कहा जाता था। यहां थोक कारोबार होता था और सड़क मार्ग से सामान बड़े शहरों या तटों तक जाता था। इन नगरों में हस्तशिल्प उत्पादन, तत्कालीन बैंकिंग और अन्य सहायक गतिविधियां होती थीं। स्थानीय शासक राजस्व के लिए इन केंद्रों को आधार बनाते थे।

तीसरे थे बड़े नगर जो प्रशासनिक, धार्मिक और व्यापारिक केंद्र थे।

अठारहवीं सदी की शुरुआत में दिल्ली-आगरा और लाहौर का प्रभाव सीमित हो गया। गंगा-यमुना दोआब में लखनऊ, वाराणसी, जौनपुर और रुहेलखंड में मेरठ प्रमुख केंद्र के तौर पर उभरे। इसी दौर में पूर्व कोलकाता, पश्चिम के तट पर बम्बई और दक्षिण के तटीय नगरों को व्यापारिक विस्तार मिला।

1857 की क्रांति से कुछ वर्ष पहले भारत में रेलवे नेटवर्क का निर्माण प्रारंभ हो गया था। शुरुआत पश्चिमी तट पर बम्बई (1853) से हुई। 1860 में उत्तर भारत का कानपुर रेल नेटवर्क पर आ गया था। 1880 तक ब्रिटेन के निवेश से पूरे देश में लगभग 14,000 किमी रेल नेटवर्क बन गया।

1920 से 1929 की तेज विकास दर के दौरान भारत में फैले करीब 66000 किमी रेलवे नेटवर्क के आसपास नए कस्बे और नगर सक्रिय हो चुके थे।

नगरीकरण का यह दौर धार्मिक बदलावों की दृष्टि से भी दिलचस्प है। इस दौरान गंगा-यमुना दोआब से लेकर मध्य भारत तक मठों, अखाड़े, संतों, गुरु और प्रचारकों की नई पीढ़ी सामने आती है जो 20वीं सदी के धार्मिक सुधार आंदोलनों, हिंदू धर्म की नई पहचान और गुरु परंपरा का आधार बनी।

निरंतरता, आधुनिकता, परिवर्तनशीलता और समावेश भारतीय समाज की सबसे बड़ी विशिष्टताएं हैं। धार्मिक और व्यापारिक इतिहास भी इस निरंतरता को प्रमाणित करता है। यही कारण है कि भारत के नगर निरंतरता के संग्रहालय हैं जो इक्कीसवीं सदी में भी गतिमान हैं। 2012 की जनगणना बताती है कि भारत में कुल 7835 नगरीय बस्तियां हैं जिनमें 3894 भरे पूरे नगर हैं जबकि 475 नगरीय कस्बे और 981 नगरीय सीमांत क्षेत्र हैं।

स्पर्धा

पूरब की स्वर्ण भूमि

मालिंदी का मसीहा

लिस्बन के बेलेम इलाके में हाईरोनमाईट मठ का निर्माण 16वीं सदी में हुआ था। इस इमारत के निर्माण के लिए धन भारतीय व्यापार के लाभ पर एक विशेष कर के ज़रिए जुटाया गया था। इसी राजसी कब्रगाह में वास्को डि गामा के अंतिम अवेशषों को एक खूबसूरत नक्काशीदार कब्र में दफनाया गया। इतिहास ने हालांकि उसे कोलंबस से छोटे नायक के रूप में पेश किया लेकिन कम से कम उसके अपने देश ने उसे उसके हक से वंचित नहीं रखा।

वास्को डि गामा की कब्र के पास ही लुइस डी कैमोओ का मकबरा है, जिसने पुर्तगाल की राष्ट्रीय कविता दी लुसियड में डि गामा की महायात्रा का वर्णन किया है। इस मठ से थोड़ी ही दूरी पर टॉरी डि बेलेम पर डि गामा और उसके दल ने 8 जुलाई, 1497 को इंडीज की खोज पर निकलने से पहले अपनी अंतिम प्रार्थना की थी।

डि गामा तीन जहाज़ों और एक मालवाहक पोत के साथ टागस नदी के रास्ते होते हुए वर्तमान के सिएरा लियोन पहुंचा और यहां से उसने खुले महासागर में यात्रा शुरू कर दी। 90 दिनों तक उसे कहीं कोई तट नहीं दिखा। आखिरकार वह केप ऑफ गुड होप पहुंचे, जिसकी खोज एक दशक पहले साथी पुर्तगाली नाविक बारथोलोम्यू डायस ने की थी। दिसंबर के मध्य में डि गामा ईस्टर्न केप से गुजरा था और इसका नाम नेटल (ईसा के जन्म के लिए पुर्तगाली शब्द) रखा। हर लिहाज़ से यह यात्रा कोलंबस की यात्रा से कहीं बड़ी थी।

यह पहली बार था जब किसी यूरोपीय ने पूर्वी अफ्रीका की जल सीमा में प्रवेश किया। मोज़ांबिक और उसके बाद मोम्बासा (केन्या) में उसे कोई सफलता नहीं मिली लेकिन एक अन्य केन्याई बंदरगाह मालिंदी में उसके भाग्य ने साथ दिया। यहां एक अनुभवी पायलट उसे मसालों की वैश्विक राजधानी कालीकट ले जाने को तैयार हो गया (किंवदंती के

अनुसार यह पायलट कोई और नहीं बल्कि मशहूर अरब नाविक इब्न मजीद था, लेकिन अब यह स्थापित हो चुका है कि मजीद उस वक्त कहीं और था)।

वास्को डि गामा के दल को अनुकूल मानसूनी हवाएं मिलीं और वह सिर्फ 23 दिनों में हिंद महासागर पार कर गया। आखिरकार, संभवतः अपने जीवन के सबसे लंबे 10 महीनों के बाद मई के मध्य में डि गामा और उसके साथी कालीकट (केरल) पहुंचे।

अपनी प्रथा के अनुसार उन्होंने तट पर एक डेगरेडाडो को उतारा जो एक अपराधी था। अरब और चीनी लोगों से परिचित स्थानीय निवासी भी इस अजनबी को एक अरब मानकर एक ट्यूनीशियाई व्यापारी के घर ले आए। यह जानने के बाद कि वह यूरोप के किस हिस्से से आया है व्यापारी ने अपनी गद्दी से कूदते हुए कैस्टिलियन में कहा, ''तुम किस शैतान को यहां ले आए हो?" और डेगरेडाडो ने शांत लहज़े में जवाब दिया, " हम यहां ईसाइयों और मसालों की खोज में आए हैं "।

काली मिर्च की ममी

रामसिस द्वितीय या रामसिस महान (1303 -1213 ईसा पूर्व) मिस्त्र का सबसे बड़ा और मशहूर फिरौन था। इस महान योद्धा और निर्माता को हम ओज़ीमंडिआस (राजाओं के राजा) के नाम से ज्यादा जानते हैं। रामसिस की इस पहचान में पी.बी. शेली की कविता, ओज़ीमंडिआस का विशेष योगदान है।

एक लंबे शासन के बाद 91 साल की उम्र में उसकी मौत हुई। मिस्त्र की प्रथा के मुताबिक, उसके मृत शरीर को लेप लगाकर राजाओं की घाटी या वैली ऑफ किंग्स के राजसी मकबरे में दफनाया गया। उसके परिरक्षित मृत शरीर यानी ममी की खोज 1881 में की गई। यह ममी वर्तमान में यह काहिरा के संग्रहालय में है। इतनी शताब्दियों के बाद भी उसकी नुकीली नाक अपनी मूल आकृति में बनी हुई है। उसके शरीर के आवरण को खोलने पर वैज्ञानिक यह जानकर हैरान रह गए कि उसके शव का संरक्षण काली मिर्च भरने से संभव हो पाया था।

इससे हमें पता लगता है कि 13वीं सदी ईसा पूर्व से पहले, मालाबार की बेलों पर उगने वाली काली मिर्च मिस्त्र तक पहुंच चुकी थी। इसी तरह, 1721 ईसा पूर्व के आसपास आज के सीरिया में फरात नदी के किनारे एक घर में जायफल मिले थे। इस घर में आग लग गई थी। आग में मिट्टी की एक तख्ती भी जली थी, जिस पर घर के मालिक के नाम के साथ स्थानीय राजा के नाम का भी उल्लेख किया गया था।

पूरब की स्वर्ण भूमि

सीरिया के रेगिस्तान के भीतरी हिस्से में जायफल और मिट्टी की तख्ती मिलने से पुरातत्वविद् हैरान थे क्योंकि आधुनिक काल से पहले जायफल केवल इंडोनेशिया के पांच छोटे ज्वालामुखी द्वीपों— टरनेट, टाईडोर, मोती, माटियान और बाखन में पाए जाते थे। इन द्वीपों से सीरिया कम से कम 10,000 किलोमीटर की दूरी पर है।

पूरे इतिहास में मसाले दुनिया भर में सबसे प्रतिष्ठित वस्तुओं में से एक थे। व्यापारियों के दल इन्हें पहाड़ों और महासागरों के पार ले जाया करते थे।

स्वाद और व्यंजनों में परिवर्तन पारंपरिक मसालों की अधिक उपलब्धता और 18 वीं सदी में नए प्रकार के खाद्य पदार्थों के आने तक मसाले संभवत: दुनिया का सबसे लाभदायक व्यवसाय थे।

इब्न खोरदादबेह (820-912 ईस्वी) एक जानकार व्यक्ति था और इस कारण उसे मसाले के लिए मार्गों की चुनौतियों का पता था। उसके दादा पारसी थे जिन्होंने बरमकियों के कहने पर इस्लाम धर्म को अपना लिया। उन्होंने 9वीं शताब्दी के महानगर बगदाद में सबसे अच्छी शिक्षा प्राप्त की। एक महत्वपूर्ण प्रांत के पोस्टमास्टर और जासूसों के मुखिया के रूप में अपने लंबे और शानदार जीवन में एकत्रित जानकारी को उन्होंने सड़कों और राज्यों पर अपनी गाईड बुक में शामिल किया। इस किताब का दूसरा संशोधित संस्करण (885 ईस्वी में प्रकाशित) लंबे समय तक पुरानी दुनिया में यात्रियों के लिए जानकारी का सबसे प्रामाणिक स्रोत बना रहा ।

अन्य रोचक तथ्यों में से एक यह है कि इब्न खोरदादबेह के दादा ने रजानिया नाम के एक यहूदी व्यापारी वर्ग का ज़िक्र किया था जो परिवार (रिश्तेदारों) के नेटवर्क और क्रेडिट पत्र के व्यापक उपयोग के माध्यम से फ्रांस से चीन तक व्यापार करता था।

महाद्वीपों के बीच सदियों तक (लगभग 500 से 1000 ईस्वी तक) व्यापार करने वाले इन बहुभाषी व्यापारियों के व्यापार का मुख्य सामान मसाले, इत्र, रेशम, आभूषण, स्टील और गुलाम होते थे।

करीमी कहे जाने वाले मिस्र के अमीर व्यापारियों ने लगभग 11वीं सदी से, इस कारोबार में दबदबा बना लिया। हम नहीं जानते कि करीमी कौन थे और उनका उद्‌गम या राज्य के साथ संबंध कैसा था। आज अधिकांश इतिहासकार मानते हैं कि यह व्यापारिक गठबंधन था जिसे ममलूक राज्य का संरक्षण हासिल था। इसका प्रमुख कारण व्यापार के ज़रिए बड़ी मात्रा में राजस्व एकत्र कर लेने की उनकी क्षमता थी।

करीम का मतलब होता है दयालु और करीमी शब्द शायद उनके बीच बड़े व्यापारियों को संबोधित करने के लिए था। 1182 ईस्वी में सलाहुद्दीन ने पूर्वी भूमध्यसागर के हमलावर धर्मयोद्धाओं (क्रूसेडर्स) को हराया था, जो लाल सागर से होने वाले व्यापार पर हमला करने की कोशिश कर रहे थे। इस तरह उसने करीमी संघ के व्यापारिक हितों की रक्षा की।

सलाहुद्दीन के भतीजे को मिस्र का राज्यपाल नियुक्त किया गया और उसने अगले ही साल काहिरा में करीमियों के लिए मशहूर फुंदूक या गोदाम का निर्माण करवाया। इसके बाद करीमियों ने कभी पीछे मुड़कर नहीं देखा। उनमें लगभग सभी मुस्लिम थे लेकिन शायद उनमें कुछ यहूदी भी शामिल थे। अपने पूर्वगामी यहूदी व्यापारियों की तरह ही उन्होंने अदन से संचालन किया और उनमें से ज्यादातर ने भारत में खासतौर पर खंबात और कालीकट की यात्रा की।

वे मुख्यत: मसालों का व्यापार करते थे। मिस्र की ही तरह, उन्होंने राजसत्ता के साथ घनिष्ठ संबंध भी बनाये। केरल के समूथिरी राजा ने मसालों के व्यापार का लाभ उठाने के लिए राजधानी को तटीय इलाके में स्थानांतरित किया था। करीमी व्यापारियों ने राज्य के विस्तार के लिए वस्तुओं और आर्थिक रूप से राजा की मदद की। मिस्र में, अलेक्जेंड्रिया और दूसरे बंदरगाहों और बाज़ारों में भी उन्होंने वेनिस के ईसाइयों के साथ नज़दीकी संबंध बनाए रखे जो पूरे यूरोप में मसाले और अन्य वस्तुएं वितरित किया करते थे।

पुर्तगालियों की बेचैनी

ट्यूनीशियाई व्यापारी और डेगरेडाडो के बीच बातचीत का पता बाद में चला लेकिन यह पुर्तगाली उद्यमों के दशकों के प्रभाव की एक झलक है। पुर्तगाल 711 ईस्वी में अब्बासी के शासन के अधीन आया और इसके बाद मुसलमानों (उत्तर अफ्रीकी मूर) द्वारा नियंत्रित अल अंदालुस साम्राज्य का हिस्सा बन गया। मूरों को बाहर निकालने में पांच सदियों से ज्यादा समय लगा।

रिकान्क्वेस्टा (स्पेन को मुस्लिम कब्जे से निकालने) का यह दौर मुख्य रूप से पुर्तगाली पहचान की वापसी का माध्यम बना। वास्तव में अंतिम मूर को आईबेरियाई प्रायद्वीप से 15वीं सदी के अंत में निकाला जा सका। मूर विरोधी भावनाओं से प्रेरित डि गामा और उसके साथी हमेशा मुसलमानों को अपना प्रमुख दुश्मन मानते रहे।

प्रिंस हेनरी (1394-1460) को कभी भी पुर्तगाल का सिंहासन नहीं मिल सका लेकिन

देश के भविष्य को आकार देने में उसकी भूमिका राजा से कहीं ज्यादा थी। उसने अपने पिता को गुलामों की खरीद-फरोख्त के केंद्र मोरक्को के सुता बंदरगाह को कब्ज़े में लेने के लिए प्रोत्साहित किया। सुता में अपने मुख्यालय से हेनरी लगातार पश्चिमी अफ्रीका के बारे में यूरोप के ज्ञान को विस्तार देने की कोशिश करता रहा, जिसके लिए उसने कई अभियान भेजे। इसके पीछे मुख्य प्रोत्साहन सोने और गुलामों के व्यापार में भागीदारी थी।

अफ्रीकी सोने की इस आपूर्ति ने पुर्तगाल को 1440 के दशक में पहली बार अपनी स्वर्ण मुद्रा शुरू करने का मौका दिया। हेनरी ने दक्षिण पुर्तगाल में अपनी रियासत साग्रेस से, अफ्रीकी तट के लिए कई समुद्री अभियान प्रायोजित किए। उसने नक्शे और खगोलीय उपकरण इकट्ठे किए और व्यावहारिक ज्ञान के विकास को प्रोत्साहित किया। उसके दान किए गए महल और किताबों के संग्रह ने ही वास्तव में लिस्बन विश्वविद्यालय का निर्माण किया। प्रतिकूल हवा में भी नौकायन करने में सक्षम एक नया जहाज कारवेल तैयार करने में भी उसकी अहम भूमिका रही।

हेनरी की मदद से हुए अभियानों ने उत्तरी अटलांटिक समुद्र में मैडइरा और अज़ोरेस के द्वीपों की खोज की और यहां उपनिवेश बनाए। पुर्तगाल के यह द्वीप आधुनिक पर्यटकों के बीच खासे लोकप्रिय हैं। हेनरी के अभियानों ने अटलांटिक में हवा की दिशाओं की जानकारी में महारत हासिल की। हालांकि, उसके जीवनकाल में उसे कभी इस नाम से नहीं पुकारा गया लेकिन इतिहास उसे नाविक हेनरी के नाम से ही जानता है।

हेनरी की दूसरी प्रेरणा थे प्रेस्टर जॉन। बाइबिल के मुताबिक तीन ज्ञानी व्यक्ति यीशु को जन्म के दिन आशीर्वाद देने पूर्व दिशा से आए और आशीर्वाद देकर वापस लौट गए। ईसाई मान्यताओं के अनुसार इन्होंने पूर्व की दुनिया में ईसाई साम्राज्य की स्थापना की थी। ईसाई धर्म से गहराई से प्रेरित हेनरी, प्रेस्टर जॉन के सम्राज्य के निशान खोजना चाहता था। इस खोज को राजा जॉन द्वितीय और राजा मैन्युअल ने भी आगे बढ़ाया।

रिकान्क्वेस्टा के तहत उत्तरी अफ्रीका में लड़ रहे पुर्तगाली सरदारों को जल्द ही यह पता लग गया कि मसालों का व्यापार ही मुसलमानों के धन का मुख्य स्रोत था।

इस तरह रहस्यमय पूर्व की तलाश दो वजहों से जरूरी हो गई—पहली वजह मसालों की सीधी खरीद और दूसरी वजह प्रेस्टर जॉन के साम्राज्य की तलाश।

राजा जॉन ने प्रेस्टर जॉन के साम्राज्य की तलाश का समुद्री मार्ग खोजने के लिए बारथोलोम्यू डायस को भेजा। दो गुप्तचरों पेरो डि कोविल्हा और एफोंसे डि पैवा को

मसालों और प्रेस्टर जॉन की खोज का काम सौंपा गया। कोविल्हा ने समस्त पश्चिम एशिया, पूर्वी अफ्रीका और मध्य एशिया की यात्रा की और अंततः कालीकट और केरल के क्रंगनोर का मार्ग खोज निकाला। हालांकि, वह कभी पुर्तगाल वापस नहीं जा सका। उसने अपना बाकी जीवन इथियोपिया में गुज़ारा, या तो उसने इसे ही प्रेस्टर जॉन का साम्राज्य मान लिया या फिर इथोपिया के राजा ने उसे सम्मानित मेहमान के तौर पर राज्य में रहने दिया। वह जॉन द्वितीय को पत्र लिखने में कामयाब रहा था।

ऐसा कहा जाता है कि कोविल्हा ने पूर्वी अफ्रीका से कालीकट के लिए सीधे समुद्री मार्ग का सुझाव दिया। इस सुझाव के कारण वास्को डि गामा अपनी अंतिम मंज़िल और इसके संभावित रास्ते को जान पाया। पुर्तगाली राजा मैनुएल ज्यादा महत्वाकांक्षी था। वह तीन धर्मों के पवित्र स्थल जेरुसलम का राजा बनना चाहता था। ममलूक साम्राज्य (मिस्त्र व सीरिया) और जेरुसलम के रास्ते में पड़ने वाली अन्य मुस्लिम शक्तियों को हराने के लिए वह प्रेस्टर जॉन के पूर्वी ईसाई साम्राज्य के साथ गठबंधन करना चाहता था। उसके इसी सपने ने वास्को डि गामा के अभियान को प्रेरित किया।

कोलंबस, डि गामा और कैबराल का एल डेराडो

कैरबियाई सागर की समुद्री यात्रा से वापस लौटने के बाद कोलंबस ने भारत के लिए पश्चिम की खोज के पक्ष में सबूत रखे। उसने स्पेन के दरबार मे कुछ सोना, रंगबिरंगे तोते (वे भारतीय नस्ल के नहीं थे) और कुछ भारतीय (जो वास्तव में अभागे कैरिबियाई लोग थे) पेश किए लेकिन उसने अफसोस जताते हुए कहा कि खराब कटाई तकनीक के कारण वह दालचीनी नहीं ला सका। उसकी टीम के कुछ सदस्यों ने एक साधारण पेड़ की छाल को याद किया, जो कि दालचीनी की तरह दिखता था, लेकिन यह मिर्च की तरह तीखा था।

यह कोलंबस और उसके दल के लिए लंबे आत्म-भ्रम की शुरुआत थी। अपनी चार यात्राओं की असफलता के लिए उसने तरह तरह के असाधारण कारण गिनाए, जैसे कि फल पर्याप्त रूप से पके नहीं थे या कैसे टीम अपने फावड़ों को भूल गई लेकिन आखिर में वह हिस्पनियोला (कैरिबियाई द्वीप) से लाया कोई मसाला पेश नहीं कर सका। कोलंबस की इस सफाई का सिलसिला दशकों तक चलना था, यहां तक कि हरनेन कोर्टेज (मेक्सिको के एजटेक साम्राज्य को पराजित करने वाला स्पेनी समुद्री नायक) पर भी इसका असर पड़ने लगा, जो कुछ अधिक धैर्य रखने की सलाह देता रहता था।

स्पेनिश साम्राज्य के लिए कोलंबस की खोज तब तक निरर्थक रही जब तक उन्हें

अविश्वसनीय मात्रा में सोना और चांदी नहीं मिल गए। इसलिए जब पुर्तगाल के राजा मैनुएल ने वास्को डी गामा की सफलता के बारे में पत्रिकाएं छपवाईं और उन्हें सभी महाद्वीपों में प्रसारित किया, तो उनके (मैनुएल) सास-ससुर स्पेन के फर्डिनैंड और इसाबेला के ज़ख्मों पर नमक पड़ गया।

वैसे कोलंबस और उसके बाद के अभियानों ने मध्य अमेरिका में वनीला, जमैका में मसालों और अजी या कैरिबियाई मिर्च की खोज की। जल्दी ही कैरिबियाई मिर्च पूरे विश्व में फैल गई और हरी मिर्च के नाम से पहचानी जाने लगी।

लिस्बन में वास्को डि गामा के विजयी आगमन के लगभग तुरंत बाद भारत के लिए दूसरे अभियान के लिए तैयारी शुरू हुई। इस अभियान का नेतृत्व करने वाला पेड्रो अल्वरेज़ कैबराल (1467/68-1520) एक पुर्तगाली अभिजात्य व्यक्ति था, जिसका जीवन इस ऐतिहासिक अभियान से पहले और इसके बाद भी अस्पष्ट बना रहा। वास्तव में ब्राजील के खोजकर्ता के रूप में उसकी भूमिका लगभग मृत्यु के 300 वर्षों बाद ही स्थापित हो सकी।

उसके 13 जहाजों को सन् 1500 में सुदूर पश्चिम के लिए रवाना किया गया। कैबराल को अटलांटिक के पश्चिमी इलाके के उस बड़े द्वीप तक जाना था जिसे पुर्तगाली अपने साम्राज्य का हिस्सा बनाना चाहते थे, हालांकि इतिहासकार इस अभियान को लेकर एकमत नहीं हैं। यूरोपीय पहले भी दक्षिण अमेरिका जा चुके थे लेकिन कैबराल पहले कमांडर थे, जिन्हें ब्राजील के खोजकर्ता के रूप में पहचाना गया।

ब्राज़ील से वह अटलांटिक के दूसरे छोर से वापस अफ्रीकी तट के लिए रवाना हुआ और आखिर में डि गामा के रास्ते को अपनाते हुए कालीकट पहुंचा। इस तरह कैबराल पहला यूरोपीय खोजी बना जिसने चारों महाद्वीपों यूरोप, अमेरिका, अफ्रीका और एशिया पर कदम रखा। लंबे समय तक चक्कर लगाने, कई जहाज़ों के नुकसान, विनाशकारी नौसैनिक युद्ध और अस्थिर भाग्य के चलते बड़ी तादाद में सैनिकों और नाविकों की मौत के बावजूद कैबराल के अभियान से पुर्तगाल के राजा को 800 फीसदी मुनाफा हुआ।

कोलंबस, डि गामा और कैबराल यूरोप के खोजी युग के सबसे बड़े नायक हैं, उनका एल डोराडो (सोने की नगरी) भारत था। मुसलमानों के खिलाफ अपने कड़े संघर्ष में मिली जीत से उत्साहित आइबेरियाई पड़ोसियों—स्पेन और पुर्तगाल अपने युद्ध कौशल को लेकर आश्वस्त थे और धार्मिक उत्साह से भी भरे हुए थे। उन्होंने अपने चारों ओर देखा तो पाया कि इस्लामिक दुनिया, ईसाई यूरोप के लिए मसालों के व्यापार का नियंत्रण कर रही थी जो वेनिस व दूसरे इतालवी गणतंत्रों की समृद्धि का स्रोत थे। यही चेतना थी जिसने कोलंबस

और डि गामा जैसे लोगों को भारत के लिए सीधे रास्ते की तलाश करने और राजा फर्डिनैंड या मैनुएल को ऐसे अभियानों को प्रायोजित करने के लिए प्रेरित किया। इस तरह धार्मिक और आर्थिक कारणों से भौगोलिक खोजों के युग की शुरुआत हुई।

इस्टाडो डा इंडिया

कालीकट के लिए अपनी दूसरी यात्रा के दौरान डि गामा ने यात्रियों को मक्का ले जा रहे एक तीर्थयात्री जहाज़ पर हमला किया। उसने पहले सभी यात्रियों को लूटकर बंधक बना लिया और फिर 50 महिलाओं समेत सभी 400 यात्रियों को आग के हवाले कर दिया। वह जब खिड़कियों से अपने नवजात बच्चों को दिखाते हुए रहम की मांग कर रहे थे तो डि गामा अविचलित बैठा रहा और इस खूनी मंज़र को देखता रहा।

इस तरह की हिंसा डि गामा और उसके साथियों के लिए एक सामान्य सी बात थी। कालीकट के लिए दूसरे अभियान का नेतृत्व कर रहे पेड्रो कैबराल का कालीकट के अग्रणी मुस्लिम व्यापारियों से झगड़ा हुआ, जिसके परिणामस्वरूप हुए हमले में 70 पुर्तगाली मारे गए। क्रुद्ध कैबराल ने शहर छोड़कर भागते हुए जमकर बमबारी की, दो दिनों तक चले इस निर्दयी हमले ने लगभग पूरे कस्बे को धूल में मिला दिया, यहां तक कि ज़ैमोरिन (कालीकट के शासक) को भी अपनी जान बचाकर भागना पड़ा।

कैबराल के साथ हुए बर्ताव के लिए वास्को डि गामा ने ज़ैमोरिन से सभी मुसलमानों को उसके राज्य से बाहर निकालने की मांग की। अदन के मुस्लिम व्यापारियों के साथ समुथिरी राजा (जैमोरिन) के करीबी संबंध थे ऐसे में डि गामा की मांग को मानना उसके लिए मुश्किल था। डि गामा ने न केवल शहर में बमबारी की, बल्कि तीर्थयात्रियों के जहाज़ समेत पानी में खड़े हुए दूसरे जहाज़ों को भी निशाना बनाया।

आखिरी यात्रा के दौरान एक नंबूदिरी ब्राह्मण को जब डि गामा के जहाज़ पर मध्यस्थता के लिए भेजा गया तो इसका जवाब डि गामा ने इस मध्यस्थ के बेटों और भतीजों को सूली पर चढ़ाकर और मध्यस्थ के नाक और कान काटकर दिया। डि गामा ने ब्राह्मण के कटे कानों की जगह कुत्ते के कान सिलवाकर उसे वापस भेजा।

अपने धार्मिक अभियानों की भावना से भरे हुए पुर्तगाली, मुसलमानों को मानवीय बरताव के लायक भी नहीं समझते थे। पूर्वी अफ्रीकी तट से कालीकट तक डि गामा की बर्बरता ने जल्द ही व्यापारियों और नाविकों में डर पैदा कर दिया था।

क्या धर्मयुद्ध के अलावा इस कदर हिंसा के पीछे कोई और भावना हो सकती थी?

कुछ इतिहासकार दलील देते हैं कि अपनी कम संख्या के कारण पुर्तगाली खोजकर्ताओं के लिए विस्तृत हिंद महासागर में ताकत पाने का यह शायद सबसे बेहतर तरीका था।

हिंद महासागर में समुद्री डाकुओं या राजनैतिक हिंसा की घटनाएं कभी कभार ही होती थीं। यह पहली बार था जब व्यापारिक अधिकारों के लिए इस कदर हिंसा की गई। इतिहासकारों की एक पीढ़ी ने माना कि डि गामा के आने से एक नए युग का आगमन हुआ, लेकिन हिंद महासागर में उसके समकालीन लोगों के लिए यह भयानक हिंसा के आगमन की दस्तक थी।

डि गामा की केप ऑफ गुड होप यात्रा (1497) से लेकर दूसरे पुर्तगाली राज्य (दिसंबर 1515) की स्थाापना और एशियाई साम्राज्य के रचनाकार अफोंसो डी अल्बुकर्क की गोवा में मौत तक, अठारह सालों में पुर्तगालियों ने एशिया में एक अभूतपूर्व समुद्री साम्राज्य का निर्माण किया। इस अविश्वसनीय प्रयास में, हिंसा और बहादुरी—बराबर के हिस्सेदार थे।

अफोंसो डी अल्बुकर्क तब तक प्रौढ़ हो चला था जब उसे भारत भेजा गया, वह समुद्र जहाज पर ही रहता था और पूर्वी अफ्रीका से इंडोनेशिया तक लगातार हमले करता रहा था। केरल में एक युद्ध में वह गंभीर रूप से घायल हो गया। एक तीर उसकी बांह में और दूसरा गर्दन पर लगा और छाती में भी गोली का एक घाव हो गया। वह भाग्यशाली था जो इतने घावों के बाद भी बच गया। 10 दिनों के भीतर ही वह गोवा पर हमले के लिए तैयार हो चुका था।

विजयनगर साम्राज्य के साथ कार्यरत एक स्थानीय सरदार थिमैय्या की मदद से उसने सिर्फ एक दिन में से आसान जीत हासिल की। अल्बुकर्क ने सुनिश्चित किया कि शहर में सभी 9,000 मुसलमानों को मार डाला जाए। अपने राजा को लिखते हुए उसने इस दृश्य का आनंद के साथ वर्णन किया और अपने पत्र की समाप्ति में लिखा कि यह एक बहुत अच्छा काम था। कहते हैं यहां तक कि गोवा के नदमुख के कुख्यात मगरमच्छ भी समुद्र में फेंके गए सभी मृत शरीरों को नहीं खा सके थे।

मोम्बासा में पांच पुर्तगाली मौतों (1505) के बदले पुर्तगालियों ने 700 लोगों की हत्या की और 1508 के आखिरी दिनों डाबुल (दाभोल-महाराष्ट्र) में उन्होंने एक भी व्यक्ति को जीवित नहीं छोड़ा। मलक्का (इंडोनेशिया सुमात्रा) में (1511) उन्होंने शहर को तीन दिन तक बंद रखा।

अति महत्वाकांक्षी राजा मैनुएल और उसके कमांडर अल्बुकर्क ने अपनी असाधारण दूरदृष्टि से कुछ महत्वपूर्ण जगहों पर कब्ज़ा कर पूरे एशियाई समुद्री मार्ग पर नियंत्रण करने

की योजना बनाई, यह महत्वपूर्ण केंद्र थे पूर्वी अफ्रीका में सोफाला और किलवा, लाल सागर के मुहाने पर अदन और फारस की खाड़ी के प्रवेश बिंदु पर होर्मुज, गोवा, कोच्चि और पूर्व में मलक्का।

वे अदन और उसके मित्र कालीकट को जीतने में कभी सफल नहीं हो सके लेकिन अन्य सभी मुख्य बंदरगाह शहरों पर उनका कब्जा हो गया। उन्होंने न केवल स्थानीय शक्तियों बल्कि एक से ज्यादा बार तुर्की, गुजराती और उनके साथियों की संयुक्त सेनाओं को भी हराया।

अल्बुकर्क, भारतीय अभियान की कमान संभालने से पहले पुर्तगाल और उत्तरी अफ्रीका में लड़ चुका था। उसने विभिन्न चुनौतियों में निडर सैन्य कमांडर के रूप में अपनी क्षमता को दिखाया और बहुत ही कम समय में इस साम्राज्य को स्थापित करने में कामयाब रहा।

पुर्तगालियों की शानदार विजय के पीछे समय सबसे बड़ी वजह था। अन्य तत्कालीन साम्राज्य स्थलीय विस्तार में व्यस्त थे। नौसैनिक प्रतिद्वंद्विता में उनकी कोई रुचि नहीं थी।

एशिया के अधिकतर बड़े बंदरगाह स्थानीय शक्तियों के नियंत्रण में थे। वह व्यवसाय संस्कृति और विविधतापूर्ण आबादी वाले नगर राज्य थे लेकिन यह ज़रूरी नहीं था कि उनके पीछे एक प्रमुख सैन्य शक्ति हो। पुर्तगाली श्रेष्ठ नौसेना और तोपखाने से लैस थे। चुनिंदा जगहों से समुद्री मार्ग के नियंत्रण के उनके अनोखे रणनीतिक दृष्टिकोण और होर्मुज, दीव, गोवा, मलक्का में किलों के निर्माण की नई शैली ने उनके व्यापार को और सैन्य बढ़ावा दिया।

आखिरकार भयावह हिंसा और महत्वपूर्ण तटीय केंद्रों पर नियंत्रण से पुर्तगाली राज्य अपना विशाल व्यावसायिक उद्यम इस्टाडो डा इंडिया स्थापित करने में सफल हो गया। पश्चिम भारत में इसका अर्थ था तीन महत्वपूर्ण किलों दीव, गोवा और कोच्चि से पूरी तटरेखा पर नियंत्रण।

इस्टाडो डा इंडिया की व्यवस्था के तहत पुर्तगाली मार्गदर्शक जहाज़ केप कॉमोरिन के समीप इंतज़ार करते और आने वाले जहाज़ों को अपनी सुरक्षा में कोच्चि या गोवा तक लाते थे। इसी तरह गोवा से खंबात जाने वाले सभी जहाज़, पुर्तगाली सेना की निगहबानी में यात्रा करते थे। पुर्तगाली नौकायें तट या खुले समुद्र की नियमित निगरानी करतीं थीं।

पुर्तगाली हिंसा से बचने का एकमात्र तरीका कार्टज़ (कारताज) यानी अनुमति लेना

थी। इस तरह की अनुमति में बहुत अधिक धन नहीं लगता था लेकिन इसे हासिल करने के लिए पुर्तगाली बंदरगाह पर जाना होता और जहाज़ के मालिकाना हक, लादे गए सामान और यात्रियों के बारे में पूरी सूचना देनी होती थी। जहाज़ों को काली मिर्च जैसी उन चीज़ों के व्यापार के लिए निषिद्ध किया गया था जिन पर पुर्तगाली एकाधिकार घोषित किया जा चुका था और उन्हें ऐसे बंदरगाहों पर जाने से मना किया गया था जिनके साथ पुर्तगाल के संबंध अच्छे नहीं थे।

यहां तक सम्राट अकबर को भी अपनी चाची गुलबदन बेगम और दूसरे लोगों को हज पर भेजने के लिए करताज (एक तरह का लाइसेंस) का इंतजार करना पड़ा था हालांकि इसके लिए उन्हें पैसा नहीं चुकाना पड़ा।

पुर्तगालियों ने कारोबार पर एकाधिकार की कोशिश की। उनकी मांग थी कि विदेशी बाज़ारों के लिए सभी काली मिर्च केवल उन्हें बेची जानी चाहिए और इसके लिए भी उन्होंने बेहद कम दो डुकाट प्रति क्विंटल का दाम तय किया जिसे वह दशकों तक बदलने से इंकार करते रहे।

डि गामा की विजयी यात्रा से वापसी के बाद किंग मैनुएल ने पुर्तगाल, फारस और भारत के विजेता, नौपरिवहन और व्यापार के स्वामी जैसी उपाधियां हासिल कीं।

यह समुद्री मार्ग और एशिया के लंबी दूरी के व्यापार को नियंत्रित करने का पहला प्रयास था। हालांकि एकाधिकार की इस संरचना में खामियां भी थीं। घरेलू व्यापारी अधिक और बेहतर गुणवत्ता की काली मिर्च खरीदने और पारंपरिक गुजरात-लाल सागर मार्ग से पश्चिम एशिया के जरिये वेनिस तक भेजने में सक्षम थे।

जब पुर्तगालियों ने केरल के अपने सहयोगियों से दूसरे रास्ते से काली मिर्च के निर्यात के बारे में शिकायत की, तो उन्हें साफ शब्दों में बताया गया कि पुर्तगाली जिस सस्ती कीमत पर इसे खरीद रहे हैं उसमें यह निर्यात रोक पाना संभव नहीं था। इस तरह पुर्तगाली एकाधिकार कम होने लगा और काली मिर्च दोबारा पारंपरिक रास्ते से यूरोप पहुंचने लगी।

बड़ी संख्या में भारतीय विशेषकर गुजराती व्यापारी पुर्तगाली कारताज़ खरीदा करते थे लेकिन एक बार खुले सागर में पहुंचने के बाद वह लाल सागर और दक्षिण पूर्व एशिया में अपने पुराने गंतव्यों पर पहुंच जाते। पुर्तगाली निजी व्यापारियों ने भारतीयों के साथ सौदेबाज़ी शुरू कर दी जिसमें वह भारतीय व्यापारियों के सामान को अपने जहाज़ों में लाद लेते थे। पुर्तगाली जहाज़ होने के कारण कोच्चि में इस पर 6% की जगह 3.5% कर ही लगता और उन्हें गोवा जाने के लिए विवश नहीं होना पड़ता था।

इसी तरह भारतीय व्यापारी पुर्तगाली एकाधिकार का सामान पुर्तगाली नियंत्रण से बाहर एशियाई बंदरगाहों तक, यहां तक कि कभी-कभी पुर्तगालियों के शत्रुओं के बंदरगाह तक भी ले जाने लगे। जहाज़ों की सीमित संख्या के कारण पुर्तगालियों के लिए पूरे हिंद महासागर, बंगाल की खाड़ी और दक्षिण चीन सागर की प्रभावी निगरानी करना असंभव था।

16वीं शताब्दी के एशिया में कई बदलाव हुए जिसमें पुर्तगाली भागीदारी नहीं थी। तीन सबसे बड़े साम्राज्य—मुगल, फारस में सफवी और तुर्की में उस्मानिया उभरे। सालाना हज यात्रा के समय यमन का बैत-अल-फ़की, कॉफी और भारतीय कपड़ों की खरीद-फरोख्त के कारण एक महत्वपूर्ण बाज़ार के रूप में उभरा। यहां पारंपरिक एशियाई व्यापारी भी आते थे।

पुर्तगालियों ने एशियाई जलमार्ग पर अभूतपूर्व हलचल पैदा कर दी थी। वह हिंसा और एकाधिकार के साथ-साथ बेहतर तकनीक, नौवहन और समुद्री युद्ध में विशेषज्ञता भी साथ लाए। यही वजह थी कि गैर-पुर्तगाली जहाजों ने नाविकों और बंदूकधारी के रूप में पुर्तगालियों को रोजगार देना शुरू कर दिया। उन्होंने गोवा और मकाओ (चीन) जैसे शहरों की स्थापना की, उन्होंने गोवा से मकाओ या मकाओ से नागासाकी जैसे नए व्यापार मार्गों की भी खोज की, जहां जल्द ही अन्य व्यापारी भी उनके साथ शामिल हो गए थे।

1570 में पुर्तगाली शासन ने भारतीय व्यापार को निजी व्यापारियों के लिए खोल दिया। इसके बावजूद वह यूरोप की मांग को पूरा करने में असमर्थ थे। कोच्चि और गोवा दोनों ही स्थानों पर निजी व्यापारियों की व्यापारिक गतिविधियां आधिकारिक इस्टाडो डा इंडिया से अधिक महत्वपूर्ण होती जा रही थीं। कुछ इतिहासकारों ने इसके लिए पुर्तगाली अधिकारियों का भ्रष्टाचार और स्थानीय पुर्तगाली समाज के भीतर विभिन्न तत्वों को नियंत्रित करने में राज्य मशीनरी की अक्षमता को दोषी ठहराया है।

इस तरह के भी उदाहरण सामने आए जब पुर्तगाली कमांडरों ने पैसे के लिए अपनी तोपें तक बेच डाली थीं। पुर्तगाली महिलाएं कभी भारत नहीं आईं । लंबी अवधि में इसने एक समस्या को पैदा कर दिया। कई पुर्तगाली साहसी खोजकर्ताओं के लिए ब्राज़ील एक बेहतर विकल्प के तौर पर सामने आया। पुर्तगाली समाज की छोटी आबादी के कारण दोनों ओर विशाल साम्राज्यों को चलाना एक मुश्किल काम था। पुर्तगाल की कमज़ोरी और मसालों के व्यापार का लालच अन्य यूरोपीय ताकतों को भी एशियाई समुद्रों में खींच लाया।

16वीं शताब्दी के अंत में पुर्तगालियों के लिए सबसे बड़ी चिंता का विषय डच और अंग्रेज़ी नौसेनाओं की बढ़ती क्षमता थी। 17वीं शताब्दी के शुरू में पुर्तगाल एशियाई जलसीमाओं में एक पराजित हुई शक्ति के रूप में नज़र आने लगा। 1622 में होर्मुज पर

अंग्रेज़ों और फारसियों की संयुक्त सेनाओं ने जीत हासिल की, अंग्रेज़ी नौसेना ने उन्हें गुजरात तट पर बार-बार हराया। अरबों ने 1650 में मस्कट पर वापस कब्ज़ा कर लिया और डच उन्हें मलक्का (1641) और कोच्चि (1663) से खदेड़ने में कामयाब रहे।

अफोंसो डी अल्बुकर्क की महान दृष्टि अब टुकड़े टुकड़े हो चुकी थी। वे गोवा और कुछ छोटी-छोटी जगहों पर तब तक बने रहे जब तक उन्हें तीन शताब्दियों बाद वहां से बाहर नहीं किया गया, लेकिन कुल मिलाकर एशिया में पुर्तगाल साम्राज्य 17वीं शताब्दी के मध्य तक खत्म हो चुका था।

यूरोप में प्रतिक्रियाः पूंजीवाद का जन्म

रईस जैकब

जैकब फुगर (1459-1525) ने वेनिस में अपने प्रारंभिक वर्ष (1473-1487) अपने पारिवारिक व्यवसाय के प्रतिनिधि के रूप में बिताए थे न कि चर्च के एक नौसिखिए के रूप में जैसा कि पहले माना जाता था। उसके पिता जैकब सीनियर के समय में ही फुगर परिवार को बड़े पारिवारिक घरानों में गिना जाने लगा था।

पिता की असामयिक मौत के बाद उसकी मां और व्यवसायी बारबरा बैसिंजर ने फुगर परिवार के कपड़ों और बैंकिंग व्यवसाय को आगे बढ़ाया और बेटे के परिपक्व होने तक इसमें बड़ी सफलता हासिल की थी। जैकब के बड़े भाइयों ने हैब्सबर्ग के राज परिवार के साथ महत्वपूर्ण संबंध बनाए जिससे उन्हें भविष्य में काफी फायदा मिला था। लेकिन यह जैकब था जो फुगर्स परिवार को यूरोप की बैंकिंग की ताकत बनाने वाला था जिसने बाद में मेडिची (इटली के प्रसिद्ध बैंकर) को पीछे छोड़ दिया।

जैकब जूनियर को इतिहास में रईस जैकब के नाम से भी जाना जाता है। वह मानव इतिहास में सबसे अमीर लोगों में से एक था जो वेनिस में फोंदाको डि तेदेश्ची या जर्मन व्यापारियों के कारखाने में रहता था। इस फोंदाको (अरबी फुंदुक) के भूतल पर एक गोदाम होता और ऊंचे तलों पर ऑफिस और घर।

सदियों से वेनिस के, कांस्टेंटिनोपल (आधुनिक इस्तांबुल) और मिस्र के साथ घनिष्ठ संपर्क थे। इस संबंध की इस्लामिक वास्तुकला में स्थायी अभिव्यक्ति पाई गई है जो वेनिस की वास्तुकला से प्रेरित थी।

वेनिस के व्यापारियों ने हमेशा व्यापार को सबसे अधिक महत्व दिया, यहां तक कि धर्म से भी ज्यादा। यह माना जाता है कि जब मिस्त्र में मुस्लिम फौज के खिलाफ लड़ने के लिए वेनिस से धर्म योद्धाओं को भेजा जा रहा था तब वेनिस के राजनयिक मिस्त्र के साथ व्यापार समझौतों पर बातचीत कर रहे थे।

हम जानते हैं कि वेनिसवासी भारत से परिचित थे। मार्को पोलो के अलावा अन्य वेनिसवासी भी भारत आए थे। जब पुर्तगालियों ने 1510 में गोवा पर हमला किया, तब कम से कम 200 वेनिसवासी उनके खिलाफ लड़े। हालांकि, यूरोप के व्यापारिक अगुआ के रूप में वेनिस की शक्ति उसकी भौगोलिक स्थिति और इस्लामिक दुनिया के साथ संबंधों पर आधारित थी।

वास्को डि गामा की उपलब्धि ने वेनिस के व्यापार की नींव को हिला दिया । जब यह खबर वेनिस तक पहुंची कि पुर्तगाली मसालों के लिए सीधा रास्ता खोज चुके थे तो वेनिस को महसूस होने लगा कि उनकी दुनिया अब सिमटने वाली है। हालांकि पुर्तगाल की नाकामियों का लाभ उठाकर वेनिस ने 1580 में मसालों के व्यापार में फिर बढ़त हासिल कर ली, लेकिन वह यूरोपीय व्यापार का नेतृत्व दोबारा हासिल नहीं कर सके।

इस संकट का असर वेनिस में काली मिर्च के आसमान छूते दाम के रूप में सामने आया जहां काली मिर्च की कीमत सन 1498 से 1500 के बीच 56 डुकाट से बढ़कर 100 डुकाट प्रति क्विंटल हो गई। गौरतलब है डि गामा 1499 में वापस लिस्बन पहुंचा था।

दामों में इसी तरह का बदलाव काहिरा में भी देखने को मिला था। दूसरी तरफ इसी समय लिस्बन में काली मिर्च के दाम 80 डुकाट गिरकर 40 डुकाट प्रति क्विंटल पर आ चुके थे। इस दौरान मालाबार में काली मिर्च 2 और 3 डुकाट प्रति क्विंटल दाम में उपलब्ध थी।

जैकब फुगर ने वेनिस में ऑफिस को बंद करने का फैसला किया और 1501 में लिस्बन में नया ऑफिस खोला था। जल्द ही उसने मध्य यूरोप में खदानों से लिस्बन में तांबे की आपूर्ति शुरू कर दी, जहां से इसे मसालों के बदले एशिया में भेजा जाता था।

दक्षिण पश्चिमी यूरोप की परिधि पर बसा पुर्तगाल एक छोटा-सा देश था। सन् 1500 में इसकी आबादी सिर्फ 12 लाख थी और इसकी राजधानी व सबसे बड़े शहर लिस्बन की आबादी 50,000 से कम थी। इसका एकमात्र अर्थपूर्ण व्यापार समुद्री था। इसके अलावा फ्लैंडर्स (आधुनिक बेल्जियम) के साथ कृषि उत्पादों का छोटा-सा व्यापार था।

पुर्तगाल की आर्थिक किस्मत प्रिंस हेनरी के अफ्रीकी अभियान के दिनों से ही उत्थान पर थी, लेकिन डि गामा की खोज के परिणामस्वरूप उसमें नाटकीय मोड़ आया। पुर्तगाल के सम्राट ने लौंग, दालचीनी और निश्चित रूप से काली मिर्च में राजसी एकाधिकार स्थापित किया।

एशिया से लाई गई अन्य सभी वस्तुओं पर, उन्होंने 30 फीसदी का टैक्स लगाया। जल्दी ही लिस्बन का कासा डि इंडिया (हाउस ऑफ इंडिया) इंग्लैंड व यूरोप के लिए मसालों का प्राथमिक द्वार बन गया। 1510 तक पुर्तगाली राजा की वार्षिक आय 10 लाख क्रूजाडो के अद्भुत स्तर पर पहुंच गई। निश्चित रूप से, उन्हें एक पंसारी राजा की उपाधि से कोई समस्या नहीं थी।

राजधानी लिस्बन जल्द ही यूरोप के मुख्य आर्थिक केंद्रों में बदल गई जो बाद में बौद्धिक और लेखकों के पुनर्जागरण केंद्र के रूप में उभरा। लिस्बन की सड़कों पर सालाना परेड में एशियाई देशों के धन और जायकों का प्रदर्शन होता था, जिनमें एक जीवित गैंडा भी था, जिसे अल्बुकर्क लाया था।

पुर्तगाल के राजा ने 1570 के दशक में निजी व्यापारियों को भारत के व्यापार ठेके बेचने का फैसला किया, तो समकालीन यूरोप के प्रमुख व्यापारियों फुगर्स एंड वेलसर्स ने आकर्षक भारत अनुबंध का लाभ उठाया। इनके अलावा कोनराड रट भी थे जिनके दिवलिया होने के बाद गियोवन्नी रोवेलेस्का ने कारोबार संभाला।

भारत में फुगर्स एंड वेलसर्स, फर्डीनांड क्रोन और रोवलेस्का के एजेंट थे फिलिपो ससेती। वह इटली के प्रसिद्ध मेडिची परिवार के करीबी थे। ससेती, संस्कृत और लैटिन के बीच समानताएं बताने वाला पहला व्यक्ति था, उसने यूरोप और भारत के बीच पहली नियमित डाक व्यवस्था विकसित करने में महत्वपूर्ण भूमिकाएं निभाई। ज़मीनी मार्ग के माध्यम से ऑग्सबर्ग, फुगर्स और गोवा के मुख्यालयों के बीच बातचीत करने में 6-8 महीने का समय लगता था।

डच चार्टर्ड ईस्ट इंडिया कंपनी

भौगोलिक खोजों में सफलता ने स्पेन और पुर्तगाल को पूरी तरह से एक अलग कतार में पहुंचा दिया। जल्द ही पुर्तगाल का अनुकरण करने के लिए दौड़ शुरू हो गई। अपने उत्साही वित्त मंत्री कोलबर्ट के नेतृत्व में फ्रांस इस दौड़ में शामिल होने वाले अंतिम देशों में से एक था।

1664 में कुछ पूर्व निजी उद्यमों का विलय कर फ्रेंच ईस्ट इंडिया कंपनी की स्थापना की गई। फ्रेंच ईस्ट इंडिया कंपनी भारत और हिंद महासागर में आक्रामक थी, जहां उन्होंने खुद को मॉरीशस और रीयूनियन द्वीप में सफलतापूर्वक स्थापित किया। लेकिन वह अपना स्थायी प्रभाव बनाए रखने में असफल रही और अंत में ब्रिटिश वर्चस्व के आगे नहीं ठहर सकी थी।

फ्रेंच व्यापार और सीमित सांस्कृतिक आदान-प्रदान की विरासत अभी भी पांडिचेरी, चंदननगर और दक्षिण भारत में दिखाई देती है। डेनमार्क का भाग्य भी ऐसा ही रहा। ट्रंक्यूबार और अन्य जगहों पर उनकी विरासत भुलाई जा चुकी है, हालांकि 17वीं शताब्दी में अपने खुशहाल दौर में उन्होंने पर्याप्त मात्रा में चाय और भारतीय वस्त्र यूरोप पहुंचाए थे।

आधुनिक पूंजीवाद को जन्म देने वाली कंपनी की शुरुआत 1602 में एम्स्टर्डम में हुई थी। भारत व एशिया से व्यापार के स्पष्ट अवसर तो थे ही, साथ ही, डच स्पेनिश राज के खिलाफ युद्धरत था, स्पेन पुर्तगाल पर कब्जा कर चुका था। लेकिन पूर्व में जहाज़ भेजना एक महंगा, जोखिम भरा और लंबे समय तक चलने वाला अभियान था, इसलिए सामान्यत: डच व्यापारी अपने संसाधनों का इस्तेमाल एक सीमित अवधि की कंपनी बनाने के लिए किया करते थे। और किसी यात्रा के पूरी होने तक कंपनी को खत्म कर दिया जाता था।

स्पेन-पुर्तगाल की संयुक्त शक्ति से मोर्चा लेने और अधिकतम लाभ के लिए डच संसद ने सभी मौजूदा कंपनियों को जोड़ कर एक कंपनी बनाई जिसे 21 साल तक केप ऑफ़ गुड होप के पूर्व में व्यापार करने के लिए एक एकाधिकार दिया। वेरेनीगदे नीदरलैंड्शे जिओट्रॉयएयरडे ऑस्टिन्डिसेक कॉम्पैनी (वीओसी) नाम वाली या संयुक्त डच चार्टर्ड ईस्ट इंडिया कंपनी या वीओसी की सदस्यता कोई भी ले सकता था।

और कहानी यह रही कि न केवल एम्स्टर्डम के सभी बड़े और छोटे व्यापारी, बल्कि उनके कर्मचारी भी वीओसी के शेयरों को खरीदने के लिए दौड़ पड़े थे। अंत में कंपनी ने 60 लाख से अधिक गिल्डर्स की पूंजी उठाई, जो उनके सबसे करीबी प्रतिद्वंद्वियों, इंग्लिश ईस्ट इंडिया कंपनी से 8 गुना थी, हालांकि ब्रिटिश कंपनी के शेयरधारकों का आधार बहुत बड़ा था।

वीओसी ने पूरे डच देश के विश्वास से न्याय करते हुए 120 वर्षों की अवधि के दौरान अपने शेयरधारकों के लिए भारी धन पैदा किया। इसकी व्यावसायिक सफलता और अंतत:

गिरावट डच साम्राज्य के उदय और गिरावट का ही प्रतिबिंब थी। इसकी सफलता मुख्य रूप से इंडोनेशियाई संसाधनों के दोहन एवं भारतीय-कपड़ा मसालों और अंतर-एशियाई व्यापार के कारण थी। यह कंपनी की अनूठी संरचना थी, जिसने पूंजीवाद के विकास के लिए मार्ग प्रशस्त किया।

इस संयुक्त स्टॉक, (सीमित-देयता) कंपनी में एक शेयरधारक को 10 साल बाद ही अपनी पूंजी वापस लेने की छूट थी। इसने तुरंत ही एक सेकंडरी शेयर बाजार को जन्म दिया क्योंकि जिन निवेशकों को नकदी की ज़रूरत थी, उनके पास किसी अन्य पार्टी को शेयर बेचने के अलावा कोई विकल्प नहीं था।

पहले पांच वर्षों के भीतर, वास्तव में, वीओसी शेयरों के एक चौथाई मालिक बदल गए। इतना ही नहीं, शेयर हस्तांतरण के लिए महत्वपूर्ण कानूनी दस्तावेज वीओसी रजिस्टर महीने में एक बार खोला जाता था, इससे वायदा बाजार भी तेजी से विकसित हुआ था। लेनदेन में तेजी से वृद्धि के साथ, टाउन हॉल के पास एक छतनुमा हॉल का निर्माण करना आवश्यक हो गया, जहां शेयरधारकों और सट्टेबाजों की एक भीड़ दैनिक रूप से अपना कारोबार कर सके और इसने विश्व में प्रथम स्टॉक एक्सचेंज को जन्म दिया।

इसने जल्द ही एम्स्टर्डम एक्सचेंज बैंक की स्थापना को दिशा दी, जिसमें बैंकों के संचालन के साथ शेयरों को जोड़ने और शेयरों की खरीद के लिए कर्ज की व्यवस्था की। असामान्य रूप से बड़े शेयरधारकों के आधार ने कंपनी को नियमित लाभांश देने और बड़े शेयरधारकों को बारी-बारी से निदेशक नामांकित करने के लिए मजबूर किया।

डच आभिजात्य के तौर पर वीओसी एक निर्णायक प्रयोग थी, जिसका लक्ष्य भारत था। इस कंपनी ने डबल एंट्री बुक-सिस्टम रखने के बारे में अपने ज्ञान पर गर्व महसूस किया। कई प्रयासों के बावजूद, यह सबसे बड़ी पूर्व-आधुनिक कंपनी में एक स्पष्ट बैलेंस शीट के साथ सामने आने में असफल रही, अलबत्ता इस तरह की जवाबदेही ने इस कंपनी को डच स्वर्ण युग का प्रतिनिधि बना दिया था। वीओसी के साथ एकाउंटिंग ऑडिट, लागत निर्धारण के प्रयोग शुरू हुए।

जॉन कंपनी या इतिहास की महानतम कंपनी

कई मायनों में आधुनिक विश्व का जन्म 1600 में नए साल की शाम के एक सटीक पल को माना जा सकता है जब महारानी एलिज़ाबेथ प्रथम ने 218 अंग्रेजी व्यापारियों को केप ऑफ़ गुड होप के पूर्व में व्यापार के लिए एकाधिकार अधिकार दिए थे। इस तरह 400

साल से भी पहले लंदन की कड़कड़ाती ठंड के मौसम में वह कंपनी अस्तित्व में आई जो एक समय में वैश्विक व्यापार के आधे हिस्से का नियंत्रण करने जा रही थी और हर संभव तरीके से आधुनिक पूंजीवाद के खतरों को दर्शाती थी।

ऑनरेबल (सम्मानीय) ईस्ट इंडिया कंपनी या अनौपचारिक रूप से जॉन कंपनी कही जाने वाली इस कंपनी की स्थापना पूर्व की दुनिया से मसालों और कपड़ों के कारोबार और इस आकर्षक व्यापार का कम से कम कुछ हिस्सा पुर्तगाल व डच से छीनने के इरादे से की गई। मस्कोवी कंपनियों ने (1555) लिमिटेड लायबेलिटी चार्टर्ड कंपनी की राह दिखाई थी, ईस्ट इंडिया कंपनी उसी मॉडल का भव्य अनुकरण थी।

एकाधिकार या मोनोपली का चलन अब पश्चिम में समाप्त हो चुका है लेकिन दुनिया के बड़े हिस्से में चाइना मोबाईल, गैज़प्रोम या एमिरेट्स जैसी कंपनियां कॉर्पोरेट सफलता के अच्छे उदाहरण हैं जहां शेयरधारकों और राष्ट्रीय सरकारों के लिए लाभ, कंपनियों कारोबारी एकाधिकार दिए जाते हैं। पेट्रोनास या कुछ भारतीय तेल कंपनियों जैसी कई कंपनियों का बाजार पर एकाधिकार है या बाजार का अधिकांश हिस्सा उनके पास है। चीन में, बाज़ार के 80 फीसदी हिस्से पर इस तरह की कंपनियों का नियंत्रण है। रूस या ब्राजील जैसी अन्य उभरती हुई अर्थव्यवस्थाओं में इनकी बाज़ार में महत्वपूर्ण हिस्सेदारी है।

आज जब चीन की कोई कंपनी अफ्रीकी बाजार में प्रवेश करती है, तो इसे सस्ते ऋण और चीनी सरकार की कूटनीतिक क्षमता से मदद मिलती है, यह ईस्ट इंडिया कंपनी का आधुनिक मॉडल है।

सैन्य आक्रमण और बंगाल के भयानक अकाल के चलते राजस्व में आई गिरावट ने 1773 में ईस्ट इंडिया कंपनी का खज़ाना खाली कर दिया, इसके बाद वित्तीय संकट से उबरने के लिए कंपनी को ब्रिटेन की सरकार से 15 लाख पाउंड की विशाल आर्थिक सहायता मांगनी पड़ी। ब्रिटेन की राष्ट्रीय अर्थव्यवस्था में स्थिरता थी और साथ ही बहुतों की किस्मत दांव पर थी, इसलिए ब्रिटिश संसद के सदस्यों के पास इससे सहमत होने के अलावा कोई विकल्प नहीं था।

ईस्ट इंडिया कंपनी के आलोचक मशहूर ब्रितानी सांसद एडमंड बर्क ने इस विशाल कंपनी के बारे में लिखा कि सरकार की गर्दन के चारों ओर एक चक्की पत्थर की तरह बंधी यह शापित कंपनी देश को एक अंधी खाई में खींचने वाली थी।

ये घटनाएं और टिप्पणियां लीमैन ब्रदर्स और कंपनियों को बचाने के लिए सरकारों से मिलने वाली मदद (बेलआउट) को देख रही आधुनिक पीढ़ी को जानी-पहचानी लगेंगी।

पूरब की स्वर्ण भूमि

ईस्ट इंडिया कंपनी कॉरपोरेट दक्षता का बेहतर मॉडल भी थी। पहले बीस सालों तक यह कंपनी इसके गवर्नर सर थॉमस स्मिथ के घर से संचालित होती रही तब इसमें सिर्फ छह स्थायी कर्मचारी थे। इसने डेडफोर्ड में अपनी गोदी का निर्माण किया। तब तक कंपनी 30 जहाजों की मालिक हो गई। एक अनुभवी नाविक विलियम हॉकिंस को सूरत भेजा गया, जहां से वह 1608 में आगरा में जहांगीर के दरबार में पहुंचा।

पुर्तगालियों के शुरुआती कड़े विरोध के बाद भी उसे सूरत में कारखाना लगाने की अनुमति मिल गई। जहांगीर ने पुर्तगालियों को चेतावनी दी कि अगर हॉकिंस को कुछ भी हुआ तो वह उन्हें फांसी पर लटका देगा और हॉकिंस से कहा कि वह भोजन में ज़हर मिलाए जाने की आशंका से बचने के लिए एक स्त्री से विवाह कर उसे साथ ले जाए। हॉकिंस सिर्फ एक ईसाई से ही शादी करने के लिए तैयार हुआ और तब एक आरमीनियाई ईसाई की बेटी मरियम खान से शादी का प्रस्ताव उसके सामने रखा गया।

हॉकिन्स के बाद सर थॉमस रो आए, जो अधिक रियायतें पाने में कामयाब रहे। 18वीं सदी के अंत तक, सरकार के संरक्षण से व्यापार के तीन प्रेसीडेंसी केंद्र - बॉम्बे, मद्रास और कलकत्ता तैयार हो चुके थे।

फिर भी लंदन के लेडनहॉल स्थित ईस्ट इंडिया कंपनी के छोटे से मुख्यालय में 1785 तक सिर्फ 159 और 1813 में 241 कर्मचारी थे। ईस्ट इंडिया कंपनी के स्थान पर आज लॉयड्स बैंक की इमारत बनी है। कंपनी भारत में 2.5 लाख से अधिक की एक स्थायी सेना से 9 करोड़ से अधिक लोगों पर शासन कर रही थी। यह उच्च केंद्रीकृत कंपनी थी, लेकिन उस युग में, जहां संचार के लिए दो साल तक लग सकते थे, ईस्ट इंडिया कंपनी ने अपने कर्मियों को पूरी आजादी दी, यहां तक कि उन्हें अपने कारोबारों से कमाई करने की भी अनुमति थी। यह लालची कंपनी के नौकरों का "उप-साम्राज्यवाद" था, जो उपमहाद्वीप में औपनिवेशिक इतिहास लिखने वाला था।

आज एक भारतीय व्यवसायी संजीव मेहता (आनंद महिंद्रा और खाड़ी के लुलू सुपरमार्केट्स के यूसुफ़ अली एम.ए. के साथ) पुनर्जीवित ईस्ट इंडिया कंपनी ब्रांड के मालिक हैं। वास्तविक कंपनी को 1874 में ही अपना कारोबार समेटना पड़ा था। हिंसा के आखिरी और संभवत: सबसे खराब दौर के बाद ईस्ट इंडिया कंपनी ब्रिटिश साम्राज्य की स्थिरता के लिए खतरा बन गई थी।

1857 के विद्रोह के बाद भारत को औपचारिक रूप से ब्रिटिशराज को सौंपे जाने के बाद, इस कंपनी के लिए कोई भविष्य नहीं था। लगभग 275 वर्षों के अपने अस्तित्व के

दौरान, ईस्ट इंडिया कंपनी ने बहुत सी नई चीज़ों की एक श्रृंखला का निर्माण किया, जिसने आधुनिक दुनिया की शुरुआत की।

चीन को भारतीय कपास और अफीम बेचना इसके दो प्रमुख व्याापारों में पहला था। चीनी चाय और चीनी मिट्टी के बरतन यूरोप लाकर इसे संयुक्त राज्य अमेरिका को इसका पुन: निर्यात करना इसके कारोबार का दूसरा प्रमुख हिस्सा था। इसने पब्लिक सर्वेंट्स का सबसे बड़ा कैडर बनाया। पब्लिक सर्वेंट्स शब्द - खुद कंपनी ने गढ़ा था। भारत का गर्वनर जनरल नियुक्त किए जाने से पहले अमेरिकी उपनिवेशों से जुड़े रहे लॉर्ड कार्नवालिस ने भारतीय सिविल सेवा की नींव रखने में महत्वपूर्ण भूमिका निभाई थी।

पश्चिमी दुनिया में इसने प्रशासन, कला और विज्ञान का नेतृत्व किया, और अपने पीछे विशाल लिखित रेकॉर्ड छोड़ा। 19वीं शताब्दी की शुरुआत में सिर्फ 15 वर्ष की खतो किताबत को 12,000 से ज्यादा चमड़े की किताबों में संकलित किया गया है।

कंपनी योग्यता को वरीयता देती थी। इसने प्रबंधक प्रशिक्षण को भी काफी महत्व दिया, हरफोर्टशायर में एक कॉलेज की स्थापना की। जहां अर्थशास्त्र के पहले प्रोफेसर थे थॉमस रॉबर्ट माल्थस जो जनसांख्यिक अर्थशास्त्री के जनक माने जाते हैं। कंपनी ने ज्ञान का आधार बनाने के लिए न केवल भारत में बल्कि लंदन में भी विद्वान-सिविल सेवकों के माध्यम से काम किया।

अपने सभी नए प्रयोगों के बाद भी, अंततः कंपनी लूट-मार और ब्रिटेन के राजनेताओं को खरीदने में सक्षमता के कारण ही बनी रह सकी थी। विवादित ब्रितानी इतिहासकार थॉमस बैबिंगटन मैकॉले ने अपनी एक प्रसिद्ध टिप्पणी में ईस्ट इंडिया कंपनी को "विश्व में सबसे महानतम कार्पोरेशन" बताया, जिसने बिना किसी संदेह के इतिहास में हिंसा का सबसे भयानक शासन दिया।

इसने युद्ध और मानवजनित अकालों से लाखों लोगों की हत्या की, उपमहाद्वीप की अर्थव्यवस्था और पारिस्थितिकी को नष्ट कर दिया। इस कंपनी ने एक पूरे राष्ट्र को अचेत कर दिया। दुनिया भर में लाखों लोगों को इधर से उधर ले जाया गया और यह सब कुछ कॉरपोरेट मुनाफे और उसके शेयरधारकों के लिए भारी लाभांश के नाम पर किया गया। ईस्ट इंडिया को लाभ के लिए युद्ध छेड़ने का अधिकार, उनके कंपनी के चार्टर में ही दिया गया था। यह कारोबार की एक ऐसी अवधारणा थी जिससे भारत पूरी तरह अनभिज्ञ था।

एशियाई प्रवासी

बंगाल के आरमीनियाई अमीर

होवानेस एक पुजारी का बेटा था। उसने न्यू जुल्फा (आधुनिक इस्फहान, ईरान) के एक प्रमुख आरमीनियाई व्यवसायी परिवार खोजा ग्योरक के बेटों खोजा जाक और एम्ब्रू के साथ व्यापारिक समझौता किया। 19 दिसंबर, 1682 से उसने एक विस्तृत खाता रखना शुरू कर दिया था। होवानेस के अमीर भागीदारों ने कुल 250 ट्यूमन का निवेश किया था। उनको उम्मीद थी कि वह भारत की यात्रा करेगा। इससे होने वाले लाभ का चौथाई हिस्सा होवानेस को मिलने वाला था।

होवानेस के लिए यह अमीर बनने का मौका था। यह समझौता आरमीनियाई व्यापारी समुदाय की मौजूदा कानूनी परंपराओं के अनुसार पूरा हुआ था। इस कानूनी परंपरा के चलते होवानेस जैसे एक साझेदार को बहीखाता बनाए रखना ज़रूरी हो गया, ऐसा न करने पर जेल, शारीरिक यातना और सामाजिक बहिष्कार तक हो सकता था। उसने यात्रा की शुरुआत इस्फ़हान (आधुनिक ईरान) से की और बंदर अब्बास (दक्षिण ईरान) होते हुए सूरत पहुंचा। अगले 11 साल तक उसने उत्तर और पूर्वी भारत और दक्कन के सभी महत्वपूर्ण शहरों औरंगाबाद, बुरहानपुर, खैरपुर आगरा, पटना, हुगली की यात्रा की और फिर काठमांडू से होते हुए तिब्बत तक गया।

वह कई चीजों का व्यापार करता था जिसमें सोना, चांदी, सिल्क, कपड़े, चाय, कस्तूरी वगैरह शामिल थे। वह एक परंपरागत आर्मीनियाई व्यापारी की तरह काम करता था।

वह बहीखाता जो साझेदारी समझौते पर हस्ताक्षर के साथ शुरू हुआ था 6 दिसंबर, 1693 को समाप्त हो गया। तब तक वह लंबी यात्रा से लौटकर आखिर में कलकत्ता पहुंचा गया था। यह दस्तावेज़ पुर्तगाली अभिलेखागार में कैसे पहुंचा, यह अपने आप में एक रहस्य है, जिसे अब भी सुलझाया जाना बाकी है। हालांकि, हम जानते हैं कि समकालीन आरमीनियाई व्यापारी यूरोप में मौजूद थे और इस बात पर भरोसा किया जा सकता है कि एशिया की तलाश के बाद होवानेस ने यूरोप की यात्रा की होगी।

ईरान में सफवी शासन को पुनःस्थापित करने वाले शाह अब्बास (1605) ने अपनी आरमीनियाई प्रजा को बलपूर्वक पूर्व के हिस्सों में रहने को विवश किया। पश्चिमी मोर्चे पर उस्मानिया साम्राज्य से जूझते हुए, अब्बास अपने साम्राज्य की आर्थिक समृद्धि को बढ़ावा

देने के संकल्प पर भी दृढ़ था। इसलिए शाह अब्बास ने प्रमुख आरमीनियाई व्यापारियों को अपनी राजधानी इस्फ़हान के बाहरी हिस्से में बसाने पर विशेष ध्यान दिया था। यह नया उपनगर नए जुल्फा के नाम से पहचाना जाने लगा।

ईसाई आरमीनियाई व्यापारी जो अपने व्यापार कौशल, विशेष रूप से रेशम के लिए पुरानी दुनिया में प्रसिद्ध थे, वह जल्दी ही नए परिवेश में भी समायोजित हो गए। आरमीनियाई परिवार व्यापारिक फर्मों ने भूमध्यसागरीय क्षेत्र में उस्मानिया बंदरगाहों से चीन तक अपने व्यापार नेटवर्क को बढ़ाया। हालांकि, इस तरह के साक्ष्य भी मौजूद हैं जो इशारा करते हैं कि 12वीं शताब्दी भी आरमीनियाई लोग भारत के व्यापार से परिचित थे। 1605 में अपने मुख्यालय को न्यू जुल्फा में स्थानांतरित कर आरमीनियाई व्यापारियों ने व्यापार तंत्र के दक्षिण एशिया में विस्तार को बढ़ावा दिया।

सफवी फारस और मुगल भारत के बीच व्यापार व संपर्क के बाद सम्राट अकबर ने आरमीनियाई व्यापारियों को आगरा आने का न्यौता दिया। उन्होंने 1562 में आगरा में पहला चर्च बनाया। अब्द अल हाय, इसकंदर और उसका बेटा जुल्करनेन मुगल दरबार में कुछ जाने-पहचाने आरमीनियाई चेहरे थे। 17वीं शताब्दी के मध्य तक वह प्रमुख व्यापारिक केंद्रों जैसे कि हुगली, पटना, हैदराबाद, मूसलीपट्टनम और लाहौर जाने लगे थे।

1724 में स्थापित कलकत्ता के नाज़रेथ होली चर्च में एक पुरानी कब्रगाह में सबसे पुराने समाधि के पत्थर पर 1630 की तारीख अंकित है। यह ब्रिटिश शहर कलकत्ता की स्थापना (जॉब चार्नक) से भी 60 साल पहले का समय है। वास्तव में मुगलों के बंगाल सूबे में आरमीनियाई लोगों ने प्रांत के आर्थिक और व्यवसायिक जीवन में महत्वपूर्ण भूमिका निभाई थी।

1740 और 1750 के दशक में आरमीनियाई व्यापारी राजकुमार ख्वाजा वाजिद को, बंगाल की अर्थव्यवस्था और राजनीति में सबसे अहम तीन लोगों (जगत सेठ और अमीरचंद) में गिना जाता था। ख्वाजा वाजिद ने नवाबों के अधीन दो उत्पादों के कारोबार पर आकर्षक एकाधिकार बनाया। यह थे नमक और सॉल्ट पीटर यानि पोटेशियम नाईट्रेट।

हुगली बंदरगाह प्रांत के भीतरी व्यापार तंत्र पर ख्वाजा वाजिद का नियंत्रण था। अपने व्यवसायों के बर्बाद होने और अंग्रेज़ों की कैद में आत्महत्या करने तक वह बंगाल में सभी यूरोपीय कंपनियों अंग्रेजी, फ्रांसीसी और डच के लिए सबसे बड़े वित्तीय स्रोत थे।

16 वीं शताब्दी की पहली तिमाही में पुलिकट में रहने वाले आरमीनियाई व्यापारियों का एक समूह पुर्तगाली व्यापारियों को धर्मप्रचारक सेंट थॉमस की छोटे शहर मायलापुर

स्थित कब्र तक ले गया। संभवत: यह आरमीनियाई लोग थे जिन्होंने मकबरे के समीप एक गिरजाघर का निर्माण कराया।

मद्रास के साथ आरमीनियाई लोगों का संपर्क लंबे समय तक जारी रहने वाला था। मद्रास में पहले आरमीनियाई चर्च का निर्माण 1712 में हुआ था और यह शहर दो शताब्दियों से अधिक समय के लिए इस समुदाय का अनौपचारिक मुख्यालय बना रहा। पहला आरमीनियाई अख़बार आज़दर भी 18 वीं शताब्दी के अंत में मद्रास से प्रकाशित हुआ।

आस्त्राखान के शाह

17वीं शताब्दी में आस्त्राख़ान में भारत का एक अग्रणी व्यापारी था, सुतुर। वोल्गा और कैस्पियन सागर के संगम के निकट एक प्रायद्वीप पर स्थित रूसी कस्बा आस्त्राखान कैस्पियन क्षेत्र की पारंपरिक आर्थिक और सांस्कृतिक राजधानी रहा है। रूस के लिए व्यापार का एशियाई मार्ग यहीं से निकलता था।

मस्कोवी राज्य ने आरमीनियाई, ईरानी और भारतीय व्यापारियों का स्वागत करने का फैसला किया। रूसी अभिलेखागार में संरक्षित दस्तावेजों की एक श्रृंखला ने ईरान से आस्त्राखान में सक्रिय रहे भारतीय व्यापारी समुदाय पर काफी रोशनी डाली है।

शायद हम कभी भी "सुतुर" का वास्तविक नाम नहीं जान पाएंगे क्योंकि इस असाधारण भारतीय व्यापारी के बारे में हमारी सभी जानकारी रूसी स्त्रोतों पर आधारित है, जहां उसे हमेशा "सुतुर" के रूप में पहचाना जाता है। ज़ार को प्रस्तुत की गई कई उल्लेखनीय याचिकाओं, (रूसी अभिलेखागारों में संरक्षित) सुतुर का उल्लेख है। वह 1620 के दशक में ईरान से आस्त्राखान पहुंचे क्योंकि वहां व्यवसाय के लिए अनुकूल स्थितियां थीं। उसके भाई उत्तरी ईरानी शहरों में व्यापारियों के रूप में काम करते थे।

आमतौर पर ज़ार के शासन की प्रशंसा करनी ही होती थी लेकिन उसने एक सरकारी अधिकारी के बारे में शिकायत की जो व्यापारियों को परेशान करता था। इस शिकायत के परिणामस्वरूप उस अधिकारी को तुरंत पद से हटा दिया गया। सुतुर ने दावा किया कि 1646 में, उसके निमंत्रण पर, उसके भाई और 25 अन्य भारतीय व्यापारी बहुत से माल के साथ आस्त्राखान में पहुंचे और उनमें से कुछ यहीं बस गए।

1647 में सुतुर ने एक भारतीय गोस्टीनी द्वार (अतिथि गृह) स्थापित करने की अनुमति प्राप्त की थी, जो कहने के लिए अतिथि निवास था लेकिन असल में, यह आस्त्राखान

का एक आवासीय बाजार था। इस द्वार का निर्माण 1649 में पूरा हो गया। एक तत्कालीन सरकारी जनगणना में पाया गया कि यहां 26 भारतीय व्यापारी रह रहे थे। यह सभी बड़े व्यापारी थे, खुद सुतुर सभी प्रकार की वस्तुओं में व्यापार करता था, जिन्हें वह इस्फ़हान और काज़विन से लाता था जहां उसके भाई रहते थे। एक समय, वह और आगे बढ़ गया और मॉस्को में एक कारोबारी प्रतिष्ठान बनाया, जहां वह खुद तीन साल तक रहा।

सफवी शासन में ईरान (1500-1722) और उज़्बेक खानत (1500-1920) तुरान में बड़ी संख्या में भारतीय व्यापारी और कर्ज़दाता मौजूद थे। यह महत्वपूर्ण व्यापारिक समुदाय आधुनिक विद्वानों के लिए लगभग अज्ञात है क्योंकि इस बारे में बहुत कम दस्तावेज हैं। सुतुर जैसे व्यापारी भारत से सीधे नहीं गए थे बल्कि इस्फ़हान या काज़विन में अपने आधार से आस्त्राखान तक पहुंचे थे।

भारतीय समुदाय को ईरान और तुरान में इस बात का फायदा तो था ही कि दोनों जगह फारसी बोली जाती थी। दोनों की ही राजनीतिक और वाणिज्यिक संरचना तैमूर की विरासत पर आधारित थीं। रूस कुछ हद तक अलग था। रूसी राज्य पूरी तरह से निरंकुश शासकों की एक श्रृंखला के तहत उथल-पुथल से गुजर रहा था। लेकिन उन्होंने भारतीय व्यापारियों का स्वागत किया क्योंकि उनके पास कोई खुदरा व्यापारिक वर्ग नहीं था।

सदियों तक भारत ने कपास के निर्यात के साथ विश्व बाज़ार पर दबदबा बनाए रखा था।17वीं शताब्दी के फारसी और रूसी बाज़ारों के मामले में भी स्थिति कुछ अलग नहीं थी। कपास की नस्लों, चीनी और नील और कुछ अन्य विशेष वस्तुएं भारतीय निर्यात का प्रमुख हिस्सा थीं। प्रमुख आयातित वस्तुएं घोड़े, रेशम और अन्य विलासिता के साधन थे। भारत ने एक सकारात्मक व्यापार संतुलन बनाए रखा जिसमें ईरान और तुरान के लिए सोने और चांदी का निर्यात भी शामिल था।

इस्लाम के आगमन ने सिंधु-आमू और गंगा-यमुना दोआब के बीच पुराने संपर्क को पुनर्जीवित कर दिया। सड़क निर्माण पर ज़ोर दिया गया जिसे शेर शाह ने शुरू किया। मुगलों ने इसे बड़े पैमाने पर आगे बढ़ाया। मुगल साम्राज्य के साथ-साथ उनके सरदारों ने कारवां सराय और बाज़ारों के निर्माण की अगुआई की।

मुगल राज्य की सीमाओं से परे भारतीय वस्तुओं को ले जाने के लिए समुद्री और भूमिगत मार्ग दोनों मौजूद थे जो एक दूसरे के पूरक थे। मुल्तान या शिकारपुर खैबर, गुमल, सांगर और बोलान से दर्रों के ज़रिए ज़मीनी मार्ग थे। सूरत और सिंधु के मुहाने पर लाहौरी बंदर पश्चिम में वस्तुएं भेजने के लिए दो मुख्य बंदरगाह थे।

काबुल और बल्ख भारतीय वाणिज्यिक तंत्र का हिस्सा थे। काबुल मुगल राजनीतिक नियंत्रण के अधीन था। बल्ख से कारवां बुखारा जाते थे, उनका मुख्य गंतव्य पहले उज़्बेक, तुरान और फिर समरकंद था। ईरान में, उनका मुख्य गंतव्य सफवी राजधानी इस्फ़हान था। इस्फ़हान से वे उत्तर की ओर अस्त्राखान जाते थे जैसा कि 17वीं में सुतुर ने लिखा है।

मुस्लिम अफगानी व्यापारी अक्सर लोहानी या लुहारनी जनजाति से आते थे। ईरानी और रूसी अभिलेखों में मुल्तानी या बनिया शब्द का वर्णन भी मिलता है जो मुख्यत: खत्री और मारवाड़ी व जैन भी थे। इनका मूल निवास मुल्तान था, जहां समृद्ध पुरुषों को शाह कहा जाता था जो सुदूर स्थानों में व्यापार के लिए दूतों को नियुक्त करते थे, ठीक उसी तरह जैसे शाह एम्ब्रूम ने होवानेस को अपना दूत नियुक्त किया था।

अकेले इस्फ़हान में, 17वीं सदी के मध्य में 10,000 भारतीय स्थायी रूप से बसे हुए थे। मुल्तान और इस्फ़हान के बीच ईरानी और अफगान कस्बों में कई अन्य लोग थे, जिनका व्यापार तंत्र कंधार से कुंडज़ तक अफगानिस्तान के सभी शहरों और कस्बों में फैला हुआ था।

वहां ऐसे बड़े भारतीय व्यापारी थे जो पैसा उधार देने के काम में लगे थे। लेन-देन के रूप में उनकी भूमिका को व्यावहारिक स्तरों पर सराहा गया लेकिन इस्लामी समाज में कर्ज वर्जित था। उनका व्यापार तो बढ़ा लेकिन शायद उनकी सार्वजनिक छवि को आंशिक रूप से नुकसान भी पहुंचा।

सन् 1727 में एक भारतीय व्यापारी विषनात नरमदास (विश्वनाथ निर्मलदास) की एक व्यावसायिक यात्रा के दौरान तेरेक नदी में मौत हो गई। अपनी मृत्यु से पहले उसने एक अन्य भारतीय अरदयाल से (हरदयाल) से अपनी संपत्ति भारत में अपने पिता और परिवार को सौंपने को कहा लेकिन एक तीसरे भारतीय नारायण चंचामल ने रूसी अधिकारियों के समक्ष याचिका दायर कर अरदयाल के आस्त्राखान छोड़ने पर रोक की मांग की, उसने दावा किया कि मृतक की उसकी ओर देनदारियां थी।

इस याचिका को अंतत: भारतीय समुदाय को अपने प्रथागत कानून के अनुसार व्यवस्थित करने के लिए वापस भेज दिया गया था।

गोस्टिनी द्वार के अंदर रहने वाले, अमीर भारतीय व्यापारियों के साथ उनके सहायक और पुजारी भी थे। उन्होंने पारंपरिक परंपरागत शैली को बनाए रखा जिसमें दैनिक अनुष्ठान, भोजन की आदतें और अनुष्ठान के दूषित होने की अवधारणाएं शामिल थीं। उनकी निष्पक्षता

और कड़ी मेहनत के साथ-साथ उच्च स्तर की निजी स्वच्छता के लिए उनकी प्रशंसा की गई।

सुखानंत दिरिमदास (सुखानंद दिरमदास) परंपरागत मुल्तानी शाह था। वह 17 साल की उम्र में मुल्तान से अस्त्राखान आया था और 1759 में 60 साल की उम्र में मॉस्को में उसकी मौत हुई थी। उसकी संपत्ति में नकद, सामान, उधार पत्र और अन्य मूल्यवान वस्तुएं शामिल थीं। इनका मूल्य 3 लाख रूबल था। अधिकांश भारतीयों ने सभी तरह के सामानों में कारोबार किया और उनमें से कई पैसे उधार देने, बिल डिस्काउंटिंग और अन्य बैंकिंग गतिविधियों में शामिल थे।

आस्त्राखान में रहने वाले भारतीय व्यापारियों का अग्रिम व्यापार नेटवर्क मॉस्को या निज़निनी नोवोगोरोड में खत्म होता था। 1684 में 21 भारतीय व्यापारी मॉस्को में थे, जहां वे आरमीनियाई, बुखारावासी और ईरानियों के साथ एक गोस्टिनी द्वार साझा करते थे। सिर्फ आस्त्राखान में, उनकी संख्या 1725 तक बढ़कर 209 तक पहुंच गई—उनमें से आधे व्यापारी और कर्ज़ देने वाले साहूकार थे, अन्य रिश्तेदार, सहायक और पुजारी थे। उनमें से कुछ, संभवतः मुसलमान भी बुखारा द्वार में भी रहते थे। कुछ ने स्थानीय महिलाओं से शादी की और गोस्टिनी द्वार (गेस्ट हाउस) के बाहर बस गए। रूसी ऑर्थोडॉक्स चर्च में धर्म परिवर्तित करने का यह दुर्लभ उदाहरण है।

लगभग इसी समय, बुखारा में करीब 300 भारतीय व्यापारी थे—मॉस्को से आस्त्राखान और इस्फहान, बल्ख और बुखारा से काबुल और मुल्तान तक सभी कारोबारी रिश्तेदारी और हुंडी नेटवर्क के माध्यम से जुड़े थे।

परिवार के किसी अन्य सदस्य को ही एजेंट नियुक्त किया जाता था। मुल्तान के धनी पुरुषों की यह परिवारिक एजेंसी प्रणाली जोनो या पीसा में उनके यूरोपीय समकालीन लोगों से अलग नहीं थी।

पूर्व-आधुनिक दुनिया में वाणिज्यिक अनुबंध को लागू करने के लिए एक सार्वभौमिक वाणिज्यिक कानून की अनुपस्थिति में रिश्तेदारी का बंधन और सामाजिक प्रतिबंध का डर ही था जो अनुबंधों के क्रियान्वयन को सुनिश्चित कर सकता था।

सुखानंत या सुतुर जैसे भारतीय व्यवसायिक नैतिकता, वित्तीय कौशल में अपने यूरोपीय समकक्षों के बराबर या कभी-कभी उनकी तुलना में बेहतर थे। वह पारिवारिक कंपनियों को बड़े भूगोल में व्यवस्थित करने की क्षमता रखते थे। उनके संगठनात्मक स्वरूप और साथ ही व्यापार के तौर-तरीके कई मायनों में एक सामान्य यूरेशियन व्यापारी के तरीकों के अनुरूप हैं।

यूरोप केंद्रित पूर्वाग्रह और दस्तावेजों की उपलब्धता सूरत को सबसे बड़े बंदरगाह शहर के रूप में दर्शाती है लेकिन शायद मुल्तान सूरत के बराबर बड़ा था। हम सूरत से मोचा या जेद्दा में गए भारतीय समुदाय का विवरण उस तरह नहीं जानते जिस तरह से हम सूरत में डच या अंग्रेजी कारखानों के बारे में जानते हैं। अगर मलक्का आचेह (पूर्वी एशिया) से चुलिया व्यापारियों के बारे में लिखित अभिलेख मौजूद होते तो उनकी कहानी भी सुतुर से कुछ अलग नहीं रही होती और विषनात नरमलदास की संपत्ति की संबंध में विवाद को मलक्का या होर्मुज में भी अलग तरीके से नहीं निबटाया गया होता।

यूरोपीय व्यापारिक इतिहास की अत्यधिक चर्चाओं ने एशियाई व्यापार के इतिहास को ढक दिया लेकिन अब हम इन महत्वपूर्ण संबंधों को खोज रहे हैं।

1723 में, अनबू राम मुलिन ने ज़ार पीटर महान से प्रार्थना की कि उसे सेंट पीटर्सबर्ग और आर्कएंजेल में व्यापार करने की छूट दी जाए। उसने रूस के रास्ते एक ओर जर्मनी और दूसरी ओर चीन में व्यापार करने की छूट भी मांगी। यह एक व्यापारिक समुदाय के आत्मविश्वास को दर्शाता है। इतिहास के तथ्य बतते हैं कि भारतीयों ने आस्त्राखान में अपने निकटतम प्रतिद्वंदी आरमीनियाई लोगों से तीन गुना अधिक निर्यात किया। रूसी व्यापार लॉबी से बढ़ते विरोध के मद्देनज़र, उन्हें यूरोप या चीन से कारोबार की अनुमति देने से इनकार कर दिया गया था लेकिन इससे उसकी तात्कालिक व्यावसायिक संभावनाएं प्रभावित नहीं हुई थीं।

अलबत्ता कुछ समय बाद अनबू राम और उनके सहयोगियों की सुन्दर दुनिया समाप्त होने वाली थी। उनकी संभावनाएं केवल रूस में ही सीमित नहीं की जा रही थीं। अफगान सेना के सामने सफ़ाविद शासन टिक नहीं सका था। इस्फ़हान को गिलज़ाईयों (पश्तून कबीलों) ने लूट लिया। यह शून्य लगभग सात दशकों तक बना रहा। प्रशासन की अनुपस्थिति ने अस्त्राखान में भारतीय व्यापारियों की आपूर्ति श्रृंखला खत्म हो गई।

इस क्षेत्र के भारतीय व्यापारियों को बड़ा झटका केंद्रीय मुगल शक्ति के लगातार घटते प्रभाव से भी लगा। दशकों तक उनका गढ़ पंजाब गंभीर अशांति के दौर में रहा था। मुगलों के प्रांतीय राज्यपाल ज़कारिया खान, उसके बेटों अब्दुस समद खान और उभरती हुई सिख ताकतों के बीच लड़ाइयां जारी थीं। इसके बाद नादिर शाह और अहमद शाह अब्दाली की आक्रमणकारी सेनाओं ने कारोबार के माहौल को रौंद डाला।

ईरान और भारत में राज्यों के प्रभुत्व में गिरावट ने मुल्तान के पुनरुद्धार की संभावना को समाप्त कर दिया। अगले दो दशकों में, आस्त्राखान में भारतीय आबादी आधी हो गई और शताब्दी के अंत तक यह लगभग खत्म हो गयी थी।

1832 में ब्रिटिश राजदूत एलिक्ज़ेंडर बर्न्स (इसे बुखारा बर्न्स भी कहते हैं) काबुल आया था तो उसे अफगानिस्तान में कर्ज़ देने वाले हिंदू साहूकारों का संदर्भ मिला। उसे बताया गया था कि हिंदू व्यापारी अपना व्यावसायिक नेटवर्क आस्त्राखान और मसीद से कलकत्ता तक चलाते हैं। उसे ऊपरी वोल्गा क्षेत्र, आस्त्राखान, बुखारा और निज़नी नोवागोरोड पर हुंडियों की पेशकश की गई थी। यह आखिरी मौका था जब हमने आस्त्राखान और रूस के अंदरूनी हिस्सों में पारंपरिक भारतीय व्यापारी प्रतिष्ठानों के बारे में सुना था।

मध्य एशिया में, रूसी क्रांति होने तक भारतीय शाह प्रमुख कर्ज़दाता बने रहे थे। मुल्तानी नेटवर्क की निशानी के रूप में हाल के कुछ दशकों पहले तक काबुल के बाज़ारों में हिंदू और सिख कर्ज़दाताओं को देखा जा सकता था।

पूंजीवाद के महानायक

दलालों की दुर्गा पूजा

मुग़लों ने पुर्तगालियों को जब सन् 1630 में हरा दिया तब अंग्रेजी ईस्ट इंडिया कंपनी को बंगाल में प्रवेश मिला। जल्दी ही कपंनी हुगली बंदरगाह से निर्यात करने वाली सबसे बड़े निर्यातक के रूप में उभरी। अगले दो दशकों में, उन्होंने अपनी पहली फैक्ट्रियां स्थापित कीं, और मुगलों के साथ सीमा शुल्क का मसला सालाना 3000 रूपये देने पर राजी होकर सुलझा लिया।

सन् 1670 से जैसे-जैसे उनका व्यापार बढ़ता गया, मुगलों की मांग भी बढ़ती गई। हुगली पर कब्जे की नाकाम कोशिश के बाद, ब्रिटिश ने 1690 में कलकत्ता में एक किलेबंद बस्ती बसाने का फैसला किया। इसके लिए उन्होंने गंगा तट पर बसे तीन गांवों—कालीकाता, गोबिन्दोपुर और सुतानुती के ज़मींदारी अधिकार खरीद लिए।

सन् 1717 में, ईस्ट इंडिया कंपनी ने मुगल सम्राट फ़र्रुख़सियर से एक फ़रमान हासिल कर लिया, जिसमें कहा गया था कि कंपनी बिना कोई चुंगी चुकाए ही व्यापार कर सकती है। जल्दी ही, कंपनी के कर्मचारियों ने निजी व्यापार के लिए इस परमिट का दुरुपयोग करना शुरू कर दिया। बंगाल के नवाब, जो अब तक तकरीबन स्वतंत्र हो चुके थे, उन्हें न तो यह सीमा शुल्क मुक्त व्यापार पसंद आया था, न ही अपनी बस्ती की किलेबंदी और बंदूकों के पहरे।

निरंतर मराठा हमलों के मद्देनज़र, ईस्ट इंडिया कंपनी के लिए सुरक्षा महत्वपूर्ण थी। बढ़ते आर्थिक अवसरों ने नए शहर की तरफ महत्वाकांक्षी लोगों को आकर्षित करना शुरू कर दिया। कलकत्ता में, जल्दी ही पुलिस, न्यायिक अदालतें और राजस्व उगाही का ब्रिटिश राज स्थापित हो गया।

ईस्ट इंडिया कंपनी और नवाबों के बीच संघर्ष की स्थिति दशकों तक कायम रही लेकिन खुले तौर पर दुश्मनी नहीं थी। युवा और गुस्सैल सिराज-उद्-दौला के सिंहासन पर

बैठने के बाद से धीरे-धीरे परिस्थितियां बिगड़ती गईं। सिराज सत्ता का केन्द्रीकरण करना चाहता था लेकिन इसके लिए उसके पास ज़रूरी अनुभव या क्षमता की कमी थी। ताकतवर राजनीतिक कुलीनों और व्यापारी वर्ग के गठजोड़ के सामने वह कमजोर था।

वह कंपनी को भी अपने इलाके में शांति भंग करने वाली ताकत के तौर पर देखता था। कंपनी ने कलकत्ता में भगोड़ों को आश्रय दे रखा था या बुनकरों के साथ जबरदस्ती की कोशिश भी की थी। सन 1756 में, सिराज ने कलकत्ता पर हमला बोल दिया और उसने कलकत्ता को ध्वस्त कर दिया। हमले में ज्यादातर अंग्रेज अपनी जान बचाने के लिए भाग निकले।

जल्दी ही मद्रास से एक बड़ी फौज ने कूच कर दिया। रॉबर्ट क्लाइव, इस फौज का सेनापति था और वह कलकत्ता पर फिर से कब्जा करने की काबिलियत भी रखता था। अंग्रेजी नौसेना शक्ति के ऐतिहासिक प्रदर्शन में उसने हुगली बंदरगाह को पूरी तरह जला कर खाक कर दिया। उसने न सिर्फ सिराज को यथास्थिति बनाए रखने पर बल्कि पर्याप्त जुर्माना देने के लिए भी मजबूर कर दिया।

इस बीच, मुर्शिदाबाद दरबार के कुलीनों ने प्रमुख हिन्दू ज़मींदारों और व्यापारियों के साथ मिलकर सिराज के तख्तापलट की साजिश की। इस साजिश का अगुआ था बैंकर जगत सेठ, दरबारी राय दुर्लभ, यार लतीफ ख़ान और हालिया पदच्युत किया गया सेनापति मीर जाफ़र।

आरमीनियाई सौदागर खोजा पेट्रस के ज़रिए इन लोगों ने भाड़े की फौज के लिए अंग्रेज़ों से संपर्क किया। 23 जून 1757 को, प्लासी में (पश्चिम बंगाल का नादिया जिला) संयुक्त सेना ने सिराज की सेना को आसानी से मात दे दी क्योंकि उसके ज्यादातर सैनिक निष्क्रिय हो गए थे। प्लासी की लड़ाई जाहिराना तौर पर तख्तापलट की कार्रवाई थी, लेकिन इसके बाद आगे होने वाली घटनाओं ने इसे भारत के इतिहास में सबसे महत्वपूर्ण लड़ाइयों में से एक साबित किया।

सन् 1757 में बंगाल के अगुआ व्यापारियों में से एक महाजन जगत सेठ और सबसे दौलतमंद व्यापारी अमीरचंद ने अपना बहुत कुछ अंग्रेजों को सौंप दिया। इनमें दोनों के बहुत सारे साझा हित थे, क्योंकि ये भारतीय सौदागर अमूमन कंपनी को धन उपलब्ध कराते और कपड़े तथा अन्य सामानों की भी आपूर्ति किया करते थे।

कारोबारी साझेदारों के एक अन्य उभरते हुए वर्ग ने भी इस जीत की खुशियां मनाई थीं। बिचौलियों या दलालों के इस वर्ग में नबोकिसन (राजा नबकृष्ण देब) और कैंटू बाबू

(कृष्ण कांत नंदी) जैसे लोग थे, ये दोनों क्रमशः क्लाइव और वॉरेन हेस्टिंग्स के बिचौलिए थे। कंपनी के आला अधिकारियों के कमीशन एजेंट होने के नाते, उन लोगों को क्रमशः सोभाबाजार और कासिम बाजार राजबाड़ी में कारोबार के अधिकार हासिल हो गए।

किस्सा है कि प्लासी के बाद बहुत सारा माल-मत्ता इकट्ठा करके रॉबर्ट क्लाइव जब कलकत्ता वापस आया तो ईश्वर को धन्यवाद देना चाहता था, लेकिन कलकत्ता के एकमात्र गिरजा को पिछले साल सिराज ने नेस्तानबूद कर दिया था। तब, नबकिसन ने क्लाइव को अपने घर की दुर्गापूजा में सोभाबाज़ार आमंत्रित किया। क्लाइव समेत तमाम आला अंग्रेजों ने सोभाबाजार की दुर्गापूजा का वाइन की चुस्कियों के साथ आनंद लिया। आज सोभाबाजार की दुर्गापूजा, पारंपरिक पूजा के प्रतीक के रूप में कलकत्ता के सामाजिक-धार्मिक कैलेंडर में एक महत्वपूर्ण आयोजन है।

टीपू से नेपोलियन तक

मीर जाफ़र को जल्दी ही अपदस्थ करके उसकी जगह मीर कासिम को बिठाया गया क्योंकि उसने ज्यादा दौलत पेश करने का प्रस्ताव दिया था। सन् 1757 तक, कंपनी का कोई राजनीतिक ढांचा नहीं था लेकिन प्लासी की घटनाओं ने दर्शा दिया कि कंपनी लूट के खज़ाने के मुहाने पर बैठी थी। अपनी क्षमता से परे जाकर, मीर कासिम ने स्वतंत्रता हासिल करने की कोशिश की। सन् 1764 में बंगाल, बिहार और उड़ीसा के नवाब मीर कासिम ने अवध के नवाब शुजा-उद्-दौला और मुगल बादशाह शाह आलम की संयुक्त सेना तैयार की लेकिन यह हेक्टर मुनरो के नेतृत्व वाली अंग्रेजी सेना के सामने टिक नहीं सकी और बक्सर की लड़ाई कंपनी राज के लिए निर्णायक साबित हुई।

अगले साल, इलाहाबाद के किले में, मुगल बादशाह को मजबूर किया गया कि वह अपने सबसे अमीर प्रांत के राजस्व अधिकार ईस्ट इंडिया कंपनी को सौप दें। इस संधि के तहत पूरा पूर्वी भारत (बंगाल, बिहार और उड़ीसा) ईस्ट इंडिया कंपनी के प्रभावी नियंत्रण में आ गया। इस संधि ने पूरे उत्तरी भारत का मैदान इलाका कंपनी के लिए खोल दिया।

अवध का हारा हुआ नवाब सालाना एक बड़ी रकम चुकाने पर राजी हो गया। राजधानी लखनऊ में एक ब्रिटिश रेजिडेंट को पदस्थापित कर दिया गया। ईस्ट इंडिया कंपनी ने अवध में सीमा शुल्क मुक्त कारोबार की छूट भी हासिल कर ली। वारेन हेस्टिंग्स (1772-1785) के गवर्नर रहने के दौरान अवध के शाही खानदान से और अधिक रकम ऐंठने और विशेषाधिकार हासिल करने की बार-बार कोशिशें होती रहीं। सन 1790 तक,

पूर्वी अवध का आर्थिक और बैंकिंग केन्द्र बनारस, ब्रिटिशों के प्रभावी नियंत्रण में आ चुका था।

फ्रांसीसी भारत में आने वाले आखिरी यूरीपीय थे। जोसेफ फ्रांकुआ डुप्ले उनका नेतृत्व कर रहा था। डुप्ले एक प्रतिभावान और क्षमतावान प्रशासक था लेकिन वह भारत से नफरत करता था। डुप्ले की देखरेख में हुगली के नजदीक चंदननगर एक प्रमुख व्यापारिक केन्द्र के रूप में विकसित हुआ था। डुप्ले सन् 1742 में पॉन्डिचेरी का गवर्नर जनरल नियुक्त किया गया। अगले करीब एक दशक तक, इस महत्वाकांक्षी फ्रांसीसी नेता ने दक्कन की स्थानीय राजनीति में दखल देने की रणनीतियों की नींव रखी। उसकी इस रणनीति को बिलकुल सटीक बनाया उसके प्रमुख प्रतिद्वंद्वी रॉबर्ट क्लाइव ने।

दक्षिण भारत में सन् 1740 से 1760 के बीच अंग्रेजों व फ्रेंच के बीच तीन युद्ध हुए। अंततः अंग्रेज फ्रांसीसी चुनौती से पार पाने में सक्षम हो गए। फ्रांसीसी लोगों को पॉन्डिचेरी, चंदननगर और कुछ छोटी जगहों पर व्यापारिक ठिकाने बनाए रखने की अनुमति मिल गई। इस विजय ने अंग्रेजों को मद्रास में ताकतवर होने का मौका दिया और इसके बाद उन्होंने मद्रास से उत्तर के तटीय इलाकों पर भी कब्जा कर लिया, जिसे उत्तरी सरकार कहा जाता था। इसकी वजह से हैदराबाद के निज़ामों को अंग्रेजों पर निर्भर रहना पड़ा।

यही वक्त था जब हैदर अली और उसके बेटे टीपू सुल्तान के तहत मैसूर एक मजबूत केन्द्रीकृत और फौजी राज्य के रूप में उभरा, लेकिन मालाबार पर टीपू के कब्जे और अंग्रेजों के साथ किसी भी किस्म के व्यापार पर उसके प्रतिबंध ने ब्रिटिशों को चौकन्ना कर दिया। टीपू ने अंग्रेज व्यापारियों को काली मिर्च, इलायची और चंदन की लकड़ी के कारोबार से रोक दिया था।

लंदन में बैठे अधिकारी अब और क्षेत्रीय विस्तार के खिलाफ थे लेकिन अंग्रेज कारोबारियों के वाणिज्यिक हितों को, दक्षिण भारत के नौजवान ब्रिटिश अफसर और कलकत्ता के साम्राज्यवादी गवर्नर जनरल लॉर्ड वेलेस्ली की महत्वाकांक्षाओं का साथ मिल गया था।

सन् 1767 और सन् 1799 के बीच चार दौर की लड़ाइयों के बाद, मैसूर के स्वतंत्र राज्य का अस्तित्व मिट गया। ब्रिटिश फौज की अगुआई करने वाला सेनापति, आर्थर वेलेस्ली तत्कालीन गवर्नर जनरल का छोटा भाई था। वह वेलिंगटन का भावी ड्यूक था, उसे वॉटरलू में नेपोलियन को हराने का श्रेय भी मिलने वाला था।

इस जीत के बाद कंपनी ने वाणिज्यिक और रणनीतिक रूप से महत्वपूर्ण क्षेत्रों पर कब्जा कर लिया। शेष कर्नाटक को पुराने वॉड्यार वंश के तहत ही रहने दिया गया लेकिन यह क्षेत्र एक सहायक संधि के तहत ब्रिटिश संरक्षण में आ गया था।

कपास की रेल

उत्तर भारत में, अवध लगातार अपने कुछ क्षेत्र अंग्रेजों को सौंपता रहा। भारत में उत्पादित होने वाले कुल नील का पांच में से तीन हिस्सा अवध में पैदा होता था। कपास और नील के लिए कलकत्ता में बैठे ब्रिटिश निर्यातक अवध पर ज्यादा निर्भर होते जा रहे थे। इसकी वजह से, अवध को अपने राज्य का एक बड़ा महत्वपूर्ण हिस्सा अर्थात् दोआब और रोहेलखंड सन् 1801 में अंग्रेजों को देना पड़ा।

आंग्ल-मराठा युद्ध के दौरान, कंपनी ने सिंधिया को ग्वालियर के उत्तर के इलाकों पर से नियंत्रण छोड़ने के लिए मजबूर कर दिया। ब्रिटिश गवर्नर लॉर्ड लेक सन् 1803 में दिल्ली में घुस गया, जो अभी भी मुग़ल साम्राज्य की राजधानी थी। मुग़ल सम्राट् शाह आलम द्वितीय जो उस समय एक तरह से मराठाओं का पेंशनर था, अब ब्रिटिश पेंशनर बन गया। अगले पांच दशक तक (सन 1803-1857), दिल्ली शहर अपनी सियासी ताकत से वंचित रहा, लेकिन यहां एक सांस्कृतिक उत्थान चलता रहा। यह मिर्ज़ा ग़ालिब की शायरी और चित्रकला की असाधारण शैली, (मुगल कला और यूरोपीय तकनीक का मिश्रण था) का दौर था।

पंजाब और अवध का वास्तविक अधिग्रहण (राज्य-हरण) 1850 में होने वाला था। इन घटनाओं ने 1857 में इकट्ठा होकर बगावत का आकार ले लिया।

इस बीच ईस्ट इंडिया कंपनी को चीन को कपास और अफीम से निर्यात में खासा फायदा होने लगा था। इस वजह से कंपनी से मराठों को सीधा टकराव करना पड़ा। मुगल शक्ति के पराभव के बाद मराठे उनके उत्तराधिकारी के तौर पर देखे जाने लगे थे। हालांकि सन् 1761 में अहमद शाह अब्दाली ने उन्हें कमजोर कर दिया था। फिर भी नागपुर के भोंसले, बड़ौदा के गायकवाड़, ग्वालियर के सिंधिया, इंदौर के होलकर और पुणे के आखिरी दौर में चल रहे पेशवा, (चतुर मंत्री नाना फड़नवीस के नेतृत्व में) अभी भी बड़ी चुनौती पेश कर रहे थे।

तीन युद्धों के बाद 1819 में मराठा संघ आखिरकार पराजित हो गया। पेशवाई का भी खात्मा हो गया। चार प्रमुख मराठा सरदारों ने ब्रिटिश अधिराज्य को स्वीकार करके अपने

इलाके बचा लिए। इसके साथ ही, 70 साल से भी कम वक्त में, अंग्रेजी ईस्ट इंडिया कंपनी ने पूरे उप-महाद्वीप पर नियंत्रण स्थापित कर लिया।

लड़ाइयों के कालक्रम और उनके ब्योरे महत्वहीन हैं, मूल प्रश्न है कि इसके पीछे कौन सी प्रेरणा थी। अमूमन कंपनी के डायरेक्टर खर्चीले युद्धों के खिलाफ थे, फिर भी, उन्होंने इस तरह के प्रयासों की सराहना की या उन्हें मंजूर कर लिया। एक बार जब बंगाल उनके कब्जे में आ गया, तो खुद कंपनी ने इलाकों पर आधिपत्य के महत्व को समझ लिया।

यहां से होने वाले हर विस्तार में युद्ध अपरिहार्य था जिसके लिए वाणिज्यिक हितों के तर्क तैयार रहते थे। 18वीं और 19वीं सदी में तकनीक का विकास और अभूतपूर्व हिंसा, यूरोपीय उपनिवेशवादी विस्तार के इंजन थे। निजी अंग्रेज व्यापारियों के वाणिज्यिक हितों ने ही इसे तत्काल गति प्रदान की थी।

पारंपरिक तौर पर बरार (हैदराबाद) का कपास सड़क मार्ग से मिर्जापुर ले जाया जाता था और वहां से यह गंगा नदी के जरिए बंगाल तक जाता था। सन् 1825 के आसपास, जब एक कपास का बड़ा निर्यात बाजार विकसित हो गया, तो एक पारसी उद्यमी, पेस्टनजी एंड कंपनी ने सड़क बनवा दी और पहली बार बरार से कपास सीधे बंबई तक बैलगाड़ियों पर लादकर ले जाया गया।

इस महत्वपूर्ण व्यापार की धीमी वृद्धि से असंतुष्ट होकर, ब्रिटिशों ने निजाम पर दवाब (1853) डाला कि वह बरार उन्हें सौंप दें। भारत कपास के महत्वपूर्ण आपूर्तिकर्ताओं के रूप में उभरा था। अमेरिकी गृह युद्ध (सन 1861-65) के दौरान ब्रिटिश के वैश्विक हितों में बरार की अहमियत कई गुना बढ़ गई थी। नतीजतन, 1870 तक बरार की मुख्य मंडी खमगांर (जिसकी आबादी आज भी 10000 से कम है) को बंबई से जोड़ने वाली एक रेलवे लाईन बिछा दी गई। इस रेलवे लाईन (जिसका खर्च बरार के राजस्व से चुकाया गया था) का उद्घाटन खुद वॉयसरॉय ने किया था। यह औपनिवेशिक राज्य और ब्रिटिशों के निजी व्यापारिक हितों के बीच सहयोग का सटीक उदाहरण है।

बाबर और डि गामा

कालीकट में वास्को डि गामा के लंगर डालने के 28 साल बाद, उप-महाद्वीप के दूसरे हिस्से में बाबर ने सन् 1526 में मुगल साम्राज्य की नींव रखी थी। पुर्तगालियों ने एक अंतर-महाद्वीपीय समुद्री साम्राज्य स्थापित करने की कोशिश की। लेकिन वह डचों से हार गए और अंततः ब्रिटिश, डच और फ्रांसीसियों पर विजय पाने में कामयाब रहे।

वाणिज्यिक उद्यमों से नफा कमाना यूरोपीय साम्राज्य निर्माण की कोशिशों का मकसद था। बाबर के उत्तराधिकारियों ने जिस साम्राज्य को आगे बढ़ाया, वह पुराने तरीके का एशियाई इलाकाई साम्राज्य था, जो भू-राजस्व पर निर्भर करता था। मुगल साम्राज्य न तो नौसैनिक शक्ति में भरोसा करता था और न ही वाणिज्यिक विस्तार में।

ग्रेट ब्रिटेन का नौसैनिक शक्ति के रूप में उभार भारत में मुगल विरासत के उत्तराधिकारियों को कुचलने के मकसद से हुआ था। संयोग है कि बाबर और डि गामा दोनों की मृत्यु भारत में हुई, उस देश में जिसे दोनों ही बराबर तौर पर नापसंद करते थे, हालांकि इतिहास दोनों को ही भारत के कारण ही याद करता है।

सूरत की हार-जीत

सूरत के एक थोक व्यापारी और साहूकार वीरजी वोहरा (1590 से लगभग 1670) संभवतया अपनी पीढ़ी के सबसे दौलतमंद व्यापारी थे। वह बहुत किस्म के माल बेचा करते थे और प्रायः यूरोपीय जहाजों पर आए सामान की पूरी खेप (जिसकी कीमत 5-10 लाख तक होती) या बाजार में उपलब्ध सारा माल खरीद लिया करते।

पूरे भारत, फारस की खाड़ी के बंदरगाहों और दक्षिण पूर्व एशिया में फैले अपने अनगिनत कारिन्दों की मदद से उनके हाथ में मूल्य निर्धारण की जबरदस्त शक्ति थी। सूद पर धन देने के कारोबार पर भी उनकी पर्याप्त पकड़ थी, और इस तरह वह हर तरह के व्यापारियों के लिए कर्ज की आखिरी उम्मीद थे, जिनमें यूरोपीय कंपनियां भी शामिल थीं।

वीरजी वोहरा सूरत के नागरिक थे। वाणिज्यिक जीवन में वह एक महत्वपूर्ण शख्स थे। सूरत का कोई व्यापारी उनके आदेशों की अवहेलना नहीं कर सकता था। लेकिन मुगल प्रशासन की तुलना में उनकी सौदेबाजी की शक्ति अपेक्षाकृत कमजोर थी। मुगल उनके कर्ज के नेटवर्क पर निर्भर नहीं थे।

सन् 1644 में, शिवाजी ने सूरत पर हमला किया और मराठा फौज ने वीर जी के घर और गोदाम को नेस्तनाबूद कर दिया। मराठे छह पीपे रूपये, सोना, रत्न और आभूषण लेकर ही वहां से गए। फिर भी, इसके ठीक बाद उनकी दौलत तकरीबन 80 लाख आंकी गई। लेकिन ठीक छह साल बाद हुए एक और मराठा छापे में शायद उनका कुछ नहीं बचा। इसके बाद से उनका या उनके उत्तराधिकारियों का कोई उल्लेख नहीं मिलता।

कॉम्बे (खंभात) के पराभव के बाद सूरत पश्चिमी भारत के सबसे महत्वपूर्ण बंदरगाह के रूप में उभरा। सूरत हज यात्रा का बंदरगाह था। यह मुगलों के लिए भी पसंदीदा था,

जहां वह पर्याप्त मात्रा में अपने बेड़े रखते थे। हज यात्री और व्यापारी दोनों की खेपें मुगल जहाजों के ज़रिए आती-जाती थीं। शाहजहां के वक्त तक, यह बेड़ा ही सूरत का मुख्य आधार था। इनमें मुख्य रूप से भारतीय कपड़ा, नील और कुछ विदेशी सामान ले जाया जाता था और वापसी में यह सोना, कॉफी, अरबी घोड़े और विलासिता के सामान लेकर आते थे।

औरंगज़ेब व्यापार में खास दिलचस्पी नहीं लेता था इसलिए जल्दी ही निजी व्यापारियों ने इन जहाज़ों को खरीदना शुरू कर दिया। सन 1701 में, सूरत में 112 जहाज़ थे और उनमें से 17 जहाज सुन्नी बोहरा मुसलमान सौदागर मुल्ला अब्दुल गफूर के पास थे जो सबसे दौलतमंद कारोबारी थे। अपने दस जहाजों के साथ मुल्ला अब्दुल गफूर का सबसे करीबी प्रतिद्वंदी था तुर्की चेल्लाबी परिवार का सालेह और उनका बेटा अहमद। अहमद के पास 10 जहाज थे। सिंधी व्यापारी अब्दुल रहीम सुलेमानजी और तूरानी शेख फज़्ल के पास भी कम से कम पांच-पांच जहाज थे। इस तरह समुद्री व्यापार पर तकरीबन पूरी तरह मुस्लिम सौदागरों का कब्जा था, दूसरी तरफ हिन्दू व्यापारी सूरत के बैंकिंग और घरेलू व्यापार पर हावी थे।

जहाजों का यह बेड़ा पूरी तरह भारतीय था। 17वीं सदी में, किसी और एशियाई बंदरगाह में इतना बड़ा स्वदेशी बेड़ा नहीं था। इसके जहाज अमूमन सूरत से मोचा कुछ होरमुज और फारस की खाड़ी के दूसरे पत्तनों तक भी जाते थे। कुछ जहाज़ पूर्व की तरफ मलक्का और इंडोनेशियाई टापुओं की तरफ भी सफर करते थे।

सन् 1718 में, अब्दुल गफूर की मौत के बाद उसकी जायदाद की कीमत 85 लाख रूपये से अधिक कीमत की थी। यूरोपीय स्रोतों से पता चलता है कि उसके उत्तराधिकारी की अगुआई में गफूर परिवार की किस्मत का सितारा और बुलन्द हुआ।

सन् 1730 में मुगल साम्राज्य का इक़बाल छीज गया, जबकि मराठा सूरत पर लगातार दवाब बनाए हुए थे। वे व्यापारियों से जबरिया वसूली करते थे। यह संकट इतना गहरा गया कि चिर प्रतिद्वंद्वियों, गफूर खानदान और चेल्लबी परिवार ने हाथ मिला लिए, एक सेना भी खड़ी की।

गवर्नर की सेना के साथ एक घमासान लड़ाई के बाद, व्यापारियों ने शहर पर नियंत्रण हासिल कर लिया। लेकिन जो अगला सूबेदार उन्होंने चुना (मुग़ल कुलीन शख्स) वह भी कुछ बेहतर नहीं निकला। उसने गफूर के उत्तराधिकारियों को जेल में ठूंस दिया, जहां से वह जिन्दा वापस नहीं लौट पाए। किराए के हत्यारों ने अहमद चेल्लाबी का क़त्ल कर

दिया जबकि संघर्ष के पहले ही, बाग़ी व्यापारियों के मुख्य सलाहकार नगरसेठ लाल दास विट्ठल दास पारख की बीमारी से मौत हो गई थी।

सन् 1750 में रिटायर हो रहे एक डच आढ़तिए ने सूरत के व्यापारियों की एक फेहरिस्त तैयार की थी। उसमें हम एक भी ऐसा नाम नहीं पाते जिसकी संपत्ति तीन लाख रुपये से अधिक की हो।

सूरत में अब 20 बड़े जहाज़ थे। हिन्दुस्तान का बेड़ा विलुप्त हो चुका था। बाहरी मुश्किलों और आंतरिक चुनौतियों के कारण सूरत से स्वदेशी समुद्री व्यापार का खात्मा हो चुका था।

व्यापारियों के नाकाम विद्रोह के ठीक बाद, नए सूबेदार तेग बेग खान ने आजादी का ऐलान कर दिया लेकिन अगले दो दशकों तक इस बंदरगाह शहर में व्यापार खड़ा नहीं हो सका। इस बीच, ब्रिटिश लोग एक ताकत के रूप में उभरे और सूरत के अग्रणी व्यापारी कई बार उधार लेने के लिए उन पर निर्भर रहने लगे। सन् 1758 में, शहर जब एक बार फिर से उत्तराधिकार के एक और संकट में फंसा, तो व्यापारियों ने अपने नेता जगन्नाथ लालदास पारख (वह कंपनी का मुख्य बिचौलिया था) के ज़रिए ब्रिटिशों के प्रति अपनी औपचारिक निष्ठा जाहिर की थी। कंपनी बड़ी सहूलियत के साथ आगे बढ़ी, उसने सूरत के किले पर कब्जा कर लिया, खुद को क़िलेदार घोषित करके अपने प्रतिनिधि को नया सूबेदार घोषित कर दिया।

इस तरह खामोशी के साथ कंपनी ने खाड़ी में जहाजरानी पर अपना एकाधिकार घोषित कर दिया। ईस्ट इंडिया कंपनी अब स्थानीय प्रशासन, मराठा लुटेरों और देश के प्रमुख पत्तन पर व्यापारी समुदाय के बीच मध्यस्थ की भूमिका में आ गई थी, जिसमें उसे व्यापारियों का सक्रिय सहयोग हासिल था।

कंपनी की इस स्थिति को मुगल अधिकारियों के एक फरमान ने पुख्ता किया। यह फरमान मशहूर ब्राह्मण बैंकिंग हाउस त्रिवेदी अर्जुनजी नाथजी ने को मिला था। त्रिवेदी नाथ जी को कंपनी का आधिकारिक बैंकर नियुक्त किया गया।

अहमदाबाद को मराठा हमलों से बचाने के लिए व्यापारी कुशलचंद की कोशिशों की चर्चा पहले हो चुकी है लेकिन आखिरकार, अहमदाबाद मराठों के आगे हार गया और करीब छह दशकों (1758-1817) तक अहमदाबाद पर पेशवाओं ने शासन किया और इसमें बड़ौदा के गायकवाड़ों की साझेदारी भी रही।

अहमदाबाद के इतिहास में, यह दौर कारोबार के लिहाज से बदतर था। शहर के भीतर जीवन और संपत्ति की सुरक्षा की कोई गारंटी नहीं थी। हालांकि, सूरत के उलट, अहमदाबाद ने ब्रिटिशों को न्योता देने में कोई सक्रिय भूमिका नहीं निभाई। ब्रिटिशों ने मराठों पर फ़ैसलाकुन जीत के बाद शहर के खंडहरों पर कब्जा किया, तो अहमदाबाद के कारोबारियों ने चैन की सांस ली।

आज हम जानते हैं कि सूरत का पराभव बम्बई की वजह से नहीं हुआ, बल्कि बम्बई समृद्ध ही हुआ था सूरत के पराभव की वजह से। इसका सटीक कालक्रम स्पष्ट नहीं है। लगातार हो रहे युद्धों ने कोरोमंडल तट पर अवस्थित मछलीपट्टनम के भाग्य पर भी असर डाला। मुगलों के गोलकुंडा पर अधिकार के बाद मछलीपट्टनम की किस्मत बिगड़ने लगी थी।

बंगाल के प्रमुख बंदरगाह हुगली को पुर्तगालियों ने बनाया था। बाद में इस पर मुगलों ने कब्जा कर लिया था। मछलीपट्टनम का समुद्री कारोबार पहले मद्रास और फिर हुगली (कलकत्ता) जैसे नए बंदरगाह शहरों की ओर मुड़ गया। यहां यह बात महत्वपूर्ण है कि गुजरात और बंगाल दोनों मुगल साम्राज्य के दो सबसे समृद्ध और व्यापारिक राज्य थे लेकिन पश्चिमी व्यापारिक नेटवर्क से उनका आखिरी संपर्क सिर्फ अंग्रेजी ईस्ट इंडिया कंपनी के जरिये ही हो पाया।

मार्तण्ड की ट्रेड ब्यूरोक्रेसी

कालीकट उत्तरी मालाबार का प्रमुख पत्तन था। यहूदी सौदागर, इजेकिल कहाबी (सन् 1723-1771) और उसके निकट प्रतिद्वंद्वी कोकणी ब्राह्मण प्रभु परिवार इस पत्तन के बडे कारोबारी थे। कालीकट की किस्मत का कांटा काली मिर्च के भाव चढ़ने-उतरने से ऊपर-नीचे होता था।

सन् 1730 के आसपास काली मिर्च का व्यापार बड़े पैमाने पर पुनर्जीवित हुआ था और इस तरह कालीकट का कुछ पुराना वैभव लौट आया था जो 17वीं सदी में लुप्त हो गया था। यह व्यापार 1770 के दशक में टीपू सुल्तान के हमलों और एकाधिकार कायम करने की नाकाम कोशिशों से बुरी तरह प्रभावित हुआ था। 19वीं सदी के शुरुआती वर्षों से मसालों का व्यापार सिमटने लगा। यह कालीकट और शेष मालाबार में समुद्री व्यापार के पूर्णतया अस्त होने का संकेत था।

उधर, दक्षिणी मालाबार 18वीं सदी में राज्य नियंत्रित व्यापार का एक दिलचस्प दौर देख रहा था। मार्तण्ड वर्मा (सन् 1729-1758) और राम वर्मा (सन 1758-1798) के

महत्वाकांक्षी नेतृत्व में त्रावणकोर में एक नया राज्य अस्तित्व में आय़ा। जमींदारों और छोटे रजवाड़ों को उखाड़कर मार्तण्ड वर्मा ने एक राज्य की स्थापना की थी, जिसमें स्थायी सेना थी और जहां भू-राजस्व नहीं था।

राजस्व के लिए स्त्रोतों की तलाश करते हुए, मार्तण्ड वर्मा संभवतया पुर्तगालियों से प्रेरित हुए और उन्होंने काली मिर्च के व्यापार में राज्य के एकाधिकार को लागू कर दिया।

उसने इस व्यापार पर नियंत्रण के लिए सरकारी वाणिज्य विभाग की स्थापना की, जिसने स्वतंत्र व्यापारियों को वेतनभोगी सरकारी कर्मचारियों में तब्दील कर दिया लेकिन इससे सरकारी खज़ाने को भरने में काफी मदद मिली। यही वह मॉडल था जिसे टीपू सुल्तान अपनाना चाहता था लेकिन असरदार नौकरशाही के अभाव में वह इसे लागू कर पाने में नाकाम रहा।

उपनिवेशवाद से पूंजीवाद

मुगल समूचे उप-महाद्वीप को एक राजनीतिक इकाई के रूप में बांध पाने में कामयाब रहे थे। उन्होंने इस पूरे क्षेत्र में शांति और स्थायित्व को डेढ़ सौ वर्षों तक सुनिश्चित किया। उनका जोर राजस्व की उगाही करने पर था, इसने अर्थव्यवस्था के पर्याप्त मुद्रीकरण में मदद की। 17वीं सदी के उत्तरार्ध से मुगल साम्राज्य के दोनो छोर पर यानी गुजरात और बंगाल -में वाणिज्यिक गतिविधियों में बहुत विस्तार हुआ। इससे कुछ व्यापारी परिवारों के पास अकूत दौलत जमा हो गई। मालाबार तट पर भी कुछ ऐसी ही कामयाब कहानियां देखने को मिलीं।

लंबे समय तक इतिहासकार और अर्थशास्त्री यह जवाब ढूंढने की कोशिश करते रहे हैं कि क्या औपनिवेशिक हस्तक्षेप के बिना क्या भारतीय अर्थव्यवस्था के लिए पूंजीवादी व्यवस्था में ढलना मुमकिन हो पाता?

पूंजीवाद का अर्थ है उत्पादन की प्रक्रिया पर पूंजी का नियंत्रण, तकनीकी उन्नति और वेतनभोगी मजदूरी पर आधारित श्रम। व्यापारिक पूंजी और उद्यमिता से पहले भारत में कारीगरी आधारित उत्पादन का प्रचलन था। कारीगरों के पास अपने उपकरण होते थे, वे कच्चे माल में निवेश करते थे और अपने तैयार माल को बेहतर मूल्य देने वाले व्यापारियों को बेचते थे। इसमें कर्ज की एक व्यवस्था मदद करती थी कारीगर ने कभी कभार व्यापारी से कच्चा माल और नकद उधार लिया होता था। उसे व्यापारी को अपना तैयार माल पहले से तय मूल्य पर ही बेचना होता था।

17वीं सदी के अंतिम काल और 18वीं सदी की शुरूआत में, गुजरात में इस तरह की व्यवस्था लागू नहीं हुई थी, क्योंकि बहुत सारे उत्पादकों के होते हुए भी, सबके पास अच्छे खरीदारों के कई विकल्प उपलब्ध थे। महज कुछ मामलों में ही, यूरोपीय कंपनियों के व्यापारिक बिचौलियों ने अग्रिम नकद या कच्चा माल (ज्यादातर रेशम- सूत तो न के बराबर) उधार दिया था। यह व्यवस्था दादनी कही जाती थी।

वेतनभोगी मजदूरों का एकमात्र उदाहरण बंगाल और सूरत में मिलता है जहां मानकीकरण के लिए कपड़ों की जांच की जाती थी। ऐसे में, यह कहना मुश्किल नहीं है कि निचले स्तर का मांग-आपूर्ति संतुलन आसानी से चल रहा था और यूरोपीय कंपनियों की मांग की वजह से उत्पादन प्रक्रिया में कोई क्रांति नहीं हो रही थी। अर्थात् 18वीं सदी के उत्तरार्ध में इंग्लैंड में औद्योगिक क्रांति शुरू होने से पहले, भारत और यूरोप में उत्पादन का अर्थशास्त्र अलग नहीं था।

यूरोप में वैज्ञानिक और तकनीकी ज्ञान और खोज के साथ भारत, चीन और बाकी की पुरानी दुनिया पीछे छूटने लगी। एक अन्य महत्वपूर्ण कारक था: कानून का शासन जो भारत में मौजूद नहीं था। क्लाइव या डुप्ले हमला नहीं भी करते लेकिन फिर भी किसी वीरजी वोहरा या मुल्ला अब्दुल गफूर में यह संभावना दूर-दूर तक नहीं थी कि वह भारत में पूंजावादी उद्यमिता या औद्योगिक क्रांति का संचालन कर पाता।

कंटू बाबू की मुहर

1978 में एक बंगाली भद्रपुरुष डॉ. एस.सी. नंदी ने नवें बेरोनेट (उप-सामंत) फ्रांसिस साइकस को एक पत्र लिखा। नंदी ने कुछ महीनों बाद उनसे जाकर मुलाकात भी की। इस तरह 210 साल के अंतराल के बाद दोनों परिवारों के बीच की दोस्ती पुनर्जीवित हो गई। जब दोनों परिवारों में थोड़ी निकटता बढ़ी, तो डॉ. नंदी ने साइकस परिवार को एक छोटी लेकिन अनमोल चीज़ वापस करने का फैसला किया।

पहले बेरोनेट, जिनका नाम भी फ्रांसिस साइकस था, बंगाल में रॉबर्ट क्लाइव और वॉरेन हेस्टिंग्स के निकट सहयोगी थे। कासिमबाज़ार के गवर्नर के तौर पर, उन्हें क्ला इव के बाद प्लासी की लूट का सबसे बड़ा हिस्सा मिला था। एक अनुमान के मुताबिक, महज दो वर्षों में साइकस ने 1,20,000 पाउंड कमा लिए थे। उस दौरान एक कुलीन ज़मींदार करीब 800 पाउंड सालाना कमाने की उम्मीद करता था। इस अकूत दौलत के साथ, साइकस ने ब्रिटेन लौटने का फैसला किया था, जहां उसने तीन जागीरें खरीद लीं, संसद का सदस्य

बना और सर की उपाधि (बैरोनेट का पद) भी हासिल कर ली। साइकस के वारिसों ने एक शानदार वंश चलाया।

साइकस के निजी व्यापार का महत्वपूर्ण कर्ताधर्ता कंटू बाबू था, जो हेस्टिंग्स का भी कारिन्दा था। भारत छोड़ते समय अपने अधूरे कारोबार को समेटने के लिए साइकस ने फारसी भाषा और नस्तलिक लिपि में लिखी खूबसूरत घुमावदार मुहर कंटू बाबू के पास छोड़ दी थी। कंटू बाबू के परिवार ने एक बहुत बड़ी जागीर खड़ी की जिसे कासिमबाज़ार राजबाड़ी कहा जाता है। दो सदियों मे तमाम उतार-चढ़ावों के बावजूद इन लोगों ने अपना प्रभाव बनाए रखा। यही वो मुहर थी जिसे डॉ. नंदी ने (जो खुद एक इतिहासकार हैं) नवें बैरोनेट और उनके बेटे को वापस करने का फैसला किया था।

फ्रांसिस साइकस जैसे लोग अपेक्षया ब्रिटेन की साधारण पृष्ठभूमि से आए थे। इन लोगों ने भारत में अपनी किस्मत चमकाई। वे वतन वापस लौटने पर नव-अभिजात्यों के रूप में उभरे और जल्दी ही नबोब के नाम से मशहूर हो गए।

नबोब शब्द (यहां तक कि पुर्तगाली नबाबो) वह उर्दू के नवाब का बिगड़ा हुआ रूप है। यह शब्द मुग़ल प्रशासन में प्रांतीय सूबेदारों के लिए इस्तेमाल किया जाता था। पुराने ब्रिटिश अभिजात्यों में डर था कि ये नए अमीर ब्रिटेन के बीमार कस्बे (आर्थिक रुप से पिछड़े) खरीद लेंगे और संसद में आकर सरकारी नीतियों को प्रभावित करने लगेंगे। 1761 के चुनाव में ऑरफोर्ड के अर्ल और राजनेता होरास वालपोल ने कहा था कि ब्रिटिश संसद वेस्ट इंडियन, विजेताओं, नबोबों और एडमिरलों से भर जाने वाली है, और जो हर कस्बे पर हमला करेंगे।

हालिया शोध साफतौर पर दिखाते हैं कि 1761 में ब्रिटिश संसद में ऐसे सिर्फ दो सदस्य ही थे। 1784 तक यह संख्या बढ़कर 29 हो गई थी, फिर भी यह सदस्य किसी महत्वपूर्ण मुद्दे पर संसद की दिशा बदलने के लिए नाकाफी थे। फिर भी साइकस और उनके समकक्षों का समूह वैश्विक रूप से जोखिम उठाने वाले सफल कारोबारियों की नई पीढ़ी थी जो अपनी असाधारण दौलत के साथ नए अनुभव भी लेकर आई थी। उसने विदेशी भोजन, लिबास, अश्वेत नौकर, नए ज्ञान और भाषा के साथ ब्रिटिश समाज को खुद को देखने के नजरिए को नाटकीय तरीके से बदलने की शुरुआत कर दी थी। ऐसे लोग अपने वतन में एक वैश्विक ब्रिटिशवाद लेकर आए थे इसलिए उन्हें दुश्मनी का सामना करना पड़ रहा था।

यह शत्रुता इकट्ठी होती रही और इसकी परिणति वॉरेन हेस्टिंग्स पर लगे प्रसिद्ध महाभियोग के रूप में सामने आई, जो भारत का पहला गवर्नर जनरल था और रॉबर्ट क्लाइव की मृत्यु के बाद बड़ा 'नबोब' था। सात साल के लंबे (1788-1795) मुकदमे के दौरान यह लंदन का बहुचर्चित मामला बन गया जहां एडमंड बर्क और रिचर्ड शेरिडन जैसे मशहूर सांसदों ने हेस्टिंग्स पर अनियमितताओं के गंभीर आरोप लगाए। बर्क और शेरिडन के भाषण सर फिलिप फ्रांसिस ने तैयार किये थे जो कलकत्ता में हेस्टिंग्स के साथ एक प्रतिस्पर्धा में हार गया था।

मुकदमे के दौरान, तथाकथित नबोबों और स्थापित अभिजात्यों के संघर्ष ने न सिर्फ ब्रिटेन के लोगों को उत्साहित किया बल्कि ब्रिटिश व्यवस्था को मजबूर भी किया कि वह वैश्विक भूमिका की अपनी नई वास्तविकताओं को स्वीकार करें।

हेस्टिंग्स को अंततः बरी कर दिया गया था लेकिन उसकी दौलत में भारी कमी आ गई थी। हेस्टिंग्स, का जन्म बेहद गरीब परिवार में हुआ था। अपने परिवार के लिए वह अच्छी संपत्ति लाया था। हेस्टिंग्स ने कलकत्ता में एक बहुत बड़ा महल (आज की नेशनल लाइब्रेरी) बनवाया था। और डेलेसफोर्ड का पुनर्निर्माण किया। इसके लिए उसने तत्कालीन सर्वश्रेष्ठ वास्तुविद् और लैंडस्केप डिजाइनर बुलाए थे।

यहां उसने और उसकी पत्नी ने भारतीय कलाकृतियों और एक मंडप का प्रदर्शन किया, जिसमें एक याक भी था, जो तिब्बत या भूटान से आया था। पश्चिमी दुनिया में यह पशु पहली दफा देखा गया था। उसकी पत्नी मरियन एक जर्मन तलाकशुदा महिला थी। वह उस वक्त की प्रमुख 'नबोबीना' थी, जब वह रानी शार्लोट से मिलने बकिंघम पैलेस गई और उसने हाथी दांत का पलंग रानी को उपहार में दिया ।

हेस्टिंग्स को यह पलंग मणि बेगम ने सौगात में दिया था, जो मीर जाफर की पत्नी थी। यह उपहार मीर कासिम की पराजय के बाद बंगाल की गद्दी मीर जाफर के परिवार को वापस सौंपने के बदले में दिया गया था। इस रिश्ते ने प्राच्य कला को नए कद्रदान दिए, और जल्दी ही यह संबंध शाही इमारतों और अंतर्सज्जा में नजर आने लगा।

हेस्टिंग्स की मृत्यु (1821) तक भारत में ब्रिटिश साम्राज्य की नींव ठोस हो चुकी थी। नया नगरीय समाज साम्राज्य से अपने रिश्तों को लेकर आत्मविश्वास से भरा था। मरियन हेस्टिंग्स, अपने पति की मौत के बाद दो दशकों तक जीवित रही थी। मरियन, लंदन के वेस्टमिंस्टर में अपने पति की प्रतिमा के उद्घाटन के मौके की गवाह भी बनी।

प्लासी की लूट

2006 में एक बहुत बड़े कछुए 'अद्वैत' की कलकत्ता के चिड़ियाघर में मौत हो गई। यह विशालकाय अलडाब्रा कछुआ, करीब 250 साल पहले सेशल्स से कलकत्ता लाया गया था। इसे रॉबर्ट क्लाइव को भेंट किया गया था, क्लाइव ने ब्रिटिशों के लिए बंगाल जीता था और लूटपाट के दौर की शुरुआत की।

इस कछुए को क्लाइव के उत्कृष्ट मंडप में जगह मिल गई थी, जो दमदम में उसकी जागीर पर बना था। यह इमारत आज का जीर्ण-शीर्ण क्लाइव हाउस है। क्लाइव की मौत (1774) लंदन में 49 साल की उम्र में हुई। उसकी मौत की वजह संभवतया अपने ही चाकू से लगा आत्मघाती घाव था या शायद वह अफीम की अधिक खुराक की वजह से मारा गया। क्लाइव को उसकी जन्मभूमि के पास के गिरजे में दफना दिया गया। बाद में उसकी हड्डियों को एक साधारण पट्टिका के साथ दोबारा दफन किया गया, जिस पर 'प्राइमस इन इंडीज' लिखा था।

क्लाइव की पृष्ठ भूमि साधारण थी। उसे जहाजी कर्मचारी के तौर पर मद्रास भेजा गया था। प्लासी की लड़ाई के ठीक बाद, क्लाइव को मुर्शिदाबाद के ख़ज़ाने के भीतर ले जाया गया तो उसने 234,000 पाउंड कीमत की नकदी और आभूषण उठा लिए।

आने वाले वर्षों में भी उसने अपनी किस्मत खूब चमकाई। जब वह गवर्नर जनरल बनकर दोबारा भारत आया, और उसने 1765 में मुगल सम्राट् शाह आलम को इलाहाबाद की संधि मानने के लिए बाध्य कर दिया। कम से कम 30 लाख पाउंड की दौलत वाले क्लाइव को पूरे यूरोप में सबसे दौलतमंद उद्यमी माना जाने लगा था।

लॉर्ड क्लाइव को हर दौर के महान ब्रिटिश नायकों में गिना जाता है, वह संसद का सदस्य भी बना। उसे एक बार हाउस ऑफ कॉमन्स की जांच का सामना भी करना पड़ा। इसके बावजूद अपनी मौत तक वह एक प्रभावशाली आवाज़ बना रहा।

भारत से उसने जो बेशकीमती खजाना लूटा था, उसका ज्यादातर हिस्सा वेल्स (ब्रिटेन) के पॉविस कैसल में प्रदर्शनी में रखा हुआ है। आखिरी स्वतंत्र प्रिंस ऑफ वेल्स ने वेल्स राज्य को ब्रिटिश सल्तनत के हाथ बेचा था। उसे मिली रकम से यह महल बना है।

इतिहासकार विलियम डेलरिंपल पॉविस कैसल में भारतीय खजाने का ब्योरा देते हुए बताते हैं कि कि लॉर्ड क्लाइव के मौजूदा वारिस एक बंगाली महिला से विवाहित हैं।

क्लाइव और उसके सहयोगियों ने जो भी मुमकिन था, उसे हथिया लिया और विभिन्न

रास्तों से उसे लंदन भिजवा दिया था। एक अनुमान के मुताबिक, 1757 से 1766 के बीच, ईस्ट इंडिया कंपनी के अधिकारियों ने सिर्फ बंगाल से ही करीब 50 करोड़ रुपए बाहर भिजवाए थे।

अंग्रेजी भाषा में इस तरह की भयावह डकैती की मात्रा को जताने के लिए कोई शब्द नहीं था, लूट उन कुछ भारतीय शब्दों में से एक है जो अंग्रेजी शब्दावली में शामिल हुए थे।

ईस्ट इंडिया कंपनी ने बंगाल में भू-राजस्व की दर 1757 से 1793 के बीच कई दफा कई गुना बढ़ाई और इस राजस्व1 को निवेश में बदलना शुरू कर दिया। ब्रिटिश उससे भारतीय उत्पाद खरीदते थे जिसको बाहर विदेशों में बेचा जा सके। इस कारोबार की संपूर्ण आय कंपनी में ब्रिटेन के खजाने में गई ।

प्लासी से पहले डेढ़ सौ साल तक ब्रिटिश के पास भारत से खरीद के बदले देने के लिए सोना-चांदी के अलावा कुछ और न था। यह खरीदारियां कंपनी और ब्रिटिश अर्थव्यवस्था के लिए इतनी महत्वपूर्ण थीं कि ईस्ट इंडिया कंपनी को ब्रिटेन से सोना बाहर ले जाने की अनुमति दी गई थी, वह भी तब जबकि मर्केंटलिस्ट सिद्धांत के तहत सोना ले जाना वर्जित था।

कंपनी भारतीय कपड़े की एकमात्र खरीदार थी, जिसकी सुरक्षा के लिए हथियारबंद फौज थी। इस एकाधिकारवादी नियंत्रण ने कीमतों को खतरनाक तरीके से गिरा दिया, जिससे अधिकाधिक संसाधनों को बाहर भेजा जा सके।

कंपनी के नौकरों को घरेलू व्यापार करने की इजाजत थी। उन लोगों ने अपने पद का भारी दुरुपयोग किया। वे प्राय: युद्धरत रहे और गैर-कानूनी कमाई अपने मुल्क भेजते रहे।

एक अनुमान के मुताबिक, 18वीं सदी के अंत तक, करीब 40 लाख पाउंड (तत्कालीन विनिमय दरों पर मोटे तौर पर 4 करोड़ रूपये सालाना) की संपदा बाहर भेजी गई थी। 1800 के बाद, भारत से कपड़े का निर्यात घट गया, लेकिन भारतीय कपास और अफीम ऐसी मूल्यवान वस्तुएं थीं जो चीन से खरीदी जाने वाली चाय, रेशम और चीनी मिट्टी के बरतन के लिए रकम जुटाती थीं। यह चीजें दुनिया भर में बेची जाती थीं। पहले विश्वयुद्ध तक भारत ब्रिटिश उत्पादों के लिए बंधुआ बाजार बन गया था, जिनमें मशीन से बने कपड़े और इस्पात भी शामिल थे। इस आयात पर कोई शुल्क नहीं लगता था यानी कि भारतीय अर्थव्यवस्था को कुछ नहीं मिलता था।

बाद में 'होम चार्ज' और रेलवे गारंटी जैसे अन्य रास्तों से भी भारतीय पूंजी बाहर जाने

लगी। ब्रिटेन में औद्योगीकरण बढ़ने के साथ ही भारत में ब्रिटिश उपनिवेश के वाणिज्यिक हितों में भी बढ़ोतरी हुई। भारत से धन ले जाने की बुनियादी प्रकृति में बदलाव नहीं आया। यह संसाधन हस्तांतरण का एक तरीका था, जिसने दोनों देशों के आर्थिक इतिहास का रुख बदल दिया।

साम्राज्य के समर्थकों ने यह तर्क देने की कोशिश की थी कि हस्तांतरित संपदा भारत के कुल वार्षिक निर्यात मूल्य के 2 फीसदी से अधिक नहीं था लेकिन यह भी गौर किया गया कि, यह निवेश योग्य सरप्लस संसाधन थे। ब्रिटिश अर्थव्यवस्था के लिए यह राशि इतनी बड़ी थी कि इसने देश को पूरी तरह बदलकर रख दिया।

जब ईस्ट इंडिया कंपनी की स्थापना हुई, तब भारत और चीन दोनों का विश्व व्यापार के 55 फीसदी पर कब्जा था और ब्रिटिश हिस्सेदारी 2 फीसद से कम थी। 1757 से 1900 के बीच, यह स्थिति तकरीबन उलट गई। इतिहासकार ब्रुक्स एडम्स ने 'प्लासी प्लंडर (प्लासी की लूट)' शब्द ईजाद किया था। उनका दावा है कि ब्रिटेन में औद्योगिक क्रांति का वित्त पोषण भारत से हुई धन निकासी ने किया था।

उपनिवेश से औद्योगिक क्रांति

बंगाल विजय के 50 साल के भीतर, ब्रिटेन ने औद्योगिक क्रांति की अगुआई की और दुनिया के सबसे दौलतमंद देश के रूप में उभरा। ब्रुक्स एडम्स जैसे अनेक प्रेक्षकों ने पाया कि साम्राज्यवादी विस्तार और औद्योगिक क्रांति के बीच एक मजबूत संबंध था, लेकिन इसके कारण व प्रभाव को ठीक तरीके से समझाया नहीं जा सका ।

1800 तक आते-आते, उत्तरी इंग्लैंड के छोटे इलाके जैसे मैनचेस्टर, लंकाशायर, लिवरपूल और चेशायर दुनिया के किसी भी देश से अधिक सूती कपड़े का उत्पादन करने लगे थे। उनकी कीमत भी किसी दूसरे उत्पादक की तुलना में काफी सस्ती थी। ब्रिटेन में तकनीकी खोजों की श्रृंखला शुरू हो गई थी जिसकी शुरुआत 1760 में हार्ग्रीव में मशीनी करघे (स्पिनिंग जेनी) के प्रयोग से हुई थी।

तकनीकी खोजों और उत्पादन के नए तरीकों (फैक्ट्री सिस्टम और वेतनभोगी मजदूरों को रोजगार) ने औद्योगिक क्रांति को बढ़ावा दिया। हालांकि यह शास्त्रीय तर्क एक ऐसे देश के लिए लगभग तथ्यहीन प्रतीत होता है, जहां कपास आधी दुनिया पार करके. अमेरिका और दूसरे वेस्ट इंडियन देशों से लाई जाती थी और जहां कपड़ा बुनने की कोई परंपरा भी नहीं थी।

सन 1800 के बाद ब्रिटिश कपड़ों का पूरी दुनिया भर में बाजारों पर आधिपत्य हो गया। कारखानों में बने कपड़ों ने भारतीय बाजारों से पारंपरिक कपड़ों को बाहर कर दिया। कार्ल मार्क्स का यह कथन बहुत मशहूर है कि यही ऐसा वक्त है जब सूत की जन्मभूमि में आयातित और सस्ते ब्रिटिश सूती कपड़े बिक रहे हैं। इससे भारत के समग्र आर्थिक ढांचे में एक जबरदस्त असंतुलन आ गया।

भारत से 1800-1801 के बीच 14 लाख पाउंड मूल्य का सूती माल निर्यात किया गया था, लेकिन 1810 में यह घटकर सिर्फ 30,000 पाउंड रह गया। इसके बाद भी इसमें गिरावट जारी रही। भारत के सबसे बड़े कपड़ा केन्द्रों में से एक ढाका से निर्यात होने वाले माल का मूल्य 1747 से 1797 के बीच 50 फीसदी तक कम हो गया। 1800 तक, अंग्रेज प्रेक्षक लिखने लग गए थे कि सबसे बड़े बुनाई केन्द्र के रूप में ढाका की प्राचीन कीर्ति अब महज एक इतिहास है।

संपन्न औद्योगिक ढाका शहर गरीब होकर सिकुड़ गया था, घर खाली थे और खंडहर बन गए थे। कताई करने वालों का रोजगार सबसे पहले गया। इसके बाद मोटे कपड़े बुनने वाले जुलाहे और फिर महीन कपड़ों के बुनकरों ने रोजी खो दी। बहुत सारे लोग अकाल में मारे गए। ढाका जो कभी मुगल बंगाल की राजधानी था, वह 1835 तक तकरीबन जनशून्य हो गया।

शहरी टेक्सटाइल उत्पादन केंद्रों के पराभव ने कृषि अर्थव्यवस्था पर दबाव बढ़ाया और बड़े पैमाने पर गरीबी पैदा हुई। एक अपेक्षाकृत सहानुभूतिपूर्ण ब्रिटिश गवर्नर जनरल, लॉर्ड बेंटिंक ने खुद 1830 के दशक में माना कि भारतीय बुनकरों की हड्डियों ने भारत के मैदानों को सफेद कर दिया था।

भारतीय कपड़े की विश्व विजय

सूत के कपड़े का पहला ज्ञात टुकड़ा करीब 3200 ईसा पूर्व में मोहनजोदाड़ो से मिला था। कपास के सबसे पुराने बीज भारतीय उपमहाद्वीप के पश्चिमोत्तर कोने में मेहरगढ़ से मिले हैं जो 5000 ईसा पूर्व के हैं। सिंधु घाटी सभ्यता के दौर में (2150-1750 ईसा पूर्व) कपास एक प्रमुख निर्यात माल था।

वैदिक साहित्य में (करीब 1000 ईसा पूर्व) में भी बुनाई के काम का उल्लेख है। सिकंदर के साथ भारत आए यूनानी लोग, भारतीय कपास की गुणवत्ता देखकर हैरान थे। इसे जल्दी ही चीन से लेकर पश्चिम एशिया तक एक बहुत बड़ा बाजार हासिल हो गया। शताब्दियों तक, अपने शानदार रंगों के साथ उच्च गुणवत्ता वाला भारतीय सूत यूरोप में

विलासिता की बड़ी वस्तुओं में शामिल रहा, जहां यह मिस्त्र और तुर्की के रास्ते पहुंचा था। हालांकि, कपास की खेती चीनियों, मीजोअमेरिकनों (मेक्सिको, वेनेजुएला के आसपास के इलाके) और अफ्रीकी महादेश के उत्तरी मध्य इलाकों के समुदायों को पहले से पता थी लेकिन भारतीय सूती कपड़े को ही दुनिया भर में सबसे अधिक कीमती माना गया।

1600 ईस्वी से पहले, वस्त्रोद्योग की तकनीक में हुई ज्यादातर खोजें भारत और इस्लामिक दुनिया में की गईं। पश्चिम एशिया के उत्पादकों ने भारत के तकुआ, पूनी और घिरनी का उपयोग 1000 ईस्वी से पहले ही सीख लिया था। चरखा 14वीं शताब्दी से पहले किसी वक्त पश्चिम एशिया से भारत आय्रा था। 13वीं शताब्दी में कपास सबसे मूल्यवान उत्पाद था। भारतीय उपमहाद्वीप से ही कपास उगाने, कातने और बुनने की कला चीन और दक्षिण-पूर्व एशिया को गई, जहां बौद्ध भिक्षुओं ने भारतीय कपड़ों से उनका परिचय कराया। आम इस्तेमाल के साथ कपड़े का धार्मिक (आनुष्ठानिक) महत्व भी था।

पहली सदी में कपास और नील दोनों का उत्पादन का तरीका जावा तक पहुंच गया था। पुरानी जावाई भाषा में कपास और नील या नुला और लाल और नीले कपड़ों के लिए इस्तेमाल होने वाले रंगा (राग) और अंगसित (असित) शब्द सीधे संस्कृत से आए थे।

दक्षिण भारतीय कुसुम (सैफ्लावर) से 11-12वीं शताब्दी में जावा में गुलाबी लाल का रंग का उत्पादन शुरू किया गया। जावाई में इसे कुसुम्बी कहते हैं जो मूल संस्कृत शब्द कुसुम से निकला है। भारतीय छींट (सरस) जापान में कुलीनों के वर्ग का सबसे पसंदीदा कपड़ा बन गया था। क्योटो की गियोन मत्सुरी परेड काफी मशहूर है जिसमें 16वीं सदी में भारतीय कपड़े और कालीनों की प्रदर्शनी होती थी। सूती कपड़ों के लिए संस्कृत शब्द (कर्पासी) यूनानी, लैटिन, हिब्रू, फारसी, अरबी, आरमीनियाई, मलय, मंगोलियन, उइघुर और चीनी भाषा में भी प्रवेश कर गया।

इस्लाम के विस्तार ने शहरीकरण और शिल्प को बढ़ावा दिया। इनमें सबसे महत्वपूर्ण चीज थी बुनाई। इस्लाम के आगमन ने भारत के प्राचीन कपड़ा उत्पादन की परंपरा को और अधिक बेहतर बनाने में मदद की और भारतीय कपड़ों के लिए—पश्चिम एशिया से लेकर दक्षिण पूर्व एशिया तक नए बाजार खोल दिए।

भारत का पहला वैश्विक ब्रांड

मुस्लिमों ने ही यूरोप में कपास का बड़े पैमाने पर विस्तार किया, खासकर स्पेन, जहां वे सत्ता में थे। सदियों तक, महीन सूती कपड़े विलासिता की वस्तु थे जिसे समुद्री और जमीनी दोनों ही रास्तों से पश्चिमी, पूर्वी और दक्षिणी भारत से बाहर भेजा जाता रहा।

देश के भीतर भी, वाराणसी या मदुरै जैसे मशहूर उत्पादन क्लस्टर थे। निर्यात के मकसद से गुजरात अपने विभिन्न प्रकार के सस्ते और कशीदे वाले कपड़ों के लिए जाना जाता था, कोरोमंडल तट के कपड़े रंगीन लेकिन मोटे किस्म के होते थे, कालीकट मुलायम, सादा सूती कपड़ों ओर छपाई और रंगाई (कैलिको) के लिए प्रसिद्ध था।

बंगाल अपने महीन मलमल (मुसलिन, जो मूलतः मोसुल शहर की खासियत थी) और रेशम के लिए जाना जाता था। कपड़ा सामूहिक खपत के तौर पर भारत का पहला वैश्विक ब्रांड था।

छठी सदी ईसापूर्व में भारतीय सूती कपड़ा मिस्र भेजा जाता था। 1647 में एक उस्मानिया अधिकारी की शिकायत थी कि ''भारतीय व्यापार में इतनी नकद रकम चली जाती है कि...दुनिया भर की दौलत हिन्दुस्तान में इकट्ठी हो रही है''।

भारतीय कपड़े सस्ते थे लेकिन बहुत सस्ते भी नहीं होते थे। गुणवत्ता, रंग, धोए जाने की सरलता, डिजाइन और शानदार छपाई लोकप्रियता की प्रमुख वजह थी। 18वीं शताब्दी के अंत तक, रंगीन और मुद्रण प्रौद्योगिकी के मामले में भारतीय निश्चित रूप से सबसे उन्नत थे। भारतीय कपड़ों पर छपे चित्रों की असाधारण विविधता के साथ उसके जीवंत और टिकाऊ रंगों ने क्लासिकल रोम से लेकर शुरुआती आधुनिक यूरोप तक के खरीदारों को लुभाया। पांचवीं सदी के दक्षिण पूर्व एशिया से 18वीं शताब्दी तक पश्चिम एशिया आभिजात्य वर्ग के लिए भारतीय कपड़ा साख की पहचान था।

इस सफलता में भारतीय व्यापारियों की व्यापारिक प्रतिभा का भी योगदान था। उनका व्यापारिक नेटवर्क पीढ़ियों के सामुदायिक संपर्क से बना था इसलिए ग्राहकों की रुचि के मुताबिक डिजाइन तेजी से बदलते रहते थे।

1000 और 1600 ईस्वी के बीच, अरब, यहूदी और आरमीनियाई सौदागर भारतीय कपड़े को फारस और मध्य एशिया ले गए, जहां से इसको आगे पश्चिम तक ले जाया गया। इन सौदागरों ने कपड़ों को पूर्वी अफ्रीका और मध्य पूर्व के देशों में बेचने में महत्वपूर्ण भूमिका निभाई। विदेशी और भारतीय व्यापारियों ने भारतीय कपड़े को चीन और दक्षिण पूर्व एशिया भी पहुंचाया।

पुर्तगाली यात्री टाम पायरेज ने 16वीं शताब्दी की शुरुआत में लिखा कि कॉम्बे (तत्कालीन गुजरात का सबसे महत्वपूर्ण बंदरगाह) के दोनों तट से होने वाला व्यापार अदन से लेकर मलक्का तक फैला था। यह अंतर-महासागरीय कपड़ा-मसाला व्यापार ही था जिसके कारण एशियाई कारोबारी दुनिया में भारत का झंडा बुलंद था।

अधिकतर व्यापार समुद्री मार्ग से होता था लेकिन भारतीय कपास की बड़ी मात्रा मुल्तान से मध्य एशिया और उससे आगे ज़मीनी रास्ते से भी जाती थी। वॉस्को डि गामा मसालों की खोज में आया था, लेकिन जैसे ही पुर्तगाली और बाद में अन्य यूरोपीय व्यापारी दक्षिण पूर्व एशिया पहुंचे, उन्हें पता चल गया कि मसाले खरीदने पर अपना कोष लुटाने की बजाए भारतीय कपड़ों का व्यापार करने में कहीं ज्यादा फायदा है। जल्दी ही, उन्हें भारतीय कपड़ों का एक घरेलू बाजार भी मिल गया। बहरहाल, यूरोपीय व्यापारियों के आगमन के बहुत बाद तक, इस कारोबार पर पारंपरिक भारतीय व्यापारियों (गुजराती, बनिए, चेट्टी, चुलिया, बंगाली और उड़िया) का वर्चस्व बना रहा।

अंग्रेजी ईस्ट इंडिया कंपनी के आने तक भारत में कपड़े के व्यापार के कई केंद्र बन गए थे। इसलिए पहली अंग्रेजी फैक्ट्री या खरीद केंद्र गुजरात (सूरत), कोरोमंडल (मद्रास) और बंगाल (कासिम बाजार, हुगली और तब कलकत्ता) में स्थापित हुईं। जल्दी ही, बड़े पैमाने पर सादे कपड़े या कालिको और छपाई वाले कपड़े या चिंट्ज (गुजराती में चिंट का मतलब छींटदार होता है) लंदन जाने लगे। जहां से इसका बड़ा हिस्सा यूरोप और अफ्रीका को जाता था।

अंग्रेजी भाषा में कपड़े से जुड़े भारतीय शब्दों की बहुतायत है जैसे कि कालिको, चिंट्ज, खाकी, डुंगरीज़, गिंघम, पायजामा, शॉल, साश, सीसकुकर आदि।

डच और फ्रेंच ईस्ट इंडिया कंपनी भी बड़े पैमाने पर भारतीय कपड़े का आयात किया करती थी। वास्तव में, फ्रांसीसियों ने पहली बार विभिन्न भारतीय कपड़ों के उत्पादन, रंगाई और छपाई की तकनीकों को व्यवस्थित रूप से समझने की कोशिश की थी।

1727 तक भारत से कपड़ों का यूरोप में आयात करीब 3 करोड़ गज था, 1790 के दशक तक यह सालाना बढ़ता हुआ 8 करोड़ गज तक पहुंच गया। लगभग सभी ईस्ट इंडिया कंपनियों ने इस आयात से शानदार कमाई की, लेकिन ब्रिटिश ईस्ट इंडिया कंपनी, जिसका इस कारोबार में सबसे ज्यादा हिस्सा था, उसने कुछ ज्यादा ही दौलत कूट ली। 1766 तक, ईस्ट इंडिया कंपनी के भारत से आयात में 75 फीसदी हिस्सा सूती कपड़ों का था।

17वीं सदी के उत्तरार्ध के आखिरी वर्षों में, भारत से आयात ने यूरोप के घरेलू उत्पादकों के सामने कड़ी चुनौती पेश कर दी थी। ब्रिटेन में ऊन निर्माताओं और छोटी घरेलू सूती लॉबी ने भारतीय कपड़े का मजबूती से विरोध भी किया। ईस्ट इंडिया कंपनी की शुरुआत के सिर्फ दो दशक बाद से ही भारतीय आयात के खिलाफ विरोध प्रदर्शन, ब्रिटिश राजनीति में रोजमर्रा का काम हो गया।

1685 में, पहली बार इंग्लैंड ने आयातित कैलिको पर 10 फीसदी का आयात शुल्क लगा दिया। अगले पांच साल में, यह दोगुना कर दिया गया। 1701 में, ब्रिटिश संसद ने छपाई वाले कैलिको के आयात पर प्रतिबंध लगा दिया। यह घरेलू कपड़ा छपाई उद्योग को संरक्षित करने की कोशिश थी। अगले दो दशकों के भीतर, ब्रिटेन में भारतीय सूती कपड़े बेचना आपराधिक कृत्य करार दे दिया गया और भारतीय सूती माल बेचने वाले लोग जेल भेजे जाने लगे। मलमल और दूसरे ऊंचे दर्ज़े के सामानों को भारी आयात शुल्क चुकाने के बाद ही अनुमति दी जाती थी। ईस्ट इंडिया कंपनी सिर्फ पुनर्निर्यात के लिए ही भारतीय सूती माल खरीदकर ला सकती थी। हालांकि लगातार कोशिशों के बाद भी यूरोप के घरेलू उत्पादित कपड़े भारतीय कपड़ों की बेहतरीन क्वालिटी और शानदार रंगों के सामने कहीं नहीं ठहरते थे।

ब्रिटेन के उत्पादक ग्राहकों को अपनी तरफ खींच पाने में नाकाम हो रहे थे, लेकिन सारे मुख्य देश ब्रिटिश के रास्ते चलने लगे। फ्रांस ने 1686 में भारतीय कपास को प्रतिबंधित कर दिया (पुनर्निर्यात छोड़कर)। यह बंदिश अगले सदी तक कई आदेशों के जरिए दोहराई जाती रही।

ऐसे प्रतिबंध को तोड़ने के आरोप में हजारों लोगों को गिरफ्तार किया गया और एक के बाद एक कई फ्रांसीसी सरकारों ने घरेलू कपड़ा उद्योग को संरक्षण देने की कोशिश में कईयों को सूली पर भी चढ़ाया। इसी तरह भारतीय कपड़े पर वेनिस (1700), स्पेन (1717) में और फारस में (1721) में और सदी के अंत में उस्मानिया तुर्की में भी प्रतिबंध लगा दिया गया।

कपड़ों के बदले गुलाम

वास्को डि गामा के कुछेक साल पहले ही, भारत और मसालों की खोज में निकला कोलंबस संयोग से अमेरिका पहुंच गया था। इस खोज से इस नई दुनिया में ज्यादा से ज्यादा जमीन हड़पने की एक स्पर्धा शुरू हो गई। एक बार, सोने की खोज के स्पेनिश अभियान खत्म हो गए, तो नफा कमाने का एक मात्र जरिया बड़े पैमाने पर नकदी फसलों का वाणिज्यिक उत्पादन ही था।

जल्द ही एकल फसलों की दुनिया में बड़े पैमाने पर रोपाई शुरू हो गई। तंबाकू, गन्ना और कपास नई दुनिया में हर तरफ छा गए। इन बागानों में मजदूरों की बहुत ज्यादा जरूरत थी और यहां मजदूर बड़ी मुश्किल से मिलते थे। इसने अंतरराष्ट्रीय गुलाम व्यापार को

बढ़ावा दिया। यूरोपियन देशों ने 1500 से 1800 के बीच, 80 लाख से अधिक अफ्रीकियों को जबरन नई दुनिया के खेतों तक पहुंचाया।

अफ्रीकी तटों पर गुलाम व्यापार के स्टेशन स्थापित किए गए, जहां स्थानीय शासक यूरोपियनों को सोने और कपास के बदले गुलामों को बेच दिया करते थे। ऐसे भुगतानों के 50 फीसदी से ज्यादा मूल्य कपास के रूप में दिए जाते थे। दस्तावेज़ बताते हैं कि अफ्रीकी आभिजात्य वर्ग के ग्राहकों का एक समूह गुलामों के बदले खास किस्म के रंगों और पैटर्न वाले बेहतरीन गुणवत्ता के भारतीय कपड़े चाहता था।

इस घटनाक्रम ने व्यापार के बहुध्रुवीय नेटवर्क को जन्म दिया जिसका केंद्र सूती कपड़ा था और जिसका नियंत्रण ब्रिटेन करता था। ईस्ट इंडिया कंपनी भारत में सूती कपड़ा खरीदती थी, जो चीन, दक्षिण पूर्व एशिया और अफ्रीकी कारोबार मं काम आता था। यूरोपीय और कुछ सीमित अमेरिकी बाजारों को निर्यात को छोड़कर अधिकांश भारतीय कपड़ा लंदन से रॉयल अफ्रीकन कंपनी या दूसरे सौदागरों के पास भेज दिया जाता था ताकि इनको गुलामों से बदला जा सके। ये बदकिस्मत गुलाम अमेरिकी बागान मालिकों के पास बेच दिए जाते थे, जो कपास उगाने में इनका इस्तेमाल करते थे। यह कपास फिर लंदन आ जाता था।

इस तरह, वैश्विक कपास व्यापार के सभी अहम हिस्सों पर ब्रिटेन का वर्चस्व हो गया।

सैमुएल ग्रेग ने इस प्रवृत्ति को बहुत अच्छी तरह पहचाना। उसने कपास की पहली मिलों में से एक, क्वेरी बैंक मिल की मैनचेस्टर में (1784) स्थापना की। करघे पर पेटेंट समाप्त हो चुका था। ग्रेग ने इस मिल में करघे के वॉटर फ्रेमों को एक साथ रखा। इसे नजदीकी बोलिन नदी के पानी की शक्ति से चलाया गया जिसमें आसपास के गांवों के कुछ कपड़ा मजदूर और कुछ अनाथ बच्चे शामिल हुए।

ग्रेग खुद भी कपड़ा व्यापारियों के परिवार से था। उसने कैरीबिया में गन्ने के अपने बागान के शेयर बेचकर पूंजी की व्यवस्था कर ली। उसका कपास भी नई दुनिया से आने वाला था। उसकी पत्नी के मायकेवाले गुलामों के व्यापार और जहाज से कपड़े अफ्रीका भेजने के कारोबार से जुड़े थे।

सैमुएल ग्रेग इस नई पहल का अगुआ बन गया था। जिसे मानवीय इतिहास में अब तक की सबसे बड़ी एकल घटना माना जाता है। यह घटना थी औद्योगिक क्रांति।

18वीं सदी के उतरार्ध में आधुनिक औद्योगिक उत्पादन से पहले का पूंजीवाद दो सदियों तक दुनिया को दहलाता रहा। यह भूमि, लोगों और अन्य भौतिक संसाधनों पर कब्जा करने का हिंसक उद्यम था, जिसके प्रतीक पुरुष पिजारो या रॉबर्ट क्लाइव थे।

हम जानते हैं कि यूरोपियनों ने एशिया, अफ्रीका और अमेरिका को तबाह किया लेकिन यह एक कामयाब बिजनेस मॉडल भी था। इसमें किसी नई खोज की जरूरत नहीं थी। यह तो बस क्रूर सैन्य शक्ति के जरिये किया गया कारोबार था। इसने वैश्विक संसाधन पर ब्रिटेन का असाधारण नियंत्रण स्थापित कर दिया।

दिलचस्प है कि इसी अवधि में, ब्रिटिश समाज ने लोकतांत्रिक और आर्थिक संस्थान भी विकसित किए लेकिन यह नवजागरण केवल ग्रेट ब्रिटेन तक ही सीमित था। ब्रिटेन के आधिपत्य वाली दो सदियों को अक्सर व्यापारिक पूंजीवाद के दौर के रूप में बताया जाता है, लेकिन हालिया वर्षों में 'युद्ध पूंजीवाद' की संज्ञा ज्यादा स्वीकार्य हो गई है।

सूती कपड़ा ही वह एक माल था जिसके चारों ओर यह वैश्विक युद्ध पूंजीवाद घूम रहा था। यह औद्योगिक क्रांति का माध्ययम भी बना। हालांकि इसमें कोई शक नहीं कि नई खोजों और नए प्रयोगों ने कपड़ा उद्योग की बहुत मदद की, लेकिन अगर ब्रिटेन कपास के वैश्विक व्यापार, श्रम और पूंजी पर कब्जा न करता तो मैनचेस्टर के लिए वैश्विक कपड़ा बाजार पर नियंत्रण करना मुमकिन नहीं हो पाता।

भारतीय पूंजी, उत्पादन, भूमि, श्रम, संसाधनों पर नियंत्रण भी भयानक हिंसा के जरिए ही हासिल किया गया था। आज, हम यह कह सकते हैं कि ऐसे हिंसक कारोबारों की उम्र लंबी नहीं होती। यूरोपीय वर्चस्व वाला वैश्विक सूती कपड़ा साम्राज्य दो सदियों तक भी टिक नहीं पाया।

दिसंबर का एक ठंडा दिन, लिवरपूल (1963) में कपास के व्यापार में पश्चिम के वर्चस्व का सांकेतिक अंत लेकर आया जबकि व्यापारियों का एक समूह कॉटन एक्सचेंज बिल्डिंग में जमा हुआ। मकसद था लिवरपूल कॉटन असोशिएसन के फर्नीचर और बाकी सामानों की नीलामी। यह इमारत सौ साल से ज्यादा वक्त तक इतिहास के सबसे महत्वपूर्ण औद्योगिक समूहों का दफ्तर थी लेकिन इसे अब बेच दिया गया था।

दुनिया में कपास की खपत अब कीर्तिमान बना रही है। करीब 35 करोड़ से अधिक लोग कपासी अर्थव्यवस्था से सीधे तौर पर जुड़े हैं। जो किसी भी एक उद्योग के लिए सबसे बड़ी संख्या है। लेकिन कपास की अर्थव्यवस्था जैसी 1750 में थी वैसे ही आज भी है। आज विश्व के 80 फीसदी से अधिक कच्चे कपास का उत्पादन एशिया और एशियाई अर्थव्यवस्थाओं में होता है, जिसकी अगुआई चीन, वियतनाम, भारत और बांगलादेश करते हैं और इस तरह से वैश्विक कपड़ा उद्योग पर एशिया का वर्चस्व कायम है।

अनन्य इंडिगो

एंटवर्प का एक डच सौदागर फ्रांकुआ पेल्सार्ट डच ईस्ट इंडिया कंपनी की तरफ से कई सालों तक आगरा में तैनात था। वह 17वीं सदी का पहला दशक था जब आगरा के पास, बयाना नाम की जगह पर उसने एक असाधारण दृश्य देखा था। इस इलाके की सबसे महत्वपूर्ण फसल कटाई के बाद बाजार में आ चुकी थी। कुछ भारतीय, आरमीनियाई और कुछ यूरोपीय व्यापारी स्थानीय बाजार में इकट्ठे हो गए थे और वे सबसे बड़े खरीदार के आने का इंतजार कर रहे थे।

रिवाज के मुताबिक, किसानों ने माल की कीमत तय करने का फैसला सबसे बड़े खरीदार पर छोड़ दिया था। सबको उसी कीमत पर माल खरीदना होता था या फिर अगले साल की फसल के लिए अग्रिम भुगतान करने की शर्त थी ताकि अगली फसल पर माल मिल सके। पेल्सार्ट को अभिभूत करने वाला यह परिष्कृत लेनदेन एक पौधे की खरीद-बिक्री के लिए था। इस पौधे से नीला रंग निकाला जाता था जिसे नील कहा जाता था।

यूनानी-रोम के दौर से, भारत विश्व बाजार में नील का एकमात्र आपूर्तिकर्ता था। डाई के लिए यूनानी शब्द 'इंडिकोन' या इंडियन है, जिससे रोमन में 'इंडिकम' कहा गया जो अंग्रेजी में 'इंडिगो' हो गया।

इंडिगो इतना अनन्य था कि नाइजीरिया के योरुबा कुलीनों के ड्रेस कोड से लेकर जापान में गरमियों के किमोनो का पसंदीदा रंग यही था। नीला रंग हैसियत का प्रतीक था।

1765 के बाद, जब उत्तर के मैदान वाणिज्यिक दोहन के लिए खुल गए तो ब्रिटिशों ने कलकत्ता से नील का बड़े पैमाने पर निर्यात शुरू कर दिया था। चूंकि विश्व बाजार में मांग कई गुना बढ़ गई, तो बंगाल और बिहार से मांग में उछाल आ गया।

एक बार फिर, राज्य समर्थित जबरदस्ती प्रारंभ हुई। श्वेत निलहे जमींदारों ने आतंक का दौर शुरू कर दिया। जिसकी वजह से 1850 के दशक में बंगाल में एक सशस्त्र विद्रोह भड़क उठा। 20वीं शताब्दी की शुरुआत तक, नील की खेती के शोषक चरित्र को बदलना पड़ा था। लेकिन कपड़ा उद्योग में आए अभूतपूर्व उछाल ने रंगों के अधिक विश्वसनीय स्रोतों की खोज को जरूरी बना दिया था, और इसी के चलते अचानक ही विलियम पर्किन ने 1856 में पहली एनीलीन डाई मॉवीन की खोज की।

1865 में दो दशकों तक लगातार काम करने के बाद जर्मन केमिस्ट अडोल्फ वॉन बेयर ने पहली बार प्रयोगशाला में नील डाई बनाने में कामयाबी हासिल कर ली। यह

खोज अभी भी बिलकुल दुरुस्त नहीं थी। इसकी वजह से दो जर्मन कंपनियों बीएएसएफ और हेक्स्ट ने इस पर और भी काम करना शुरू किया। आखिरकार, 1910 या इसी दौर में, कारखानों में बने नील ने प्राकृतिक नील की जगह लेनी शुरू की और बीएएसएफ और हेक्स्ट ने कुछ ब्रिटिश कंपनियों के साथ मिलकर इंपीरियल केमिकल इंडस्ट्रीज की स्थापना की। यह यूरोप में रासायनिक क्रांति की शुरुआत थी।

16वीं सदी भारतीय समुद्री व्यापारियों के विस्तार की सदी थी। यूरोपीय मांग के कारण पश्चिम और दक्षिण पूर्व एशिया के पारंपरिक बाजार आपस में जुड़ गए जिसने 17वीं और 18वीं सदी के पूर्वार्ध को भारतीय व्यांपारियों की समृद्धि के चरमोत्कर्ष का समय बना दिया।

तीन सदियों तक चले संघर्ष के बाद (1500-1800) हमें नजर आता है कि भारतीय समुद्री व्यापारी तट के चारों ओर छोटे-मोटे व्यापारों में लगे रह गए थे। उनका पराभव सिर्फ यूरोपीय नौपरिवहन की सफतला की वजह से ही नहीं हुआ था, तत्कालीन राजनीति उनके व्यापार को संरक्षण और सुरक्षा देने में नाकाम रही थी।

एक बार शक्ति का संतुलन जब साम-दाम से स्थानांतरित होकर दंड पर पहुंच गया तो अंग्रेजों ने पूरा नियंत्रण हासिल कर लिया और जहां भी संभव हुआ, वहां बड़े स्वदेशी व्यवसायों को कुचल दिया गया। हिन्दुस्तानी बेड़े की जगह अब कलकत्ता के बेड़े ने ले ली, जिसके मालिक ब्रिटिश ईस्ट इंडिया कंपनी थी या ब्रिटेन के निजी व्यापारी।

सूरत के पश्चिम की तरफ जाने वाले व्यापार ने अब पूर्व की तरफ चीन यात्रा प्रारंभ की थी। यह एक औपनिवेशिक जहाजी बेड़ा था जो सूरत वाले हिन्दुस्तानी बेड़े से काफी बड़ा था। भारतीय व्यापारी इस बेड़े में अपना माल भेज सकते थे लेकिन उन्हें व्यापार करने की कोई आजादी नहीं थी।

कलकत्ता का बेड़ा पश्चिम से तैयार माल लेकर आने वाला था जिसके बाद भारत को सस्ते कच्चे माल के निर्यातक के रूप में बदल जाना था। भारत के कुल निर्यात में तेज गिरावट आई और विश्व बाजार में इसके मुख्य उत्पाद, सूती कपड़े का दम घोंट दिया गया।

कपड़े, नील और अन्य पारंपरिक माल की जगह अफीम भारत का प्रमुख निर्यात हो गया। एक नया व्यापार, एक नया बेड़ा और एक नया शहर जल्द ही पश्चिमी तट पर खड़ा होने वाला था और जिसका आधार था नशे में डुबाने वाली अफीम।

उद्यमिता का पुनर्जागरण

उद्यमिता के एजेंट

थॉमस पेरी वेल्स के निवासी थे। वह अपनी समुद्री यात्रा के खर्चे के लिए सेना के एक जहाज पर एक कर्मचारी के रूप में काम करते हुए जुलाई 1788 में मद्रास पहुंचे। अगले ही साल अपने पारिवारिक संबंधों की वजह से उन्हें एक निजी कारोबारी लाइसेंस मिल गया जिसके जरिये वह मद्रास (चेन्नई) सेंट जार्ज फोर्ट में अपना कारोबार शुरू करने में सफल रहे। जब उन्हें फोर्ट से बाहर निकाल दिया गया तो उन्होंने जहां अपना ऑफिस खोला, उसे आज पेरी कार्नर के नाम से जाना जाता है।

अगले 35 साल के दौरान पेरी, अपने भागीदारों की मदद से एक जबरदस्त कारोबारी साम्राज्य स्थापित करने में सफल रहे जो बैंकिंग, बीमा, सरकारी ठेके, चमड़े का कारखाना, क़ॉफी की खेती और चीनी के कारोबार तक फैला था।

कलकत्ता, बम्बई और मद्रास में कई ऐसे कारोबार थे जिन्हें एजेंसी हाउस के नाम से जाना जाता था। ये एजेंसी हाउस एक निश्चित फीस पर बिजनेस एजेंट का काम करते थे। यह लंदन की फर्म्स के लिए भी एजेंट भी थे। पहला एजेंसी हाउस बम्बई में फोर्ब्स एंड कंपनी के नाम से शुरू हुआ जिसे 1767 में जॉन फोर्ब्स ने शुरू किया था। इसके बाद तो कलकत्ता के स्ट्रैंड रोड पर एजेंसी हाउसेज की जैसे बाढ़ आ गई। 1803 तक इनकी संख्या 29 तक पहुंच गई।

एजेंसी हाउसेज, बैंकिंग कारोबार किया करते थे जबकि इनका असली कारोबार निर्यात का था। इनमें से कुछ ने नए कारोबार में निवेश किया, मिसाल के तौर पर अलेक्जेंडर एंड कंपनी ने 1820 में रानीगंज की कोयला खदान में काम शुरू किया। पेरी ने नए कारोबार के अलावा मद्रास में स्टील निर्माण की कोशिश की थी। कलकत्ता की प्रमुख एजेंसी हाउस फर्ग्यूसन एंड कंपनी ने सूत बनाने में निवेश किया।

जब 1813 के चार्टर एक्ट के तहत भारत और यूरोप के बीच कारोबार को खोला गया इन एजेंसी हाउसेज ने यूरोपीय पूंजी को उत्पादक कारोबारों में लगाना शुरू किया। यह इनके प्रभाव का विस्तार था। फर्ली फर्ग्यूसन एंड कंपनी, कलकत्ता की सबसे बड़ी (1812)

कंपनी थी उसके पास नौ जहाज थे। यह कंपनी बीमा सेवा संचालित करने के अलावा अफीम और नील का निर्यात भी करती थी।

कलकत्ता के ज्यादातर एजेंसी हाउसेस नील की खेती और ट्रेडिंग में लगे थे। पाल्मर एंड कंपनी फर्ली फर्ग्यूसन के बाद सबसे बड़ी कंपनी थी। इसे "इंडिगो किंग" यानी नील का राजा कहा जाता था। नील के बाज़ार में मुश्किलों के साथ-साथ दूसरी कारोबारी मुश्किलों ने 1820 के अंत तक कई एजेंसी हाउसेज की हालात खराब कर दी और 1829 तक पॉल्मर एंड कंपनी को अपना काम बंद करना पड़ा।

एजेंसी हाउसेज नए देशों से वाकिफ नहीं थे। निर्यात एक्सपोर्ट के लिए उन्हें बड़ी मात्रा में कच्चे माल और पूंजी की ज़रूरत थी, उन्हें काफी हद तक भारतीय दलालों पर निर्भर रहना होता था जिन्हें कलकत्ता में बनिया, मद्रास में दुबासेज और बम्बई में गांरटी ब्रोकर कहा जाता था।

बंगाली बनिया रघुराम गोसाईं पाल्मर एंड कंपनी एजेंट थे। बम्बई में फोर्ब्स के ब्रोकर पेस्तोंजी बोमांजी और होम्सी बोमांजी भी अपने आप में बड़े कारोबारी थे। कलकत्ता के दो सबसे धनवान और जहाज के मालिक रामदुलाल डे और मोतीलाल सील कई कंपनियों के ब्रोकर थे। एक अनुमान के मुताबिक रामदुलाल डे की कंपनी ने 1797 और 1821 के बीच 155 जहाजों में 4.1 करोड़ का माल बाहर भेजा।

रामदुलाल डे कलकत्ता में अमेरिकी कंपनियों के स्थानीय सहयोगी थे। वह उनके लिए कर्ज भी जुटाते थे। अमेरिकी उनकी बहुत इज्ज़त करते थे। उन्हे बोस्टन बुलाया गया लेकिन धार्मिक पाबंदियों की वजह से वे यात्रा नहीं कर सके। अमेरिकियों ने उन्हें जार्ज वाशिंगटन की तस्वीर भेंट की और एक जहाज का नाम उनके नाम पर रखा।

बंगाल के पहले करोड़पति के तौर पर जाने जाने वाले रामदुलाल समाज-सेवी थे। 1817 में हिंदू कॉलेज की स्थापना के लिए वह सबसे बड़े दानदाता थे।

उसी पीढ़ी के दूसरे करोड़पति मोतीलाल सील ने कलकत्ता मेडिकल कॉलेज के लिए ज़मीन दान दी और मोतीलाल फ्री कॉलेज की स्थापना भी की। 19वीं शताब्दी की शुरुआत में कलकत्ता में दूसरे बड़े कारोबारियों में शेख़ गुलाम हुसैन, उदित नारायन पॉल और कोमुल लोचुन बसक भी थे।

कलकत्ता में भले ही पहली पीढ़ी के एजेंसी हाउसेज असफल हो गए हों, लेकिन कम या बिना पूंजी के आक्रामक कारोबारी तरीके ने समकालीन उद्यमियों को प्रभावित किया। 1830 में नए कारोबारी उपक्रमों के ज्यादातर निवेशक भारतीय ही थे लेकिन उनके भागीदार ब्रिटिश थे।

ओसवाल्ड समूह स्टीमर्स के ज़रिए समुद्री कारोबार करते थे लेकिन उनका मुख्य कारोबार अफीम, शोरा और नील का था। समुद्री कारोबार के लिए वह मोतीलाल सील की सील एंड कंपनी का इस्तेमाल करते थे। रुस्तोम्जी कोस्वाजी, रुस्तोम्ज टर्नर एंड कंपनी के मालिक थे। यह कंपनी बैंकिंग, शिपिंग और निर्यात के कारोबार में लगी थी। कंपनी के पास कई क्लिपर जहाज थे। इस कंपनी ने बाद में खिदिरपोर डॉकयार्ड बनाया।

द्वारिकानाथ, दूसरे टैगोर

उस वक्त का सबसे अद्‌भुत कारोबार टैगोर एंड कंपनी (1834) का था जिसे पहला आधुनिक कारोबार कहा जा सकता है, जिसे एक भारतीय और ब्रितानी ने बराबरी की हिस्सेदारी के साथ खड़ा किया। अपने वक्त के सबसे असरदार भारतीय द्वारिकानाथ टैगोर एक जमींदार ब्राह्मण परिवार में जन्मे थे। अंग्रेजी और कानून की पढ़ाई के बल पर अपनी कंपनी के सर्वोच्च अधिकारियों में से एक थे। वे कर्ज देने के कारोबार में भी आंशिक रूप से शामिल थे।

1836 और 1840 के बीच जब वे कारोबार जगत में उतरे तो कलकत्ता के सबसे रसूखदार व्यक्ति के तौर पर स्थापित हो गए जो कमोबेश हर कारोबार में किसी न किसी तरह से शामिल थे। टैगोर एंड कंपनी नील, चीनी, रेशम, शोरा आदि के निर्यात से जुड़ी थी। पहली तीन वस्तुएं तो उनकी खुद की ज़मींदारी से आती थीं। 1836 और 1846 के बीच टैगोर एजेंसी कारोबार के प्रबंधन में आई और रानीगंज कोयला खान और आसाम के पहले चाय बागान जैसे कई कारोबारों में फैल गई।

चाय और रेलवे के कारोबार में ब्रिटिश के आने के साथ ही वे इससे बाहर निकल आए लेकिन उनकी शेष छह कंपनियां संयुक्त स्टॉक कंपनी के तौर पर शुरू की गईं थीं। तब तक भारत में इस तरह से कंपनी के लिए कोई कानून नहीं था। ये कंपनियां कई क्षेत्रों में फैलीं थीं लेकिन जहाजों को खेने वाले स्टीमर और कोयले के कारोबार के अलावा उनके बाकी व्यापार देखते-देखते ढह गए।

द्वारिकानाथ बड़े स्वप्नद्रष्टा थे लेकिन उनकी पीढियों ने पुराने एजेंसी हाउसेज की गलतियों से सबक नहीं लिया और प्रबंधन की गलतियों की वजह से भारत के पहले आधुनिक कारोबार पर जल्दी ही ताला लग गया। यूनियन बैंक की असफलता ने ताबूत में आखिरी कील का काम किया।

द्वारिकानाथ और उनके यूरोपीय मित्रों ने यूनियन बैंक (1829) में काफी पैसा लगाया जो कलकत्ता में बंगाली और ब्रितानी लोगों के लिए बैंकिंग की पहली पसंद बन गया था।

लेकिन यूनियन बैंक भी काफी हद तक नील के कारोबार में फंस गया और बैंकिंग के विवेकपूर्ण मानदडों को भूल सा गया।

अकाउंट्स और मैनेजमेंट में हेरफेर कर द्वारिकानाथ कुछ वक्त तक बैंक की कमजोरियों को छिपाते रहे। 1847 में जब ग्रेट ब्रिटेन आर्थिक मुश्किल का शिकार बना तो कलकत्ता में कई एजेंसी हाउसेज असफल हो गए। जनवरी 1848 में ऐसे कई कर्जदारों की असफलता की वजह से बैंक का कर्जा बड़ी मात्रा में डूबा और बैंक भी असफल हो गया। इस दुखद घटना से दो साल पहले ही टैगोर का इंग्लैंड में निधन हो गया लेकिन उससे पहले ही टैगोर ने अपनी सारी पूंजी बैंक से निकाल कर ज़मीनी रियासतों में लगा दी जो जोरासांको ठाकुरबारी की समृद्धि का मुख्य आधार बना।

यूनियन बैंक की असफलता के साथ ही कइयों की गाढ़ी बचत का पैसा डूब गया और ये बंगाली उद्यमिता के अंत का प्रतीक बन गया। इसके बावजूद कुछ और वक्त तक कलकत्ता में बंगालियों के स्वामित्व वाले अहम एजेंसी हाउसेज सक्रिय थे लेकिन वे सभी पूरी तरह से जोखिम से दूर रहे।

टैगोर के सुपुत्र और उत्तराधिकारी देबेन्द्रनाथ को महर्षि (महान संत) कहा जाता था जो ब्रह्म समाज के मुख्य मार्गदर्शक थे। परिवार की अगली पीढ़ी कला और साहित्य के साथ जुड़ गई, कुछ लोग सिविल सेवा में सम्मलित हुए और कारोबार को पूरी तरह से अलविदा कह दिया।

उधर दूसरी तरफ एजेंसी कारोबार के उत्तराधिकारी शौक और मनविनोद में लिप्त रहे। रामदुलाल डे के दो पुत्र छातू और लातू इन गतिविधियों में इतने दक्ष थे कि वे बंगाली कुत्तों के नाम से बुलाए गए। यह उत्तरी कलकत्ता के बाबू कल्चर के पतन की शुरुआत थी।

बॉम्बे के मास्टर बिल्डर

बात सन् 1812 की है जब एक बार फिर से अमेरिका और ग्रेट ब्रिटेन में युद्ध छिड़ गया। बाल्टीमोर का युवा वकील फ्रैंसिस स्कॉट, ब्रिटेन के कब्जे से अपने एक दोस्त को मुक्त कराने के लिए ब्रितानी कमांडर से मिला। कमांडर तो तैयार हो गया लेकिन उसने स्कॉट और जहाज पर सवार एक दूसरे अमेरिकन को कब्जे में ले लिया क्योंकि एचएमएस मिन्डेन नामक उस जहाज ने अमेरिका के मजबूत गढ़ फोर्ट हेनरी पर बमबारी शुरू कर दी। इस वक्त ग्रेट ब्रिटेन विजय की स्थिति में था और फोर्ट हेनरी पर बमबारी कुछ ज्यादा ही भीषण थी।

स्कॉट को इसलिये बंदी बना लिया गया था कि वो कोई खबर न पहुंचा दे। स्कॉट ने जहाज से देखा तो साफ महसूस हुआ कि फोर्ट मैकहेनरी अब कुछ ही देर में इतिहास का हिस्सा बनने वाला था। लेकिन अगली सुबह जब उसकी आंख खुली तो फोर्ट हेनरी पर अमेरिकन झंडा देख कर वह हैरान रह गया। एचएमएस मिन्डेन के उसी जहाज पर उसने ये अमर लाइन लिखीं: *that star spangled banner wave over the land of the free and the home of the brave.* यह अमेरिका का राष्ट्रीय गीत था जिसे ऐसे जहाज पर लिखा गया जो बम्बई के बंदरगाह में बना था।

बम्बई में ईस्ट इंडिया कंपनी के जहाजों के इन्चार्ज मि. डुडली, 1735 में नए जहाज की खोज में सूरत पहुंचे। सूरत के पारसी जहाज निर्माता पहले से ही काफी मशहूर थे। सूरत के दुंधजी थे जिसे डुडली ने जहाज का ऑर्डर दिया था। जहाज की डिलीवरी तो कर दी गई लेकिन डुडली, दुंधजी के मुख्य कर्मचारी लाउजी नुसरवान्जी वाडिया से इतना प्रभावित हुए कि उन्हें बम्बई में बसने के लिए मना लिया।

दुंधजी मालिक से अनुमति लेने के बाद लाउजी नुसरवान्जी वाडिया (1774) अपने भाई और कुछ कामगारों के साथ बम्बई आ गए। यही महान मझगांव डॉकयार्ड की शुरुआत थी। लाउजी वाडिया डुडली के उत्तराधिकारी बने और उन्हें मास्टर बिल्डर की उपाधि दी गई। लाउजी के निधन के बाद डॉकयार्ड की कमान उनके दो पुत्रों मानेकजी और बोमानजी ने संभाली। मानेकजी के निधन (1792) के बाद (बोमानजी का निधन 1790 में) उनके पुत्र फ्रानजी और और बोमानजी के पुत्र जमशेदजी संयुक्त रूप से मास्टर बिल्डर बने।

भारतीय टीकवुड अंग्रेजी ओक से बेहतर पाई गई जिसके कारण पारसी जहाज निर्माता, भारत के बेहतरीन सामान और पश्चिमी ज्ञान को एक साथ मिला कर इस्तेमाल करने में माहिर हो गए (1938)। इस तरह 19वीं सदी के मध्य तक मझगांव डॉकयार्ड अपनी प्रतिष्ठा की ऊंचाई पर पहुंच गया।

लाउजी के उत्तराधिकारियों ने चीन के कारोबारियों के साथ हाथ मिलाया और ब्रिटिश और अमेरिकन ट्रेडिंग कंपनियों के एजेंट बन गए। उनमें से एक आर्दशिर काउवास्जी रॉयल सोसायटी के पहले एशियन सदस्य बने। आर्दशिर स्टीम तकनीक के प्रथम अन्वेषकों में थे और उन्होंने पहली बार भारत को गैस लाइट से परिचित कराया।

सातवें और अंतिम मास्टर बिल्डर जमशेदजी धुंजीभाय 1885 में सेवानिवृत्त हुए। तब तक मझगांव के कर्मचारियों की संख्या काफी कम हो गई थी और जल्दी ही इसे बंद करना पड़ा क्योंकि भाप के बड़े जहाजों ने वैश्विक शिपिंग उद्योग पर अपना परचम लहरा दिया था।

वाडिया मास्टर बिल्डर्स की सात पीढ़ियों (1735 से 1885 तक) की अगुआई में 350 से ज्यादा जहाज बनाए गए। ईस्ट इंडिया कंपनी ने चीन तक अफीम और अमेरिका और ब्रिटेन तक चाय पहुंचाने के लिए इनका इस्तेमाल किया। इन जहाजों का इस्तेमाल ब्रिटेन रॉयल नेवी और भारतीय रॉयल नेवी ने भी किया।

एचएमएस कार्नवालिस नाम के एक दूसरे जहाज का निर्माण भी वाडिया ने ही किया जिस पर 1842 में नान्किंग की संधि की गई, जब अफीम युद्ध की समाप्ति हुई और हांग कांग को ब्रिटेन के हवाले कर दिया गया।

जहाज का निर्माण और जलपरिवहन पारसियों और सामान्य तौर पर पश्चिम भारत में कारोबारियों के लिए काफी अहम था। इसने उनके वैश्विक कारोबार में पैर जमाए रखने में काफी मदद की। मझगांव ने भारत में तकनीकी ज्ञान को प्रोत्साहित करने में भी अहम भूमिका निभाई। 1850 में वाडिया खानदान के चार युवाओं ने इंग्लैंड में इंजिनियरिंग की जिसमें आर्दशिर काउवास्जी भी शामिल रहे। कलकत्ता में खिदिरपुर डॉकयार्ड के तकनीशियन, भारत के पहले रेलवे ठेकेदार और दूसरे कई तकनीकी क्षेत्रों के अग्रणी कर्मचारी मझगांव से ही आए।

अफीम और मुंबई

बहराम मूडी बम्बई में अफीम के एक पारसी कारोबारी थे जो अपने खूबसूरत से जहाज अनाहिता पर सवार हो चीन की ओर जा रहे थे जब दो और जहाजों के साथ एक तूफान का शिकार (1938) हो गए।

बहराम एक समृद्ध पारसी परिवार के गरीब दामाद थे लेकिन उन्होंने अपनी एक अलग जगह बना ली जिसका श्रेय चीन से साथ कारोबार को जाता है। वे अंतिम बार चीन जाना चाहते थे जिससे वे चीन जाकर इतना पैसा बना सकें कि अपने ससुर के पूरे निर्यात कारोबार को खरीद सकें लेकिन उनके भाग्य में शायद कुछ और लिखा था।

कुछ हद तक बहराम की कहानी असल जिंदगी में जमशेदजी जीजाभाई से मिलती है जो गरीब परिवार में जन्मे थे और माता पिता का साया जल्दी ही उनके सिर से उठ गया। वह अपने चाचा के घर पले बढ़े और 16 साल की उम्र में पहली बार चीन गए। अपनी दूसरी चीन यात्रा के दौरान उनके जहाज को फ्रांस की गोलाबारी का सामना भी करना पड़ा लेकिन जहाज बच निकलने में कामयाब रहा।

अपनी चौथी यात्रा में वे इतने भाग्यशाली नहीं रहे। उन्हें केप ऑफ गुड होप से एक

कैदी की तरह निर्वासित कर दिया गया। लेकिन इससे बिना भयभीत हुए वे न केवल कलकत्ता पहुंचने में कामयाब रहे बल्कि उनकी चीन की अगली यात्रा बीते सभी यात्राओं से भी ज्यादा मुनाफेवाली रही।

सूरत में पारसियों की डच और ब्रिटिश कारोबारियों के साथ अच्छी नजदीकियां थीं और समुद्र में उन्हें सुरक्षा भी प्राप्त थी। पुर्तगालियों ने पारसियों को बम्बई में टैक्स जुटाने के लिए नियुक्त किया। बॉम्बे को जब किंग चार्ल्स द्वितीय की कैथेरीन ब्रेगेंन्जा के साथ शादी के दहेज के रूप में ब्रिटिश राज को सौंपा (1661) गया तब पारसियों के अधिकार न केवल बरकरार रहे बल्कि कारोबारी अवसरों ने दूसरे पारसियों को भी गुजरात से बम्बई आकर्षित किया।

पारसियों की असली उड़ान चीन से कारोबार के साथ हुई, खासतौर पर भारत से चीन को अफीम के निर्यात की वजह से। 18वीं सदी तक चीन के चाय, रेशम और पोर्सेलीन के लिए ब्रिटेन और यूरोप में अच्छा बाज़ार तैयार हो गया था। लेकिन ब्रिटेन के पास चीन को बेचने को कुछ नहीं था और इस वजह से भारी मात्रा में सोने और चांदी चीन जाने लगा।

उस समय अफीम के दो स्त्रोत थे। पहला पूर्वी उत्तर प्रदेश और बिहार में पैदा हुई अफीम जो कलकत्ता के जरिए निर्यात की जाती थी जिस पर पहले तो ईस्ट इंडिया कंपनी और बाद में ब्रिटिश कारोबारियों का नियंत्रण हो गया। दूसरा स्त्रोत मालवा की अफीम था जो राजस्थान के रजवाड़ों की ज़मीन पर पैदा होती थी और मुंबई के रास्ते निर्यात की जाती थी। बम्बई में इस कारोबार पर एकाधिकार नहीं था लेकिन पारसियों ने इस के बड़े हिस्से पर अपना कब्जा जमा लिया। बहराम मूडी की सक्रियता के समय चीन में अफीम से जुड़ी 42 विदेशी कंपनियों में 20 कंपनियों पर पारसियों का कब्जा था।

शुरुआत में चीन के साथ कारोबार पर आरमीनियाई व्यापारियों का कब्जा था। पहले पारसी कारोबारी के तौर पर हीरजी जेवान्जी और उनके दो भाइयों ने 1756 में आरमीनियाई जहाज में ही चीन की यात्रा की। चीन में जाकर दोनो भाइयों ने जबरदस्त मुकाम हासिल किया। ब्रिटिश सहित किसी को भी उधार देने की ताक़त की वजह से उन्हें रेडीमनी की उपाधि मिली जो बाद में उनके परिवार का सरनेम बना।

19वीं सदी के पहले आधे हिस्से में सबसे सफल चीनी कारोबारी थे जमशेतजी जीजाभाई और डेविड सैसून । इनके अलावा भी वाडिया, डाडीसेठ, बानाजी और रेडीमनी भी उस वक्त मौजूद थे। पारसी कारोबार में सबसे बेहतरीन वक्त नेपोलियन युद्ध (1815) और पहले अफीम युद्ध (1839-1842) के बीच रहा।

बम्बई के रईस ड्रग लार्ड्स ने काफी हद तक भारत की इस व्यावसायिक राजधानी का निर्माण किया था। जीजाभाई, सासून और जगन्नाथ शंकरसेठ (एक समृद्ध हिन्दू कारोबारी जो चीन के साथ कारोबार में शामिल नहीं थे) ने वर्तमान दक्षिण बम्बई को विकसित किया।

जीजाभाई ने माहिम क्रॉस, चर्नी रोड (पशुओं का चारागाह), जे जे स्कूल ऑफ आर्ट्स और जे जे हास्पिटल के लिए धन दिया। उन्होंने चीन के साथ कारोबार में जो पैसा बनाया, उसका बम्बई में निवेश किया और बम्बई के आधे हिस्से पर पारसी धनाढ्यों का अधिकार हो गया। बम्बई के एक चौथाई हिस्से पर तो सिर्फ एक परिवार बहमन पेस्टनजी वाडिया का नियंत्रण था, जिन्हें 1840 में 1.25 लाख रुपये सालाना किराए के तौर पर मिलते थे। इन्हीं परिसंपत्तियों में जेरबाई और वाडिया परिवार की संभ्रांत महिलाओं के दबाव पर पारसियों के लिए खुसरो बाग और दूसरी मशहूर रिहायशी कॉलोनियां बनी।

बहराम मूडी जो कि बम्बई के थे और पारंपरिक समाज से आते थे, चीन में बैरी मोड्डी बन गए। चीन की ही एक नाविक महिला से उनका एक बेटा था, जो क्लब के विदेशी कारोबारियों की संगत में रहा। पर्ल रिवर डेल्टा (हांगकांग मकाऊ) पर बसी विदेशियों की कॉलोनी फेन्क्वी टाउन में ब्रिटिश की पसंद की सारी चीजें रच बस गईं। इसके बाद मालाबार हिल्स और कोलाबा की इमारतें भी ब्रिटिश फैशन में रंग गई जिसमें पोर्सीलीन और लाक्वेयर के मेलजोल से एक नया ही रूप सामने आया। इन पारसियों के परिधान भी जल्दी ही पूरी तरह से बदल गए। बाद में शायद परोपकार की भावना, जो उनके अपनी आत्मा की आवाज थी, उसकी वजह से उस वक्त के कुछ ड्रग लार्ड्स ने समाज सेवा में योगदान देकर पहचान बदलने का प्रयास किया। 1858 में जीजाभाई पहले भारतीय थे जिन्हें क्वीन विक्टोरिया की ओर से उपसामंतक पदवी दी गयी।

कपड़ा मिलों के नायक

भारत से निर्यात की दूसरी अहम वस्तु थी कच्चा सूत। 18वीं सदी के दूसरे हिस्से में चीन में कपास की बार बार असफल होती फसल ने भारतीय कच्चे कपास के लिए एक बड़े निर्यात बाजार का निर्माण किया। जल्दी ही ब्रिटेन कच्चे कपास के लिए सबसे महत्वपूर्ण बाजार बन गया। वहां औद्योगिक क्रांति शुरू हुई। बरार (हैदराबाद) से कपास लाने के लिए उद्यमी पारसियों ने सड़क नेटवर्क बनाया जो मीरजापुर से होते हुए कलकत्ता जाता था। इससे बरार की कपास के लिए एक नया बाजार मिल गया था।

1850 से पहले भारत से होने वाले निर्यात का करीब आधा हिस्सा अफीम और कपास

थे। पारसियों ने दोनों ही वस्तुओं के निर्यात में काफी अहम भूमिका निभाई। कारोबार की सफलता अपरिहार्य रूप से उन्हें आधुनिक सेवाओं की ओर लाई। जहां वे आधुनिक बीमा और बैंकिंग के भारतीय हिस्सेदार बने। अंतरराष्ट्रीय और घरेलू कारोबारी संबंध, बड़ी मात्रा में पूंजी जुटा पाने की क्षमता और सत्ता की मदद से पारसी कारोबारी से उद्योगपति बनने की राह पर थे।

काउत्सभाई नानाभाई दावर (1815-1873) मूल रूप से एक पारसी सेठ थे। उनके पूर्वजों ने चीन से भारी मात्रा में धन इकट्ठा किया। उनके खुद के पास कारोबार की कई एजेंसियां थीं। उन्होने कपास का निर्यात किया और 1854 में भारत की पहली कपड़ा मिल, बांबे स्पिनिंग एंड वीवींग कंपनी, की शुरुआत की।

जल्दी ही बम्बई के बाहरी इलाकों को इन बड़ी मिलों के ज़रिए पहचाना जाने लगा। आज 150 सालों के बाद, शानदार शापिंग माल्स, ऊंची इमारतों वाले बहुमंजिली रिहाइशी इलाके और कुछ खाली फैक्टरियों का ढांचा ही यहां की पहचान हैं। 1850 के बाद निर्यात की यात्रा कलकत्ता की ओर मुड़ गई क्योंकि यहां पर चाय, जूट और कोयले के सुनहरे दिन शुरू हुए। यहां तक कि बम्बई में भी खोजा और बगदादी कारोबारी पारसियों की जगह लेने की कोशिश करने लगे।

गुजराती मुसलमानों ने पूर्वी अफ्रीका और फारस की खाड़ी से अपने कारोबारी संबंध बनाए रखे। कपास और दूसरी वस्तुओं के घरेलू कारोबार में वे बराबर के हिस्सेदार थे। कच्चे कपास के निर्यात से कपड़े की मिल तक का ये बदलाव पारसी सेठों के लिए जन्नत की किसी नियामत से कम नहीं था।

अमेरिका में गृह युद्ध की वजह से कच्चे कपास की कीमतों में भारी उतार चढ़ाव होने लगा जिसकी वजह से फारवर्ड मार्केट में सट्टेबाजी का बोलबाला बढ़ा। उद्योगों में किसी भी तरह का नया निवेश नहीं हो रहा था क्योंकि समूचा बम्बई एक पागल सट्टेबाज प्रेमचंद रॉयचंद के शोषण का शिकार हो चुका था।

जब 1860 के अंत तक कपास की कीमतें घराशायी हो गई तो कइयों की पूरी जिन्दगी की जमापूंजी स्वाहा हो गई। जैसे ही ये संकट गहराया तीन बड़े लोग भीड़ में अलग खड़े नज़र आए। नौरोजी रत्नजी टाटा और उनके पुत्र जमशेतजी, नुसरवान्जी वाडिया (लाउजी वाडिया के उत्तराधिकारी) की बॉम्बे डाइंग और मानेकजी नुसरवान्जी पेटिट की ओरिएंटल स्पनिंग एंड वीविंग।

मानेकजी के पुत्र दिन्शा पेटिट अपने वक्त से सबसे समृद्ध पारसी होने जा रहे थे। दिन्शा की मर्जी के खिलाफ उनकी बेटी रत्तनबाई या रत्ती ने मोहम्मद अली जिन्ना के साथ शादी की। रत्ती की इकलौती बेटी दिना ने वाडिया के वारिस नेविल के साथ शादी की और वह भी अपने पिता की मर्जी के खिलाफ।

स्थानीय परिस्थितियों की वजह से ब्रिटिश कारोबारियों ने कपड़ा मिलों में निवेश नहीं किया। वह इन मिलों को मैनचेस्टर अथवा लैंकाशायर के साथ सीधी प्रतिस्पर्धा में लाना नहीं चाहते थे। लेकिन पश्चिमी भारत में उद्यमियों के लिए मानो यह एक सुनहरा अवसर था। नतीजा यह हुआ कि इन सभी अहम पारसी परिवारों के पास कपड़ा मिलें वापिस आईं बल्कि दूसरों ने इनका अनुकरण किया। कुची भाटिया इनमें अग्रणी रहे जिनमें मोरारजी गोकुलदास, दामोदर ठाकरसे मुलजी, खटाउ मखान्जी प्रमुख थे। खोजा (करीमभाई इब्राहिम) और बगदादी यहूदी (सैसून जो 1880 तक सबसे ज्यादा मिलों के मालिक बने) भी पीछे नहीं रहे।

इस बीच करीब एक दशक की आजमाइश और जद्दोजहद के बाद रणछोड़लाल छोटालाल ने 1861 में अहमदाबाद में पहली कपड़ा मिल लगाई। वह नागर ब्राह्मण थे। अंग्रेजी में पढ़े-लिखे नौकरशाह रह चुके थे वह बाद में करमचंद प्रेमचंद के बैंकिंग हाउस में काम कर रहे थे। अहमदाबाद हमेशा से कपास के कारोबार और हथकरघा के उत्पादों का बड़ा केन्द्र रहा है। यहां पर सबसे मजबूत और सबसे संगठित घरेलू बैंकिंग उद्योग भी पहले से ही था। यहां के भी ज्यादातर निवेशकों को अमेरिका में गृह युद्ध का खामियाजा भुगतना पड़ा था।

रणछोड़लाल की परियोजना को अहमदाबाद की तीन प्रमुख पेढ़ी (परंपरागत बैंकिंग हाउस), करमचंद प्रेमचंद, नागरसेठ प्रेमाभाई हेमाभाई और उनके दामाद हाथी सिंह केसरीसिंह का सहारा मिला। बम्बई से बिल्कुल उलटे अहमदाबाद की कपड़ा मिलों पर हिंदू और जैनियों का कब्जा था। शुरुआत में नागर ब्राह्मण और वैष्णव बनियों ने मिल लगाई लेकिन बाद में इन मिलों पर अहमदाबाद के कारोबारी समाज जैन बैंकिंग परिवारों का दबदबा हो गया। इनमें भी दो परिवार—करमचंद प्रेमचंद और दलपतभाई भागूभाई (नगरसेठ परिवार का हिस्सा) प्रमुख रहे, जो आधुनिक साराभाई (केमिकल्स) और लालभाई (अरविंद मिल्स) के पूर्वज हैं।

एक तरफ जहां बम्बई की मिलें धागा बनाती रहीं और विदेशी बाजारों में सक्रिय रही, अहमदाबाद की मिलों ने पूरी तरह से घरेलू बाजार पर कब्जा जमाया।

यूरोप के शिपिंग गठजोड़

जमशेतजी जीजाभाई के विशाल कारोबारी साम्राज्य की बुनियाद शिपिंग पर टिकी थी। उनके जहाज अफीम और कपास भारत से चीन को और चीन से चाय और रेशम भारत को लाते थे। वे कपास, चीन की चाय और रेशम लंदन भी भेजते थे लेकिन ब्रिटिश जहाजों में, क्योंकि भारतीय जहाजों के साथ वहां पर भारी भेदभाव किया जाता था।

ब्रिटिश जहाजों में बम्बई और अहमदाबाद के तकरीबन सभी बड़े कारोबारी अपना माल भेजते थे। भारतीय कारोबारी चीन से पैसे भेजने के लिए ईस्ट इंडिया कंपनी के बिल ऑफ एक्सचेंज (हुंडी) का इस्तेमाल भी करते थे। जमशेतजी का खुद का बिल ऑफ एक्सचेंज का शानदार कारोबार था जो भारत और लंदन में बैठे एंजेटों के ज़रिए विनिमय का काम करते थे।

नानकिंग की संधि (1842) के बाद जब सभी के लिए कारोबार के रास्ते खुल गए तो जमशेदजी जैसे ट्रेडर काफी मुश्किल में फंस गए। ईस्ट इंडिया कंपनी चीन में कारोबार से बाहर हो चुकी थी और अब जो लोग पांव जमा रहे थे, उनकी नींव या तो लंदन में थी या अमेरिका में। हालांकि जमशेदजी ने हर संभव तरीका अपनाया लेकिन धन को भेजने (रेमिटेंस) का कारोबार खड़ा नहीं हो सका।

एक्सचेंज के कारोबार के लिए एक बैंक भी बम्बई में आया था। यह ओरिएंन्टल बैंक था जिसने भारतीय शेयरधारकों के विरोध के बावजूद भी अपना मुख्यालय लंदन भेज दिया। जमशेतजी जीजाभाई का बिल ऑफ एक्सचेंज का कारोबार खत्म हो चुका था। तेजी से चलने वाले नए जमाने के ब्रिटिश और अमेरिकी बेड़े ने जमशेतजी को चीन से उखाड़ फेंका और उन्हें अपने सारे जहाज बेचने पड़े।

जमशेत जी के पास 1885 में केवल एक जहाज, बैंक ऑफ बंगाल और जीआईपी रेलवे के कुछ शेयर और बड़ी मात्रा में जमीनें बची थीं। बम्बई और कलकत्ता की कारोबारी दुनिया में पार्टनरशिप का वक्त अब बीत चुका था।

रेलवे और टेलीग्राफ के आने के बाद पूरी दुनिया के कारोबार में बुनियादी तौर पर बदलाव आने लगे थे। सेलिंग शिप की जगह भाप के इंजिन वाले जहाजों ने ले ली। स्वेज कैनाल के खुलने के बाद एशियाई कारोबार का पूरा चेहरा ही बदल गया। भारत का पहला एक्सचेंज कारोबार देश से बाहर जा चुका था इसलिए भारत के हिस्से का कारोबार वैश्विक वित्तीय संस्थाओं के पास चला गया।

उसके बाद यूरोपियन और ब्रिटिश शिपिंग कंपनियों ने गठजोड़ बनाना शुरू किया जिसे कान्फ्रेंस कहा जाता था। पेनिन्सुलर और ओरिएंटल (पी एंड ओ) और ब्रिटिश इंडिया स्टीम नेविगेशन ने खुले तौर पर भारतीय कारोबारियों के साथ भेदभाव किया। इन्हें सरकार का भी पूरा संरक्षण मिलता रहा। 1875 में पी एंड ओ ने पहला मोनोपॉली रिंग बनाया जिसे कलकत्ता कांफेरेन्स कहा जाता है। उन्होंने अपने प्रतिस्पर्धियों को बाज़ार से बाहर करने के लिए अपने वित्तीय रसूख और सरकार में अपने रिश्तों का भी खुलकर इस्तेमाल किया।

जब टाटा ने अपना शिपिंग कारोबार शुरू किया और जापान, दक्षिण पूर्वी एशिया व चीन में सस्ता कपास पहुंचाने के लिए जापान की शिपिंग कंपनी के साथ समझौता किया तो ब्रिटिश प्रतिस्पर्धी बिना किसी शुल्क के निर्यात करने लगीं। नतीजतन टाटा की शिपिंग लाइन ध्वस्त हो गई।

प्रथम विश्व युद्ध (1814) और 1857 के विद्रोह के बीच भारत में निजी यूरोपियन पूंजी और ईस्ट इंडिया कंपनी व्यवसाय की नई ऊंचाई पर थे। विदेशी व्यापार, फैक्टरीज, खानें, प्लान्टेशन, बैंक और प्रबंधन एजेंसियां इसी नेटवर्क का हिस्सा थे।

ट्रेडिंग एजेंसियों का दबदबा

भारत में पहले आधुनिक औद्योगिक कॉम्प्लेक्स के तौर पर फोर्ट ग्लोस्टर (1817) का विकास हुआ जो कलकत्ता से 15 मील की दूरी पर गंगा के किनारे स्थित था। इस कॉम्प्लेक्स में एक कपास मिल, आयरन फाउंड्री, ऑयल मिल, एक डिस्टिलरी और एक पेपर मिल थी। रानीगंज में कोयले के कारोबार भी 1820 में शुरू हुआ और पहली चाय कंपनी आसाम कंपनी की स्थापना लंदन में 1839 में हुई।

1848-49 में मंदी के झटके के बाद बंगालियों ने कोई भी जोखिम का काम नहीं किया। कलकत्ता में जूट की मैनूफैक्चरिंग के लिए सारी सुविधाएं साफ तौर पर मौजूद थीं। इस कमी को पूरा करने के लिए जल्दी ही स्कॉटलैंड के लोग आगे आए और 1855 में जार्ज ऑकलैंड ने कलकत्ता के समीप पहली जूट मिल की शुरुआत की।

सदी के समाप्त होने तक कलकत्ता में 31 जूट कंपनियां थीं और कोयले के कारोबार के करीब 50 के मुख्यालय थे जो ज्यादातर रानीगंज धनबाद क्षेत्र में थे। साथ ही प्रबंधन एजेंसियां असम में बड़ी संख्या में चाय के बागान चला रही थीं।

उत्तर भारत की पहली कॉटन मिल एल्गिन मिल थी जो 1861 में कानपुर में स्थापित की गई। बेग मैक्सवेल (बाद में बेग सदरलैंड) अकेली बड़ी एजेंसी थी जो चीनी और नील के साथ ही कॉटन मिल का प्रबंधन भी करती थी।

उत्तर भारत में मारवाड़ी और बनिया की तर्ज पर दक्षिण भारत के चेट्टियार और कोमाटी वर्ग ने अपने आपको केवल ट्रेडिंग से जोड़ कर रखा और आधुनिक मैन्युफैक्चरिंग में कोई रुचि नहीं दिखाई।

19वीं सदी के अंतिम दशक में भारत के तीन बड़े बंदरगाह शहरों में कारोबार अपने चरम पर था। सन् 1900 तक आधुनिक मैन्युफैक्चरिंग और सेवाओं से जुड़ी 1366 फर्म काम कर रही थीं जिनकी कुल पूंजी 37 करोड़ के आस पास थी। भारत में कारोबार पर यूरोपियन एजेंसी हाउसेज का दबदबा जरूर था। लेकिन वे कभी भी अग्रणी भूमिका नहीं निभा पाए।

शियोन किलबर्न, जार्ज हेन्डरसन, जार्डिन स्किनर, विलियम्सन मैगर, बर्ड जैसी कुछ असरदार एजेंसियां जूट, चाय और कोयले के कारोबार से जुड़ीं थीं। बम्बई में बड़ा कारोबार बीमा,समुद्री बीमा और कपास की मिलों तक सीमित था लेकिन वे किसी भी मायनों में मैनचेस्टर से मुकाबले में नहीं आतीं थीं। बम्बई के प्रमुख एजेंसियों में फोर्ब्स, रेमिन्गटन, एडवर्ड लैथम, किलिक निक्सन थीं।

मद्रास में कारोबार काफी सीमित मात्रा में था लेकिन उनमें विविधता काफी ज्यादा थीं। शिपिंग, बीमा और एक्सचेंज बैंक के साथ-साथ मद्रास की एजेंसियां, कॉफी, मोलासेस, (शीरा) चमड़ा के कारोबार से जुड़ी थीं।

मद्रास के कारोबार में तीन एजेंसियों का दबदबा था- आर्बुथ्नोट, बिन्नी और पेरी। अपने कुशल प्रबंधन की वजह से सदी के अंत तक जल्दी ही उन्होने अपनी प्रतिष्ठा कायम कर ली थी। कलकत्ता में छह एजेंसियां- एंड्रू यूले, बर्ड, हेल्गर (बाद में बर्ड से मिलकर बर्ड एंड हेल्गर) शॉ वैलेस, बेग डनलप और जार्डिन स्किनर (1914 तक) चाय, जूट और कोयले के कारोबार के आधे से ज्यादा हिस्से पर अपना प्रभाव जमा चुकी थीं।

जेम्स लाइल मैके ने कलकत्ता की मशहूर एंजेसी मैक्किनन मैकेन्जी में एक छोटे असिस्टेंट के तौर पर नौकरी (1874) की लेकिन अपनी मेहनत और भाग्य की वजह से उसने सेवानिवृत्त हो रहे कर्मचारियों की हिस्सेदारी इतनी मात्रा में खरीद ली कि अगले 25 साल में वह खुद मैक्किनन मैकेन्जी का मालिक बन बैठा। मैके, (जो बाद में लार्ड इन्चेप बना) ने ब्रिटिश इंडिया स्टीम नेविगेशन नाम की कंपनी बनाई जिसने भारतीय इलाके में पूरा एकाधिकार बनाए रखा। बाद में मद्रास के बिन्नी पर भी उसका कब्जा हो गया।

19वीं सदी के अंत में महत्वाकांक्षी अंग्रेजों की युवा पीढ़ी ने कलकत्ता की ओर रुख किया। उन्हें बाक्सवाल्लाज (भारत में सड़कों पर बक्से में अपना सामान बेचने वालों के लिए अपमानजनक संबोधन) के नाम से जाने जाना लगा।

दूसरे विश्व युद्ध के समय भारतीय युवाओं को अवसर मिलने लगे। 1962 में इलाहाबाद से एक लंबा-सा आकर्षक युवक कलकत्ता आया और बर्ड में 500 रुपये मासिक आमदनी पर नौकरी करने लगा। यह अमिताभ बच्चन थे जो रसेल स्ट्रीट में रहते थे, वे छह दूसरे लोगों के साथ एक कमरे में रहते थे। कंपनी का हेडक्वार्टर बम्बई पहुंचने से पहले बच्चन यहां काम करते रहे।

अंग्रेज कारोबारी और प्रशासक दोनों एक ही पृष्ठभूमि से आते थे। ट्रेडर्स प्रशासक के व्यक्तिगत संसाधनों के संरक्षक हुआ करते थे। इस मिलीभगत ने जाहिरा तौर पर ऐसी नीतियों को जन्म दिया जो यूरोपीय कारोबार के पक्ष में थीं। प्रेसीडेंसी शहरों में चैम्बर ऑफ कामर्स ने औपनिवेशिक पूंजी के पक्ष में संगठित रूप से कारोबारी हितों की पैरोकारी शुरू कर दी।

कलकत्ता में बंगाल चेम्बर ऑफ कामर्स और इसकी तीन सहयोगी एसोसिएशन- इंडियन जूट मिल एसोसिएशन, इंडियन टी एसोसिएशन, और इंडियन माइनिंग एसोसिएशन ने कीमतों और उत्पादन पर पकड़ बनाए रखी और औपनिवशिक सरकारों से अच्छा फायदा निकालते रहे।

प्रेसीडेंसी एंड एक्सचेंज बैंक्स, लाइनर्स कॉन्फ्रेंस, प्रबंधन एजेंसियां और चैम्बर ऑफ कॉमर्स को ब्रितानी सरकार के समर्थन मिला था। इसने भारतीय अर्थव्यवस्था का नस्लीय विभाजन कर दिया। इस वजह से पुराने प्रतिष्ठानों को कारोबार से बाहर होना पड़ा। मारवाड़ी, यूरोपियन कंपनियों के दलालों के तौर पर बंगालियों की जगह ले चुके थे और 1850 तक कलकत्ता के साथ-साथ गुजरात और पश्चिमी शहरों पर अपना अधिकार जमा चुके थे। उन्हें रेलवेज और आपूर्ति नेटवर्क की मदद से फायदा हुआ। अंदरूनी इलाकों से उनके अपने सोर्सिंग नेटवर्क से उनका संपर्क बढ़ा जिससे आयातित वस्तुओं की वितरण प्रणाली तेजी से फैल गई।

भारत में पहली ट्रेन 1853 में बम्बई और थाणे के बीच चली। 1880 तक देश में 14,500 किलोमीटर रेलवे लाइन का निर्माण हो चुका था जिसने कलकत्ता, बम्बई और मद्रास को अंदरूनी इलाकों से जोड़ दिया। इस तेजी से बढ़ते रेलवे नेटवर्क ने भारत में औद्योगिक क्रांति की शुरुआत कर दी होती, जैसा कि यूरोप की कई अर्थव्यवस्थाओं सहित पूरी दुनिया में हो चुका था लेकिन सरकार ने भारतीयों को कभी भी खड़ा होने का मौका नहीं दिया।

जिस दूसरी तकनीक ने देश में क्रांति ला दी वो थी टेलीग्राफ जो पहली बार 1850 में डायमंड हार्बर और कलकत्ता के बीच प्रयोग किया गया। 1857 के विद्रोह के दौरान टेलीग्राफ की रणनीतिक तौर पर ज़रूरत महसूस की गई और इस वजह से सरकार ने इसे बढ़ाने का फैसला लिया। भारतीय रेलवे अब भी देश की जीवनरेखा बनी हुई है। 2013 में टेलीग्राफ सेवाओं को बेद कर दिया गया।

विवेकानंद की प्रेरणा

यूरोपियन दबदबे के दौर में एक व्यक्ति की दूरदर्शिता ने भारतीय औद्योगीकरण को एक दूसरे ही स्तर पर पहुंचा दिया। जमशेदजी नुसरवान्जी टाटा बम्बई के एलफिन्ट्सन कॉलेज से पढ़े थे, उन्होंने अपने पिता के चीन के कारोबार से अपनी शुरुआत की। प्रेमचंद रॉयचंद के निकट सहयोगी टाटा परिवार ने, कपास की तेजी में पैसा बनाया लेकिन बाद में सब कुछ गंवा बैठे। सरकार के ठेकों और कपास के निर्यात में वापसी की वजह से उन्हें कारोबार में वापिस आने में मदद मिली।

जमशेदजी शुरू से ही काफी अलग तरह के व्यक्ति थे। उन्होंरने दो साल में एक कपड़ा मिल की हालत में सुधार कर अच्छे मुनाफे पर बेच दिया और कपड़ा कारोबार की बारीकियों को समझने के लिए ब्रिटेन चले गये। वापिस आने पर उन्होंने बम्बई से दूर नागपुर में कपड़ा मिल लगाने की सोची जो कपास की खेती वाले इलाके के बीचोबीच था। यही मशहूर एम्प्रेस मिल थी इसी के साथ टाटा सन्स की शुरुआत हुई। वह पहले एक मैनेजिंग एजेंसी थी जो आज पूरे टाटा साम्राज्य की होल्डिंग कंपनी के तौर पर काम कर रही है।

उन्होंने ब्रिटिश के प्रति समर्पण और राष्ट्रवादी विचारधारा के बीच बेहतरीन समन्वय स्थापित किया। एक्प्रेस मिल के बाद टाटा ने बम्बई में एक बेकार पड़ी मिल को उन्होंने खरीदा और उसका नाम रखा स्वदेशी मिल और कुछ ही समय में उसकी दशा सुधार दी। यही मॉडल, उन्होंने अहमदाबाद में, तीसरी बार अपनाया। उन्होंने फ्रोजेन फूड का निर्यात और रेशम कारोबार भी किया लेकिन ज्यादा सफलता बम्बई में पश्चिमी घाट पर विद्युत उत्पादन और बम्बई में ताज महल होटल से मिली जो आज की तारीख में टाटा का सबसे पुराना कारोबार है।

एक समुद्री यात्रा के दौरान स्वामी विवेकानंद के साथ बातचीत से प्रभावित हो कर टाटा ने वैज्ञानिक शोध में निवेश किया। बैंगलूरू में इंडियन इंस्टीट्यूट ऑफ साइंस की स्थापना इसी प्रेरणा का नतीजा थी। जिस एक बड़ी सोच ने उन्हें एक कारोबारी दिग्गज के रूप में स्थापित किया वह था उनका स्टील प्लांट लगाने का फैसला।

उन्होंने केन्द्रीय भारत के जंगलों के बीच गहन शोध शुरू कर दिया और बाद में जमशेदपुर में भारत का पहला बड़ा स्टील प्लांट लगाने का फैसला लिया, जिसे शायद स्टील उत्पादन के इतिहास में विशेष मुकाम हासिल हुआ। 1907 में स्वदेशी आंदोलन के दौरान कंपनी के शेयरों को 8000 भारतीय निवेशकों ने हाथोहाथ लिया। बम्बई की व्यावसायिक दुनिया के अग्रणी सदस्य इस 'राष्ट्रवादी' कारोबारी कंपनी बोर्ड का हिस्सा बने। टाटा स्टील ने 1911 में उत्पादन शुरू किया।

बाज़ार (मारवाड़ी) पूंजीवाद का उदय

कुमारमंगलम बिरला फिलहाल मुंबई से अपने विश्व कारोबार का संचालन करते हैं जो अल्यूमिनियम, कार्बन ब्लैक, सीमेंट, टेलीकॉम, और कपड़ा के क्षेत्रों में फैला है। उनका परिवार चार पीढ़ियों से भारत के कारोबार की दुनिया में अग्रणी भूमिका में रहा। बिरला की असली जिंदगी 150 साल पहले शुरू हुई जब उनके दादाजी शिव नारायन ने राजस्थान के पिलानी धूल भरे इलाकों को छोड़ कलकत्ता को रुख किया। शिव नारायन ने समृद्धि की उसी राह को चुना जिस राह पर उनके समुदाय ने कम से कम दो शताब्दियों पहले अपना सफर शुरू किया था।

मुगलों और देश भर में फैले राजस्थानी राजकुमारों के प्रभुत्व का फायदा उठाते हुए ब्याज का काम करने वाले मारवाड़ियों ने पूरब की ओर रुख किया। उनमें से एक जगत सेठ पूरी दुनिया के सबसे समृद्ध व्यक्ति बन बैठे और 18वीं सदी के मध्य तक बंगाल के गवर्नर के बैंकर बन गए। शिव नारायन की पीढ़ियों के लिए 19वीं सदी के मध्य में आगरा और मुर्शिदाबाद की जगह कलकत्ता नया अल डोराडो था।

ताराचंद घनश्यामदास उस वक्त की शायद सबसे बड़ी फर्म थी जिसका मुख्यालय कोलकाता में था जो अमृतसर से हैदराबाद तक जूट, कॉटन और अफीम का कारोबार करती थी।

एक समृद्ध व्यक्ति के तौर पर अपने घर लौटने से पहले शिव नारायन ने ताराचंद घनश्यामदास की हैदराबाद शाखा में एक क्लर्क के तौर पर काम किया। ठीक उसी वक्त आर पी गोयनका के परदादा रामदत्त गोयनका कलकत्ता में सेवाराम रामरिखदास के यहां हेड क्लर्क थे। सिंघानिया परिवार रामरिखदास की कानपुर शाखा से आया। दिलचस्प है कि दो पीढ़ियों के बाद एल एन मित्तल (आर्सेलर मित्तल- दुनिया के सबसे बड़े इस्पात निर्माता) के दादा भी ताराचंद धनश्यामदास के यहां काम करने वाले थे।

उद्यमिता का पुनर्जागरण

शिव नारायन के गोद लिए बेटे बलदेव दास ने ट्रेडिंग में अपना भाग्य चमकाया लेकिन उनके पुत्र घनश्याम दास या जी डी बिरला थे जो प्रथम विश्व युद्ध के आस-पास ट्रेडिंग फ्लोर के जरिये बड़े उद्यमी बन गए। जूट के सटोरिया कारोबार में उनकी सफलता ने मारवाड़ियों के लिए उस दुनिया के दरवाजे खोले जो यूरोपियन कंपनियों के लिए सीमित थी।

बिरला ने सन् 1917 में लंदन में पहली भारतीय जूट ट्रेडिंग फर्म की ब्रिटिश शाखा की शुरूआत की। वे लंदन जूट एसोसिएशन के सदस्य थे। यह सदस्यता उन्हें तब मिली जब जूट के लिए बिरला ने सीधे कारोबार की चेतावनी दे दी। उन्हें ट्रेडिंग फ्लोर पर जाने का मौका नहीं मिला। अपना प्रतिनिधित्व करने के लिए उन्होंने एक अंग्रेजी क्लर्क को नौकरी दी। युद्ध के दौरान भी जी डी बिरला ने दिल्ली में एक कपड़ा मिल का अधिग्रहण किया। उनके भाई रामेश्वर दास बिरला ने बम्बई में पार्टनरशिप में एक कपड़ा मिल लगाई।

इनकी मुख्य कंपनी बिरला जूट 1919 में शुरू की गई लेकिन उससे पहले जी डी बिरला ने अपनी प्रबंधन एजेंसी बिरला ब्रदर्स शुरू कर दी थी यानी कि मारवाड़ी ट्रेडिंग के कारोबार से आगे जाने के लिए तैयार थे।

भारतीय कारोबारियों की बाज़ार अर्थव्यवस्था अनिवार्य रूप से संगठित नहीं थी लेकिन इसमें काफी मुनाफा होता था। इस कारोबार के मुख्य खिलाड़ी स्वदेशी बैंकर्स, ब्याज का काम करने वाले, ट्रेडर्स, किसान और शिल्पकार थे जो हुंडी (बिल ऑफ एक्सचेंज), मंडी (होलसेल बाज़ार) और आढ़त (कमीशन एजेंट) के नेटवर्क के ज़रिए आपस में जुड़े हुए थे।

पूरे उत्तर भारत में मुगलों के वक्त से उन्होंने परिवार और जाति पर आधारित सप्लाई और कर्ज का एक जबरदस्त नेटवर्क बना रखा था। ब्रिटिश राज के आने के बाद रेलवे और टेलीग्राफ से उन्हें अपने पंख फैलाने में काफी मदद मिली। उधार के कारोबार में ब्याज दरें कलकत्ता और बम्बई के आधुनिक बैंक से भी कम थीं। 1860 तक पूरे देश में हुंडी का एक नेटवर्क बन गया जो बम्बई और कलकत्ता से जुड़े थे। ये सभी 12 मनी एक्सचेंज और 1718 मंडियां टेलीग्राफ से जुड़ी थीं। उन्होंने कच्चे माल की सप्लाई पर अपनी पकड़ बनाए रखी और 1914 में जबरदस्त अनिश्चितता के माहौल में वायदा कारोबार के ज़रिए अच्छे पैसे बनाए। दो विश्व युद्धों और महामंदी के बीच जब अर्थव्यवस्थाओं को घरेलू बाजार मिला तो परंपरागत कारोबारी समुदायों के नेटवर्क की अहमियत और भी बढ़ गई।

यही वो बाज़ार अर्थव्यवस्था थी जिससे औद्योगिक पूंजीवाद की भविष्य की पीढ़ियां निकलने वाली थीं।

टाटा और बम्बई के दूसरे मिल मालिकों का बाज़ार के साथ संपर्क खत्म सा हो गया। अहमदाबाद के मिल मालिक और मारवाड़ी के उद्यमी बाज़ार अर्थव्यवस्था के साथ जुडे हुए थे। उनमें से ज्यादातर लोगों ने नए औद्योगिक कारोबार के साथ-साथ अपने पारिवारिक कारोबार को जारी रखा। उद्यमी मारवाड़ी बैंकिंग-और ट्रेडिंग वाली फर्मों में सिघांनिया और जेटिया समुदाय को छोड़कर अन्य कारोबारी अपने आपको वक्त के साथ बदल नहीं पाए। इसी तरह से अगर जेटिया या गोयनका समुदाय को छोड़ दें तो यूरोपियन एजेंसी हाउसेज के ज्यादातर एजेंट्स भी अपने आपको बदलने में नाकामयाब रहे थे।

1914 के बाद ट्रेडिंग से उद्यमी बनने की प्रक्रिया में मारवाड़ी सबसे आगे रहे। बाज़ार अर्थव्यवस्था से उनका संपर्क सबसे करीबी था।

सेठ स्वरूपानंद हुकमचंद इंदौर के असरदार मारवाड़ी ट्रेडिंग समुदाय से आते थे।अपने पारिवारिक कारोबार से अपनी हिस्सेदारी निकालने के बाद उन्होंने अफीम और कपास में सटोरिया कारोबार में काफी पैसा बनाया और बाद में उद्यमी बन गए। 1917 में उन्होंने कलकत्ते में भारतीय के स्वामित्व वाली पहली जूट मिल की शुरुआत की। तब तक इंदौर में उनके पास तीन कपास मिलें थीं। जूट के कारोबार में वे जी डी बिरला के लिए सबसे बड़ी मारवाड़ी या भारतीय प्रतिस्पर्धा थे। हालांकि 1939 में उन्होंने अपनी जूट मिल बिरला को बेच दी।

बाजोरिया समुदाय भी जूट मिल या पेपर मिल के कारोबार में आने तक जूट ट्रेडर थे। कलकत्ता में सोने के वायदा कारोबार में डालमिया समुदाय ने अपना भविष्य बनाया और बाद में वे चीनी, कागज और सीमेंट कारोबार में आ गए। करमचंद थापर कोयले के बड़े ट्रेडर थे जो बाद में कोयला, पेपर और चीनी उद्योग में आए।

सेठ सुखलाल कुलकर्णी जिन्होंने उस वक्त कलकत्ता में अग्रणी अस्पताल को अपना नाम दिया, एच वी लो एंड कंपनी के अंतर्गत कोयले की कई खदान ले कर आए। केवल चाय के बागान ही ऐसे थे जो लंदन में पंजीकृत थे, और मारवाड़ियों की पहली पीढ़ियों से अभियान से बच पाए।

स्वदेशी स्टीम नेविगेशन

भारतीय उद्योग के लिए वह महत्वपूर्ण क्षण था जब वालचंद हीराचंद और नरोत्तम मोरारजी ने सिंधिया स्टीम नेविगेशन की शुरुआत की। इसने ब्रिटिश स्टीम नेविगेशन की एकाधिकार की दुनिया में सूराख कर दिया जो दशकों से भारतीय कारोबारी हितों का गला घोंट रही थी।

जी डी बिरला के अलावा वालचंद हीराचंद उस वक्त के दूसरे नायक थे। शोलापुर के एक कारोबारी की संतान के रूप में छात्र जीवन में वे रानाडे और दूसरे नेताओं के भाषणों से इतने प्रभावित हुए कि उन्होंने हर बड़े कारोबार में ब्रिटिश वर्चस्व को तोड़ने का फैसला किया। शोलापुर में एक सफल बिल्डिंग का ठेकेदार बनने के बाद उन्होंने देश के पहले आधुनिक शिपिंग कारोबार (विशाखापत्तनम हिंदुस्तान शिपयार्ड) की शुरुआत की। हीराचंद ने प्रीमियर ऑटोमोबाइल में कार बनाना प्रारंभ किया और यहां तक कि एअरलाइन के निर्माण (हिंदुस्तान एयरोनॉटिक्स लिमिटेड) की भी शुरुआत की। इन सभी कारोबार का उद्घाटन कांग्रेस के अध्यक्ष अथवा प्रमुख स्वतंत्रता सेनानियों ने किया था।

प्रथम विश्व युद्ध के अंत तक भारतीय उद्यमिता की नई पीढ़ी ने बड़े जन उपभोग की चीजों जैसे कि मैनचेस्टर कॉटन, जावा शुगर, विदेशी पेपर के आयात को घरेलू बाजार से बाहर निकालने में सफलता कर ली थी।

यह बाज़ार उद्यमियों का पहला सुनहरा दौर था, लेकिन उनकी कमियों को भी याद रखना जरूरी है। छोटे घरेलू उपभोक्ता बाजार ने उनके कारोबार के क्षेत्र को सीमित कर दिया, उनके पास तकनीक की भी कमी रही और देश में मशीनरी उद्योग के नाम पर कुछ नहीं था।

दिल्ली में फेडरेशन ऑफ इंडियन चेम्बर ऑफ कॉमर्स की (फिक्की) की स्थापना एक बड़ा मुकाम थी। बिरला समूह के अलावा बम्बई के कपड़ा किंग पुरुषोत्तम दास ठाकुरदास ने इसकी स्थापना में महत्वपूर्ण भूमिका निभाई। ठाकुरदस एक गुजराती वैष्णव थे। दिल्ली के डीसीएम ग्रुप से लाला श्रीराम ने चीनी और कॉटन टेक्सटाइल के कारोबार में आने से पहले सरकारी ठेकों से अपना साम्राज्य खड़ा किया। अहमदाबाद के जैन कस्तूरभाई लालभाई, और नट्टुकोट्टई चेट्टियार एमसीटी मुथैय्या ने मिलकर इस फेडरेशन की स्थापना की और अध्यक्ष बने सर दिनशा पेटिट।

यह भारत के सबसे असरदार कारोबारियों की पहली अखिल भारतीय फेडरेशन थी जो उन कारोबारों में आगे आ रही थी जिस पर अभी तक केवल विदेशी काबिज थे।

उपनिवेशवाद और अनिवासी भारतीय

थारिया तोपान काठियावाड़ में अपने घर से 12 साल की उम्र में भाग गए और 1840 में जंजीबार पहुंचे। पहले उन्होने एक माली का काम किया और फिर कपड़ों के ट्रेडर का काम करने लगे। मोटे अमेरिकी कपड़ों की बिक्री में थोरिया तोपान की सफलता ने उन्हें

जंजीबार का सबसे धनी ट्रेडर बना दिया। 1876 में ही उन्हें जंजीबार कस्टम का प्रतिष्ठित और आकर्षक पद मिल गया।

जंजीबार में गुलामों के व्यापार को खत्म करने में उनकी भूमिका भी शामिल थी। जांजीबार गुलामों के कारोबार का मुख्य अड्डा था जिसे भारतीय कारोबारियों से पैसा मिलता था। तोपान को ओबीई (असाधारण कारोबारी उद्यमी) की उपाधि मिली। उन दिनों किसी भारतीय कारोबारी के लिए यह बेहद विशिष्ट सम्मान था।

प्रसिद्ध मिशनरी और गुलामी के विरुद्ध संघर्ष करने वाले डॉ. डेविड लिविंगस्टन का इलाज तोपान के घर में हुआ था। थारिया तोपान 1885 में बम्बई आ गए और यहां से चीन के साथ चाय और अफीम के कारोबार के जरिए और समृद्ध हो गए। उन्हें दोबारा ओबीई का तमगा मिला। काठियावाड़ में इस्माइली खोजा परिवार से आए थारिया तोपान ने सिद्ध किया कि कैसे कुछ भारतीयों ने अपने परंपरागत संपर्कों को बनाए रखते हुए ब्रिटिश उपनिवेश के दौरान और भी अधिक सफलता प्राप्त की।

मारवाड़ी भी सफलतम प्रवासी कारोबारी के तौर पर अच्छे से जाने जाते थे। औपनिवेशिक शासन के आधिपत्य ने कई दूसरे समुदायों को भी भारत और विदेश में अपना कारोबार फैलाने का मौका दिया। गुजराती बनिया, कच्छ के लोहाना और भाटिया समाज और गुजरात के मुस्लिम कारोबारी समुदाय ने लाल सागर पोर्ट (अदन-मोका) और पूर्वी अफ्रीकी तट (आज का इथियोपिया, सोमालिया, तंजानिया युगांडा और केन्या) के साथ अपने मजबूत कारोबारी संबंधों को कायम रखा।

दूसरी श्रेणी के नागरिक के दर्जे के बावजूद गुजराती बनिया समुदाय ने यमन में आर्थिक जीवन पर अपना दबदबा बनाया। ओमान और बहरीन में कच्छ और सिंध के भाटिया जेवरातों के कारोबारियों को पैसा देते थे।

रामदास ठाकरसे 1870 में ओमान गए। उन्होंने खिमजी रामदास की स्थापना की जो आज ओमान के सबसे बड़े कारोबारियों में एक हैं ।

व्यापारियों के अलावा काठियावाड़ में गरीब जैन किसान भी थे जो शाह के नाम से जाने जाते थे। शाह केन्या में जाकर बड़े सफल कारोबारी बने। गुजरात के श्रमिकों (जिन्हें पटेल कहा जाता था) ने युगांडा में जाकर रेलवे बनाई और वहीं बस गए। इन्हें पेटी कारोबारी (डुकावाल्लाज) कहा जाने लगा। भारतीय पूंजी और मेहनत की वजह से पूर्वी अफ्रीका के शहर बसाए गए। वहां प्लांटेशन, ट्रक का कारोबार और होटल कारोबार की शुरुआत इन शहरों की वजह से हुई।

उद्यमिता का पुनर्जागरण

अफगानिस्तान के दुर्रानी साम्राज्य (1747-1823) के लिए टैक्स संग्राहक के तौर पर काम करते हुए सिंध के शिकारपुरी लोहाना समुदाय ने काफी धन इकट्ठा किया। दुर्रानी साम्राज्य के खत्म होने के बाद शिकारपुरी भारत और मध्य एशिया के बीच कारंवां कारोबार को पैसा देने लगे जो बुखारा में रेशम खरीदते थे और भारत से नील और कपास के कपड़े बाहर भेजते थे। सुरक्षित और परिष्कृत तरीके से धन को भेजने में उन्होंने विशेषज्ञता हासिल कर ली।

1870 और 1917 के दौरान (रूस में वोल्शेविक क्रांति) वह चीन और मध्य एशिया में उधार देने वाले और बैंकिंग समुदाय के रूप में स्थापित हो गए जो रूस से कम ब्याज दरों पर पैसा उठाते थे और किसानों वह गांवों में कारोबारियों को ऊंचे ब्याज पर उधार देते थे।

1917 में इस आकर्षक कारोबार के समाप्त होने के बाद वे वापिस करांची और मुंबई आ गए। उन्होंने अपने स्थानीय बैकिग कारोबार को दक्षिण भारत से लेकर बर्मा तक फैलाया।

लहाना ग्रुप (भाईबंद समुदाय) का उदय और भी शानदार रहा जो हैदराबाद से जाकर सिंध में बस गए।1850 की शुरुआत से इन कारोबारियों ने बम्बई में रहने वाले यूरोपीय समुदाय को सिंधी शिल्पकला की ओर आकर्षित करना शुरू कर दिया जिन्हें बाद में सिंधकर्मी कहा जाने लगा। अपनी शुरुआती सफलता और बम्बई से संपर्कों की वजह से भाईबंद कारोबारी दक्षिण पूर्व एशिया, चीन और जापान में छा गए। समूचे उपमहाद्वीप से हथकरघा उत्पादों की आपूर्ति के अलावा जापानी वस्त्र और चीनी रेशम इनके प्रमुख कारोबार थे। उन्होंने इजिप्ट (कायरो, लक्सर, लेक्जेंड्रिया), भूमध्य सागरीय बंदरगाहों (सिसिली, नेपल्स, माल्टा, जिब्राल्टर) और अफ्रीका (सिएरा लियोन, लागोस,डरबन, हरारे) में शहरों और बड़े बंदरगाहों होनुलूलू, पनामा, रियो द जेनेरियो, ब्यूनेस आयर्स, चिली में अपनी दुकानें बनाई।

सिंधवर्क से जुड़ी फर्मों के मुखिया या शाह हैदराबाद में रहते थे। उनके छोटे पार्टनर (गुमाश्ता) अलग-अलग शहरों में कारोबार संभालते थे और हैदराबाद जाकर हर साल अपने अकाउंट व्यवस्थित करते थे।

चूंकि सिंधी महिलाओं के पति विदेश यात्राओं से पहले केवल छह माह के लिए अपने घर में रह पाते थे। उनकी यात्राएं कभी-कभी तीन साल तक भी चलती रहती थीं, इसलिए सिंधी महिलाओं में एक धार्मिक आंदोलन की शुरुआत हुई जो महिलाओं की संगठन शक्ति और ब्रह्मचर्य पर जोर देता था। इस आंदोलन को शुरुआत में ओम मंडली के नाम से जाना जाता था। यह आज का ब्रह्मकुमारीज संगठन है।

पुहूमुल ब्रदर्स, वालियामल एसोमल, धनामल चेलाराम जेटी चेन्नरी, एम डायलदास एंड सन्स कंपनियों के तौर पर हांगकांग, मध्य पूर्व और अफ्रीका में स्थापित हुए।

1820 से शुरू होकर 19वीं शताब्दी के दूसरे हिस्से के दौरान नट्टुकोट्टाई चेट्टियार महाजनों ने श्री लंका, बर्मा, सिंगापुर, और आज के मलेशिया, विएतनाम, लाओस और कंबोडिया में अपनी पूंजी का विस्तार किया। 1929-301 में पता चला कि 120 करोड़ रु. के उनके संपूर्ण कारोबार में 60 फीसदी से ज्यादा निवेश बर्मा में ही था। बर्मा ने चावल के उत्पादन क्षेत्र में कई गुना बढ़ोत्तरी कर एशिया में बढ़त ले ली थी।

मलेशिया में जिस चीनी उद्यमी ने रबर उगाने की शुरुआत की उसके कारोबार में चेट्टियार की पूंजी लगाई गई थी। ज़मीन ही एकमात्र चीज थी जिसे किसान गिरवी के तौर पर रख पाते थे इसलिए ब्याज का काम करने वाले चेट्टियार के पास काफी बड़ी मात्रा में जमीन थी। जापान के आक्रामक रवैये और दूसरे विश्व युद्ध की वजह से उन्हें बर्मा से भागना पड़ा। चेट्टियार ने बर्मा की एक-चौथाई जमीन पर कब्जा कर लिया था। राजा सर अन्नामलाई चेट्टियार 86,000 एकड़ जमीन के साथ बर्मा के सबसे बड़े जमींदार के रूप में उभरे।

बर्मा के गांवों में चेट्टियार महाजन, अक्सर स्थानीय शिव मंदिर से अपना कारोबार चलाते थे। चूंकि उनकी पूंजी पर उन्हें अच्छा खासा ब्याज मिलता रहा इसलिए चेट्टियार ने बैंकिंग को छोड़कर किसी भी आधुनिक उद्योग में अपनी रुचि नहीं दिखाई। राजा शाह के इंडियन बैंक और उनके भतीजे एम सी टी मुत्तैया चेट्टियार के इंडियन ओवरसीज बैंक और यूनाइटेड इंडिया इंश्योरेन्स के अलावा 1947 तक चेट्टियार केवल दो औद्योगिक कारोबारों में सक्रिय थे – ए एम मुरुगुप्पा का चेट्टियार झेरॉक्स उत्पाद (ऑफिस और सुरक्षा उत्पाद) और के थियागराज चेट्टियार की कुछ कपड़ा मिलें।

तीन बंदरगाह शहरों कलकत्ता, बम्बई और मद्रास,ने पूरे देश के अंदरूनी भागों के कारोबारी समुदायों को अपनी ओर खींचा। कलकत्ता में मारवाड़ियों के अलावा अरमेनियन, पारसी, यहूदी, जैन, खोजा और मेमन भी आए। बम्बई में पारसियों, गुजराती वैष्णव बनिया और जैन के अलावा कच्छ के लोहानी और भाटिया, सिंधी, कोंकणी मुसलमान, बोहरा, खोजा और मेमन समुदाय के लोग आए। मद्रास में कोमती और आंध्र के दूसरे कारोबारी थे।

यह सभी समुदाय कारोबार से सीधे उद्योगों की तरफ रुख नहीं कर पाए लेकिन जिस शहर को उन्होंने अपनाया वहां अपने कारोबार और धर्म को ज़रूर फैलाया।

इन शहरों में इन विविधता भरे समुदायों की वजह से ही महानगरीय संस्कृति का विकास हुआ। बम्बई को छोड़कर इन शहरों में घटते आर्थिक विकल्पों की कमी और दूसरी परिस्थितियों की वजह से व्यापारी समुदाय अन्य शहरों और विदेश की ओर पलायन कर गए। लेकिन उनकी महत्वपूर्ण आर्थिक उपस्थिति का अहसास उनके व्यापारी धार्मिक सामाजिक कार्यों से होता है। कच्छ के मेमन की नखोड़ा मस्जिद, अर्मेनियन कॉलेज, यहूदी स्कूल और कलकत्ता में पारसी टावर ऑफ साइलेंस इसके गवाह हैं।

आज़ादी की ओर

1947 के पहले भारत में आधुनिक कारोबार के विकास को तीन प्रमुख चरणों में बांटा जा सकता है। पहले चरण (1850-1914) में यूरोपियन प्रबंधन एजेंसियों का दबदबा रहा जिसमें हल्की मैन्यूफैक्चरिंग, प्लांटेशन, और खनन प्रमुख कारोबार थे। इस अवधि के सभी अहम उत्पाद, चाय, जूट, कोयला और कपास निर्यात पर आधारित था। यही वह वक्त था जब भारतीयों ने पहली बार आधुनिक मैनुफैक्चरिंग उद्योगों की ओर कदम बढ़ाया।

मध्य काल (1914-1939) के दौरान न केवल मारवाड़ियों का उदय हुआ बल्कि उत्पादन भी घरेलू बाज़ार पर केन्द्रित रहा। यूरोपियन प्रबंधन एजेंसियों ने कई नए तरह के कारोबार में निवेश किया जिन्हें 'वॉर बेबीज' के नाम से जाना जाता है। लेकिन ज्यादातर कारोबार अपने आपको संभाले नहीं रख पाए। निर्यात के प्रमुख कारोबार में मंदी की वजह से उनके पास फिर से निवेश के लिए पूंजी ही नहीं बची। जब वे अपने खुद के घरेलू बाज़ार में मुश्किलें महसूस कर रहे थे, तब मारवाड़ी समुदाय बाज़ार अर्थव्यवस्था से बड़ी पूंजी बाहर निकाल रहे थे। वैश्विक बाजार में काफी उथल-पुथल थी लेकिन 1920 से 1930 तक घरेलू बाजार में तेजी बनी रही। मारवाड़ियों को उनके घरेलू संपर्क की वजह से इस दौरान काफी फायदा हुआ।

इस वक्त तक विदेशी मैनेजिंग एजेंसियां बहुराष्ट्रीय कंपनियों में बदलने लगीं जो इंडिया लिमिटेड के नाम से लोकप्रिय हुईं। माचिस बनाने वाली स्वीडिश कंपनी विम्को ने 1924 में अपना कारोबार शुरू किया। इसके बाद दो प्रतिष्ठित विनिर्माताओं ने दस्तक दी। एक था गेस्ट कीन नेट्टलफोल्ड (1931, रेलवे इंजिनियरिंग) और दूसरा डनलप टायर्स (1935 में कोलकाता में)।

बहुराष्ट्रीय कंपनियां अपने साथ जटिल तकनीक भी लेकर आईं। उस वक्त तक भारत का बाज़ार इतना परिपक्व हो चुका था कि यहां पर ब्रांडेड उपभोक्ता उत्पादों का प्रवेश

हुआ। लीवर ब्रदर्स (लाइफबॉय साबुन वाले) ने 1933 में अपना कारोबार शुरू किया। कई पीढ़ियों तक जूतों की दुनिया में प्रतिष्ठित रहे बाटा ने भी 1933 में भारत में प्रवेश किया।

तब तक इस समय तक भारतीय उद्योगपति भी अपनी जमापूंजी का नए और जटिल कारोबार में निवेश करने को तैयार हो चुके थे। टाटा ने फिर से एक बार अग्रणी भूमिका निभाई। टिस्को ने एलॉय, टूल्स, स्पेशल स्टील और 1937 में हावड़ा ब्रिज के लिए उच्च क्वालिटी का स्टील बनाना शुरू किया।1940 में टाटा केमिकल की शुरुआत की गई और 1945 में टेल्को की।

सिंघानियां, खासतौर पर जुग्गीलाल कमलापत यानी जे के ने 1944 में अल्यूमिनियम कॉर्पोरेशन ऑफ इंडिया की स्थापना की। बंगाल में जीडी बिरला ने कार बनाने के लिए हिन्दुस्तान मोटर्स की शुरूआत की और पश्चिम में वालचंद की प्रीमियर ऑटो की शुरुआत हुई और इस तरह से एंबैसडर का कलकत्ता से और प्रीमियर पद्मिनी कार का मुंबई से नाता जुड़ गया।

टेक्सटाइल मशीनरी के निर्माण के लिए 1946 में बिरला टेक्समैको की शुरुआत की गई। वालचंद, किलाचंद और खटाउ ने मैसूर सरकार के साथ हाथ मिला हिन्दुस्तान एयरक्राफ्ट लिमिटेड की स्थापना की।

1942 से 1945 के बीच यूरोपियन कोयले के कारोबार और जूट मिल के अधिग्रहण का सिलसिला शुरू हुआ जिसमें बजोरिया, बांगर्स, गोयनका, कर्नानी, जयपुरिया जैसे मारवाड़ी समुदाय का वर्चस्व रहा। यूरोपियन पूंजी धीरे धीरे घटती जा रही थी लेकिन 1947 में भी कलकत्ता में कुल निवेश की 72 फीसदी हिस्सेदारी उन्हीं के प्रभाव में थी जो लंदन में पंजीकृत थे।

1947 में जब भारत को आजादी मिली तो अविकसित गांवों के विशाल समूहों और करीब-करीब संपूर्ण कृषि अर्थव्यवस्था के साथ ही कुछ गिनी चुनी जगहें ऐसी रहीं जहां आधुनिक तकनीक और उन्नत कारोबारी मौजूद थे। कुछ आर्थिक इतिहासकार हमें याद दिलाते हैं कि अगर ब्रिटिश नहीं होते तो भारत में आधुनिक उद्योगों की शुरुआत न हुई होती। लेकिन ब्रिटिश ने इस बात का भी ख्याल रखा कि भारत में ऐसी औद्योगिक प्रगति न हो पाए जैसी की पश्चिमी यूरोप, जापान या अमेरिका में हुई।

कांग्रेस ने 1938 में एक राष्ट्रीय योजना आयोग का गठन किया। आयोग में पुरुषोत्तमदास ठाकुरदास, ए.डी. श्रॉफ, अम्बालाल साराभाई, और वालचंद हीराचंद जैसे उद्योगपति भी शामिल थे। यह आयोग कुछ ठोस हासिल नहीं कर पाया, लेकिन उद्योगपतियों को पता चल गया था कि आज़ाद भारत में कांग्रेस के झंडे तले, आर्थिक नीतियों के केन्द्र में योजना यानी प्लानिंग आएगी।

1944 में जब दूसरा विश्व युद्ध अपने अवसान पर था तब देश के सात बड़े उद्योगपतियों- पुरुषोत्तमदास ठाकुरदास, जेआरडी टाटा, जी डी बिरला, लाला श्री राम, आर्देशिर दलाल, एडी श्रॉफ और कस्तूरीभाई लालभाई ने बांबे प्लान की शुरुआत की। उन्होंने 15 सालों के लिए एक योजना सामने रखी जिसमें 10,000 करोड़ के खर्च का अनुमान था जिसके बाद भारतीय अर्थव्यवस्था का पूरे तौर पर कायापलट होने का दावा किया गया था।

स्वदेशियों का बैंक

19वीं सदी की शुरुआत में कलकत्ता और बम्बई के नए समाज का नेतृत्व राममोहन रॉय और द्वारकानाथ टैगोर जैसे व्यक्तित्वों के हाथ था जो ट्रेडर्स से काफी प्रभावित रहे। उन्होंने असाधारण उद्यमिता के लिए तारीफ ही नहीं की बल्कि वे आजाद प्रेस और न्याय व्यवस्था में विश्वास रखते थे। यह नया नेतृत्व सरकार की विभाजनकारी नीतियों और कानूनों के विरोध में था।

इसने सामाजिक सुधारों की राह प्रशस्त की और बाद में कलकत्ता में 1828 में ब्रह्म समाज की स्थापना में योगदान दिया। सामाजिक सुधारों के ये आंदोलन सामाजिक कुरीतियों (सती प्रथा और बाल विवाह) को समाप्त करने और महिलाओं समेत सभी की शिक्षा पर केन्द्रित थे चाहे वह किसी भी धर्म से क्यों न संबद्ध हों।

बम्बई में दादा भाई नौरौजी, नौरौजी फुरदूनजी और एस.एस. बेंगाली ने पारसियों के बीच रहनुमाई मजदयासां सभा के तौर पर यही अभियान चलाया था।

शहरी भारत में धीरे-धीरे सामाजिक नेतृत्व नए औद्योगिक वर्ग की ओर मुड़ने लगा था। इसका एक बड़ा उदारहण यह है कि जब ब्रिटिश ने अहमदाबाद नगर निगम का मुखिया एक भारतीय को नियुक्त करना चाहा तो रागरसेठ ने अपनी उम्र का हवाला दे कर इनकार कर दिया। इसके बाद ब्रिटिश रनछोड़लाल के पास पहुंचे।

मुंबई में दादा भाई नौरोजी, दिनशा वाचा, फिरोजशाह मेहता, बी पी वाडिया, मैडम कामा, और कलकत्ता में आर सी दत्त और सुरेन्द्रनाथ बनर्जी मजबूत आर्थिक पृष्ठभूमि से आते थे। उन्होंने देश में राष्ट्रवादी नेतृत्व की पहली पीढ़ी का प्रतिनिधित्व किया। नौरोजी की *पावर्टी एंड अन-ब्रिटिश रूल* और आर सी दत्त की *इकॉनामिक थ्योरी ऑफ इंडिया* ब्रिटिश आर्थिक नीतियों की शोधपरक आलोचना थी।

1905 से पहले तक आर्य समाजी स्वदेशी के सबसे मज़बूत प्रवर्तक रहे। उच्च शिक्षा प्राप्त हिंदू पंजाबियों का एक समुदाय सुधारों का बड़े पक्षधर था। उसने पंजाब नेशनल

बैंक (1894) की शुरुआत की। उनमें से एक लाला हरकिशन सिंह ने एक बीमा कंपनी भारत इंश्योरेन्स भी बनाई।

पंजाब नेशनल बैंक भारतीय उद्यमियों की मदद के लिए बना था, इसलिए तत्कालीन भारतीय राजकुमारों ने इसी तर्ज पर पंजाब एंड सिंध बैंक, बैंक ऑफ बड़ौदा, कॉर्पोरेशन बैंक, सेन्ट्रल बैंक, यूनियन बैंक, बैंक ऑफ इंडिया और कनारा बैंक की स्थापना की। ये सभी बैंक 1900 से 1911 के बीच शुरू किए गए।

आर्थिक आत्मनिर्भरता या स्वदेशी की विचारधारा 19वीं सदी के अंत में अपना प्रभाव जमाने लगी थी। बंगाल में विभाजन विरोधी आंदोलन से पहले ही विदेशी सामान का बहिष्कार और स्वदेशी एक असरदार राजनीतिक हथियार बन चुका था, स्वदेशी की अवधारणा ने पूरे देश में कई उद्यमियों को प्रभावित किया। उनमें से एक पारसी वकील आर्देशिर बुर्जोरजी गोदरेज भी थे, जिन्होंने मैकेनिकल ताले बनाना शुरू किया और हाउस ऑफ गोदरेज की नींव रखने में कामयाब हुए।

मद्रास में दो अहम कारोबार थे—यूनाइटेड इंडिया लाइफ इंश्योरेन्स और वी.वी. चिदंबरम पिल्लई की स्वदेशी स्टीम नेविगेशन कंपनी जो ब्रिटिश शिपिंग कंपनियों के खुलेआम विरोध की वजह से जल्दी ही बंद हो गई। आर्थिक परिदृश्य में लगातार हो रहे भेदभाव ने भी कारोबारियों और उद्यमियों को करीब लाने का काम किया जिसकी वजह से शुरुआती बम्बई में नेटिव पीस गुड्स एसोसिएशन (1882) और कलकत्ता में बंगाल नेशनल चेम्बर ऑफ कामर्स (1887) की स्थापना हुई।

विदेशी वस्तुओं के बहिष्कार ने भारतीय कपड़ा उद्योग को अपनी क्षमता बढ़ाने का मौका दिया। बंगाल के भद्रलोक ने स्वदेशी अवधि के दौरान कारोबारी कामयाबी हासिल की। इस वक्त की कंपनियां थीं बंगा लक्ष्मी और मोहिनी मिल्स। पहली भारतीय केमिकल कंपनी बंगाल केमिकल्स डॉ. प्रफुल्ल चंद रॉय (भारत में रसायन शास्त्र के जनक) ने शुरू की। कलकत्ता केमिकल्स, पी.एम. बागची और एच. बोस की आधुनिक परफ्यूम एंड टोयलेटरीज, बंगाल लैंप, कलकत्ता पोटेरी, ओरिएंटल एंड बंड मैच फैक्टरी और कुछ मीडिया हाउस जैसे आनंद बाज़ार और युगान्तर भी स्वदेशी आंदोलन की छाया में विकसित हुए थे।

बंगाल केमिकल और आनंद बाजार को छोड़कर इनमें से किसी को भी बड़ी कारोबारी सफलता नहीं मिली लेकिन उनके योगदान को नकारा नहीं जा सकता। बंगाल से बाहर कारोबारियों में से दो, समय की कसौटी पर खरे उतरे। एक थे शिक्षित मैकेनिकल इंजिनियर लक्ष्मणराय किर्लोस्कर जो मशीनें बनाने का उपक्रम लेकर आए। यह उपक्रम

किर्लोस्कर इंजीनियरिंग के तौर पर सामने आया। और दूसरी एक केमिकल फर्म जिसे केमिस्ट त्रिभुवनदास कल्याणदास गज्जर ने शुरू किया। एक शिक्षित जमींदार बी.डी. अमीन ने इसका अधिग्रहण कर लिया। यह आज की एलेम्बिक फार्मा है।

स्वदेशी उद्यमिता के एक नए आर्थिक वर्ग का प्रतिनिधित्व करती इंडस्ट्रियल कान्फेरेन्स 1905 में शुरू हुई जो अलग से अपना सालाना सत्र बुलाती थी। शहरों कांग्रेस ने धनाढ्य कारोबारियों और उद्योगपतियों के निकटता बढ़ाई। तिलक स्वराज फंड की तर्ज पर यही कारोबारी और उद्योगपति बाद में कांग्रेस के मुख्य वित्तपोषक बने।

अहमदाबाद के मिल मालिक महात्मा गांधी के सबसे निष्ठावान समर्थक थे, जो अपनी पूरी जिंदगी में अहमदाबाद मिल उद्योग में ट्रेड यूनियनों की कट्टरता की आंच को कम करने में मदद करते रहे थे।

जैसे जी.डी. बिरला और दूसरे हिन्दू उद्योगपति कांग्रेस के करीब रहे उसी तरह से बड़े मुसलमान उद्यमी समुदाय जिन्ना की अगुवाई वाले मुस्लिम लीग के करीबी हो गए। ये समर्थन उस प्रक्रिया का भी नतीजा था जिसमें एक समुदाय आधुनिक भौतिक समृद्धि में पीछे रह गया था।

1945 में बड़े मुस्लिम कारोबारियों ने ऑल इंडिया मुस्लिम चैम्बर ऑफ कॉमर्स एंड इंडस्ट्री बनाई जहां अध्यक्ष आदमजी दाऊद (मंदी के दौर में करीमभाई ग्रुप ऑफ इंडस्ट्रीज के बाद सबसे बड़ा मुस्लिम कारोबारी ग्रुप) को छोड़कर ज्यादातर सदस्य कलकत्ता से इन्फानी, या सर सुल्तान चिनॉय, बम्बई के हबीब रहमतुल्ला उद्योगपति नहीं बल्कि ट्रेडर थे।

रामकृष्ण डालमिया और जी.डी. बिरला जैसे हिन्दू उद्योगपति भी विभाजन के पक्ष में थे क्योंकि उन्हें लगता था कि इससे अल्पसंख्यक और राजनीतिक मुश्किलों से उन्हें छुटकारा मिल जाएगा। बिरला और सर आर्देशिर जैसे दूरदर्शी उद्योगपतियों की सोच का नतीजा था कि विभाजन के बाद 289 कपास मिलों में से केवल नौ, 166 शुगर मिल में से केवल 10, 108 सीमेंट प्लांन्ट्स में से केवल 3 पाकिस्तान को मिलीं। 108 जूट मिलों, 148 स्टील फैक्टरीज और 16 पेपर मिलों में से एक भी पाकिस्तान के हिस्से नहीं गईं। इन मुसलमान कारोबारियों ने कलकत्ता और बम्बई के दंगों के बाद पाकिस्तान का रुख किया।

इस बात से इंकार नहीं किया जा सकता कि धार्मिक लगाव के अलावा इन मुस्लिम कारोबारी परिवारों को देश में एकाधिकार की संभावनाओं ने भी आकर्षित किया। 1970 के मध्य तक ये पता चला कि खोजा और कच्छ के करीब 22 मेमन परिवारों ने पाकिस्तान के उभरने के बाद 50 फीसदी जीडीपी पर कब्जा कर लिया था। 1960 के मध्य तक आदमजी

परिवार जैसे मेमन समुदाय और पाकिस्तान में हबीब बैंक के प्रोमोटर खोजा का दबदबा रहा। 1970 में पंजाबियों का प्रभुत्व दिखा। शेखों के उभरने के बाद कच्छ के मेमन और खोजा कारोबारी परिवार थोड़ा हाशिए पर चले गए।

महिंद्रा एंड मोहम्मद ने अपने मुस्लिम पार्टनर गुलाम मोहम्मद को खो दिया जिन्होंने पाकिस्तान की नयी रियासत में वित्त मंत्री की भूमिका निभाई और बाद में राष्ट्र के प्रमुख भी बने। कंपनी का नाम बदल कर महिन्द्रा एंड महिन्द्रा कर दिया गया। जिन्ना के विभाजन के आह्वान का समर्थन न करने वालों में एम.एच. हाशम प्रेमजी (बम्बई के एक कारोबारी) थे जिन्हें पाकिस्तान के वित्त मंत्री के पद की पेशकश की गई थी।

आज़ाद भारत में कारोबार

आज़ादी ने विदेशी कारोबारियों को बेचैन कर दिया। वह तुरंत ही अपना व्याबपार बेचने में लग गए। वास्तव में गोयनका और बांगर जैसे कई मारवाड़ी घरानों ने पहली बार ब्रिटिश मालिकों से उनकी संपत्ति का अधिग्रहण करके उद्योग में प्रवेश किया। प्रवासियों में एंड्रू यूले जैसे कइयों ने काफी योजनाबद्ध तरीके से कारोबार से निकलने की कोशिश की लेकिन कुछ वक्त के बाद उन्हें अपने बचे हुए कारोबार में भी बने रह पाना काफी मुश्किल लगने लगा।

अविश्वास के माहौल के साथ-साथ बंगाल में श्रमिकों की खराब होती हालत भी अहम चुनौती बनती जा रही थी। अमिताभ बच्चन के बर्ड कंपनी में नौकरी पाने के दो साल बाद ही कस्टम विभाग की रेड ने कलकत्ता की सबसे बड़ी कंपनी की प्रतिष्ठा को काफी नुक़सान पहुंचाया।

वेन्थाल परिवार ने कंपनी के प्रबंधन से खुद को पूरी तौर पर बाहर निकालने का फैसला किया। 1947 में सर एडवर्ड बेन्थाल ने वायदा किया था कि बर्ड हमेशा एक भारतीय कंपनी थी और रहेगी और इस वादे को पूरा करने के लिए उन्होंने एक क्रांतिकारी कदम उठाया और विदेशी मालिकों के पूरे हिस्से को भारतीय कामगारों और अधिकारियों के हित में पेंशन और सेविंग फंड में स्थानांतरित करने का फैसला लिया। लेकिन 1976 तक बर्ड कंपनी खत्म हो चुकी थी और सरकार ने उसका अधिग्रहण कर लिया था।

यूनीलीवर और इंपीरियल टोबैको कंपनी (आईटीसी) जैसी बहुराष्ट्रीय कंपनियां अपवाद थीं। उन्होंने विदेशी विनिमय नियमों का पालन करते हुए विदेशी हिस्सेदारी घटाई और अपने मैनेजमेंट और उत्पादों का भारतीयकरण किया लेकिन उसी वक्त सहयोगी कंपनियों पर अपना मजबूत नियंत्रण भी बनाए रखा।

जब तक नेहरू प्रधानमंत्री रहे, तब तक निजी क्षेत्र का गला घोंटने की जान-बूझकर कोई कोशिश नहीं की गई। हालांकि कुछ बीमा कंपनियों के राष्ट्रीयकरण ने निजी प्रतिस्पर्धा को नुकसान पहुंचाया। स्वदेशी और आर्थिक राष्ट्रवादिता नेहरू के समाजवाद की तरफ रुझान के कारण शोर तले दब गई। इसने कई नई अवधारणाओं को जन्म दिया जैसे मिश्रित अर्थव्यवस्था, सार्वजनिक कंपनियों का दबदबा, औद्योगिक लाइसेंसिग पॉलिसी, घरेलू कंपनियों का संरक्षण और आयात विकल्प का उत्पादन।

जब पूरी दुनिया अपनी अर्थव्यवस्थाओं का उदारीकरण कर रही थी तब इंदिरा गांधी के समय निजी कंपनियों का गला घोंट दिया गया। राष्ट्रीयकरण की कोशिशें, एमआरटीपीसी अधिनियम जैसे कठोर कानून, कारोबार के प्रति अविश्वास के माहौल, युद्ध (1971) और खाद्य पदार्थों की कमी की वजह से आर्थिक संकट ने कारोबार के विकास की गुंजाइश भी खत्म कर दी।

इस नियंत्रण वाले परमिट राज की सबसे अहम बात रही सार्वजनिक उपक्रमों का विकास। पहली योजना में केवल 5 से शुरू होकर 1980 के आते-आते ऐसी कंपनियों की संख्या 200 तक पहुंच गई। अब तक सरकारी कंपनियां स्टील और तेल के उत्पादन के साथ-साथ ब्रेड और कंडोम भी बनाती थीं और होटल, डेयरी दूरसंचार कंपनी और एअरलाइन भी चलाती थीं।

राज्य सरकारों ने भी ऐसी ही सैकड़ों कंपनियों बनाईं, जिन पर शक्तिशाली राजनेता और नौकरशाह काबिज थे। इनमें से मारूति और अमूल जैसी कुछ गिनीचुनी इकाइयां ही सफल रहीं।

दो पीढ़ियों तक इन सरकारी कंपनियों ने सबसे घटिया गुणवत्ता वाले उत्पाद और सेवाएं दीं। टेलीफोन कनेक्शन और यहां तक कि हाथ की घड़ियों के लिए भी लंबी लाइन लगा करती थी। इस अर्थव्यवस्था में करदाताओं के पैसे का जमकर दुरुपयोग हुआ।

लाइसेंस परमिट राज के दौरान कुछ सफल कारोबारी परिवारों ने या तो उद्योगों की ओर रुख किया या अपने कारोबार को ज़बरदस्त विस्तार दिया। एनका, खेतान, जयपुरिया, कनौरिया, सूरजमल नागरमल, रूइया, चाउगुल, गोआ के डेम्पो और सलगांवकर इनमें प्रमुख रहे। कुछ ऐसे भी नए चेहरे थे जिनकी कोई पृष्ठभूमि नहीं थी। हीरो के बी.एम. मुंजाल, एमआरएफ के मैमन पिल्लई, ईस्ट इंडिया होटल्स के मोहन सिंह, अपोलो टायर्स के रौनक सिंह, एचसीएल के शिव नाडर, टॉरेन्ट के उत्तमभाई मेहता, एस्कोर्ट के हरि नंदा और इनमें से प्रमुख हैं।

इस वक्त के शहंशाह थे धीरूभाई हीराचंद अंबानी। एक स्कूल मास्टर के बेटे अंबानी 1950 में बम्बई में एक्सपोर्ट-इंपोर्ट का कारोबार शुरू करने से पहले अदन में पेट्रोल पंप में एक सहायक के तौर पर काम करते थे। अंबानी ने उस वक्त के प्रतिबंधों का खूब फायदा उठाया और केवल तीन दशकों में टेक्सटाइल से लेकर पेट्रोकेमिकल तक का अपना साम्राज्य खड़ा कर दिया।

अंबानी पैसे बनाने की कला के साधारण शेयर बाजार के निवेशक दीवाने थे, बिजनेस की प्रतिभा और राजनीतिक रिश्तों ने उन्हें भारत का न केवल सबसे बड़ा कारोबारी बल्कि एक बिजनेस किंवदंती बना दिया।

इधर परिवार केंद्रित पुरानी कंपनियां एक सुरक्षित माहौल में कारोबार करने की वजह से न प्रतिस्पर्धा में टिक नहीं सकीं और न ही तकनीकी विकास पर ध्यान ही दे पाईं। इसका सबसे बुरा उदारहण दो कार कंपनियां हिन्दुस्तान मोटर्स और प्रीमियर ऑटोमोबाइल्स रहीं। दोनों ने दशकों तक एक ही मॉडल पर ध्यान दिया। मारूति के साथ प्रतिस्पर्धा ने देखते ही देखते दोनों ही दिग्गजों को धूल चटा दी।

1991 के बाद दूसरी कंपनियों की भी यही दशा हुई। हालांकि नियंत्रण की अहमदाबाद की कपड़ा मिलों को बाद में सरकारी नेशनल टेक्सटाइल कॉर्पोरेशन ने अपने नियंत्रण में ले लिया। यहां तक कि बम्बई की बची-खुजी मिलों को भी 1980 में दत्ता सामंत की राजनीति के बाद कारोबार समेटना पड़ा। जो दूसरे कारोबार पूरी तरह से धराशायी हो गए, उनमें इंद्र सिंह का जमशेदपुर का इंजिनियरिंग कारोबार और सर बिरेन मुखर्जी की मार्टिन बर्न शामिल है।

राजीव गांधी के उदारीकरण के बाद भारतीय कारोबार को आजादी की ताजगी मिली। ज्यादातर कारोबारी परिवारों ने अपने ही क्षेत्र में विस्तार किया। निजी विमानन कंपनियों और दूरसंचार का क्षेत्र दशकों में पहली बार निजी पूंजी के लिए खोल दिया गया। विदेशी मुद्रा से प्रधानमंत्री नरसिंह राव और वित्त मंत्री मनमोहन सिंह ने 1991 ने उदारीकरण की प्रक्रिया की शुरुआत की। एक के बाद एक नीतिगत फैसलों के ज़रिये लाइसेंस परमिट राज को समाप्त करने की प्रक्रिया देश के लिए दूसरी स्वाधीनता से कम नहीं थी।

कुछ ही सालों में कई तरह के उद्योग और सेवाओं में जबरदस्त कारोबारियों ने दस्तक दी। उनकी सूचना प्रौद्योगिकी की दुनिया में (नारायणमूर्ति और उनके सहयोगियों के साथ इन्फोसिस, प्रेमजी की विप्रो, टीसीएस) फार्मास्यूटिकल्स (डॉ. अंजी रेड्डी का डॉ. रेड्डीज, परमिंदर सिंह का रैनबैक्सी, देशबंधु गुप्ता का ल्यूपिन और यूसुफ हामिद का सिप्ला) और दूरसंचार (सुनील भारती मित्तल का एयरटेल) की कहानियां हमें भलीभांति पता हैं।

आस्थाओं का महासंगम

मुंबई 2004

पिछले सप्ताह मैंने पवित्र श्री नाथ जी और तिरुपति बाला जी के मंदिरों की यात्रा की है और शांति के लिए प्रार्थना की है ताकि हमें अपने पूज्य संस्थापक धीरूभाई अंबानी की विरासत को सहेजने व संवारने का साहस मिल सके।

30 नवंबर, 2004 को अनिल अंबानी ने जब अपने 30,000 कर्मचारियों को यह मेल भेजा था तब वह अपने बड़े भाई मुकेश अंबानी के साथ मिलकर रिलायंस को संभाल रहे थे जो भारतीय में सबसे तेजी से उभरा औद्योगिक समूह था। रिलायंस उस समय फॉरच्यून 500 कंपनी बनने और मुकेश अंबानी दुनिया के सबसे धनी व्यक्ति बनने की राह पर थे।

नाथद्वारा के कृष्ण मंदिर श्रीनाथ जी के स्मरण के साथ लिखा गया यह पत्र, शांति की नहीं बल्कि रिलायंस समूह में तूफान की शुरुआत थी। आर्थिक उदारीकरण के बाद भारत के कारोबारी इतिहास की सबसे रोमांचक पारिवारिक जंग शुरू होने वाली थी।

रिलायंस समूह के बंटवारे को लेकर अंबानी भाइयों के बीच यह विवाद 2005 से 2010 तक चला। मां कोकिला बेन ने बेटों को एक साथ लाने के प्रयास किये जिनमें नाथद्वारा मंदिर की बड़ी भूमिका थी।

नाथद्वारा, भारत के पश्चिमी राज्य राजस्थान में उदयपुर के पास स्थित विष्णु तीर्थ है। श्रीनाथ जी यहां के आराध्य हैं, जो विष्णु या कृष्ण के अवतार हैं। यहां कृष्ण के किशोर स्वरूप की प्रतिमा स्थापित है। नाथद्वारा संत वल्लभाचार्य की पुष्टिमार्गीय भक्ति परंपरा

का प्रतिनिधि तीर्थ है। गुजरात और राजस्थान के धनाढ्य औद्योगिक परिवारों के बीच प्रतिष्ठित श्रीनाथ जी भारत के सबसे अमीर मंदिरों में हैं।

अनिल अंबानी का नवंबर 2004 का ईमेल रिलायंस समूह में धीरूभाई के उत्तराधिकारियों के बीच राहें जुदा होने का पहला ठोस संकेत था।

जून 2005 में मुकेश और अनिल अंबानी की मां यानी दिवंगत धीरुभाई अंबानी की पत्नी और भारत की सबसे ताकतवर नॉन एक्जीक्यूटिव कॉर्पोरेट महिला कोकिलाबेन अंबानी ने एक बार फिर श्री नाथ जी को याद किया। उन्होंनें कंपनी के शेयरधारकों के बीच घोषणा की कि श्री नाथ जी कृपा से मैं अपने दोनों बेटों के बीच विवाद को सौहार्दपूर्ण ढंग से सुलझाने में सफल रही हूं।

इसके बाद मुकेश व अनिल अलग हो गए।

अंबानी बंधुओं के बीच विवाद के सबसे तीखे दौर में भी श्रीनाथ जी का मंदिर ही था जहां दोनों भाइयों की आस्थाएं मिलती थीं। मंदिर के प्रबंधन में कोकिलाबेन खुद भूमिका निभाती रहीं।

2010 में अंबानी परिवार वापस पुनः जुड़ा तो उसमें 'श्रीनाथ' जी कृपा की भूमिका सबसे बड़ी थी। कहते हैं, आज भी अंबानी परिवार के हर आयोजन में श्रीनाथ जी सबसे आगे रहते हैं।

रिलायंस परिवार के विवाद में धर्म और उद्योग के आधुनिक संबंधों के सभी कारक मिलते हैं। इसमें तिरुपति और नाथद्वारा मंदिर का जिक्र है जो आस्था और समृद्धि के सबसे बड़े केंद्रों में हैं। एक कॉर्पोरेट परिवार है जो इन मंदिरों में गहरी आस्था रखता है और मंदिरों के प्रबंधन से भी जुड़ा है।

सबसे महत्वपूर्ण तथ्य यह कि अरबों डॉलर की संपत्ति का विवाद किसी न्यायालय में नहीं बल्कि भगवान के दरबार में सुलझाया जाता है।

भारत के आर्थिक विचारों के इतिहास के संदर्भ में हमने अनाथपिंडक की कहानी पढ़ी थी जो गौतम बुद्ध के लिए उपवन खरीदने के लिए राजपरिवार से न्यायिक संघर्ष मोल लेता है और अपनी पूरी संपत्ति लगा कर बुद्ध के विहार के लिए जेतवन खरीद लेता है।

मंदिर अर्थव्यवस्थायें

अरबपति मंदिर

विजयवाड़ा, आंध्र प्रदेश, मई 2016

क्या हम मंदिरों के धन का वैसा उपयोग नहीं कर सकते जैसे कि ईसाई मिशनरी चर्च के धन का इस्तेमाल समाज के कल्याण और गरीबी उन्मूलन में करती हैं।

राज्य की अर्थव्यवस्था भले ही मंदी में हो लेकिन आंध्र प्रदेश के मंदिरों की कमाई बीते साल 27 फीसदी बढ़ी है। लोग पाप करते हैं और फिर उनसे मुक्ति के लिए मंदिरों में जाकर धन देते हैं। देखिये तो लोग सबरीमाला (केरल) जाकर नशा छोड़ने का संकल्प लेते हैं जिससे हमारा राजस्व घट जाता है।

आंध्र प्रदेश के मुख्यमंत्री चंद्रबाबू नायडू ने राज्य जिला कलेक्टरों की बैठक में यह बात भले ही मजाक में ही कही थी लेकिन यह दरअसल एक सच का स्वीकार था कि भारत में मंदिर अर्थव्यवस्थायें इतनी बड़ी हो चुकी हैं कि उनके भगवान सरकारों को वित्तीय मदद दे सकते हैं।

आंध्र प्रदेश भारत का सबसे हाल में विभाजित हुआ राज्य है। समृद्ध तेलंगाना इससे अलग होकर नया राज्य बन गया है।

नायडू का इशारा तिरुपति की ओर था जो भारत के सबसे समृद्ध विष्णु मंदिरों में एक है। गुप्तकाल में वैष्णव आराधना की लोकप्रियता के साथ जिन विष्णु तीर्थों का विकास हुआ उनमें तिरुपति एक है। राजवंशों के संरक्षण और पीढ़ियों तक आस्थाओं ने इस मंदिर को समृद्ध किया। आज इक्कीसवीं सदी में यह इतना समृद्ध मंदिर है कि 2016 में भारत सरकार की गोल्ड मॉनेटाइजनेशन स्कीम (सोना संग्रह), मंदिर के स्वर्ण भंडार से मिले 'दान' की वजह से सफल हो सकी।

तिरुपति के आराध्य वेंकटेश्वर बाला जी की अमीरी चमत्कृत करती है। 2016 की सूचनाओं के मुताबिक, बालाजी का स्वर्ण भंडार 200-300 टन है। यहां हर सप्ताह लगभग दस किलो सोना चढ़ाया जाता है। बाला जी के पास करीब 10,000 करोड़ रुपये का नकद डिपॉजिट है। मंदिर का सालाना बजट 2,678 करोड़ रुपये का है। मंदिर में प्रति दिन करीब एक से दो करोड़ रुपये का चढ़ावा और दो किलो तक स्वर्णाभूषण चढ़ाये जाते हैं। मंदिर को निवेश पर करीब 778 करोड़ रुपये का सालाना ब्याज मिलता है। बाला जी मंदिर,

बालों की बिक्री (तीर्थयात्री यहां मुंडन कराते हैं) से हर साल 150 करोड़ रुपये और प्रसाद की बिक्री से 175 करोड़ रुपये कमाता है।

बाला जी 4,675 एकड़ जमीन के मालिक हैं जो आंध्र प्रदेश, तेलंगाना, कर्नाटक, गुजरात, महाराष्ट्र, पुदुच्चेरि, हरियाणा और उड़ीसा में फैली है और आंध्र प्रदेश सरकार के रिकॉर्ड के अनुसार, इसकी कीमत 9,800 करोड़ रुपये है।

दिलचस्प है कि मंदिरों की संपत्ति पर आंध्र प्रदेश के मुख्यमंत्री चंद्रबाबू नायडू के बयान के बाद चित्तूर के जिलाधिकारी ने तिरुपति मंदिर को तालाबों के संरक्षण की विशाल सरकारी स्कीम से जोड़ ही लिया। इससे पहले भी सरकारें विकास कार्यों में मंदिर के संसाधनों के इस्तेमाल की कोशिश करती रही हैं। तिरुपति मंदिर ने 2016 के जून में राज्य सरकार की विकास योजनाओं की मदद के लिए महाबलीपुरम (तमिलनाडु) की जमीन बेची थी।

आंध्र प्रदेश के लोग सरकार और मंदिर के बीच 1983 में हुआ विवाद भूले नहीं है जब तत्कालीन मुख्यमंत्री एन.टी. रामाराव ने मंदिर को अपने डिपॉजिट बैंकों में नहीं, बल्कि सरकार के खजाने में रखने का निर्देश दिया था, जिस पर आंध्र प्रदेश हाई कोर्ट ने रोक लगा दी थी।

21वीं सदी में भारत के प्रमुख मंदिरों की बहस इन पर नियंत्रण, सरकारों से इनके संबंध और मंदिरों की राजनीति के आसपास घूमती है। कुछ प्रसिद्ध भारतीय मंदिर अति प्राचीन हैं जिनके पास लंबे समय से संरक्षित स्वर्ण भंडार हैं जबकि कुछ नए मंदिर हैं जो निरंतर बढ़ते दान और भेंट से समृद्धि के केंद्र बन गए हैं। इनकी अपनी एक स्वतंत्र अर्थव्यवस्था है जो किसी कंपनी जैसी है।

समृद्ध मंदिरों की अर्थव्यवस्थाओं का विस्तार पूरे भारत में है। इनके तीन वर्ग हैं।

पहले वर्ग में प्रतिष्ठित पुराने व नए मंदिर और तीर्थ आते हैं जिनमें राष्ट्रीय व अंतरराष्ट्रीय भक्त आते हैं जिनकी अर्थव्यस्थायें काफी बड़ी हैं। इस वर्ग में दक्षिण के मदुरै, चिदंबरम नटराज, पद्नाभस्वामी, पूर्वी भारत के जगन्नाथ पुरी, उत्तर में काशी विश्वनाथ और पश्चिम भारत में नाथद्वारा, शिरडी और मुंबई के सिद्धिविनायक जैसे मंदिर हैं।

दूसरे वर्ग में अपेक्षाकृत छोटी मंदिर अर्थव्यवस्थायें हैं। इनमें राज्य स्तरीय मंदिर नगर व तीर्थ हैं जो देश के लगभग हर राज्य में हैं। इनमें हरिद्वार, ऋषिकेश, मथुरा-वृंदावन, नासिक, पुणे, गया, कोलकाता, राजस्थान के गणेश तीर्थ, कांची, राजस्थान में बालाजी,

शक्तिपीठ, शिव ज्योतिर्लिंग, अयोध्या, उज्जैन, उत्तराखंड के तीर्थ, राजस्थान में खाटू श्याम आदि हैं। इन मंदिरों के पास पर्याप्त संपत्तियां हैं।

तीसरे स्तर पर छोटे स्थानीय सामुदायिक मंदिर हैं, जिनकी संख्या लाखों में है।

स्वर्ण के देवता

केरल में तिरुवनंपुरम के पद्नाभस्वामी मंदिर के अनंत शयनम विष्णु की समृद्धि का हिसाब-किताब भारत की सबसे बड़ी अदालत की निगहबानी में लगाया जा रहा है। मंदिर के संचालन में पारदर्शिता को लेकर कुछ लोगों ने अदालत से गुहार लगाई थी। यह कोशिश अदालत को इस मंदिर की अकूत संपत्ति तक ले आई और 27 जून, 2011 को मंदिर छह तिजोरियां खुलीं, जिनमें रत्नों और स्वर्ण भरे बैग और स्वर्ण आभूषण मिले जो शायद पिछले कई सदियों से यहां संरक्षित हैं।

मंदिर के गर्भगृह से हाल में निकली अकूत संपदा (एक लाख करोड़ तक) त्रावणकोर के राजाओं मार्तंड वर्मा और राम वर्मा (16वीं शताब्दी) की संपत्ति है। त्रावणकोर के सम्राट केरल के समृद्ध मसाला व्यापार का नियंत्रण करते थे। वह त्रावणकोर का स्वर्ण युग था। पद्नाभस्वामी का मंदिर, राजपरिवार की संपत्ति का संरक्षक था।

भारत के पूर्वी तट पर पुरी के जगन्नाथ मंदिर (12वीं सदी) में जाने वाले किसी भी व्यक्ति को वह कक्ष जरूर बताया जाता है कि जो मंदिर के गर्भ गृह से लगा हुआ है। इसे भीतर भंडार कहते हैं। जगन्नाथ (कृष्ण और बलराम और सुभद्रा) की लकड़ी की मूर्तियों के सामने उमड़ती भीड़ यह जानकर उत्सुक हो उठती है कि 'भीतर भंडार' के नीचे एक गुप्त तहखाना है जहां भारी संपत्ति जमा है जिसकी रक्षा काले नाग करते हैं।

यह दंतकथा सही हो या न हो लेकिन सितंबर 2014 में मंदिर के खजाने का हिसाब लगाया गया था। इस भंडार की संपत्ति के आकलन के लिए पुरी के राजपरिवार ने मंदिर समिति में प्रस्ताव पारित किया।

जगन्नाथ पुरी का राजपरिवार मंदिर का संरक्षक है। मंदिर का संचालन जगन्नाथ मंदिर कानून के तहत होता है। इस कानून की मदद से मंदिर की संपत्ति का हिसाब लगाया गया, जिसमें बड़ी मात्रा में सोना और आभूषण मिले। स्वतंत्र आकलनों के अनुसार, मंदिर के प्रमुखों के उत्सवों के समय मूर्तियों को 208 किलो के स्वर्ण आभूषण पहनाये जाते हैं।

इस हिसाब-किताब में वह रहस्यमयी तहखाना शामिल नहीं था, जो अगर है भी तो उसे शायद कभी खोला नहीं गया है। 2011 में जगन्नाथ मंदिर के ठीक सामने मौजूदा एम्मार मठ में चांदी का पुराना भंडार मिल चुका है।

जगन्नाथ मंदिर के पास 25,000 एकड़ से ज्यादा जमीन है। यह भूमि उड़ीसा के विभिन्न नगरों में ही नहीं बल्कि देश के कई शहरों में है, जिसे लेकर कई अदालती विवाद भी चल रहे हैं।

मुंबई के गणेश मंदिर सिद्धिविनायक का इतिहास उतना पुराना नहीं हैं जितनी कि इसकी प्रतिष्ठा और आस्था। मुंबई के समृद्ध और सिनेमाई भक्तों के बीच प्रतिष्ठित यह गणेश मंदिर उन्नीसवीं सदी की शुरुआत में बना था। आज यह 306 करोड़ रुपये की संपत्ति का मालिक है। मंदिर को साल में 70 करोड़ रुपये की कमाई होती है और सोना-चांदी के चढ़ावे से ज्यादा पैसा विदेशों से दान में आता है। इस मंदिर के शिखर पर सोना मढ़वाया गया है जो कोलकाता के एक व्यापारी ने दिया था।

अठारहवीं सदी में इंदौर की मंदिर सेवी महारानी अहिल्याबाई होल्कर ने काशी विश्वनाथ मंदिर का निर्माण कराया और उन्नीसवीं सदी के मध्य में पंजाब के महाराजा रंजीत सिंह ने मंदिर के शिखरों पर सोना मढ़वाया।

काशी विश्वनाथ मंदिर की कुल संपत्ति 71 करोड़ रुपये से ज्यादा है जिसमें अधिकांश नकद है या बैंक व निवेश में हैं। मंदिर के पास अचल संपत्ति भी है। हर साल करीब 12 करोड़ रुपये का दान आता है। मंदिर का प्रबंध उत्तर प्रदेश सरकार के नियंत्रण में ट्रस्ट करता है।

भाऊसाहब धूमल, नागपुर के सेठ गोपालराव बूटी को शिरडी के साईं के संपर्क में लाए थे। शिरडी के संत साईं बाबा की जीवनी गोपालराव को अरबपति सेठ बताती है। बूटी लगभग दस साल तक बाबा के संपर्क में रहे। 1915 में शिरडी के लेंडी बाग में उन्होंने भवन और बाद में एक मंदिर निर्माण प्रारंभ कराया, जो साईं की देखरेख में ही हुआ था। 1918 में साईं बाबा के महाप्रयाण के बाद समाधि भवन बना, जिसमें 1954 में मूर्ति स्थापित की गई।

आज का शिरडी मंदिर कॉम्प्लेक्स नए मंदिरों के बीच लोकप्रियता और संपत्ति में बेजोड़ है। महाराष्ट्र के इस मंदिर की संपत्ति 1868 करोड़ रुपये के आसपास है। मंदिर को हैदराबाद के एक व्यापारी की ओर से 95 किलो सोने का सिंहासन दान

चर्चा में रहा था। मंदिर को प्रति साल करीब 350 करोड़ रुपये का चढ़ावा मिलता है जो भारत की किसी मझोली कंपनी के टर्नओवर से ज्यादा है।

नवंबर 2015 में जब भारत सरकार ने गोल्ड मॉनेटाइजेशन स्कीम (सरकार के पास सोना जमा करके ब्याज लेने) शुरू की तो, मकसद आम लोगों से सोना एकत्र करना था लेकिन सफलता तिरुमाला के वेंकटेश्वर की कृपा से ही मिली। मंदिर ने 1,311 किलो सोना इस स्कीम में जमा किया। इसके चलते पंजाब नेशनल बैंक इस स्कीम में सबसे सफल बैंक बन गया।

इस स्कीम को दूसरी बड़ी मदद मुंबई के सिद्धिविनायक गणेश से मिली। मंदिर ने सरकार के पास 44 किलो सोना जमा किया।

ताजा अनुमानों के मुताबिक, भारत के मंदिरों में 3,000 से 4,000 टन सोना जमा है जो हिंदू धर्म को दुनिया में सबसे समृद्ध बनाता है। केरल के पद्मनाभस्वामी मंदिर के पास 1,300 टन सोने का भंडार है। तिरुपति को हर साल 1.2 टन सोना चढ़ाया जाता है। जम्मू के वैष्णो देवी मंदिर के पास 1.2 टन सोने का भंडार है। सिद्धिविनायक 160 किलो और शिरडी के साईं बाबा 376 किलो सोने के स्वामी हैं। केरल का गुरुवायूर, राजस्थान का नाथद्वारा, गुजरात का सोमनाथ और जगन्नाथ पुरी भी सोने के मामले में धनी हैं।

इक्कीसवीं सदी में भारतीय मंदिर अपने इतिहास और आस्था के साथ आर्थिक राजनीतिक क्षमता के केंद्र भी हैं। राजनेता मंदिरों के माध्यम से अनुयायियों तक पहुंचने की कोशिश करते हैं। बड़े और समृद्ध मंदिर सरकारों के नियंत्रण में हैं या फिर उन्हें चलाने वाले ट्रस्ट को सरकार चलाती है। मंदिरों के पुजारियों और सरकारों के बीच कानूनी विवाद, इक्कीसवीं सदी के धार्मिक परिदृश्य को रोमांचक बनाते हैं।

तमिलनाडु में मंदिर और उसके खजानों को संभालने के लिए एक सरकारी विभाग है जो 1925 में एक कानून के तहत बना था। इस कानून के बनने के साथ ही चिदंबरम के नटराज मंदिर और राज्य सरकार के बीच विवाद प्रारंभ हो गया। नटराज मंदिर के पुजारी इसे निजी संपत्ति बनाये रखना चाहते थे जबकि राज्य सरकार इसे अपने नियंत्रण में लेना चाहती थी। लगभग सौ साल चले मुकदमे के बाद जनवरी 2014 में सुप्रीम कोर्ट ने मंदिर पर नियंत्रण के सरकार के दावे को खारिज कर दिया और मंदिर के निजी प्रबंधन को सही ठहराया।

सचल धार्मिक अर्थव्यवस्था

साठ दिन का मेगा सिटी

जनवरी 2013

हार्वर्ड यूनिवर्सिटी के साउथ एशियन इंस्टीट्यूट के 50 शोधार्थियों की एक टीम इलाहाबाद के कुंभ का अध्ययन करने आई तो उसे अचरज में डालने वाली कई बातें थीं। मसलन केवल 55 दिनों में 12 करोड़ लोगों की जुटान वह भी सिर्फ नदी में स्नान के लिए और 2000 हेक्टेयर में बसा एक मेगा शहर जो दो माह के बाद उजड़ जाता है। जहां 156 किमी से अधिक की सड़कें बनती हैं। हजारों कर्मचारी होते हैं। सरकार के खजाने से 2,000 करोड़ रुपये का खर्च आता है।

धर्म की ऐसी अस्थायी और मोबाइल अर्थव्यवस्था आधुनिक पैमानों पर भी अनोखी होती है। मोटे अनुमानों के मुताबिक इलाहाबाद के कुंभ ने लोगों के खर्च, टैक्स, उपभोग, यात्रायें, किराये आदि को मिला कर करीब 12,000 करोड़ रुपये की अर्थव्यवस्था तैयार की थी। यूनेस्को ने 2017 में कुंभ को मानवता की सांस्कृतिक विरासत का दर्जा दिया।

धर्म की अस्थायी अर्थव्यवस्था का आकार 2016 में मध्य प्रदेश के उज्जैन में सिंहस्थ तक और बड़ा व स्पष्ट हो गया था। यह मेला 4,400 हेक्टेयर में फैला था। सरकारी बजट से 5,000 करोड़ रुपये का खर्च हुआ। मेले के आयोजकों के अनुसार सिंहस्थ ने करीब 11,000 करोड़ रुपये की अर्थव्यवस्था तैयार की।

हिंदू धर्म में प्रति माह कोई न कोई उत्सव होता है जो किसी न किसी धार्मिक आस्था से जुड़े होते हैं। इनमें कई उत्सव क्षेत्रीय हैं तो कई स्थानीय। इनकी अपनी अर्थव्यवस्थायें हैं, बाजार है, उत्पादन और उपभोग है जो इक्कीसवीं सदी में भारत के धार्मिक परिदृश्य का महत्वपूर्ण हिस्सा है।

हिंदू उत्सवों के तीन वर्ग हैं।

पहले वर्ग में कुंभ, अर्ध कुंभ जैसे बड़े आयोजन आते हैं जिनका आयोजन पब्लिक प्राइवेट पार्टनरशिप (पीपीपी) में होता है। इन विशाल मेलों के लिए सरकार बुनियादी ढांचा बनाती है जिस पर एक अस्थायी अर्थव्यवस्था फलती-फूलती है।

दूसरे वर्ग में वार्षिक उत्सव हैं जो कुछ राज्यों की पहचान बन गए हैं। इनकी अपनी क्षेत्रीय अर्थव्यवस्था है। इनमें गणेश उत्सव, दुर्गा पूजा, कांवड़ यात्रायें, पोंगल, ओणम, दशहरा, युगादि, रामलीला, जैन उत्सव आदि हैं।

तीसरे वर्ग में स्थानीय मेले आते हैं। पौराणिक मान्यताओं में नदी स्नान का महत्व है। नदी तटों के मेले और स्थानीय मंदिरों के आयोजन छोटी अर्थव्यवस्थायें हैं।

विघ्नहर्ता का कारोबार

दक्कन के पठार पर मराठा साम्राज्य की पुरानी राजधानी है पुणे। यहां के पेशवा और चितपावन ब्राह्मण परिवार, शिवाजी (17वीं सदी) के समय से ही गणेश की पूजा करते आए हैं। वर्षा ऋतु के अंतिम चरण में समृद्ध मराठी परिवारों में गणेश चतुर्थी मनाने का विधान था जो पूरी तरह निजी व समाज के उच्च वर्गों का आयोजन था।

उन्नीसवीं सदी का मध्य युग भारत में धार्मिक सुधार आंदोलनों के लिए जाना जाता है, जो स्वाधीनता के संघर्ष के लिए लोगों को एकजुट करने के मकसद से प्रारंभ हुए। जिस वक्त बंगाल और पंजाब में ब्रहम समाज और आर्य समाज सक्रिय थे ठीक उसी समय लोकमान्य बाल गंगाधर तिलक ने पुणे में सार्वजनिक गणेश उत्सव का प्रारंभ किया।

तिलक एक दूरदर्शी राजनेता थे। गणेश को आजादी की लड़ाई और मराठी पहचान से जोड़ने के लिए उन्होंने सार्वजनिक गणेश पूजा प्रारंभ की। सार्वजनिक गणेश पूजा एक राजनीतिक धार्मिक आंदोलन था।

तिलक ने 1893 में पुणे में अपने आवास केसर वाड़ी में ही पहली सार्वजनिक गणेश पूजा प्रारंभ की। हिंदू धर्म में व्यक्तिगत पूजन परंपरा को सार्वजनिक बनाने का अपनी तरह का यह पहला प्रयोग था, जो अगले सौ साल में तेजी के साथ महाराष्ट्र में फैल गया और गणेश मराठी पहचान के देवता हो गए।

अगस्त-सितंबर के महीने में महाराष्ट्र के मुंबई, पुणे सहित प्रमुख शहरों में गणपति उत्सव होते हैं। मराठी परिवार अपने घरों में गणेश की मूर्तियां भी स्थापित करते हैं करीब नौ दिन का आयोजन मुंबई पुणे, नागपुर, नासिक और गुजरात के शहरों की वार्षिक पहचान है। गणेश उत्सव अब महाराष्ट्र से बाहर अन्य नगरों में भी आयोजित होते हैं।

सार्वजनिक गणेश उत्सव विराट सचल अर्थव्यवस्था हैं। मुंबई में छोटे-बड़े लगभग 15,000 गणेश मंडल हैं। पुणे में इन मंडलों की संख्या 5,000 नागपुर में 2,000 और अहमदाबाद में 1,500 है। नासिक, शोलापुर, औरंगाबाद, रत्नागिरि सहित अन्य शहरों में

गणेश मंडल हैं जो दस दिन चलने वाले उत्सव के लिए गणेश मूर्तियां स्थापित करते हैं। इस अर्थव्यवस्था का आकार करीब 20,000 करोड़ रुपये का है जो हर साल करीब 25 फीसदी की दर से बढ़ रही है।

देवी की इकोनॉमी

अक्तूबर के महीने में कोलकाता में सिर्फ दुर्गा पूजा ही दिखती हैं लेकिन अगर किसी को इस निजी धार्मिक परंपरा के सार्वजनिक पूजा में बदलने का इतिहास तलाशना हो तो उसे कोलकाता के करीब 70 किलोमीटर दूर हुगली जिले में गुप्तीपाड़ा गांव की यात्रा करनी होगी। अठारहवीं सदी के अंत में इस गांव में 12 ब्राह्मणों ने सार्वजनिक दुर्गा पूजा प्रारंभ की थी जिसे 'बारोवारी' कहा गया।

नगरीय इलाकों खासतौर पर कोलकाता में, बारोवारी के प्रचलन से पहले देवी की पूजा के आयोजन जमींदार परिवारों में होते थे, जिनमें सामान्य लोगों को प्रवेश की छूट नहीं थी। यह परंपरा भी महाराष्ट्र की गणेश पूजा जैसी थी।

बंगाल के बहुसंख्यक नगरीय समाज को बारोवारी भा गई और बीसवीं सदी के मध्य तक यह उत्सव सार्वजनिक दुर्गा पूजा में बदल गया जो आज न केवल बंगाल का सबसे लोकप्रिय उत्सव है बल्कि लगभग हर बड़े नगर में सार्वजनिक दुर्गा पूजा आयोजन अब नियमित हो चले हैं।

यह बंगाल के समाज का प्रतिनिधि उत्सव है जो शिव और शक्ति की आराधना से जुड़ता है। देवी घर में भी आती हैं और सार्वजनिक स्थलों पर भी विराजती हैं।

दुर्गा पूजा कोलकाता और अन्य शहरों के लिए एक सचल अर्थव्यवस्था और उद्योग है। इसके साथ एक विशाल उपभोक्ता बाजार तैयार होता है। दुर्गा पूजा पर कोलकाता और बंगाल के प्रमुख शहरों में दस हजार से अधिक पूजा पंडाल बनते हैं, जिनमें देवी की मूर्तियां स्थापित होती हैं। इन्हें लाखों लोग देखने आते हैं।

औद्योगिक संगठन एसोचैम ने 2015 में अपने एक शोध पत्र में दुर्गा पूजा के उद्योग का आकार 40,000 करोड़ रुपये आंका था। चैंबर के अनुसार, यह कारोबार हर साल करीब 30 फीसदी की दर से बढ़ रहा है। दुर्गा पूजा की इकोनॉमी बंगाल से निकल पूरे देश में फैल चुकी है। अब पंडाल देश के हर शहर में लगते हैं और अक्तूबर के महीने में देवी की सार्वजनिक पूजा एक बड़ी आर्थिक गतिविधि बन जाती है।

उत्तर प्रदेश, बिहार और उत्तराखंड के नगरों में अक्तूबर-नवंबर में रामलीलायें भी इसी तरह का आयोजन हैं जिनका अपना अस्थायी बाजार है। केरल में सबरीमाला, बंगाल में गंगासागर और जम्मू कश्मीर में अमरनाथ यात्रा वार्षिक धार्मिक आयोजन हैं जिनकी अपनी पर्याप्त बड़ी अर्थव्यवस्थायें हैं।

इसी तरह शारदीय नवरात्र में पूरे देश में फैले 51 दुर्गा मंदिर (शक्ति पीठ) छोटे-छोटे शहर बन जाते हैं। तमिलनाडु, आंध्र, कर्नाटक में पोंगल और केरल में ओणम फसलों से जुड़े उत्सव हैं लेकिन अब 21वीं सदी की यह भारत की धार्मिक अर्थव्यवस्था का महत्वपूर्ण हिस्सा हो चुके हैं।

इस्लाम

वक्फ इकोनॉमी : अल्लाह के नाम पर

मुंबई 2010

दक्षिण मुंबई के अल्टामाउंट रोड से गुजरने पर एक बेडौल, 27 मंजिला अजीबोगरीब इमारत ध्यान खींचती है। यह भारत के अरबपति उद्यमी मुकेश अंबानी का आवास एंटिला है जिसे बकिंघम पैलेस के बाद दुनिया की दूसरी सबसे महंगी आवासीय संपत्तियों में गिना जाता है।

भारत के राजनीतिक, आर्थिक और कॉर्पोरेट गलियारों में एंटिला को लोग कई तरह से जानते हैं। आम लोग इसकी डिजाइन पर फिकरे कसते हैं लेकिन इनसे अलग एंटीला का विवादित रिश्ता एक धर्म की समृद्धि से भी है। यह धर्म इस्लाम है। जिस जमीन पर अंबानी का एंटिला खड़ा है, वह वक्फ की जमीन है।

यदि तत्कालीन अखबारों की खबरों को मानें तो अंबानी को 500 करोड़ की यह जमीन केवल 21 करोड़ में मिल गई। इस लेनदेन में कई अनियमिततायें थीं जिसे लेकर तत्कालीन कांग्रेस सरकार को काफी फजीहत झेलनी पड़ी लेकिन अंबानी का एंटीला 2010 तक तैयार हो चुका था और श्रीनाथजी का भक्त अंबानी परिवार वक्फ की जमीन पर बने अपने बहुमंजिला महल में विराज चुका था।

महाराष्ट्र में विधानसभा चुनावों के बाद जब भाजपा सरकार सत्ता में आई तब वक्फ की जमीन पर खड़ा एंटिला आरोपों, विवाद और जांच की मंजिलें पार चुका

था। महाराष्ट्र विधानसभा में महाराष्ट्र वक्फ बोर्ड की रिपोर्ट पेश हुई जिसमें एंटीला को मिली जमीन में अनियमितताओं को प्रमाणित किया गया था।

इस्लाम में वक्फ की परंपरा कुरान से आती है। वक्फ का मतलब है संपत्ति में गरीबों का हिस्सा जो हिंदुओं की दान की परंपरा के जैसा ही है।

कुरान की हिदायतों के आधार पर इस्लामी समाज ने गरीबों और जरूरतमंदों के लिए चैरिटी को एक संस्थागत रूप दिया जो वक्फ कहा जाता है। इस्लाम के विस्तार के साथ वक्फ इस्लामी कानून का एक मजबूत हिस्सा बन गया जो मुस्लिम समुदाय के धार्मिक, सामाजिक और आर्थिक जीवन से जुड़ा है। इस्लाम में मस्जिदों, दरगाहों, यतीमखानों, इमामबाड़ों और मदरसों सहित सभी धार्मिक केंद्रों की संपत्तियां वक्फ के मातहत हैं। वक्फ संपत्तियों को मुतवल्ली (मैनेजर) संभालते हैं।

भारत में इस्लामिक अर्थव्यवस्था दरअसल वक्फ इकोनॉमी ही है। सभी राज्यों में वक्फ बोर्ड बने हैं। राज्यों की सरकारों में वक्फ महकमे संभालने वाले मंत्री भी हैं। इनके ऊपर एक केंद्रीय वक्फ काउंसिल है। अजमेर और निजामुद्दीन की दरगाहों और जामा मस्जिद से लेकर देश भर में फैले हजारों इस्लामिक तीर्थ और मदरसे वक्फ के अंतर्गत हैं।

सरकार की रिपोर्ट के मुताबिक, भारत, दुनिया की सबसे बड़ी वक्फ अर्थव्यवस्था का मालिक है। विश्व के किसी भी इस्लामिक या गैर इस्लामिक देश की तुलना में भारत में सबसे ज्यादा वक्फ संपत्तियां है जिनका मूल्यांकन नहीं हुआ है। 2014 में नेशनल वक्फ डेवलपमेंट कॉर्पोरेशन के नाम से एक सरकारी कंपनी भी बनाई गई जो इन संपत्तियों की देख रेख करेगी।

वक्फ संपत्ति में हिंदू मंदिरों की तरह सोना या नकद नहीं बल्कि देश भर में फैली जमीनें और इमारते हैं जो शहरों के महंगे इलाकों में हैं। भारत सरकार के आंकड़े बताते हैं कि देश में करीब 4.9 लाख वक्फ संपत्तियां हैं, जिनसे सालाना आय केवल 1.63 करोड़ रुपये है। वक्फ की जमीनों पर अवैध कब्जे हैं और मुकदमेबाजी चल रही है। सरकारी रिकॉर्ड मानते हैं कि इन्हें विकसित करके सालाना 1,200 करोड़ रुपये की आय हो सकती है। उदारीकरण के बाद भारत में बढ़ी जमीन की मांग के बीच वक्फ की काफी जमीन घोटालों और मुकदमों में फंसी है।

गुरु का नूर

समृद्धि के गुरुद्वारे

ननकाना साहब 1920

सुबह लगभग छह बजे का वक्त था। भाई लक्ष्मण सिंह के नेतृत्व में 150 सिखों का जत्था ननकाना साहब पहुंच चुका था। अकाली पार्टी की योजना के अनुसार इन्हें गुरु नानक के जन्म स्थान, ननकाना साहब गुरुद्वारे को महंत नारायण दास के कब्जे से मुक्त कराना था। सिखों के जत्थे को देखते हुए महंत के समर्थकों ने गुरुद्वारे का मुख्य द्वार बंद कर दिया और गोलीबारी शुरू कर दी। लेकिन सिख जत्था टस से मस नहीं हुआ। इसके बाद तलवारों से हमला प्रारंभ हो गया। पास में ही भाई उत्तम सिंह का कारखाना था। गोलीबारी की आवाज सुनकर भाई दलीप सिंह और भाई वरयाम सिंह गुरुद्वारे की तरफ बढ़े। महंत ने दलीप सिंह को गोली मार दी और समर्थकों ने वरयाम सिंह के टुकड़े कर दिये। इसके बाद महंत के समर्थकों ने आग जलाकर शवों को उसमें झोंक दिया।

दिन चढ़ने के बाद इस नरसंहार की खबर मिलने पर पंजाब के पुलिस कमिशनर मि. करे और मि. किंग ननकाना पहुंचे और गुरुद्वारे को बंद करने के बाद शहर को सेना के हवाले कर दिया गया। सिखों का दूसरा जत्था भाई करतार सिंह जब्बार के नेतृत्व में अगले दिन ननकाना साहब पहुंच गया था, जिसे अंग्रेज पुलिस ने पहले रोकने की कोशिश की लेकिन उनका संकल्प देखकर अंततः गुरुद्वारा अकाली सभा को दे दिया गया।

ननकाना का संहार सिखों के इतिहास का सबसे अहम हिस्सा है। यह घटना जलियांवाला बाग के संहार के एक साल बाद हुई। ननकाना गुरुद्वारे की मुक्ति के लिए अकाली अभियान दरअसल, गुरुद्वारा सुधार आंदोलन का अहम पड़ाव था। इसमें भारत की आजादी के आंदोलन के संदर्भ भी गुंथे हुए थे। महात्मा गांधी इस नरसंहार के बाद ननकाना गए थे और उन्होंने महंत नारायण दास को दूसरे जनरल डायर की संज्ञा दी थी।

बीसवीं सदी की शुरुआत तक सिख गुरुद्वारे आस्था के साथ समृद्धि और संपत्ति का केंद्र बन चुके थे जिन पर उदासी महंतों के कब्जे थे। पंजाब में अकाली आंदोलन का प्रारंभ (1920) इन गुरुद्वारों को नियंत्रण में लेने के लिए हुआ था। उदासी महंतों से सिखों का यह संघर्ष पर्याप्त हिंसक था।

अंग्रेजों ने महंतों व सिखों के बीच इस संघर्ष में राजनीति की, तो आजादी के आंदोलन के नेता सिखों के साथ खड़े नजर आए। फरीदकोट के जैतो गुरुद्वारे के मुक्ति आंदोलन में

सिखों की कुर्बानी हुई थी। जवाहरलाल नेहरू ने इस गुरुद्वारे की मुक्ति के लिए गिरफ्तारी दी थी।

बीसवीं सदी के प्रारंभिक दशक धर्म और राजनीति के मामले में बेहद सक्रिय थे। इसी दौरान दक्षिण भारत में मंदिरों के सरकारी अधिग्रहण का कानून बना और पंजाब में ब्रितानी सरकार ने सिख गुरुद्वारा एक्ट (1925) बनाया। इस कानून के बाद गुरुद्वारा बोर्ड को बदलकर शिरोमणि गुरुद्वारा प्रबंधक कमेटी बनाई गई जो भारत के प्रमुख प्राचीन गुरुद्वारों का प्रबंधन करती है।

अपने व्यापारिक अतीत और अनुयायियों के कारण सिख धर्म पूंजी जुटाने, संपत्ति बनाने को प्रेरित करता है। कारोबार से फायदे का निश्चित हिस्सा गुरुद्वारों को देने की व्यवस्था है इसलिए सिख गुरुद्वारों के पास संसाधनों की कभी कमी नहीं हुई।

सिख गुरु व्यापारिक पृष्ठभूमि से आते थे इसलिए अकाउंटिंग और खातों की व्यवस्था धर्म में काफी पुरानी है। शिरोमणि गुरुद्वारा प्रबंधक समिति हर साल अपना बजट जारी करती है, जिसमें शिक्षा, स्वास्थ्य और सामुदायिक विकास के लिए भारी आवंटन किया जाता है।

भारतीय दर्शन का वैश्वीकरण

19वीं सदी अपने उत्तरार्ध में थी जब थियोसॉफी का विचार भारत पहुंचा तब इसकी जड़ें भारतीय दार्शनिक और रहस्यवादी चिंतन में थीं। मैडम ब्लाट्वस्की ने तंत्र, रहस्य और पराविद्या पर काहिरा (मिस्र) में थियोसॉफी का केंद्र बनाने की कोशिश की। असफल होने के बाद वह अमेरिका पहुंचीं जहां उनकी भेंट कर्नल एच.एस. अल्कॉट से हुई जो वेरमांट में पराविद्या पर प्रयोग कर रहे थे। ब्लाट्वस्की ने अपने ज्ञान और प्रयोगों से कर्नल और अमेरिकी बौद्धिक जगत को प्रभावित किया और जल्द ही अल्कॉट व ब्लाट्वस्की के तंत्र आधारित 'मिरेकल क्लब' लोकप्रिय हो गए।

17 नवंबर, 1875 को अमेरिका में थियोसॉफिकल सोसाइटी की आधिकारिक स्थापना के बाद अल्कॉट व ब्लाट्वस्की भारत आए और बम्बई को केंद्र बनाकर पूरे भारत का सघन भ्रमण किया। वाराणसी उनकी गतिविधियों का बड़ा केंद्र था, जहां थियोसॉफी का भारतीय संस्करण विकसित हुआ। कर्नल अल्कॉट और ब्लाट्वस्की की विश्वत यात्रायें जारी रहीं। अपने जीवन के अंतिम वर्षों में थियोसॉफी की प्रणेता ब्लाट्वस्की लंदन में बस गईं जबकि कर्नल अल्कॉट ने न्यूयार्क में अंतिम सांस ली।

ब्लाट्वस्की के प्रयाण से कुछ वर्ष पहले भारत में थियोसॉफी को डॉ. एनी बेसेंट मिल चुकी थीं। स्वतंत्र विचारक और सामाजिक कार्यकर्ता डा. बेसेंट, रहस्यवाद और तंत्र से प्रभावित होकर सोसाइटी से जुड़ीं। उन्होंने प्रारंभ में वाराणसी को पहला केंद्र बनाया और थियोसॉफी को रहस्यवाद की छाया से निकाल कर सामाजिक सुधार से जोड़ा।

चेन्नै के पास अड्यार थियोसॉफी का दूसरा केंद्र है जो बीसवीं सदी के प्रारंभ में डॉ. बेंसेट के निधन तक सक्रिय रहा। बीसवीं सदी के मध्य में पश्चिम को प्रभावित करने वाले भारतीय चिंतक जिद्दू कृष्णमूर्ति थियोसॉफी की परंपरा से आए थे।

जातीय एकता, निर्गुण चिंतन और आध्यात्मिकता के आंदोलनों के बीच रामकृष्ण परमहंस सातवीं-आठवीं सदी के भक्ति आंदोलन की परंपरा की आखिरी कड़ी जैसे थे। काली के भक्त, रहस्यवादी, गृहस्थ संत रामकृष्ण मूर्तिपूजक थे और मंदिर में रहते थे। वह बंगाल के स्वतंत्र वैचारिक समाज को भक्ति का संदेश दे रहे थे। परमहंस की परंपरा हालांकि बाद में जिस स्वरूप में सामने आई उसमें भक्त कम और वेदांत व विचार अधिक था जिसका नेतृत्व विवेकानंद ने किया।

उन्नीसवीं सदी के अंत में विवेकानंद वैदिक चिंतन और दर्शन का ग्लोबल स्वरूप लेकर अमेरिका गए थे। वह भारतीय दर्शन का पहला संगठित अंतरराष्ट्रीय अभियान था। अमेरिका और यूरोप में उनकी यात्रायें वैदिक चिंतन और आध्यात्मिकता से विश्व का परिचय थीं। अमेरिका में वेदांत सोसाइटी बनाने के बाद विवेकानंद ने भारत में रामकृष्ण मिशन स्थापित किया।

अरविंदो घोष लंदन के किंग्स कॉलेज में पढ़े थे। वह प्रारंभिक वर्षों में बड़ौदा के महाराज के राजस्व विभाग के मुलाजिम रहे और फिर बड़ौदा व बंगाल कॉलेज के प्रिंसिपल भी। घोष ने उस दौर के अन्य क्रांतिकारियों की तरह अपनी नौकरी छोड़ी और बीसवीं सदी के प्रारंभ में आजादी आंदोलन से जुड़े।

अरबिंदो घोष ने कांग्रेस में उग्रपंथी धड़े का नेतृत्व किया और 1907 में सूरत के अधिवेशन की अध्यक्षता की जहां कांग्रेस में गहरे मतभेद उभरे थे। अलीपुर षड्यंत्र केस में राष्ट्रदोह की सजाओं से जूझते हुए अरबिंदो घोष ने पांडिचेरी में निवास किया और राजनीति से अलग होकर स्वयं को आध्यात्मिकता से जोड़ लिया।

अरविंदो ने योग और भारतीय आध्यात्मिकता का वैश्विक प्रसार किया, जिसका प्रारंभ विवेकानंद ने किया था। पांडिचेरी स्थित अरबिंदो आश्रम आज भी अनुयायियों के बीच लोकप्रिय है। इसकी शाखाएं नहीं हैं लेकिन इसके शिष्य कई आध्यात्मिक और शैक्षणिक

संगठन चलाते हैं। पांडिचेरी के समीप प्रकृति के सान्निध्य में बसा ऑरोविल शहर अरविंद के दर्शन का केंद्र है।

इस दार्शनिक चिंतन के बीच ही बीसवीं सदी के मध्य में प्राचीन वैष्णव भक्ति परंपरा को नया आयाम मिला। चैतन्य महाप्रभु की परंपरा के गौड़ीय वैष्णव गुरु सिरिला भक्तिसिद्धांत ने अभय कुमार डे को भक्ति की ओर प्रेरित किया। युवा अभय डे आजादी के आंदोलन में सक्रिय थे। वह दवा की एक छोटी सी दुकान भी चलाते थे। लेकिन गुरु की प्रेरणा से वह भक्तिवेदांत स्वामी प्रभुपाद बने और कृष्ण पूजा का अंतरराष्ट्रीय अभियान इस्कॉन प्रारंभ किया।

प्रभुपाद ने रहस्यवादी और योग के अंतरराष्ट्रीय प्रचार के बीच मूर्ति पूजा, गीता, वैष्णव दर्शन को पश्चिम में स्वीकार्यता दिलाई। प्रभुपाद, 69 साल की आयु में एक कार्गो जहाज पर बैठकर न्यूयॉर्क (1965) में पहुंचे और एक साल बाद वहां इस्कॉन की स्थापना की, जो सत्तर के दशक में अमेरिका में कृष्ण भक्ति के प्रचार का जरिया बना।

इस्कान के साथ हिंदू मंदिरों के निर्माण का अंतरराष्ट्रीय अभियान प्रारंभ हुआ। इस्कॉन ने भारत व विश्व में करीब 600 मंदिर स्थापित किये। इस्कॉन फूड फॉर लाइफ अभियान भी चलाता है जिसका उद्देश्य है कि इस्कॉन मंदिर के 10 मील क्षेत्र में कोई भी भूखा नहीं रहना चाहिए।

गुरु, योगी, रहस्यवादी और व्याख्याता

लास एंजिल्स अमेरिका 1952

पश्चिम के भाई मेरी मातृभूमि पर कब्जा कर सकते हैं।

लेकिन हम अपना शंख बजायेंगे। भारत अब प्रेम से सबके हृदय पर नियंत्रण करेगा। भारत स्वर्ग से महान है। मैं भारत का प्रेम सभी देशों को बांटूगा।

भारत ने अपनी सीमायें सभी के लिए खोल दी हैं स्वागत है ईश्वर के बेटों का

जहां गंगा है हिमालय है जहां लोग ईश्वर के सपने दखते हैं

मैं भाग्यशाली हूं कि मैंने उस भूमि का स्पर्श किया है।

7 मार्च, 1952 का दिन था। लॉस एंजेलिस का बाल्टीमोर हाल खचाखच भरा था। यह योगी अमेरिका में भारतीय योग का बीसवीं सदी में पहला प्रतिनिधि था। वह पिछले

कुछ दशकों से अमेरिकी समाज को गहराई से प्रभावित कर रहा था। लॉस एंजेलिस की यह सभा कुछ खास थी। योगी ने उपरोक्त कविता पढ़ी और उसके बाद देह त्याग दी। प्रतीकात्मक रूप से यह कविता एक नए भारत का संदेश थी जो दुनिया से जुड़ रहा था।

यह योगी गोरखपुर के मुकुंदलाल घोष उर्फ परमहंस योगानंद थे, जो बीसवीं सदी के प्रारंभ में पश्चिम में योग लेकर पहुंचे। क्रिया योग और भारतीय आध्यात्मिकता पर आधारित उनका संगठन योगदा सत्संग और सेल्फ रियलाइजेशन फेलोशिप, जल्द ही पश्चिम में स्थापित हो गया। योगानंद ने महात्मा गांधी से लेकर हेनरी फोर्ड, बीटल्स और स्टीव जॉब्स तक विश्व के कई बड़े नामों को प्रभावित किया।

प्रसिद्ध अमेरिकी वनस्पतिशास्त्री लुथर बरबैंक उनके गहरे मित्र थे। बरबैंक ने पौधों, फलों, फूलों, सब्जियों की 800 नई प्रजातियां विकसित कीं जो हाइब्रिड कृषि शोध का आधार बनीं। योगानंद ने अपनी विश्व प्रसिद्ध पुस्तक 'आटोबायोग्राफी ऑफ ए योगी' बरबैंक को समर्पित की जिन्हें वह अमेरिकी संत कहते थे।

अमेरिकी उद्योगपति हेनरी फोर्ड उनके भक्त थे। योगानंद ने आत्मकथा में लिखा है कि वह ब्रदरहुड कॉलोनी बनाना चाहते थे जिसके लिए उन्होंने हेनरी फोर्ड से सहयोग मांगा था। संगीतकार जॉर्ज हैरिसन भी योगानंद से प्रभावित थे।

भारतीय सितारवादक पंडित रविशंकर से सितार सीखने आए हैरिसन ने योगानंद की आत्मकथा पढ़ी थी। इस भारतीय योगी का संदेश और चित्र बीटल्स के एलबम 'सर्जेंट पेपर' के कवर पर प्रकाशित हुआ। स्टीव जॉब्स योगानंद की आत्मकथा नियमित रूप से पढ़ते थे।

योगानंद के साथ भारतीय दर्शन और गुरु पश्चिम में स्थापित होने लगे। बीसवीं सदी के अंत तक भारतीय गुरुओं की एक पूरी पीढ़ी सक्रिय हो गई थी।

रहस्यवादी जिद्दू

ओजाई वैली, कैलिफोर्निया (अमेरिका), अगस्त 1922

आज जल्दी जागा हूं। लगता है कि दूसरी दुनिया से लौटा हूं। स्वयं से अलग होने के एहसास से भरा हूं। लगता है कि एक तीखा तिनका भीतर उतर गया है जो हरा भी है और सभी तरह के रंगों से भरा भी।

यह अचेतन अनुभव कृष्णा यानी जिद्दू कृष्णमूर्ति के हैं जो बीसवीं सदी के भारतीय अंतरराष्ट्रीय आध्यात्मिक चिंतकों की नई पीढ़ी के प्रतिनिधि थे। जिद्दू की परवरिश

खुद ऐनी बेसेंट ने की थी। प्रारंभ में वह थियोसॉफी के प्रचारक व चिंतक थे। लेकिन कैलिफोर्निया में 'चेतना की प्राप्ति' और रहस्यवादी अनुभव के बाद जिद्दू थियोसॉफी से मुक्त होकर नए विचार देने लगे, जो धर्म, आध्यात्म की मनोवैज्ञानिक व्याख्यायें थीं।

बीसवीं सदी के मध्य तक जिद्दू यूरोप व अमेरिकी समाज में प्रमुख भारतीय दार्शनिक के तौर पर प्रतिष्ठित हो चुके थे। आजादी के बाद उनकी प्रतिष्ठा और बढ़ी। वह भारतीय नेताओं के संपर्क में रहे। 1985 में ओजाई वैली, कैलिफोर्निया में उनका निधन हुआ।

कृष्णमूर्ति की सक्रियता के बीच ही बीसवीं सदी के मध्य में मध्य प्रदेश से एक और दार्शनिक, रहस्यवादी और क्रांतिकारी चिंतक के तौर पर उभरा। यह प्रोफेसर चंद्रमोहन जैन या रजनीश थे जो बाद में ओशो कहे गए। तर्कशास्त्र पर गहरी पकड़, विस्तृत ज्ञान और अद्‌भुत वक्तृत्व क्षमता से लैस रजनीश ने लगभग दो दशक में भारत और विश्व में हजारों अनुयायी जोड़े।

ध्यान, प्रेम, स्वाधीनता, रचनात्मकता पर केंद्रित अपने विचारों और नव संन्यास आंदोलन से ओशो ने भारत की युवा पीढ़ी को प्रभावित किया जो आजादी की छाया से उबर कर नई चुनौतियों से रूबरू थी। ओशो ने अमेरिका में आश्रम बनाया लेकिन विवादों के बाद अमेरिका छोड़कर पुणे आ गए जहां उन्होंने अंतिम सांस ली।

विचारकों, रहस्यवादी चिंतकों में झारखंड के ठाकुर अनुकूल चंद्र ने भी पश्चिम व पूर्व के देशों को प्रभावित किया। अनुकूल चंद्र (1888-1969) का जन्म अविभाजित बंगाल के पाबना में हुआ था। उन्हें होमियोपेथी में प्रशिक्षण दिया गया था लेकिन बचपन से ही उनकी रुचि आध्यात्मिक खोज में थी। उनकी माता जिन्हें राधास्वामी संप्रदाय के हुजूर महाराज का आशीर्वाद प्राप्त था, उनके जीवन में सबसे प्रभावशाली व्यक्ति थीं।

ठाकुर अनुकूल चंद्र ने पाबना में गुरु केंद्रित एक बड़े आंदोलन की शुरुआत की थी। 58 साल की उम्र में वह अपने स्वास्थ्य सुधार के लिए देवघर आ गए। ठीक इसी समय आज़ादी और विभाजन के परिणामस्वरूप उनका घर अब पाकिस्तान का हिस्सा बन चुका था। ठाकुर अनुकूल चंद्र ने देवघर में ही अपने आश्रम का पुनर्निर्माण करना शुरू कर दिया था। उनकी माता ने उनके समुदाय को सत्संग का नाम दिया। आज ऐसे सत्संग विहार देश के अधिकतर राज्यों और विदेशों में फैले हुए हैं। देवघर आश्रम का संचालन उनके पौत्र करते हैं और अब भी बड़ी संख्या में भारतीय और विदेशी दर्शनार्थी हर साल आश्रम पहुंचते हैं।

यह भारतीय गुरुओं के साथ विवादों की शुरुआत का दौर था। थियोसॉफिस्ट रोजालिंड विलियम्स की बेटी ने अपनी पुस्तक में खुलासा किया कि जिद्दू के उनकी मां के साथ

प्रेम संबंध थे। रोजालिंड ने राजगोपाल से शादी की जो जिद्दू के समीपस्थ थे और उनके प्रकाशन ट्रस्ट के प्रबंधक थे। विवादों के चलते उनके संबंध बिगड़ गए थे।

इसी तरह ओरेगोन में आश्रम बनाने को लेकर ओशो का अमेरिकी सरकार के साथ विवाद हो गया था और उन्हें अमेरिका छोड़ना पड़ा। चूंकि अमेरिकी अधिकारियों ने उन्हें प्रत्यर्पित करने की प्रक्रिया शुरू कर दी थी, कई अन्य देशों ने भी ओशो पर प्रतिबंध लगा दिए।

गुरु की समृद्धि

जून, 2011 पुट्टपर्ति आंध्र प्रदेश

लगभग छत्तीस घंटे तक करीब बीस लोग नकदी की गिनती करते रहे। आयकर विभाग के अधिकारी और आश्रम ट्रस्ट के कर्ता इस पूरी प्रक्रिया के गवाह थे। आश्रम के यजुर मंदिर से कुल 98 किलो सोना, 300 किलो चांदी और 12 करोड़ रुपये नकद मिले।

आंध्र प्रदेश के लोकप्रिय संत सत्य साईं बाबा के निधन के करीब दो माह बाद उनके आश्रम से निकली यह सबसे बड़ी खबर थी। 300 करोड़ रुपये की यह संपत्ति बाबा के निजी कक्ष से मिली थी। यह साईं बाबा की कुल संपत्ति का एक छोटा हिस्सा भर था, क्योंकि उनके निधन से पहले तक श्री सत्य साईं सेंट्रल ट्रस्ट करीब 40,000 करोड़ रुपये की संपत्तियों का मालिक बन चुका था। इसमें 186 देशों और 1,200 संगठनों में फैली विभिन्न अचल संपत्तियां, स्कूल कॉलेज, अस्पताल, स्टेडियम, एयरपोर्ट आदि शामिल हैं।

भारत में अस्सी के दशक के बाद जिन संत, गुरुओं और आश्रमों का दौर प्रारंभ हुआ उनमें सत्य साईं बाबा प्रमुख थे। रहस्यों, चमत्कार, पूजा और गुरु परंपरा के मिले-जुले प्रयोग के साथ साईं बाबा ने हॉलीवुड व बॉलीवुड के सितारों क्रिकेटर, राजनेता, बड़े अधिकारी, जस्टिस, उद्योगपतियों को आकर्षित किया। इनके पीछे मध्यवर्ग भी आया और भारतीय उनके संदेश व अभियान को पूरी दुनिया में फैलाने लगे।

साईं ने पौराणिक हिंदू धर्म की मान्यताओं को बनाये रखते हुए रहस्य और चमत्कार की राह चुनी। लोकप्रियता से मिली संपत्ति से उन्होंने जनकल्याण की परियोजनायें बनाईं। बाद के वर्षों में सत्य साईं का मॉडल गुरु अर्थव्यवस्थाओं का आदर्श बन गया।

व्याख्याताओं की भव्यता

2002 में जब भारत सरकार ने अंबानी समूह के संस्थापक और करिश्माई उद्यमी धीरूभाई अंबानी की स्मृति में डाक टिकट जारी किया तो उस कार्यक्रम में तत्कालीन संचार मंत्री प्रमोद महाजन और अंबानी परिवार के अलावा तिलक और कंधे पर शाल लिए एक दाढ़ी वाली शख्सियत और मौजूद थी। यह गुजरात के कथावाचक रमेश भाई ओझा थे।

इस समारोह तक किसी को यह अंदाज नहीं था कि कुछ साल बाद अंबानी परिवार में विवाद होगा और मुकेश व अनिल के बीच बंटवारा हो जाएगा।

अंबानी परिवार में विवाद हुआ। मां कोकिलाबेन को श्री नाथ जी मंदिर के अलावा रमेश भाई ओझा की मदद की जरूरत भी पड़ी। अंतत: पोरबंदर में स्थिति भाईश्री के सांदीपनि आश्रम ने अंबानी परिवार को एकजुट किया गया।

रमेश भाई ओझा इक्कीसवीं सदी में गुरुओं की दूसरी धारा का प्रतिनिधित्व करते हैं जिसमें हिंदू कथावाचक और व्याख्याता आते हैं। ये पौराणिक हिंदू कथाओं को नए सिरे से समझा रहे हैं। इनके आयोजनों में भारी भीड़ जुटती है। मुरारी बापू दूसरे बड़े कथावाचक संत हैं। बापू और ओझा जैसे संतों की कथायें पूरी दुनिया में कहीं न कहीं चलती रहती हैं।

यह परंपरा प्रमुख रूप से गुजरात से प्रारंभ हुई, गुजरात और अन्य राज्यों का समृद्ध व्यापारी समुदाय इनका भक्त है। बाद में देश के अन्य हिस्सों से कथावाचक आने प्रारंभ हुए। इन कथावाचकों में विवादित आसूमल सिरुमलानी उर्फ आसाराम बापू भी थे जिनके देश भर में 350 आश्रम हैं। बलात्कार के आरोपों में घिरे, बापू जेल में हैं।

सैटेलाइट टीवी पर धार्मिक चैनलों ने इन कथावाचकों को घर-घर पहुंचाया। पूरे विश्व में होने वाली इनकी कथायें इनकी आय का बड़ा स्रोत हैं। इनके ट्रस्ट खासे समृद्ध हैं और जन-कल्याण के कार्यक्रम चलाते हैं।

कारोबारी बाबा

हरियाणा की सामान्य पृष्ठभूमि से आने वाले स्वामी रामदेव ने जब 2007 में अपनी योगपीठ प्रारंभ की तो 15 भारतीय राज्यों के मुख्यमंत्री कार्यक्रम में मौजूद थे। वे भारतीय प्रधानमंत्री नरेंद्र मोदी के करीबी मित्र हैं। वे सरकार के योग अभियान का नेतृत्व करते हैं। राज्यों के मुख्यमंत्री उनके प्रोजेक्ट को जमीनें देने में देर नहीं लगाते।

रामदेव भारत के पहले कॉर्पोरेट गुरु हैं। उनका ब्रांड पतंजलि उपभोक्ता उत्पादों के बाजार के देशी-विदेशी दिग्गजों को चुनौती दे रहा है।

योग और आयुर्वेद से अपना मिशन प्रारंभ करने वाला यह भगवाधारी संन्यासी 5,000-6,000 करोड़ रुपये के कारोबार का मालिक है। वे ग्रॉसरी, कास्मेटिक्स, बिस्किट, साबुन, दवायें सहित 350 उत्पाद बनाते हैं। उनके स्टोर पूरे देश में फैले हैं। उनके 1,000 एकड़ के फूड पार्क में 15,000 लोग काम करते हैं।

भारत स्वाभिमान ट्रस्ट रामदेव का विशाल संगठन है जो योग, ध्यान, जीवन पद्धति, आयुर्वेद और जन कल्याण में लगा है।

गुरुओं के इस समूह में रामदेव अकेले नहीं हैं। ध्यान के गुरु और प्रसिद्ध बीटल्स को भारत से परिचित कराने वाले महर्षि महेश योगी का निधन 2008 में नीदरलैंड में हुआ था। उनकी मृत्यु के चार वर्ष बाद ही उनकी 60,000 करोड़ रुपये की संपत्ति हासिल करने को लेकर विवाद प्रारंभ हो गया। महेश योगी ने भारत के प्रमुख शहरों और दुनिया के कई देशों में अनुयायी और भारी संपत्ति जोड़ी थी।

151 से अधिक देशों में 30 करोड़ रुपये से अधिक अनुयायियों वाले ध्यान गुरु श्री श्री रविशंकर को भले ही दिल्ली में यमुना के किनारे कार्यक्रम करने पर भारी जुर्माना देना पड़ा हो लेकिन इससे उनके रसूख में कमी नहीं आई। रविशंकर पहले महेश योगी के साथ जुड़े थे लेकिन बाद में उन्होंने अपने मिशन आर्ट ऑफ लिविंग की स्थापना की और तीन दशक में ग्लोबल गुरु बन गए।

माता अमृतानंदमयी, लोगों को गले लगाकर आशीर्वाद देती हैं जिसके चमत्कारिक होने के दावे किये जाते हैं। वह भारत की सबसे समृद्ध महिला गुरु हैं। करीब 1,000 करोड़ रु. का उनका ट्रस्ट चलता है।

जग्गी वासुदेव, बाइक चलाने वाले, हेलिकॉप्टर उड़ाने वाले और गोल्फ प्लेयर गुरु हैं। उनका ईशा फाउंडेशन ग्लोबल है। कोयंबटूर में वेलंगिरि पहाड़ियों की तलहटी में उनका 150 एकड़ का आश्रम है। टेनेसी, अमेरिका में वह 1.200 एकड़ का सेंटर चलाते हैं। भारत के दिग्गज उद्यमी उनके भक्त हैं।

गुरु और अपराध

भारत में किसी आध्यात्मिक गुरु को बॉलीवुड स्टाइल में मोटरसाइकिल हवा में उड़ाते, दसियों खलनायकों को पीटते, और हेलिकॉप्टर से कूदते, पहली बार देखा गया था। यह सिरसा, हरियाणा के डेरा सच्चा सौदा आश्रम के गुरु राम रहीम हैं जो अपनी दो मेगा बजट फिल्मों के बाद खासे चर्चित हुए।

नाबालिग बच्चियों से बलात्कार के मामले में सजा के बाद जेल जाने से पहले उन्होंने 700 एकड़ जमीन जुटाई और पूरी दुनिया में 250 आश्रम बनाये। उनको सजा दिए जाने के दौरान हरियाणा राज्य में भयानक हिंसा हुई जिसमें 30 लोग मारे गए।

राम रहीम के मिशन में गुरु लगभग ईश्वर जैसा है जो लोगों को बुराइयां छोड़ने को प्रेरित करता है। यह परंपरा समाज के निचले तबकों को जोड़ती है जो जातीय या आर्थिक कारणों से पारंपरिक हिंदुत्व के प्रति सहज नहीं हैं।

पंजाब, हरियाणा, उत्तर प्रदेश इसका बड़ा केंद्र हैं, जहां आर्य समाज सक्रिय रह चुका था। यहां सिख गुरुओं के समानांतर राधास्वामी, जय गुरुदेव जैसे मिशन सक्रिय हैं। इनके समर्थकों की संख्या लाखों में है जिनके दान इन आश्रमों की आर्थिक समृद्धि की रीढ़ हैं। इन आश्रमों के पास व्यापक अचल संपत्ति है, जो कहीं कहीं जनकल्याण आश्रम में लगी है। इनमें कई आश्रम राजनीति को प्रभावित करते हैं।

आध्यात्मिकता की यह धारा आधुनिक है जो प्रवचनों, पुस्तकों, ऑडियो, आधुनिक आश्रम, विदेशी अनुयायी और बहुराष्ट्रीय संगठन से बनी है।

हरियाणा के गुरु रामपाल के खिलाफ ढेरों मुकदमे हैं और वह फिलहाल जेल में है। अदालत में 42 बार गैरहाजिर होने के बाद आखिर में जब पुलिस ने आश्रम में प्रवेश करने की कोशिश की तो पुलिस और उनके समर्थकों के बीच कुछ दिनों तक हिंसा होती रही। स्वयंभू भगवान और दक्षिण भारत के संत स्वामी नित्यानंद और एक अभिनेत्री के सेक्स वीडियो सामने आए। कांची के शंकराचार्य जयेंद्र सरस्वती और उनके सहयोगी विजेंद्र मंदिर प्रबंधक की हत्या के मामले में मुख्य आरोपी हैं। स्वयंभू गुरुओं द्वारा यौन अपराध भारतीय धर्म का ताजा और घृणित चेहरा हैं।

गुरु और राजनीति

बीसवीं सदी के अंतिम दशकों में धीरेंद्र ब्रह्मचारी, चंद्रास्वामी जैसे राजनीतिक रसूख वाले कई गुरु राजनीति के फलक पर उभरे और विवादित भी हुए। धीरेंद्र ब्रह्मचारी इंदिरा गांधी के करीबी थी। चंद्रास्वामी प्रधानमंत्री पी.वी. नरसिंह राव समेत कई राजनेताओं और व्यवसायियों से जुड़े हुए थे। दोनों ही विवादित थे और उनकी वित्तीय गतिविधियां व कानून का उल्लंघन अक्सर चर्चा में रहते थे। अगला दौर दक्षिण और मध्य भारत के गुरुओं का था जिनमें सत्य साईं प्रमुख थे। इनके अनुयायियों में बड़े राजनेता, खिलाड़ी व फिल्मकार थे। सत्य साईं, महेश योगी, ओशो जैसे गुरुओं की लोकप्रियता ने उन्हें राजनीतिक रूप से संवेदनशील बनाया।

21वीं सदी के प्रारंभ तक पंजाब में आशुतोष महाराज, गुजरात में बीएपीएस, उत्तराखंड गायत्री परिवार, मध्य प्रदेश में रावतपुरा सरकार जैसे गुरुओं ने अपनी लोकप्रियता और अनुयायियों के सहारे राजनेताओं और स्थानीय अर्थव्यवस्था को प्रभावित किया। इन संतों ने स्कूल, अस्पताल और समाज सेवा के प्रतिष्ठान भी प्रारंभ किये।

गुरु अनुयायियों का समाज पर्याप्त मिश्रित है। यह हिंदू और पौराणिक आस्थाओं को मानने के साथ गुरुओं को भी स्वीकारता है। गुरु और उनके अनुयायियों ने गुरुओं को एक स्वतंत्र आर्थिक व राजनीतिक ताकत बना दिया है ।

राजनैतिक उद्देश्यों के लिए धर्म के इस्तेमाल पर प्रतिबंध के बाद भी राजनैतिक दल धर्म और धार्मिक समुदायों से गहरे जुड़े हुए हैं। संन्यासियों का राजनीति में सीधा प्रवेश हाल की ही घटना है और आमतौर पर दक्षिणपंथी राजनैतिक दलों से संबंधित है। उमा भारती और साध्वी ऋतंभरा राम जन्मभूमि आंदोलन के दौरान प्रसिद्ध हो गईं। उमा भारती मध्य प्रदेश की मुख्यमंत्री भी बनाई गई। वह इस समय केंद्र की सरकार में मंत्री हैं। सतपाल महाराज, साध्वी निरंजन ज्योति, साक्षी महाराज सत्ता के गलियारों में संन्यासियों की उपस्थिति का प्रमुख उदाहरण हैं। उत्तंरप्रदेश में गोरखनाथ मठ के प्रमुख और नाथ योगी, योगी आदित्यनाथ का भारत के सबसे बड़े राज्य उत्तर प्रदेश में मुख्यमंत्री बनना, धर्म और राजनीति के गठजोड़ का शिखर है।

आस्था का अर्थशास्त्र

अप्रैल 2016 में केरल के कोल्लम मंदिर के आतिशबाजी हादसे के दौरान यह जानकारी सामने आई थी कि राज्य में छोटे-बड़े लगभग 36,000 मंदिर हैं यानी करीब 3.5 करोड़ की आबादी में लगभग 1,000 लोगों पर एक मंदिर।

भारत में धार्मिक स्थलों की गणना का कोई ठोस आंकड़ा उपलब्ध नहीं है लेकिन केरल को आधार मानकर यह अंदाजा लगाया जा सकता है कि औसत 900 लोगों पर एक धर्म केंद्र तो होगा ही। यह औसत भारत में प्रति एक हजार लोगों पर स्कूल, अस्पताल, पुलिस, रेलवे की तुलना बहुत बड़ा है।

भारत में करीब 60 बड़े धार्मिक नगर हैं जहां पूरा शहर किसी धार्मिक केंद्र के इर्दगिर्द घूमता है। इसमें छोटे धर्म स्थल शामिल नहीं हैं, जिनकी अपनी स्थानीय अर्थव्यवस्थायें हैं।

भारत की अर्थव्यवस्था में जितना योगदान सूचना तकनीक उद्योग का है, उतना ही पर्यटन का। सरकारी आंकड़ों के अनुसार, 2014 में घरेलू पर्यटन करीब 12 फीसदी की दर

से बढ़ा जिसमें सर्वाधिक पर्यटक तमिलनाडु व उत्तर प्रदेश को मिले। इसके बाद कर्नाटक, महाराष्ट्र, आंध्र, तेलंगाना, मध्य प्रदेश और राजस्थान पर्यटकों की प्रमुख पसंद हैं।

नेशनल काउंसिल ऑफ एप्लाइड इकोनॉमिक रिसर्च (2014) के अनुसार, एक औसत भारतीय साल में कम से कम चार बार यात्रा करता है। जम्मू-कश्मीर, हिमाचल, हरियाणा, उड़ीसा और राजस्थान में यह यात्रायें सालाना पांच से ज्यादा हैं। इस अध्ययन के मुताबिक, भारत में पर्यटन पर कुल खर्च 97,000 करोड़ रुपये था जो अब लगभग दो गुना हो चुका है।

इस अध्ययन में सबसे दिलचस्प जानकारी धर्म की अर्थव्यवस्था को लेकर मिलती है। भारत में औसत यात्राओं में करीब 74 फीसदी पारिवारिक और 10 फीसदी धार्मिक हैं। महाराष्ट्र, आंध्र प्रदेश और तमिलनाडु से करीब 44 फीसदी यात्रायें धार्मिक होती हैं। आंध्र प्रदेश, उत्तराखंड, तमिलनाडु और राजस्थान में सबसे अधिक धार्मिक पर्यटक आते हैं। पुराने आंकड़ों के मुताबिक, यात्रा खर्चों में करीब 12 फीसदी हिस्सा धार्मिक पर्यटन पर जाता है लेकिन पर्यटन की बढ़ोतरी के साथ यह आंकड़ा अब काफी बढ़ चुका होगा।

भारतीय समाज के गठन में सामाजिक-पारिवारिक उत्सव और पर्यटन एक दूसरे से गहराई से गुंथे हैं और पर्यटन में स्थानीय धार्मिक केंद्रों की यात्रा स्वभाविक होती है, इसलिए धार्मिक पर्यटन भारत में धर्म की सामुदायिक अर्थव्यवस्था का एक बड़ा हिस्सा बन गया। इसका प्रभाव हमें बड़े मंदिरों की संपत्तियों, स्थानीय मंदिर अर्थव्यवस्थाओं और सचल धार्मिक अर्थव्यवस्थाओं की वृद्धि में दिखता है।

आधुनिक भारत में धार्मिक परोपकार

इस पुस्तक में हमने दान शिलालेखों के बारे में चर्चा की है, जिसमें प्राचीन भारत में संगठित रूप से सार्वजनिक कल्याणकारी गतिविधियों का विवरण दिया गया है। ये शिलालेख साबित करते हैं कि सामूहिक दान ने धर्म, मंदिरों, स्तूपों और मठों जैसे धार्मिक निर्माणों को कायम रखा था। बाद की शताब्दियों के दौरान, विशेष रूप से मुगल और ब्रिटिश काल में अतिथि गृहों का निर्माण (जिसे हिंदी और अन्य भारतीय भाषाओं में "धर्मशाला" या "धर्म का निवास" कहा जाता था), आश्रम, प्याऊ (यात्रियों को पीने का पानी प्रदान करने की व्यवस्था), मुफ्त भोजन वितरण (भंडारा या लंगर) भी इसमें शामिल हुए। इनमें से अधिकतर सुविधाओं को मंदिरों के पास या तीर्थयात्रा के रास्ते में स्थापित किया जाता था।

औपनिवेशिक काल से शिक्षा की व्यवस्था ने दान का मुख्य उद्देश्य हासिल किया। पूरे उप-महाद्वीप में माध्यमिक और कॉलेज शिक्षा का प्रारंभ सार्वजनिक-निजी साझेदारी मॉडल के रूप हुआ। औपनिवेशिक सरकार शिक्षा के लिए ज्यादा पैसे खर्च करने के लिए उत्सुक नहीं थी, इसलिए लगभग हर शहर और कस्बे में, पहला कॉलेज हमेशा स्थानीय जमींदार या सेठ द्वारा स्थापित किया गया था। आजाद भारत में भी सरकार ने विश्वविद्यालय, विशिष्ट कॉलेजों और शिक्षकों के प्रशिक्षण के लिए ही कॉलेज चलाए, स्कूली की शिक्षा लगभग पूरी तरह से दान व परोपकार पर चल रही थी। 1970 के दशक तक, देश में शिक्षा जैसा व्यापक नेटवर्क निजी सरकारी भागीदारी पर आधारित हो चुका था। शैक्षिक संस्थानों की तुलना में अस्पताल बहुत कम थे। जटिल नियमों और प्रशिक्षित जनशक्ति का अभाव इसका प्रमुख कारण हो सकता है।

आज के भारत में भी शिक्षा और स्वास्थ्य सेवा दान के दो मुख्य स्तंभ हैं। 20वीं सदी की कॉर्पोरेट संस्कृति ने कॉर्पोरेट सामाजिक जिम्मेदारी के माध्यम से संगठित दान के लिए एक नया दृष्टिकोण पैदा किया है। बड़ी कंपनियां अब अपने संसाधनों को अपने फाउंडेशन और व्यावसायिक रूप से चलने वाले गैर सरकारी संगठनों के माध्यम से सार्वजनिक कल्याणकारी परियोजनाओं में लगा रही हैं। वे न केवल शिक्षा और स्वास्थ्य सेवा में संलग्न हैं, बल्कि पर्यावरण, संस्कृति, विरासत, सामुदायिक विकास और उद्यमिता के प्रसार में भी शामिल हैं।

21वीं सदी में भारतीय धार्मिकता

बर्फबारी के मौसम में जापान के शिंतो मंदिरों में खासी भीड़ जुटती है। कड़कड़ाती सर्दी में लोग केवल एक वस्त्र में शिंतो गुरु के सामने आते हैं जहां उन पर बेहद ठंडा पानी डाला जाता है। दो दिनों तक चलने वाले इस अनुष्ठान में हर दो घंटे बाद पानी डालने की क्रिया होती है। 150 साल पुराने इस रिवाज को मिसोगी या जल शुद्धीकरण कहते हैं।

दिलचस्प यह है कि जापान के करीब 87 फीसदी लोग खुद को धार्मिक नहीं मानते हैं। धर्मों के मामले में आज तक के सबसे बड़े सर्वेक्षण में जापान को दुनिया का तीसरा सबसे कम धार्मिक (चीन और हांगकांग) देश पाया गया है।

इस अनोखी धर्मनिरपेक्षता के बावजूद जापान की आधिकारिक ईयरबुक बताती है कि जापान में दो प्रमुख धर्म हैं। एक है करीब 1,300 साल पुराना जापान का पारंपरिक धर्म शिंतो जो रहस्यवादी, प्राकृतिक शक्तियों में विश्वास रखता है और दूसरा है बौद्ध धर्म जो भारत से चलकर चीन व कोरिया होते हुए 1,500 साल पहले जापान पहुंचा।

जापान में करीब 86,000 शिंतो और 75,000 बौद्ध मंदिर हैं। लगभग 72 फीसदी जापानी शिंतो और 68 फीसदी बौद्ध धर्म् के अनुयायी हैं। यह आंकड़ा 100 फीसदी से अधिक इसलिए है क्योंकि कि बहुत से जापानी दोनों धर्मों को एक साथ मानते हैं।

ऐसा कहा जाता है कि एक जापानी बचपन में शिंतो मंदिर में प्रार्थना करता है, ईसाई रिवाज़ों से विवाह करता है और बौद्ध धर्म के रिवाज़ों से उसका अंतिम संस्कार होता है।

21वीं सदी के भारत में धर्म की जटिलता को समझने में जापान का उदाहरण शायद कुछ मदद कर सकता है। आधुनिक समाज में किसी धर्म की आस्था पद्धति को समझने से ज्यादा जरूरी है एक समाज की धार्मिकता या धर्म के प्रति उसके नजरिये को समझना। यह मनोविश्वासों के विश्लेषण और धार्मिक प्रथाओं के माध्यम से धर्म के प्रति समाज के दृष्टिकोण को समझने का नया वैज्ञानिक तरीका है।

जापान जैसे आधुनिक समाज में और कुछ सीमा तक भारत के शहरी समाजों में भी, धार्मिक और अधार्मिक रहना एक साथ संभव है। भारत में कुछ गैर हिंदू विशेष रूप से सिख और मुस्लिम अपने धार्मिक प्रतीकों की वजह से अलग ही दिखाई देते हैं। हिंदू भी ऐसा करते हैं। लेकिन सार्वजनिक जीवन के अधिकांश हिस्सों में उनसे धार्मिक प्राथमिकता के अनुसार व्यवहार करने की उम्मीद नहीं की जाती है।

इसी प्रकार अधार्मिक दिखाई देने वाले लोगों के जीवन में शादी, व्यक्तिगत उपलब्धियां हासिल करने, किसी जश्न में या अंतिम संस्कार के समय धार्मिक क्रिया-कलाप महत्वपूर्ण हो जाते हैं। इसलिए भारत में धर्म के प्रति व्यक्तिगत और सार्वजनिक दृष्टिकोण जटिल होते जा रहे हैं। चुनाव के लिए धर्म और जाति की राजनीति इसे और उलझा देती है।

धर्म के प्रति नजरिये के आधार पर भारत के वर्तमान समाज को तीन हिस्सों में बांटा जा सकता है:

उदार आस्तिक

जापान को भले ही नियमित रूप से सबसे कम धार्मिक देशों में से एक माना जाता हो लेकिन अधिकतर जापानी घरों में एक कामीनाडा (शिंतो की समाधि) या बुतुस्दान (बौद्ध वेदी) पाए जाते हैं। यह स्पष्ट भिन्नता जापान के लिए नई नहीं है। भारत में भी 2011 की जनगणना के अनुसार, केवल 33,000 लोगों ने खुद को नास्तिक बताया जो देश की आबादी का 0.0027 फीसदी है।

निश्चित रूप से भारत में आस्तिकों की संख्या सबसे ज्यादा है और निस्संदेह इनमें से अधिकतर हिंदू हैं। आश्चर्यजनक रूप से आस्तिकों की इस बड़ी आबादी के लिए पिछले कई दशकों से सबसे महत्वपूर्ण बहस धर्मनिरपेक्षता के मुद्दे पर रही है। बड़ी संख्या में हिंदू न तो अपने धर्म का प्रदर्शन करने की परवाह करते हैं, न ही वह अपनी धार्मिकता को अस्वीकार या खारिज करते हैं।

भारत की धार्मिकता में उदार आस्तिकों का वर्ग मुख्यतः शहरी है। यह धार्मिकता, सामाजिक और रस्मी से ज्यादा वैचारिक है। ऐसे लोग भले ही पूजा पंडालों या मंदिरों में दिखाई देते हों या ज्योतिष में उनकी आस्था हो, वे शाकाहारी हों या न हों, लेकिन आमतौर पर वह धर्म को अपनी जीवनशैली की पसंद या नापसंद पर हावी नहीं होने देते। वह धर्म के प्रतीकों का सार्वजनिक प्रदर्शन करने में सहज नहीं होते। इसके बावजूद वह खुद को हिंदू मानते हैं, उनके लिए हिंदू किसी विश्वास से ज्यादा जीवनशैली है।

अति धार्मिक

नागा साधु सांकेतिक और ऐतिहासिक, दोनों तरह से 21वीं सदी के भारत में हिंदू धार्मिकता का सबसे सुंदर प्रतिनिधि है। धार्मिक हिंदुओं की दो श्रेणियां हैं—एक है पौराणिक और भक्ति आधारित हिंदू धर्म और दूसरा है गुरु आधारित शिष्यों के छोटे समुदाय। संयोग से अखाड़े दोनों का प्रतिनिधित्व करते हैं। निस्संदेह ऐसे भी भक्त हैं जिन्हें दोनों समूहों में गिना जा सकता है।

अखाड़ा तंत्र को भले ही आज के हिंदू धर्म में सीमांत संगठन माना जाता हो लेकिन धार्मिक प्रतीकों के प्रति रुचि, हिंदू समाज के सांप्रदायिक मकसदों और राजनीति के विकास को समझने के लिए ये अखाड़े अब भी महत्वपूर्ण हैं।

माथे पर विभिन्न प्रकार के तिलक, मालाएं, लंबे बाल, भगवा वस्त्र, ध्वज या त्रिशूल धारण करना, दूरदराज या तीर्थस्थल में अकेले या समूह में घूमते नागाओं ने हिंदू होने के बाहरी प्रतीकों को प्रभावी रूप से स्थापित किया। अपनी अथक भक्ति, कठिन संन्यास, अनंत अनुष्ठानों और गुरु केंद्रित व्यवस्था के साथ वे समाज में अलग खड़े हैं।

समर्पित हिंदुओं का बड़ा समूह अपने धार्मिक उत्साह को प्रदर्शित करने के लिए उन प्रतीकों में से किसी एक को चुन लेता है, जिसका सबसे भव्य प्रदर्शन नागाओं में दिखता है। इन प्रतीकों में तिलक सबसे आकर्षक और त्रिशूल सबसे आक्रामक प्रतीक है।

आज उत्तर, मध्य और पश्चिम भारत में जिन जगहों पर दक्षिणपंथी राजनैतिक दल, भारतीय जनता पार्टी का वर्चस्व है, वहां अधिकतर व्यापारी वर्ग हिंदुत्व से प्रतिबद्धता को भाजपा से जोड़ता है। व्यापारी उन कथावाचक गुरुओं को प्रायोजित करते हैं जिनकी बात हम पहले कर चुके हैं, वह तीर्थाटन या मंदिर के निर्माण पर अच्छी-खासी रकम खर्च करते हैं। हिंदुओं का यह समूह हर प्रकार के अनुष्ठानों के प्रति समर्पित होता है। यह विभिन्न मंदिरों के नियमित दर्शनार्थी और तीर्थयात्री हैं।

वे धर्म में राजनीति के प्रयोग से हिचकिचाते नहीं हैं हालांकि उनमें से सभी शायद कट्टर धार्मिक न हों। धर्म के प्रति इस तरह के रुझान को पहले ग्रामीण या कस्बों तक केंद्रित प्रवृत्ति माना जाता था लेकिन 1991 के बाद से शहरों में भी यह रुझान बढ़ा है।

उत्तर भारत की तुलना में, दक्षिण भारत के धार्मिक हिंदुओं का समाज और राजनीति के प्रति रवैया बिल्कुल अलग है। दक्षिण के हिंदू परंपराओं, अनुष्ठानों और धार्मिक प्रतीकों के प्रति कहीं अधिक समर्पित हैं लेकिन एक समाज के तौर पर वह धार्मिक मामलों में कट्टर नहीं हैं। इसकी वजह शायद बड़े पैमाने पर समाज सुधार और 19वीं व 20वीं सदी के जाति आधारित आंदोलनों का असर है।

वैष्णव जैन धर्म के प्रभाव से पश्चिम और उत्तर भारत में शाकाहार प्रचलित हुआ लेकिन और पूर्वी भारत में वैष्णवों की गहरी पैठ के बाद भी शाकाहार उतना लोकप्रिय नहीं हो सका।

अन्य भारतीय धर्मों में सिखों की अपने धार्मिक प्रतीकों के प्रति निष्ठा सहज ही दिखती है लेकिन वह व्यापक समाज में आसानी से घुलमिल जाते हैं। जैन समुदाय का सामाजिक-राजनैतिक जीवन मंदिरों और संतों के आसपास संगठित है।

मुसलमानों की धार्मिकता स्वाभाविक रूप से स्पष्ट है। हालांकि इसमें भी तरह तरह के लोग हैं लेकिन बड़ी संख्या अतिधार्मिक हैं जो अपने विश्वास के मामले में अलग खड़े होने के लिए तैयार रहते हैं। उनका दृढ़ विश्वास है कि उनके धर्म को ही उनके सामाजिक जीवन और राजनीति के प्रति उनका दृष्टिकोण निर्धारित करना चाहिए।

सहज धार्मिक

कभी कभी जब मैं काम के बहुत दबाव में होती हूं। पत्नी, मां, बहू और कंपनी चेयरमैन की भूमिका एक साथ निभानी होती है तब मैं आंख बंद करके तिरुपति का ध्यान करती हूं। और मुझे महसूस होता है कि मैं दुनिया का सामना कर सकती हूं। मुझे कोई नहीं हरा सकता।

पेप्सिको की चेयरमैन, शाकाहारी हिंदू, इंदिरा नूयी ने लगभग एक दशक पहले एक साक्षात्कार में जब यह कहा तो वह उन गिने-चुने कॉर्पोरेट सीईओ की कतार में शामिल हो गईं जो अपने धार्मिक विश्वासों को खुल कर प्रकट करते हैं। हालांकि किसी भारतीय व्यवसायी के लिए यह नया नहीं है। इंदिरा नूयी जैसे लोग आज के भारत में हिंदू धार्मिकता के सबसे बड़े वर्ग के प्रतिनिधि हैं। वह अपने व्यक्तिगत जीवन में अपने हिंदू धर्म को लेकर बहुत सहज हैं लेकिन वह अपने सार्वजनिक जीवन पर इसका असर नहीं होने देते।

भारत के तमाम बड़े उद्यमियों, कामयाब पेशेवरों, राजनेताओं से लेकर आम लोगों तक सभी के लिए घर की पूजा में शामिल होना या किसी तीर्थस्थान पर जाना उनके कॉर्पोरेट या सार्वजनिक जीवन को प्रभावित नहीं करता। बहुत-सी भारतीय कंपनियां भी इसी सिद्धांत पर काम करती हैं।

'बिज़नेस इनसाइडर' मैगजीन ऐसी कंपनियों की सूची जारी करती है जिनके कामकाज में धर्म एक अहम भूमिका रखता है जैसे विशाल अमेरिकी फैशन कंपनी फॉरएवर 21, जो अपने शॉपिंग बैग पर बाइबल के उपदेश छापती है या अलास्का एयर या टायसन फूड धार्मिक प्रतीकों को अपनाती है लेकिन इस सूची में भारत की एक भी कंपनी नहीं होती ।

अधिकतर भारतीय कंपनियां अपने मालिकों की गहरी धार्मिक आस्था के बाद भी उदार धार्मिक सिद्धांतों के आधार पर चलाई जाती हैं। दक्षिण भारत की किसी सॉफ्टवेयर कंपनी में, साल में खास समय पर दाढ़ी बढ़ाए हुए काले कपड़ों में नंगे पैर घूमते पुरुष इंजीनियरों का दिखना कोई अनोखी बात नहीं है, यह केरल के सबरीमाला मंदिर के तीर्थयात्री हैं। यहां तक कि टेक महिंद्रा जैसी एक शीर्ष तकनीक कंपनी के कार्यालय परिसर में एक मंदिर से किसी को कोई समस्या नहीं है। बिड़ला या आरपीजी समूह के मालिक शाकाहरी वैष्णव मारवाड़ी हैं लेकिन उनकी कंपनी के भोजनगृह में मांसाहारी भोजन का भी प्रावधान है।

आधुनिक भारत में राम और रहमान

आजादी के आंदोलन के साथ 19वीं सदी में भारत के सामाजिक-धार्मिक परिदृश्य को नया स्वरूप मिला। इस दौरान दो तरह के विचार पैदा हुए, पहला यह कि भारतीय समाज को सुधारों के जरिए पश्चिम के बराबर लेकर आना और दूसरा प्राचीन धर्म की पवित्रता की ओर लौटना जो कि वैदिक हिंदू धर्म या विशुद्ध इस्लाम था।

तत्कालीन सुधार आंदोलनों में यह दोनों कारक अलग-अलग मात्रा में मौजूद थे। 1828 में राजा राममोहन रॉय के ब्रह्म समाज से शुरू हुआ समाज सुधार आंदोलन लगभग पूरे उपमहाद्वीप में फैल गया। विशेष रूप से तटीय और बड़े शहर इसका केंद्र बने। ब्रह्म समाज, प्रार्थना समाज और अन्य प्रगतिशील सुधार आंदोलनों के बहुत सारे अनुयायियों की संख्या बड़ी नहीं थी लेकिन प्रगतिशील, शिक्षित, पेशेवर और सफल तत्कालीन मध्यम वर्ग पर इन आंदोलनों ने गहरा प्रभाव डाला।

शिक्षा और महिला सशक्तिकरण पर जोर देने वाला आबादी का यह हिस्सा भारत के भाग्य का निर्धारण करने वाला था। आज भी भारत के उदार शहरी मध्यम वर्ग के सामाजिक-धार्मिक परिप्रेक्ष्य काफी हद तक 19वीं सदी के सुधार आंदोलनों के मूल्यों पर आधारित हैं।

सामाजिक सुधार आंदोलनों की दूसरी धारा अधिक स्पष्ट थी। राममोहन रॉय के दिनों से ही बंगाल में स्थापित अभिजात्य वर्गों और ब्राह्मण बुद्धिजीवियों के नेतृत्व में एक पारंपरिक गुट हिंदू सामाजिक रीति-रिवाजों (जैसे सती, बाल विवाह आदि) में औपनिवेशिक हस्तक्षेप का विरोध कर रहा था। 1870 और 1880 के दशक तक, बंगाल और महाराष्ट्र में सुधार आंदोलन और और पुनरुत्थानवादी प्रवृत्ति के बीच एक टकराव दिखने लगा था।

कलकत्ता विश्वविद्यालय के पहले स्नातक और अग्रणी लेखक बंकिमचंद्र ने एक राष्ट्र, एक धर्म और एक भाषा सिद्धांत के लिए साहित्यिक स्वर की रचना की। बंगाल और महाराष्ट्र दोनों में राष्ट्रवाद और हिंदू पुनरुत्थान एक ही सिक्के के दो पहलू थे। बंगाल में स्वदेशी की सक्रियता (1905-1911) और महाराष्ट्र में लोकमान्य तिलक के प्रयास इसी क्रम में थे।

19वीं सदी के अंतिम दो दशकों में दयानंद सरस्वती का आर्य समाज सबसे महत्वपूर्ण आंदोलन था जो अनेकदेववाद, मूर्तिपूजा, जादूटोना, अंधविश्वास, जातिवाद को अस्वीकार करने पर आधारित था और वापस वैदिक चिंतन की स्थापना चाहता था। उत्तर भारत के व्यापक हिस्से में शिक्षित युवाओं और व्यापारियों (विशेष रूप से पंजाब) के बीच आर्य समाज लोकप्रिय हो गया। जल्द ही आर्यसमाज ने हिंदू पुनरुत्थानवादी प्रवृत्तियों में योगदान देना शुरू कर दिया।

1893 में आर्य समाज शाकाहार और पश्चिमी शिक्षा के मुद्दे पर दो हिस्सों में बंट गया, जिसे आमतौर पर कॉलेज गुट और गुरुकुल गुट के नाम से जाना जाता था। लाला हंसराज और लाल लाजपत राय के गुट ने डीएवी (दयानंद एंग्लो वैदिक) कॉलेजों की

स्थापना, पश्चिमी शिक्षा और स्वदेशी उद्योगों के निर्माण पर जोर दिया। यह गुट कांग्रेस की राजनीति से जुड़ गया।

लाला मुंशीराम और लेखराम के गुट ने हरिद्वार में गुरुकुल कांगड़ी की स्थापना की। उन्होंने पेशेवर वैतनिक मिशनरियों को भर्ती किया और उनके जरिए निम्न जाति के लोगों की शुद्धि कराकर उनका धर्म परिवर्तन कराया और सांप्रदायिक व मुस्लिम विरोधी रुख अपनाने की खुलकर वकालत की। कांग्रेस पर हमला करते हुए उन्होंने ऐलान किया कि किसी हिंदू को यह नहीं भूलना चाहिए कि पहले वह हिंदू है, फिर भारतीय। भविष्य की दक्षिणपंथी राजनीति के कुछ बीज इसी में छिपे थे!

1809 में बनारस में बड़ा सांप्रदायिक दंगा हुआ था। अगला बड़ा दंगा लंबे अंतराल के बाद 1871-72 में हुआ। लेकिन 1880 के बाद से सांप्रदायिक दंगे एक नियमित घटना हो गए। 1883 से 1891 के बीच अकेले पंजाब में कम से कम 15 बड़े दंगे हुए। 1888 से 1893 के बीच दंगों की पूरी लहर ने पूर्वी उत्तर प्रदेश और बिहार को सांप्रदायिकता की आग में झुलसाया जिससे बलिया, आजमगढ़, बनारस, गया, सारण, पटना और आरा जिले प्रभावित हुए थे।

1893 से 1895 के बीच सांप्रदायिक दंगों ने बम्बई (महाराष्ट्र के कुछ दूसरे शहरों) को भी अपनी चपेट में ले लिया। पहली बार कपड़ा मिल श्रमिक इन दंगों में शामिल हुए। लगभग इसी समय कलकत्ता के औद्योगिक क्षेत्रों ने पहली बार व्यापक सांप्रदायिक हिंसा देखी। पूर्वी उत्तर प्रदेश और बिहार से आने वाले जूट मिल श्रमिकों की इसमें अहम भूमिका थी।

उत्तर भारत में सांप्रदायिक हिंसा को भड़काने वाले कई कारक थे। जैसे कि हिंदी (तत्कालीन हिंदुस्तानी) लिखने में नागरी लिपि का प्रयोग हो या इसे पारंपरिक फारसी लिपि में लिखा जाए। नागरी लिपि के प्रयोग का मुद्दा पहली बार बनारस (1868) के कुछ ब्राह्मणों ने उठाया था। तत्कालीन लेफ्टिनेंट गवर्नर ने इसे मान लिया, इसने सरकारी नौकरियों में हिंदुओं को मुस्लिम अभिजात्य वर्ग पर एक बड़ी बढ़त दे दी।

गोरक्षा जिसमें गोमांस पर पाबंदी दूसरा बड़ा मुद्दा था। हिंदी की लिपि और गोरक्षा ने नागरी प्रचारिणी सभाओं और गोरक्षा समितियों की श्रृंखला को जन्म दिया।

उपनिवेशवाद की शुरुआत ने भारत में मुसलमानों पर लगभग समान प्रभाव डाला, मुस्लिम समाज में सुधारवादी लहर का सबसे बेहतरीन उदाहरण सर सैयद अहमद खान और उनका अलीगढ़ आंदोलन था। उन्होंने पश्चिमी शिक्षा पर आधारित एंग्लो- मोहम्मडन

ओरियंटल कॉलेज की स्थापना (1875) की, जो बाद में में अलीगढ़ मुस्लिम विश्वविद्यालय बना। यह वैज्ञानिक दृष्टिकोण (साईंटिफिक सोसायटी, 1864) और प्रगतिवादी रुख (आधुनिकतावादी उर्दू मैगज़ीन तहज़ीब अल अखलाक, 1870) पर आधारित था। उनका आंदोलन पूरी तरह सभ्यतावादी और साम्राज्यवाद के प्रति वफादार था।

ब्रिटिश सरकार ने अलीगढ़ को संरक्षण दिया। भारत और पाकिस्तान में चर्चित छवि से अलग अपनी प्रगतिवादी धार्मिक सोच के कारण समकालीन मुस्लिम नियमित रूप से सर सैयद की भर्त्सना किया करते थे। यहां तक कि अभिजात्य मुस्लिम परिवार जब अपने लड़कों को करियर के बेहतर अवसर के लिए कॉलेज भेजते भी थे तो इस बात की मांग करते थे कि वह सर सैयद के संपर्क में न आए। उन्हें डर था कि सर सैयद अपने क्रांतिकारी विचारों से बच्चों को भ्रष्ट न कर दें।

धार्मिक पुनर्जागरणवादी प्रवृत्ति का सबसे अच्छा प्रतिनिधित्व उत्तर प्रदेश में देवबंद के दार-उल उलूम विद्यालय में दिखता है। 1857 के विद्रोह में लड़ने वाले दो सैनिकों —मुहम्मद कासिम नानौतवी और रशीद अहमद गंगोही—ने इस स्कूल की स्थापना की थी। उनका सामाजिक आधार छोटे शहर के मुस्लिम कारीगर, दुकानदार या धर्मगुरु थे जो पारंपरिक मदरसा शिक्षा में विश्वास रखते थे। पीढ़ियों तक धार्मिक विद्वानों को शिक्षा के कारण देवबंद का प्रभाव पूरे महाद्वीप में फैल गया। बाद में जमीयत उल उलेमा के जरिए (मुस्लिम गुरुओं का संगठन) के जरिये यह केंद्र और चर्चित हुआ।

देवबंद हमेशा अपने दृष्टिकोण में साम्राज्यवादी विरोधी बना रहा और उसने कांग्रेस व स्वतंत्रता संग्राम को समर्थन दिया। मोहम्मद इब्न अब्द अल-वहाब (1703-1792) ने नज्द (सऊदी अरब) में एक अति-रूढ़िवादी सुधार आंदोलन का प्रचार किया, जहां उन्होंने स्थानीय नेता मुहम्मद बिन सऊद के साथ गठबंधन बनाया। वहाबी विचारधारा (सलाफी) और सऊदों के बीच यह एक स्थायी गठबंधन था।

सऊदों के वंशजों ने उस्मानिया साम्राज्य के अवशेषों से सऊदी अरब को खड़ा किया और वहाबी इस्लाम राज्य के धर्म के रूप में उभरा। सऊदी अरब ने इसे बड़े पैमाने पर प्रायोजित किया। इस विचारधारा के लिए आरंभिक गठबंधन अहल-ए-हदीस आंदोलन की शक्ल में (मध्य 19वीं सदी) भारत आया, जिन्होंने भारतीय इस्लाम पर सूफी प्रभाव से छुटकारा पाने की मांग की थी। दूसरा प्रभाव निस्संदेह जमाल अल दीन अल अफगानी का था जो इस्लामी आधुनिकतावाद और वैश्विक-इस्लामिक एकता के समर्थकों में से एक थे। उन्होंने भारत में वर्षों तक प्रचार किया।

इन आंदोलनों ने इस्लाम की अंतरराष्ट्रीय छवि पेश करने में अपनी भूमिका निभाई

और कभी-कभी इस्लाम को खतरे के रूप में भी पेश किया। स्वदेशी आंदोलन के दौरान ढाका में (1906) कुलीन मुसलमानों के संगठन के रूप में मुस्लिम लीग की स्थापना की गई। हालांकि, एक दशक बाद ही राजनैतिक अभिजात्य वर्ग ब्रिटिश राज के खिलाफ एकजुट होने लगा और इसके परिणामस्वरूप महात्मा गांधी ने असहयोग आंदोलन शुरू किया।

जैसे ही राजनैतिक सक्रियता कम हुई, सांप्रदायिकता का संकट फिर सामने आया। कलकत्ता के उत्तर पश्चिम में कोहट में भयावह दंगे हुए। मुसलमानों ने तबलीग (प्रचार) और तंजीम (संगठन) की आवाज उठाई। मुस्लिम लीग ने 'हिंदू' कांग्रेस के खिलाफ लड़ने के लिए पृथक निर्वाचन क्षेत्रों और प्रांतीय स्वायत्तता (मुस्लिम बहुसंख्यक प्रांतों में) की मांग की। इसके जवाब में आर्य समाज ने शुद्धि और हिंदुओं की आत्म रक्षा के अभियानों की मांग की।

1900 में दिल्ली में एक विशाल सम्मेलन हुआ तबतक भारत धर्म महामंडल का जन्म हो चुका था और मदनमोहन मालवीय 1915 में हरिद्वार के कुंभ मेले में हिंदू महासभा का गठन कर चुके थे। मालवीय हालांकि कांग्रेस का हिस्सा थे, जहां संयुक्त प्रांत में कांग्रेस के नियंत्रण को लेकर उनका मोतीलाल नेहरू से कड़ा मुकाबला भी हुआ था। मालवीय अपने समकालीनों के बीच हिंद-हिंदू-हिंदी अभियान के प्रतीक माने जाते थे।

1930 में दंगों ने दोनों समुदायों के बीच राजनैतिक खाई को चौड़ा कर दिया। 1925 में विजयदशमी के मौके पर के.बी. हेडगेवार ने हिंदू दक्षिणपंथी स्वयंसेवक बल राष्ट्रीय स्वयंसेवक संघ की स्थापना की थी। हेडगेवार बी.एस. मुंज के शिष्य थे जो तिलक के अनुयायी हुआ करते थे।

1940 के दशक में संगठन के दूसरे प्रमुख एम.एस. गोलवलकर के नेतृत्व में राष्ट्रीय स्वयंसेवक संघ का तेजी से विस्तार हुआ। 1931 में इनायतुल्ला खान मसरिकी ने पंजाबी मुसलमानों के बीच ऐसा ही एक संगठन 'खाकसार' बनाया था।

अगले दो दशकों तक सांप्रदायिक राजनीति और सांप्रदायिक हिंसा ने भारतीय इतिहास की दिशा तय की। इस सांप्रदायिक विरोध के दो कारण थे—एक था इस्लाम व हिंदुओं के बीच मौलिक अंतर और दूसरा था ब्रिटिश साजिशों के कारण टूटने वाला परंपरागत समन्वय। दोनों कट्टर स्थितियां कृत्रिम रूप से बनाई गई थीं लेकिन दूरियां लगातार बढ़ती गईं और अंततः भारत के विभाजन ने देश के संस्थापकों को आश्वस्त कर दिया कि धर्मनिरपेक्षता ही भारतीय लोकतंत्र की आधारशिला होनी चाहिए। 1980 के दशक के अंत

में बाबरी मस्जिद-राम जन्मभूमि विवाद के साथ शुरू हुई सांप्रदायिक राजनीति की एक और लहर अब तक जारी है ।

निस्संदेह रूप से जाति व्यवस्था दूसरी ऐसी व्यवस्था थी जिस पर साम्राज्यवाद के दौरान और उसके बाद के समय का गहरा असर पड़ा था। इस विषय पर बहुत सारे अध्ययन उपलब्ध हैं लेकिन इतना कहना ही काफी होगा कि पिछली दो शताब्दियों में आर्थिक अवसरों और शहरीकरण ने सामाजिक संरचना को गतिशील रखा है।

भारत में दशकों तक जनगणना अभ्यास चला। इसने जागरूकता में वृद्धि की, आर्थिक अवसरों की मांग में इजाफा हुआ। सामाजिक श्रेणियों की पहचान और वंचित समूहों को आरक्षण के लाभ देने के प्रयासों के साथ राजनीतिक लामबंदी का जन्म हुआ। मध्य जातियां, जिन्हें आजकल अन्य पिछड़ा वर्ग जाति या ओबीसी के नाम से जाना जाता है, भूमि का स्वामित्व होने के कारण बेहतर स्थिति में थीं, लेकिन उन्होंने उत्तर की तुलना में दक्षिण में अधिक उद्यमिता दिखाई।

पिछली दो शताब्दियों में अनुसूचित जातियों की स्थिति में क्रमिक सुधार दिखाई दिया है, इस प्रक्रिया में राजनैतिक चेतना और शिक्षा के विस्तार ने महत्वपूर्ण भूमिका निभाई है। चूंकि दोनों ही प्रक्रियाएं दक्षिण और पश्चिम में तेजी से बढ़ीं इसलिए यहां के जातीय समूहों ने ज्यादा तेजी से प्रगति की। आज भी दलित व्यापारी और उद्यमी इन्हीं क्षेत्रों से आते हैं। अनुसूचित जनजातियां पहले भी पिछड़ी थीं और कमोबेश आज भी पिछड़ी हैं।

एक शताब्दी पहले पश्चिमी भारत के आंदोलनकारी किसानों ने सेठ जी-भटजी गठबंधन (सूदखोर और ब्राह्मणों) के खिलाफ आवाज उठाई थी। आज भी यह आरोप लगाया जाता है कि भारतीय व्यापारिक क्षेत्र में बनिया-ब्राह्मणों के गठबंधन का दबदबा है। जाहिर है, उद्यमिता को वित्तीय मदद, नेटवर्किंग व नए प्रयोगों के पूरे तंत्र की आवश्यकता होती है। जाति अभी एक निर्धारक है जो यह तय करती है कि इस उद्यमिता के क्षेत्र में किसी का स्वत: प्रवेश हो पाएगा या नहीं।

अक्तूबर 2017 के आखिर में भारतीय प्रधानमंत्री नरेंद्र मोदी कर्नाटक में मंजूनाथेश्वर मंदिर पहुंचे थे। यह अनूठा मंदिर हैं जहां शिव की पूजा भगवान मंजूनाथ के रूप में होती है लेकिन पारंपरिक रूप से इस शैव मंदिर में पूजा की अगुआई वैष्णव शिवली ब्राह्मण करते हैं। भगवान शिव के अलावा मंदिर में अन्य आराध्यों में अम्मनावारु, जैन तीर्थंकर चंद्रप्रभा और जैन धर्म के चार संरक्षक भगवान—कालराहु, कलरकई, कुमारस्वामी और कन्याकुमारी हैं।

सबसे दिलचस्प बात यह है कि इस हिंदू शैव मंदिर का प्रशासन सदियों पहले यह

शायद एक जैन मंदिर था। इसका प्रबंधन अभी भी एक जैन परिवार के हाथों में है। उपलब्ध आंकड़ों के अनुसार परिवार के सबसे वरिष्ठ पुरुष के नेतृत्व मंदिर ट्रस्ट के संचालन की परंपरा पिछले 800 सालों से चल रही है। यह पिरगड़े परिवार अभी भी अपने दिगम्बर जैन धर्म का पालन करता है।

मंजूनाथेश्वर का मंदिर बाहुबली (श्रावणबेलगोला, विंध्यगिरि- कर्नाटक) की विश्व प्रसिद्ध मूर्ति से दूर नहीं है, जहां कभी जैन धर्म का वर्चस्व था। परिवार का प्रमुख, जिसे हेगड़े की पदवी दी जाती थी, वह क्षेत्र का सामंती स्वामी होता है जो स्थानीय विवादों में न्याय भी देता था।

मंदिर के धर्माधिकारी के रूप में पीठासीन हेगड़े को बहुत सारी शक्तियां और क्षेत्र में सम्मान हासिल होता है। अब भी धर्माधिकारी द्वारा चलाया जा रहा मंदिर ट्रस्ट, इस क्षेत्र में सार्वजनिक कल्याणकारी कार्यक्रमों में सबसे आगे है। प्रधानमंत्री मोदी की यात्रा का अवसर भी वर्तमान धर्माधिकारी वीरेन्द्र हेगड़े की स्वर्ण जयंती थी।

भारत में अल्पसंख्यक समुदायों के बारे में चर्चा अक्सर हिंदू-मुस्लिम के बीच तनाव की कहानियों तक सीमित रह जाती है। लेकिन धर्म, क्षेत्र या भाषा के संदर्भ में भारत में असंख्य अल्पसंख्यक समुदाय हैं, भले ही वे अलग नहीं पहचाने जाते हैं, लेकिन व्यापार और भारत की विविधतापूर्ण सामाजिक संरचना का हिस्सा हैं।

दक्षिण भारत में मुस्लिम और ईसाई व्यापार में ज्यादा सक्रिय हैं। हम पहले ही खोजा, मेनन और अन्य गुजराती मुस्लिम समुदायों और जैनों के बारे में बात कर चुके हैं। विभाजन के बाद पंजाब में सिख भी एक बड़ा व्यापार समुदाय बनाते हैं हालांकि विभाजन से पहले पंजाब में व्यापार मुख्यत: हिंदुओं के हाथों में था।

अरबपति व्यापारी शिविंदर सिंह, जो अपने भाई मालविंदर के साथ, रैनबैक्सी-फोर्टिस-रेलिगेयर समूह चलाते हैं, उन्होंने हाल में ही ब्यास स्थित राधा स्वामी सत्संग चलाने का फैसला किया है। पंजाब और उत्तरी भारत के हिस्सों में लोकप्रिय, राधास्वामी सत्संग एक छोटा सा धार्मिक संगठन है जिसे 19वीं शताब्दी के अंत में स्थापित किया गया था। शिविंदर सिंह की मां की ओर से उनका परिवार लंबे समय से इस संप्रदाय के साथ गहराई से जुड़ा है।

पिछले तीन शताब्दियों के भारतीय धार्मिक परिदृश्य के माध्यम से हमने सामाजिक-आर्थिक और कुछ हद तक राजनीति पर धर्म के असर पर ध्यान केंद्रित करने की कोशिश की है।

अपने प्राचीन धर्मों और एक युवा व गतिशील आबादी के साथ भारत अब भी आर्थिक सशक्तिकरण के लिए संघर्ष कर रहा है। आज के भारत में समाज, राजनीति, संस्कृति और विचारों के साथ धर्म का खासा पेचीदा रिश्ता है। कई असंगतियों, कभी-कभी कट्टरता और राजनीतिक असहमति के बीच, भारत अब भी एक बहुलतावादी समाज है, जो आर्थिक समृद्धि को समाज आधार मानता है।

जनं बिभ्रती बहुधा विवाचसं नाना धर्माणं पृथ्वी यथौकसम

सहस्त्रं धारा द्रविणस्य मे दुहा ध्रुवेव धेनुरनपस्फुरंति

— पृथ्वी सूक्त अथर्ववेद

(धरती पर विभिन्न प्रकार के लोग रहते हैं और विभिन्न भाषाएं बोलते हैं; वह विभिन्न धर्मों का पालन करते हैं। पृथ्वी, जो विभिन्न तरीकों से सभी जीवों को सब प्रदान करती है, हजारों तरीकों से हमें समृद्धि प्रदान करे।)

इति...

हमें पता ही नहीं चला कि कब, इतिहास रोमांचित करने की जगह उत्तेजित करने लगा। अतीत को बांचते हुए सीना गर्व से फूलने के बजाय कब हमारी मुट्ठियां भिंचने लगीं। हम जान ही नहीं पाए। कब वह दौर आ गया जब हम इतिहास से सीखने की बजाय, इतिहास का हिसाब वर्तमान से मांगने लगे।

इरिक हॉब्सवैम को बीसवीं सदी के इतिहासकारों का इतिहासकार कहा जाता है. वह 19वीं सदी के इतिहास के विशेषज्ञ थे जो पिछली सदियों में सबसे उथल-पुथल भरा दौर है. उन्हें इतिहास को समझने के तरीकों के लिए पढ़ा जाता है। हाब्सवैम कहते थे, "पहले मैं समझता था कि इतिहास नाभिकीय भौतिकी जैसा खतरनाक नहीं है लेकिन अब मुझे लगता है कि इतिहास भी उतना ही भयानक हो सकता है।"

यह खोज बीसवीं सदी में ही हुई कि इतिहास भी बारूदी हो सकता है. बीसवीं सदी से पहले तक भूगोल आपस में लड़ रहे थे या भूगोल का विस्तार करने के लिए इतिहास बनाया जा रहा था। दूसरी बड़ी जंग (1945) के बाद राजनीतिक भूगोल स्थिर हुए। राष्ट्र बने और भटकते इतिहासों को राजनीतिक-भौगोलिक सीमा में विश्राम का मौका मिला। जातीय, धार्मिक, भाषायी पहचानें, राष्ट्रीय परिचय से बहुत पुरानी थीं इसलिए राष्ट्र बनने, संविधानों के तैयार होने और सरकारें आने के बाद इतिहास के दो हिस्से हो गए।

पहला राष्ट्रों की सीमाओं के भीतर मौजूद इतिहास और दूसरा पूरे विश्व की मानवता का साझा इतिहास।

आज भी दुनिया में जहां-जहां राजनीतिक भूगोल स्थिर नहीं हैं, वहां वर्तमान, अपने इतिहास प्रतिशोध के जज्बे से भरा है।

बीसवीं सदी में अंतरराष्ट्रीय शत्रुतायें खत्म होने के बाद राजनीति को शायद नए दुश्मनों की तलाश थी इसलिए इतिहास में बारूद की खोज होने लगी।

दुनिया के हर समाज को अपने अतीत से निबटना होता है। अतीत हमेशा सुहाना नहीं होता। विद्रूपतायें, भूलें और रंजिशें उसकी उपलब्धियों के साथ गुंथी होती हैं।

किसी समाज को अपने अतीत से कैसे संवाद करना चाहिए? इस पर दूसरे विश्व युद्ध के बाद यूरोप की राजनीति और बौद्धिक जगत में लंबी बहस चली। ऐसा लाजिमी भी था क्यों कि यूरोप एक बेहद हिंसक, विभाजक और विस्फोटक इतिहास लेकर वर्तमान में फिर एक होने की (यूरोपीय यूनियन) की नई कोशिश कर रहा था।

इक्कीसवीं सदी आने तक दुनिया के समझदार समाज इस तथ्य पर एकमत हो चुके हैं कि इतिहास के सच हमेशा कुछ मूल्यहीन तथ्यों और अर्थपूर्ण निर्णयों या व्याख्याओं के बीच पाए जाते हैं। इतिहास के तथ्य अकेले कोई अर्थ नहीं रखते। इनकी निरपेक्ष या वस्तुपरक व्याख्या नहीं हो सकती। इन्हें उपयुक्त संदर्भों में ही समझा जा सकता है इसलिए इनके राजनैतिक इस्तेमाल का खतरा हमेशा बना रहता है।

इक्कीसवीं सदी में इतिहास को देखने के नए तरीकों पर चर्चा चल रही है जिनके तीन हिस्से हैं—

आह इतिहास वाह-इतिहास

उलनबटोर के पास चंगेज खान की 40 मीटर ऊंची इस्पाती प्रतिमा पिछले दशक में ही स्थापित हुई है. वहां अब चंगेज खान एयरपोर्ट भी है और चंगेज खान विश्वविद्यालय भी। इस्पाती प्रतिमा वाला चंगेज खान का स्मारक मंगोलिया की नई गर्वित पहचान का हिस्सा है. लेकिन मंगोलिया की जातीय स्मृतियों में चंगेज खान की जो छवि है, क्या शेष विश्व उसे कभी स्वीकार करेगा?

क्या यूरोप व अरब के लिए चंगेज खान एक महानायक हो सकता है ?

जातीय स्मृतियां किसी भी इतिहास का अनिवार्य हिस्सा हैं लेकिन किसी दूसरे समाज के लिए इनके बिल्कुल विपरीत अर्थ हो सकते हैं. भारत में कई राजा और सम्राट कहीं नायक हैं तो कहीं खलनायक. यह इतिहास राष्ट्र और लोकतंत्रों के आगमन से पहले का है जो वर्तमान से काफी दूर है और भविष्य के लिए प्रासंगिक भी नहीं है. इसलिए इसे स्थानीय स्मृतियों तक सीमित रखना बेहतर माना जाता है

क्या भूलूं?

बीसवीं सदी में दुनिया ने जो बडी बात सीखी वह थी कि इतिहास को भूला कैसे जाए? अतीत कभी नहीं मरता। वह हमेशा मौजूद है लेकिन वर्तमान में चैन से जीने के लिए

इतिहास के कुछ हिस्सों को भुलाने की जरूरत है। यह कोशिशें भी अतीत से संवाद के नए तरीकों का हिस्सा हैं.

यूरोप मध्ययुगीन बर्बरता पर शर्मिंदा होता है। ब्रिटेन उपनिवेशवादी इतिहास को भुला देना चाहता है। पुरानी बर्बरताओं के लिए माफी मांगना और गलतियों को स्वीकार करना भी इतिहास की ताजा राजनीति का हिस्सा है। खासतौर पर उपनिवेशवादी, कम्युनिस्ट और नाजी बर्बरताओं के संदर्भ में यह बहस काफी जीवंत है। ब्रिटेन ने लंदन में एक म्यूजियम बनाकर गुलामी के दौर के अत्याचार के लिए अफ्रीका से माफी मांगी है। जर्मनी ने दीवारें गिराकर इतिहास को दफ्न किया है।

अमेरिका, जापान पर परमाणु हमले को याद करने से बचता है. स्पेन का लैटिन अमेरिका पर हमला, स्टालिन की बर्बरताएं या हिटलर की नृशंसता! दुनिया का सबसे बड़ा नरसंहार कौन-सा था? इस पर शोध चलते रह सकते हैं लेकिन विश्व युद्धों के बाद, इतिहास के कुछ हिस्सों को सामूहिक विस्मृति में सहेज देने के उपक्रम जारी हैं ताकि इतिहास की गलतियां दोबारा न हों।

क्या याद करुं?

स्मृति (Memory) व इतिहास में एक बड़ा अंतर है. स्मृति किसी समाज के अतीत का वह हिस्सा है जिसे बराबर याद किया जाता है या जिसे लगातार सक्रिय रखना जरूरी है ताकि हम अतीत पर गर्व कर सकें या उससे सीखते रह सकें। सबसे अधिक राजनैतिक विवाद उस इतिहास को लेकर है जिसे हम बार-बार याद करना चाहते हैं या जिसे वर्तमान में सक्रिय रखना जरूरी है। स्मारक, संग्रहालय बनाना, इतिहास की पाठ्य पुस्तकों का विषय तय करना और कला-कल्पना में इतिहास के इस्तेमाल पर गले कटने लगते हैं.

तो फिर कैसे तय हो कि वर्तमान को कौन-सा इतिहास चुनना चाहिए?

नीदरलैंड के इतिहास के प्रोफेसर विम वान मेरुस और ब्रिटिश पत्रकार और इतिहासकार, ई.एच. कार ने कुछ रास्ते सुझाये हैं।

ई.एच. कार की राय है कि इतिहास की सबसे उपयुक्त व्याख्या किसी समाज के भविष्य को निगाह में रखकर ही हो सकती है.

मेरुस कहते हैं कि 21वीं सदी में किसी भी समुदाय के दो लक्ष्य हैं—पहला, स्वतंत्र राष्ट्र होना और दूसरा, उस राष्ट्र का लोकतंत्र होना. इतिहास की जो भी व्याख्या राष्ट्र या जातीय पहचान को प्रकट करती है, उसे लोकतंत्र के मूल्यों की कसौटी पर भी खरा साबित होना होगा, नहीं तो इतिहास हमेशा लड़ाता रहेगा।

दरअसल ...

● इतिहास अतीत का वह आयाम है, जिसकी प्रासंगिकता वर्तमान से उसकी दूरी के आधार पर तय होती है. या फिर वर्तमान में उसकी निरंतरता के आधार पर।

● इतिहास के विमर्श को किसी समाज के भविष्य के संदर्भ से जोड़ना जरूरी है ताकि उसे उपयोगी और प्रेरक बनाया जा सके।

लक्ष्मीनामा को पढ़ते हुए आपको बार-बार यह महसूस हुआ होगा कि हम वर्तमान में बैठ कर इतिहास को देख रहे हैं। धर्म और व्यापार का ऐतिहासिक समन्वय भारत के वर्तमान के लिए प्रासंगिक है। इनकी निरंतरता भारतीय समाज को अनोखा बनाती है। यह नैरंतर्य काल्पनिक या दार्शनिक नहीं बल्कि ठोस और जीवंत है। भारत में धर्म, शिल्प और व्यापार का 4,000 साल पुराना भूगोल नगरों, मंदिरों, बाजारों और औद्योगिक क्लस्टर के रूप में आज भी गतिमान है।

विकसित समाज ने अपने भविष्य के लिए जो सबसे मूल्यवान खोज की है वह है लोकतंत्र। यही एक ऐसी शासन व्यवस्था है जो मानवता के लिए निरापद है क्योंकि इसके भीतर खुद को निरंतर सुधारते रहने की क्षमता है। हमारी सबसे ताजा बहसें लोकतंत्र को बेहतर करने की हैं। शांति, निरस्त्रीकरण, निजता, अभिव्यक्ति की स्वाधीनता, आर्थिक उदारीकरण, ग्लोलबल एकीकरण, मानव अधिकार, आर्थिक समानता लोकतंत्र के विविध ताजा विमर्श हैं।

इस पुस्तक की भूमिका में हमने पूंजीवाद के कई स्वरूपों की चर्चा की थी जो दुनिया के अलग-अलग देशों में दिखते हैं। ठीक इसी तरह दुनिया में लोकतंत्र के भी कई स्वरूप मिलते हैं। संविधान, सरकार और चुनावों के बावजूद पूरी दुनिया में लोकतंत्र की सक्रियता और जीवंतता एक समान नहीं है।

मानवता का भविष्य इन सवालों पर निर्भर है कि कोई राष्ट्र कितना जीवंत लोकतंत्र होगा? उसका इतिहास उसके लोकतंत्र की कितनी मदद करेगा? और उसका लोकतंत्र कितने सहज ढंग से स्वयं बेहतर कर सकेगा?

यदि इन प्रश्नों के उत्तर भारत के इतिहास से मांगने हों तो लक्ष्मीनामा आपकी सहायता करेगा क्यों कि लक्ष्मीनामा लिखते हुए हमने बार-बार यह अनुभव किया है कि भारत विश्व की उन अनोखी सभ्यताओं में है जिसके वर्तमान से कहीं अधिक उसका इतिहास उसे लोकतंत्र बनाता है। लक्ष्मीनामा को पढ़ते हुए शायद आपको भी ऐसा ही अनुभव हुआ होगा।

लेखक परिचय

अंशुमान तिवारी

अंशुमान तिवारी भारत की सबसे ज्यादा पढ़ी जाने वाली हिंदी साप्ताहिक समाचार पत्रिका, इंडिया टुडे के संपादक हैं. वह भारत के चुनिंदा संपादकों और स्तंभकारों में है जो अर्थव्यवस्था, राजनीति, पूंजी बाजार और इतिहास पर हिंदी व अंग्रेजी में मौलिक लेखन के लिए जाने जाते हैं. हिंदी व अंग्रेजी लगभग 2000 से अधिक कॉलम व विश्लेषण लिख चुके अंशुमान भारत की प्रमुख न्यूज मीडिया संस्थाओं दैनिक जागरण, दैनिक भास्कर और अमर उजाला में विभिन्न संपादकीय भूमिकाओं में काम कर चुके हैं. अर्थात् (https://artharthanshuman.blogspot.in/) उनका ब्लॉग है जो भारत के सबसे अधिक पढ़े जाने ब्लॉग में शामिल है.

अंशुमान को खोजी पत्रकारिता के लिए प्रतिष्ठित रामनाथ गोयनका, वैन इफ्रा इंटरनेशनल व कर्पूर चंद कुलिश पुरस्कार मिला चुका है. वह इंटरनेशनल सेंटर फॉर जर्नलिस्ट के फेलो और प्रतिष्ठित चीवनिंग स्कॉलर हैं. उन्होंने लंदन के फाइनेंशियल टाइम्स एवम ओहियो (अमेरिका) के डेटन क्रॉनिकल में संक्षिप्त प्रशिक्षण प्राप्त किया है.

अनिन्द्य सेनगुप्त

अनिन्द्य ने कोलकाता के प्रेसिडेंसी कॉलेज से इतिहास का अध्ययन किया है. वह सरकारी अधिकारी हैं. इतिहास और भूगोल में गहरी रुचि रखते हैं. भूली बिसरी ऐतिहासिक कहानियों की तलाश में यात्रायें उनका शौक है. www.thetimeriver.blogspot.in उनका ब्लॉग है.

संदर्भ (References)

सभ्यता के महावाहन

Notes

On Tanis, details could be found in various articles published in the journals of Egypt Exploration Society. Documentaries/websites of National Geographic, Science Mag, BBC, and The Art of counting Project for Satellite imaging in Archeology, and data visualisation provide a far more interesting introduction to Tanis exploration. About its importance in Biblical stories and about Moses, *Kingdom of Priests: A History of Old Testament Israel* by Eugene H Merrill, Baker Academic, 2008.

On globalisation, *Sapiens: A Brief History of Humankind* by Yuval Noha Harari, English edition by Vintage Books, London, 2014; *The World System: Five Hundred Years Or Five Thousand* by Andre Gunder Frank and Barry K Gills, Routledge, 1993;

The World is Flat (originally published by Farrar, Strauss and Giroux in 2005); *The Lexus and the Olive Tree: Understanding Globalization* (originally published by Anchor Books, New York in 2000) both by Thomas L Friedman; and *Bound Together: How Traders, Preachers, Adventurers and Warriors Shaped Globalization* by Nayan Chanda, Yale University Press, 2008.

Reference about Sumerian food economy is from *Empires of Food: Feast, Famine and the Rise and Fall of Civilizations* by Evan DG Fraser and Andrew Rimas, Random House 2010.

Details about petitions regarding Warren Hastings could be found in *Kashi ka Itihas* by Dr Moti Chandra, Vishwavidyalaya Prakashan, 2010.

Captain Cook's story is from *Scurvy: How a Surgeon, Mariner and Gentleman Solved the Greatest Medical Mystery of the Age of Sail* by Stefen R Bowen, St Martin's Griffin, 2005.

गुफा से ग्लोबलाइजेशन तक

गुफा से ग्लोबलाइजेशन के सफर की मंजिलों को तय करने की कोशिश पुरानी है। यह सफर है ही इतना अनोखा कि दुनिया के लगभग हर देश और हर व्यक्ति पर इस असर को समझने की कोशिशें जारी हैं।

जर्मन अमेरिकन इतिहासकार आंद्र गुंडेर फ्रैंक से लेकर अमेरिकी पत्रकार थॉमस एल. फ्रीडमैन और हाल के येल इंस्टीट्यूट ऑफ ग्लोबलाइजेशन के शोध व अध्ययन से गुजरते हुए हमें ग्लोबलाइजेशन के छह चरण मिलते हैं जिन्होंने आधुनिक दुनिया गढ़ी है.

1. सांकेतिक भाषा

मानवों के पहले समूह ने एक लाख साल पहले अफ्रीका छोड़ा और भूमध्य सागर के आसपास डेरा डाला था। लगभग 50,000 साल पहले से अफ्रीका से एक दूसरा समूह एशिया पहुंचा। यह सिर्फ शिकारियों का प्रवास नहीं था बल्कि वहीं से पहली बार सांकेतिक भाषा का जन्म हुआ जो ग्लोबलाइजेशन की पहली सबसे महत्वपूर्ण कड़ी है।

2. सभ्यताओं के संवाद

दूसरा चरण 3,000 से 2,500 ईसा पूर्व का है, जिसे कांस्य युग कह सकते हैं जब भारत में हड़प्पा से लेकर सुमेर और मिस्र की पुरानी सभ्यतायें आकार ले रहे थीं। साम्राज्य विस्तार की शुरुआत इसी समय होती है। यह प्राचीन राज्यों और सभ्याताओं के अंतरराष्ट्रीय संपर्कों का समय था।

3. सिपाहियों और व्यापारियों के प्रवास

सिल्क रोड ईसा पूर्व 100वीं शताब्दी में खुली और 1450 ईस्वी तक जारी रही। सिल्क रोड की शुरुआत के साथ रोम, ईरान और चीन में हान राजवंशों ने विस्तार शुरू किया। यह वह दौर था जब सिपाही और व्यापारी एक साथ सक्रिय हुए और उस बड़े पैमाने पर प्रवास प्रारंभ हुए। यही वह दौर था जब सिकंदर विश्व विजय के लिए यूनान से निकला और भारत तक आया।

4. भिक्षुओं और व्यापारियों के कारवां

ईसा पूर्व दूसरी शताब्दी में बौद्ध धर्म ने भारत से विस्तार शुरू किया। यूरोपीय और एशियाई व्यापारी, धर्मोपदेशक दुनिया में फैल गए। विचार सत्ता व व्यापार का मिलन हुआ। फाह्यान की यात्रायें इसी दौर की हैं।

5. इस्लाम, ज्ञान और व्यापार

अब्बासी खलीफा हारून अल रशीद ने बगदाद में आठवीं सदी में बैत अल हिकमा स्थापित किया, जो पूरी दुनिया के विचारों के समन्वय की जगह थी। यह मध्ययुगीन इस्लाम के विस्तार का दौर था जब व्यापार, विचार व धर्म प्रसारित हुए। इसी समय फसलें, ज्ञान व तकनीक भी पूरी दुनिया में फैले। इसी दौरान इंडोनेशिया में बोरोबदूर मंदिर की स्थापना हुई जहां व्यापारी व भिक्षु एक साथ एक नाव पर पहुंचे थे।

संदर्भ (References)

6. आक्रांता, अन्वेषक और व्यापारी

बारहवीं से चौदहवीं शताब्दी के बीच जब चंगेज खान मध्य एशिया से लेकर पूर्वी यूरोप को मथ रहा था ठीक उसी समय मार्को पोलो अपनी यात्रा का सामान बांध रहा था। वेनिस में बड़ा शिपयार्ड बना और 16,000 लोगों को जहाज बनाने में लगाया गया। यहां समुद्री रास्ते से दुनिया को तलाशने की शुरुआत होती है। यह ज्ञान व शोध के प्रारंभ का दौर भी है।

7. कोलंबस, कोर्टेस और कंपनी

मिल्टन फ्रीडमैन इस दौर को देशों का ग्लोबलाइजेशन कहते हैं। वास्को द गामा का निधन 1524 में कोच्चि में हुआ था। इससे करीब अठारह साल पहले कोलंबस ने स्पेन के वालाडोलिड में अंतिम सांस ली थी। पंद्रहवीं शताब्दी से अठारहवीं शताब्दी के बीच स्पेनिश, पुर्तगाली, डच, ब्रिटिश राजवंशों ने दुनिया का एकीकरण किया। अफ्रीका और एशिया की संस्कृतियों का यूरोप से प्रभावी मिलन हुआ। यही वह दौर था जब विश्व की आबादी में तेजी से बढ़ोतरी शुरू हुई।

8. रेलवे, प्रिंटिंग प्रेस और प्रवास

मशीनें और उपनिवेश 19वीं सदी में विश्व को एक कर रहे थे। उन्नीसवीं सदी औद्योगीकरण को ग्लोबल स्तर पर ले गई। यह दौर कपड़ा, छपाई, खनन, लोहा कोयला, बिजली, रेलवे, विमान की तकनीकों के विस्तार का है, जो आगे चलकर विकसित और विकासशील देशों में फर्क पैदा करने वाली थीं।

9. बड़े युद्ध और उससे मिली तकनीकें

पहले व दूसरे विश्व युद्धों ने वैश्वीकरण को रोक दिया। वित्तीय संसाधन युद्ध में लग गए। युद्ध के मोर्चे से लौटी दुनिया के पास कई नई तकनीकें थीं। वैश्विक संस्थाओं बनीं और निवेश व व्यापार की सभ्यताओं ने जन्म लिया।

10. ग्लोबल उद्यमिता और ग्लोबल ट्रेड

बीसवीं सदी का वैश्वीकरण सबसे प्रभावी है। इसने पूरी दुनिया को सामूहिक उत्पादन, सामूहिक श्रम और सामूहिक व्यापार की सूझ दी और दुनिया को एक ऐसी उत्पादन इकाई में बदला जिसमें सबके हित साझे हैं।

11. तकनीकें विचार और नेटवर्क

दुनिया के एकीकरण का वर्तमान चरण पूरे विश्व को एक साथ संभालने वाली नीतियों का है। पर्यावरण. आतंकवाद, व्यापार, हथियारबंदी आदि बहुराष्ट्रीय सहमतियां इसका प्रमाण हैं। इंटरनेट ने समाजों को नेटवर्क में बदल दिया है।

नए भविष्य का सूर्योदय

Notes

Legends of King Ben and Prithu are found in many ancient texts; *Srimad Bhagavad* Part-4 – (Chapter *13-18)* mentions about it while portraying Dhruva dynasty. It is also mentioned in the Vedic scripture, *Shatpath Brahmin* and *Shanti Parva* of the Mahabharata.

For Vedic geography, see *The Vedic People: Their History and Geography* by Rajesh Kochhar Orient Longman, 2000.

For Palanpuri Jains, see *Marketplace of the Gods: How Economics Explains Religion* by Larry Witham, Oxford University Press, 2010; *India Dazzling in Diamond Capital* published on 26 September 2013 in *Hindu Business Line* by Priti Verma Lal.

Naimisharanya is an ancient religious town situated near Lucknow in Uttar Pradesh. *Ekada Naimishyaranye*, Lok Bharti Prakashan, Allahabad, 2015, is written by famous novelist Amritlal Nagar, which portrays the religious transformation of the post-Mauryan era. The story weaves on imagination, yet retains a close sense of history. References of Naimisharanya are found in all Hindu religious texts including the Mahabharata.

On ancient religions, *Religions in complex societies – The Myth of Dark Age* by KM Shrimali in *Religion in Indian History* – Edited by Irfan Habib, Columbia University Press, 2015*; Hindu Polity: A Constitutional History of India in Hindu Times* by KP Jaiswal, Butterworth & Company, 1924.

On Bhagavad Purana and Skanda Purana *Bharatiya Mahapuran Kosh* (Hindi) by Virendra Gaud, Samyik Prakashan, 2015; *Studies in the Puranic Records on Hindu Rites and Customs* by Rajendra Chandra Hazra, Motilal Banarsidass, 1987; *Dr Vasudev sharan Agarwal - Rachna sanchayan* (Hindi) edited by Kapila Vatsyanan, Sahitya Academy, 2012.

On Bodhisattvas, *Divine Stories: Divyavadana, (Classics of Indian Buddhism)* by Andy Rotman, Fiction Books, 2008; *The Divyavadana: A Collection of Early Buddhist Legends* edited by Edward Byles Cowell and Robert Alexander Neil, Cambridge University Press, 1886; *Ashvaghosha's Buddha-Charita* by Dattatraya Shastri Nigudkar, published by the author, 1912.

समन्वय की खोज

Notes

Periyalvar's poem, as quoted in *A Concise History of South India*, Ed by Noboru Karashima, OUP, New Delhi, 2014. Original translation by Lynn Ate, *Yashoda's Song to Her Playful Son, Krsna: Periyalvar's Ninth-Century Tirumoli*, Woodland Hills: South Asian Studies Association, 2011.

For Bhakti in South India, the best possible introduction is probably *The Embodiment of Bhakti* by Karen Pechilis Prentiss, OUP, 2014. Similarly for Bhakti in North India, *Bhakti Religion in North India: Community Identity and Political Action* by David Lorenzen, SUNY Press, 1995. Also, Irfan Habib's *Kabir: The Historical Setting*, in *Religion in Indian History*, ed with an Introduction by Irfan Habib, Delhi, Tulika, 2007.

For Nirgun Bhakti, in particular, *Pragati Naradi Magan Sharira: Akath Kahani Prem ki, Kabir ki kavita aur Unka Samay* (in Hindi) by Vasudev Sharan Agrawal, Rajkamal Prakashan, 2009; *Madhyakaleen Dharma Sadhana* in *Hazari Prasad Dwivedi Granthavali*, (in Hindi) Rajkamal Prakashan, 1981.

For Islam in India, see *The Rise of Islam and the Bengal Frontier, 1204-1760* by Richard M Eaton, University of California Press, Berkeley, 1993 and also his other works. Also, *Islam in the Indian Subcontinent* by Annemarie Schimmel, Brill, 1980 and Andre Wink's multi-volume *Al-Hind, the Making of the Indo-Islamic World*, Leiden, EJ Brill.

On Sikhism, Khushwant Singh's *A History of the Sikhs* (two volumes), first published in 1963, continues to be one of the best books to start with. A number of books written by Patwant Singh, including his *The Sikhs,* Knopf, 2000 are also noteworthy. JS Grewal's *The Sikhs of the Punjab,* CUP, 1998 is another good albeit more academic introduction.

SGPC's budget details are from a newspaper report:

http://www.tribuneindia.com/news/punjab/focus-on-education-sgpc-presents-rs-1-064-cr-budget/216156.html

Tilak's quotation is from *Sanskriti ke Char Adhyay* (in Hindi) by Ramdhari Singh Dinkar, Lokbharati Prakash, Page 79.

धन धान्य के मंत्र

Notes

The Origins of Political Order by Francis Fukuyama, Profile Books, 2011 for a comparison of Indian and Chinese civilisational experience.

On Hindu concept of charity see *Kalyan* (in Hindi) magazine's special Ved issue, Gita Press Gorakhpur, 2012; *Sanskriti ke Chaar Adhyay* (in Hindi) by Ramdhari Singh Dinkar Lok Bharti Prakashan Allahabad 2010.

For Puranas, *Studies in the Puranic Records on Hindu Rites and Customs* by Rajendra Chandra Hazra Motilal Banarsidass 1987; *Bharatiya Mahapuran Kosh* (Hindi) by Virendra Gaud Samyik Prakashan 2015; Vasudev Sharan Agarwal: Rachna Sanchayan (Hindi) edited by Kapila Vatsyanan Sahitya Academy 2012; Pauranic Kosh (Hindi) by Rana Prasad Varma Gyanmanadal Limited Varanasi

The story of Pururva is available with some variations in Rig Ved, Bhagavat Gita and Mahabharata.

On Kautilya, *The Oxford Handbook of Hindu Economics and Business*, edited by HD Vinod, OUP 2012; *The Arthashastra* by Kautilya, Edited by LN Rangarajan, Penguin, 1992.

King, Governance, and Law in Ancient India: Kautilya's Arthasastra by Kautilya, New annotated translation by Patric Olivelle, OUP, 2013; *The Kautilīya Arthaśāstra: A study* by Kautalya RP Kangle, Motilal Banarasidas, 1986; *Perceptions on Kautilīya Arthaśāstra: In Commemoration of Prof RP Kangle's Birth Centenary*, edited by KP Jog, Popular Prakashan, 1999; *Kautilya: The True Founder of Economics* by Balbir Singh Sihag, Vitasta Publication, New Delhi, 2014.

About Buddhism and business, including the role of monasteries, see various writings of Himanshu Prabha Ray, particularly, *Monasteries and Guild: Commerce under the Satavahanas,* and Gregory Schopen: *Buddhist Monks and Business Matters: Still More Papers on Monastic Buddhism in India*, University of Hawaii Press, Honolulu, 1998.

For the Buddhist origin of Ayurveda, *Asceticism and Healing in Ancient India* by Kenneth G Zysk, Motilal Banarasidas, Delhi, 1998.

Bauddha Jain Pracheen Bharat ka Arthik Samajik Dharmik Itihas by Vidyasagar Singh, Khandelwal Publishers, Jaipur, *2015; History of Jainism: Medieval Jainism* by Kailash Chand Jain, DK Printworld, 2010; *History and literature of Jainism* by UD Barodia, Jain Graduates' Association, 1909; *A Comprehensive History of Jainism: From the Earliest Beginnings to AD 1000, Volume 1*, Asim Kumar Chatterjee, Munshiram Manoharlal Publishers, 2000; *A History of Indian Buddhism: From Śākyamuni to Early Mahāyāna by Akira Hirakawa*, translated by Paul Grover, Motilal Banarasidas, New Delhi, 1993.

संदर्भ (References)

पद्म का साम्राज्य

Notes

Two best recent introductions to Silk Road are *Religions of the Silk Road: Premodern Patterns of Globalization* by Richard Foltz, Palgrave Macmillan, 2010; and *The Silk Roads: A New History of the World* by Peter Frankopan, Bloomsbury, 2015; additional references could be found in both the books.

In recent times, a number of new books have come out on Ashoka. The most recent of them *Ashoka in Ancient India* by Nayanjot Lahiri, Harvard University Press, 2015 is a good starting point. *Ashoka: The Search of India's Lost Emperor* by Charles Allen, Hachette, 2012 gives an exciting account of the discovery of Ashokan inscriptions.

Early Buddhist Transmission and Trade Networks by Jason Neelis, Brill, 2011 provides a wonderful summary of recent research on Buddhism, including the cosmopolitan transformation it underwent in the North West and its subsequent transmission abroad.

For the Rabatak inscription, see BN Mukerjee's reading in *The Great Kushana Testament*, Indian Museum Bulletin, 30, 1995. However, most historians today tend to agree that neither Ujjain nor the name Saddashkana (in place of Vima Taktu) are visible there as Mukherjee had suggested. See *A New Bactrian Inscription of Kanishka the Great* in *Silk Road Art and Archaeology, No 4, 1995-96* by Nicholas Sims-Williams and J Cribb. May also see various articles on Kushan history, coins and arts by Harry Falk, Nicholas Sims-William, Joe Cribb, Richard Salomon, Gerard Fussman, and others.

The best possible way to begin engagement with fantastic ruins of Afghanistan's largest archaeological site is through the website set up to save the site, http://www.savingmesaynak.com. Modern scholars also believe that the origin of Mahayana Buddhism could be traced to outside of India – in Central Asia or in northwestern corner of the subcontinent, where continuous interaction with a variety of groups forced a fundamental change in Buddhist approach.

Gandhara art has been a focus of research for more than a century now, right from A Foucher, the father of Gandhara Studies, who published his monograph in 1902. Recent developments in scholarly pursuit may be found in Silk Road: Art and Archaeology and R Allchin et al eds., *Gandharan Art in Context of East-West Exchanges at the Crossroads of Asia*, New Delhi, 1997.

The multi-volume study by Walter Spink, *Ajanta: History and Development,* published by Brill, has considerably revised and expanded the scope of our understanding of Ajanta. Apart from this, there are now significant new studies on form and motifs of Ajanta paintings and juxtaposition of sacred and profane there.

For Sogdian letters, see Etienne de la Vaissiere's *Histoire des marchands sogdiens*, Memoires de Institut des Hautes Etudes Chinoises du College de France 32, Paris, 2002.

For Panjikent, see *The Last Days of Panjikent* by F Grenet and Etienne de la Vaissiere in Silk Road Art and Archaeology 8, Kamakura, 2002. Some of the articles by Boris Marshak are also available in English in *Silk Road Art and Archaeology*.

For Barmakids and their Bactrian background, see *The Bactrian Background of the Barmakids* by Kevin van Bladel in A Akasoy, C Burnett, and R Yoeli-Tlalim eds *Islam and Tibet: Interactions along the Musk Routes*, Ashgate, 2011.

मसालों का महासमुद्र

Notes

On Vienna Papyrus, for a revised translation and comments see L Casson, *New Light on Maritime Loans*: P Vindob, 1990. For a re-assessment of the whole issue, see Rajan Gurukkal, *Rethinking Classical Indo-Roman Trade*, OUP, Delhi, 2016.

For Sassanian maritime trade, see D Whitehouse and A Williamson, *Sasanian Maritime Trade* in *Iran*, 11, 1973. For a brief summary and detail references on Christians in Kerala, see Pius Malekandathil's Dynamics of Economy, Social Processes and the pre-Portuguese Christians of India, 800-1500 in his *Trade, religion and Polity in the Indian Ocean*, Primus Books, New Delhi, 2015.

The pioneer of historical studies based on Cairo Geniza papers was SD Goitien. He wrote extensively on Abraham Ben Yiju. Ben Yiju's story forms half the narrative of novelist Amitava Ghosh's celebrated book *In An Antique Land.*

For the story of Nuruddin Firoz and its context, see Ranabir Chakravarti, *Trade and Traders in Early Indian Society*, Manohar, New Delhi, 2007; and VK Jain, *Trade and Traders in Western India*, Mushiram Manoharlal, Delhi, 1990. One can also look at Andre Wink, *Al-Hind, the Making of the Indo-Islamic World: Early Medieval India and the Expansion of Islam 7th -11th centuries*, (Paperback), Brill, 2002.

Sources for early medieval maritime trade in Bengal are limited to a few Arabic tracts – *Kitāb 'Ajā'ib al-Hind (The Book of the Marvels of India) by Buzurg Ibn Shahriyār* (953 CE), *Hudūd al-'Ālam* by an unknown author (982 CE) and Ibn Battuta's *Rihala* (he arrived by a boat from Maldives and left by another boat for Java); *Chu fan Chi* by a Chinese customs officer Chau-ju Kua and Ma Huan's famous travelogue and solitary European account by Marco Polo. See, Ranabir Chakraborty's two essays on Bengal's maritime trade in *Trade and Traders*, 2007. Chakraborty, in turn, has relied on various works of BN Mukherjee for ancient trade in Bengal. About trade in horses with the Chinese, see Haraprasad Ray, *Trade and Diplomacy in India-China Relations*, Delhi, 1993. For Kushan horse trade between Bengal and Funan/China, also see Kenneth Hall, *A History of Early Southeast Asia: Maritime Trade and Societal Development*, Rowman & Littlefield, 2010.

For a brief introduction to early Southeast Asian polity, economy, and religion, *The New Cambridge History of South East Asia*, Volume I, Part I, CUP, 1999. Asian Sea Trade between the tenth and thirteenth centuries and its impact on the states of Java and Bali by Jan Wisseman Christie in HP Ray edited *Archaeology of Seafaring*, Pragati Publications, New Delhi 1999. Also see Himanshu Prabha Ray, *The Winds of Change: Buddhism and the Maritime Links of Early South Asia*, OUP, New Delhi, 1994. The example of *paahm* was from SJ Tambiah, *Buddhism and the Spirit Cults in North-East Thailand*, Cambridge University Press, 1970, as quoted by HP Ray, *Winds of Change.*

The story of Shiva temples of Quanzhou is described in Noboru Karashima and Y

संदर्भ (References)

Subbrayalu in *Nagapattinam to Suvanrnadwipa: Reflections on the Chola Naval Expeditions*. Also see a newspaper report in The Hindu, dated 20 July 2013 – *Behind China's Hindu Temples, a forgotten history* by Ananth Krishnan.

Two volumes by KN Choudhuri, inspired by Braudel – *Trade and Civilization in the Indian Ocean: An Economic History from the Rise of Islam to 1750* and *Asia Before Europe* present a grand narrative of maritime Asia before the European arrival and since then a large number of historians have studied different ports or areas of Asian maritime trade.

In certain parts of China, Zheng He (or Cheng Ho) is venerated even today though the contemporary official history did not pay much attention to this extraordinary navigator's achievements. Temples dedicated to Zheng He or memorabilia associated with his legendary journey are strewn all over Southeast Asia. As recently as 2016, Chinese historians visited Kerala mosques in search of possible mortal remains of Zheng He. For a comparison between Zheng He and da Gama's achievements, see Roerich Ptak, *China, the Portuguese and the Nanyang: Ocean and Routes, Regions and Trades (c. 1000-1600)*, Ashgate, 2004.

समृद्धि के सौदागर

Meera Abraham: *Two Medieval Merchant Guilds of South India*, Manohar Publications, Delhi, 1988.

For *Rajasresthi*, Ranabir Chakravarti – *Trade and Traders in Early Indian Society*, Manohar Publications, Delhi, 2007.

Dwijendra Tripathi and MJ Mehta: The Nagarsheth of Ahmedabad: The History of an Urban Institution in a Gujarati City, Working Paper No 255, IIM Ahmedabad, 1978.

Chatti Setti's Arsikere inscription is quoted in full by Meera Abraham (mentioned above). For Jagat Seths, see JH Little, *The House of Jagat Seth,* Calcutta Historical Society, Calcutta, 1967.

For Vastupala and Tejahpala and guilds, banking and trade in Gujarat, see *Trade and Traders in Western India* by VK Jain, Munshiram Manoharlal Publishers, New Delhi, 1990.

संदर्भ (References)

चर्च से बिटक्वाइन

Notes

Capital in the Twenty-First Century by Thomas Piketty; originally published in 2013 in French, translated by Arthur Goldhammer and published by Harvard University Press, 2014. This book featured in the Best Seller's List by Amazon in September 2014 and has been the greatest ever publishing success for Harvard, an essentially academic publisher. This created a sensation in the market as reflected in a large number of pieces in popular publications–some of which could be accessed even now on different websites.

Oxfam released this report just ahead of the World Economic Forum meet in 2016. The report could be accessed at **https://www.oxfam.org**.

For an introduction to economic thoughts, *A History of Economic Thought* by William J Barber; originally published in 1967, available in paperback by Wesleyan.

For an introduction to European thought, The Turning Point by Frtijof Capra, Bantam Books 1982.

The best way to appreciate their contribution is, of course, to read them in originals and some of the landmark works of the thinkers have been mentioned in the text. There is a vast body of literature available on some of the thinkers discussed here like Marx, Milton Friedman, Marshall, and Keynes. For Sir William Petty, see *Sir William Petty's Memoir 1623-1687: An English Physician, Scientist, and Cartographer* by Thomas E Jordan. For Bacon's impact on Western thoughts, *Francis Bacon and the Transformation of Early-Modern Philosophy* by Stephen Gaukroger Cambridge University Press, 2001; and *Francis Bacon's Intellectual Milieu* by Virgil K Whitaker publications from the Clark Library Professorship, UCLA, 1962. Also see, *The Renaissance and Seventeenth-Century Rationalism*, GHR Parkinson Routledge, 1993. On Descartes, *What Am I? Descartes and the Mind-Body Problem* by Joseph Almog, Oxford University Press, 2002 and *Cogito?: Descartes and Thinking the World* by Joseph Almog Oxford University Press, 2008 and *Argument and Persuasion in Descartes' Meditations* by David Cunning, Oxford University Press, 2010. For John Locke's impact, see *Civilizations West and the Rest* by Neil Ferguson, Penguin, 2012.

समृद्धि का दर्शन

Notes

On Bhanwarlal Doshi, see http://www.huffingtonpost.in/2015/06/01/bhanwarlal-raghu-nath-doshi_n_7482218.html

On astrology, *A Brief History of Ancient Astrology* by Roger Beck Wiley (publisher), 2006; *In Search of Destiny: Biography, History and Culture As Told Through Vedic Astrology* by Edith Hathaway, Vintage Vedic Press, 2012; *Encyclopaedia of Vedic Astrology: Wealth and Prosperity* by Dr Shankar Adawal, Sagar Publications, 2012; *Kalyan Ved Kathank* (Hindi magazine) and *Kalyan Jyotishank,* Geeta Press Gorakhpur. Also see, *Handbook of Hindu Economics and Business: Charity in India* and *Bharatiya Mahapuran Kosh* as mentioned in the previous chapter.

About Kautilya, see the books mentioned in the previous chapter.

On institutions and currencies, *The Cambridge Economic History of Europe – Trade and Industry in Middle Ages* edited by MM Postan and E Miller, assisted by Cynthia Postan, CUP, 1987 (first published in 1952).

On credit and painting of Jesus, *The Historical Figure of Jesus* by EP Sanders Penguin, 1993, p 249; Dante Alighieri, *The Inferno*, Canto XVII, lines 51–54. On Islamic banking,

http://www.theguardian.com/money/2006/jun/13/accounts.islamicfinance

For discussion on some of the general issues related to Indian business, see *Merchants of Tamilkam: Pioneers of International Trade* by Kanaklatha Mukund, Penguin, 2012; and *Money and Credit in Indian History from Medieval Times* Edited AK Bagchi, Tulika, 2012.

On history of accounting, *The Reckoning: Financial Accountability and the Making and Breaking of Nations* by Jacob Soll, Abe Books, 2014.

On competition, *The Ascent of Money* by Neil Ferguson, Penguin, 2008.

संदर्भ (References)

मुक्ति का व्यापार मार्ग

Notes

For general reference regarding trade and trade routes, see *Caravans: Indian Merchants on the Silk Route* by Scott C Levi, Allen Lane, 2015; *Sathavaah* (Hindi) by Dr Moti Chandra (*Trade and Trade Routes in Ancient India* in English by the same author–both are now available in PDF/kindle versions); *A History of Ancient and Early Medieval India: From the Stone Age to the 12th Century* by Dr Upinder Singh, Pearson, 2009; *Trade and Traders in Early Indian Society* by Ranabir Chakravarti, Manohar, 2002; *India in the World Economy: From Antiquity to the Present* by Tirthankar Roy, Cambridge, 2012; and *Early Buddhist Transmission and Trade Networks: Mobility and Exchange within and beyond the Northwestern Borderlands of South Asia* by Jason Neelis, Brill, 2011.

Rig-Veda-Sanhita, the Sacred Hymns of the Brahmans; Together with the Commentary of Sayanacharya, Edited by F Max Muller, originally published by Trubner & Co in London in 1869-99.

Reports about gold and diamond prospecting in Kurnool district of Andhra routinely appear in local press, for one such report in English Press, see http://www.theweek.in/theweek/statescan/happy-hunting-ground.html

Tirth literally means strand, where you get down from the boat after crossing the river. For more on Indian pilgrimage, see *India a Sacred Geography* by Diana L Eck, Harmony Books, 2012; *History of Pilgrimage in Ancient India 300-1200 AD* by Samarendra Narayan Arya, Munshiram Manoharlal Publishers, New Delhi, 2004. *Hindu Places of Pilgrimage in India: A Study in Cultural Geography* by Surinder Mohan Bhardwaj, New Edition by Munshiram Manoharlal Publishers, New Delhi, 2004. Also see special Tirth edition of Kalyan (Hindi) magazine.

About myths and mythical heroes, see *The Hero with Thousand Faces* by Joseph Campbell, originally published by Pantheon Press in 1949, since then several new editions have been published by Princeton University Press.

Three Hundred Ramayanas: Five Examples and Three Thoughts on Translation by AK Ramanujan – this essay is part of The Collected Essays of AK Ramanujan, OUP, 2004.

धन और धर्म के महानगर

Notes

Both the stories of Buddha himself and that of Yash are mentioned in various Buddhist sources. The story of Addhkasi is mentioned in *Kashi Ka Itihas* (Hindi) by Dr Moti Chanda, Vishwavidyalaya Prakashan, 2010.

For an introduction to Indian urban history, see *Urbanism in Early Historic India* by RS Sharma in *The City in Indian History*, edited by Indu Banga Manohar Publications, New Delhi, 1991; *Urban Decay in India (c 300 to c 1000)* by RS Sharma, Munshiram Manoharlal, 1978; and *Ports Towns & Cities: A Historical Tour of the Indian Littoral* edited by Laxmi Subramaniam, Marg, 2008. Also, *The Archaeology of Ancient Indian Cities* by Dilip K Chakrabarti, OUP Paperback, 1997.

On temple, Nagaram and merchants, see *The World of the Tamil Merchant: Pioneers of International Trade* by Kanaklatha Mukund, Penguin, 2012.

About coins see, *Coins in India: Power and Communication* edited by Himanshu Prabha Ray, Marg, 2006 and also *Living Without Silver: The Monetary History of Early Medieval North India* by John S Deyell, OUP Paperback, 1999.

Estimate of cities and towns in 1605, *India At The Death of Akbar: An Economic Study* by WH Moreland, MacMillan & Co, London, 1920.

For an overall understanding of urbanisation in North India before the colonial period, *Rulers, Townsmen and Bazaars: North Indian Society in the Age of British Expansion 1770-1870* by CA Bayly, OUP, 1988 and for a sense of urban milieu, *The Wonder that was India* (Part II) by SAA Rizvi Sidgwick and Jackson 1987.

पूरब की स्वर्ण भूमि

Notes

The classic study of Portuguese maritime empire is by Charles Boxer, *The Portuguese Seaborne Empire, 1415-1825*, Hutchinson 1969. For an updated and comprehensive account, see *The Portuguese Empire in Asia 1500-1700: A Political and Economic History* by Sanjay Subrahmanyam, Longman, 1993. For Vasco da Gama, see Subrahmanyam's *The Career and Legend of Vasco da Gama*, Cambridge, CUP, 1997. It was KM Panikkar, who coined the term 'da Gama epoch' in his *Asia and Western Dominance: A Survey of the Vasco da Gama Epoch of Asian History, 1498-1945*.

For Karimis and trading networks of the pre-modern world, Janet L Abu-Lughod, *Before European Hegemony: The World System AD 1250-1350,* OUP, 1989.

For VoC and the birth of World's first stock exchange, see *The Ascent of Money: A Financial History of the World,* Allen Lane, London 2008.

For the East India Company, by William Dalrymple's delightful introductory essay *The East India Company: The Original Corporate Raiders*, published in *The Guardian* on 4 March 2015 (he is currently working on a book The Anarchy on East India Company and how it replaced the Mughals), *The East India Company* by Phillip Lawson, Longman, New York, 1993 and *The East India Company: The World's Most Powerful Corporation* by Tirthankar Ray, Penguin, 2012. Also see, *The Company that ruled the waves* in Christmas Special edition of *The Economist,* 17 December 2011.

For the ledger of Hovhannes, see *The Ledger of the Merchant Hovhannes Joughayetsi* by Levon Khatchikian in *Merchant Networks in the Early Modern World, 1450-1800,* edited by Sanjay Subrahmanyam, Routledge, 1996. For Khwaja Wajid, see *Trading Networks In A Traditional Diaspora – Armenians in India, c 1600-1800* by Sushil Chaudhury – paper submitted at the XIIIth International Economic History Congress Buenos Aires, July, 2002. Edmund Herzig, The Armenian Merchants of New Julfa, Isfahan: A Study in Pre-Modern Asian Trade, Oxford, 1991 is the pioneering study on the topic.

For Indian merchants in Iran, Turan, and Astrakhan, see Stephen F Dale: *Indian Merchants and Eurasian Trade 1600-1750*, CUP, 1994.

पूंजीवाद के महानायक

Notes

For Bengal, see *Bengal: The British Bridgehead by* PJ Marshall, CUP, 1987; *Colonial Penetration and Initial Resistance: The Mughal Ruling Class, the East India Company and the Struggle for Bengal 1756-1800* by Rajat Kanta Ray, Indian Historical Review Vol XII No 1-2, 1985-86, and *From Prosperity to Decline: 18th century Bengal* by Sushil Choudhury, Manohar, 1995.

For a brief account of the British conquest of India, see *Indian Society and the Establishment of British Supremacy, 1765-1818* by Rajat Kanta Ray in PJ Marshall and Alaine Low edited *The Oxford History of the British Empire: Volume II: The Eighteenth Century*, OUP, 2011. Most standard textbooks covering the period will also provide a summary but may not include an economic perspective of the conquest.

For Virji Vohra, see *The Profile of an Indian Businessman in the Seventeen Century: Virji Vohra* by Dwijendra Tripathi and MJ Mehta, Case Study no I, Eco. 107 (R), IIM Ahmedabad.

For Mulla Abdul Ghafur and Surat, *The Merchants of Surat* by Ashin Dasgupta in *Elites in South Asia* edited by SN Mukherjee and Edward Leach, CUP, 1970, and other writings of Ashin Dasgupta on Surat.

For the story of Nandy and Sykes families, see *The Indian Seal of Sir Francis Sykes – East India Company at Home 1757-1857* at blogs.ucl.ac.uk/eicah/case-studies-2

For a recent study of Nabobs, see *Nabobs: Empire and Identity in Eighteen-Century Britain* by Tillman W Nechtman, CUP, 2010. Among the older studies, Percival Spear: *The Nabobs: A Study of the Life of the English in Eighteenth Century India*, OUP, 1932.

It was not only the most talked-about event in contemporary London, impeachment of Hastings has been a popular subject among the historians as well, right from Macaulay to Alfred Lyall and Penderel Moon – a host of famous writers have commented upon the famous trial. See PJ Marshall, *The Impeachment of Warren Hastings* and one of the latest studies on the subject, *Dawning of the Raj: The Life and Trials of Warren Hastings*, Chicago, Ivan R Dee, 2000.

A lot has been written on life and impact of Robert Clive, including Nirad C Chaudhuri's *Robert Clive of India* (1975); for a popular account, see *Clive: The Life and Death of a British Emperor* by Robert Harvey, Hodder and Stoughton, 1998.

The "Drain Theory" was proposed by Dadabhai Naoroji in his seminal, *Poverty and Un-British Rule in India*, London, 1901. An acrimonious public debate between Viceroy Lord Curzon and RC Dutt helped to bring the issue in public domain. Subsequently, it became the central theme of Dutt's book, *The Economic History of India (Vol I and II)*, originally published by Kegan Paul in London, 1902 and 1904, currently available in a recent Routledge edition and online. Nationalist viewpoint on this is summarised in Bipan Chandra's *The Rise and Growth of Economic Nationalism in India*, New Delhi, 1969. Revisionist point of view could be found in BR Tomlinson, *The Political Economy of the Raj, 1914-1947,* London and Basingstoke, Macmillan, 1979.

For a brilliant introduction to the central role of cotton at the beginning of modern history, *Empire of Cotton: A Global History* by Sven Beckert, Vintage, 2015. For a beginner's history of Indian textile, *Cotton Textiles in the Indian Subcontinent 1200-1800* by Prasannan Parthsarathi, in Giorgio Riello, and Prasannan Parthasarathi edited *The Spinning World: A Global History of Cotton Textiles, 1200-1850*, OUP, New York, 2009. Also see *How India Clothed the World: The World of South Asian Textiles, 1500-1850* edited by Giorgio Riello and Tirthankar Roy, Brill, Leiden, 2009.

उद्यमिता का पुनर्जागरण

Notes

The history of Indian business in the last two centuries cannot be written without taking recourse to Dwijendra Tripathi, see his magnum opus, *The Oxford History of Indian Business*, OUP, New Delhi, 2004. Another landmark contribution for the post-Independence era is Harish Damodaran, *India's New Capitalists*, Permanent Black, 2008. Another important book referred here is *Entrepreneurship and Industry in India* 1800-1947 edited by Rajat K Ray, OUP, New Delhi, 1992, especially the long introduction of the editor provides an effective summary.

For Dwarkanath and business in Calcutta, see NK Sinha's article in *Entrepreneurship and Industry in India* (above).

Three essays of Amalendu Guha, originally published in Economic and Political Weekly provide a good summary of origin and growth of the Parsi business.

For Jamshetji Jejeebhoy, see *The Business World of Jamsetji Jejeebhoy* by Asiya Siddiqui in Indian Economic and Social History Review in July 1982.

For the Tatas, see *The Creation of Wealth: A Tata Story* by RM Lala, IBH, Bombay, 1981.

For GD Birla and others, *The Marwaris: From Traders to Industrialists* by Thomas Timberg, Vikas, Delhi, 1978

For Indian trading diaspora during the colonial period, see *Routledge Handbook of the South Asian Diaspora*, edited by Joya Chatterji and David Washbrook, Routledge, 2013 and *The Global World of Indian Merchants 1750 – 1947* by Claude Merkovitz, Cambridge University Press, 2000.

संदर्भ (References)

आस्थाओं का महासंगम

Notes

On Ambani family feud, see Malini Bhupata's report in India Today 6 December 2004 – *Ambani vs Ambani*. On 18 June 2005, mother Kokilaben Ambani told shareholders: 'With the blessings of Srinathji, I have today amicably resolved the issues between my two sons, Mukesh and Anil.' http://articles.economictimes.indiatimes.com/2005-06-19/news/27500955_1_morari-bapu-anil-ambani-ram-katha

http://articles.economictimes.indiatimes.com/2007-10-30/news/27688048_1_richest-man-strong-share-price-rally-richest-people

May 2010, the ceasefire between the Ambani brothers made headlines in the newspaper. For instance see this Reuters report http://www.reuters.com/article/us-reliance-ambani/indias-ambani-brothers-speak-harmony-after-acrimony-idUKTRE64N2E020100524

Business Standard's report on the same day (24 May 2010) highlighted the role of Kokilaben.

Ambani & Sons: The Making of the World's Richest Brothers and Their Feud by Hamish McDonald, Roli Books, 2010.

Temple Economies–In February 2016, the speech of Andhra Pradesh Chief Minister N Chandrababu Naidu hit the headlines. See 14 July 2016 report of GS Radhakrishnan on Firstpost. http://www.firstpost.com/politics/is-cash-strapped-andhra-pradesh-eyeing-tirumalas-surplus-funds-2893336.htm /

For the dispute of Tirupati and the Andhra government, see India Today's report of 31 March 1983. Most information regarding temple assets and income are from different reports in publications like Times of India, Business Standard, Economic Times, Deccan Chronicle, Matribhumi, Dainik Bhaskar and India Today in recent years. Reports on the astonishing wealth of the Padmanabhaswamy Temple can be easily found on the Internet. Also read, *Worship and the Ceremonial Economy of Royal South Indian Temple* by Anthony Good Edwin, Mellen Press, 2004. See TE Narasimhan report on 24 March 2016 in Business Standard on gold treasure at temples http://www.business-standard.com/article/current-affairs/temples-hold-about-4-000-tonnes-of-gold-116032400306_1.html

For Harvard's Report on Kumbha visit the Howard South India Institute website http://southasiainstitute.harvard.edu/kumbh-mela/

Kumbh Mahaparv aur Akhade by Dr Biduji Maharaj Bidu Marwari Press Hyderabad (Hindi)

Also see various reports in June 2016 published in Economic Times and Business Standard on Kumbh and Simhastha.

Assocham India report on Ganesha festivals in September 2015 was widely reported in newspapers and websites. For Antilla and Waqf dispute see DNA report on 11 April 2015 http://www.dnaindia.com/mumbai/report-mukesh-ambani-s-antilia-deal-has-irregularities-wakf-report-2076540 See the statement of Press Information Bureau of the Government of India on 28 January 2014.

On the history of gurudwaras, *The Heritage of the Sikhs* by Harbans Singh, Manohar, 1994.

On the history of theosophy, Theosophical Society website is a good source and can be accessed at Http://www.ts-adyar.org. Also see *The Theosophical Society: The History of a Spiritualist Movement* by Jeffrey D Lavoie, BrownWalker Press, 2012. For an introduction to life and influence of Aurobindo Ghosh see the website of Sri Aurobindo Ashram http://www.sriaurobindoashram.org/.

Paramahansa Yogananda: An Autobiography of a Yogi – is now a world-famous book. Also, see http://www.paramhansayogananda.com.

On Jiddu Krishnamurti, Krishnamurti's Notebook, Foreword by Mary Lutyens, Harper Collins, 1982; J Krishnamurti: A Biography by Pupul Jayakar, Penguin Books, 1986; For Krishnamurti's Notebook, Part 3 Gstaad, Switzerland 13 July to 3 September 1961 and other works, http://www.jkrishnamurti.org/default.php

Lives in the Shadow with J Krishnamurti by Radha Rajagopal Sloss, Bloomsbury UK, 1991.

On Satya Sai Baba's treasure hunt, visit http://indiatoday.intoday.in/story/sathya-sai-baba-legacy-police-seize-rs-35-lakh-yajur-mandir/1/142639.html

Ramdev and other gurus, *Gurus: Stories of India's Leading Babas* by Bhavdeep Kang, Westland, 2016; *The Baba Ramdev Phenomenon: From Moksha to Market* by Kaushik Deka, Rupa, 2017; *Gita Press and the Making of Hindu India* by Akshaya Mukul, Harpercollins, 2015.

On tourism, NCEAR report is available at ncaer.org.

For an introduction to politics and communalism in the nineteenth and twentieth centuries, see *Modern India 1885-1947* by Sumit Sarkar, Pearson, 2014 (originally published by Macmillan India). Also see, *Islamic Modernism in India and Pakistan, 1857-1964* by Aziz Ahmad, OUP, 1967. For a post-Partition history of India, *India After Gandhi: The History of the World's Largest Democracy* by Ramchandra Guha, Picador, 2008. Quotation regarding the mosaic of Indian civilisation is from *A Cultural History of India* by A L Basham, Oxford, 1997 (Illustrated edition).

For a comprehensive survey on religion and caste in modern Indian entrepreneurship, please see *India's New Capitalists: Caste, Business and Industry in a Modern Nation* by Harish Damodaran, Permanent Black, 2013.

Christopher Kavanagh is a researcher in cognitive anthropology, for details, see

https://aeon.co/essays/can-religion-be-based-on-ritual-practice-without-belief

For details of the survey mentioned, please seehttp://www.worldvaluessurvey.org/WVSDocumentationWV6.jsp

Also see *Basic Terms of Shinto*, Kokugakuin University, Institute for Japanese Culture and Classics, Tokyo, 1985, and *Japanese Saints: Mormons in the Land of the Rising Sun*, John Patrick Hoffmann, Lexington Books, 2007.

संदर्भ (References)

India Census - 2011 - New report The Hindustan Times – 28 July 2016 http://www.hindustantimes.com/india-news/the-land-of-believers-in-india-just-33-000-people-are-atheists/story

For some of the instances cited in the segment on religiosity, see

https://www.hinduismtoday.com/modules/smartsection/item.php?itemid=4636

http://fortune.com/2014/11/11/7-ceos-with-notably-devout-religious-beliefs/

http://www.businessinsider.com/17-big-companies-that-are-intensely-religious-2012-1?IR=T#

On religious and cultural sensitivities of Indian workplaces,

https://economictimes.indiatimes.com/jobs/how-india-incs-workplaces-are-accommodating-employees-religious-and-cultural-needs/articleshow/46567865.cms

Index

A

B

Index

Index

Index

S

T

Index

❑❑❑